JN075098

教員採用試験「全国版」過去問シリーズ ⑦

全国まるごと
過去問題集

2025
年度版

数学科

#分野別　#項目別

協同教育研究会 編

協同出版

はじめに

本書は，全国47都道府県と20の政令指定都市の公立学校の教員採用候補者選考試験を受験する人のために編集されたものです。

教育を取り巻く環境は変化しつつあり，学校現場においても，教員免許更新制の廃止やGIGAスクール構想の実現などの改革が進められており，現行の学習指導要領においても，「主体的・対話的で深い学び」を実現するため，指導方法や指導体制の工夫改善により，「個に応じた指導」の充実を図るとともに，コンピュータや情報通信ネットワーク等の情報手段を活用するために必要な環境を整えることが示されています。

一方で，いじめや体罰，不登校，教員の指導方法など，教育現場の問題もあいかわらず取り沙汰されており，教員に求められるスキルは，今後さらに高いものになっていくことが予想されます。

協同教育研究会では，現在，627冊の全国の自治体別・教科別過去問題集を刊行しており，その編集作業にあたり，各冊子ごとに出題傾向の分析を行っています。本書は，その分析結果をまとめ，全国的に出題率の高い分野の問題，解答・解説に加えて，より理解を深めるための要点整理を，頻出項目毎に記載しています。そのことで，近年の出題傾向を把握することでき，また多くの問題を解くことで，より効果的な学習を進めることができます。

みなさまが，この書籍を徹底的に活用し，教員採用試験の合格を勝ち取って，教壇に立っていただければ，それはわたくしたちにとって最上の喜びです。

協同教育研究会

教員採用試験「全国版」過去問シリーズ⑦

全国まるごと過去問題集　数学科＊目次

出題傾向と学習法

●教員試験で試されるもの

教職につく者にとって必要とされる能力は，崇高な教育理念をもち，教科内容についての専門的知識があり，児童生徒に対する理解と愛情があり，教育的な指導力を持っていることである。そこで，教員採用試験でもこれらについての基本的な知識・理解・能力が問われるのである。

●数と式

式の計算は数学のすべての基本といえる。それだけに，いろいろな計算を確実にしておきたい。

まず因数分解であるが，これは最も基本的なものである。この計算が確実にできることが数学的技術の羅針盤になる。闇雲に計算をしようとするのではなく，基本方針をしっかりと身につけることである。次に恒等式である。これはあまりなじみがないように見えるかもしれないが，実に計算の途中でよく出てくる。その処理方法についても熟知しておきたい。さらに，式の割り算にもなれておきたい。そして余りについての剰余の定理，割り切れるときの因数定理，この活用は大切である。

特徴のある計算方法はいろいろあるが，それらもできる限りきちんとまとめておくとよい。たとえば，対称式とはどんなものであり，どうすればよいかなど，いろいろな計算方法を知っておくと便利である。

●数の性質

数については，まず自然数から始まる数の概念をしっかり理解して，それぞれの定義をきちんと整理しておきたい。無理数と有理数の定義すら理解できていないことがある。

次に，このような数についての性質の証明方法もきちんとしておきたい。直接証明法だけではなく間接証明法も大切にする必要がある。特に間接証明をなぜするのかという理由も明確にできればよい。

整数問題については，その式変形が独特である。基本的に，整数は素数の積の形に書くことができるので，式の部分を何らかの積の形にまとめられたらよい。

2進法，一般的にn進法についてはその構造，数字の直し方に精通しておきたい。これについてはワンパターンな方法がある。

●ベクトル

ベクトルの基本演算については，もう基礎として理解ができていると思われる。したがって，図形への応用の問題で内積について整理しておきたい。特に，ベクトルの長さを計算する場合は，自分自身の内積を計算することを忘れないようにしたい。

図形への応用は，内分点・外分点の表し方である。基本として，3点が1直線上に並んでいるということを理解しておくこと。内積と内分・外分を用いる三角形の問題は，ベクトルの問題の約40%くらいを占めているといってよいだろう。

空間のベクトルは，平面の2次元が3次元になっただけで，同じ形である。そして，点が同一平面上にある性質なども同じように取扱うことができる。

●複素数

複素数は，単に計算をするだけではなく，複素数平面上での図形的性質までマスターすると面白いものである。要点整理にまとめたことをマスターして，それを適用すればよい。複素数の積は角度をプラス方向への回転，商は角度をマイナス方向への回転，ということを知っておきたい。そして，ド・モアブルの定理である。これを知っておくと，複素数の何乗の計算であっても，簡単に処理できるのである。また，図形との対応も基本的なことを知っておけば十分である。

複素数平面上において，$\alpha=a+bi=r(\cos\theta+i\sin\theta)$ (a，b，r，θは実数)と表示したものを極形式(極表示)という。また，オイラーの複素数の表示，$e^{ix}=\cos x+i\sin x$ (xは実数)も大切である。

●集合と命題

集合は，数学において，重要な言葉の一つである。数学の問題を考えるときに，その基礎になくてはならないものである。特に，集合の演算，ド・モルガンの法則，ベン図の利用などが重要である。場合の数・確率においては集合の概念がなくては間違えやすいものである。それゆえ，学習するに際しておろそかにしないほうがいい。

命題についても同様で，必要条件と十分条件について明確な定義やその捉え方，考え方を確実なものにしておく必要がある。単に論証の仕方だけではなく，集合的な捉え方が大切であり，ここをおろそかにしているととんでもない勘違いをしやすい。また，同値関係の意味は，式変形においても，明確にしておくとよい。

直接証明と間接証明を明確に認識し，どのような場合にどちらを使用するか判定することが大切である。

●数列

数列は，問題の種類も多く，よく出題される分野である。しかし，その基本さえ押さえておけばこれほどわかりやすい分野もない。数列の表し方，和の求め方が基本中の基本であり，独特の形のものをしっかりと整理しておきたい。また，漸化式もいろいろとあるが，やはり基本の隣接二項間漸化式，三項間漸化式の特性方程式を用いることを理解しておくとよい。それ以外の型のものは，この例題に提示してある内容をマスターすればほぼ問題ない。漸化式については，確率と融合した問題もよく見かける。

●微分・積分

微分・積分は数学を代表する分野であり，この分野から出題されることが非常に多くなっている。問題は多種多様であるが，実際にはそれほど特別なものはない。基本的公式や知識を整理しておけば確実にわかるものである。それだけに，必要なことをしっかりと理解しておけばよい。現実に，出題されている問題は，難解なものを扱ってはいない。

微積分は，物理学などへの応用性の広い内容を含んでいる。面積，体積，曲線の長さや有名な曲線などを調査しておくとよい。要点整理にまとめた微積分の型，実践問題に取り上げた処理方法をしっかりとマスターしておきたい。また，微分では，グラフの描き方，増減表の利用などを確実に身につけておきたい。積分は計算が煩雑になることもあるだけに，できるだけ便利な技術を習得しておくとよい。微分方程式は基本公式を理解して，問題が解けるように，練習をしておくことが大切である。

●データの分析

データの分析は，複数の種類のデータを，散らばりや変量間の関係などに着目し，適切な手法を選択して分析を行い，問題解決したり，解決の過程や結果を批判的に考察し判断したりできるようにすることを目標としている。

中学校では，データの散らばりをヒストグラムや箱ひげ図を用いて捉えたり，データの散らばりの度合いを表す指標として範囲や四分位範囲を取り扱ったりする。

高等学校では，そのようなデータの散らばりの度合いを数値化する方法を考察し，データの散らばりの度合いを表す新たな指標として分散及び標準偏差を取り扱う。

●関数

関数は主として二次関数が基本である。放物線の描き方，またその特徴は理解しておくとよい。三角関数や指数・対数関数の場合は，その式とそのグラフの特徴を理解し，そのグラフを描くことによりその内容が明確になる。三次以上の場合には，因数分解が可能な場合以外は微分してグラフの概形を考えるとよい。二次以上の関数においては，グラフを利用して最大・最小の問題を扱うことが多いのできちんと整理・分類しておくとよい。

三角関数は，図形への応用も多いが，ここでは関数としての特徴，式の変形を主としたい。公式が多いと感じられるが，基本を正しく認識し，公式の導き方を整理しておけばそれほど煩雑ではない。実際の問題も，複雑な公式を使うものはあまり見かけられない。

いろいろな関数の逆関数など，その式とそのグラフを描いて問題内容を把握すると，解決への糸口が発見できる。

●図形

図形の問題は多種多様ある。ベクトルや複素数，あるいは座標平面などの重要性はいうまでもない。そして落とし穴は，中学時代の図形の知識の欠落である。一度図形全体を通して整理しておくことを勧める。

そしてそれらを基礎として，三角形，円などの性質や公式をまとめておくとよい。要点整理にまとめてある三角形と円の性質はその中でも最も重要なものである。

座標平面上における図形の問題，特に点と直線の距離や，三角形の面積の表し方は大切である。これらはこれまでに述べた分野でも頻出するものである。

図形問題の解法の基本は，問題内容の図を大きく，正確に，明確に描くこと，条件と結論を記述してから，推論し，思考することである。

●中学校学習指導要領

▼改訂のポイント

中央教育審議会答申(平成28年12月21日)では，「何ができるようになるか」という学習の意義を明確にするという方針から，全ての教科を①知識及び技能，②思考力，判断力，表現力等，③学びに向かう力，人間性等の3つの柱で整理するという方針が示された。この内容は中学校学習指導要領(平成29年3月告示)第1章第1の3に反映されている。

また学習指導要領の「第3　指導計画の作成と内容の取扱い」1(1)に示されているように，今回から生徒の主体的・対話的で深い学びの実現を図ることが全教科にわたり示されている。答申では，数学における学びに対する視点について，以下の通り示されている。

「主体的な学び」の視点

・算数科・数学科では，児童生徒自らが，問題の解決に向けて見通しをもち，粘り強く取り組み，問題解決の過程を振り返り，よりよく解決したり，新たな問いを見いだしたりするなどの「主体的な学び」

を実現することが求められる。

「対話的な学び」の視点

・また，算数科・数学科では，事象を数学的な表現を用いて論理的に説明したり，よりよい考えや事柄の本質について話し合い，よりよい考えに高めたり事柄の本質を明らかにしたりするなどの「対話的な学び」を実現することが求められる。

「深い学び」の視点

・さらに，算数科・数学科では，数学に関わる事象や，日常生活や社会に関わる事象について，「数学的な見方・考え方」を働かせ，数学的活動を通して，新しい概念を形成したり，よりよい方法を見いだしたりするなど，新たな知識・技能を身に付けてそれらを統合し，思考，態度が変容する「深い学び」を実現することが求められる。

▼具体的な改善事項

前回改訂において授業時数を増加し充実させた内容を今回も維持した上で，数学科においては日常生活等から問題を見いだす活動などの充実によりさらに学習の質を向上が図られている。

また，必要なデータを収集・分析し，その傾向を踏まえて課題を解決するための統計教育の充実に伴い，データの活用に関する指導事項は小・中学校を通じて再編されている。

指導計画の作成と内容の取扱いにおいては，前述の「主体的・対話的で深い学びの実現」に向けた事項や，障害のある生徒についての指導内容や指導方法の工夫についてなどの事項が新設された。

●高等学校学習指導要領

▼改訂のポイント

今回の学習指導要領改訂は，中央教育審議会答申(平成28年12月21日)の内容を受けて行われている。答申で示された「数学科における主体的・対話的で深い学びの視点」,「数学的な見方・考え方」及び「数学的に考える資質・能力」については，本章の「中学校」の節で述べられている。中学校との接続を重視する方針で改訂されているので，そちらを参照されたい。

▼数学科の主な変更

〔全科目共通〕

・「数学的活動を通して身に付けること」を，「知識及び技能」，「思考力，判断力，表現力等」に分けて記載した。

〔数学Ⅰ〕

・「二次関数」において，「コンピュータなどの情報機器を用いてグラフをかく」活動について加筆された。
・「データの分析」において，従前扱っていた四分位偏差の内容は中学2年生に移行した。
・「データの分析」において，「仮説検定の考え方」について新設された。
・「データの分析」において，[用語・記号]に「外れ値」が追加された。

〔数学Ⅱ〕

・「いろいろな式」において，[用語・記号]に「二項定理」が追加された。
・「図形と方程式」において，「コンピュータなどの情報機器を用いて軌跡や不等式の表す領域を座標平面上に表す」活動について加筆された。
・「指数関数・対数関数」において，[用語・記号]に「常用対数」が追加された。
・「三角関数」において，従前「内容の取扱い」に示していた「三角関数の合成」について，「内容」に移行した。
・「課題学習」について新設された。

〔数学Ⅲ〕

・「平面上の曲線と複素数平面」について，数学Cに移行した。
・「極限」において，「コンピュータなどの情報機器を用いて極限を調べる」活動について加筆された。
・「微分法」において，「微分可能性」について加筆された。
・「微分法」において，「用語・記号」の第二次導関数が削除された。
・「課題学習」について新設された。

〔数学A〕

・「図形の性質」において，三角形・円の基本的な性質について証明することが削除された。

・「図形の性質」において，「コンピュータなどの情報機器を用いて図形を表す」活動について加筆された。

・「場合の数と確率」において，「期待値」について加筆された。

・「数学と人間の活動」について，従前の「数学活用」より移行した。

・「整数の性質」について，従前の数学活動より，「内容の取扱い」に移行した(単元としては削除)。

〔数学B〕

・「統計的な推測」において，「正規分布を用いた区間推定及び仮説検定の方法」について加筆された。「仮説検定の方法」は新設。

・「統計的な推測」において，「目的に応じて標本調査を設計し，収集したデータを基にコンピュータなどの情報機器を用いて処理する」ことについて加筆された。

・「統計的な推測」において，[用語・記号]に「信頼区間」，「有意水準」が追加された。

・「数学と社会生活」について，従前の数学活動における「社会生活における数理的な考察」を改称・改変し移行した。

・「ベクトル」について，数学Cに移行した。

〔数学C〕

・今回の改訂に伴い新設された。

・「ベクトル」について，従前の数学Bより移行した。

・「平面上の曲線と複素数平面」について，従前の数学Ⅲより移行した。

・「平面上の曲線と複素数平面」において，「コンピュータなどの情報機器を用いて曲線を表す」活動について加筆された。

・「数学的な表現の工夫」について，従前の数学活用より移行した。

・「数学的な表現の工夫」において，「離散グラフ」，「行列」について加筆された。

▼数学科に関する各科目にわたる指導計画の作成と内容の取扱い

主に下記の事項などを加筆・新設した。

・1(1)　主体的・対話的で深い学びの実現について

・1(3)　数学Cの履修順序について

・1(5)　障害のある生徒への配慮について

●学習指導法

指導法に関する問題で第一に押さえておきたいことは，学習指導要領に示されている数学科の目標である。教科の目標は，いつの時代でも「時代の要請」，「生徒の実態」，「教科の特性」から吟味されたものであり，ここ数年来，中・高の数学では，特に新しい学力観のもとで「数学的な見方や考え方のよさ」が強調されてきた。その意味では数学科の特性としての「一般化」，「形式化」，「記号化」，「明確化」…といった観点から「数学的な見方や考え方のよさ」を具体的事例をもとに語れるようにしておくことが大切である。

また，そうした「よさ」を授業の中でクローズアップしようとすると，必然的に生徒の「つまずき」や「不備な考え」が不可欠になり，指導法に関わる問題では自然とこの手のものが多くなる。可能な範囲で，生徒の「つまずき」や「不備な考え」をクローズアップした問題に目を通し，何が不十分であるかがわかるような説明の仕方を押さえてほしい。

その際，特に考慮すべきことは，単に形式的な説明だけではなく，図式化やグラフ化を図ってできるだけ具体的なイメージを描かせることである。例えば，「$x^2+x-2\leqq 0$」の解が「$-2\leqq x\leqq 1$」となることを理解させるには，二次関数 $y=x^2+x-2$をグラフ化し，確かに「-2」と「1」の間で負の値を取ることをイメージ化するなどがそのよい例である。

要するに生徒に「つまずき」や「不備な考え」を分かりやすく，どう説明するか。指導法の問題は，この一点に尽きるといっても過言ではない。遅れがちの生徒を救う上でも，こうした「不備な考え」の指導の仕方をもう一度チェックして採用試験に臨んでほしい。

本書について

本書には，各教科の項目毎に，出題率が高い問題を精選して掲載しております。前半は要点整理になっており，後半は実施問題となります。また各問題の最後に，出題年，出題された都道府県市及び難易度を示しています。難易度は，以下のように5段階になっております。

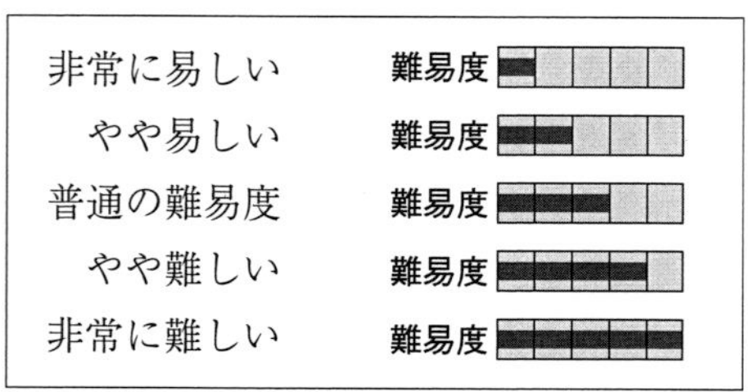

非常に易しい 難易度
やや易しい 難易度
普通の難易度 難易度
やや難しい 難易度
非常に難しい 難易度

また，各問題文や選択肢の表記については，できる限り都道府県市から出題された問題の通りに掲載しておりますが，一部図表等について縮小等の加工を行って掲載しております。ご了承ください。

数と式

要点整理

①複素数($i^2=-1$)

a，b，c，dが実数のとき，

加法：$(a+bi)+(c+di)=(a+c)+(b+d)i$

減法：$(a+bi)-(c+di)=(a-c)+(b-d)i$

乗法：$(a+bi)(c+di)=(ac-bd)+(bc+ad)i$

除法：$\dfrac{a+bi}{c+di}=\dfrac{(a+bi)(c-di)}{(c+di)(c-di)}=\dfrac{ac+bd}{c^2+d^2}+\dfrac{bc-ad}{c^2+d^2}i$

（ただし，$c\neq0$ または $d\neq0$)

②n進位取り記数法

例えば10進法の527は，

$500+20+7=5\cdot10^2+2\cdot10+7$である。

これを7進法に直すには，

$$\begin{aligned}527&=75\cdot7+2\\&=(10\cdot7+5)\cdot7+2\\&=\{(1\cdot7+3)\cdot7+5\}\cdot7+2\\&=1\cdot7^3+3\cdot7^2+5\cdot7+2\end{aligned}$$

$$\begin{array}{rrl}7) & 527 & \\ 7) & 75 & 余り2\\ 7) & 10 & 余り5\\ & 1 & 余り3\end{array}$$

したがって，$527=1352_{(7)}$

小数の場合，例えば0.625を2進法で表すと，

$$0.625=\frac{5}{8}=\frac{2^2+1}{2^3}=\frac{1}{2}+\frac{0}{2^2}+\frac{1}{2^3}=0.101_{(2)}$$

③公約数と公倍数

a．最大公約数と最小公倍数

2整数a，bの最大公約数をG，最小公倍数をLと表すと，$ab=GL$

これは整式においても同様。

b．ユークリッド互除法

最大公約数を求める方法で，次の定理が基本である。

$\dfrac{a}{b}$の整数部分をq，a，bの最大公約数を$(a,\ b)$と表せば

$$(a,\ b)=(a-qb,\ b)$$

〔証明〕dをa，bの最大公約数とし，$a=qb+r$(q：商，r：余り)とおけば，
dは$a-qb$，bの公約数であるから，dは$(a-qb,\ b)$の約数である。

ここで，$(a-qb,\ b)$即ちr，bの最大公約数をd'とすれば，

$a=r+qb$であるから，d'はaの約数であり，dの約数である。

したがって，$d=d'$

例えば，1804と328の最大公約数は，$1804=5\cdot328+164$

さらに，$328=2\cdot164+0$であるから，

求める解は164である。

④剰余の定理と因数分解

a．剰余の定理：整式$P(x)$を$x-\alpha$で割った余りは，$P(\alpha)$である。

b．因数定理：整式$P(x)$を$x-\alpha$で割り切れる必要十分条件は，

$P(\alpha)=0$である。

したがって，x^3+ax^2-x-2が$x+1$で割り切れるように定数aを定めると

$P(x)=x^3+ax^2-x-2$　より

$P(-1)=a-2$

ゆえに，$a=2$

また，この整式を因数に分解すると，

$(x+1)(x-1)(x+2)$となる。

⑤因数分解の公式

$$a^3+b^3=(a+b)(a^2-ab+b^2)$$

$$a^3-b^3=(a-b)(a^2+ab+b^2)$$

$$a^3+b^3+c^3-3abc=(a+b+c)(a^2+b^2+c^2-ab-bc-ca)$$

⑥方程式の解法

a．2次方程式

2次方程式$ax^2+bx+c=0(a\neq0)$の解は，

$$x=\frac{-b\pm\sqrt{b^2-4ac}}{2a}$$

いま，$D=b^2-4ac$（判別式）と置くと，次の関係が成り立つ。

(i) $D>0$ ⇄ 異なる2つの実数解をもつ。

(ii) $D=0$ ⇄ 重解をもつ。

(iii) $D<0$ ⇄ 異なる2つの虚数解をもつ。

2次方程式は，解の公式によって必ず解を求めることができるが，因数分解によるほうが簡単な場合がある。

また，実係数の方程式が複素数を解にもつときは，共役複素数も解である。

b. 高次方程式の解法には，

(i) 因数定理を利用し，因数分解による方法

(ii) 置き換えにより，2次方程式に還元して解く方法

などがある。

また，3次方程式 $ax^3+bx^2+cx+d=0 (a \neq 0)$ の解を α，β，γ とおくと，解と係数の関係は，

$ax^3+bx^2+cx+d=a(x-\alpha)(x-\beta)(x-\gamma)$ より

$$\alpha+\beta+\gamma=-\frac{b}{a}$$

$$\alpha\beta+\beta\gamma+\gamma\alpha=\frac{c}{a}$$

$$\alpha\beta\gamma=-\frac{d}{a}$$

数学科　数と式

実施問題

数の性質・複素数

【1】xが自然数のとき，$|x|+|x-3|<x+2$を満たすxの値の個数として，正しいものを選びなさい。

ア　0個　　イ　1個　　ウ　2個　　エ　3個

▌2024年度 ▌北海道・札幌市 ▌難易度 ■■□□□

【2】次の各問いに答えなさい。

(1)　nを素数とする。$\dfrac{80}{n+3}$が整数となるnの個数を，次の選択肢から1つ選び，記号で答えなさい。

ア　6個　　イ　7個　　ウ　8個　　エ　9個

(2)　$a+b+c=2$，$\dfrac{1}{a}+\dfrac{1}{b}+\dfrac{1}{c}=\dfrac{1}{3}$のとき，$(a-3)(b-3)(c-3)$の値を，次の選択肢から1つ選び，記号で答えなさい。

ア　0　　イ　-3　　ウ　-6　　エ　-9

(3)　$15^2-14^2+13^2-12^2+\cdots\cdots+3^2-2^2+1^2-0^2$の値を，次の選択肢から1つ選び，記号で答えなさい。

ア　119　　イ　120　　ウ　121　　エ　122

▌2024年度 ▌宮崎県 ▌難易度 ■■■□□

【3】次の問いに答えよ。

(1)　表中のア～キに当てはまる値を求めよ。

対数	$\log_{10}1$	$\log_{10}2$	$\log_{10}3$	$\log_{10}4$	$\log_{10}5$	$\log_{10}6$	$\log_{10}7$	$\log_{10}8$	$\log_{10}9$	$\log_{10}10$
値	ア	0.3010	0.4771	イ	ウ	エ	0.8451	オ	カ	キ

(2)　5^{15}は何桁の整数か求めよ。また，5^{15}の最高位の数字を求めよ。ただし，必要であれば(1)の値を利用すること。

▌2024年度 ▌愛媛県 ▌難易度 ■■■□□

【4】2^{2024}を2040で割ったときの余りとして正しいものを，次の(1)～(4)の中から1つ選びなさい。

(1) 64　　(2) 128　　(3) 256　　(4) 512

▌2024年度 ▌埼玉県・さいたま市 ▌難易度

【5】次の各問いに答えなさい。

(1) 100から624までの整数のうち，2の倍数であり，3の倍数でもある数の個数を求めなさい。

(2) 100から624での整数のうち，2の倍数であるが，3の倍数でない数の個数を求めなさい。

▌2024年度 ▌京都府 ▌難易度

【6】387と473の最大公約数を，次の①～⑤の中から一つ選べ。

① 1　　② 3　　③ 23　　④ 31　　⑤ 43

▌2024年度 ▌岐阜県 ▌難易度

【7】整数aは6で割ると2余り，整数bは6で割ると3余ります。このとき，a^2+b^2を6で割った余りとして正しいものを，次の1～4の中から1つ選びなさい。

1 1　　2 2　　3 3　　4 4

▌2024年度 ▌埼玉県・さいたま市 ▌難易度

【8】aを実数とするとき，$f(x)=(x-a)^2-|x|$の最小値を求めよ。

▌2024年度 ▌京都市 ▌難易度

【9】次の[問1]，[問2]に答えよ。

[問1] a，b，c，x，y，zを実数とするとき，$(ax+by+cz)^2 \leqq (a^2+b^2+c^2)(x^2+y^2+z^2)$を証明せよ。

[問2] $3x+4y-5z=5$のとき，$x^2+y^2+z^2$の最小値を求めよ。

▌2024年度 ▌和歌山県 ▌難易度

【10】既約分数(互いに素な自然数a，bを用いて，$\frac{a}{b}$と表される実数)について，次の1から4の問いに答えよ。

1 0以上2以下の実数において，分母を3とする既約分数の和を求めよ。ただし，途中の計算は書かなくてよい。

2　0以上10以下の実数において，分母を6とする既約分数は何個あるか。

3　nを自然数とする。0以上n以下の実数において，分母を5とする既約分数の和が450となるときのnを求めよ。

4　pを素数とする。0以上2以下の実数において，分母をp^2とする既約分数の和をpを用いて表せ。

2024年度｜栃木県｜難易度■■■■□

【11】2^5-2のように，2以上のある自然数を5乗した数からもとの数をひいた数について，次の(1)，(2)の各問いに答えよ。

(1)　次の①，②が5の倍数になっていることを示せ。

①　5^5-5

②　6^5-6

(2)　2以上のある自然数を5乗した数からもとの数をひいた数は，5の倍数になることを示せ。

2024年度｜山口県｜難易度■■■■□

【12】平面上に$x \geqq y$を満たす点P$(x,\ y)$を次のように並べます。

(0，0)，(1，0)，(1，1)，(2，0)，(3，0)，(2，1)，(2，2)，(3，1)， (4，0)，(5，0)，(4，1)，(3，2)，…

このとき，(66，15)は何番目にあたりますか。次の(1)～(4)の中から1つ選びなさい。ただし，xとyはともに0または正の整数とします。

(1)　1683番目　　(2)　1697番目　　(3)　1708番目　　(4)　1721番目

2024年度｜埼玉県・さいたま市｜難易度■■■■□

【13】0でない複素数α，βが$\alpha^2-2\alpha\beta+4\beta^2=0$を満たすとき，次の問いに答えよ。ただし，$\frac{\alpha}{\beta}$の偏角は$0<\arg\frac{\alpha}{\beta}<\pi$とする。

(1)　$\frac{\alpha}{\beta}$を求めよ。

(2)　複素数平面上の原点をO，αの表す点をA，βの表す点をBとするとき，△OABはどんな三角形か。

2024年度｜京都市｜難易度■■■□□

【14】0でない2つの複素数α，βが，$\alpha^2-2\alpha\beta+4\beta^2=0$を満たしている。このとき，次の各問いに答えなさい。

(1) $\arg\dfrac{\alpha}{\beta}$を求めなさい。

(2) 複素数平面上の原点をOとし，α，βを表す点をそれぞれA，Bとするとき，△OABはどのような三角形となるか答えなさい。

▌2024年度 ▌京都府 ▌難易度 ■■■□□

【15】次の各問いについて，解答番号[1]～[4]内にあてはまる0～9の数字を記入せよ。

複素数平面において，点zは原点を中心とし，半径$\sqrt{2}$の円周上を動くとする。$w=\dfrac{z-1}{z-i}$とするとき，

(1) 点wは，中心[1]$+i$，半径[2]の円を描く。

(2) wの絶対値$|w|$の最大値は，[3]$+\sqrt{[\ 4\ ]}$である。

▌2024年度 ▌愛知県 ▌難易度 ■■■□□

【16】複素数平面上において，等式$|z-2i|=|1+2iz|$を満たす点zはどのような図形を描くか答えよ。ただし，iは虚数単位である。

▌2024年度 ▌愛媛県 ▌難易度 ■■■□□

【17】iを虚数単位とし，2つの複素数ω，zが$\omega=\dfrac{i(z-1)}{z-i}$を満たしているとします。複素数平面上で$\omega$が実軸上を動くとき，点$z$が描く図形として正しいものを，次の(1)～(4)の中から1つ選びなさい。

(1) 中心$\left(\dfrac{1}{2}+\dfrac{1}{2}i\right)$，半径$\dfrac{\sqrt{2}}{2}$の円。ただし，点$i$を除く。

(2) 中心$\left(\dfrac{1}{2}-\dfrac{1}{2}i\right)$，半径$\dfrac{\sqrt{2}}{2}$の円。ただし，点$i$を除く。

(3) 中心$\left(-\dfrac{1}{2}+\dfrac{1}{2}i\right)$，半径$\dfrac{\sqrt{2}}{2}$の円。ただし，点$i$を除く。

(4) 中心$\left(-\dfrac{1}{2}-\dfrac{1}{2}i\right)$，半径$\dfrac{\sqrt{2}}{2}$の円。ただし，点$i$を除く。

▌2024年度 ▌埼玉県・さいたま市 ▌難易度 ■■■□□

【18】

(1) 複素数$\left(\dfrac{-1+\sqrt{3}i}{1+i}\right)^9$を計算せよ。

(2) 曲線C：$y=e^x$上の異なる2点A$(1,\ e)$，P$(t,\ e^t)$におけるそれぞれの法線の交点をQとする。線分AQの長さを$L(t)$で表すとき，次の問いに答えよ。ただし，eは自然対数の底である。

(ア) 点Aにおける法線の方程式を求めよ。

(イ) $\displaystyle\lim_{t\to 1} L(t)$を求めよ。

▌2024年度 ▌大阪府・大阪市・堺市・豊能地区 ▌難易度 ■■■■□

【19】複素数zは，$|z|=1$，$\dfrac{\pi}{4}\leqq arg\,z\leqq\dfrac{3}{4}\pi$を満たしながら動く。

また，複素数wを$w=3z-z^3$とする。

$arg\,z=\theta$とすると

$w=([\quad ア\quad]\cos\theta-\cos[\quad イ\quad]\theta)+i([\quad ア\quad]\sin\theta-\sin[\quad イ\quad]\theta)$

である。

また，複素数wの実部をX，虚部をYとすると

$X=[\quad ア\quad]\cos\theta-\cos[\quad イ\quad]\theta$

$\quad=[\quad ウ\quad]\cos\theta-[\quad エ\quad]\cos^{[\ オ\ ]}\theta$,

$Y=[\quad ア\quad]\sin\theta-\sin[\quad イ\quad]\theta=[\quad カ\quad]\sin^{[\ キ\ ]}\theta$

である。

X，Yのとり得る値の範囲を考えると

$\dfrac{dX}{d\theta}=6\sin\theta\,(\sqrt{[\quad ク\quad]}\cos\theta+[\quad ケ\quad])(\sqrt{[\quad コ\quad]}\cos\theta-[\quad サ\quad])$,

$\dfrac{dY}{d\theta}=[\quad シス\quad]\sin^{[\ セ\ ]}\theta\cos\theta$

であるから，$\dfrac{\pi}{4}\leqq\theta\leqq\dfrac{3}{4}\pi$より，

$-[\quad ソ\quad]\sqrt{[\quad タ\quad]}\leqq X\leqq[\quad チ\quad]\sqrt{[\quad ツ\quad]}$,

$\sqrt{[\quad テ\quad]}\leqq Y\leqq[\quad ト\quad]$

である。

これらのことから，wが複素数平面上にえがく曲線の長さは$[\quad ナ\quad]\sqrt{[\quad ニ\quad]}$である。

ただし，複素数平面上の曲線の長さは座標平面上の曲線の長さと同じものとする。

▌2024年度 ▌千葉県・千葉市 ▌難易度

【20】複素数zは，等式$z\overline{z}-4\sqrt{2}\,i(z-\overline{z})+24=0$を満たす。このとき，次の1から4の問いに答えよ。ただし，iは虚数単位とする。

1　wの方程式$w^6=64$を解け。ただし，途中の計算は書かなくてよい。

2　点zの全体は，複素数平面上でどのような図形を描くか答えよ。また，複素数平面に図示せよ。

3　zの偏角を$\theta\ (0\leqq\theta<2\pi)$とするとき，$\theta$のとりうる値の範囲を求めよ。ただし，途中の計算は書かなくてよい。

4　aを正の実数とする。複素数z_0は，2つの等式$z_0\overline{z_0}-4\sqrt{2}\,i(z_0-\overline{z_0})+24=0$と$z_0{}^3=-a$を同時に満たす。このとき，$a$の値を求めよ。

▌2024年度 ▌栃木県 ▌難易度

解答・解説

【1】エ

○**解説**○ $|x|+|x-3|<x+2$　…①

[i]　$x<0$のとき，①は$-x-(x-3)<x+2$より，$x>\dfrac{1}{3}$

これは不適である。

[ii]　$0\leqq x<3$のとき，①は$x-(x-3)<x+2$より，$x>1$

よって，$1<x<3$

[iii]　$x\geqq3$のとき，①は$x+(x-3)<x+2$より，$x<5$

よって，$3\leqq x<5$

したがって，①を満たす自然数xの個数は[i]，[ii]，[iii]より，2，3，4の3個である。

【2】(1)　ア　　(2)　エ　　(3)　イ

○**解説**○ (1)　$N=\dfrac{80}{n+3}=\dfrac{2^4\times5}{n+3}$として，$N$が整数となるから，

正の整数nでは，$n+3=4$，5，8，10，16，20，40，80

よって，$n=1$，2，5，7，13，17，37，77となる。

このうち，素数であるのは1と77を除いて6個

(2) $\frac{1}{a}+\frac{1}{b}+\frac{1}{c}=\frac{1}{3}$より，$3(bc+ca+ab)=abc$

$(a-3)(b-3)(c-3)=abc-3(ab+bc+ca)+9(a+b+c)-27$

$=abc-abc+9(a+b+c)-27$

$=9(a+b+c)-27$

$=9\times2-27=-9$

(3) $15^2-14^2+13^2-12^2+11^2-10^2+\cdots+3^2-2^2+1^2-0^2$

$=(15+14)(15-14)+(13+12)(13-12)+\cdots+(3+2)(3-2)+(1+0)(1-0)$

$=(15+14)+(13+12)+(11+10)+\cdots+(3+2)+(1+0)$

$=29+25+21+\cdots+5+1$

$=\frac{(29+1)\times8}{2}=120$

【3】(1) ア 0　イ 0.6020　ウ 0.6990　エ 0.7781

オ 0.9030　カ 0.9542　キ 1　(2) 11桁の整数で，最高位の数字は3

○解説○ (1) $\log_{10}1=0$，$\log_{10}4=\log_{10}2^2=2\log_{10}2=2\times0.3010=0.6020$

$\log_{10}5=\log_{10}\frac{10}{2}=\log_{10}10-\log_{10}2=1-0.3010=0.6990$

$\log_{10}6=\log_{10}(2\times3)=\log_{10}2+\log_{10}3=0.3010+0.4771=0.7781$

$\log_{10}8=\log_{10}2^3=3\log_{10}2=3\times0.3010=0.9030$

$\log_{10}9=\log_{10}3^2=2\log_{10}3=2\times0.4771=0.9542$，$\log_{10}10=1$

(2) $X=5^{15}$とおいて，

$\log_{10}X=\log_{10}5^{15}=15\log_{10}5=15\times0.6990=10.485$

よって，$X=10^{10.485}$より，$10^{10}<X<10^{11}$となるから，Xは11桁の整数である。

次に，$X=10^{10.485}=10^{10}\times10^{0.485}$ …①

$\log_{10}3=0.4771$より，$10^{0.4771}=3$，$\log_{10}4=0.6020$より，$10^{0.6020}=4$

よって，①において，$10^{0.4771}<10^{0.485}<10^{0.6020}$であるから，$3<10^{0.485}<4$となる。

ゆえに，$3\times10^{10}<X<4\times10^{10}$となり，$X$の最高位の数は3である。

【4】(3)

○**解説**○ $2040=2^3\times3\times5\times17$であるから，

$$\frac{2^{2024}}{2040}=\frac{2^{2024}}{2^3\times3\times5\times17}=\frac{2^{2021}}{3\times5\times17}=\frac{(2^8)^{252}\times2^5}{255}=\frac{256^{252}\times2^5}{255}$$

$$=\frac{(255+1)^{252}\times2^5}{255}$$

$(255+1)^{252}=255\times K+1$($K$は整数)となるから，

$(255+1)^{252}$を255で割った余りは1となり，

$(255+1)^{252}\times2^5$を255で割った余りは2^5となる。

したがって，2^{2024}を2040で割った余りは$2^3\times2^5=256$である。

【5】(1)　100から624までの整数のうち2の倍数全体の集合をA，3の倍数全体の集合をBとすると

$A=\{2\cdot50,\ 2\cdot51,\ 2\cdot52,\ \cdots\cdots,\ 2\cdot312\}$

$B=\{3\cdot34,\ 3\cdot35,\ 3\cdot36,\ \cdots\cdots,\ 3\cdot208\}$

から　$n(A)=263$，$n(B)=175$

また，$A\cap B$は2と3の最小公倍数6の倍数全体の集合であるから

$A\cap B=\{6\cdot17,\ 6\cdot18,\ 6\cdot19,\ \cdots\cdots,\ 6\cdot104\}$

よって，$n(A\cap B)=88$

すなわち，88〔個〕

(2)　(1)により，

$n(A)-n(A\cap B)=263-88=175$

すなわち，175〔個〕

○**解説**○ 解答参照。

【6】⑤

○**解説**○ ユークリッドの互除法より，

$473=387\times1+86$

$387=86\times4+43$

$86=43\times2$

したがって，最大公約数は43

【7】1

○解説○ $a=6p+2$，$b=6q+3$　($p\geqq 0$，$q\geqq 0$の整数)として，

$a^2+b^2=(6p+2)^2+(6q+3)^2$

$=36(p^2+q^2)+12(2p+3q)+13$

$=6\{6(p^2+q^2)+2(2p+3q)+2\}+1$

$=6k+1$($k\geqq 2$の整数)となるから，

a^2+b^2 を6で割った余りは1である。

【8】

$$f(x)=\begin{cases}\left(x-\frac{2a+1}{2}\right)^2-a-\frac{1}{4} & (x\geqq 0)\\ \left(x-\frac{2a-1}{2}\right)^2+a-\frac{1}{4} & (x<0)\end{cases}$$

以下，$f(x)$の最下値を「Min」と記す。

(i)　$\frac{2a+1}{2}\geqq 0$かつ$\frac{2a-1}{2}<0$のとき　$\left(-\frac{1}{2}\leqq a<\frac{1}{2}\text{のとき}\right)$

$x=\frac{2a+1}{2}$で Min $-a-\frac{1}{4}$　or　$x=\frac{2a-1}{2}$で Min $a-\frac{1}{4}$

これは，$\left(-a-\frac{1}{4}\right)-\left(a-\frac{1}{4}\right)=-2a$なので，大小を比較して

$-\frac{1}{2}\leqq a<0$のとき，$x=\frac{2a-1}{2}$で Min $a-\frac{1}{4}$

$0<a<\frac{1}{2}$のとき，$x=\frac{2a+1}{2}$で Min $-a-\frac{1}{4}$

(ii)　$\frac{2a+1}{2}<0$かつ$\frac{2a-1}{2}<0$のとき　$\left(a<-\frac{1}{2}\text{のとき}\right)$

$x=\frac{2a-1}{2}$で Min $a-\frac{1}{4}$

(iii)　$\frac{2a+1}{2}\geqq 0$かつ$\frac{2a-1}{2}\geqq 0$のとき　$\left(\frac{1}{2}\leqq a\text{のとき}\right)$

$x=\frac{2a+1}{2}$で Min $-a-\frac{1}{4}$

(iv)　$\frac{2a+1}{2}<0$かつ$\frac{2a-1}{2}\geqq 0$のとき

これは，$\dfrac{2a+1}{2}>\dfrac{2a-1}{2}$であるためあり得ない

(i)～(iv)より，

$$\begin{cases} a<0\text{のとき，} x=\dfrac{2a-1}{2} \text{ で Min } a-\dfrac{1}{4} \\ a\geqq 0\text{のとき，} x=\dfrac{2a+1}{2} \text{ で Min } -a-\dfrac{1}{4} \end{cases}$$

○**解説**○ $f(x)$について，

$$f(x)=(x-a)^2-|x|=\begin{cases} x^2-2ax+a^2-x & (x\geqq 0) \\ x^2-2ax+a^2-(-x) & (x<0) \end{cases}$$

$$=\begin{cases} x^2-(2a+1)x+a^2 & (x\geqq 0) \\ x^2-(2a-1)x+a^2 & (x<0) \end{cases}$$

$$=\begin{cases} \left(x-\dfrac{2a+1}{2}\right)^2-a-\dfrac{1}{4} & (x\geqq 0) \\ \left(x-\dfrac{2a-1}{2}\right)^2+a-\dfrac{1}{4} & (x<0) \end{cases}$$ となる。

【9】問1　右辺－左辺

$=(a^2x^2+a^2y^2+a^2z^2+b^2x^2+b^2y^2+b^2z^2+c^2x^2+c^2y^2+c^2z^2)$

$\quad -(a^2x^2+b^2y^2+c^2z^2+2abxy+2bcyz+2cazx)$

$=(ay-bx)^2+(bz-cy)^2+(cx-az)^2\geqq 0$

等号成立は，

$ay=bx$，$bz=cy$，$cx=az$ すなわち $\dfrac{x}{a}=\dfrac{y}{b}=\dfrac{z}{c}$のとき

または $a=b=c=0$ または $x=y=z=0$のときである。

(別解)

$\vec{p}=(a,\ b,\ c)$，$\vec{q}=(x,\ y,\ z)$とおくと，

$|\vec{p}|=\sqrt{a^2+b^2+c^2}$，$|\vec{q}|=\sqrt{x^2+y^2+z^2}$，$\vec{p}\cdot\vec{q}=ax+by+cz$であるから，

$\vec{p}\neq 0$，$\vec{q}\neq 0$，なす角θ ($0^\circ\leqq\theta\leqq 180^\circ$)とすると，

$(a^2+b^2+c^2)(x^2+y^2+z^2)-(ax+by+cz)^2$

$=|\vec{p}|^2|\vec{q}|^2-(\vec{p}\cdot\vec{q})^2$

$=|\vec{p}|^2|\vec{q}|^2-|\vec{p}|^2|\vec{q}|^2\cos^2\theta$

$=|\vec{p}|^2|\vec{q}|^2(1-\cos^2\theta)$

$=|\vec{p}|^2|\vec{q}|^2\sin^2\theta \geqq 0$

等号成立は，$\sin\theta=0$から$\theta=0°$，$180°$すなわち$\vec{p}/\!/\vec{q}$であることから

$(a,\ b,\ c)/\!/(x,\ y,\ z)$のとき

または$a=b=c=0$

または$x=y=z=0$のときである。

問2

$a=3$，$b=4$，$c=-5$とすると，問1より，

$(3x+4y-5z)^2 \leqq \{3^2+4^2+(-5)^2\}(x^2+y^2+z^2)$であるから，

$25 \leqq 50(x^2+y^2+z^2)$となり，$x^2+y^2+z^2 \geqq \frac{1}{2}$

等号成立は，$\frac{x}{3}=\frac{y}{4}=\frac{z}{-5}$のときであるから，

$\frac{x}{3}=\frac{y}{4}=\frac{z}{-5}=k$とおくと，$x=3k$，$y=4k$，$z=-5k$

$3x+4y-5z=5$へ代入すると，$9k+16k+25k=5$

$k=\frac{1}{10}$となり，$(x,\ y,\ z)=\left(\frac{3}{10},\ \frac{2}{5},\ -\frac{1}{2}\right)$のとき最小値$\frac{1}{2}$

○**解説**○ 解答参照。

【10】1　4

2　1から60までの整数の中で2でも3でも割り切れない整数の個数を求めると，

2で割り切れる数は30個

3で割り切れる数は20個

6で割り切れる数は10個

よって　$60-(30+20-10)=20$　　したがって　20〔個〕

3　$\frac{1}{5}\cdot\frac{1}{2}\cdot 5n(5n+1)-\frac{1}{2}n(n+1)=2n^2$

$2n^2=450$　より　$n=15$

4　$\frac{1}{p^2}+\frac{2}{p^2}+\frac{3}{p^2}+\cdots+\frac{p}{p^2}+\cdots+\frac{2p}{p^2}+\cdots+\frac{p^2}{p^2}+\cdots+\frac{p^2+p}{p^2}+\cdots+\frac{2p^2}{p^2}$

$-\left(\frac{1}{p}+\frac{2}{p}+\cdots+\frac{p}{p}+\frac{p+1}{p}+\cdots+\frac{2p}{p}\right)$

$=\frac{1}{p^2}\cdot\frac{1}{2}\cdot 2p^2(2p^2+1)-\frac{1}{p}\cdot\frac{1}{2}\cdot 2p(2p+1)=2p^2-2p=2p(p-1)$

○解説○ 1 $\frac{1}{3}+\frac{2}{3}+\frac{4}{3}+\frac{5}{3}=\frac{12}{3}=4$

2 既約分数でない実数の余事象を求めている。

3 分母を5とする0以上n以下の実数と既約分数以外の数の差を求める。

$\left(\frac{1}{5}+\frac{2}{5}+\frac{3}{5}+\frac{4}{5}+\frac{5}{5}+\cdots+\frac{5n-1}{5}+\frac{5n}{5}\right)-\left(\frac{5}{5}+\frac{10}{5}+\cdots+\frac{5(n-1)}{5}+\frac{5n}{5}\right)$

$=\frac{1}{5}(1+2+3+\cdots+5n)-(1+2+3+\cdots+n)$

$=\frac{1}{5}\times\frac{1}{2}\times 5n\times(5n+1)-\frac{1}{2}\times n\times(n+1)=2n^2$である。

4 pは素数なのでp^2はpでのみ割り切れる。よって，3と同様に，

$\left(\frac{1}{p^2}+\frac{2}{p^2}+\frac{3}{p^2}+\cdots+\frac{p}{p^2}+\cdots+\frac{p^2+p}{p^2}+\cdots+\frac{2p^2}{p^2}\right)-\left(\frac{p}{p^2}+\frac{2p}{p^2}+\frac{3p}{p^2}+\cdots+\frac{p^2}{p^2}\right.$
$\left.+\frac{p^2+p}{p^2}+\cdots\frac{2p^2}{p^2}\right)$

$=\left(\frac{1}{p^2}+\frac{2}{p^2}+\frac{3}{p^2}+\cdots+\frac{p}{p^2}+\cdots+\frac{p^2+p}{p^2}+\cdots+\frac{2p^2}{p^2}\right)-\left(\frac{1}{p}+\frac{2}{p}+\frac{3}{p}+\right.$
$\left.\cdots+\frac{p}{p}+\frac{p+1}{p}+\cdots\frac{2p}{p}\right)$

で既約分数の和が求められる。

【11】(1) ① $5^5-5=5(5^4-1)$より，5の倍数である。

② $6^5-6=6(6^4-1)$

$=6(6^2-1)(6^2+1)=6(6-1)(6+1)(6^2+1)$

$=6\times5(6+1)(6^2+1)$

より，5の倍数である。

(2) $n\geqq2$とし，$N=n^5-n$とおく。

$N=n^5-n=n(n^4-1)=n(n-1)(n+1)(n^2+1)$

(i) $n=5m$ (mは正の整数)のとき，

明らかに5の倍数である。

(ii) $n=5m+1$ (mは正の整数)のとき，

$n-1=5m$より，Nは5の倍数である。

(iii) $n=5m+2$ (mは0以上の整数)のとき，

$n^2+1=(5m+2)^2+1=25m^2+20m+5=5(5m^2+4m+1)$より，

Nは5の倍数である。

(iv)　$n=5m+3$ (mは0以上の整数)のとき，

$n^2+1=(5m+3)^2+1=25m^2+30m+10=5(5m^2+6m+2)$より，

Nは5の倍数である。

(v)　$n=5m+4$(mは0以上の整数)のとき，

$n+1=5m+5=5(m+1)$より，Nは5の倍数である。

以上より，2以上の自然数を5乗した数からもとの数をひいた数は，5の倍数である。

○解説○ 解答参照。

【12】(2)

○解説○ 点(x, y)を1つの項として，点Pの点列を次のように各群に分ける。

$\{(0, 0), (1, 0)\}$

$\{(1, 1), (2, 0), (3, 0), (2, 1)\}$

$\{(2, 2), (3, 1), (4, 0), (5, 0), (4, 1), (3, 2)\}$

このとき，n群目の各項のxとyの関係は，

群の中央より左側の項では，$x+y=2n-2$(偶数)

群の中央より右側の項では，$x+y=2n-1$(奇数)である。

$(66, 15)$は$x+y$の合計が奇数であるため，$66+15=2n-1$

よって，$n=41$〔群目〕である。

41群目は，

$\{(40, 40), (41, 39), \cdots(79, 1), (80, 0), (81, 0), (80, 1), \cdots(66, 15)\}$

よって，求める点は41群目の$41+16$項目である。

n群目の項数は$2n$であるため，

40群目までの項数は

$$\sum_{k=1}^{40} 2k=1640$$

したがって，$(66, 15)$は$1640+41+16=1697$〔番目〕

【13】(1)　$\beta \neq 0$より，両辺をβ^2で割ると，

$\left(\frac{\alpha}{\beta}\right)^2-2\left(\frac{\alpha}{\beta}\right)+4=0$　より

$\frac{\alpha}{\beta}=1\pm\sqrt{3}i\left(=2\left(\cos\left(\pm\frac{\pi}{3}\right)+i\sin\left(\pm\frac{\pi}{3}\right)\right)\right)$

$0<\arg\frac{\alpha}{\beta}<\pi$ であるため，$\frac{\alpha}{\beta}=1+\sqrt{3}i$

(2)　$\frac{\alpha}{\beta}=1+\sqrt{3}i=2\left(\cos\frac{\pi}{3}+i\sin\frac{\pi}{3}\right)$であるため，点A($\alpha$)，点B($\beta$)に対して，

$\overrightarrow{\mathrm{OB}}$ を$\frac{\pi}{3}$だけ回転させて，2倍拡大したものが$\overrightarrow{\mathrm{OA}}$となる。

よって，△OABはOA：OB＝2：1，$\angle\mathrm{AOB}=\frac{\pi}{3}$，$\angle\mathrm{OBA}=\frac{\pi}{2}$の直角三角形である。

○**解説**○ 解答参照。

【14】(1)　$\beta \neq 0$より，　$\alpha^2-2\alpha\beta+4\beta^2=0$の両辺を$\beta^2$で割ると，

$\left(\frac{\alpha}{\beta}\right)^2-2\left(\frac{\alpha}{\beta}\right)+4=0$

これを解くと，$\frac{\alpha}{\beta}=1\pm\sqrt{3}\,i=2\left(\frac{1}{2}\pm\frac{\sqrt{3}}{2}i\right)$

$=2\left\{\cos\left(\pm\frac{\pi}{3}\right)+i\sin\left(\pm\frac{\pi}{3}\right)\right\}$　(複号同順)

よって，$\arg\frac{\alpha}{\beta}=\pm\frac{\pi}{3}$　(複号同順)

(2)　(1)より，

$\frac{\alpha}{\beta}=2\left\{\cos\left(\pm\frac{\pi}{3}\right)+i\sin\left(\pm\frac{\pi}{3}\right)\right\}$　(複号同順)であるから，

$\frac{\mathrm{OA}}{\mathrm{OB}}=\left|\frac{\alpha}{\beta}\right|=2=\frac{2}{1}$　すなわち，OA：OB＝2：1

また，$\arg\frac{\alpha}{\beta}=\pm\frac{\pi}{3}$

よって，△OAB，∠Bを直角とするOA：OB＝2：1の直角三角形

○**解説**○ 解答参照。

【15】(1) [1] 2 [2] 2 (2) [3] 2 [4] 5

○**解説**○ (1) 点zが原点を中心とする半径$\sqrt{2}$の円周上を動くので，

$|z|=\sqrt{2}$

$\omega=\dfrac{z-1}{z-i}$より$\omega(z-i)=z-1$

$z=\dfrac{i\omega-1}{\omega-1}$両辺の絶対値をとると

$|z|=\sqrt{2}$より$\sqrt{2}=\left|\dfrac{i\omega-1}{\omega-1}\right|$ 両辺を2乗して，

$|i\omega-1|^2=2|\omega-1|^2$

$(i\omega-1)(\overline{i\omega-1})=2(\omega-1)(\overline{\omega-1})$

$(i\omega-1)(-i\overline{\omega}-1)=2(\omega-1)(\overline{\omega}-1)$

$\omega\overline{\omega}-i\omega+i\overline{\omega}+1=2\omega\overline{\omega}-2\omega-2\overline{\omega}+2$

$\omega\overline{\omega}-(2-i)\omega-(2+i)\overline{\omega}=-1$…①

ここで$(2-i)(2+i)=4+1=5$…②

①＋② $\omega\overline{\omega}-(2-i)\omega-(2+i)\overline{\omega}+(2-i)(2+i)=-1+5$

$(\omega-(2+i))(\overline{\omega}-(2-i))=4$

$(\omega-(2+i))(\overline{\omega}-(\overline{2+i}))=4$

$(\omega-(2+i))(\overline{\omega-(2+i)})=4$

$|\omega-(2+i)|^2=4$

$|\omega-(2+i)|=2$

したがって，ωは中心$2+i$，半径2の円周上の点である。

(2) $|\omega-(2+i)|\geqq|\omega|-|2+i|$ (1)より，$2\geqq|\omega|-\sqrt{5}$

$2+\sqrt{5}\geqq|\omega|$

したがって，$|\omega|$の最大値は$2+\sqrt{5}$である。

【16】原点を中心とする半径1の円

○**解説**○ $|z-2i|=|1+2iz|$より，$|z-2i|^2=|1+2iz|^2$

よって，$(z-2i)(\overline{z-2i})=(1+2iz)(\overline{1+2iz})$

$(z-2i)(\overline{z}+2i)=(1+2iz)(1-2i\overline{z})$

$z\overline{z}+2iz-2i\overline{z}+4=1-2i\overline{z}+2iz+4z\overline{z}$

$z\overline{z}=1$，$|z|^2=1$

ゆえに，$|z|=1$となり，

zは原点Oを中心とする半径1の円である。

【17】(1)

○**解説**○ $\omega=\dfrac{i(z-1)}{z-i}$において，$\omega$は実軸上を動くから，$\omega$は実数である。

よって，$\omega=\overline{\omega}$であるから，$\dfrac{i(z-1)}{z-i}=\dfrac{-i(\overline{z}-1)}{\overline{z}+i}$，$\dfrac{z-1}{z-i}=\dfrac{1-\overline{z}}{z+i}$

$(z-1)(\overline{z}+i)=(1-\overline{z})(z-i)$，$2z\overline{z}+(i-1)z-(i+1)\overline{z}=0$

$z\overline{z}-\dfrac{1-i}{2}z-\dfrac{1+i}{2}z=0$，$\left(z-\dfrac{1+i}{2}\right)\left(\overline{z}-\dfrac{1-i}{2}\right)=\left(\dfrac{1+i}{2}\right)\left(\dfrac{1-i}{2}\right)$

したがって，$\left(z-\dfrac{1+i}{2}\right)\left(\overline{z-\dfrac{1+i}{2}}\right)=\dfrac{2}{4}$，$\left|z-\dfrac{1+i}{2}\right|^2=\dfrac{2}{4}$より，

$\left|z-\dfrac{1+i}{2}\right|=\dfrac{\sqrt{2}}{2}$となるから，

点zは中心$\left(\dfrac{1+i}{2}\right)$，半径$\dfrac{\sqrt{2}}{2}$の円(ただし，点$i$を除く)を描く。

【18】(1) $z_1=-1+\sqrt{3}\,i$，$z_2=1+i$とおく

$|z_1|=2$より　$z_1=2\left(-\dfrac{1}{2}+\dfrac{\sqrt{3}}{2}i\right)=2\left(\cos\dfrac{2}{3}\pi+i\sin\dfrac{2}{3}\pi\right)$

$|z_2|=\sqrt{2}$ より$z_2=\sqrt{2}\left(\dfrac{1}{\sqrt{2}}+\dfrac{1}{\sqrt{2}}i\right)=\sqrt{2}\left(\cos\dfrac{\pi}{4}+i\sin\dfrac{\pi}{4}\right)$

$\dfrac{z_1}{z_2}=\dfrac{2}{\sqrt{2}}\left\{\cos\left(\dfrac{2}{3}\pi-\dfrac{\pi}{4}\right)+i\sin\left(\dfrac{2}{3}\pi-\dfrac{\pi}{4}\right)\right\}$

$=\sqrt{2}\left(\cos\dfrac{5}{12}\pi+i\sin\dfrac{5}{12}\pi\right)$

よって，$\left(\dfrac{z_1}{z_2}\right)^9=(\sqrt{2})^9\left(\cos\dfrac{5}{12}\pi\times9+i\sin\dfrac{5}{12}\pi\times9\right)$

$=16\sqrt{2}\left(\cos\dfrac{15}{4}\pi+i\sin\dfrac{15}{4}\pi\right)$

$=16\sqrt{2}\left(\dfrac{1}{\sqrt{2}}-\dfrac{1}{\sqrt{2}}i\right)$

$=16-16i$

(2) (ア) $y=-\dfrac{1}{e}(x-1)+e$

(イ) Aにおける法線の方程式は，$y=-\dfrac{1}{e}(x-1)+e$

$\therefore\ ye=-x+1+e^2$ …①

同様にして，Pにおける法線の方程式は，$y=-\dfrac{1}{e^t}(x-t)+e^t$

$\therefore\ ye^t=-x+t+e^{2t}$ …②

これらを連立させて，②−①より

$y(e^t-e)=(t-1)+(e^t-e)(e^t+e)$

$\therefore\ \ y=\dfrac{t-1}{e^t-e}+e^t+e$ …③

ここで，$f(x)=e^x$とおくと，微分の定義より

$\displaystyle\lim_{t\to1}\frac{f(t)-f(1)}{t-1}=f'(1)=e$

よって，③のyについて，$\displaystyle\lim_{t\to1}y=\frac{1}{e}+2e$ …④

これを①のyに代入すると，$e\left(\dfrac{1}{e}+2e\right)=-x+1+e^2$

$\therefore\ \ x=-e^2$

よって，$t\to1$のときにQが近づく点をQ_1とすると

$Q_1\left(-e^2,\ \dfrac{1}{e}+2e\right)$である。したがって，

$$\lim_{t\to1}L(t)=AQ_1$$
$$=\sqrt{(-e^2-1)^2+\left(\frac{1}{e}+2e-e\right)^2}=\sqrt{(e^2+1)^2+\left(\frac{1}{e}+e\right)^2}$$
$$=\sqrt{e^4+2e^2+1+\frac{1}{e^2}+2+e^2}=\sqrt{e^4+3e^2+3+\frac{1}{e^2}}$$
$$=\sqrt{\frac{e^6+3e^4+3e^2+1}{e^2}}=\frac{\sqrt{e^6+3e^4+3e^2+1}}{e}$$
$$=\frac{\sqrt{(e^2+1)^3}}{e}=\frac{(e^2+1)\sqrt{e^2+1}}{e}$$

○**解説**○ (1)　解答参照。

(2)　(ア)　曲線$y=f(t)$上の点$(t,\ f(t))$における法線の傾きは$-\dfrac{1}{f'(t)}$であるので，点Aを通る接線の方程式は，$y-e=-\dfrac{1}{e}(x-1)$

$y=-\dfrac{1}{e}(x-1)+e$

(イ)　解答参照。

【19】ア　3　イ　3　ウ　6　エ　4　オ　3　カ　4　キ　3
ク　2　ケ　1　コ　2　サ　1　シ　1　ス　2　セ　2
ソ　2　タ　2　チ　2　ツ　2　テ　2　ト　4　ナ　6
ニ　2

○**解説**○ $z=\cos\theta+i\sin\theta$ より，

$\omega=3(\cos\theta+i\sin\theta)-(\cos\theta+i\sin\theta)^3=3\cos\theta+3i\sin\theta-(\cos3\theta+i$

$\sin 3\theta)$

よって， $\omega=(3\cos\theta-\cos 3\theta)+i(3\sin\theta-\sin 3\theta)$

したがって，

実部$X=3\cos\theta-\cos 3\theta=3\cos\theta-(4\cos^3\theta-3\cos\theta)=6\cos\theta-4\cos^3\theta$

虚部$Y=3\sin\theta-\sin 3\theta=3\sin\theta-(3\sin\theta-4\sin^3\theta)=4\sin^3\theta$

ここで，X，Yをθで微分して，

$\frac{dX}{d\theta}=-6\sin\theta-12\cos^2\theta\times(-\sin\theta)$

$=6\sin\theta(2\cos^2\theta-1)$

$=6\sin\theta(\sqrt{2}\cos\theta+1)(\sqrt{2}\cos\theta-1)$

$\frac{dY}{d\theta}=12\sin^2\theta\ \cos\theta$

ここで，XとYの増減表は，

Xの増減表

θ	$\frac{\pi}{4}$	…	$\frac{3}{4}\pi$
$\frac{dX}{d\theta}$	0	−	0
X	$2\sqrt{2}$	↘	$-2\sqrt{2}$

Yの増減表

θ	$\frac{\pi}{4}$	…	$\frac{\pi}{2}$	…	$\frac{3}{4}\pi$
$\frac{dY}{d\theta}$	+	+	0	−	−
Y	$\sqrt{2}$	↘	4	↘	$\sqrt{2}$

したがって，$-2\sqrt{2}\leqq X\leqq 2\sqrt{2}$，$\sqrt{2}\leqq Y\leqq 4$

求める曲線の長さは，

$$\int_{\frac{\pi}{4}}^{\frac{3}{4}\pi}\sqrt{\{6\sin\theta(\sqrt{2}\cos\theta+1)(\sqrt{2}\cos\theta-1)\}^2+(12\sin^2\theta\cos\theta)^2}\,d\theta$$

$$=\int_{\frac{\pi}{4}}^{\frac{3}{4}\pi}\sqrt{\{6\sin\theta(2\cos^2\theta-1)\}^2+(6\sin\theta\times 2\sin\theta\ \cos\theta)^2}\,d\theta$$

$$=\int_{\frac{\pi}{4}}^{\frac{3}{4}\pi}\sqrt{(6\sin\theta\cos 2\theta)^2+(6\sin\theta\sin 2\theta)^2}\,d\theta$$

$$=\int_{\frac{\pi}{4}}^{\frac{3}{4}\pi}\sqrt{36\sin^2\theta\cos^2 2\theta+36\sin^2\theta\sin^2 2\theta}\,d\theta$$

$$=\int_{\frac{\pi}{4}}^{\frac{3}{4}\pi}\sqrt{36\sin^2\theta(\cos^2 2\theta+\sin^2 2\theta)}\,d\theta$$

$$=\int_{\frac{\pi}{4}}^{\frac{3}{4}\pi}\sqrt{36\sin^2\theta}\,d\theta$$

$=\int_{\frac{\pi}{4}}^{\frac{3}{4}\pi} 6\sin\theta\, d\theta$

$=\Big[-6\cos\theta\Big]_{\frac{\pi}{4}}^{\frac{3}{4}\pi}$

$=\left(-6\cos\frac{3}{4}\pi\right)-\left(-6\cos\frac{\pi}{4}\right)$

$=6\sqrt{2}$

【20】1　$w=2,\ 1+\sqrt{3}i,\ -1+\sqrt{3}i,\ -2,\ -1-\sqrt{3}i,\ 1-\sqrt{3}i$

2　$z\bar{z}-4\sqrt{2}i(z-\bar{z})+24=0$より

$z\bar{z}-4\sqrt{2}iz+4\sqrt{2}i\bar{z}+24=0$

ここで，$\alpha=-4\sqrt{2}i$とおくと，$\bar{\alpha}=4\sqrt{2}i,\ \alpha\bar{\alpha}=|\alpha|^2=32$

だから　$z\bar{z}-\bar{\alpha}z-\alpha\bar{z}+\alpha\bar{\alpha}=8$

よって　$(z-\alpha)(\bar{z}-\bar{\alpha})=8$

したがって　$(z-\alpha)(\overline{z-\alpha})=8$

ゆえに　$|z-\alpha|^2=(2\sqrt{2})^2$

つまり　$|z+4\sqrt{2}i|=2\sqrt{2}$

よって，点zの全体は，点$-4\sqrt{2}i$を中心とする半径$2\sqrt{2}$の円を描く。

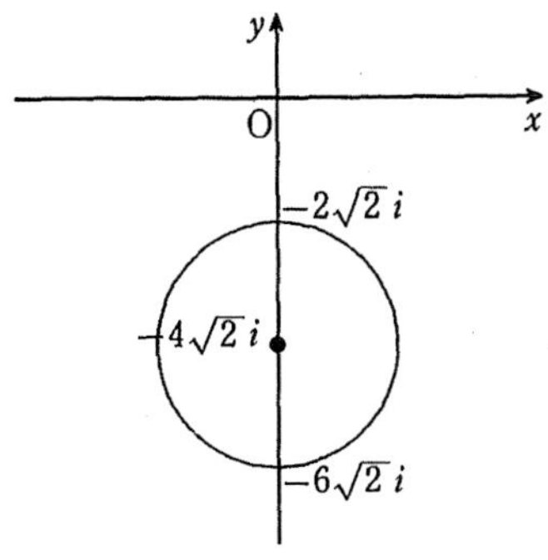

3　$\frac{4}{3}\pi\leqq\theta\leqq\frac{5}{3}\pi$

4　$z_0^3=-a$を満たす複素数z_0の偏角θ_0について，$z_0=r(\cos\theta_0+i\sin\theta_0)$ $(r>0,\ 0\leqq\theta_0<2\pi)$とおくと，$z_0^3=r^3(\cos3\theta_0+i\sin3\theta_0)$ だから，$3\theta_0=$

$\pi + 2k\pi$ $(k=0,\ 1,\ 2)$

つまり，$\theta_0 = \frac{\pi}{3}$，π，$\frac{5}{3}\pi$ のいずれかである。

z_0が$z_0\overline{z_0} - 4\sqrt{2}\,i(z_0 - \overline{z_0}) + 24 = 0$を満たすことから，3より $\theta_0 = \frac{5}{3}\pi$ である。

また，2で求めた円をCとする。原点から円Cに接線を引き，接点のうち，第3象限にある点をPとする。

このとき，$\mathrm{OP} = 2\sqrt{6}$ だから，$|z_0| = 2\sqrt{6}$ である。

したがって，$z_0 = 2\sqrt{6}\left(\cos\frac{5}{3}\pi + i\sin\frac{5}{3}\pi\right)$ であり

$a = -z_0^{\ 3} = -(2\sqrt{6})^3\left(\cos\frac{5}{3}\pi + i\sin\frac{5}{3}\pi\right)^3 = -2^3(\sqrt{6})^3(-1) = 48\sqrt{6}$

○**解説**○ 1　$\omega^6 - 64 = 0$

$(\omega^3 - 8)(\omega^3 + 8) = 0$

$(\omega - 2)(\omega + 2)(\omega^2 + 2\omega + 4)(\omega^2 - 2\omega + 4) = 0$

$\omega = \pm 2,\ 1 \pm \sqrt{3}\,i,\ -1 \pm \sqrt{3}\,i$

2　解答参照。

3　図のような原点から，2の円に接線を引いたとき，接線とy軸のなす角は$\frac{\pi}{6}$となる。

よって，$\frac{4}{3}\pi \leqq \theta \leqq \frac{5}{3}\pi$

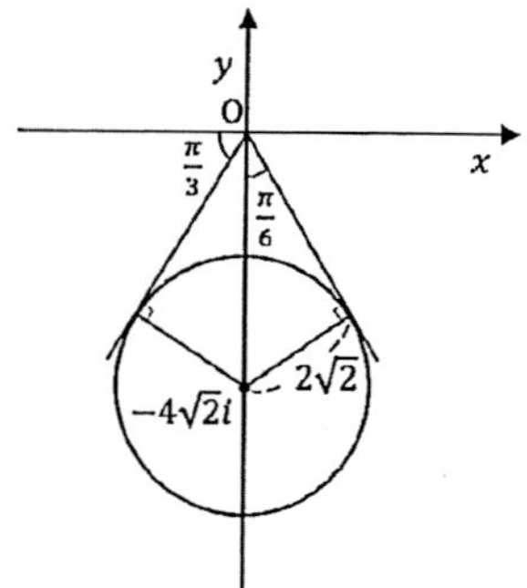

4　解答参照。

数と式

【1】次の(1)～(3)の各問いに答えなさい。

(1) 次の計算をしなさい。

$\frac{x-y}{4}-\frac{x-5y}{6}$

(2) $a+b+c=4$，$ab+bc+ca=-3$のとき，$a^2+b^2+c^2$の値を求めなさい。

(3) $n^2-n<\frac{5}{2}$を満たす整数nの値をすべて求めなさい。

2024年度 静岡県・静岡市・浜松市 難易度

【2】A市とB市では，毎月，人口の調査を行っています。表1は，A市・B市それぞれの2020年1月時点の人口，表2は，A市・B市それぞれの2016年から2020年の5年間の1月時点の人口を比較したときの変化を示しています。

2021年以降も，2016年から2020年の5年間と同様に，A市の人口は前年比2%の割合で毎年減少し続け，B市の人口は前年比5%の割合で毎年増加し続けると仮定して，あとの1・2に答えなさい。

表1　A市・B市それぞれの2020年1月時点の人口

A市	150万人
B市	50万人

表2　A市・B市それぞれの2016年から2020年の5年間の1月時点の人口を比較したときの変化

A市	前年比2%の割合で毎年連続して減少
B市	前年比5%の割合で毎年連続して増加

1　2022年1月時点のA市とB市の人口をそれぞれ求めなさい。

2　2021年以降の1月時点において，B市の人口がA市の人口を初めて上回ることとなるのは何年になるかを求めなさい。ただし，$\log_{10}2=0.3010$，$\log_{10}3=0.4771$，$\log_{10}7=0.8451$とします。

2024年度 広島県・広島市 難易度

【3】$x=\dfrac{1+\sqrt{3}}{1-\sqrt{3}}$，$y=\dfrac{1-\sqrt{3}}{1+\sqrt{3}}$のとき，$x^3+y^3$の値として正しいものを，次の1～4の中から1つ選びなさい。

1　-76　　2　-52　　3　52　　4　76

▌2024年度 ▌埼玉県・さいたま市 ▌難易度

【4】パーティーに出席した人々がそれぞれ全員と握手をし，その回数を数えることにする。例えば，主席者がA，B，Cの3人の場合は「AとB，BとC，CとAの3回」と数えることにする。握手の回数が120回となるのは，出席者が何人になったときか求めなさい。

▌2024年度 ▌静岡県・静岡市・浜松市 ▌難易度

【5】100人のうち，A市に行ったことのある人は43名，B市に行ったことのある人は30名，C市に行ったことのある人は22名でした。A市とB市に行ったことのある人は12名，A市とC市に行ったことのある人は7名，B市とC市に行ったことのある人はx名でした。A市とB市とC市に行ったことのある人は4名，A市にもB市にもC市にも行ったことのない人は27名でした。このとき，xの値として，正しいものを選びなさい。

ア　7　　イ　12　　ウ　15　　エ　30

▌2024年度 ▌北海道・札幌市 ▌難易度

【6】次の各問いについて，解答番号[　1　]～[　10　]内にあてはまる0～9の数字を記入せよ。

(1)　$\dfrac{27^2-2\times27\times12+12^2-14^2-2\times14\times13-13^2}{24^2+3\times24\times15-4\times15^2}$を計算すると

$-\dfrac{[\ 1\ ]}{[\ 2\ ]}$である。

(2)　自然数1，2，…，nをそれぞれ15で割ったときの余りの和が2023になるような自然数nは[　3　][　4　][　5　]である。

(3)　4次方程式$x^4-7x^3+14x^2-7x+1=0$の解は$x=$[　6　]$\pm\sqrt{[\ 7\ ]}$，

$x=\dfrac{[\ 8\ ]\pm\sqrt{[\ 9\ ]}}{[\ 10\ ]}$である。

▌2024年度 ▌愛知県 ▌難易度

【7】$\dfrac{1}{\sqrt{10}-3}$の小数部分をbとするとき，b^4-2b^2+1の値を，次の①～⑤の中から一つ選べ。

① $-216\sqrt{10}+684$　② $-6\sqrt{10}+19$　③ $\sqrt{10}-3$

④ $6\sqrt{10}+19$　⑤ $216\sqrt{10}+684$

▌2024年度 ▌岐阜県 ▌難易度 ■■■■□□

【8】$a>0$のとき，$a+\dfrac{16}{a+2}$の最小値を求めよ。また，そのときのaの値を求めよ。

▌2024年度 ▌愛媛県 ▌難易度 ■■■■□□

【9】$x>0$のとき，$\dfrac{x^2-6x+5}{x}$の最小値として正しいものを，次の1～4の中から1つ選びなさい。

1 $\sqrt{5}+6$　2 $\sqrt{5}-6$　3 $2\sqrt{5}+6$　4 $2\sqrt{5}-6$

▌2024年度 ▌埼玉県・さいたま市 ▌難易度 ■■■■□□

【10】$\alpha=\dfrac{2}{1-\sqrt{3}i}$のとき，$\alpha\times\alpha^2\times\alpha^3\times\cdots\cdots\times\alpha^{24}\times\alpha^{25}$の値として最も適切なものを，次の①～⑥のうちから選びなさい。ただし，iは虚数単位とする。

① -1　② $\dfrac{-1-\sqrt{3}i}{2}$　③ $\dfrac{-1+\sqrt{3}i}{2}$

④ $\dfrac{1-\sqrt{3}i}{2}$　⑤ $\dfrac{1+\sqrt{3}i}{2}$　⑥ 1

▌2024年度 ▌神奈川県・横浜市・川崎市・相模原市 ▌難易度 ■■■■□□

解答・解説

【1】(1) $\dfrac{x+7y}{12}$　(2) 22　(3) $n=-1,\ 0,\ 1,\ 2$

○解説○ (1) $\dfrac{x-y}{4}-\dfrac{x-5y}{6}=\dfrac{3(x-y)-2(x-5y)}{12}=\dfrac{x+7y}{12}$

(2)　$a^2+b^2+c^2=(a+b+c)^2-2(ab+bc+ca)$

$=4^2-2\cdot(-3)=22$

(3)　$n^2-n<\frac{5}{2}$より，$2n^2-2n-5<0$

$\frac{1-\sqrt{11}}{2}<n<\frac{1+\sqrt{11}}{2}$

$3<\sqrt{11}<4$なので，$n=-1$，0，1，2

【2】1　2022年は，2020年の2年後である。

A市の人口は $150\times\left(\frac{98}{100}\right)^2=144.06$

B市の人口は $50\times\left(\frac{105}{100}\right)^2=55.125$

よって，2022年1月時点の人口は A市は144.06万人，B市は55.125万人である。

2　2020年のn年後のA市の人口は $150\times\left(\frac{98}{100}\right)^n$万人，

2020年のn年後のB市の人口は $50\times\left(\frac{105}{100}\right)^n$万人と表せる。

B市の人口がA市の人口を上回るとき

$150\times\left(\frac{98}{100}\right)^n<50\times\left(\frac{105}{100}\right)^n$

$3\times\left(\frac{98}{100}\right)^n<\left(\frac{105}{100}\right)^n$

$3\times98^n<105^n$

$3<\left(\frac{15}{14}\right)^n$

両辺の常用対数をとると，底10は1より大きいから，

$\log_{10}3<\log_{10}\left(\frac{15}{14}\right)^n$

$\log_{10}3<n\log_{10}\left(\frac{15}{14}\right)$

$\log_{10}3<n\{\log_{10}15-\log_{10}14\}$

$\log_{10}3<n\{\log_{10}3\cdot5-\log_{10}2\cdot7\}$

$\log_{10}3<n\{\log_{10}3+1-\log_{10}2-\log_{10}2-\log_{10}7\}$

$0.4771<0.03n$

$n>15.90\cdots$

nは自然数なので，これを満たす最小のnの値は$n=16$である。つまり，

2020年の16年後に，B市の人口がA市の人口を初めて上回る。

したがって，2021年以降の1月時点においてB市の人口がA市の人口を初めて上回るのは，2036年である。

○**解説**○ 解答参照。

【3】2

○**解説**○ $x=\frac{1+\sqrt{3}}{1-\sqrt{3}}=-2-\sqrt{3}$，$y=\frac{1-\sqrt{3}}{1+\sqrt{3}}=-2+\sqrt{3}$ より，

$x+y=-4$，$xy=1$

よって，$x^3+y^3=(x+y)^3-3xy(x+y)=(-4)^3-3(-4)=-52$

【4】16〔人〕

○**解説**○ 出席者をn人とすれば握手の回数は，${}_nC_2$〔通り〕

よって，${}_nC_2=120$より，$\frac{n(n-1)}{2}=120$，$n(n-1)=240$

$240=16\times15$であり，nは整数であるから，$n=16$〔人〕

【5】ア

○**解説**○ 以下の図のように，それぞれの都市に行った人数を$n(A)$，$n(B)$，$n(C)$として，

$n(B\cap C)=x$とすれば，

$n(A\cup B\cup C)=n(A)+n(B)+n(C)-n(A\cap B)-n(B\cap C)-n(C\cap A)+n(A\cap B\cap C)$，

$n(A\cup B\cup C)=100-27=73$であるから，

$73=43+30+22-12-x-7+4$より，

$x=7$

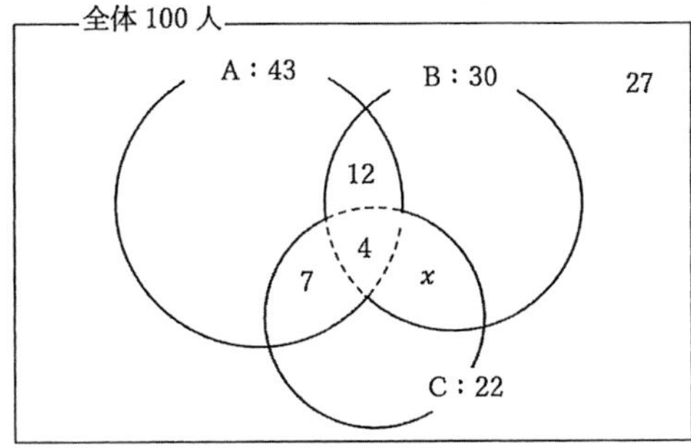

【6】(1) [1] 2 [2] 3 (2) [3] 2 [4] 9 [5] 2

(3) [6] 2 [7] 3 [8] 3 [9] 5 [10] 2

○**解説**○ (1) 与式の分子と分母をそれぞれ変形すると，

分子$=27^2-2\times27\times12+12^2-14^2-2\times14\times13-13^2=(27-12)^2-(14+13)^2=15^2-27^2=(15+27)(15-27)=42\cdot(-12)=-2^3\cdot3^2\cdot7$

分母$=24^2+3\times24\times15-4\times15^2=(24+4\cdot15)(24-15)=84\cdot9=2^2\cdot3^3\cdot7$

したがって，与式$=\dfrac{-2^3\cdot3^2\cdot7}{2^2\cdot3^3\cdot7}=-\dfrac{2}{3}$

(2) nを15で割ったときの余りをr_nとする。

$r_1=1$，$r_2=2$，$r_3=3\cdots r_{14}=14$，$r_{15}=0$，$r_{16}=1\cdots$

したがって，$\displaystyle\sum_{n=1}^{15}r_n=1+\cdots+14+0=\frac{1}{2}\cdot14\cdot(1+14)=105$

15ずつで区切った和は105である。

$2023=105\cdot19+28$より，28をl番目までの和であるとすると，

$28=\dfrac{1}{2}l(1+l)$

$l^2+l-56=0$

$(l+8)(l-7)=0$

$l>0$なので$l=7$

つまり$19\cdot15+7=292$のときに，余りの和が2023となる。

(3) 4次方程式を(2次式)×(2次式)とすると，

$x^4-7x^3+14x^2-7x+1=(x^2+ax+b)(x^2+cx+d)$

$=x^4+(a+c)x^3+(b+ac+d)x^2+(ad+bc)x+bd$で表せる。

係数を比較すると，

$$\begin{cases}a+c=-7\\b+ac+d=14\\ad+bc=-7\\bd=1\end{cases}$$

$b=d=1$とすると，$a=-4$，$c=-3$

よって，$(x^2-4x+1)(x^2-3x+1)=0$

二次方程式の解の公式より，$x=2\pm\sqrt{3}$，$\dfrac{3\pm\sqrt{5}}{2}$

【７】①

○**解説**○ $\dfrac{1}{\sqrt{10}-3}=\sqrt{10}+3$であり，$3<\sqrt{10}<4$であるので，

$6<\sqrt{10}+3<7$

したがって，$\sqrt{10}+3$の整数部分は，6

小数部分bは，$b=\sqrt{10}+3-6=\sqrt{10}-3$

よって，$b^4-2b^2+1=(b^2-1)^2=\{(\sqrt{10}-3)^2-1\}^2$

$=\{(19-6\sqrt{10})-1\}^2=(18-6\sqrt{10})^2=324-216\sqrt{10}+360$

$=-216\sqrt{10}+684$

【８】$a=2$のとき最小値6をとる

○**解説**○ 相加・相乗平均より，

$a+\dfrac{16}{a+2}=a+2+\dfrac{16}{a+2}-2\geqq 2\sqrt{(a+2)\cdot\dfrac{16}{a+2}}-2=8-2=6$

等号は，$a+2=\dfrac{16}{a+2}$，$(a+2)^2=16$，$a>0$より，$a=2$

よって，$a=2$のとき，最小値6

【別解】$f(a)=a+\dfrac{16}{a+2}$とおいて，$f'(a)=1-\dfrac{16}{(a+2)^2}=0$

$\dfrac{16}{(a+2)^2}=1$，$a>0$より，$a=2$

次の増減表より，

a	0	……	2	……
$f'(a)$		－	0	＋
$f(a)$	8	↘	極小	↗

よって，最小値$f(2)=2+\dfrac{16}{4}=6$

【９】4

○**解説**○ $x>0$，$\dfrac{5}{x}>0$なので，相加相乗平均の関係$x+\dfrac{5}{x}\geqq 2\sqrt{x\cdot\dfrac{5}{x}}$から，$\dfrac{x^2-6x+5}{x}=x+\dfrac{5}{x}-6\geqq 2\sqrt{x\cdot\dfrac{5}{x}}-6=2\sqrt{5}-6$(等号は$x=\sqrt{5}$)となるから，最小値は$2\sqrt{5}-6$

【10】⑤

○解説○ $\alpha=\dfrac{2}{1-\sqrt{3}\,i}=\dfrac{2(1+\sqrt{3}\,i)}{(1-\sqrt{3}\,i)(1+\sqrt{3}\,i)}=\dfrac{1}{2}+\dfrac{\sqrt{3}}{2}i=\cos\dfrac{\pi}{3}+i\sin\dfrac{\pi}{3}$

ここで，$S=\alpha\times\alpha^2\times\alpha^3\times\alpha^4\times\cdots\alpha^{24}\times\alpha^{25}=\alpha^{1+2+3+4+\cdots+24+25}$として，

$1+2+3+4+\cdots+24+25=\dfrac{25\times26}{2}=325$であるから，

$S=\alpha^{325}=\left(\cos\dfrac{\pi}{3}+i\sin\dfrac{\pi}{3}\right)^{325}=\cos\dfrac{325\pi}{3}+i\sin\dfrac{325\pi}{3}$

$=\cos\left(108\pi+\dfrac{\pi}{3}\right)+i\sin\left(108\pi+\dfrac{\pi}{3}\right)=\cos\dfrac{\pi}{3}+i\sin\dfrac{\pi}{3}=\dfrac{1}{2}+\dfrac{\sqrt{3}}{2}i$

方程式

【1】次の1・2に答えなさい。

1　$y-2$は$2x-1$に比例し，$x=-1$のとき$y=-7$である。このとき，yをxの式で表しなさい。

2　3直線$y=x+1$，$y=-2x+7$，$y=ax-4$で三角形ができないような定数aの値を求めなさい。

▌2024年度 ▌広島県・広島市 ▌難易度

【2】$x=\frac{1}{2}$を解の1つにもつxについての二次方程式$ax^2+bx+c=0$と，$x=1$を解の1つにもつxについての二次方程式$bx^2+cx+a=0$がある。このとき，xについての二次方程式$cx^2+ax+b=0$の解を求めなさい。ただし，解を求める過程も記述しなさい。尚，a，b，cは0でないとする。

▌2024年度 ▌京都市 ▌難易度

【3】aを実数とする。xについての方程式$|x^2+2ax-3a|=a+4$ …①について，次の各問いに答えなさい。

(1)　$a=-4$のとき，方程式①の解を求めなさい。

(2)　方程式①が異なる実数解をちょうど2個もつようなaの値の範囲を求めなさい。

▌2024年度 ▌京都府 ▌難易度

【4】θについての2つの関数

$$f(\theta)=\sqrt{3}\sin 2\theta-a,\quad g(\theta)=2a\sin^2\theta$$

が，$f\left(\frac{\pi}{3}\right)+g\left(\frac{\pi}{3}\right)=2$を満たしているとき，次の問いに答えなさい。ただし$a$は定数とする。

(1)　aの値を求めなさい。解答は，答えのみでよい。

(2)　$0\leqq\theta<2\pi$のとき，方程式$g(\theta)-\sqrt{3}\cos\theta-2=0$を解きなさい。

(3)　(2)で求めた解のうち，最も小さいものをαとする。
$0\leqq\theta\leqq\pi$のとき，不等式$f(\theta)+g(\theta)\geqq f(\alpha)+g(\alpha)$を解きなさい。

▌2024年度 ▌兵庫県 ▌難易度

【5】次の[問1]，[問2]に答えよ。

[問1]　2次方程式$ax^2+bx+c=0$の解が$x=\dfrac{-b\pm\sqrt{b^2-4ac}}{2a}$であることを導け。

[問2]　方程式$x^4+5x^2+9=0$を複素数の範囲で解け。

2024年度　和歌山県　難易度

【6】次の1～5について，[　①　]～[　⑪　]に当てはまる数字を答えなさい。

1　2次方程式$x^2+3x+5=0$の2つの解をα，βとするとき，2数$\alpha-2$，$\beta-2$を解とする2次方程式の1つは，x^2+[　①　]$x+$[　②　][　③　]$=0$である。

2　$0\leqq\theta<2\pi$のとき，方程式$\sin\left(\theta-\dfrac{5}{6}\pi\right)=-\dfrac{\sqrt{2}}{2}$を解くと，

$\theta=\dfrac{\pi}{[\ ④\ ][\ ⑤\ ]}$，$\dfrac{[\ ⑥\ ]}{[\ ④\ ][\ ⑤\ ]}\pi$である。

3　等式$\dfrac{4x-5}{(x-3)(2x+1)}=\dfrac{a}{x-3}+\dfrac{b}{2x+1}$が$x$についての恒等式となるような定数$a$，$b$の値は$a=$[　⑦　]，$b=$[　⑧　]である。

4　$\dfrac{1}{2}\leqq x\leqq 8$のとき，関数$y=(\log_2 x)^2-\log_2 x^4$の最大値は[　⑨　]であり，最小値は$-$[　⑩　]である。

5　和$S_n=\dfrac{1}{1\cdot 4}+\dfrac{1}{4\cdot 7}+\dfrac{1}{7\cdot 10}+\cdots+\dfrac{1}{(3n-2)(3n+1)}$は，

$\dfrac{n}{3n+[\ ⑪\ ]}$である。

2024年度　茨城県　難易度

【7】次の各問に答えよ。

(1)　方程式$11x+8y=264$を満たす正の整数の組$(x,\ y)$をすべて求めよ。(答のみでよい。)

(2)　k，zを正の整数とするとき，方程式$3k+55z=1320$を満たすkの値は何個あるか。

(3)　方程式$33x+24y+55z=1320$を満たす正の整数の組$(x,\ y,\ z)$は何組あるか。

2024年度　鹿児島県　難易度

【8】方程式$8^x+8^{-x}-4(4^x+4^{-x})+2(2^x+2^{-x})-4=0$を解きなさい。

2024年度 長野県 難易度

【9】2次方程式$ax^2+bx+c=0$が異なる2つの負の数を解にもつとき，成り立つ不等式として適切ではないものを，次の①～⑥のうちから選びなさい。ただし，$a>0$とする。

① $a+b+c>0$　② $-\dfrac{b^2-4ac}{4a}<0$　③ $-\dfrac{b}{2a}<0$

④ $c<0$　⑤ $b>0$　⑥ $b^2-4ac>0$

2024年度 神奈川県・横浜市・川崎市・相模原市 難易度

【10】等式$(\sqrt{5}-2)^2(p^2-q^2)+(\sqrt{5}-2)(\sqrt{5}+2)(p+q)=30-12\sqrt{5}$を満たす自然数$p$，$q$の値の組合せとして最も適切なものを，次の①～⑥のうちから選びなさい。

① $p=1$，$q=1$　② $p=1$，$q=2$　③ $p=2$，$q=1$

④ $p=4$，$q=1$　⑤ $p=3$，$q=1$　⑥ $p=3$，$q=2$

2024年度 神奈川県・横浜市・川崎市・相模原市 難易度

【11】$0\leqq x<\dfrac{3}{4}\pi$のとき，方程式$\dfrac{1}{\cos x}+\dfrac{1}{\cos 2x}=2$ …①について，次の各問いに答えなさい。ただし，問1は答のみ記入しなさい。

問1　$t=\cos x$ $\left(0\leqq x<\dfrac{3}{4}\pi\right)$とする。方程式①の分母が0でないことに留意し，$t$のとりうる値の範囲を求めなさい。

問2　方程式①をtの3次方程式で表しなさい。

問3　方程式①を満たす解の個数を求めなさい。

2024年度 静岡県・静岡市・浜松市 難易度
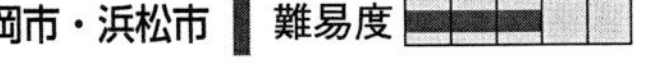

【12】aを実数とするとき，xについての方程式$x^3+2(a-1)x^2-(3a-2)x-2a-4=0$ …①を考える。次の[　　]にあてはまる数や範囲を答えなさい。

(1)　aの値に関わらず，方程式①は$x=$[　ア　]を解にもつ。

(2)　方程式①が虚数解α，βをもつとき，aの値の範囲は[　イ　]である。また，このα，βが$\alpha^2+\beta^2=2$をみたすとき，定数aの値は[　ウ　]である。

2024年度 京都市 難易度

【13】3次方程式$x^3+ax^2-2x+b=0$が，$-1+\sqrt{3}\,i$を解にもつときの実数解として正しいものを，次の1～4の中から1つ選びなさい。

1　-3　　2　-2　　3　2　　4　3

▌2024年度 ▌埼玉県・さいたま市 ▌難易度 ■■■■□□

【14】方程式$||x-5|-5|-6=ax+a$がちょうど4個の解をもつようなaの値の範囲として正しいものを，次の(1)～(4)の中から1つ選びなさい。

(1)　$0<a<\frac{5}{6}$　　(2)　$-\frac{5}{6}<a<0$　　(3)　$\frac{1}{6}<a<\frac{6}{11}$

(4)　$-\frac{6}{11}<a<-\frac{1}{6}$

▌2024年度 ▌埼玉県・さいたま市 ▌難易度 ■■■■■□

【15】aを定数とし，$0\leqq x<2\pi$とするとき，xに関する方程式$\cos 2x+\sin x+a=0$の異なる実数解の個数を求めよ。

▌2024年度 ▌山口県 ▌難易度 ■■■■■□

解答・解説

【1】1　$y-2$は$2x-1$に比例するので，

$y-2=a(2x-1)$

と表すことができる。

$x=-1$のとき$y=-7$であるから，$x=-1$，$y=-7$を代入すると，

$-9=-3a$

$a=3$

したがって，求める式は

$y-2=3(2x-1)$

$y=6x-1$

2　$y=x+1$　　…①

$y=-2x+7$　…②

$y=ax-4$　　…③

2直線①，②は平行でないから，この3直線で三角形ができないのは，

次の3つの場合がある。

(ア)　①と③が平行のとき

$a=1$

(イ)　②と③が平行のとき

$a=-2$

(ウ)　3直線が1点で交わるとき

①と②は交わるので，①と②を連立方程式として解くと，

$x=2$，$y=3$

よって，①と②の交点は(2，3)

③がこの点を通ることから，③の式に$x=2$，$y=3$を代入すると，

$3=2a-4$

$a=\frac{7}{2}$

(ア)〜(ウ)より，求めるaの値は

$a=1$，-2，$\frac{7}{2}$

○解説○　1　解答参照。　2　3直線が三角形を作らない条件は，3直線が1点で交わるとき，もしくは2直線が平行であるときである。

【2】【求める過程】

$ax^2+bx+c=0$に$x=\frac{1}{2}$，$bx^2+cx+a=0$に$x=1$を代入すると，

$\frac{1}{4}a+\frac{1}{2}b+c=0$ …①

$a+b+c=0$ …②

となる。

①×4−②　$b=-3c$ …③

これを②に代入すると　$a=2c$ …④

③，④を$cx^2+ax+b=0$に代入すると，

$x^2+2x-3=0$

これを解くと　$x=-3$，1

【答】$x=-3$，1

○解説○　$cx^2+ax+b=0$に③，④を代入すると，

$cx^2+2cx-3c=0$

$c\neq0$なので，$c(x^2+2x-3)=0$より，$x^2+2x-3=0$である。

【3】(1)　$a=-4$のとき，$|x^2-8x+12|=0$

$|(x-2)(x-6)|=0$

したがって，$x=2,\ 6$

(2)　$|x^2+2ax-3a|=a+4$ …①が実数をもつためには，$a+4\geqq 0$すなわち$a\geqq -4$であることが必要である。

このとき，①は，$x^2+2ax-3a=\pm(a+4)$

(i)　$a=-4$のとき，(1)より条件を満たす。

(ii)　$a>-4$のとき，$a+4>-(a+4)$であることに注意すると①が異なる実数解がちょうど2個もつ条件は，放物線$y=x^2+2ax-3a$が直線$y=a+4$と異なる2点で交わり，直線$y=-(a+4)$と共有点をもたないことである。

ここで，$y=(x+a)^2-a^2-3a$であるから，求める条件は

$-(a+4)<-a^2-3a<a+4$

これより，$\begin{cases} a^2+2a-4<0 \\ a^2+4a+4>0 \end{cases}$

これを解いて，$-1-\sqrt{5}<a<-2,\ -2<a<-1+\sqrt{5}$

これは，$a>-4$を満たす。

以上より，求めるaの値の範囲は　$a=-4,\ -1-\sqrt{5}<a<-2,$
$-2<a<-1+\sqrt{5}$

○**解説**○ 解答参照。

【4】(1)　$a=1$

(2)　$a=1$より　$2\sin^2\theta=\sqrt{3}\cos\theta+2$

$2(1-\cos^2\theta)=\sqrt{3}\cos\theta+2$

$2\cos^2\theta+\sqrt{3}\cos\theta=0$

$\cos\theta(2\cos\theta+\sqrt{3})=0$

よって　$\cos\theta=0$　または　$\cos\theta=-\dfrac{\sqrt{3}}{2}$

$0\leqq\theta<2\pi$ であるから　$\theta=\dfrac{\pi}{2},\ \dfrac{5}{6}\pi,\ \dfrac{7}{6}\pi,\ \dfrac{3}{2}\pi$

(3)　(2)より　$\alpha=\dfrac{\pi}{2}$　であるから

$f\left(\frac{\pi}{2}\right)=\sqrt{3}\sin\pi-1=\sqrt{3}\cdot 0-1=-1$,

$g\left(\frac{\pi}{2}\right)=2\sin^2\frac{\pi}{2}=2\cdot 1^2=2$　より

$\sqrt{3}\sin 2\theta-1+2\sin^2\theta \geqq -1+2$

$\sqrt{3}\sin 2\theta+2\cdot\frac{1-\cos 2\theta}{2}\geqq 2$

$\sqrt{3}\sin 2\theta-\cos 2\theta\geqq 1$

$2\sin\left(2\theta-\frac{\pi}{6}\right)\geqq 1$

$\sin\left(2\theta-\frac{\pi}{6}\right)\geqq\frac{1}{2}$

$0\leqq\theta\leqq\pi$ より　$-\frac{\pi}{6}\leqq 2\theta-\frac{\pi}{6}\leqq\frac{11}{6}\pi$　であるから

不等式を満たす θ の範囲は　$\frac{\pi}{6}\leqq 2\theta-\frac{\pi}{6}\leqq\frac{5}{6}\pi$

よって，$\frac{\pi}{6}\leqq\theta\leqq\frac{\pi}{2}$

○**解説**○ (1)　$f\left(\frac{\pi}{3}\right)=\sqrt{3}\sin\frac{2}{3}\pi-a=\sqrt{3}\cdot\frac{\sqrt{3}}{2}-a=\frac{3}{2}-a$

$g\left(\frac{\pi}{3}\right)=2a\sin^2\frac{\pi}{3}=2a\cdot\left(\frac{\sqrt{3}}{2}\right)^2=\frac{3}{2}a$ より，

$f\left(\frac{\pi}{3}\right)+g\left(\frac{\pi}{3}\right)=\frac{1}{2}a+\frac{3}{2}$ となる。$\frac{1}{2}a+\frac{3}{2}=2$ を解くと，$a=1$

(2)，(3)　解答参照。

【5】問1　$ax^2+bx+c=0$ の両辺を a で割ると，

$x^2+\frac{b}{a}x+\frac{c}{a}=0$

$x^2+\frac{b}{a}x=-\frac{c}{a}$

両辺に $\left(\frac{b}{2a}\right)^2$ を加えると，

$x^2+\frac{b}{a}x+\left(\frac{b}{2a}\right)^2=-\frac{c}{a}+\left(\frac{b}{2a}\right)^2$

$\left(x+\frac{b}{2a}\right)^2=\frac{b^2-4ac}{4a^2}$

$$x+\frac{b}{2a}=\pm\frac{\sqrt{b^2-4ac}}{2a}$$

$$x=-\frac{b}{2a}\pm\frac{\sqrt{b^2-4ac}}{2a}$$

よって，

$$x=\frac{-b\pm\sqrt{b^2-4ac}}{2a}$$

問2　$x^4+5x^2+9=0$

$(x^2+3)^2-x^2=0$

$(x^2+3+x)(x^2+3-x)=0$

よって，

$x^2+x+3=0$　または　$x^2-x+3=0$

$x=\dfrac{-1\pm\sqrt{11}\,i}{2}$，$\dfrac{1\pm\sqrt{11}\,i}{2}$

○**解説**○ 解答参照。

【6】1　①　7　②　1　③　5　2　④　1　⑤　2　⑥　7
3　⑦　1　⑧　2　4　⑨　5　⑩　4　5　⑪　1

○**解説**○ 1　解と係数の関係より，$\alpha+\beta=-3$，$\alpha\beta=5$

よって，$(\alpha-2)+(\beta-2)=\alpha+\beta-4=-7$

$(\alpha-2)(\beta-2)=\alpha\beta-2(\alpha+\beta)+4=5+6+4=15$

よって，$\alpha-2$と$\beta-2$を解とする2次方程式の1つは

$x^2+7x+15=0$

2　$0\leqq\theta<2\pi$より，$-\dfrac{5}{6}\pi\leqq\theta-\dfrac{5}{6}\pi\leqq\dfrac{7}{6}\pi$

このとき，$\sin\left(\theta-\dfrac{5}{6}\pi\right)=-\dfrac{\sqrt{2}}{2}$を満たすのは$\theta-\dfrac{5}{6}\pi=-\dfrac{3}{4}\pi$，$-\dfrac{1}{4}\pi$

したがって，$\theta=\dfrac{\pi}{12}$，$\dfrac{7}{12}\pi$

3　等式の右辺を変形して，$\dfrac{a(2x+1)+b(x-3)}{(x-3)(2x+1)}=\dfrac{(2a+b)x+(a-3b)}{(x-3)(2x+1)}$

よって，$\dfrac{4x-5}{(x-3)(2x+1)}=\dfrac{(2a+b)x+(a-3b)}{(x-3)(2x+1)}$

xについての恒等式なので係数を比較して$\begin{cases}2a+b=4\\a-3b=-5\end{cases}$

これを解いて，$a=1$，$b=2$

4　$y=(\log_2 x)^2-4\log_2 x$

$=(\log_2 x-2)^2-4$

$\frac{1}{2}\leqq x\leqq 8$より，$-1\leqq \log_2 x\leqq 3$において

$\log_2 x=-1$のとき最大値5，$\log_2 x=2$のとき，最小値-4をとる。

5　$S_n=\frac{1}{3}\left\{\left(1-\frac{1}{4}\right)+\left(\frac{1}{4}-\frac{1}{7}\right)+\left(\frac{1}{7}-\frac{1}{10}\right)+\cdots+\left(\frac{1}{3n-2}-\frac{1}{3n+1}\right)\right\}$

$=\frac{1}{3}\left(1-\frac{1}{3n+1}\right)=\frac{n}{3n+1}$

【7】(1)　$(x,\ y)=(16,\ 11),\ (8,\ 22)$

(2)　$3k+55z=1320$　より　$z=24-\frac{3}{55}k$

zは正の整数より，kは55の倍数であるので$k=55m$ (mは正の整数)とおける。

$24-\frac{3}{55}\cdot 55m>0$

$m<8$

このとき　$k=55\cdot 1,\ 55\cdot 2,\ \cdots\cdots,\ 55\cdot 7$

よって　7個　…[答]

(3)　$33x+24y+55z=1320$　より

$3(11x+8y)+55z=1320$

$11x+8y=l$とおくと，

$3l+55z=1320$　なので(2)より，

$l=55m\ (m=1,\ 2,\ \cdots,\ 7)$

ここで，$x=\frac{1}{11}l-\frac{8}{11}y$　より　$x=5m-\frac{8}{11}y$

xが正の整数よりyは11の倍数なので

$m=1$のとき　これを満たす正の整数の組$(x,\ y)$は存在しない。

$m=2$のとき　$(x,\ y)=(2,\ 11)$

$m=3$のとき　$(x,\ y)=(7,\ 11)$

$m=4$のとき　$(x,\ y)=(12,\ 11),\ (4,\ 22)$

$m=5$のとき　$(x,\ y)=(17,\ 11),\ (9,\ 22),\ (1,\ 33)$

$m=6$のとき　$(x,\ y)=(22,\ 11),\ (14,\ 22),\ (6,\ 33)$

$m=7$のとき　$(x,\ y)=(27,\ 11),\ (19,\ 22),\ (11,\ 33),\ (3,\ 44)$

$z=24-3m$よりmの値1つに対してzの値が1つ定まるので

$33x+24y+55z=1320$を満たす正の整数の組$(x,\ y,\ z)$は14組　…[答]

○**解説**○ (1)　$11x+8y=264$より，$y=33-\dfrac{11}{8}x$

xは8の倍数であるから，方程式を満たす正の整数の組は$(8,\ 22)$，$(16,\ 11)$である。　(2)　解答参照。　(3)　解答参照。

【8】$2x+2^{-x}=t$とおくと，

$2^x>0$，$2^{-x}>0$なので，相加平均と相乗平均の大小関係より，

$t=2^x+2^{-x}\geqq 2\sqrt{2^x\cdot 2^{-x}}=2$

$(2^x+2^{-x})^3=t^3$より，$8^x+8^{-x}=t^3-3t$

$(2^x+2^{-x})^2=t^2$より，$4^x+4^{-x}=t^2-2$

よって方程式は　$t^3-4t^2-t+4=0$

これを解いて，$t=-1,\ 1,\ 4$

$t\geqq 2$より，$t=4$　つまり，$2^x+2^{-x}=4$

両辺を2^x倍して，$(2^x)^2-4\cdot 2^x+1=0$

$2^x=2\pm\sqrt{3}$　　これは$2^x>0$をみたす。

したがって，$x=\log_2(2\pm\sqrt{3})$

○**解説**○ 解答参照。

【9】④

○**解説**○ $y=f(x)=ax^2+bx+c=a\left(x+\dfrac{b}{2a}\right)^2-\dfrac{b^2-4ac}{4a}$ $(a>0)$において，

2次方程式$f(x)=0$が異なる2つの負の解をもつから，

$f(1)=a+b+c>0,\ f\left(-\dfrac{b}{2a}\right)=-\dfrac{b^2-4ac}{4a}<0$

軸：$x=-\dfrac{b}{2a}<0$，また，$b^2-4ac>0$より，$b>0$

y切片は$f(0)=c>0$である。

以上から，④　$c<0$は適切でないことが判断できる。

【10】③

○**解説**○ $(\sqrt{5}-2)^2(p^2-q^2)+(\sqrt{5}-2)(\sqrt{5}+2)(p+q)=30-12\sqrt{5}$

(p, qは自然数)を展開整理して,

$9(p^2-q^2)+p+q-4(p^2-q^2)\sqrt{5}=30-12\sqrt{5}$

よって, $\begin{cases} 9(p^2-q^2)+p+q=30 & \cdots① \\ -4(p^2-q^2)=-12 & \cdots② \end{cases}$

①, ②より, $p+q=3$, $p-q=1$

したがって, $p=2$, $q=1$　この値は自然数で適する。

【11】問1　$-\dfrac{1}{\sqrt{2}}<t<0$, $0<t<\dfrac{1}{\sqrt{2}}$, $\dfrac{1}{\sqrt{2}}<t\leqq 1$

問2　$\dfrac{1}{\cos x}+\dfrac{1}{\cos 2x}=2$

$\dfrac{1}{\cos x}+\dfrac{1}{2\cos^2 x-1}=2$

$\cos x=t$より, $\dfrac{1}{t}+\dfrac{1}{2t^2-1}=2$

$2t^2-1+t=2t(2t^2-1)$

よって, $4t^3-2t^2-3t+1=0$

問3　tの値の範囲は, $-\dfrac{1}{\sqrt{2}}<t<0$, $0<t<\dfrac{1}{\sqrt{2}}$, $\dfrac{1}{\sqrt{2}}<t\leqq 1$　$\cdots②$

$(t-1)(4t^2+2t-1)=0$　より, $t=1$, $\dfrac{-1\pm\sqrt{5}}{4}$　$\cdots③$

$f(t)=4t^2+2t-1$とすると,

$f\left(-\dfrac{1}{\sqrt{2}}\right)=1-\sqrt{2}<0$, $f\left(\dfrac{1}{\sqrt{2}}\right)=1+\sqrt{2}>0$　であるから,

$\dfrac{-1-\sqrt{5}}{4}<-\dfrac{1}{\sqrt{2}}$, $0<\dfrac{-1+\sqrt{5}}{4}<\dfrac{1}{\sqrt{2}}$

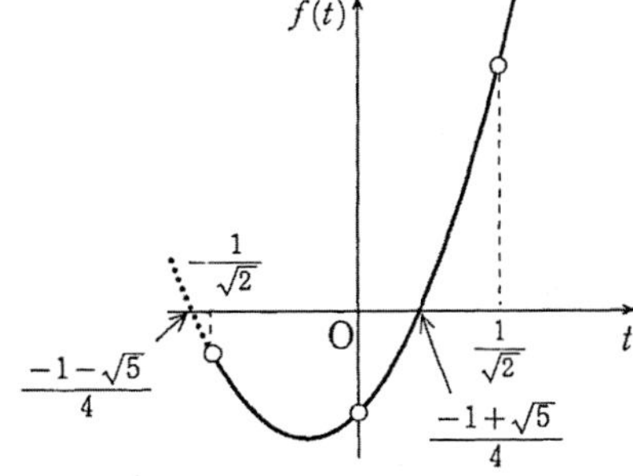

よって，図より③のうち，②を満たすものは，$t=1$，$\dfrac{-1+\sqrt{5}}{4}$である。

ここで，$0\leqq x<\dfrac{3}{4}\pi$の範囲で，$\cos x=1$，$\dfrac{-1+\sqrt{5}}{4}$を満たすxの値はそれぞれ1個ずつあるから，方程式①を満たす解の個数は2〔個〕

○**解説**○ 問1　$t=\cos x$，$\cos 2x=2\cos^2 x-1=2t^2-1$

$2t^2-1=0$より，$t=\pm\dfrac{1}{\sqrt{2}}$

したがって，$0\leqq x<\dfrac{3}{4}\pi$の範囲で考え，$x=0$のとき，$t=1$

$x=\dfrac{\pi}{4}$のとき，$t=\dfrac{1}{\sqrt{2}}$，$x=\dfrac{\pi}{2}$のとき，$t=0$，$x=\dfrac{3}{4}\pi$のとき，$t=-\dfrac{1}{\sqrt{2}}$

であるから，tの値の範囲は，$-\dfrac{1}{\sqrt{2}}<t<0$，$0<t<\dfrac{1}{\sqrt{2}}$，$\dfrac{1}{\sqrt{2}}<t\leqq 1$

問2　解答参照。　問3　解答参照。

【12】(1)　ア　2　　(2)　イ　$-1<a<2$　　ウ　$a=\dfrac{3}{2}$

○**解説**○ (1)　①をaについて整理すると，

$(x^3-2x^2+2x-4)+a(+2x^2-3x-2)=0$

したがって，$\begin{cases} x^3-2x^2+2x-4=0 \\ 2x^2-3x-2=0 \end{cases}$

$\begin{cases} (x-2)(x^2+2)=0 \\ (2x+1)(x-2)=0 \end{cases}$

$\begin{cases} x=2 \\ x=-\dfrac{1}{2},\ 2 \end{cases}$

よって，$x=2$

(2)　(1)の結果より$(x-2)\{x^2+2ax+(a+2)\}=0$

これが虚数解をもつので$x^2+2ax+(a+2)=0$　…②の判別式が$D<0$となればよい。

$\dfrac{D}{4}=a^2-(a+2)<0$

$(a-2)(a+1)<0$

$-1<a<2$

②の解と係数の関係より，$\alpha+\beta=-2a$，$\alpha\beta=a+2$

したがって，$\alpha^2+\beta^2=2$より，

$(\alpha+\beta)^2-2\alpha\beta=2$

$(-2a)^2-2(a+2)=2$

$(2a-3)(a+1)=0$

$a=\frac{3}{2}$，-1

ここで，$-1<a<2$より，$a=\frac{3}{2}$

【13】4

○**解説**○ $x^3+ax^2-2x+b=0$　…①

①の1つの解が$-1+\sqrt{3}\,i$であるから，他の解を$-1-\sqrt{3}\,i$，αとすると，

解と係数の関係から，

$$\begin{cases}(-1+\sqrt{3}\,i)+(-1-\sqrt{3}\,i)+\alpha=-a\\(-1+\sqrt{3}\,i)(-1-\sqrt{3}\,i)+(-1-\sqrt{3}\,i)\alpha+\alpha(-1+\sqrt{3}\,i)=-2\\(-1+\sqrt{3}\,i)(-1-\sqrt{3}\,i)\alpha=-b\end{cases}$$

よって，$\begin{cases}\alpha-2=-a\\-2\alpha+4=-2\\4\alpha=-b\end{cases}$

これより，$\alpha=3$，$a=-1$，$b=-12$

すなわち，実数解は3である。

【14】(4)

○**解説**○ $||x-5|-5|-6=ax+a$　…①

①より，$||x-5|-5|$は$x<5$のとき，$|-(x-5)-5|=|-x|=|x|$

$x\geqq5$のとき，$|(x-5)-5|=|x-10|$

よって，$||x-5|-5|-6$は，

[i]　$x<0$のとき，$-x-6$

[ii]　$0\leqq x<5$のとき，$x-6$

[iii]　$5\leqq x<10$のとき，$-(x-10)-6=-x+4$

[iv]　$x\geqq10$のとき，$(x-10)-6=x-16$

また，$ax+a=a(x+1)$より，$x=-1$のとき，$y=0$である。

したがって，$y=||x-3|-5|-6$と$y=a(x+1)$のグラフから，共有点の個数を調べて，

図より，点$(5,\ -1)$のとき，$a=-\frac{1}{6}$

点$(10,\ -6)$のとき，$a=-\frac{6}{11}$となるから，

4つの共有点をもつときは，$-\frac{6}{11}<a<-\frac{1}{6}$となる。

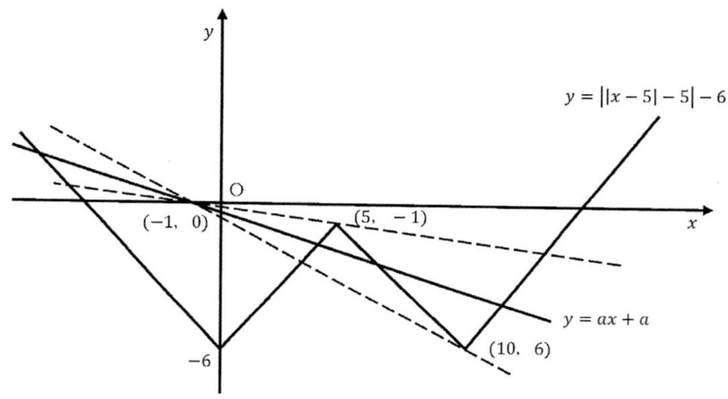

【15】$\cos 2x+\sin x+a=0$

$1-2\sin^2 x+\sin x+a=0$

$2\sin^2 x-\sin x-1-a=0$

$\sin x=t$とおくと，$0\leqq x<2\pi$ より，$-1\leqq t\leqq 1$

また，$2t^2-t-1-a=0$　…①

$\begin{cases} y=2t^2-t-1 & \cdots② \\ y=a & \cdots③ \end{cases}$

とおくと，①の実数解の個数は，②と③のグラフの交点の個数で与えられる。

②より，$y=2\left(t-\frac{1}{4}\right)^2-\frac{9}{8}$

よって，②のグラフの概形は次図のようになる。

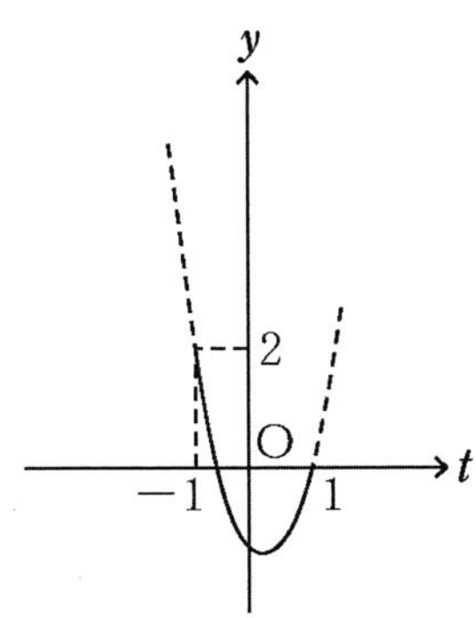

③は点(0, a)を通るx軸に平行な直線である。

①の実数解の個数は

$a<-\frac{9}{8}$, $2<a$のとき, 0個

$a=-\frac{9}{8}$, $0<a\leqq 2$のとき, 1個

$-\frac{9}{8}<a\leqq 0$のとき, 2個

また, $0\leqq x<2\pi$において, $\sin x=t$を満たすxの個数は
$t=\pm 1$のときは, 1個
$-1<t<1$のときは, 2個
よって, 求める実数解の個数は次のとおりである。

$a<-\frac{9}{8}$のとき, 0個

$a=-\frac{9}{8}$のとき, 2個

$-\frac{9}{8}<a<0$のとき, 4個

$a=0$のとき, 3個

$0<a<2$のとき, 2個

$a=2$のとき, 1個
$2<a$のとき, 0個
○**解説**○ 解答参照。

等式・不等式

【1】aを実数の定数とする。不等式$3x-2 \leqq 8x-a$を満たすxの最小の整数値が2であるとき，aの値の範囲は，[1][2]a[3][4][5]である。

([2]，[3]については，それぞれ次の①または②から選び，①の場合は1，②の場合は2と解答すること。)

① ＜　② ≦

▌2024年度 ▌愛知県 ▌難易度

【2】aを正の整数とします。xの2次不等式$x^2+(2a-4)x-15<0$について，次の1・2に答えなさい。

1 $x=1+\sqrt{2}$がこの2次不等式を満たすときについて考えます。

このときのaの値の範囲は，$0<a<$[アイ]+[ウ]$\sqrt{[\ エ\ ]}$である。

2 この2次不等式の解について考えます。

(1) $\alpha=-a+[\ オ\ ]-\sqrt{a^2-[\ カ\ ]a+[\ キク\ ]}$，$\beta=-a+[\ オ\ ]+\sqrt{a^2-[\ カ\ ]a+[\ キク\ ]}$とするとき，この2次不等式の解は[ケ]である。

なお，[ケ]については，次の①～④の中から正しいものを一つ選び，その番号を答えなさい。

① $x \leqq \alpha$，$\beta \leqq x$　② $x<\alpha$，$\beta<x$　③ $\alpha \leqq x \leqq \beta$

④ $\alpha<x<\beta$

(2) この2次不等式の整数解が9個であるとき，(1)のβの範囲は$-a+[\ コ\ ]<\beta \leqq -a+[\ コ\ ]+1$である。

つまり，$[\ サ\ ]<\sqrt{a^2-[\ カ\ ]a+[\ キク\ ]} \leqq [\ サ\ ]+1$となり，これを満たす正の整数$a$は，[シ]と[ス]である。ただし，[シ]＜[ス]とする。

▌2024年度 ▌広島県・広島市 ▌難易度

【3】不等式$ax^2+2x-3a-4<0$がすべての実数xに対して成り立つような定数aの値の範囲として正しいものを，次の1～4の中から1つ選びなさ

い。

1　$-1<a<-\frac{1}{3}$　　2　$-\frac{1}{3}<a<0$　　3　$a<-1$　　4　$a<-\frac{1}{3}$

▌2024年度 ▌埼玉県・さいたま市 ▌難易度

【4】不等式$4^{x+1}-33\cdot 2^x+8<0$を満たすxの値の範囲として正しいものを，次の1～4の中から1つ選びなさい。

1　$-3<x<2$　　2　$-2<x<3$　　3　$x<-3,\ 2<x$

4　$x<-2,\ 3<x$

▌2024年度 ▌埼玉県・さいたま市 ▌難易度

【5】「不等式$\log_{\frac{1}{2}}x+\log_{\frac{1}{2}}(6-x)>-3$を解け。」という問題に，高校生のSさんは次のように解答した。以下の各問いに答えなさい。

(Sさんの解答)

$\log_{\frac{1}{2}}x(6-x)>\log_{\frac{1}{2}}\left(\frac{1}{2}\right)^{-3}$

$\log_{\frac{1}{2}}x(6-x)>\log_{\frac{1}{2}}8$

$x(6-x)>8$

$x^2-6x+8<0$

$(x-2)(x-4)<0$

$\therefore\quad 2<x<4$

問1　Sさんの解答には間違いがある。間違っている点をSさんに説明する場合，どのように説明するか，記入しなさい。

問2　この問題の正答例を記入しなさい。

▌2024年度 ▌静岡県・静岡市・浜松市 ▌難易度

【6】等式$f(x)=x^3+\int_{-1}^{0}x^2f(t)\,dt+\int_{0}^{1}xf(t)\,dt+\int_{1}^{2}f(t)\,dt$を満たす関数$f(x)$を，次の①～⑤の中から一つ選べ。

①　$f(x)=x^3-\frac{x^2}{2}-\frac{31}{18}x-\frac{17}{18}$

②　$f(x)=x^3+\frac{x^2}{2}+\frac{59}{18}x+\frac{11}{9}$

③　$f(x)=x^3+\frac{x^2}{2}-\frac{31}{18}x+\frac{17}{18}$

④　$f(x)=x^3-\frac{x^2}{2}-\frac{59}{18}x+\frac{11}{18}$

⑤　$f(x)=x^3+\frac{x^2}{2}+\frac{31}{18}x+\frac{17}{18}$

▌2024年度 ▌岐阜県 ▌難易度 ■■■□□

【7】次の各問いに答えなさい。

(1)　等式$\int_a^x f(t)dt=x^3+x^2-x-1$を満たす$x$の関数$f(x)$と，実数$a$の値を求めなさい。

(2)　xの関数$f(x)$で，等式$\int_a^x f(t)dt=xf(x)-\frac{2}{3}x^3+x^2-\frac{1}{3}$を満たすものを求めなさい。

▌2024年度 ▌京都府 ▌難易度 ■■■□□

【8】次の問いに答えなさい。

(1)　等式$x+y+z=12$を満たす正の整数x，y，zの組は[　1　][　2　]個ある。

(2)　不等式$x+y+z\leqq 12$を満たす負でない整数x，y，zの組は[　3　][　4　][　5　]個ある。

▌2024年度 ▌三重県 ▌難易度 ■■■□□

【9】不等式$2\log_{0.1}(x-2)<\log_{0.1}(8-x)$が成り立つとき，$x$の値の範囲として最も適切なものを，次の①～⑥のうちから選びなさい。

①　$2<x<4$　　②　$2<x<8$　　③　$4<x<8$

④　$x<-1,\ 4<x$　　⑤　$x<2,\ 8<x$　　⑥　$x<4,\ 8<x$

▌2024年度 ▌神奈川県・横浜市・川崎市・相模原市 ▌難易度 ■■■□□

【10】連立不等式$y\leqq x+3$，$y\leqq -5x+27$，$x\geqq 0$，$y\geqq 0$の表す領域を点P(x, y)が動くとき，x^2+y^2の最小値と最大値の組み合わせとして正しいものを，次の1～4の中から1つ選びなさい。

1　最小値0，最大値65　　2　最小値9，最大値65

3　最小値0，最大値$\frac{729}{25}$　　4　最小値9，最大値$\frac{729}{25}$

▌2024年度 ▌埼玉県・さいたま市 ▌難易度 ■■■□□

解答・解説

【1】[1]　7　　[2]　1　　[3]　2　　[4]　1　　[5]　2

○解説○ $3x-2 \leqq 8x-a$

$-5x \leqq -a+2$

$x \geqq \dfrac{a-2}{5}$

この不等式を満たすxの最小値の整数が2なので，

$1 < \dfrac{a-2}{5} \leqq 2$を満たす$a$の値の範囲は$7 < a \leqq 12$

【2】1　ア　－　　イ　6　　ウ　7　　エ　2　　2　(1)　オ　2
カ　4　　キ　1　　ク　9　　ケ　④　　(2)　コ　6　　サ　4
シ　4　　ス　5

○解説○ 1　$x=1+\sqrt{2}$ が二次不等式$x^2+(2a-4)x-15<0$を満たすため，

$(1+\sqrt{2})^2+(2a-4)(1+\sqrt{2})-15<0$

$(2+2\sqrt{2})a<2\sqrt{2}+16$

$a<\dfrac{8+\sqrt{2}}{1+\sqrt{2}}$

$a<-6+7\sqrt{2}$

条件より，$a>0$なので，$0<a<-6+7\sqrt{2}$

2　(1)　$x^2+(2a-4)x-15=0$と置く，解の公式より，

$x=-a+2\pm\sqrt{a^2-4a+19}$

$\alpha=-a+2-\sqrt{a^2-4a+19}$　$\beta=-a+2+\sqrt{a^2-4a+19}$としたとき，

$x^2+(2a-4)x-15<0$を満たす範囲は$\alpha<x<\beta$となる。

(2)　$f(x)=x^2+(2a-4)x-15$とする。

$f(x)=(x+a-2)^2-a^2+4a-19$

この放物線の軸は$x=-(a-2)$

2次不等式の整数解が9個なので，図から，

$-(a-2)+4<\beta \leqq -(a-2)+5$

$-a+6<\beta \leqq -a+7$

(1)より，βを代入すると，

$-a+6<-a+2+\sqrt{a^2-4a+19}\leqq -a+7$

$4<\sqrt{a^2-4a+19}\leqq 5$

これを満たす正の整数$a=4$，5

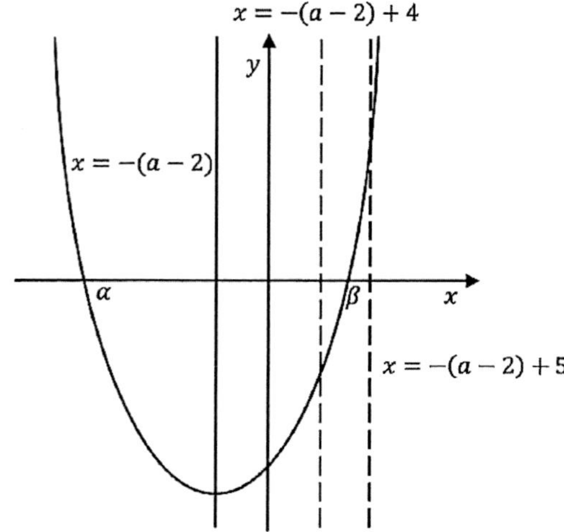

【3】1

○**解説**○ $ax^2+2x-3a-4<0$がすべての実数xで成り立つから，

$a<0$かつ$\dfrac{D}{4}=1-a(-3a-4)<0$である。

$3a^2+4a+1<0$，$(a+1)(3a+1)<0$，$-1<a<-\dfrac{1}{3}$

ゆえに，aの値の範囲は$-1<a<-\dfrac{1}{3}$

【4】2

○**解説**○ $4^{x+1}-33\cdot 2^n+8<0$より，$2^{2x+2}-33\cdot 2^n+8<0$

$4(2^x)^2-33\cdot 2^n+8<0$，$\{4(2^x)-1\}(2^x-8)<0$

よって，$\dfrac{1}{4}<2^x<8$

$2^{-2}<2^x<2^3$

$2>1$より，$-2<x<3$

【5】問1　真数が正であることを記述していない。さらに，底が$0<\dfrac{1}{2}$$<1$であるため，$y=\log_{\frac{1}{2}}x$は減少関数である。よって，$x(6-x)>8$の不

等号の向きが逆である。

問2　真数は正だから，$x>0$，$6-x>0$

よって，$0<x<6$　…①

$\log_{\frac{1}{2}}x(6-x)>\log_{\frac{1}{2}}8$

底が$0<\frac{1}{2}<1$であるから，

$x(6-x)<8$

$x^2-6x+8>0$

$(x-2)(x-4)>0$

$x<2$，$4<x$　…②

①，②より，

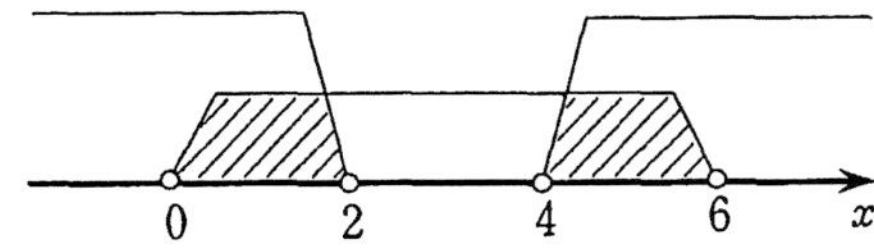

$0<x<2$，$4<x<6$

○**解説**○ 問1　対数を不等式等で利用するためには，扱う真数が正であることを確認し対数を定義する必要がある。　問2　解答参照。

【6】①

○**解説**○ $\int_{-1}^{0}f(t)dt=a$，$\int_{0}^{1}f(t)dt=b$，$\int_{1}^{2}f(t)dt=c$とすると，

$f(x)=x^3+ax^2+bx+c$

$\int_{-1}^{0}(t^3+at^2+bt+c)dt=a$より，

$\left[\frac{1}{4}t^4+\frac{a}{3}t^3+\frac{b}{2}t^2+ct\right]_{-1}^{0}=a$

$0-\left(\frac{1}{4}-\frac{a}{3}+\frac{b}{2}-c\right)=a$

$\frac{2}{3}a+\frac{1}{2}b-c+\frac{1}{4}=0$　…①

$\int_{0}^{1}(t^3+at^2+bt+c)dt=b$より，

$\left[\frac{1}{4}t^4+\frac{a}{3}t^3+\frac{b}{2}t^2+ct\right]_{0}^{1}=b$

$\left(\frac{1}{4}+\frac{a}{3}+\frac{b}{2}+c\right)-0=b$

$\frac{1}{3}a-\frac{1}{2}b+c+\frac{1}{4}=0$ …②

$\int_1^2 (t^3+at^2+bt+c)dt=c$ より，

$\left[\frac{1}{4}t^4+\frac{a}{3}t^3+\frac{b}{2}t^2+ct\right]_1^2=c$

$\left(4+\frac{8a}{3}+2b+2c\right)-\left(\frac{1}{4}+\frac{a}{3}+\frac{b}{2}+c\right)=c$

$\frac{7}{3}a+\frac{3}{2}b+\frac{15}{4}=0$ …③

①＋②より，$a+\frac{1}{2}=0$

$a=-\frac{1}{2}$

③より，$-\frac{7}{6}+\frac{3}{2}b+\frac{15}{4}=0$

$b=-\frac{31}{18}$

①より，$-\frac{1}{3}-\frac{31}{36}-c+\frac{1}{4}=0$

$c=-\frac{17}{18}$

したがって，$f(x)=x^3-\frac{x^2}{2}-\frac{31}{18}x-\frac{17}{18}$

【７】(1)　両辺をxで微分すると，$f(x)=3x^2+2x-1$

また，等式$\int_a^x f(t)dt=x^3+x^2-x-1$において，$x=a$とおくと，

$0=a^3+a^2-a-1$

$(a+1)^2(a-1)=0$

よって，$a=\pm 1$

(2)　両辺をxで微分すると，$f(x)=\{f(x)+xf'(x)\}-2x^2+2x$

$xf'(x)=2x^2-2x$

これが任意のxについて成り立つから，$f'(x)=2x-2$

$f(x)=x^2-2x+C$　(Cは積分定数)

また，$x=1$とおくと，$f(1)=0$　つまり　$C=1$

よって，求める$f(x)$は，$f(x)=x^2-2x+1$

○**解説**○ (1)　$0=a^3+a^2-a-1$について，

$a^2(a+1)-(a+1)=0$

$(a+1)(a^2-1)=0$

$(a+1)^2(a-1)=0$となる。

(2)　解答参照。

【8】(1)　[1]　5　　[2]　5　　(2)　[3]　4　　[4]　5　　[5]　5

○**解説**○ (1)　$x-1=X$，$y-1=Y$，$z-1=Z$と置くと

$X \geqq 0$，$Y \geqq 0$，$Z \geqq 0$

$x=X+1$，$y=Y+1$，$z=Z+1$

$x+y+z=12$に代入すると，

$X+1+Y+1+Z+1=12$

$X+Y+Z=9(X \geqq 0,\ Y \geqq 0,\ Z \geqq 0)$

これは，次のように9個のものをX，Y，Zの3種類に何個ずつ分配するかと考えられる。

○○○○|○○○|○○

$X=4$，$Y=3$，$Z=2$

||○○○○○○○○○

$X=0$，$Y=0$，$Z=9$

○と|の並びとみなせるので，重複組み合わせとなる。

したがって，${}_3H_9={}_{9+3-1}C_9={}_{11}C_9=\dfrac{11!}{9!2!}=55$〔通り〕

あるいは，○が9個|が2個の同じものを含む順列と考えてもよいので，

$\dfrac{11!}{9!2!}=55$〔通り〕としても同じ結果となる。

(別解)　$Z=0$のとき，$X+Y=9$なので，$(X,\ Y)=(0,\ 9)$，$(1,\ 8)\cdots(9,\ 0)$

このとき10通り

$Z=1$のとき，$X+Y=8$なので，$(X,\ Y)=(0,\ 8)$，$(1,\ 7)\cdots(8,\ 0)$

このとき9通り

これを繰り返し，$Z=9$のとき，$X+Y=0$なので，$(X,\ Y)=(0,\ 0)$

このとき1通りなので，

総数は$10+9+\cdots+1=55$〔通り〕

(2)　$\omega = 12-(x+y+z)$とおく。$x+y+z \leqq 12$なので$\omega \geqq 0$

$x+y+z+\omega = 12 (x \geqq 0,\ y \geqq 0,\ z \geqq 0,\ \omega \geqq 0)$

つまり，12個のものを4種類に分配すると考えればよい。

${}_4\mathrm{H}_{12} = {}_{4+12-1}\mathrm{C}_{12} = {}_{15}\mathrm{C}_{12} = \dfrac{15!}{3!12!} = 455$〔通り〕

【9】③

○**解説**○ $2\log_{0.1}(x-2) < \log_{0.1}(8-x)$　…①において，

真数は正であるから，$x-2>0$，$8-x>0$より，$2<x<8$　…②

①より，$\log_{0.1}(x-2)^2 < \log_{0.1}(8-x)$，底は，$0.1<1$

よって，$(x-2)^2 > 8-x$，$(x+1)(x-4)>0$より，$x<-1$，$x>4$

したがって，②より，xの値の範囲は$4<x<8$

【10】1

○**解説**○ $y \leqq x+3$，$y \leqq -5x+27$，$x \geqq 0$，$y \geqq 0$を図示すると図のようになる。

原点を中心とする円$r^2 = x^2+y^2$について考え，

点(4，7)のとき，$r^2 = 4^2+7^2 = 65$

点(0，0)のとき，$r^2 = 0$

よって，x^2+y^2の最大値は，65　($x=4$，$y=7$)

最小値は，0　($x=y=0$)

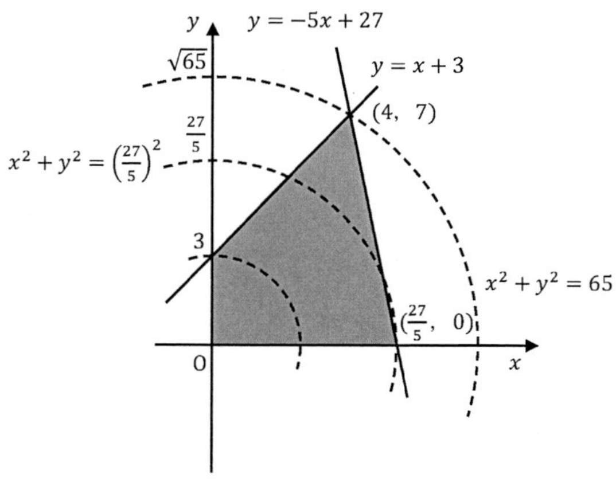

数列

要点整理

数列の学習においては自分で規則性を見抜き，さらに推測することが大切である。与えられた結果の証明だけでなく，証明すべき事項を積極的に探してほしい。

①基本の数列

1. 等差数列

一般項は初項a，公差dとすれば$a_n=a+(n-1)d$である。漸化式による表現では$a_{n+1}=a_n+d$となる。またそのn個の和については初項をa，末項をlとすれば$S=\dfrac{n(a+l)}{2}$である。

2. 等比数列

一般項は初項a，公比rとすれば，$a_n=ar^{n-1}$である。漸化式による表現では$a_{n+1}=ra_n$となる。またそのn個の和については

(a)　$r\neq1$のとき$S=\dfrac{a(1-r^n)}{1-r}$

(b)　$r=1$のとき$S=na$

3. べき数列

$\{a_n\}$を等差数列，$\{b_n\}$を等比数列として$c_n=a_n\cdot b_n$とかける。和についてはc_n-rc_nを作ることにより，等比数列の和に帰着できる。

②その他の数列

1. 分数式の和

部分分数分解を用いる。

$$\frac{1}{k(k+l)}=\frac{1}{l}\left(\frac{1}{k}-\frac{1}{k+l}\right)$$

2. よく使う公式

(a)　$\displaystyle\sum_{k=1}^{n}k=\frac{n(n+1)}{2}$

(b)　$\displaystyle\sum_{k=1}^{n}k^2=\frac{1}{6}n(n+1)(2n+1)$

(c)　$\displaystyle\sum_{k=1}^{n}k^3=\frac{1}{4}n^2(n+1)^2$

したがってk，k^2，k^3の線形結合である数列ak^3+bk^2+ck+dについて

は，必ずその和を求めることができる。

3. 漸化式

ほとんどが隣接二項間についての表現である。p，qを定数とするとき，$a_{n+1}=pa_n+q$で定まる数列の一般項は$\alpha=p\alpha+q$を満たすαを用いて$a_n=(a_1-\alpha)p^{n-1}+\alpha$，また若干の変形でこの形になるものも多い。たとえば$a_{n+1}=\dfrac{a_n}{a_n+1}$は両辺の逆数をとることにより前述の漸化式に帰着される。また$a_{n+1}=2a_n+2^n$については両辺を2^nで割ることにより，同様の結果が得られる。p，qが定数のとき，隣接三項間$a_{n+2}+pa_{n+1}+qa_n=0$については$x^2+px+q=0$の解をα，βとするならば，$\alpha\neq\beta$であれば

$$a_n=\frac{(a_2-\alpha a_1)\beta^{n-1}-(a_2-\beta a_1)\alpha^{n-1}}{\beta-\alpha}$$

$\alpha=\beta$であれば二項間の漸化式に帰着される。

③二項定理

$$(a+b)^n=\sum_{r=0}^{n}{}_n\mathrm{C}_r a^r b^{n-r}={}_n\mathrm{C}_0a^n+{}_n\mathrm{C}_1a^{n-1}b+{}_n\mathrm{C}_2a^{n-2}b^2+\cdots+{}_n\mathrm{C}_nb^n$$

特に

$$(x+1)^n={}_n\mathrm{C}_0x^n+{}_n\mathrm{C}_1x^{n-1}+{}_n\mathrm{C}_2x^{n-2}+\cdots+{}_n\mathrm{C}_n$$

$x=1$を代入して

$$2^n={}_n\mathrm{C}_0+{}_n\mathrm{C}_1+{}_n\mathrm{C}_2+\cdots+{}_n\mathrm{C}_n$$

数学科　数列

実施問題

【1】次の各問いに答えなさい。

問1　初項a，公比rの等比数列$\{a_n\}$の初項から第n項までの和をS_nとすると，

$$r \neq 1 \text{のとき，} S_n = \frac{a(r^n - 1)}{r - 1} \quad \cdots ①$$

がすべての自然数nこついて成り立つ。このことを数学的帰納法を用いて証明しなさい。

問2　次の条件によって定められる数列$\{a_n\}$の一般項を求めなさい。

$$a_1 = 5, \quad a_{n+1} = a_n + 2^n + 2 \quad (n = 1,\ 2,\ 3,\ \cdots\cdots)$$

▌2024年度▌静岡県・静岡市・浜松市▌難易度

【2】次の図のように，自然数が1つ書かれた正方形を上から順に1段目に1つ，2段目に2つ，3段目に3つ，…となるように規則的に並べることにした。

このとき，以下の各問いに答えなさい。

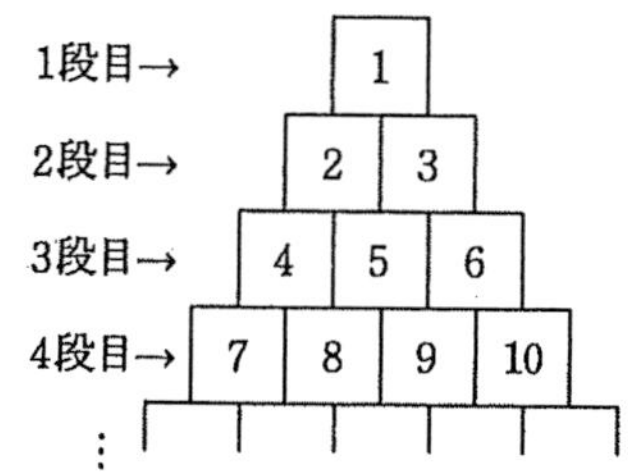

(1)　11段目の一番左の正方形に書かれている数を求めなさい。

(2)　101段目のすべての正方形に書かれている数の和を求めなさい。

▌2024年度▌京都府▌難易度

【3】等比数列について次の(1)，(2)の各問いに答えよ。ただし，nは自然数，a，rは実数とする。

(1)　初項a，公比r，項数nの等比数列がある。$r \neq 1$のとき，この数列の和S_nが$\dfrac{a(1-r^n)}{1-r}$であることを示せ。

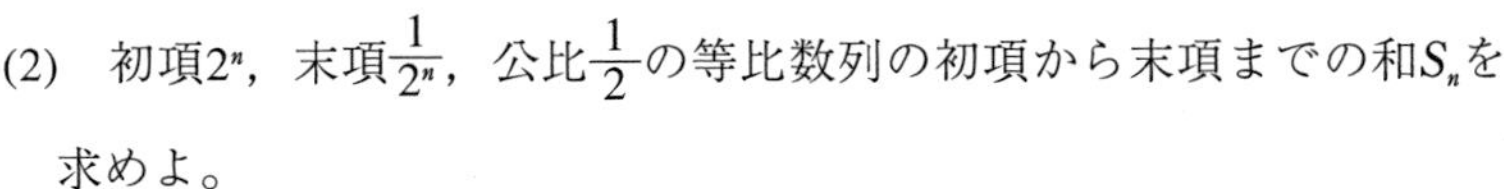

(2) 初項2^n，末項$\frac{1}{2^n}$，公比$\frac{1}{2}$の等比数列の初項から末項までの和S_nを求めよ。

2024年度 山口県 難易度

【4】第2項が1，第8項が3である等差数列$\{a_n\}$と，$\sum_{k=1}^{n} b_k = n^2 - n$ ($n=1$，2，3)を満たす数列$\{b_n\}$がある。また，数列$\{c_n\}$を$c_n = a_n b_n$ ($n=1$，2，3)により定める。

このとき，次の各問いに答えよ。

問1 数列$\{a_n\}$，$\{b_n\}$の一般項をそれぞれ求めよ。

問2 数学的帰納法を利用して，すべての自然数nについて，$\sum_{l=1}^{n-1} l^2 = \frac{1}{6}n(n+1)(2n+1)$が成り立つことを証明せよ。

問3 数列$\{c_n\}$の初項から第30項までのうち，整数であるすべての項の和を求めよ。

2024年度 長崎県 難易度

【5】$a_1=3$，$a_{n+1}=2a_n-n$で定められる数列$\{a_n\}$について，次の問いに答えなさい。

(1) a_3の値を求めよ。

(2) $b_n=a_{n+1}-a_n$とするとき，数列$\{b_n\}$の一般項を求めよ。

(3) 数列$\{a_n\}$の一般項を求めよ。

2024年度 群馬県 難易度

【6】数列$\{a_n\}$が，$a_1=\frac{1}{6}$，$\frac{1}{a_{n+1}}=\frac{1}{a_n}+2n+4$ ($n=1$，2，3，…)を満たしているとき，次の問1，問2に答えなさい。

問1 $b_n=\frac{1}{a_n}$とするとき，$b_n=n^2+$[①]$n+$[②]である。

ア 1　イ 2　ウ 3　エ 4　オ 5　カ 6　キ 7

ク 8　ケ 9　コ 0

問2 $\sum_{k=1}^{10} a_k = \frac{[\ ③\ ]}{[\ ①②\ ]}$ある。

ア 1　イ 2　ウ 3　エ 4　オ 5　カ 6　キ 7

ク 8　ケ 9　コ 0

2024年度 北海道・札幌市 難易度

【7】一般項が$8n-1$である等差数列を$\{a_n\}$，一般項が$7n-2$である等差数列を$\{b_n\}$とする。$\{a_n\}$と$\{b_n\}$に共通に現れる数を小さい順に並べてできる数列を$\{c_n\}$とするとき，次の問いに答えなさい。

(1)　$\{c_n\}$の一般項は[1][2]n－[3]である。

(2)　$100 \leqq c_n \leqq 999$を満たす数列$\{c_n\}$の項の和は[4][5][6][7]である。

2024年度 三重県 難易度

【8】棒「|」を並べて図形を作る。次の図は，3段の図形を作った状態である。n段の図形を作るのに必要な棒の数をa_nとすると，$a_1=4$，$a_2=13$，$a_3=26$である。

このとき，a_{10}を求めよ。

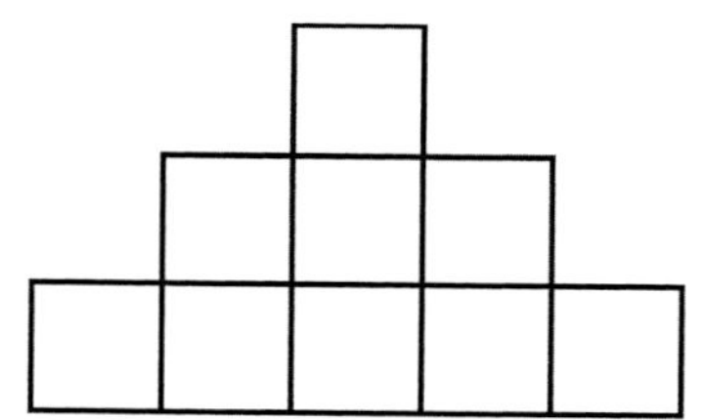

2024年度 愛媛県 難易度

【9】次の各問いについて，解答番号[1]～[4]内にあてはまる0～9の数字を記入せよ。

数列$\{a_n\}$は，$a_1=13$，$a_{n+1}=3a_n-5\cdot 2^n$ …①を満たす。

①は，$a_{n+1}-$[1]$\cdot 2^{n+1}=3(a_n-$[1]$\cdot 2^n)$と変形できるから，$a_n=$[2]・[3]^n＋[4]^{n}である。

2024年度 愛知県 難易度

【10】数列$\frac{3}{2\cdot 5}$，$\frac{3}{5\cdot 8}$，$\frac{3}{8\cdot 11}$，…の初項から第10項までの和として正しいものを，次の1～4の中から1つ選びなさい。

1　$\frac{3}{32}$　　2　$\frac{7}{32}$　　3　$\frac{11}{32}$　　4　$\frac{15}{32}$

2024年度 埼玉県・さいたま市 難易度

【11】数列$\{a_n\}$の初項から第n項までの和S_nが$S_n=3a_n-1$で与えられるとき，一般項a_nとして最も適切なものを，次の①～⑥のうちから選びなさい。

① $a_n=\frac{3}{2}\left(\frac{1}{2}\right)^{n-1}$　② $a_n=\frac{1}{2}\left(\frac{3}{2}\right)^{n}$　③ $a_n=\frac{1}{2}\left(\frac{2}{3}\right)^{n-1}$

④ $a_n=\frac{1}{2}\left(\frac{3}{2}\right)^{n-1}$　⑤ $a_n=3^{n-1}$　⑥ $a_n=\frac{1}{2}\cdot 3^{n-1}$

▌2024年度▌神奈川県・横浜市・川崎市・相模原市▌難易度

【12】nを自然数とする。数列$\{a_n\}$を$a_1=1$，$a_{n+1}=\sqrt{a_n+2}$と定義するとき，次の問いに答えよ。

(1)　$1\leqq a_n<2$であることを，数学的帰納法によって証明せよ。

(2)　$\lim_{n\to\infty} a_n$を求めよ。

▌2024年度▌京都市▌難易度

【13】△ABCがある。点Xは頂点Aを出発点とし，1秒ごとに次の【規則】で移動する。このとき，n秒後に点XがAにある確率をP_nとし，以下の問に答えよ。

> 【規則】
>
> $\frac{1}{4}$の確率で左回りに隣の頂点に移動し，$\frac{1}{4}$の確率で右回りに隣の頂点に移動し，$\frac{1}{2}$の確率で移動しないものとする。

問1　P_1を求めよ。また，P_{n+1}をP_nを用いて表せ。

問2　数列$\{P_n\}$の極限値を求めよ。

▌2024年度▌島根県▌難易度

解答・解説

【1】問1

[1]　$n=1$のとき，左辺$=S_1=a_1=a$，右辺$=\frac{a(r^1-1)}{r-1}=a$

よって，$n=1$のとき，①は成り立つ。

[2]　$n=k$のとき①が成り立つ，すなわち$S_k=\dfrac{a(r^k-1)}{r-1}$…②と仮定する。

$n=k+1$のとき，①の左辺について考えると，

$$\begin{aligned}S_{k+1}=S_k+a_{k+1}&=\frac{a(r^k-1)}{r-1}+ar^k\ (②より)\\&=\frac{a(r^k-1)}{r-1}+\frac{ar^k(r-1)}{r-1}\\&=\frac{a(r^k-1+r^{k+1}-r^k)}{r-1}\\&=\frac{a(r^{k+1}-1)}{r-1}\end{aligned}$$

よって，$S_{k+1}=\dfrac{a(r^{k+1}-1)}{r-1}$

したがって，$n=k+1$のときにも①は成り立つ。

[1]，[2]から，すべての自然数nについて①は成り立つ。

問2　条件より，$a_{n+1}-a_n=2^n+2$

数列$\{a_n\}$の階差数列の第n項が2^n+2であるから，

$n\geqq2$のとき，$a_n=a_1+\displaystyle\sum_{k=1}^{n-1}(2^k+2)=5+\frac{2(2^{n-1}-1)}{2-1}+2(n-1)$

よって，$a_n=2^n+2n+1$

初項は，$a_1=5$であるから，この式は$n=1$のときにも成り立つ。

したがって，一般項は，$a_n=2^n+2n+1$

○解説○ 問1　解答参照。　問2　階差数列$b_n=a_{n+1}-a_n$の一般項は，$n\geqq2$のとき$a_n=a_1+\displaystyle\sum_{k=1}^{n-1}b_k$である。

【2】(1)　1段目から10段目までにある正方形に書かれる自然数の個数は

$\displaystyle\sum_{k=1}^{10}k=\frac{1}{2}\cdot10\cdot11=55$

よって，11段目の一番左の正方形に書かれる自然数は

$1+55=56$

(2)　101段目の一番左の正方形に書かれる自然数は

$1+\displaystyle\sum_{k=1}^{100}k=1+\frac{1}{2}\cdot100\cdot101=5051$

よって，101段目の一番右の正方形に書かれる自然数は

$5051+100=5151$

よって，101段目にあるすべての正方形に書かれる自然数の和は，

$\frac{1}{2}\cdot(5051+5151)\cdot 101=515201$

○**解説**○ 解答参照。

【3】(1)　一般に，初項a，公比rの等比数列の初項から第n項までの和をS_nとすると

$S_n=a+ar+ar^2+\cdots\cdots+ar^{n-1}$　…①

この両辺に公比rを掛けると

$rS_n=ar+ar^2+\cdots\cdots+ar^{n-1}+ar^n$　…②

①－②から　$S_n-rS_n=a-ar^n$

すなわち　　$(1-r)S_n=a(1-r^n)$

よって，$r\neq 1$のとき　$S_n=\frac{a(1-r^n)}{1-r}$

(2)　$S_n=2^n+2^{n-1}+2^{n-2}+\cdots\cdots+\frac{1}{2^{n-1}}+\frac{1}{2^n}$とおく

この数列の初項は2^n，公比は$\frac{1}{2}$

したがって，第k項をa_kとすると，$a_k=2^n\times\left(\frac{1}{2}\right)^{k-1}$

$a_k=2^n\times\left(\frac{1}{2}\right)^{k-1}=\frac{1}{2^n}$とおくと，$2^{n-k+1}=2^{-n}$

よって，$n-k+1=-n$　　よって　$k=2n+1$

したがって，S_nは初項2^n，公比$\frac{1}{2}$，項数$2n+1$の等比数列の和。

$$S_n=\frac{2^n\left\{1-\left(\frac{1}{2}\right)^{2n+1}\right\}}{1-\frac{1}{2}}$$

$$=2^{n+1}\left\{1-\left(\frac{1}{2}\right)^{2n+1}\right\}=2^{n+1}-\frac{1}{2^n}$$

○**解説**○ 解答参照。

【4】問1　初項をa，公差をdとおくと

第2項が1であるから　$a+d=1$

第8項が3であるから　$a+7d=3$　となる

これらを連立させて解くと　$a=\frac{2}{3}$，$d=\frac{1}{3}$

したがって　$a_n=\frac{1}{3}n+\frac{1}{3}$

さらに　$b_1=1^2-1=0$

また　$n\geqq2$のとき

$$b_n=\sum_{k=1}^{n}b_k-\sum_{k=1}^{n-1}b_k$$
$$=n^2-n-\{(n-1)^2-(n-1)\}$$
$$=2n-2$$

$b_1=0$であるから，$b_n=2n-2$は$n=1$のときも成り立つ

ゆえに　$b_n=2n-2$

問2　$\sum_{l=1}^{n}l^2=\frac{1}{6}n(n+1)(2n+1)$ …① とする

[1]　$n=1$のとき　左辺$=1^2=1$，右辺$=\frac{1}{6}\cdot1\cdot2\cdot3=1$

よって，$n=1$のとき，①は成り立つ

[2]　$n=k$のとき　$\sum_{l=1}^{k}l^2=\frac{1}{6}k(k+1)(2k+1)$ …② が成り立つと仮定する

②の両辺に$(k+1)^2$を加えて

$$\sum_{l=1}^{k}l^2+(k+1)^2=\frac{1}{6}k(k+1)(2k+1)+(k+1)^2$$
$$\sum_{l=1}^{k+1}l^2=\frac{1}{6}(k+1)\{k(2k+1)+6(k+1)\}$$
$$=\frac{1}{6}(k+1)(2k^2+7k+6)$$
$$=\frac{1}{6}(k+1)(k+2)(2k+3)$$
$$=\frac{1}{6}(k+1)\{(k+1)+1\}\{2(k+1)+1\}$$

$n=k+1$のときも①は成り立つ

[1][2]より　$\sum_{l=1}^{n}l^2=\frac{1}{6}n(n+1)(2n+1)$

(別解)

$\sum_{l=1}^{n}l^2=\frac{1}{6}n(n+1)(2n+1)$ …① とする

[1]　$n=1$のとき

左辺$=1^2=1$，右辺$=\frac{1}{6}\cdot 1\cdot 2\cdot 3=1$

よって，$n=1$のとき①は成り立つ

[2]　$n=k$のとき　$\sum_{l=1}^{k} l^2=\frac{1}{6}k(k+1)(2k+1)$ …② が成り立つと仮定する

$n=k+1$のとき

$$\sum_{l=1}^{k+1} l^2=\sum_{l=1}^{k} l^2+(k+1)^2$$

$$=\frac{1}{6}k(k+1)(2k+1)+(k+1)^2 \quad (\text{②仮定より})$$

$$=\frac{1}{6}(k+1)\{k(2k+1)+6(k+1)\}$$

$$=\frac{1}{6}(k+1)(2k^2+7k+6)$$

$$=\frac{1}{6}(k+1)(k+2)(2k+3)$$

$$=\frac{1}{6}(k+1)\{(k+1)+1\}\{2(k+1)+1\}$$

$n=k+1$のときも①は成り立つ

[1][2]より　$\sum_{l=1}^{n} l^2=\frac{1}{6}n(n+1)(2n+1)$

問3　(1)より　$c_n=\frac{2}{3}(n-1)(n+1)$

これが整数になるのは，$n-1$または$n+1$が3の倍数になるときである

つまり，$n=3m-2$，$3m-1$ (mは自然数)のときである

$n=3m-2$のとき，$n\leqq 30$より$1\leqq m\leqq 10$

$n=3m-1$のとき，$n\leqq 30$より$1\leqq m\leqq 10$

よって，求める和は

$$\sum_{m=1}^{10} c_{3m-2}+\sum_{m=1}^{10} c_{3m-1}$$

$$=\sum_{m=1}^{10}(c_{3m-2}+c_{3m-1})$$

$$=\sum_{m=1}^{10} 2(6m^2-6m+1)$$

$$=2\left(6\cdot\frac{1}{6}\cdot 10\cdot 11\cdot 21-6\cdot\frac{1}{2}\cdot 10\cdot 11+10\right)$$

$$=2(2310-330+10)$$

$=3980$

(別解)

求める和は

$$\sum_{k=1}^{30} c_k - \sum_{k=1}^{10} c_{3k}$$

$$= \sum_{k=1}^{30} \frac{2}{3}(k^2-1) - \sum_{k=1}^{10} \frac{2}{3}(3k-1)(3k+1)$$

$$=\frac{2}{3}\left\{\left(\frac{1}{6}\cdot 30\cdot 31\cdot 61\right)-30\right\}-\frac{2}{3}\sum_{k=1}^{10}(9k^2-1)$$

$$=\frac{2}{3}(9455-30)-\frac{2}{3}\left\{\left(9\cdot\frac{1}{6}\cdot 10\cdot 11\cdot 21\right)-10\right\}$$

$$=\frac{2}{3}(9455-30-3465+10)$$

$=3980$

○**解説**○ 問1　解答参照。　問2　解答参照。

問3　別解について，$c_n=\dfrac{2}{3}(n-1)(n+1)$では，$n$が3の倍数のとき，その項は整数にならない。

自然数kについて，$n=3k$のとき，$n\leqq 30$なので，$1\leqq k\leqq 10$

よって，求める数列c_nの整数の項の和は，$\displaystyle\sum_{k=1}^{30} c_k - \sum_{k=1}^{10} c_{3k}$で求められる。

【5】(1)　$a_1=3$より　$a_2=2\times 3-1=5$，$a_3=2\times 5-2=8$

$\therefore$　$a_3=8$　・・・(答)

(2)　与えられた漸化式から

$a_{n+2}=2a_{n+1}-(n+1)$

$a_{n+1}=2a_n-n$

この辺々を引いて

$a_{n+2}-a_{n+1}=2(a_{n+1}-a_n)-1$

ゆえに　$b_{n+1}=2b_n-1$　　$\therefore$　$b_{n+1}-1=2(b_n-1)$

また　$b_1=a_2-a_1=2$　であるから，

一般項b_nは，$b_n=2^{n-1}+1$　・・・(答)

(3)　(2)より$n\geqq 2$のとき

$$a_n=a_1+\sum_{k=1}^{n-1}(2^{k-1}+1)$$

$=3+2^{n-1}-1+(n-1)=2^{n-1}+n+1$

これは，$n=1$のときも成り立つ。

よって，$a_n=2^{n-1}+n+1$　・・・(答)

○**解説**○ 解答参照。

【6】問1 ① ウ　② イ　問2 ① ア　② イ　③ オ

○**解説**○問1　$\dfrac{1}{a_{n+1}}=\dfrac{1}{a_n}+2n+4$，$a_1=\dfrac{1}{6}$　…①

$b_n=\dfrac{1}{a_n}$とするとき，①より，$b_{n+1}-b_n=2n+4$，$b_1=6$となる。

数列$\{b_n\}$は階差数列であるから，

$n\geqq2$のとき，$b_n=b_1+\sum_{k=1}^{n-1}(2k+4)=6+2\cdot\dfrac{(n-1)n}{2}+4(n-1)=n^2+$

$3n+2$

$n=1$のとき，$b_1=1^2+3\cdot1+2=6$で成り立つ。

ゆえに，$b_n=n^2+3n+2$

問2　$a_n=\dfrac{1}{b_n}=\dfrac{1}{n^2+3n+2}=\dfrac{1}{(n+1)(n+2)}=\dfrac{1}{n+1}-\dfrac{1}{n+2}$であるから，

$\sum_{k=1}^{10}a_k=\sum_{k=1}^{10}\left(\dfrac{1}{k+1}-\dfrac{1}{k+2}\right)$

$=\left(\dfrac{1}{2}-\dfrac{1}{3}\right)+\left(\dfrac{1}{3}-\dfrac{1}{4}\right)+\cdots+\left(\dfrac{1}{10}-\dfrac{1}{11}\right)+\left(\dfrac{1}{11}-\dfrac{1}{12}\right)$

$=\dfrac{1}{2}-\dfrac{1}{12}=\dfrac{5}{12}$

【7】(1)　[1]　5　[2]　6　[3]　9　(2)　[4]　9　[5]　3

[6]　6　[7]　7

○**解説**○ (1)　数列$\{a_n\}=(7，15，23，31，39，47，55\cdots)$

数列$\{b_n\}=(5，12，19，26，33，40，47\cdots)$

よって，最初に現れる共通項は47

a_nの第p項，b_nの第q項が共通項になるとする。

$8p-1=7q-2$

$8p=7q-1$　…①

$a_6=b_7=47$より，

$8\times6=7\times7-1$　…②

①−②　$8(p-6)=7(q-7)$

$p-6=\frac{7}{8}(q-7)$　…③

$p-6$は整数なので，$q-7$は8の倍数となる。

よって，$q-7=8k$(kは整数)　　$q=8k+7$

これを③に代入すると，$p-6=7k$　$p=7k+6$

このとき$a_p=8p-1=8(7k+6)-1=56k+47$

$b_q=7q-2=7(8k+7)-2=56k+47$

よって，a_pとb_qの共通項は$56k+47$である。

$7k+6 \geqq 1$かつ$8k+7 \geqq 1$，またkは整数であるので，$k \geqq 0$

$\{c_n\}$の初項は47なので，kとの対応は$k=n-1$

よって，$56(n-1)+47=56n-9$

求める一般項は$c_n=56n-9$

(2)　(1)より，$100 \leqq 56n-9 \leqq 999$

$100 \leqq 56n-9$

$1.94 \leqq n$

nは整数なので$2 \leqq n$

同様に，$56n-9 \leqq 999$

$n \leqq 18$

したがって，求める数列$\{c_n\}$の和$=\sum_{k=2}^{18}(56k-9)=\frac{1}{2}\cdot 17\cdot(103+999)=9367$

【８】$a_{10}=229$

○**解説**○ 図より，$a_4=a_3+17=26+17=43$

よって，$a_1=4$，$a_2=13$，$a_3=26$，$a_4=43$となる。

数列$\{a_n\}$の一般項を求める。

階差が9，13，17であるから，階差数列の一般項は，

$b_n=9+(n-1)\cdot 4=4n+5$

よって，$n \geqq 2$のとき，

$a_n=a_1+\sum_{k=1}^{n-1}(4k+5)=4+4\left\{\frac{(n-1)n}{2}\right\}+5(n-1)=2n^2+3n-1$

$n=1$のとき，$a_1=2+3-1=4$で成り立つ。

ゆえに，$a_n=2n^2+3n-1$となり，$a_{10}=2\times100+3\times10-1=229$

【9】[1]　5　　[2]　5　　[3]　2　　[4]　3

○解説○ $a_{n+1}-\alpha\cdot2^{n+1}=3(a_n-\alpha\cdot2^n)$　…②とおく。

$a_{n+1}=3a_n-3\alpha\cdot2^n+2\alpha\cdot2^n$

$a_{n+1}=3a_n-\alpha\cdot2^n$

問題文の①より$a_{n+1}=3a_n-5\cdot2^n$なので比較して$\alpha=5$

②に代入して$a_{n+1}-5\cdot2^{n+1}=3(a_n-5\cdot2^n)$

$b_n=a_n-5\cdot2^n$とすると$b_{n+1}=3b_n$

数列b_nは公比3，初項$b_1=a_1-5\cdot2^1=13-10=3$の等比数列

$b_n=3\cdot3^{n-1}=3^n$なので

$a_n-5\cdot2^n=3^n$

$a_n=5\cdot2^n+3^n$

【10】4

○解説○ 数列の一般項は，$a_n=\dfrac{3}{(3n-1)(3n+2)}=\dfrac{1}{3n-1}-\dfrac{1}{3n+2}$となるから，

初項から第10項までの和は，$\displaystyle\sum_{k=1}^{10}a_k=\sum_{k=1}^{10}\left(\frac{1}{3k-1}-\frac{1}{3k+2}\right)$

$=\left(\dfrac{1}{2}-\dfrac{1}{5}\right)+\left(\dfrac{1}{5}-\dfrac{1}{8}\right)+\left(\dfrac{1}{8}-\dfrac{1}{11}\right)+\cdots+\left(\dfrac{1}{26}-\dfrac{1}{29}\right)+\left(\dfrac{1}{29}-\dfrac{1}{32}\right)$

$=\dfrac{1}{2}-\dfrac{1}{32}=\dfrac{15}{32}$

【11】④

○解説○ $S_n=3a_n-1$　…①とおいて，

$n=1$のとき，$S_1=3a_1-1$，$S_1=a_1$より，$S_1=a_1=\dfrac{1}{2}$

また，$n\geqq2$のとき，$a_n=S_n-S_{n-1}$

①より，$S_n=3(S_n-S_{n-1})-1$

$2S_n=3S_{n-1}+1$

$S_n+1=\dfrac{3}{2}(S_{n-1}+1)$と変形して，

$S_n+1=\left(\dfrac{3}{2}\right)^{n-1}(S_1+1)=\dfrac{3}{2}\cdot\left(\dfrac{3}{2}\right)^{n-1}$より，$S_n=\left(\dfrac{3}{2}\right)^n-1$

これは$n=1$のとき，$S_1=\left(\frac{3}{2}\right)^1-1=\frac{1}{2}$で成り立つ。

ゆえに，$S_n=\left(\frac{3}{2}\right)^n-1$

①より，$\left(\frac{3}{2}\right)^n-1=3a_n-1$であるから，$a_n=\frac{1}{3}\cdot\left(\frac{3}{2}\right)^n=\frac{1}{2}\cdot\left(\frac{3}{2}\right)^{n-1}$

【12】(1)　数学的帰納法で示す。

[1]　$n=1$のとき

$a_1=1$より，$1\leqq a_1<2$である。

[2]　$n=k$を仮定し，$n=k+1$を示す。

即ち，$1\leqq a_k<2$として，$1\leqq a_{k+1}<2$であることを示す。

$1+2\leqq a_k+2<2+2$であり，$1<\sqrt{1+2}\leqq\sqrt{a_k+2}<\sqrt{2+2}=2$

$a_{k+1}=\sqrt{a_k+2}$なので，$1\leqq a_{k+1}<2$　　(証明終了)

(2)　$|2-a_{n+1}|=|2-\sqrt{a_n+2}|$

$$=\left|\frac{2-a_n}{2+\sqrt{a_n+2}}\right|$$

ここで，$1\leqq a_{n+1}=\sqrt{a_n+2}<2$であるため，$\frac{1}{4}<\frac{1}{2+\sqrt{a_n+2}}\leqq\frac{1}{3}$より，

$\left|\frac{2-a_n}{2+\sqrt{a_n+2}}\right|\leqq\frac{1}{3}|2-a_n|$

よって，

$0<|2-a_{n+1}|\leqq\frac{1}{3}|2-a_n|\leqq\cdots\leqq\left(\frac{1}{3}\right)^n|2-a_1|$

$n\to\infty$で，$\left(\frac{1}{3}\right)^n|2-a_1|\to0$であるため，はさみうちにより$\lim_{n\to\infty}|2-a_n|=0$

よって，$\lim_{n\to\infty}a_n=2$

○**解説**○ 解答参照。

【13】問1　1秒後に，点XがAにあるのは，移動しないときだから，

$P_1=\frac{1}{2}$

また，$n+1$秒後に，点XがAにある確率は，次の2つの場合がある。

i)　n秒後に，点XがAにあるとき，$\frac{1}{2}$の確率で移動しなければよいから，

$\frac{1}{2}P_n$

ii)　n秒後に，点XがAにないとき，$\frac{1}{4}$の確率でAに移動すればよいから，

$\frac{1}{4}(1-P_n)$

i)，ii)より　$P_{n+1}=\frac{1}{2}P_n+\frac{1}{4}(1-P_n)$

よって，$P_{n+1}=\frac{1}{4}P_n+\frac{1}{4}$

問2　問1の漸化式を変形すると，

$P_{n+1}-\frac{1}{3}=\frac{1}{4}\left(P_n-\frac{1}{3}\right)$

よって，数列$\left\{P_n-\frac{1}{3}\right\}$は，初項$P_1-\frac{1}{3}=\frac{1}{2}-\frac{1}{3}=\frac{1}{6}$，公比$\frac{1}{4}$の等比数列となる。

したがって，$P_n-\frac{1}{3}=\frac{1}{6}\left(\frac{1}{4}\right)^{n-1}$

$P_n=\frac{1}{3}+\frac{1}{6}\left(\frac{1}{4}\right)^{n-1}$

ゆえに，$\lim_{n\to\infty}P_n=\frac{1}{3}$

○**解説**○ 解答参照。

微分・積分・極限・証明

要点整理

微分と積分はまったく別の概念であるが，互いに逆演算という深い関係がある。このことを示すのが，微積分の基本定理である。

①極限

1．基本公式

(a) $\lim_{n\to\infty}\frac{1}{n}=0$

(b) $\lim_{n\to\infty}a^n=\begin{cases}\infty & a>1\\ 1 & a=1\\ 0 & -1<a<1\\ \text{振動する} & a\leqq -1\end{cases}$

(c) $\lim_{n\to\infty}\left(1+\frac{1}{n}\right)^n=e$

(d) $\lim_{\theta\to 0}\frac{\sin\theta}{\theta}=1$

2．はさみうちの定理

$a_n\leqq c_n\leqq b_n$かつ $\lim_{n\to\infty}a_n=\lim_{n\to\infty}b_n=\alpha$

ならば，$\lim_{n\to\infty}c_n=\alpha$ である。

3．L'hospital の定理

$x=a$ の近傍で微分可能な関数 $f(x)$，$g(x)$ について，$f(a)=g(a)=0$ のとき，

$\lim_{x\to a}\frac{f(x)}{g(x)}=\lim_{x\to a}\frac{f'(x)}{g'(x)}$

4．無限級数

$S_n=\sum_{k=1}^{n}a_k$に対し，$\lim_{n\to\infty}S_n$により定義する。とくに無限等比級数 $a+ar+ar^2+\cdots$については $-1<r<1$ において収束し，その和は$\frac{a}{1-r}$

②微分

関数の増減に関する基本的な知識はもちろん，さらに平均値の定理，Leibniz の定理，Taylor 定理などは整理しておくべきである。

1. 平均値の定理

［a, b］で定義された微分可能な関数 $f(x)$ について，

$$f(b)-f(a)=f'(c)(b-a)$$

となる $a<c<b$ が存在する。

2. Leibniz の定理

$f(x)$，$g(x)$ が n 回連続微分可能な関数であるとき，

$$\frac{d^n}{dx^n}f(x)g(x)=\sum_{k\to 0}^{n}\binom{n}{k}f^{(n-k)}(x)g^{(k)}(x)$$

3. Taylor の定理

$x=a$ において n 回連続微分可能な関数 $f(x)$ において，

ある $a<c<b$ (または $b<c<a$) を用いて

$$f(b)=f(a)+f'(a)(b-a)+\frac{1}{2!}f''(a)(b-a)^2$$

$$+\cdots+\frac{1}{(n-1)!}f^{(n-1)}(a)(b-a)^n+\frac{1}{n!}f^{(n)}(c)(b-a)^n$$

と表される。$f(x)$ が何回でも微分可能で，最後の項(剰余項)が0に収束する場合は解析的であるという。

$$e^x=1+\frac{x}{1!}+\frac{x^2}{2!}+\frac{x^3}{3!}+\cdots+\frac{x^n}{n!}+\cdots$$

$$\sin x=x-\frac{x^3}{3!}+\frac{x^5}{5!}-\cdots+\frac{(-1)^n x^{2n+1}}{(2n+1)!}+\cdots$$

$$\cos x=1-\frac{x^2}{2!}+\frac{x^4}{4!}-\cdots+\frac{(-1)^n x^{2n}}{(2n)!}+\cdots$$

$|x|<1$ において

$$\log(1+x)=x-\frac{1}{2}x^2+\frac{1}{3}x^3+\cdots+\frac{(-1)^{n-1}}{n}x^n+\cdots$$

③積分

1．Riemann 積分

$[a,\ b]$で定義された有界な関数 $f(x)$ が有限個の部分区間 $a=x_0<x_1<\cdots<x_n=b$ に分けられているとする。各$[x_{i-1},\ x_i]$内に任意に点 ε_i をとり，

$$\sum_{i=1}^{n} f(\varepsilon_i)(x_i-x_{i-1})$$

を考える。$h=\max(x_i-x_{i-1})$ として $h\to0$とするとき，この和が ε_i のとり方によらず一定の和に収束するならば，これを$[a,\ b]$における $f(x)$ の積分といい，$\int_a^b f(x)dx$と表す。Riemann 積分の考え方は，区分求積法という特別な形でよく出題される。

$$\sum_{k=1}^{n} f\left(\frac{k}{n}\right)\frac{1}{n}\to\int_0^1 f(x)dx$$

2．弧長計算

曲線 $y=f(x)$ の $a\leqq x\leqq b$ における長さ s は，三平方の定理を利用して

$$ds=\sqrt{dx^2+dy^2}=\sqrt{1+f'(x)^2}\,|dx|$$

よって，$s=\int_a^b\sqrt{1+f'(x)^2}\,dx$

3．Pappus-Guldin の公式

ある図形Gが直線の周りを回転してできる立体の体積は，Gの面積にGの重心が描く円周の長さをかけて得られる。

数学科　微分・積分・極限・証明

実施問題

【1】次の各問いに答えよ。

(1)　$x=3\cos\theta$ とおき，定積分$\int_0^3 \sqrt{9-x^2}dx$の値を求めよ。

(2)　楕円$\frac{x^2}{9}+\frac{(y-4)^2}{4}=1$で囲まれた図形を$x$軸のまわりに1回転してできる回転体の体積を求めよ。

▌2024年度 ▌富山県 ▌難易度 ■■■■□□

【2】次の(1)，(2)に答えなさい。

(1)　次の定積分を求めなさい。

$$\int_{\frac{\sqrt{3}}{2}}^{1} \sqrt{1-x^2}dx$$

(2)　2つの楕円$\frac{x^2}{3}+y^2=1$，$x^2+\frac{y^2}{3}=1$には，それぞれ2つの焦点があり，それら4つの点を結んでできる四角形の面積をSとする。また，連立不等式

$$\begin{cases} \frac{x^2}{3}+y^2 \leqq 1 \\ x^2+\frac{y^2}{3} \leqq 1 \end{cases}$$

の表す領域の面積をTとする。このとき，次の①～③に答えなさい。

①　Sを求めなさい。

②　Tを求めなさい。

③　SとTの大小を，不等号を使って表しなさい。

▌2024年度 ▌新潟県・新潟市 ▌難易度 ■■■■□□

【3】半径がaである円の面積を積分によって求めたい。円を表す媒介変数表示である$x=a\cos t$，$y=a\sin t$について，0°から90°を積分範囲として定積分の計算を行い，円の面積の$\frac{1}{4}$倍である$\frac{\pi a^2}{4}$を求めようとした生徒がいた。この生徒から，①から③の式変形によって，

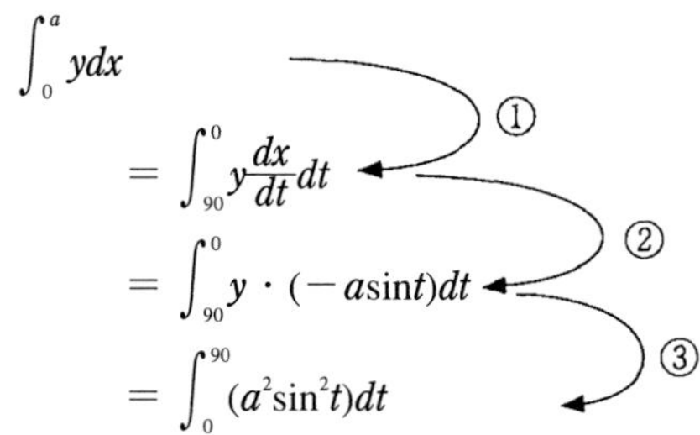

と，計算すると，正しい答えである$\dfrac{\pi a^2}{4}$を導くことができないが，なぜ弧度法を使わないといけないのかという質問を受けた。次の問いに答えよ。

(1)　弧度法を用いた定積分で正しく計算し，円の面積の$\dfrac{1}{4}$倍である$\dfrac{\pi a^2}{4}$を導け。

(2)　度数法を用いて計算を行う。生徒が行った式変形において，上の①から③のイコールのうち，1つが間違っている。間違っているものを1つ選び，数字で答えよ。また，この式変形を踏まえて，弧度法の良さを端的に説明せよ。

▌2024年度 ▌京都市 ▌難易度■■■■□

【4】a，b，cは定数とする。曲線C：$y=a\log x+\dfrac{b}{x}+c$が点(1，4)を通り，$x=\dfrac{1}{4}$で極値$7-4\log 4$をとるとき，次の(1)～(3)の問いに答えよ。

(1)　a，b，cの値を求めると，$a=$[　ア　]，$b=$[　イ　]，$c=$[　ウ　]である。

(2)　曲線C上の点(1，4)における接線ℓの方程式は，$y=$[　エ　]$x+$[　オ　]である。

(3)　曲線Cと接線ℓ，および直線$x=e$で囲まれた部分の面積は，

$$\frac{[\ カ\ ]e^2-[\ キ\ ]e-[\ ク\ ]}{[\ ケ\ ]}$$ である。

▌2024年度 ▌大分県 ▌難易度■■■□□

【5】$x\geqq 3$，$y\geqq 3$，$xy=27$のとき，次の問いに答えなさい。

(1)　$\log_3 x=t$とおくと，tのとりうる値の範囲は[　1　]$\leqq t\leqq$[　2　]で

ある。

(2)　$(\log_3 x)(\log_3 y)$の最大値と最小値を求めると，

$x=$[　3　]$\sqrt{[\ \ 4\ \ ]}$，$y=$[　5　]$\sqrt{[\ \ 6\ \ ]}$のとき，

最大値$\dfrac{[\ \ 7\ \ ]}{[\ \ 8\ \ ]}$であり，

$x=$[　9　]，$y=$[　10　]　または　$x=$[　11　]，$y=$[　12　]のとき，最小値[　13　]である。

ただし，[　9　]<[　11　]とする。

2024年度 | 三重県 | 難易度

【6】aを実数とし，$I(a)=\displaystyle\int_0^1 |e^{2x}-e^{x+a}|dx$とするとき，次の(1)，(2)の各問いに答えよ。

(1)　$I(a)$を求めよ。

(2)　$I(a)$の極値を求めよ。

2024年度 | 山口県 | 難易度

【7】0以上の整数nに対して，

$$I_n=\int_0^{\frac{\pi}{2}} \sin^n x\,dx$$

と定める。

(1)　$n\geqq 2$のとき，$I_n=\dfrac{n-1}{n}I_{n-2}$を示しなさい。

(2)　$n\geqq 1$のとき，nI_nI_{n-1}を求めなさい。

(3)　$\displaystyle\lim_{n\to\infty} I_n=0$を示しなさい。

2024年度 | 長野県 | 難易度

【8】次の各問いについて，解答番号[　1　]～[　7　]内にあてはまる0～9の数字を記入せよ。

(1)　媒介変数で表された曲線$x=(1+\cos\theta)\cos\theta$，$y=(1+\cos\theta)\sin\theta$について，$\theta=\dfrac{\pi}{4}$に対応する点における法線の傾きは[　1　]$+\sqrt{[\ \ 2\ \ ]}$である。

(2)　極限値$\displaystyle\lim_{n\to\infty}\frac{\pi}{n^2}\sum_{k=1}^{n} k\sin\frac{3k}{n}\pi$の値は$\dfrac{[\ \ 3\ \ ]}{[\ \ 4\ \ ]}$である。

(3)　$f(x)=\int_1^x \left(e^t+e^{\frac{1}{t}}\right)^5 dt$とするとき，

$\lim_{x\to 1}\dfrac{f(x)}{x-1}=$[　5　][　6　]$e^{[\ 7\ ]}$である。

2024年度　愛知県　難易度

【9】極限$\lim_{n\to\infty}\left(1-\dfrac{1}{2^2}\right)\left(1-\dfrac{1}{3^2}\right)\left(1-\dfrac{1}{4^2}\right)\cdots\cdots\left\{1-\dfrac{1}{(n-1)^2}\right\}\left(1-\dfrac{1}{n^2}\right)$の値として最も適切なものを，次の①～⑥のうちから選びなさい。

①　1　　②　$\dfrac{1}{2}$　　③　$\dfrac{1}{3}$　　④　$\dfrac{1}{4}$　　⑤　$\dfrac{1}{5}$　　⑥　$\dfrac{1}{6}$

2024年度　神奈川県・横浜市・川崎市・相模原市　難易度

【10】1辺の長さが1cmの正五角形ABCDEにおいて，線分ACと線分BEの交点をFとする。このとき，次の各問いに答えなさい。

(1)　△FAB∽△BCAであることを証明しなさい。

(2)　線分ACの長さを求めなさい。

2024年度　京都府　難易度

【11】次の(1)～(3)に答えなさい。

(1)　中学校第1学年の文字式の利用の授業において，次の【問題】を扱った。

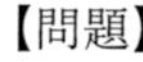

【問題】

次の図1のように1辺にn個ずつ碁石を並べて，正五角形をつくる。このときの碁石の数を求めなさい。

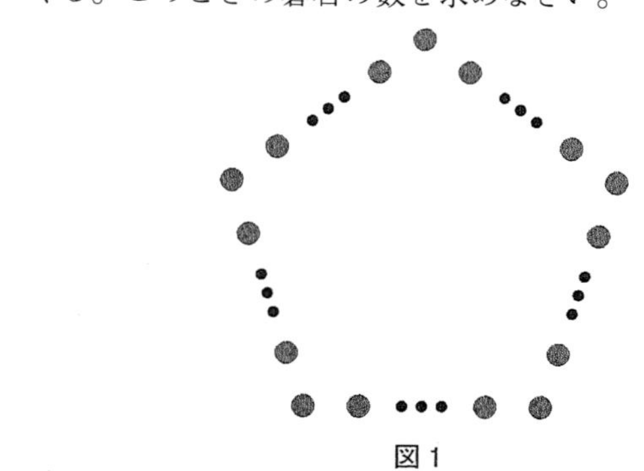

図1

2人の生徒A，Bが異なる解法で正解を導き出した。このときの求め方を，図の碁石を囲んで2通りの方法で説明しなさい。

(2) 次の図2において，∠ADC＝∠A＋∠B＋∠Cが成り立つことを証明しなさい。

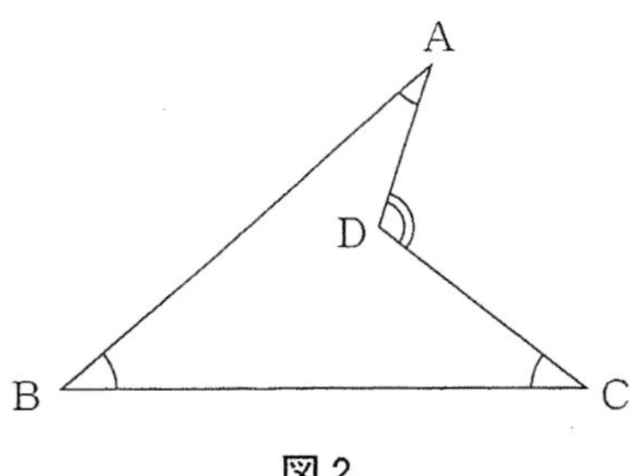

図2

(3) 次の図3のような縦，横，高さの長さがそれぞれa，b，cの直方体で，対角線の長さが$\sqrt{a^2+b^2+c^2}$になることを証明しなさい。

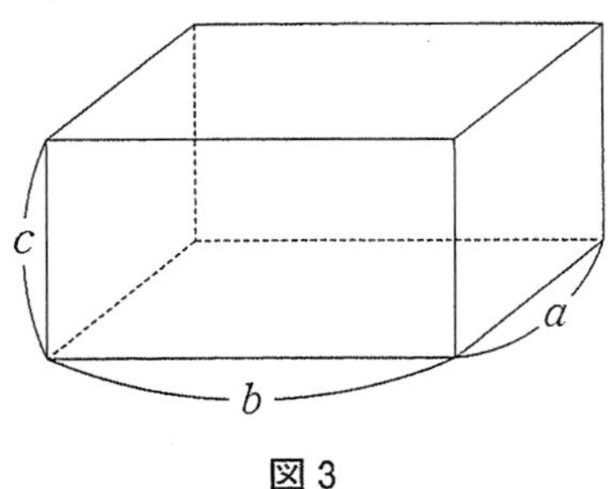

図3

▌2024年度▌青森県▌難易度

【12】次の各問いに答えなさい。ただし，a，b，cは正の数とする。

(1) $a^3+b^3+c^3-3abc=(a+b+c)(a^2+b^2+c^2-ab-bc-ca)$を証明しなさい。

(2) $a^3+b^3+c^3 \geqq 3abc$を証明しなさい。

▌2024年度▌京都府▌難易度

【13】$y+\frac{1}{z}=1$，$z+\frac{1}{x}=1$のとき，$x+\frac{1}{y}=1$が成り立つことを証明しなさい。ただし，x，y，zは0でないとする。

▌2024年度▌京都市▌難易度

【14】 整数nについて，$3n^2+3n$が6の倍数になることを説明せよ。

▌2024年度 ▌愛媛県 ▌難易度 ■■■□□

【15】 $x>0$のとき，次の不等式を証明しなさい。ただし，nは自然数，eは自然対数の底とします。

$$e^x-e^{-x}>2x+\frac{2}{3!}x^3+\frac{2}{5!}x^5+\cdots+\frac{2}{(2n-1)!}x^{2n-1}$$

▌2024年度 ▌広島県・広島市 ▌難易度 ■■■■□

解答・解説

【1】(1) $\int_0^3\sqrt{9-x^2}\,dx$ …①とおいて，

$x=3\cos\theta$ より，$dx=-3\sin\theta\,d\theta$

x：0→3のとき，θ：$\frac{\pi}{2}$→0であるから，

$$①=\int_{\frac{\pi}{2}}^{0}\sqrt{9-9\cos^2\theta}\,(-3\sin\theta)\,d\theta=\int_{\frac{\pi}{2}}^{0}(-9\sin^2\theta)\,d\theta$$

$$=9\int_0^{\frac{\pi}{2}}\frac{1-\cos2\theta}{2}d\theta=9\left[\frac{\theta}{2}-\frac{\sin2\theta}{4}\right]_0^{\frac{\pi}{2}}=\frac{9}{4}\pi$$

(2) $\frac{x^2}{9}+\frac{(y-4)^2}{4}=1$より，$y=4\pm\frac{2}{3}\sqrt{9-x^2}$

よって，回転体の体積Vは，

$$V=2\left[\pi\int_0^3\left\{\left(4+\frac{2}{3}\sqrt{9-x^2}\right)^2-\left(4-\frac{2}{3}\sqrt{9-x^2}\right)^2\right\}dx\right]$$

$$=2\pi\int_0^3\frac{32}{3}\sqrt{9-x^2}\,dx=\frac{64}{3}\int_0^3\sqrt{9-x^2}\,dx$$

(1)の結果を用いて，

$$V=\frac{64}{3}\cdot\frac{9}{4}\pi=48\pi$$

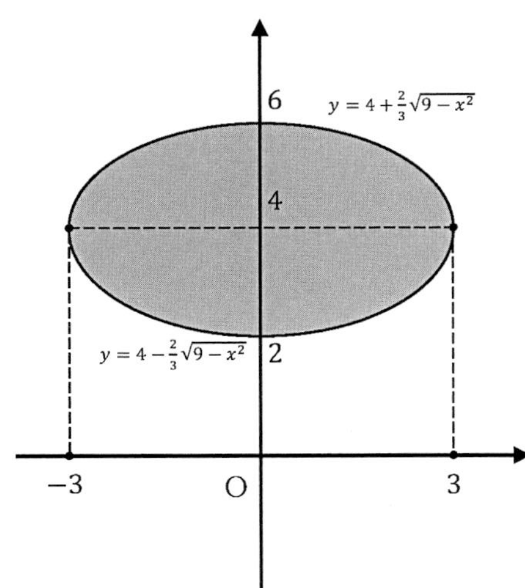

○**解説**○ 解答参照。

【２】(1)　$x=\sin\theta$ とおくと，$dx=\cos\theta\, d\theta$

xと θ の対応は，次表のようになる。

x	$\frac{\sqrt{3}}{2}\to 1$
θ	$\frac{\pi}{3}\to\frac{\pi}{2}$

$\frac{\pi}{3}\leqq\theta\leqq\frac{\pi}{2}$において，$\cos\theta\geqq 0$より，

$$\int_{\frac{\sqrt{3}}{2}}^{1}\sqrt{1-x^2}dx=\int_{\frac{\pi}{3}}^{\frac{\pi}{2}}\cos^2\theta\, d\theta=\frac{1}{2}\int_{\frac{\pi}{3}}^{\frac{\pi}{2}}(1+\cos 2\theta)d\theta$$

$$=\frac{1}{2}\left[\theta+\frac{1}{2}\sin 2\theta\right]_{\frac{\pi}{3}}^{\frac{\pi}{2}}$$

$$=\frac{\pi}{12}-\frac{\sqrt{3}}{8}$$

答　$\frac{\pi}{12}-\frac{\sqrt{3}}{8}$

(2)　①　2つの楕円の焦点は，$(\sqrt{2},\ 0)$，$(-\sqrt{2},\ 0)$と$(0,\ \sqrt{2})$，$(0,\ -\sqrt{2})$である。

これら4つの点を結んでできる四角形は，1辺の長さが2の正方形であるから，$S=4$

答　$S=4$

②　$x^2+\dfrac{y^2}{3}=1$は，$y\geqq 0$において$y=\sqrt{3}\sqrt{1-x^2}$と変形できる。

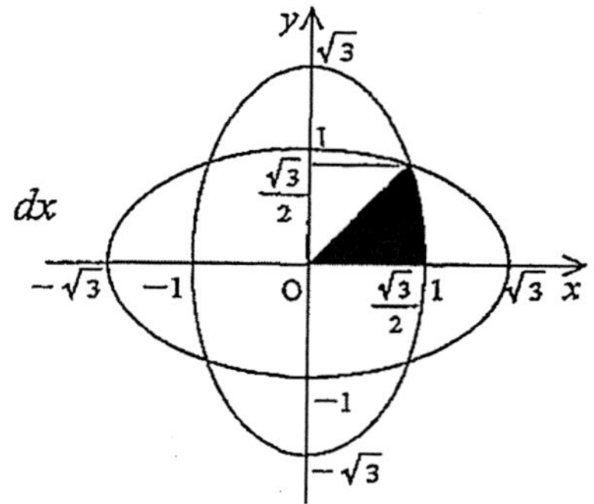

よって，上図より，

$$\frac{1}{8}T=\frac{1}{2}\left(\frac{\sqrt{3}}{2}\right)^2+\sqrt{3}\int_{\frac{\sqrt{3}}{2}}^{1}\sqrt{1-x^2}dx$$

$$=\frac{3}{8}+\sqrt{3}\left(\frac{\pi}{12}-\frac{\sqrt{3}}{8}\right)=\frac{\sqrt{3}}{12}\pi$$

したがって，$T=\dfrac{2\sqrt{3}}{3}\pi$

答　$T=\dfrac{2\sqrt{3}}{3}\pi$

③　$\dfrac{T}{S}=\dfrac{1}{4}\cdot\dfrac{2\sqrt{3}}{3}\pi=\dfrac{\sqrt{3}\pi}{6}$

$\sqrt{3}<1.8$，$\pi<3.2$より，$\sqrt{3}\pi<1.8\times3.2<6$

よって，$\dfrac{T}{S}<1$

したがって，$S>T$

答　$S>T$

○**解説**○ (1)　解答参照。

(2)　①　$\dfrac{x^2}{3}+y^2=1$の焦点は，$(0,\ \pm\sqrt{3-1})$　よって，$(0,\ \pm\sqrt{2})$

$x^2+\dfrac{y^2}{3}=1$の焦点は，$(\pm\sqrt{3-1},\ 0)$　よって，$(\pm\sqrt{2},\ 0)$

② 求める面積は2つの楕円の第一象限の交点から，直線$y=x$と曲線$y=\sqrt{3}\sqrt{1-x^2}$およびx軸で囲まれた部分の面積を8倍したものである。

③ 解答参照。

【3】(1) $\int_{\frac{\pi}{2}}^{0} y\frac{dx}{dt}dt=\int_{\frac{\pi}{2}}^{0} y\cdot(-a\sin t)dt=\int_{0}^{\frac{\pi}{2}} a^2\sin^2 t\,dt$

$=a^2\int_{0}^{\frac{\pi}{2}}\frac{1-\cos 2t}{2}dt=a^2\left[\frac{t}{2}-\frac{\sin 2t}{4}\right]_{0}^{\frac{\pi}{2}}$

$=\frac{\pi a^2}{4}$

(2) 間違っている式変形…②

$\left(\int_{90}^{0} y\frac{dx}{dt}dt=\int_{90}^{0} y\cdot(-a\sin t)dt\right.$ の変形が間違っている。)

弧度法の良さ…弧度法では$\lim_{x\to 0}\frac{\sin x}{x}=1$となるため，$(\cos x)'=-\sin x$となる。これによって，シンプルに計算をすることができる。

○**解説**○ (1) 解答参照。

(2) 度数法の場合②の式変形は，$\int_{90}^{0} y\cdot\left(-\frac{\pi}{180}a\sin t\right)dt$となる。

弧度法の良さには，自然な数学的性質が利用できる点と単位の統一ができる点がある。弧度法では円周を半径の長さと同じだけの弧で表現するため，円周率πが直感的で自然に表現され，三角関数や微積分などの数学的な概念を円周率に基づいて簡単に表現できる。また，弧度法では，角度と弧の長さが同じ単位で表現されるため，計算が単純化される。この二つの点により，弧度法では円周率が自然に現れるため，三角関数や指数関数の微分や積分の計算において，$\lim_{x\to 0}\frac{\sin x}{x}=1$を利用して$(\cos x)'=-\sin x$とするように単純に計算することができる。

【4】(1) ア 4 イ 1 ウ 3 (2) エ 3 オ 1

(3) カ 3 キ 4 ク 9 ケ 2

○**解説**○ (1) $y=a\log x+\frac{b}{x}+c$に$(1,\ 4)$を代入すると，$4=b+c$

$y=a\log x+\frac{b}{x}+c$に$\left(\frac{1}{4},\ 7-4\log 4\right)$を代入すると，

$7-4\log 4=-a\log 4+4b+c=-a\log 4+3b+4$

$-4\log 4=-a\log 4$より，$a=4$

$7=3b+4$より，$b=1$

$4=b+c$より，$c=3$

(2)　$y=4\log x+\frac{1}{x}+3$を微分すると，$y'=\frac{4}{x}-\frac{1}{x^2}$

$x=1$のとき$y'=3$より，接線の傾きは3

(1，4)を通るので，接線の方程式は$y=3x+1$

(3)　曲線$y=4\log x+\frac{1}{x}+3$と接線$y=3x+1$と直線$x=e$で囲まれた部分の面積は，

$$\int_1^e \left\{(3x+1)-\left(4\log x+\frac{1}{x}+3\right)\right\}dx$$

$$=\int_1^e \left(-4\log x+3x-\frac{1}{x}-2\right)dx$$

$$=\left[-4(x\log x-x)+\frac{3}{2}x^2-\log|x|-2x\right]_1^e$$

$$=\left(\frac{3}{2}e^2-1-2e\right)-\left(4+\frac{3}{2}-2\right)$$

$$=\frac{3e^2-4e-9}{2}$$

【5】(1)　[1]　1　　[2]　2　　(2)　[3]　3　　[4]　3　　[5]　3
[6]　3　　[7]　9　　[8]　4　　[9]　3　　[10]　9　　[11]　9
[12]　3　　[13]　2

○解説○ (1)　$\log_3 x=t$

$x\geqq 3$ならば，$t\geqq 1$，また，$x=3^t$なので，

$xy=27(x\geqq 3,\ y\geqq 3)$に代入すると

$3^t\times y=3^3$

$y=\frac{3^3}{3^t}=3^{3-t}\geqq 3^1$

$y=3^x$は単調増加なので，$3-t\geqq 1$

$2\geqq t$

したがって，tのとりうる値の範囲は$1\leqq t\leqq 2$

(2)　$y=\frac{3^3}{x}$，$\log_3 x=t$より，

$g(t)=(\log_3 x)(\log_3 y)=t\times\log_3\frac{3^3}{x}=t(\log_3 3^3-\log_3 x)$

$=t(3-t)=-t^2+3t=-\left(t-\dfrac{3}{2}\right)^2+\dfrac{9}{4}$

$t=\dfrac{3}{2}$ のとき，$g(t)$は最大値 $\dfrac{9}{4}$をとる。

このときのx，yの値は，

$t=\log_3 x$より，$x=3^t=3^{\frac{3}{2}}=(\sqrt{3})^3=3\sqrt{3}$

$y=\dfrac{3^3}{x}$より，$y=\dfrac{3^3}{3\sqrt{3}}=3\sqrt{3}$

次に最小値を考える。

(1)より，$1\leqq t\leqq 2$　よって，$t=1$，2のとき最小値をとる。

最小値は$g(1)=g(2)=2$,

このときのx，yの値を求める。

$t=1$のとき，$x=3^1=3$，$y=\dfrac{3^3}{3}=9$

$t=2$のとき，$x=3^2=9$，$y=\dfrac{3^3}{9}=3$,

$(x,\ y)=(3,\ 9)$，$(9,\ 3)$　このとき最小値2をとる。

【6】(1)　$I(a)=\displaystyle\int_0^1 |e^{2x}-e^{x+a}|dx=\int_0^1 e^x|e^x-e^a|dx$

$0\leqq x\leqq 1$のとき，$1\leqq e^x\leqq e$

(i)　$a\leqq 0$のとき，$0<e^a\leqq 1$

$I(a)=\displaystyle\int_0^1 (e^{2x}-e^{x+a})dx$

$=\left[\dfrac{e^{2x}}{2}-e^{x+a}\right]_0^1$

$=\dfrac{e^2}{2}-e^{1+a}-\left(\dfrac{1}{2}-e^a\right)$

$=-e^{a+1}+e^a+\dfrac{e^2}{2}-\dfrac{1}{2}$

(ii)　$0<a\leqq 1$のとき，$1<e^a\leqq e$

$I(a)=\displaystyle\int_0^a \{-(e^{2x}-e^{x+a})\}dx+\int_a^1 (e^{2x}-e^{x+a})dx$

$=\left[-\left(\dfrac{e^{2x}}{2}-e^{x+a}\right)\right]_0^a+\left[\dfrac{e^{2x}}{2}-e^{x+a}\right]_a^1$

$$=-\left\{\frac{e^{2a}}{2}-e^{2a}-\left(\frac{1}{2}-e^{a}\right)\right\}+\left(\frac{e^{2}}{2}-e^{a+1}\right)-\left(\frac{e^{2a}}{2}-e^{2a}\right)$$

$$=\frac{e^{2a}}{2}+\frac{1}{2}-e^{a}+\frac{e^{2}}{2}-e^{a+1}+\frac{e^{2a}}{2}$$

$$=e^{2a}-e^{a+1}-e^{a}+\frac{e^{2}}{2}+\frac{1}{2}$$

(iii)　$1<a$のとき，$e<e^{a}$

$$I(a)=\int_{0}^{1}\left\{-(e^{2x}-e^{x+a})\right\}dx$$

$$=e^{a+1}-e^{a}-\frac{e^{2}}{2}+\frac{1}{2}$$

$$I(a)=\begin{cases}-e^{a+1}+e^{a}+\dfrac{e^{2}}{2}-\dfrac{1}{2} & (a\leqq 0)\\ e^{2a}-e^{a+1}-e^{a}+\dfrac{e^{2}}{2}+\dfrac{1}{2} & (0<a\leqq 1)\\ e^{a+1}-e^{a}-\dfrac{e^{2}}{2}+\dfrac{1}{2} & (1<a)\end{cases}$$

(2)　$$I'(a)=\begin{cases}-e^{a+1}+e^{a} & (a\leqq 0)\\ 2e^{2a}-e^{a+1}-e^{a} & (0<a\leqq 1)\\ e^{a+1}-e^{a} & (1<a)\end{cases}$$

(i)　$a\leqq 0$のとき，

$I'(a)=-(e-1)e^{a}<0$

(ii)　$0<a\leqq 1$のとき，

$I'(a)=(2e^{a}-e-1)e^{a}$

$I'(a)=0$とおくと，$2e^{a}-e-1=0$より，

$a=\log\dfrac{e+1}{2}$

(iii)　$1<a$のとき，

$I'(a)=(e-1)e^{a}>0$

よって，次の増減表を得る。

a	$\cdots\cdots$	0	$\cdots\cdots$	$\log\dfrac{e+1}{2}$	$\cdots\cdots$	1	$\cdots\cdots$
$I'(a)$	$-$		$-$	0	$+$		$+$
$I(a)$	↘		↘	$\dfrac{e^2-2e+1}{4}$	↗		↗

$a=\log\dfrac{e+1}{2}$のとき，極小となり，極小値は$\dfrac{e^2-2e+1}{4}$

○**解説**○ 解答参照。

【7】(1)　$n\geqq2$のとき

$$I_n=\int_0^{\frac{\pi}{2}}\sin^{n-1}x(-\cos x)'dx$$

$$=\Big[-\sin^{n-1}x\cos x\Big]_0^{\frac{\pi}{2}}+\int_0^{\frac{\pi}{2}}(n-1)\sin^{n-2}x\cos^2x\,dx$$

$$=(n-1)\int_0^{\frac{\pi}{2}}\sin^{n-2}x(1-\sin^2x)dx$$

$$=(n-1)\int_0^{\frac{\pi}{2}}\sin^{n-2}x\,dx-(n-1)\int_0^{\frac{\pi}{2}}\sin^n x\,dx$$

$$=(n-1)I_{n-2}-(n-1)I_n$$

よって，$I_n=\dfrac{n-1}{n}I_{n-2}$

(2)　$n=1$のとき，

$$nI_1I_0=\int_0^{\frac{\pi}{2}}\sin x\,dx\cdot\int_0^{\frac{\pi}{2}}dx=1\cdot\frac{\pi}{2}=\frac{\pi}{2}$$

$n\geqq2$のとき，

(1)より $nI_nI_{n-1}=n\cdot\dfrac{n-1}{n}I_{n-2}\cdot I_{n-1}=(n-1)I_{n-1}I_{n-2}$だから，

$$nI_nI_{n-1}=(n-1)I_{n-1}I_{n-2}=\cdots\cdots2I_2I_1=1I_1I_0=\frac{\pi}{2}$$

よって，$nI_nI_{n-1}=\dfrac{\pi}{2}\ (n\geqq1)$

(3)　$0\leqq x\leqq\dfrac{\pi}{2}$では，$0\leqq\sin x\leqq1$より，$\sin^{n+1}x\leqq\sin^n x\leqq\sin^{n-1}x$

この各辺を0から$\dfrac{\pi}{2}$までxで積分して，

$I_{n+1}<I_n<I_{n-1}$　…①

$\sin^n x\geqq0$より$I_n>0$なので，①の各辺にI_nをかけて，

$I_{n+1}I_n < I_n^2 < I_nI_{n-1}$

よって，(2)の結果を用いると，$\frac{\pi}{2(n+1)} < I_n^2 < \frac{\pi}{2n}$

すなわち，$\sqrt{\frac{\pi}{2(n+1)}} < I_n < \sqrt{\frac{\pi}{2n}}$

$\lim_{n\to\infty}\sqrt{\frac{\pi}{2(n+1)}}=0$，$\lim_{n\to\infty}\sqrt{\frac{\pi}{2n}}=0$であるから，

$\lim_{n\to\infty} I_n=0$

○**解説**○ (1)，(2)　解答参照。

(3)　$a_n < b_n < c_n$のとき，$\lim_{n\to\infty} a_n = \lim_{n\to\infty} c_n = \alpha$なら，

はさみうちの原理より，$\lim_{n\to\infty} b_n=0$である。

【8】(1)　[1]　1　　[2]　2　　(2)　[3]　1　　[4]　3

(3)　[5]　3　　[6]　2　　[7]　5

○**解説**○ (1)　$\frac{dx}{d\theta}=-\sin\theta\cos\theta+(1+\cos\theta)(-\sin\theta)=-\sin\theta-2\sin\theta\cos\theta$

$=-\sin\theta(2\cos\theta+1)$

$\frac{dy}{d\theta}=-\sin^2\theta+(1+\cos\theta)\cos\theta=-(1-\cos^2\theta)+\cos\theta+\cos^2\theta=(2\cos\theta-$
$1)(\cos\theta+1)$

したがって，$\frac{dy}{dx}=\frac{\frac{dy}{d\theta}}{\frac{dx}{d\theta}}=\frac{(2\cos\theta-1)(\cos\theta+1)}{-\sin\theta(2\cos\theta+1)}$

$x=\frac{\pi}{4}$のときの接線の傾きlを求める。

$$l=\frac{\left(2\cos\frac{\pi}{4}-1\right)\left(\cos\frac{\pi}{4}+1\right)}{-\sin\frac{\pi}{4}\left(2\cos\frac{\pi}{4}+1\right)}=-\frac{\left(2\cdot\frac{\sqrt{2}}{2}-1\right)\left(\frac{\sqrt{2}}{2}+1\right)}{\frac{\sqrt{2}}{2}\left(2\cdot\frac{\sqrt{2}}{2}+1\right)}=\frac{2-2\sqrt{2}}{2}$$

$=1-\sqrt{2}$

$x=\frac{\pi}{4}$のときの法線の傾きをmとして，

$m\times l=-1$

$m(1-\sqrt{2})=-1$

$m=-\frac{1}{1-\sqrt{2}}=1+\sqrt{2}$

(2)　区分求積法から極限値を求める。

k：$1\to n$のとき$\dfrac{3k\pi}{n}$は，$\dfrac{3\pi}{n}$，$\dfrac{3\pi}{n}\times 2$，…，$\dfrac{3\pi}{n}\times(k-1)$，$\dfrac{3\pi}{n}\times k$ …$\dfrac{3\pi}{n}\times n$となる。

つまり閉区間$[0,\ 3\pi]$をn等分したときのx座標である。

この閉区間における連続関数$F(x)$をn個の長方形に均等分割すると，

その横幅は$\dfrac{3\pi}{n}$，縦の長さは，$F\left(\dfrac{3\pi}{n}\times k\right)$となり，

長方形の面積は$\dfrac{3\pi}{n}\times F\left(\dfrac{3\pi}{n}\times k\right)$となる。ここで，与えられた式を見てみる。

$$S=\lim_{n\to\infty}\frac{\pi}{n^2}\sum_{k=1}^{n}k\cdot\sin\left(\frac{3k}{n}\pi\right)=\frac{1}{9\pi}\lim_{n\to\infty}\sum_{k=1}^{n}\frac{3\pi}{n}\cdot\frac{3k\pi}{n}\cdot\sin\left(\frac{3k\pi}{n}\right)$$

ここで，$F(x)=x\sin x$とする。

$$S=\frac{1}{9\pi}\lim_{n\to\infty}\sum_{k=1}^{n}\frac{3\pi}{n}\cdot F\left(\frac{3k\pi}{n}\right)$$

$\displaystyle\lim_{n\to\infty}\sum_{k=1}^{n}\frac{3\pi}{n}\cdot F\left(\frac{3k\pi}{n}\right)$は閉区間$[0,\ 3\pi]$，関数$F(x)=x\sin x$に

区分求積法を用いることを表している。

したがって，$S=\dfrac{1}{9\pi}\displaystyle\int_0^{3\pi}x\sin x\,dx=\dfrac{1}{9\pi}\Big[-x\cos x+\sin x\Big]_0^{3\pi}=\dfrac{3\pi}{9\pi}=\dfrac{1}{3}$

(3)　$f(1)=\displaystyle\int_1^1\left(e^t+e^{\frac{1}{t}}\right)^5dt=0$なので，微分の定義より，

$$\lim_{x\to1}\frac{f(x)}{x-1}=\lim_{x\to1}\frac{f(x)-f(1)}{x-1}=f'(1)$$

よって，この問題は，$f'(1)$の値を求める問題であることがわかる。

$f(x)$の導関数を求める。

$t\neq0$のとき，$g(t)=\left(e^t+e^{\frac{1}{t}}\right)^5$とし，その原始関数のひとつを$G(t)$とする。

$G'(t)=g(t)$

$f(x)=\displaystyle\int_1^x g(t)dt=[G(t)]_1^x=G(x)-G(1)$

$G(1)$は定数なので，

$f'(x)=\dfrac{d}{dx}(G(x)-G(1))=G'(x)=g(x)$

したがって，$f'(x)=\left(e^x+e^{\frac{1}{x}}\right)^5$

求める値は，$f'(1)=\left(e^1+e^{\frac{1}{1}}\right)^5=(e+e)^5=(2e)^5=32\cdot e^5$

【9】②

○解説○ $S_n=\left(1-\frac{1}{2^2}\right)\left(1-\frac{1}{3^2}\right)\left(1-\frac{1}{4^2}\right)\left(1-\frac{1}{5^2}\right)\cdots\left\{1-\frac{1}{(n-2)^2}\right\}\left\{1-\frac{1}{(n-1)^2}\right\}$
$\left(1-\frac{1}{n^2}\right)$

$=\frac{(2^2-1)}{2^2}\frac{(3^2-1)}{3^2}\frac{(4^2-1)}{4^2}\frac{(5^2-1)}{5^2}\cdots\frac{\{(n-2)^2-1\}}{(n-2)^2}\frac{\{(n-1)^2-1\}}{(n-1)^2}\frac{(n^2-1)}{n^2}$

$=\frac{(1\cdot3)(2\cdot4)(3\cdot5)(4\cdot6)\cdots\{(n-3)(n-1)\}\{(n-2)n\}\{(n-1)(n+1)\}}{2^2\cdot3^2\cdot4^2\cdot5^2\cdots(n-2)^2\cdot(n-1)^2\cdot n^2}$

$=\frac{1\cdot2\cdot3^2\cdot4^2\cdot5^2\cdots(n-2)^2\cdot(n-1)^2\cdot n\cdot(n+1)}{2^2\cdot3^2\cdot4^2\cdot5^2\cdots(n-2)^2\cdot(n-1)^2\cdot n^2}$

$=\frac{1\cdot2\cdot n\cdot(n+1)}{2^2\cdot n^2}=\frac{1}{2}\cdot\left(1+\frac{1}{n}\right)$

よって，$\lim_{n\to\infty}S_n=\lim_{n\to\infty}\frac{1}{2}\cdot\left(1+\frac{1}{n}\right)=\frac{1}{2}$

【10】(1)　証明

正五角形の1つの内角は，180°×(5−2)÷5＝108°であり，
△ABEは二等辺三角形であるから，∠ABE＝∠AEB＝(180°−108°)÷2＝36°…①
△BCAも二等辺三角形であるから，同様にして，∠BCA＝∠BAC＝36°…②
△FABと△BCAにおいて，
①，②より
∠FAB＝∠BCA＝36°…③
∠FBA＝∠BAC＝36°…④
③，④より，2組の角がそれぞれ等しいから，
△FAB∽△BCA　　[終]

(2)　∠CBF＝∠CBA−∠FBA＝108°−36°＝72°…⑤
また，三角形の外角の性質より，∠CFB＝∠FAB＋∠FBA＝36°＋36°＝72°…⑥
⑤，⑥より2組の角がそれぞれ等しいから，△CFBは二等辺三角形
よって，CB＝CF
ここで，AC＝$x$cmとすると，AF＝AC−FC＝$(x-1)$cm
(1)より，△FAB∽△BCAであるから，

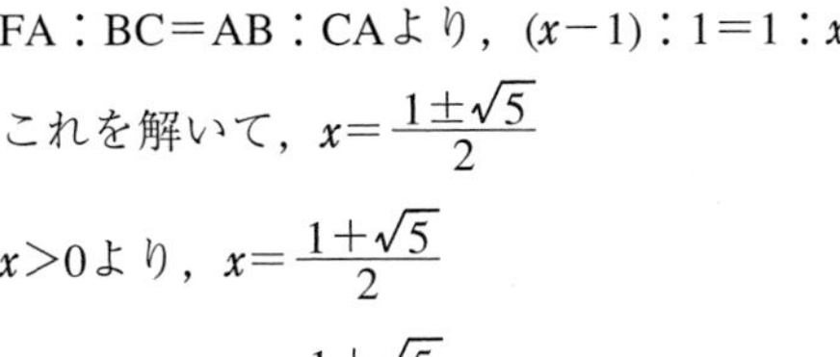

FA：BC＝AB：CAより，$(x-1):1=1:x$

これを解いて，$x=\dfrac{1\pm\sqrt{5}}{2}$

$x>0$より，$x=\dfrac{1+\sqrt{5}}{2}$

よって，$\mathrm{AC}=\dfrac{1+\sqrt{5}}{2}$

○**解説**○ 解答参照。問題の条件は次の図のようになる。

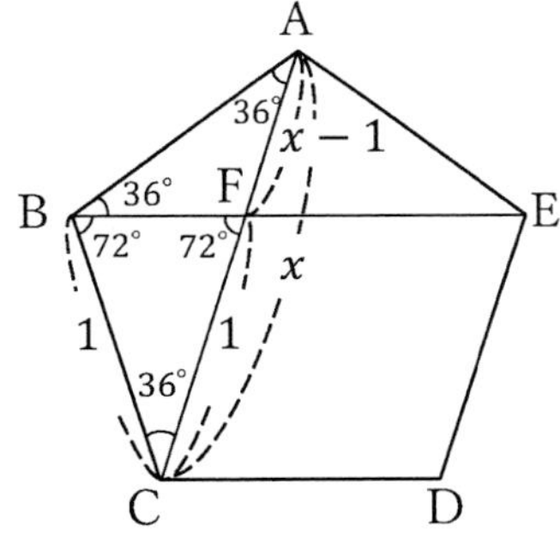

【11】(1)

【説明1】

碁石を図のように囲むと，1つの囲みに碁石がn個あり，その囲みが5つあるから$5n$個になる。このとき，5つの頂点の碁石の数を2回数えているから，並べた碁石の数は$5n$個より5個少ない。したがって，碁石の数は$(5n-5)$個となる。

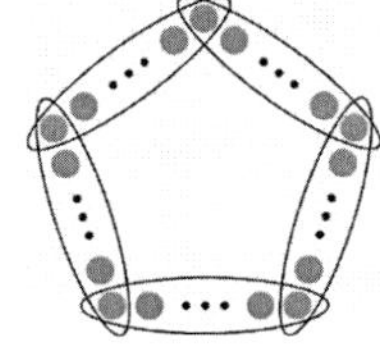

【説明2】

碁石を図のように囲むと，1つの囲みに碁石が$(n-2)$個あり，その囲みが5つあるから$5(n-2)$個になる。このとき，5つの頂点の碁石の数を数えていないから，並べた碁石の数は$5(n-2)$個より5個多い。したがって，碁石の数は$\{5(n-2)+5\}$個となる。

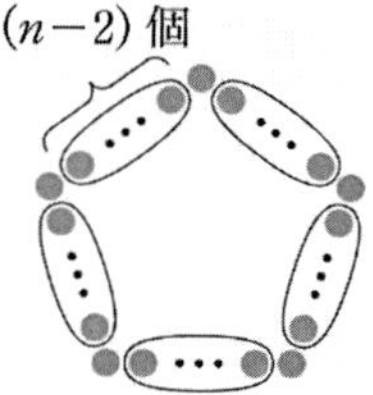

(2)　(証明)

辺ADを延長して，辺BCとの交点をEとする。

三角形の外角は，それととなり合わない2つの内角の和に等しいから，

△ABEで　∠DEC＝∠A＋∠B

△DECで　∠ADC＝∠DEC＋∠C

したがって，∠ADC＝∠A＋∠B＋∠C　　(証明終わり)

(3)　(証明)

底面の対角線の長さをxとすると，$x^2=a^2+b^2$

直方体の対角線の長さをyとすると，$y^2=x^2+c^2=a^2+b^2+c^2$

$y>0$であるから，$y=\sqrt{a^2+b^2+c^2}$　　(証明終わり)

○**解説**○ (1)　解答例の他，1辺のn個から1個を取り除いた$(n-1)$個が5つあると考え，$5(n-1)$個と求めてもよい。　(2)　解答例の他，直線BDを引いて△ABDと△CBDでそれぞれ外角を求めて導く方法や，線分ACを引いて△ABCと△ADCでそれぞれ内角の和を求めて導く方法などがある。　(3)　解答参照。

【12】(1)　証明

$$
\begin{aligned}
(\text{右辺}) &= a^3+ab^2+c^2a-a^2b-abc-ca^2+a^2b+b^3+bc^2-ab^2-b^2c-abc \\
&\quad +ca^2+b^2c+c^3-abc-bc^2-c^2a \\
&= a^3+b^3+c^3-3abc
\end{aligned}
$$

よって，$a^3+b^3+c^3-3abc=(a+b+c)(a^2+b^2+c^2-ab-bc-ca)$　　[終]

(2)　証明

(1)により，

$$
\begin{aligned}
a^3+b^3+c^3-3abc &= (a+b+c)(a^2+b^2+c^2-ab-bc-ca) \\
&= (a+b+c)\Big(\frac{1}{2}a^2-ab+\frac{1}{2}b^2+\frac{1}{2}b^2-bc+\frac{1}{2}c^2+
\end{aligned}
$$

$$\frac{1}{2}c^2-ca+\frac{1}{2}a^2\Big)$$

$$=(a+b+c)\left\{\frac{1}{2}(a-b)^2+\frac{1}{2}(b-c)^2+\frac{1}{2}(c-a)^2\right\}$$

$$=\frac{1}{2}(a+b+c)\{(a-b)^2+(b-c)^2+(c-a)^2\}$$

$a>0$, $b>0$, $c>0$より，

$a+b+c>0$　かつ　$(a-b)^2+(b-c)^2+(c-a)^2\geqq 0$

であるから，$(a+b+c)(a^2+b^2+c^2-ab-bc-ca)=a^3+b^3+c^3-3abc\geqq 0$

よって，$a^3+b^3+c^3\geqq 3abc$

等号が成立するための必要十分条件は，$(a-b)^2+(b-c)^2+(c-a)^2=0$のときである。

すなわち，$a=b=c=0$　　[終]

○**解説**○ 解答参照。

【13】$y+\dfrac{1}{z}=1$より，$\dfrac{1}{z}=1-y$ …①

$z+\dfrac{1}{x}=1$より，$z=1-\dfrac{1}{x}$ …②

①×②　$\dfrac{1}{z}\times z=(1-y)\left(1-\dfrac{1}{x}\right)$

よって

$1=1-\dfrac{1}{x}-y+\dfrac{y}{x}$

$\therefore\quad y+\dfrac{1}{x}=\dfrac{y}{x}$

$\therefore\quad xy+1=y$

両辺をyでわると　$(y\neq 0)$

$x+\dfrac{1}{y}=1$　(証明終了)

＊もし，$y=0$だとすると，

$y+\dfrac{1}{z}=1$より，$\dfrac{1}{z}=1$，$z=1$

$z+\dfrac{1}{x}=1$より，$\dfrac{1}{x}=0$

となるが，そのようなxはない。　$\therefore\quad y\neq 0$

○**解説**○ 解答参照。

【14】 整数nについて，

$3n^2+3n=3n(n+1)$

ここで$n(n+1)$は，連続する2つの整数nと$n+1$の積である。

連続する2つの整数は，必ずどちらか一方は偶数であり，もう一方は奇数となるため，偶数と奇数の積は偶数になるので，$n(n+1)$は偶数である。

したがって，$n(n+1)$は偶数であるので，kを整数として，$n(n+1)=2k$とすれば，

$$\begin{aligned}3n^2+3n&=3n(n+1)\\&=3\times 2k\\&=6k\end{aligned}$$

となるので，$3n^2+3n$は6の倍数である。

○**解説**○ 解答参照。

【15】 $f_n(x)=e^x-e^{-x}-\left\{2x+\dfrac{2}{3!}x^3+\dfrac{2}{5!}x^5+\cdots+\dfrac{2}{(2n-1)!}x^{2n-1}\right\}$

とすると，$f_n(x)$は$x\geqq 0$で連続である。

(i) $n=1$のとき

$f_1(x)=e^x-e^{-x}-2x$

$f'_1(x)=e^x+e^{-x}-2$

$e^x>0$，$e^{-x}>0$であるから，相加平均と相乗平均の関係より

$e^x+e^{-x}-2\geqq 2\sqrt{e^x\cdot e^{-x}}-2=0$

よって，関数$f_1(x)$は$x\geqq 0$で単調増加する。

ゆえに　$x>0$のとき　$f_1(x)>f_1(0)=0$

したがって，$e^x-e^{-x}>2x$

(ii) $n=k$のとき成り立つと仮定すると

$f_k(x)=e^x-e^{-x}-\left\{2x+\dfrac{2}{3!}x^3+\dfrac{2}{5!}x^5+\cdots+\dfrac{2}{(2k-1)!}x^{2k-1}\right\}>0$

$n=k+1$のとき

$f_{k+1}(x)=e^x-e^{-x}-\left\{2x+\dfrac{2}{3!}x^3+\dfrac{2}{5!}x^5+\cdots+\dfrac{2}{(2k+1)!}x^{2k+1}\right\}$

$$\begin{aligned}f'_{k+1}(x)&=e^x+e^{-x}-\left\{2+\frac{2\cdot 3}{3!}x^2+\frac{2\cdot 5}{5!}x^4+\cdots+\frac{2\cdot(2k+1)}{(2k+1)!}x^{2k}\right\}\\&=e^x+e^{-x}-\left\{2+\frac{2}{2!}x^2+\frac{2}{4!}x^4+\cdots+\frac{2}{(2k)!}x^{2k}\right\}\end{aligned}$$

$$f''_{k+1}(x)=e^x-e^{-x}-\left\{\frac{2\cdot 2}{2!}x+\frac{2\cdot 4}{4!}x^3+\cdots+\frac{2\cdot 2k}{(2k)!}x^{2k-1}\right\}$$

$$=e^x-e^{-x}-\left\{2x+\frac{2}{3!}x^3+\cdots+\frac{2}{(2k-1)!}x^{2k-1}\right\}$$

$$=f_k(x)$$

$x>0$のとき$f''_{k+1}(x)=f_k(x)>0$であるから，関数$f'_{k+1}(x)$は$x\geqq 0$で単調増加する。

よって，$x>0$のとき　$f'_{k+1}(x)>f'_{k+1}(0)=0$

これより，関数$f_{k+1}(x)$は$x\geqq 0$で単調増加する。

ゆえに，$x>0$のとき　$f_{k+1}(x)>=f_{k+1}(0)=0$

したがって，$e^x-e^{-x}>2x+\frac{2}{3!}x^3+\frac{2}{5!}x^5+\cdots+\frac{2}{(2k+1)!}x^{2k+1}$

(i)(ii)より，すべての自然数nに対して，$x>0$のとき

$e^x-e^{-x}>2x+\frac{2}{3!}x^3+\frac{2}{5!}x^5+\cdots+\frac{2}{(2n-1)!}x^{2n-1}$

が成り立つ。

○**解説**○ 解答参照。

確率・期待値・標準偏差

要点整理

①確率

1．場合の数

事象Aに属する根元事象の数をn(A)で表すとき，事象Aが起こる確率P(A)は，根元事象それぞれの起こる確からしさについては，すべて等しいという前提があるとき，

$$\mathrm{P(A)}=\frac{n(\mathrm{A})}{n(\mathrm{U})}$$

で定義される。ここでUは全事象である。

2．乗法定理

事象Aが起こったときに事象Bが起こる確率を$\mathrm{P_A(B)}$と定義すると，

$$\mathrm{P_A(B)}=\frac{\mathrm{P(A\cap B)}}{\mathrm{P(A)}}$$

さらに$\mathrm{P(A\cap B)=P(A)\cdot P_A(B)}$を乗法定理と呼ぶ。

3．漸化式の利用

確率の列を，一つ前の状態からの移行を考えてたてて，解ける問題がある。よくある形はa，bを実数として

$$p_{n+1}=ap_n+b(1-p_n)$$

②確率分布

1．確率分布表

全事象を構成する事象すべてにおけるそれぞれの確率を表にしたもの。

X	x_1	x_2	x_3	…	x_n	計
P	p_1	p_2	p_3	…	p_n	1

2．期待値と分散

$\mathrm{E(X)}=\sum_{i=1}^{n} x_i p_i$を期待値(平均値)と定義する。

また分散$\mathrm{V(X)}=\sum_{i=1}^{n}(x_i-\mathrm{E(X)})^2 p_i$

標準偏差$\sigma\mathrm{(X)}=\sqrt{\mathrm{V(X)}}$　である。

数学科　確率・期待値・標準偏差

実施問題

【1】次の各問いについて，解答番号[　1　]～[　6　]内にあてはまる0～9の数字を記入せよ。

1個のサイコロを5回投げて，3以上の目が出る回数をXとする。Xの期待値$E(X)=\dfrac{[\ 1\ ][\ 2\ ]}{[\ 3\ ]}$であり，

Xの標準偏差$\sigma(X)=\dfrac{\sqrt{[\ 4\ ][\ 5\ ]}}{[\ 6\ ]}$である。

▌2024年度 ▌愛知県 ▌難易度

【2】1枚の硬貨を6回続けて投げる。ただし，表と裏の出る確率はそれぞれ$\frac{1}{2}$とする。このとき，次の1から4の問いに答えよ。

1　表が少なくとも1回出る確率を求めよ。ただし，途中の計算は書かなくてよい。

2　表がちょうど1回出る確率を求めよ。ただし，途中の計算は書かなくてよい。

3　表も裏も2回以上出る確率を求めよ。

4　表が4回以上続けて出る確率を求めよ。

▌2024年度 ▌栃木県 ▌難易度

【3】次の各問いについて，解答番号[　1　]～[　6　]内にあてはまる0～9の数字を記入しなさい。

次のデータは，ある生徒8人の数学のテストの得点である。ただし，aの値は0以上100以下の整数である。

92　77　95　70　90　81　94　a　(単位は点)

(1)　aの値がわからないとき，このデータの中央値として[　1　][　2　]通りの値が考えられる。

(2)　8人の得点の平均値が85点のとき，aの値は[　3　][　4　]である。

(3)　(2)のとき，数学のテストの得点の標準偏差は[　5　].[　6　]である。ただし，$\sqrt{2}=1.41$，$\sqrt{3}=1.73$，$\sqrt{5}=2.24$とし，小数第2位を四捨五入して答えなさい。

▌2024年度 ▌三重県 ▌難易度

【4】次の各問いについて，解答番号[1]～[7]内にあてはまる0～9の数字を記入せよ。

表が白色，裏が黒色の石を6個，次の図のように並べてから，サイコロを2回投げて，出た目と同じ番号の石を裏返すこととする。ただし，2回とも同じ目が出たときは，その番号の石を2度裏返すものとする。このとき，以下の問いに答えよ。

1 2 3 4 5 6

● ● ● ○ ○ ○

(1) 両端が白色となる確率は$\frac{[\ 1\ ]}{[\ 2\ ]}$である。

(2) 黒色が3個，白色が3個となる確率は$\frac{[\ 3\ ]}{[\ 4\ ]}$である。

(3) 白色が3個以上連続して並ぶ確率は$\frac{[\ 5\ ]}{[\ 6\ ][\ 7\ ]}$である。

2024年度 愛知県 難易度

【5】次の〔図〕のような座標平面上を動く点Aが原点Oの位置にある。1個のさいころをくり返し投げて，その出た目に応じて以下の〔ルール〕にしたがってAを動かす。

〔図〕

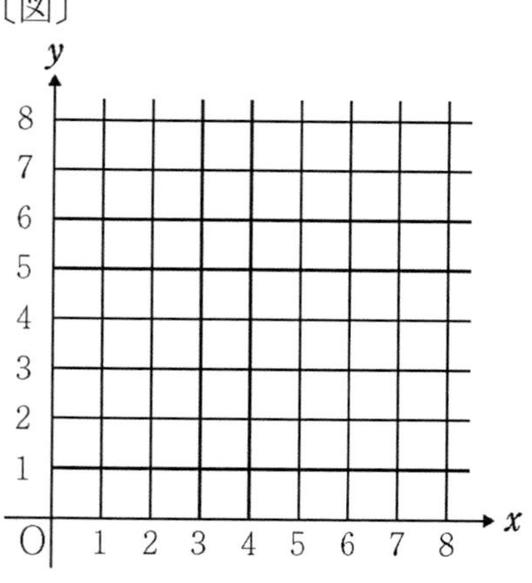

〔ルール〕

・1個のさいころを投げて，1または2の目が出たときには，Aはx軸の正の方向に1だけ動く。

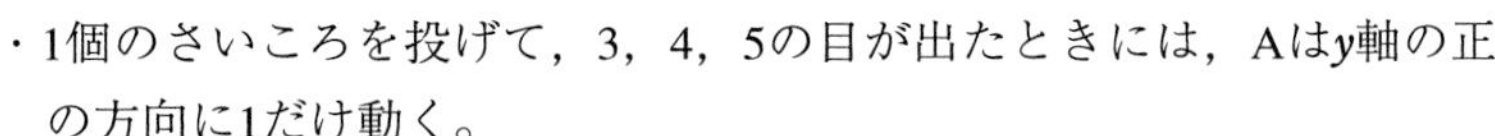

・1個のさいころを投げて，3，4，5の目が出たときには，Aはy軸の正の方向に1だけ動く。

・1個のさいころを投げて，6の目が出たときには，Aは動かない。

また，原点Oと点Aとの距離をOAとし，X＝OA^{2}とするとき，次の(1)〜(3)の問いに答えよ。

(1) さいころを3回続けて投げたとき，点Aの座標が(2，1)である確率は，$\frac{[\ \text{ア}\ ]}{[\ \text{イ}\ ]}$である。

(2) さいころを5回続けて投げたとき，X＝10である確率は$\frac{[\ \text{ウエ}\ ]}{[\ \text{オカキ}\ ]}$である。

(3) さいころを2回続けて投げたとき，Xの期待値は，$\frac{[\ \text{クケ}\ ]}{[\ \text{コサ}\ ]}$である。

2024年度 大分県 難易度

【6】A，B，C，D，Eの5人の委員の中から，くじびきで代表を2人選ぶとき，代表の中にAが含まれる確率を，次の①〜⑤の中から一つ選べ。

① $\frac{1}{10}$　② $\frac{4}{15}$　③ $\frac{1}{3}$　④ $\frac{2}{5}$　⑤ $\frac{1}{2}$

2024年度 岐阜県 難易度

【7】3つの袋A，B，Cがあり，それぞれの袋の中には1から12までの数が書かれた12個の球が入っている。袋A，B，Cから球を1個ずつ取り出し，取り出した球に書かれた数をそれぞれa，b，cとするとき，次の各問いに答えなさい。

(1) a，b，cがすべて異なる確率を，次の選択肢から1つ選び，記号で答えなさい。

ア $\frac{55}{72}$　イ $\frac{55}{432}$　ウ $\frac{55}{144}$　エ $\frac{55}{216}$

(2) a，b，cの最大値が8である確率を，次の選択肢から1つ選び，記号で答えなさい。

ア $\frac{4}{27}$　イ $\frac{8}{27}$　ウ $\frac{169}{1728}$　エ $\frac{343}{1728}$

(3) $a+b+c=12$である確率を，次の選択肢から1つ選び，記号で答えなさい。

ア $\frac{1}{32}$　イ $\frac{13}{432}$　ウ $\frac{55}{864}$　エ $\frac{55}{1728}$

(4)　$a+b+c=12$であったとき，a，b，cの最大値が8である条件付き確率を，次の選択肢から1つ選び，記号で答えなさい。

ア $\frac{6}{55}$　イ $\frac{9}{55}$　ウ $\frac{9}{169}$　エ $\frac{55}{169}$

2024年度　宮崎県　難易度

【8】1個のさいころを4回続けて投げるとき，出た目の数の種類の数をXとする。例えば，出た目の数が順に1，2，6，2の場合，出た目の数は1，2，6の3種類なので$X=3$，出た目の数が順に5，3，3，5の場合，出た目の数は3，5の2種類なので$X=2$となる。Xの値がkである確率をP_k ($k=1$，2，3，4)とする。

次の(　①　)～(　④　)にあてはまる適切な数を答えなさい。ただし，解答は答えのみ記入しなさい。

> まず，$P_1=$(　①　)，$P_4=$(　②　)である。さらに，$P_2=$(　③　)である。
> Xの期待値は(　④　)である。

2024年度　鳥取県　難易度

【9】次の文を読んで，以下の(1)～(4)に答えなさい。

2つの変量x，yのデータについて，n個のデータのx，yの値の組を(x_1, y_1)，(x_2, y_2)，……，(x_n, y_n)とする。x_1，x_2，…，x_nの平均値を$\overline{x}$，標準偏差をs_x，y_1，y_2，…，y_nの平均値を$\overline{y}$，標準偏差をs_y，x，yの共分散をs_{xy}，x，yの相関係数をrとする。

(1)　次の①，②を表す式を，以下のア～カからそれぞれ1つ選び，その記号を書きなさい。

①　s_{xy}　　②　r

ア　$\frac{1}{n}\sum_{k=1}^{n}(x_k-\overline{x})(y_k-\overline{y})$

イ　$\sum_{k=1}^{n}(x_k-\overline{x})(y_k-\overline{y})$

ウ　$\frac{1}{n}\sum_{k=1}^{n}x_k y_k$

エ $\dfrac{\sum_{k=1}^{n}(x_k-\overline{x})(y_k-\overline{y})}{\sum_{k=1}^{n}(x_k-\overline{x})^2\sum_{k=1}^{n}(y_k-\overline{y})^2}$

オ $\dfrac{\sum_{k=1}^{n}(x_k-\overline{x})(y_k-\overline{y})}{\sqrt{\sum_{k=1}^{n}(x_k-\overline{x})^2\sum_{k=1}^{n}(y_k-\overline{y})^2}}$

カ $\dfrac{\sum_{k=1}^{n}(x_k-\overline{x})(y_k-\overline{y})}{\frac{1}{n}\sqrt{\sum_{k=1}^{n}(x_k-\overline{x})^2\sum_{k=1}^{n}(y_k-\overline{y})^2}}$

(2) データの分析について述べた文として適切なものを，次のア～カからすべて選び，その記号を書きなさい。

ア データの値は平均値の周辺に集まっているが，平均値からはデータの散らばり度合いはわからない。

イ 相関係数は必ず−1から1までの実数値をとる。

ウ データの1つの値が大きくなるように修正を加えると，分散も大きくなる。

エ 分散は中央値の周りにおけるデータの値全体の散らばり度合いを表している。

オ 平均値は外れ値の影響を受けにくい。

カ 共分散はデータの数値の大小や単位の変換による影響を受けることがある。

(3) xの分散を$s_x{}^2$，x^2の平均値を$\overline{x^2}$とするとき，$s_x{}^2=\overline{x^2}-(\overline{x})^2$を証明しなさい。

(4) (3)の公式を利用して，−14，16，21，a，bの平均値が5，分散が164となるような定数a，bの値を求めなさい。ただし，$a<b$とする。

▌2024年度 ▌青森県 ▌難易度■■■□□

【10】赤玉3個，白玉2個が入った袋から2個の玉を同時に取り出すとき，出た白玉の個数をXとする。このとき，確率変数Xの確率分布，および確率変数Xの平均と標準偏差を求めよ。

▌2024年度 ▌愛媛県 ▌難易度■■■□□

【11】1から5までの数字の中から，重複しないように3つの数字を選んだとき，その中の最小の数をXとします。確率変数Xの標準偏差$\sigma(X)$として正しいものを，次の(1)～(4)の中から1つ選びなさい。

(1) $\frac{3\sqrt{5}}{10}$　(2) $\frac{3}{2}$　(3) $\frac{9}{20}$　(4) $\frac{27}{10}$

2024年度 埼玉県・さいたま市 難易度

【12】はじめに，左から順に黒いカードが2枚，白いカードが3枚の計5枚のカードが横一列に並べられている。この5枚のカードから任意に2枚のカードを選び，その2枚のカードの位置を入れ替えるという操作を考える。

この操作をn回繰り返したときに左端が黒いカードである確率をp_nとする。以下の各問いに答えよ。

(左) ■ ■ □ □ □ (右)

(1) p_1を求めよ。

(2) p_{n+1}をp_nを用いて表せ。

(3) p_nをnを用いて表せ。また，$\lim_{n\to\infty} p_n$を求めよ。

2024年度 富山県 難易度

【13】次の(1)，(2)の各問いに答えよ。

(1) さいころを2回投げて，出る目の和をXとする。Xの期待値$E(X)$を求めよ。

(2) 確率変数Yのとる値の範囲が$0 \leqq Y \leqq 2$で，その確率密度関数$f(x)$が次の式で与えられるものとする。

$$f(x)=\begin{cases} x & (0 \leqq x \leqq 1) \\ 2-x & (1 \leqq x \leqq 2) \end{cases}$$

このとき，確率$P(0.5 \leqq Y \leqq 1.5)$を求めよ。

2024年度 山口県 難易度

【14】ある学校で500人の生徒にテストを行ったところ，その得点Xは平均48点，標準偏差16点の正規分布にしたがった。次の正規分布表を用いて以下の各問いに答えなさい。ただし，得点は整数とする。

正規分布表

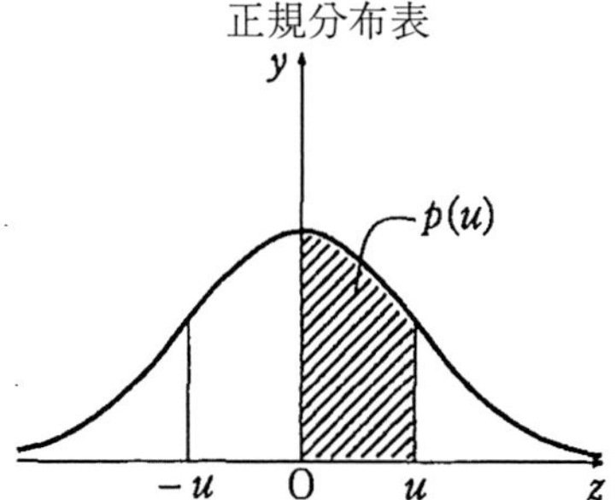

u	.00	.01	.02	.03	.04	.05	.06	.07	.08	.09
0.0	0.0000	0.0040	0.0080	0.0120	0.0160	0.0199	0.0239	0.0279	0.0319	0.0359
0.1	0.0398	0.0438	0.0478	0.0517	0.0557	0.0596	0.0636	0.0675	0.0714	0.0753
0.2	0.0793	0.0832	0.0871	0.0910	0.0948	0.0987	0.1026	0.1064	0.1103	0.1141
0.3	0.1179	0.1217	0.1255	0.1293	0.1331	0.1368	0.1406	0.1443	0.1480	0.1517
0.4	0.1554	0.1591	0.1628	0.1664	0.1700	0.1736	0.1772	0.1808	0.1844	0.1879
0.5	0.1915	0.1950	0.1985	0.2019	0.2054	0.2088	0.2123	0.2157	0.2190	0.2224
0.6	0.2257	0.2291	0.2324	0.2357	0.2389	0.2422	0.2454	0.2486	0.2517	0.2549
0.7	0.2580	0.2611	0.2642	0.2673	0.2704	0.2734	0.2764	0.2794	0.2823	0.2852
0.8	0.2881	0.2910	0.2939	0.2967	0.2995	0.3023	0.3051	0.3078	0.3106	0.3133
0.9	0.3159	0.3186	0.3212	0.3238	0.3264	0.3289	0.3315	0.3340	0.3365	0.3389
1.0	0.3413	0.3438	0.3461	0.3485	0.3508	0.3531	0.3554	0.3577	0.3599	0.3621
1.1	0.3643	0.3665	0.3686	0.3708	0.3729	0.3749	0.3770	0.3790	0.3810	0.3830
1.2	0.3849	0.3869	0.3888	0.3907	0.3925	0.3944	0.3962	0.3980	0.3997	0.4015
1.3	0.4032	0.4049	0.4066	0.4082	0.4099	0.4115	0.4131	0.4147	0.4162	0.4177
1.4	0.4192	0.4207	0.4222	0.4236	0.4251	0.4265	0.4279	0.4292	0.4306	0.4319
1.5	0.4332	0.4345	0.4357	0.4370	0.4382	0.4394	0.4406	0.4418	0.4429	0.4441
1.6	0.4452	0.4463	0.4474	0.4484	0.4495	0.4505	0.4515	0.4525	0.4535	0.4545
1.7	0.4554	0.4564	0.4573	0.4582	0.4591	0.4599	0.4608	0.4616	0.4625	0.4633
1.8	0.4641	0.4649	0.4656	0.4664	0.4671	0.4678	0.4686	0.4693	0.4699	0.4706
1.9	0.4713	0.4719	0.4726	0.4732	0.4738	0.4744	0.4750	0.4756	0.4761	0.4767
2.0	0.4772	0.4778	0.4783	0.4788	0.4793	0.4798	0.4803	0.4808	0.4812	0.4817
2.1	0.4821	0.4826	0.4830	0.4834	0.4838	0.4842	0.4846	0.4850	0.4854	0.4857
2.2	0.4861	0.4864	0.4868	0.4871	0.4875	0.4878	0.4881	0.4884	0.4887	0.4890
2.3	0.4893	0.4896	0.4898	0.4901	0.4904	0.4906	0.4909	0.4911	0.4913	0.4916
2.4	0.4918	0.4920	0.4922	0.4925	0.4927	0.4929	0.4931	0.4932	0.4934	0.4936
2.5	0.4938	0.4940	0.4941	0.4943	0.4945	0.4946	0.4948	0.4949	0.4951	0.4952
2.6	0.49534	0.49547	0.49560	0.49573	0.49585	0.49598	0.49609	0.49621	0.49632	0.49643
2.7	0.49653	0.49664	0.49674	0.49683	0.49693	0.49702	0.49711	0.49720	0.49728	0.49736
2.8	0.49744	0.49752	0.49760	0.49767	0.49774	0.49781	0.49788	0.49795	0.49801	0.49807
2.9	0.49813	0.49819	0.49825	0.49831	0.49836	0.49841	0.49846	0.49851	0.49856	0.49861
3.0	0.49865	0.49869	0.49874	0.49878	0.49882	0.49886	0.49889	0.49893	0.49896	0.49900

(1)　76点以上の生徒は約何人いるか答えなさい。

(2)　得点が高い方から50人の中に入るには，約何点以上であればよいか。最も小さい整数値で答えなさい。

2024年度 京都府 難易度

【15】Oを原点とするxy平面上において，動点Rは次の【試行】に従って単位円周上を回転する。

> 【試行】1枚の硬貨を投げて，表が出たら動点Rは原点を中心に反時計回りに$\frac{\pi}{6}$だけ回転し，裏が出たら動点Rは原点を中心に反時計回りに$\frac{\pi}{3}$だけ回転する。

nは自然数とする。はじめ動点Rは(1，0)にある。1回目の【試行】で回転した動点Rの座標をR_1，R_1から2回目の【試行】で回転した動点Rの座標をR_2とする。この【試行】を繰り返し，n回目の【試行】で回転した動点Rの座標をR_nとする。次の問いに答えなさい。

(1)　R_5が(−1，0)である確率を求めよ。

(2)　R_6がx軸上またはy軸上である確率を求めよ。

(3)　R_nがx軸上またはy軸上である確率をp_nとする。p_{n+1}をp_nを用いて表せ。

(4)　(3)のとき，p_nを求めよ。

▌2024年度 ▌佐賀県 ▌難易度 ■■■■□

【16】1分間に「分裂しない」か「2つに分裂する」のいずれかを等しい確率で行う細胞がある。「分裂しない」場合は，そのままの状態で存在し，次の1分間で「分裂しない」か「2つに分裂する」のいずれかを等しい確率で行う。「2つに分裂する」場合は，2つの細胞になり，それぞれの細胞が次の1分間で「分裂しない」か「2つに分裂する」のいずれかを等しい確率で行う。

分裂直後の細胞がはじめに1つあるとする。nを自然数とし，n分後の細胞の個数をX_nと表すとき，次の各問いに答えよ。

問1　$X_2=1$となる確率を求めよ。また，$X_2=4$となる確率を求めよ。

問2　$X_2=2$となる確率を求めよ。また，X_2の期待値を求めよ。

問3　$X_n=1$となる確率を求めよ。

問4　$X_n=2$となる確率を求めよ。

▌2024年度 ▌長崎県 ▌難易度 ■■■■□

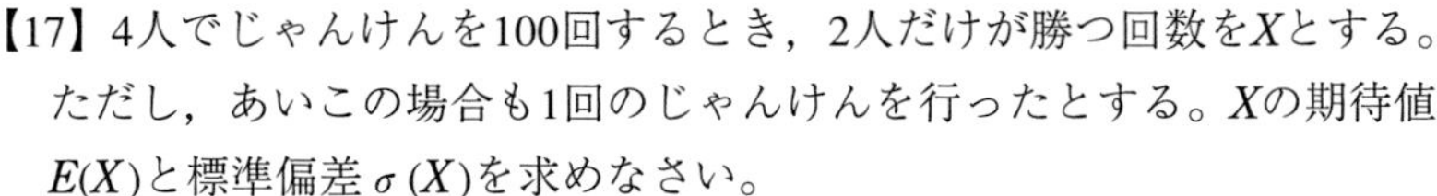

【17】4人でじゃんけんを100回するとき，2人だけが勝つ回数をXとする。ただし，あいこの場合も1回のじゃんけんを行ったとする。Xの期待値$E(X)$と標準偏差$\sigma(X)$を求めなさい。

▌2024年度 ▌長野県 ▌難易度

【18】袋の中に赤色の玉が3個，白色の玉が2個入っている。その中から玉を1つ取り出して，色を確認してから袋に戻し，取り出した玉と同じ色の玉をさらに1個袋に入れる。この試行を繰り返し行う。

ただし，玉の取り出し方は同様に確からしいものとする。

(1)　試行を2回行ったとき，1回目に取り出した玉が白色で，2回目に取り出した玉が赤色である確率は$\dfrac{[\quad ア \quad]}{[\quad イ \quad]}$である。

(2)　試行を2回行ったとき，2回目に取り出した玉が赤色である確率は$\dfrac{[\quad ウ \quad]}{[\quad エ \quad]}$である。

次に，座標平面上の動点Pについて考える。

動点Pは，原点を出発し，上記の試行で取り出した玉が赤色の場合はx軸の正の方向に1進み，取り出した玉が白色の場合はy軸の正の方向に1進むこととする。

(3)　試行を5回行ったとき，点Pが(3，2)にある確率は$\dfrac{[\quad オ \quad]}{[\quad カキ \quad]}$である。

(4)　試行を$2n$回(nは自然数)行ったとき，点Pが直線$y=x$上にある確率は$\dfrac{[\quad ク \quad](n+1)}{(2n+[\quad ケ \quad])(2n+1)}$である。

▌2024年度 ▌千葉県・千葉市 ▌難易度

【19】ある高等学校の生徒の星座は，12人に1人の割合でおとめ座である。その高等学校から，60人を無作為に抽出するとき，k番目に抽出された人がおとめ座ならば1，それ以外の星座ならば0の値を対応させる確率変数をX_kとする。このときの標本平均$\overline{X}=\dfrac{1}{60}(X_1+X_2+\cdots+X_{60})$の期待値と標準偏差の組合せとして正しいものを，次の①～⑤の中から一つ選べ。

①　期待値：$\dfrac{1}{12}$　　　標準偏差：$\dfrac{\sqrt{11}}{12}$

② 期待値：$\dfrac{\sqrt{11}}{12}$　　標準偏差：$\dfrac{\sqrt{165}}{360}$

③ 期待値：$\dfrac{1}{12}$　　標準偏差：$\dfrac{\sqrt{165}}{360}$

④ 期待値：$\dfrac{\sqrt{11}}{12}$　　標準偏差：$\dfrac{1}{12}$

⑤ 期待値：$\dfrac{\sqrt{165}}{360}$　　標準偏差：$\dfrac{\sqrt{11}}{12}$

2024年度 岐阜県 難易度

解答・解説

【1】[1]　1　　[2]　0　　[3]　3　　[4]　1　　[5]　0　　[6]　3

〇**解説**〇 Xは二項分布$B\left(5,\ \dfrac{2}{3}\right)$にしたがう。

ここで5は試行回数$n=5$，$\dfrac{2}{3}$は3以上の目が出る確率$p=\dfrac{2}{3}$である。

このとき，Xの期待値$E(X)=np=5\times\dfrac{2}{3}=\dfrac{10}{3}$

Xの標準偏差$\sqrt{V(x)}=\sqrt{np(1-p)}=\sqrt{\dfrac{10}{3}\times\left(1-\dfrac{2}{3}\right)}=\dfrac{\sqrt{10}}{3}$

【2】1　$\dfrac{63}{64}$　　2　$\dfrac{3}{32}$　　3　表2回裏4回，表3回裏3回，表4回裏2回のいずれかが起こる確率であり，これらは互いに排反であるから，求める確率は${}_6C_2\left(\dfrac{1}{2}\right)^6+{}_6C_3\left(\dfrac{1}{2}\right)^6+{}_6C_4\left(\dfrac{1}{2}\right)^6=(15+20+15)\left(\dfrac{1}{2}\right)^6=\dfrac{25}{32}$

4　表を〇，裏を×とする。

[1]　表が6回続けて出る場合

〇〇〇〇〇〇 の1通り

$\left(\dfrac{1}{2}\right)^6=\dfrac{1}{64}$

[2]　表が5回続けて出る場合

〇〇〇〇〇×，×〇〇〇〇〇 の2通り

$2\cdot\left(\dfrac{1}{2}\right)^6=\dfrac{2}{64}$

[3]　表が4回続けて出る場合は，表4回裏2回，表5回裏1回のときに分けて考えると

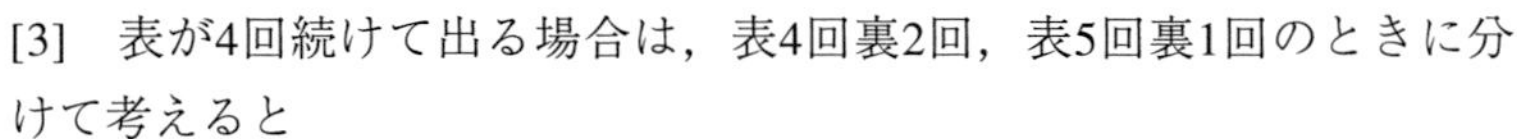

①　表4回裏2回　○○○○××，×○○○○×，××○○○○ の3通り

②　表5回裏1回　○○○○×○，○×○○○○ の2通り

よって　$(3+2)\cdot\left(\frac{1}{2}\right)^6=\frac{5}{64}$

[1]〜[3]は互いに排反であるから，求める確率は　$\frac{1+2+5}{64}=\frac{1}{8}$

○**解説**○ 1 「6回のうち表が少なくとも1回出る」の余事象は「6回とも裏が出る」なので余事象の確率は，$\left(\frac{1}{2}\right)^6=\frac{1}{64}$より，求める確率は，$1-\frac{1}{64}=\frac{63}{64}$

2　${}_6C_1\left(\frac{1}{2}\right)^1\left(\frac{1}{2}\right)^5=6\times\frac{1}{64}=\frac{3}{32}$

3　解答参照。　4　解答参照。

【3】(1)　[1]　1　　[2]　2　　(2)　[3]　8　　[4]　1　　(3)　[5]　8　[6]　5

○**解説**○ (1)　中央値を考えやすいように以下のように小さい順に並び変える。

70，77，81，90，92，94，95，a

aを除く，7個のデータの中央値は90

90を基準にaがどこに入るか考えると，以下の3つの場合がある。

(i)　$a\leqq 81$のとき，中央値$\frac{81+90}{2}=85.5$

(ii)　$81<a<92$のとき，中央値$\frac{a+90}{2}$

この範囲の整数aは10個なので，中央値は10通り考えることができる。

(iii)　$92\leqq a$のとき，中央値$\frac{92+90}{2}=91$

(i)(ii)(iii)より，中央値は$1+10+1=12$〔通り〕の値が考えられる。

(2)　$(70+77+81+90+92+94+95)+a=85\times 8$　　$a=81$

(3)

データ	70	77	81	81	90	92	94	95	合計
平均値	85	85	85	85	85	85	85	85	
(データ－平均値)^2	225	64	16	16	25	49	81	100	576

分散$s^2=\frac{1}{8}\times 576$

標準偏差$=\sqrt{S^2}=\sqrt{\frac{576}{8}}=6\sqrt{2}\fallingdotseq 8.46\fallingdotseq 8.5$

【4】(1)　[1]　2　　[2]　9　　(2)　[3]　2　　[4]　3　　(3)　[5]　7　[6]　1　　[7]　8

○**解説**○ (1)　サイコロを2回投げるので，すべての場合は36通り。両端が白色となるのは，「1の目が1回だけ出る」かつ「6の目が出ない」場合である。この場合は，(1，2)，(2，1)，(1，3)，(3，1)，(1，4)，(4，1)，(1，5)，(5，1)の8通り。したがって，求める確率は$\frac{8}{36}=\frac{2}{9}$である。

(2)　黒色が3個，白色が3個となるのは，以下の2つの場合である。

(i)　同じ石が，黒→白→黒，あるいは白→黒→白となる色の変化がない場合，(1，1)，(2，2)，(3，3)，(4，4)，(5，5)，(6，6)の6通り。

(ii)　色が変化する石が，(1，4)，(1，5)，(1，6)と最初に黒だったグループから1つ，最初に白だったグループから1つずつ出る場合，この組み合わせは9通りで，それぞれにサイコロの出方は2通りなので，9×2＝18で18通り。

(i)，(ii)より，求める確率は$\frac{18+6}{36}=\frac{2}{3}$である。

(3)　白色が3個以上連続して並ぶのは，以下の場合である。

(i)　白色が5個連続で並ぶ場合，2番と3番が白色に変化するから，(2，3)，(3，2)の2通り。

(ii)　白色が4個連続で並ぶ場合，3番が白色に変化し，4，5，6番は白色のままなので，(3，1)，(1，3)の2通り。

(iii)　白色が3個連続で並ぶ場合，この場合は，以下の2つの場合。

①　4，5，6番で白が連続する場合，(1，1)，(2，2)，(3，3)，(4，4)，(5，5)，(6，6)の6通りと(1，2)，(2，1)の計8通り。

②　3，4，5番で白が連続する場合，3番と6番の色が変化すればよいので，(3，6)，(6，3)の2通り。

したがって，求める確率は$\frac{2+2+8+2}{36}=\frac{14}{36}=\frac{7}{18}$

(別解)　(i)　白色が5個連続で並ぶ場合，2番と3番が白色に変化するから，$\frac{1}{6}\times\frac{1}{6}\times2=\frac{1}{18}$

(ii)　白色が4個連続で並ぶ場合，3の目が出て，次に2，3，4，5，6の目が出ない場合，(あるいはその逆)なので，$\frac{1}{6}\times\left(1-\frac{5}{6}\right)\times2=\frac{1}{18}$

(iii)　白色が3個連続で並ぶ場合，この場合は，以下の2つの場合がある。

①　4，5，6番で白が連続する場合，同じ目が出る確率$\frac{6}{36}$あるいは1，2番で白に変化する確率$\frac{1}{6}\times\frac{1}{6}\times2=\frac{1}{18}$，したがって，$\frac{6}{36}+\frac{1}{18}=\frac{4}{18}$

②　3，4，5番で白が連続する場合，3番と6番の色が変化すればよいので，$\frac{1}{6}\times\frac{1}{6}\times2=\frac{1}{18}$

上記はすべて排反事象であるので，$\frac{1}{18}+\frac{1}{18}+\frac{4}{18}+\frac{1}{18}=\frac{7}{18}$

【5】(1)　ア　1　　イ　6　　(2)　ウ　6　　エ　5　　オ　3　　カ　2　　キ　4　　(3)　ク　4　　ケ　3　　コ　1　　サ　8

○解説○ (1)　Aがx軸の正の方向に1だけ動く確率は，$\frac{2}{6}=\frac{1}{3}$

Aがy軸の正の方向に1だけ動く確率は，$\frac{3}{6}=\frac{1}{2}$

Aが動かない確率は$\frac{1}{6}$より，Aがx軸の正の方向に2，y軸の正の方向に1だけ動く確率は,

$\frac{1}{3}\times\frac{1}{3}\times\frac{1}{2}\times{}_3C_1=\frac{1}{6}$

(2)　$X=10$であるとき，Aの座標は(1，3)か(3，1)の2通りである。

Aがx軸の正の方向に1，y軸の正の方向に3だけ動き，1回だけ動かない確率は,

$\frac{1}{3}\times\frac{1}{2}\times\frac{1}{2}\times\frac{1}{2}\times\frac{1}{6}\times\frac{5!}{3!1!1!}=\frac{5}{36}$

Aがx軸の正の方向に3，y軸の正の方向に1だけ動き，1回だけ動かない確率は,

$\frac{1}{3}\times\frac{1}{3}\times\frac{1}{3}\times\frac{1}{2}\times\frac{1}{6}\times\frac{5!}{3!1!1!}=\frac{5}{81}$

求める確率は，$\frac{5}{36}+\frac{5}{81}=\frac{65}{324}$

(3)　それぞれのXの値を表で整理して考える。

X	1	2	3	4	5	6
1	4	4	2	2	2	1
2	4	4	2	2	2	1
3	2	2	4	4	4	1
4	2	2	4	4	4	1
5	2	2	4	4	4	1
6	1	1	1	1	1	0

Xの期待値は，$4\times\frac{13}{36}+2\times\frac{12}{36}+1\times\frac{10}{36}+0\times\frac{1}{36}=\frac{43}{18}$

【6】④

○**解説**○ 5人の中から2人を選ぶ場合の数は，${}_5C_2$

代表Aが選ばれる場合の数は，${}_{5-1}C_{2-1}={}_4C_1$

よって，$\frac{{}_4C_1}{{}_5C_2}=\frac{4}{10}=\frac{2}{5}$

【7】(1)　ア　　(2)　ウ　　(3)　エ　　(4)　イ

○**解説**○ (1)　a，b，cがすべて異なる時の場合の数は，${}_{12}C_1\cdot{}_{11}C_1\cdot{}_{10}C_1$〔通り〕，

袋A，B，Cからそれぞれ球を1個取り出す場合の数は，12^3〔通り〕である。

よって，求める確率は，$\frac{{}_{12}C_1\cdot{}_{11}C_1\cdot{}_{10}C_1}{12^3}=\frac{12\times11\times10}{12^3}=\frac{55}{72}$

(2)　a，b，cのうち，8が1つの場合は，7×7×3〔通り〕，

8が2つの場合は，7×3〔通り〕，8が3つの場合は1通りである。

よって，求める確率は，$\frac{7\times7\times3+7\times3+1}{12^3}=\frac{169}{1728}$

(3)　$a+b+c=12$，$(a-1)+(b-1)+(c-1)=9$として，

a，b，cを満たす場合の数は，$\frac{(9+2)!}{9!\times2!}=\frac{(11!)}{9!\times2!}=55$〔通り〕であ

る。

よって，求める確率は，$\dfrac{55}{12^3}=\dfrac{55}{1728}$

(4)　$a+b+c=12$を満たし，かつ，最大値が8である場合の数は，

a，b，cが8，3，1のとき，$3!=6$〔通り〕，

a，b，cが8，2，2のとき，3通りである。

よって，求める条件付き確率は，$\dfrac{\frac{6+3}{1728}}{\frac{55}{1728}}=\dfrac{9}{55}$

【8】① $\dfrac{1}{216}$　② $\dfrac{5}{18}$　③ $\dfrac{35}{216}$　④ $\dfrac{671}{216}$

○解説○ ①　P_1は4個とも同じ目がでるので，$P_1=\dfrac{6}{6^4}=\dfrac{1}{216}$

②　P_4は4個とも異なる目が出るので，$P_4=\dfrac{{}_6P_4}{6^4}=\dfrac{5}{18}$

③　P_2は{AABB}，{AAAB}の2つの場合がある。

{AABB}の場合は$\dfrac{{}_6P_2\times\frac{4!}{2!2!}}{6^4}=\dfrac{15}{216}$，{AAAB}の場合は$2\times\dfrac{{}_6C_2\times\frac{4!}{3!}}{6^4}$

$=\dfrac{20}{216}$

よって，$P_2=\dfrac{15}{216}+\dfrac{20}{216}=\dfrac{35}{216}$

④　P_3はP_1，P_2，P_4の余事象なので，$P_3=1-\left(\dfrac{1}{216}+\dfrac{35}{216}+\dfrac{5}{18}\right)=$

$1-\dfrac{1+35+60}{216}=\dfrac{120}{216}$

したがって，Xの期待値は，

$1\times\dfrac{1}{216}+2\times\dfrac{35}{216}+3\times\dfrac{120}{216}+4\times\dfrac{60}{216}=\dfrac{1}{216}+\dfrac{70}{216}+\dfrac{360}{216}+\dfrac{240}{216}=\dfrac{671}{216}$

【9】(1)　①　ア　②　オ　(2)　イ，カ

(3)　(証明)

$s_x{}^2=\dfrac{1}{n}\sum_{k=1}^{n}(x_k-\overline{x})^2=\dfrac{1}{n}\sum_{k=1}^{n}\{x_k{}^2-2x_k\overline{x}+(\overline{x})^2\}$

$=\dfrac{1}{n}\sum_{k=1}^{n}x_k{}^2-2\overline{x}\cdot\dfrac{1}{n}\sum_{k=1}^{n}x_k+\dfrac{1}{n}\cdot n(\overline{x})^2=\dfrac{1}{n}\sum_{k=1}^{n}x_k{}^2-2(\overline{x})^2+(\overline{x})^2$

$=\overline{x^2}-(\overline{x})^2$　(証明終わり)

(4)　平均が5であるから　$\dfrac{-14+16+21+a+b}{5}=5$

よって　$a+b=2$　…①

分散が164であるから　$\dfrac{(-14)^2+16^2+21^2+a^2+b^2}{5}-5^2=164$

よって　$a^2+b^2=52$

$a^2+b^2=(a+b)^2-2ab$より　$52=2^2-2ab$

よって　$ab=-24$　…②

①，②より，aとbは2次方程式$x^2-2x-24=0$の2つの解である。

$x^2-2x-24=0$より

$(x+4)(x-6)=0$　であるから　$x=-4,\ 6$

$a<b$であるから　$a=-4,\ b=6$

○**解説**○ (1)　分散は平均値からの散らばりを表す数値である。xの分散$s_x{}^2$は$\dfrac{1}{n}\displaystyle\sum_{k=1}^{n}(x_k-\overline{x})^2$ で求めるが，平均からの差(偏差)を正の値で出すために二乗し，その平均を求めていると考えるとよい。共分散s_{xy}は(xの偏差×yの偏差)の平均である。よって，$\dfrac{1}{n}\displaystyle\sum_{k=1}^{n}(x_k-\overline{x})(y_k-\overline{y})$

相関係数rは$\dfrac{s_{xy}}{s_x\cdot s_y}$で求められる。よって，$\dfrac{\displaystyle\sum_{k=1}^{n}(x_k-\overline{x})(y_k-\overline{y})}{\sqrt{\displaystyle\sum_{k=1}^{n}(x_k-\overline{x})^2\sum_{k=1}^{n}(y_k-\overline{y})^2}}$

(2)　ア，エ　平均値から分散(散らばりを表す数値)が求められる。ウ　20，100，100，100のデータのうち20を180へ大きく修正しても，散らばり具合は変わらず，分散も1200のままである。1つの値を大きくなるように修正しても，分散が大きくなるとは限らない。　オ　10，20，30，40のデータの平均値は25だが，外れ値を設定し10，20，30，140とすると平均値は50と影響を受ける。　(3)，(4)　解答参照。

【10】

X	0	1	2	計
P	$\frac{3}{10}$	$\frac{6}{10}$	$\frac{1}{10}$	1

平均$E(X)=\dfrac{4}{5}$，標準偏差$\sigma(X)=\dfrac{3}{5}$

○**解説**○ 白玉を取り出す確率変数をXとして，

$X=0$の確率$\frac{{}_2C_0\times{}_3C_2}{{}_5C_2}=\frac{3}{10}$，$X=1$の確率$\frac{{}_2C_1\times{}_3C_1}{{}_5C_2}=\frac{3}{5}$

$X=2$の確率$\frac{{}_2C_2\times{}_3C_0}{{}_5C_2}=\frac{1}{10}$

よって，確率分布は解答のようになる。

平均$E(X)=0\times\frac{3}{10}+1\times\frac{3}{5}+2\times\frac{1}{10}=\frac{4}{5}$

分散$\{\sigma(X)\}^2=E(X^2)-\{E(X)\}^2=0^2\times\frac{3}{10}+1^2\times\frac{3}{5}+2^2\times\frac{1}{10}-\left(\frac{4}{5}\right)^2=\frac{9}{25}$

よって，標準偏差$\sigma(X)=\frac{3}{5}$

【11】(1)

○**解説**○ 1から5までの数字の中から，3つの数字を選ぶ場合は，

(1，2，3)，(1，2，4)，(1，2，5)，(1，3，4)，(1，3，5)，(1，4，5)，(2，3，4)，(2，3，5)，(2，4，5)，(3，4，5)の10〔通り〕

選んだこの中で，最小の数をXとすると，確率変数Xの平均は，

$E(X)=1\times\frac{6}{10}+2\times\frac{3}{10}+3\times\frac{1}{10}=\frac{15}{10}=\frac{3}{2}$

よって，分散は，$\sigma^2(X)=1^2\times\frac{6}{10}+2^2\times\frac{3}{10}+3^2\times\frac{1}{10}-\left(\frac{3}{2}\right)^2=\frac{27}{10}-\frac{9}{4}=\frac{9}{20}$

より，

標準偏差$\sigma(X)=\sqrt{\frac{9}{20}}=\frac{3}{2\sqrt{5}}=\frac{3\sqrt{5}}{10}$

【12】(1) 5枚の黒，白のカードB_1，B_2，W_1，W_2，W_2から2枚を選び，カードの位置を入れ替え，左が黒になる場合を調べると，

$[B_1,\ B_2]\to[B_2,\ B_1]$○，$[B_1,\ W_1]\to[W_1,\ B_1]$×，

$[B_1,\ W_2]\to[W_2,\ B_1]$×，$[B_1,\ W_3]\to[W_3,\ B_1]$×，

$[B_2,\ W_1]\to[W_1,\ B_2]$○，$[B_2,\ W_2]\to[W_2,\ B_2]$○，

$[B_2,\ W_3]\to[W_3,\ B_2]$○，$[W_1,\ W_2]\to[W_2,\ W_1]$○，

$[W_1,\ W_3]\to[W_3,\ W_1]$○，$[W_2,\ W_3]\to[W_3,\ W_2]$○

以上のように入れ替わるから，左が黒である確率は，$\frac{7}{10}$

(2) (1)より，p_nのとき，B_1，W_1，W_2，B_2，W_2のように左端に黒があ

るとして，2枚を選び，カードの位置を入れ替え，左が黒になる場合は7通りである。

また，端に黒があるときの余事象$1-p_n$のとき，W_1，W_2，B_1，W_1，B_2のように左端に白があるとして，左2枚を選び，カードの位置を入れ替え，左が黒になる場合を調べると$[W_1,\ B_1]\to[B_1,\ W_1]$と$[W_1,\ B_2]\to[B_2,\ W_1]$の2通りである。

したがって，求める確率p_{n+1}は，$p_{n+1}=p_n\times\frac{7}{10}+(1-p_n)\times\frac{2}{10}=\frac{1}{2}p_n+\frac{1}{5}$

(3)　(2)の漸化式を$p_{n+1}-\frac{2}{5}=\frac{1}{2}\left(p_n-\frac{2}{5}\right)$と変形して，

数列$\left\{p_n-\frac{2}{5}\right\}$は公比$\frac{1}{2}$，初項$p_1-\frac{2}{5}=\frac{7}{10}-\frac{2}{5}=\frac{3}{10}$の等比数列であるから，

$p_n-\frac{2}{5}=\frac{3}{10}\left(\frac{1}{2}\right)^{n-1}$

よって，$p_n=\frac{3}{5}\left(\frac{1}{2}\right)^n+\frac{2}{5}$である。

$\lim_{n\to\infty}p_n=\lim_{n\to\infty}\left\{\frac{3}{5}\left(\frac{1}{2}\right)^n+\frac{2}{5}\right\}=\frac{2}{5}$

○**解説**○ 解答参照。

【13】(1)　1回目に出た目をx，2回目に出た目をyとして，出た目を$(x,\ y)$としてあらわすと

$X=2$のとき　(1，1)

$X=3$のとき　(1，2)，(2，1)

$X=4$のとき　(1，3)，(2，2)，(3，1)

$X=5$のとき　(1，4)，(2，3)，(3，2)，(4，1)

$X=6$のとき　(1，5)，(2，4)，(3，3)，(4，2)，(5，1)

$X=7$のとき　(1，6)，(2，5)，(3，4)，(4，3)，(5，2)，(6，1)

$X=8$のとき　(2，6)，(3，5)，(4，4)，(5，3)，(6，2)

$X=9$のとき　(3，6)，(4，5)，(5，4)，(6，3)

$X=10$のとき　(4，6)，(5，5)，(6，4)

$X=11$のとき　(5，6)，(6，5)

$X=12$のとき　(6，6)

X	2	3	4	5	6	7	8	9	10	11	12	計
P	$\frac{1}{36}$	$\frac{2}{36}$	$\frac{3}{36}$	$\frac{4}{36}$	$\frac{5}{36}$	$\frac{6}{36}$	$\frac{5}{36}$	$\frac{4}{36}$	$\frac{3}{36}$	$\frac{2}{36}$	$\frac{1}{36}$	1

$E(X)=\frac{1}{36}(2+6+12+20+30+42+40+36+30+22+12)=7$

(2)　$f(x)=\begin{cases} x & (0\leqq x\leqq 1) \\ 2-x & (1\leqq x\leqq 2) \end{cases}$

を図示すると以下の図となる。

確率変数Yのとる値xの範囲について

$$\begin{aligned} P(0.5\leqq x\leqq 1.5) &= P(0.5\leqq x\leqq 1)+P(1\leqq x\leqq 1.5) \\ &= \{p(1)-p(0.5)\}+\{p(1.5)-p(1)\} \\ &= \left(\frac{1}{2}-\frac{1}{8}\right)+\left(\frac{1}{2}-\frac{1}{8}\right) \\ &= \frac{3}{8}\times 2 \\ &= \frac{3}{4} \end{aligned}$$

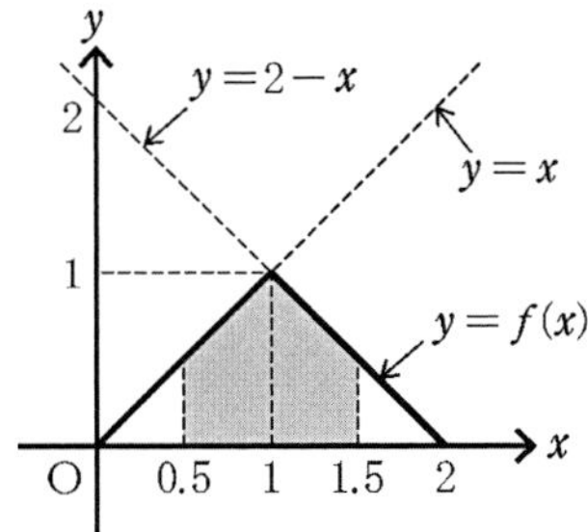

○**解説**○ (1)　解答参照。

(2)　(参考)　確率密度関数$f(x)$が与えられているとき，

確率P$(a\leqq x\leqq b)$は$\int_a^b f(x)dx$で求めることができる。

【14】(1)　平均は$m=48$，標準偏差は$\sigma=16$である。

$Z=\frac{X-m}{\sigma}=\frac{X-48}{16}$とおくと，$Z$は標準正規分布$N(0,\ 1)$にしたがう。

$P(X\geqq 76)=P\left(Z\geqq\frac{76-48}{16}\right)=P(Z\geqq 1.75)$

$=0.5-P(0\leqq Z\leqq 1.75)=0.5-0.4599$

$=0.0401$

よって，76点以上の生徒の人数は，$500\times 0.0401=20.05$

したがって，約20〔人〕

(2) $\dfrac{50}{500}=0.1$であるから，$P(Z\geqq u)=0.1$となるuの値を求めればよい。

$P(0\leqq Z\leqq u)=0.5-P(Z\geqq u)=0.5-0.1=0.4$

正規分布表から，$u\fallingdotseq 1.28$

これに対するXの値は，$\dfrac{X-48}{16}=1.28$ より

$X=1.28\times 16+48=68.48$

したがって，約69点以上

○**解説**○ 解答参照。

【15】(1) 5回の試行での回転角の和をθ_5とすると

$\dfrac{\pi}{6}\times 5\leqq \theta_5\leqq\dfrac{\pi}{3}\times 5$ すなわち $\dfrac{5}{6}\pi\leqq\theta_5\leqq\dfrac{5}{3}\pi$

よって，R_5が$(-1,\ 0)$であるとき，$\theta_5=\pi$である。

$\dfrac{\pi}{6}$回転する回数をr回，$\dfrac{\pi}{3}$回転する回数を$(5-r)$回$(0\leqq r\leqq 5)$とするとき

$\dfrac{\pi}{6}r+\dfrac{\pi}{3}(5-r)=\pi$ これより $r=4$ $(0\leqq r\leqq 5$を満たす$)$

よって，求める確率は ${}_5C_1\left(\dfrac{1}{2}\right)^4\left(\dfrac{1}{2}\right)=\dfrac{5}{3}$ …[答]

(2) 6回の試行での回転角の和をθ_6とすると

$\dfrac{\pi}{6}\times 6\leqq \theta_6\leqq\dfrac{\pi}{3}\times 6$ すなわち $\pi\leqq\theta_6\leqq 2\pi$

よって，R_6がx軸上またはy軸上であるとき，$\theta_6=\pi$，$\dfrac{3}{2}\pi$，2π

すなわちR_6は3点$(-1,\ 0)$，$(0,\ -1)$，$(1,\ 0)$である。

$\dfrac{\pi}{6}$回転する回数をr回，$\dfrac{\pi}{3}$回転する回数を$(6-r)$回$(0\leqq r\leqq 6)$とするとき

$\dfrac{\pi}{6}r+\dfrac{\pi}{3}(6-r)=\pi$ これより $r=6$ $(0\leqq r\leqq 6$を満たす$)$

R_6が$(-1,\ 0)$である確率は $\left(\dfrac{1}{2}\right)^6$

$\frac{\pi}{6}r+\frac{\pi}{3}(6-r)=\frac{3}{2}\pi$　　これより　$r=3$　($0\leqq r<6$を満たす)

R_6が(0，-1)である確率は　${}_6C_3\left(\frac{1}{2}\right)^3\left(\frac{1}{2}\right)^3$

$\frac{\pi}{6}r+\frac{\pi}{3}(6-r)=2\pi$　　これより　$r=0$　($0\leqq r\leqq 6$を満たす)

R_6が(1，0)である確率は　$\left(\frac{1}{2}\right)^6$

よって，求める確率は

$\left(\frac{1}{2}\right)^6+{}_6C_3\left(\frac{1}{2}\right)^3\left(\frac{1}{2}\right)^3+\left(\frac{1}{2}\right)^6=\frac{11}{32}$　…[答]

(3)　R_nが座標軸上であれば，R_{n+1}は座標軸上ではない。

また，R_nが座標軸上でなければ，$\frac{1}{2}$の確率でR_{n+1}は座標軸上である。

よって　$p_{n+1}=p_n\times 0+(1-p_n)\times\frac{1}{2}$

$=-\frac{1}{2}p_n+\frac{1}{2}$　…[答]

(4)　$p_{n+1}=-\frac{1}{2}p_n+\frac{1}{2}$を変形すると

$p_{n+1}-\frac{1}{3}=-\frac{1}{2}\left(p_n-\frac{1}{3}\right)$

数列$\left\{p_n-\frac{1}{3}\right\}$は，初項$p_1-\frac{1}{3}=0-\frac{1}{3}=-\frac{1}{3}$，公比$-\frac{1}{2}$の等比数列で

あるから　$p_n-\frac{1}{3}=-\frac{1}{3}\left(-\frac{1}{2}\right)^{n-1}$

よって　$p_n=-\frac{1}{3}\left(-\frac{1}{2}\right)^{n-1}+\frac{1}{3}$　…[答]

○**解説**○ 解答参照。

【16】問1　最初の1分間で「分裂しない」，さらに次の1分間でも「分裂しない」が起こる

$\left(\frac{1}{2}\right)^2=\frac{1}{4}$

1分後に「2つに分裂する」，それぞれの細胞がさらに1分後に「2つに分裂する」が起こる

$\frac{1}{2}\times\left(\frac{1}{2}\right)^2=\frac{1}{8}$

問2　$X_2=2$となるのは，次の2通り

○—○<○○

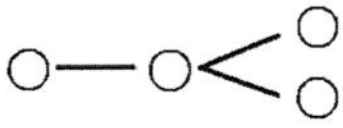

$\frac{1}{2}\times\frac{1}{2}=\frac{1}{4}$

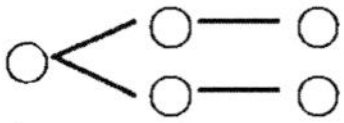

○<○—○ ○—○

$\frac{1}{2}\times\left(\frac{1}{2}\right)^2=\frac{1}{8}$　　よって　$\frac{1}{4}+\frac{1}{8}=\frac{3}{8}$

X_2のとり得る値は，1，2，3，4

$X_2=3$となるのは，次の2通り

○<○<○○ ○—○

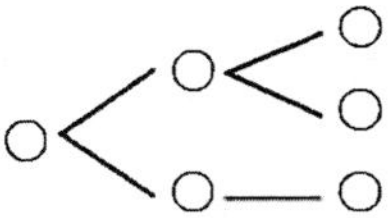

$\frac{1}{2}\times\frac{1}{2}\cdot\frac{1}{2}=\frac{1}{8}$

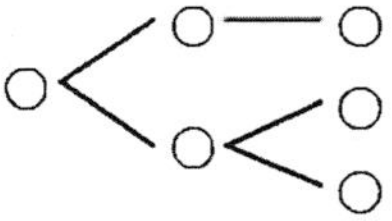

○<○—○ ○<○○

$\frac{1}{2}\times\frac{1}{2}\cdot\frac{1}{2}=\frac{1}{8}$　　よって　$\frac{2}{8}$

($X_2=3$の別解)

余事象で求める　　$1-\left(\frac{1}{4}+\frac{3}{8}+\frac{1}{8}\right)=\frac{2}{8}$

X_2	1	2	3	4	計
P	$\frac{1}{4}$	$\frac{3}{8}$	$\frac{2}{8}$	$\frac{1}{8}$	1

期待値は

$1\cdot\frac{1}{4}+2\cdot\frac{3}{8}+3\cdot\frac{2}{8}+4\cdot\frac{1}{8}=\frac{2+6+6+4}{8}=\frac{9}{4}$〔個〕

問3　n分後まで「分裂しない」だけ起こる

よって　$\left(\frac{1}{2}\right)^n=\frac{1}{2^n}$

問4　n分後までに1回だけ「2つに分裂する」が起こり，残りすべて「分裂しない」が起こる

$(k-1)$分後まで「分裂しない」だけが起こり，次の1分間で「2つに分裂する」が起こるとすると，それ以降2つの細胞は「分裂しない」ことに注意したらその確率は，

$$\left(\frac{1}{2}\right)^{k-1}\times\left(\frac{1}{2}\right)\times\left(\frac{1}{2}\right)^{2(n-k)}$$

$$=\left(\frac{1}{2}\right)^{2(n-k)}$$

kのとり得る値は$1\leqq k\leqq n$を満たす整数なので，求める確率は

$$\sum_{k=1}^{n}\left(\frac{1}{2}\right)^{2n-k}$$

$$=\left(\frac{1}{2}\right)^{2n}\sum_{k=1}^{n}2^k=\left(\frac{1}{2}\right)^{2n}\cdot\frac{2(2^n-1)}{2-1}=\frac{2^n-1}{2^{2n-1}}$$

(別解)

$X_n=2$となる確率をp_nとする

$X_{n+1}=2$となりうるのは，$X_n=1$または2となるときである

X_n　　X_{n+1}

$1 \xrightarrow{\times\left(\frac{1}{2}\right)} 2$

$2 \xrightarrow{\times\left(\frac{1}{2}\right)^2} 2$

$X_n=1$となる確率は，問3より　$\dfrac{1}{2^n}$

$X_n=2$となる確率は，p_n

よって　$p_{n+1}=\left(\dfrac{1}{2}\right)^2 p_n+\dfrac{1}{2}\cdot\dfrac{1}{2^n}$

$$p_{n+1}=\frac{1}{4}p_n+\frac{1}{2^{n+1}}$$

両辺に2^{n+1}をかけて　$2^{n+1}p_{n+1}=\dfrac{1}{2}\cdot 2^n p_n+1$

$q_n=2^n p_n$とおくと　$q_1=1$，$q_{n+1}=\dfrac{1}{2}q_n+1$

漸化式を変形すると　$q_{n+1}-2=\dfrac{1}{2}(q_n-2)$

数列$\{q_n-2\}$は，初項-1，公比$\frac{1}{2}$の等比数列

よって　$q_n-2=-1\cdot\left(\frac{1}{2}\right)^{n-1}$

$$q_n=\frac{2^n-1}{2^{n-1}}$$

$$2^n p_n=\frac{2^n-1}{2^{n-1}}$$

$$p_n=\frac{2^n-1}{2^{2n-1}}$$

○**解説**○ 解答参照。

【17】1回のじゃんけんで2人だけが勝つ確率は　${}_4C_2\times3\times\left(\frac{1}{3}\right)^4=\frac{2}{9}$　であるから，Xは二項分布$B\left(100,\ \frac{2}{9}\right)$に従う確率変数である。

よって，$E(X)=100\times\frac{2}{9}=\frac{200}{9}$

$\sigma(X)=\sqrt{100\times\frac{2}{9}\times\frac{7}{9}}=\frac{10\sqrt{14}}{9}$

○**解説**○ 解答参照。

【18】(1)　ア　1　　イ　5　　(2)　ウ　3　　エ　5　　(3)　オ　5　　カ　2　　キ　1　　(4)　ク　3　　ケ　3

○**解説**○ (1)　$\frac{2}{5}\times\frac{3}{6}=\frac{1}{5}$

(2)　(1)の場合の確率$\frac{1}{5}$と「1回目赤で2回目も赤」の確率$\frac{3}{5}\times\frac{4}{6}=\frac{2}{5}$なので，

$\frac{1}{5}+\frac{2}{5}=\frac{3}{5}$

(3)　1回ごとに玉は1個ずつ増えるので，全体の場合の数は，$5\times6\times7\times8\times9$〔通り〕

赤が3回出るので，赤の取り出し方は，$3\times4\times5$〔通り〕

白が2回出るので白の取り出し方は，2×3〔通り〕

(3，2)への到達方法は，$\frac{5!}{3!2!}$

したがって確率は，$\frac{5!}{3!2!}\times\frac{3\times4\times5\times2\times3}{5\times6\times7\times8\times9}=\frac{5}{21}$

(4)　1回ごとに玉は1個ずつ増えるので，

全体の場合の数は，$5\times6\times7\times\cdots\times(2n+4)=\frac{(2n+4)!}{4!}$〔通り〕

赤が3回出るので，赤の取り出し方は，$3\times4\times5\times\cdots\times(n+2)=\frac{(n+2)!}{2!}$〔通り〕

白が2回出るので白の取り出し方は，$2\times3\times\cdots\times(n+1)=\frac{(n+1)!}{1!}$〔通り〕

また，(3，2)への到達方法は，$\frac{(2n)!}{n!n!}$

したがって求める確率は，

$$\frac{(2n)!}{n!n!}\times\frac{\frac{(n+2)!}{2!}\times\frac{(n+1)!}{1!}}{\frac{(2n+4)!}{4!}}$$

$$=\frac{4!}{2!}\times\frac{(2n)!}{(2n+4)!}\times\frac{(n+2)!}{n!}\times\frac{(n+1)!}{n!}$$

$$=12\times\frac{1}{(2n+4)(2n+3)(2n+2)(2n+1)}\times\frac{(n+2)(n+1)}{1}\times\frac{n+1}{1}$$

$$=\frac{3(n+1)}{(2n+3)(2n+1)}$$

【19】③

○**解説**○　母集団について，期待値は，$E(\overline{X})=\frac{1}{12}$，また，$E(\overline{X^2})=\frac{1}{12}$なので，

分散$V(X)$は，$V(X)=E(\overline{X^2})-\{E(\overline{X})\}^2=\frac{1}{12}-\left(\frac{1}{12}\right)^2=\frac{11}{144}$

母集団の標準偏差$\sigma(X)$は，$\sigma(X)=\sqrt{V(X)}=\sqrt{\frac{11}{144}}=\frac{\sqrt{11}}{12}$

よって60人の標本平均の期待値は，$\frac{1}{12}$

標準偏差は，$\sqrt{\frac{V(X)}{60}}=\sqrt{\frac{\frac{11}{144}}{60}}=\sqrt{\frac{11}{144\times60}}=\frac{\sqrt{11}}{24\sqrt{15}}=\frac{\sqrt{165}}{360}$

関数・三角関数

要点整理

ここでは初等関数について扱うことにする。ただし微積分に関する演習は後に微積分としてまとめて取り上げることにし，ここでは広く関数としての演習を扱う。

初等関数とは一般に解析的な式で表される関数であり，有理関数や無理関数などのいわゆる代数関数と，それ以外の超越関数に分けることができる。超越関数で重要なものとして，三角関数・指数関数・対数関数や双曲線関数，およびそれらの逆関数などがあげられる。複素関数論によれば，代数関数については代数学の基本定理が，超越関数についてはオイラーの公式 $e^{iz}=\cos z+i\sin z$ がその中核であるといえる。特にオイラーの公式は指数関数・三角関数そして虚数単位が一体となる，極めて美しい式である。ここでの演習は実数の範囲が主であるから詳細に触れることはないが，教師を志す方なら当然背景として踏まえていただきたい。

①代数関数

(a)　有理整関数

$y=f(x)$ が n 次の多項式で表されているとき，$f(x)$ を有理整関数とよぶ。$f(x)=0$は n 次の代数方程式であり，複素数の範囲で必ず n 個の解をもつ。このことを代数学の基本定理とよぶ。高等学校の範囲では，方程式の問題は複素数まで考えるが，関数としては実数までで考える。関数を調べるには微積分の知識が必要になる。ここでは主に3次関数や2次曲線を扱った問題を掲げた。

(b)　有理分数関数

2つの有理整関数の商として表される関数を有理分数関数という。有理整関数と合わせて，一般に有理関数と呼ばれる。

(c)　無理関数

無理関数のうち最も簡単なのは，奇数指数のべき関数 $y=x^n$ の逆関数である。

②超越関数

指数関数・対数関数・三角関数はそれぞれ以下のような級数展開をもつ。

$$e^x = 1 + \frac{x}{1!} + \frac{x^2}{2!} + \frac{x^3}{3!} + \cdots + \frac{x^n}{n!} + \cdots$$

$$\sin x = x - \frac{x^3}{3!} + \frac{x^5}{5!} - \cdots + \frac{(-1)^{n-1}x^{2n-1}}{(2n-1)!} + \cdots$$

$$\cos x = 1 - \frac{x^2}{2!} + \frac{x^4}{4!} - \cdots + \frac{(-1)^n x^{2n}}{(2n)!} + \cdots$$

$|x| < 1$ において

$$\log(1+x) = x - \frac{1}{2}x^2 + \frac{1}{3}x^3 + \cdots + \frac{(-1)^{n-1}}{n}x^n + \cdots$$

詳細は微積分に譲ることになるので，ここでは一般的な関数としての性質を復習しておく。

(a) 指数関数

正の数 a が1でないとき a^p（p は有理数）が定義される。a^x（x は任意の実数）については，x に収束する有理数の単調列 $\{p_n\}$ をとり，$n \to \infty$ の場合の $\{a^{p_n}\}$ の極限として定義する。a^x について指数法則が成り立つ。

$$a^p \cdot a^q = a^{p+q}$$

$$\left(a^p\right)^q = a^{pq}$$

$$(ab)^p = a^p b^p$$

指数関数 $f(x) = a^x$ は $a > 1$ のとき単調増加，$0 < a < 1$ のとき単調減少である。微分については $(a^x)' = a^x \log_e a$ である。

(b) 対数関数

$p = a^q$ のとき，$q = \log_a p$ と表し，q を，a を底とする p の対数という。$a = 10$，e の場合にそれぞれ常用対数，自然対数という。e は

$$e = \lim_{n \to \infty}\left(1 + \frac{1}{n}\right)^n$$

で定義される超越数である。指数関数 $y = a^x$ の逆関数としての $y = \log_a x$ を対数関数という。($a > 0$，$a \neq 1$，$x > 0$，$y > 0$)

$$\log_a(xy)=\log_a x+\log_a y$$

$$\log_a x^p=p\log_a x$$

$$\log_a x=\frac{\log_b x}{\log_b a}\quad(b>0,\ b\neq 1)$$

が基本公式である。微分については，$(\log_a x)'=\dfrac{1}{x\log_e a}$

(c)　三角関数

加法定理はその証明法も含めてしっかりと理解しておく。

$$\sin(\alpha\pm\beta)=\sin\alpha\cos\beta\pm\cos\alpha\sin\beta$$

$$\cos(\alpha\pm\beta)=\cos\alpha\cos\beta\mp\sin\alpha\sin\beta$$

$$\tan(\alpha\pm\beta)=\frac{\tan\alpha\pm\tan\beta}{1\mp\tan\alpha\cdot\tan\beta}$$

$\alpha=\beta$とすることにより倍角公式が得られる。

$$\sin2\alpha=2\sin\alpha\cos\alpha$$

$$\cos2\alpha=\cos^2\alpha-\sin^2\alpha=2\cos^2\alpha-1=1-2\sin^2\alpha$$

これから半角公式も得られる。

$$\sin^2\alpha=\frac{1-\cos2\alpha}{2}$$

$$\cos^2\alpha=\frac{1+\cos2\alpha}{2}$$

和・積の公式も重要である。

$$\sin\alpha+\sin\beta=2\sin\frac{\alpha+\beta}{2}\cos\frac{\alpha-\beta}{2}$$

$$\sin\alpha-\sin\beta=2\cos\frac{\alpha+\beta}{2}\sin\frac{\alpha-\beta}{2}$$

$$\cos\alpha+\cos\beta=2\cos\frac{\alpha+\beta}{2}\cos\frac{\alpha-\beta}{2}$$

$$\cos\alpha-\cos\beta=-2\sin\frac{\alpha+\beta}{2}\sin\frac{\alpha-\beta}{2}$$

微分については

$$(\sin x)'=\cos x$$

$$(\cos x)'=-\sin x$$

$$(\tan x)'=\frac{1}{\cos^2 x}$$

(d)　双曲線関数

$$\sinh x = \frac{e^x - e^{-x}}{2}$$

$$\cosh x = \frac{e^x + e^{-x}}{2}$$

三角関数と似た，以下のような性質がある。

$\cosh^2 x - \sinh^2 x = 1$

$\sinh(x \pm y) = \sinh x \cosh y \pm \cosh x \sinh y$

$(\sinh x)' = \cosh x$

$(\cosh x)' = \sinh x$

双曲線関数という名は，$\cosh^2 x - \sinh^2 x = 1$ により，$(\cosh x, \sinh x)$ が双曲線 $x^2 - y^2 = 1$ 上の点になることによる。

数学科　関数・三角関数

実施問題

【1】2次関数$y=ax^2+bx+c$ (a, b, cは定数で$a\neq0$) …①　について，次の(1)～(4)に答えなさい。

(1)　①のグラフの頂点の座標が(4, 2)で，点$\left(1,\ \frac{1}{5}\right)$を通るとき，$a$, b, cの値を求めなさい。

(2)　①のグラフがx軸と接するとき，接点の座標をa, b, cのいずれかを用いて表しなさい。

(3)　$a=2$, $c=2b$とする。関数yの最小値をmとするとき，mの最大値を求めなさい。

(4)　$b=-4a$, $c=5$とする。$0\leqq x\leqq5$における関数yの最小値が-1のとき，aの値を求めなさい。

2024年度　青森県　難易度

【2】次の各問いに答えなさい。ただし，解答は答えのみ記入しなさい。

(1)　次の(　①　)，(　②　)にあてはまる適切な数を答えなさい。

> 関数$y=\left(x+\frac{1}{x}\right)\left(x+\frac{9}{x}\right)$ ($x>0$)の最小値は(　①　)であり，そのときのxの値は$x=$(　②　)である。

(2)　関数$y=(k-1)x^2+(-2k+6)x+1$のグラフがx軸とただ1点を共有するような定数kの値をすべて求めなさい。

(3)　関数$y=-2x^2+4ax-7a+6$ ($0\leqq x\leqq2$)の最大値が1となるような正の定数aの値をすべて求めなさい。

(4)　次の(　①　)，(　②　)にあてはまる適切なものを答えなさい。

> 不等式$\frac{1}{n+1}<\log_7 2\leqq\frac{1}{n}$を満たす自然数$n$は(　①　)である。さらに，$\log_7 2$の小数第1位の数字は(　②　)である。

(5)　次の(　①　)，(　②　)にあてはまる適切な式や数を答えなさい。

> 座標平面上に3点O(0, 0)，A_1(10, 0)，B_1(0, 5)がある。$n=1$, 2, 3, …に対し，点A_{n+1}を線分OA_nを1：2に内分する点，点B_{n+1}を線分OB_nの中点として定める。さらに$n=1$, 2, 3, …

に対し，三角形OA_nB_nの面積をS_nとする。このとき，nを用いてS_n＝(　①　)と表せる。さらに$\sum_{n=1}^{\infty} S_n$＝(　②　)と求められる。

(6)　次の(　①　)にあてはまる適切な数を答えなさい。また，(　②　)にあてはまる最も適切なものを以下の【選択肢】の(ア)～(キ)から一つ選び，記号で答えなさい。ただし，正規分布表はあとに掲載している。

1個のさいころを450回投げて，2以下の目が出る回数をXとする。確率変数Xの標準偏差は(　①　)である。450は十分に大きいので確率変数Xは近似的に正規分布に従うとみなす。このとき，$140 \leqq X \leqq 170$となる確率は，正規分布表を用いておよそ(　②　)であると求められる。

【選択肢】

(ア)　0.32　　(イ)　0.42　　(ウ)　0.52　　(エ)　0.62　　(オ)　0.72

(カ)　0.82　　(キ)　0.92

正規分布表

次の表は，確率変数Zが標準正規分布$N(0,\ 1)$に従うとき，uの値に対して$0 \leqq Z \leqq u$となる確率の値を示したものである。

u	.00	.01	.02	.03	.04	.05	.06	.07	.08	.09
0.0	0.0000	0.0040	0.0080	0.0120	0.0160	0.0199	0.0239	0.0279	0.0319	0.0359
0.1	0.0398	0.0438	0.0478	0.0517	0.0557	0.0596	0.0636	0.0675	0.0714	0.0753
0.2	0.0793	0.0832	0.0871	0.0910	0.0948	0.0987	0.1026	0.1064	0.1103	0.1141
0.3	0.1179	0.1217	0.1255	0.1293	0.1331	0.1368	0.1406	0.1443	0.1480	0.1517
0.4	0.1554	0.1591	0.1628	0.1664	0.1700	0.1736	0.1772	0.1808	0.1844	0.1879
0.5	0.1915	0.1950	0.1985	0.2019	0.2054	0.2088	0.2123	0.2157	0.2190	0.2224
0.6	0.2257	0.2291	0.2324	0.2357	0.2389	0.2422	0.2454	0.2486	0.2517	0.2549
0.7	0.2580	0.2611	0.2642	0.2673	0.2704	0.2734	0.2764	0.2794	0.2823	0.2852
0.8	0.2881	0.2910	0.2939	0.2967	0.2995	0.3023	0.3051	0.3078	0.3106	0.3133
0.9	0.3159	0.3186	0.3212	0.3238	0.3264	0.3289	0.3315	0.3340	0.3365	0.3389
1.0	0.3413	0.3438	0.3461	0.3485	0.3508	0.3531	0.3554	0.3577	0.3599	0.3621
1.1	0.3643	0.3665	0.3686	0.3708	0.3729	0.3749	0.3770	0.3790	0.3810	0.3830
1.2	0.3849	0.3869	0.3888	0.3907	0.3925	0.3944	0.3962	0.3980	0.3997	0.4015
1.3	0.4032	0.4049	0.4066	0.4082	0.4099	0.4115	0.4131	0.4147	0.4162	0.4177
1.4	0.4192	0.4207	0.4222	0.4236	0.4251	0.4265	0.4279	0.4292	0.4306	0.4319
1.5	0.4332	0.4345	0.4357	0.4370	0.4382	0.4394	0.4406	0.4418	0.4429	0.4441
1.6	0.4452	0.4463	0.4474	0.4484	0.4495	0.4505	0.4515	0.4525	0.4535	0.4545
1.7	0.4554	0.4564	0.4573	0.4582	0.4591	0.4599	0.4608	0.4616	0.4625	0.4633
1.8	0.4641	0.4649	0.4656	0.4664	0.4671	0.4678	0.4686	0.4693	0.4699	0.4706
1.9	0.4713	0.4719	0.4726	0.4732	0.4738	0.4744	0.4750	0.4756	0.4761	0.4767
2.0	0.4772	0.4778	0.4783	0.4788	0.4793	0.4798	0.4803	0.4808	0.4812	0.4817
2.1	0.4821	0.4826	0.4830	0.4834	0.4838	0.4842	0.4846	0.4850	0.4854	0.4857
2.2	0.4861	0.4864	0.4868	0.4871	0.4875	0.4878	0.4881	0.4884	0.4887	0.4890
2.3	0.4893	0.4896	0.4898	0.4901	0.4904	0.4906	0.4909	0.4911	0.4913	0.4916
2.4	0.4918	0.4920	0.4922	0.4925	0.4927	0.4929	0.4931	0.4932	0.4934	0.4936
2.5	0.4938	0.4940	0.4941	0.4943	0.4945	0.4946	0.4948	0.4949	0.4951	0.4952

【3】aを実数の定数とします。二次関数$f(x)=x^2-2(a+1)x-2a+2$があります。次の問1，問2に答えなさい。

問1　aがすべての実数値をとって変化するとき，放物線が$y=f(x)$の頂点の軌跡は，放物線$y=-x^2-$[　①　]$x+$[　②　]である。

ア　1　　イ　2　　ウ　3　　エ　4　　オ　5　　カ　6　　キ　7

ク　8　　ケ　9　　コ　0

問2　二次方程式$f(x)=0$が，$0\leqq x\leqq 2$の範囲に実数解をただ1つもつようなaの値の範囲は，

$a=-$[　①　]$+\sqrt{[\ ②\ ]}$，$\dfrac{[\ ④\ ]}{[\ ③\ ]}<a\leqq$[　⑤　]である。

ア　1　　イ　2　　ウ　3　　エ　4　　オ　5　　カ　6　　キ　7

ク　8　　ケ　9　　コ　0

▌2024年度 ▌北海道・札幌市 ▌難易度 ■■■□□

【4】関数$y=\sin x+3\cos x$ $(0\leqq x<2\pi)$について，次の問いに答えなさい。

(1)　yの最小値を求めなさい。

(2)　yが最小値をとるときのxの値をθとするとき，$\cos 2\theta$の値を求めなさい。

▌2024年度 ▌長野県 ▌難易度 ■■■□□

【5】図1のように，2点A，Bは関数$y=ax^2$ (aは定数)のグラフ上の点であり，点Cは直線$y=6$とy軸との交点である。点Aの座標は(3，3)で，点Bを中心とする円は直線$y=6$とy軸に接し，点Bのx座標は点Aのx座標よりも大きいものとする。

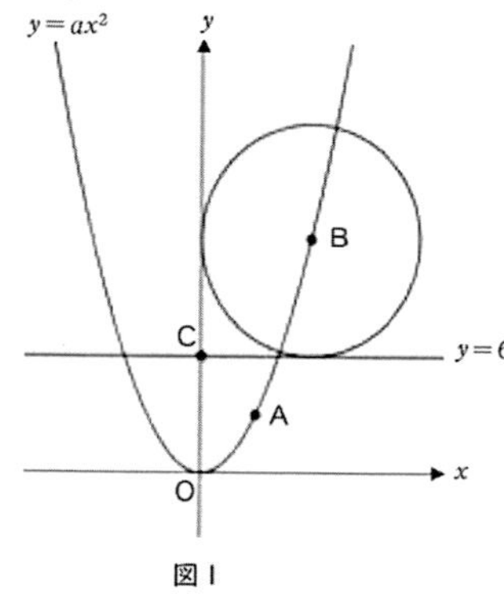

図1

(1)　aの値は，$a=\frac{[\quad ア \quad]}{[\quad イ \quad]}$である。

(2)　点Bの座標は，([　ウ　], [　エオ　])　である。

(3)　直線ABの式は，$y=$[　カ　]$x-$[　キ　]である。

(4)　直線OBに平行で，点Aを通る直線の式は，$y=$[　ク　]$x-$[　ケ　]である。

(5)　点Bを通り四角形OABCの面積を2等分する直線の式は，$y=\frac{[\quad コ \quad]}{[\quad サ \quad]}x+\frac{[\quad シ \quad]}{[\quad ス \quad]}$である。

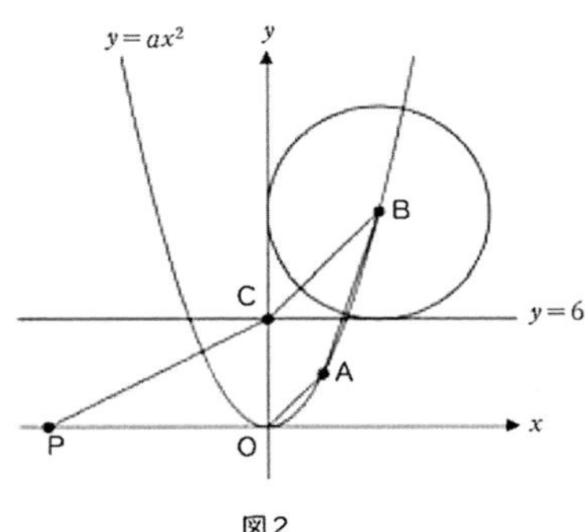

図2

図2のように，図1に加えて新たにP(p, 0)をとる。ただし，$p<0$とする。

四角形OABCをy軸の周りに1回転させたときにできる立体をV_1，△OPCをy軸の周りに1回転させたときにできる立体をV_2とする。

(6)　円周率をπとすると，V_1の体積は[　セソタ　]πである。

(7)　V_1とV_2の体積比が1：2となるとき，$p=$[　チツ　]$\sqrt{[\quad テト \quad]}$である。

2024年度 ▌大阪府・大阪市・堺市・豊能地区 ▌難易度

【6】aを定数とする。2次関数$f(x)=x^2-2ax+2a+3$について，次の(1)～(3)に答えなさい。

(1)　放物線$y=f(x)$は，aの値に関係なく定点を通る。その定点の座標を求めなさい。

(2)　$x \geqq 0$のすべてのxの値に対して，不等式$f(x) \geqq 0$が成り立つようなaの値の範囲を求めなさい。

(3)　aが(2)で求めた範囲の値をとって変化するとき，放物線$y=f(x)$が通過する領域を図示しなさい。

2024年度　新潟県・新潟市　難易度

【７】$f(x)=x\sqrt{1-x}$ $(0\leqq x\leqq 1)$とするとき，次の各問について，解答番号[　[1]　]～[　[11]　]内にあてはまる0～9の数字を記入せよ。

〔問1〕 関数$y=f(x)$は，$x=\dfrac{[\ [1]\ ]}{[\ [2]\ ]}$のとき，

最大値$\dfrac{[\ [3]\ ]\sqrt{[\ [4]\ ]}}{[\ [5]\ ]}$をとる。

〔問2〕 関数$y=f(x)$のグラフとx軸とで囲まれた図形の面積は

$\dfrac{[\ [6]\ ]}{[\ [7][8]\ ]}$である。

〔問3〕 関数$y=f(x)$のグラフとx軸とで囲まれた図形をx軸のまわりに1回転してできる立体の体積は$\dfrac{[\ [9]\ ]}{[\ [10][11]\ ]}\pi$である。

【８】図において，放物線①である$y=\dfrac{1}{3}x^2$と，直線②である$y=-2x$が原点Oと点Aで交わっており，y軸を対称の軸として，点Aと対称な点をBとする。また，点Pは放物線①上の点Aから点Bまでの間を動く点である。点Pを通り，y軸に平行な直線を引き，線分ABとの交点をQとする。

このとき，以下の各問いに答えなさい。

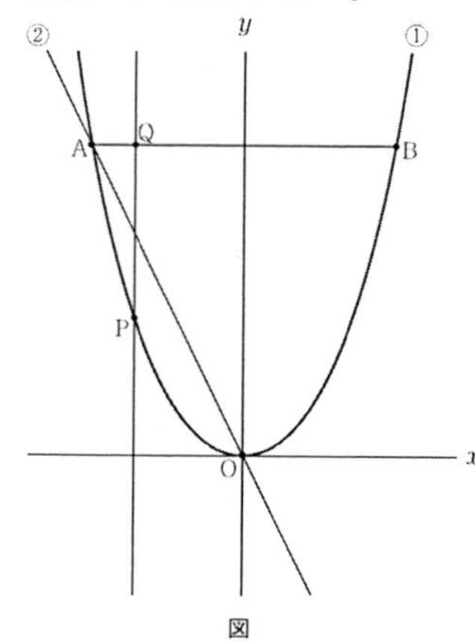

図

(1)　点Bの座標を求めなさい。

(2)　△PABの面積が24になるとき，点Pのx座標を求めなさい。

(3)　QP＝QBのとき，直線PBの式を求めなさい。

(4)　QP＝QBのとき，直線PBとy軸との交点をRとする。このとき，△PQRと△APBの面積比を，最も簡単な整数の比で表しなさい。

(5)　QP＝QBのとき，線分AO上に点Sをとると，△AQSと△PQRの面積が等しくなった。このとき，点Sの座標を求めなさい。

ただし，点Rは(4)で定めた点のことである。

▌2024年度▌鳥取県▌難易度

【9】2つの曲線C_1：$y=\log_2(2x-3)$，C_2：$y=-\log_2(3-x)$がある。次の問いに答えなさい。

(1)　$f(x)=\log_2(2x-3)$のとき，関数$y=f(x)$の逆関数を$y=f^{-1}(x)$の形で表せ。

(2)　C_1とC_2の共有点のx座標を求めよ。

(3)　C_1とC_2によって囲まれた図形(周上を含む)をDとする。実数tに対して，直線$y=t$がDの周によって切り取られる線分の長さをLとする。Lの最大値を求めよ。また，そのときのtの値を求めよ。

▌2024年度▌佐賀県▌難易度

【10】次の(1)，(2)の問いに答えよ。

(1)　関数$f(x)=-\sin 2x+\sqrt{2}\sin x+\sqrt{2}\cos x-1$に対して，次のア，イの問いに答えよ。

ア　$t=\cos\left(x-\dfrac{\pi}{4}\right)$とおくとき，$f(x)$を$t$の式で表せ。

イ　方程式$f(x)=a$が$0\leqq x<2\pi$の範囲で相異なる2つの解をもつための実数aの条件を求めよ。

(2)　方程式$x^4-2x^3-x^2-2x+1=0$を解け。

▌2024年度▌香川県▌難易度

【11】次の【図】のように，放物線$y=a^2x^2$と直線$y=ax+12$が，2点A，Bで交わっている。以下の各問いに答えなさい。ただし，$a>0$とする。

【図】

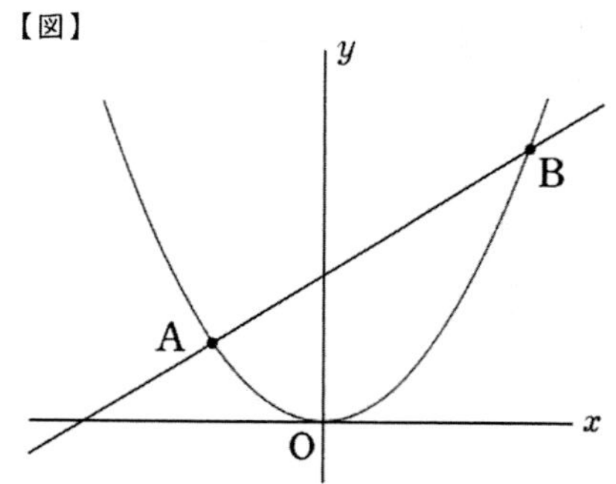

(1)　交点Aのy座標を，次の選択肢から1つ選び，記号で答えなさい。

ア　3　　イ　6　　ウ　8　　エ　9

(2)　△OABの面積が6となるようなaの値を，次の選択肢から1つ選び，記号で答えなさい。

ア　3　　イ　6　　ウ　7　　エ　14

(3)　原点OがABを直径とする円周上の点となるようなaの値を，次の選択肢から1つ選び，記号で答えなさい。

ア　$\frac{\sqrt{2}}{4}$　　イ　$\frac{\sqrt{3}}{4}$　　ウ　$\frac{\sqrt{2}}{6}$　　エ　$\frac{\sqrt{3}}{6}$

2024年度　宮崎県　難易度

【12】図のように，関数$y=-\frac{1}{4}x^2$のグラフと関数$y=2x-5$のグラフとの交点を，xの値が小さいほうから順にA，Bとし，関数$y=-\frac{1}{4}x^2$のグラフと点Bを通る傾き1の直線との交点をCとするとき，以下の問に答えよ。

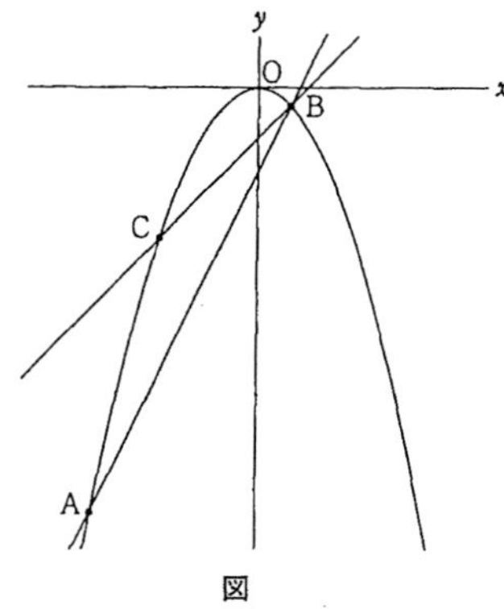

図

問1　△ABCの面積を求めよ。

問2　△CAE：△CBE＝3：1となるように，線分AB上に点Eをとるとき，直線CEの式を求めよ。

▌2024年度▌島根県▌難易度

【13】次の図のように，放物線$y=\frac{1}{4}x^2$上に2点A，Bがあり，それぞれのx座標は－4，6である。また，直線ABとy軸との交点をPとする。このとき，以下の(1)，(2)の問いに答えよ。

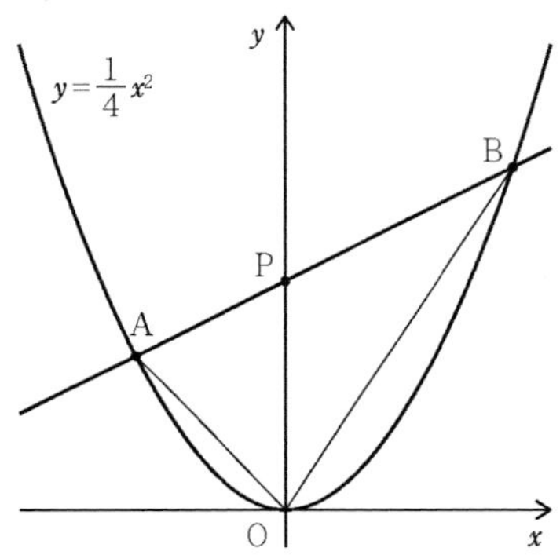

(1)　点Pの座標を求めよ。

(2)　線分OB上に直線PQが△OABの面積を二等分するような点Qをとるとき，直線PQの式を求めよ。

▌2024年度▌愛媛県▌難易度

【14】

(1)　座標平面上に2点A(1，1)，B$\left(2,\ \frac{1}{2}\right)$がある。点Pが円$x^2+y^2=1$の周上を動くとき，点Pから△ABPの重心までの距離が最小となる点Pの座標を求めよ。

(2)　関数$f(x)$を次のように定義する。

$$f(x)=\begin{cases} x & (0\leqq x\leqq 1\text{のとき}) \\ 0 & (x<0,\ 1<x\text{のとき}) \end{cases}$$

自然数kに対して，$\int_0^2 f\left(\frac{e^x-1}{k}\right)dx$を求めよ。ただし，$e$は自然対数の底であり，$2.7<e<2.8$を利用してもよい。

▌2024年度▌大阪府・大阪市・堺市・豊能地区▌難易度

【15】関数$f(x)=2\sqrt{x}$とし，数列$\{x_n\}$を$x_1=16$，$x_{n+1}=f(x_n)$ ($n=1, 2, 3, \cdots$)によって定める。次の(1)～(3)の問いに答えよ。

(1) $x_2=$[　ア　]である。

(2) x_nをnを用いて表すと，$x_n=2^{(\frac{[\ イ\ ]}{[\ ウ\ ]})^{n-[\ エ\ ]}}+$[　オ　]である。

(3) $\displaystyle\lim_{n\to\infty}\sum_{k=1}^{n}\log_2\frac{x_k}{x_{k+1}}=$[　カ　]である。

▌2024年度▐ 大分県▐ 難易度

【16】第3学年「いろいろな関数」の学習において，水面が14cmの高さまで水の入った同じ形の2つの水槽㋐，㋑から異なる方法で水を抜き，どちらが早く抜き終わるのか考える活動を行った。後の(1)～(5)の問いに答えなさい。

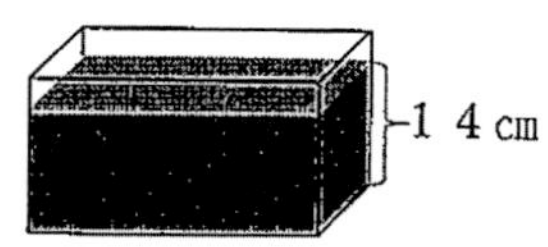

・水槽㋐：3秒毎に水面が2cm下がるように容器を用いて水をくみ出す。
・水槽㋑：4秒間で水面が3cm下がるようにホースを使って一定の割合で水を抜く。
・水槽㋐から水をくみ出すのと同時に水槽㋑から水を抜き始め，抜き始めてからx秒後の水槽の水面の高さを$y$cmとする。

(1) 教師は，水槽㋐のグラフのかき方を考えさせるために，次の誤ったグラフを提示した。グラフ内における[　　　]部の間違いに気付かせるための問いかけを数値に着目して具体的に書きなさい。

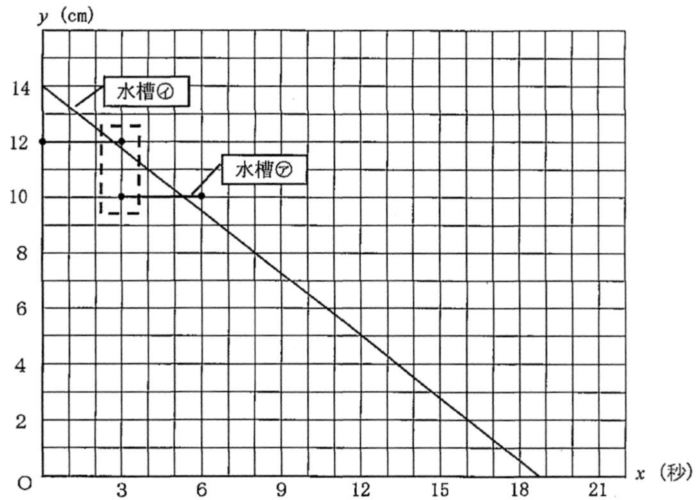

「●」はふくむ，「○」はふくまないことを表す。

(2) 生徒Aは，水槽㋐のグラフをかきながら，「水槽㋐のグラフは途切れ途切れになっているから，yはxの関数ではないね。」と発言した。生徒Aに理解させたい関数関係について書きなさい。

(3) 生徒Bは，2つのグラフを完成させた後，「式を求めたり計算したりしなくてもグラフを見れば，水槽㋐の方が早く水を抜き終わることが分かるから便利だね。」と発言した。生徒Bがどのように判断したか，書きなさい。

(4) 生徒Cは，「2つの水槽の水面の高さが等しくなることが何度もあって面白いね。」と発言した。水槽㋐と水槽㋑が空になる前，水面の高さが最後に等しくなるのは水を抜き始めてから何秒後か，求めなさい。

(5) グラフが階段状の線分となる関数関係を，身の回りの事象から具体的に1つ書きなさい。

2024年度 群馬県 難易度

【17】xを実数とします。3つの関数$f(x)$, $g(x)$, $h(x)$があり，$f(x)=\{g(x)\}^{h(x)}$とします。次の問1，問2に答えなさい。

問1　$g(x)$, $h(x)$を定数関数とする。$g(x)=$[　①　]または$h(x)=$[　②　]のとき，$f(x)$の値は1である。

ア　1　　イ　2　　ウ　3　　エ　4　　オ　5　　カ　6　　キ　7
ク　8　　ケ　9　　コ　0

問2　$g(x)=\dfrac{3-x}{2\sqrt{x}}$, $h(x)=2\log_3(2x-1)-\log_3(2x^2+3)$のとき，方程式$f(x)=1$を解くと，

$x=$[　①　]，[　②　]$+\sqrt{[\ ③\ ]}$である。

ア　1　　イ　2　　ウ　3　　エ　4　　オ　5　　カ　6　　キ　7
ク　8　　ケ　9　　コ　0

▌2024年度 ▌北海道・札幌市 ▌難易度

【18】関数$f(x)=\log(x^2+4)$ $(x\geqq 0)$がある。曲線$y=f(x)$をCとし，C上の点$(2, f(2))$における接線をlとする。また，対数は自然対数とする。このとき，次の各問いに答えなさい。

(1)　定積分$\displaystyle\int_0^2 \frac{1}{x^2+4}dx$の値を，次の選択肢から1つ選び，記号で答えなさい。

ア　$\dfrac{\pi}{8}$　　イ　$\dfrac{\pi}{4}$　　ウ　$\dfrac{\pi}{2}$　　エ　π

(2)　定積分$\displaystyle\int_0^2 \log(x^2+4)dx$の値を，次の選択肢から1つ選び，記号で答えなさい。

ア　$3\log 2-4+\pi$　　イ　$3\log 2+4-\pi$　　ウ　$6\log 2-4+\pi$
エ　$6\log 2+4-\pi$

(3)　曲線Cの変曲点のx座標を，次の選択肢から1つ選び，記号で答えなさい。

ア　0　　イ　$\dfrac{1}{2}$　　ウ　1　　エ　2

(4)　曲線Cと接線lおよびy軸で囲まれた部分の面積を，次の選択肢から1つ選び，記号で答えなさい。

ア　$\pi-3$　　イ　$\pi+3$　　ウ　$\dfrac{\pi-3}{2}$　　エ　$\dfrac{\pi+3}{2}$

▌2024年度 ▌宮崎県 ▌難易度

【19】関数$f(x)=x\cos x$ $(0\leqq x\leqq\pi)$とし，直線$y=-x$をℓとする。次の各問いに答えよ。

問1　不定積分$\int x\cos x\,dx$，$\int x\sin 2x\,dx$をそれぞれ求めよ。ただし，積分定数をCとする。

問2　曲線$y=f(x)$とℓの共有点の座標を求めよ。
また，$0\leqq x\leqq\pi$において不等式$-x\leqq f(x)\leqq x$が成り立つことを示せ。

問3　曲線$y=f(x)$とℓで囲まれた部分の面積Sを求めよ。

問4　曲線$y=f(x)$とℓで囲まれた部分をx軸まわりに1回転させてできる立体の体積Vを求めよ。

▌2024年度 ▌長崎県 ▌難易度

【20】関数$f(x)=\dfrac{8}{x^2+3}$がある。このとき，次の各問いに答えなさい。

(1)　次の(　①　)～(　④　)にあてはまる適切な数式や座標を答えなさい。ただし，解答は答えのみ記入しなさい。

> $f(x)$の導関数$f'(x)$および第2次導関数$f''(x)$は，$f'(x)=($　①　$)$，$f''(x)=($　②　$)$である。また，曲線$y=f(x)$ $(x\geqq 0)$の変曲点Aの座標は(　③　)である。
>
> さらに，この点Aにおける曲線$y=f(x)$の接線の方程式を$y=g(x)$と表すと，$g(x)=($　④　$)$である。

(2)　$\int_0^1 f(x)dx$を求めなさい。

(3)　$g(x)$は(1)で求めたものとする。$\int_0^3 |f(x)-g(x)|dx$を求めなさい。

ただし，解答は答えのみ記入しなさい。

▌2024年度 ▌鳥取県 ▌難易度

【21】関数$f(x)=2x^3-3(a+1)x^2+6ax$ (aは$a>1$を満たす定数)において，曲線$y=f(x)$の原点における接線をℓとするとき，次の1から4の問いに答えよ。

1　ℓの方程式を求めよ。ただし，途中の計算は書かなくてよい。

2　関数$f(x)$の極値を求めよ。

3　2で求めた極小値をmとする。mの最大値を求めよ。

4　ℓと$y=f(x)$および直線$x=a$で囲まれた図形の面積Sを求めよ。

▌2024年度 ▌栃木県 ▌難易度

【22】kを正の定数とする。関数$y=4\sin x\cos x-2k(\sin x+\cos x)+k+2$ $(0\leqq x\leqq\pi)$について，次の各問いに答えよ。

(1)　$t=\sin x+\cos x$とおくとき，tのとりうる値の範囲を求めよ。

(2)　yをtの式で表せ。

(3)　yの最小値を求めよ。

▌2024年度 ▌富山県 ▌難易度

【23】aを実数の定数とし，$f(x)=x^2-6x+11$，$g(x)=ax$とする。2つの関数$f(x)$，$g(x)$の定義域を$2\leqq x\leqq 5$とするとき，次の問いに答えなさい。

(1)　あるxに対して，$f(x)\leqq g(x)$が成り立つようなaの値の範囲を求めなさい。

(2)　あるx_1，x_2に対して，$f(x_1)\leqq g(x_2)$が成り立つようなaの値の範囲を求めなさい。

▌2024年度 ▌長野県 ▌難易度

【24】次の図の放物線は，関数$y=3x^2$のグラフである。2点A，Bは放物線上の点であり，そのx座標はそれぞれ1，-2である。また，点Pはx軸上を，点Qは放物線上をそれぞれ動く点であり，2点P，Qのx座標はどちらも正である。このとき，以下の問いについて，解答番号[　1　]～[　4　]内にあてはまる0～9の数字を記入せよ。

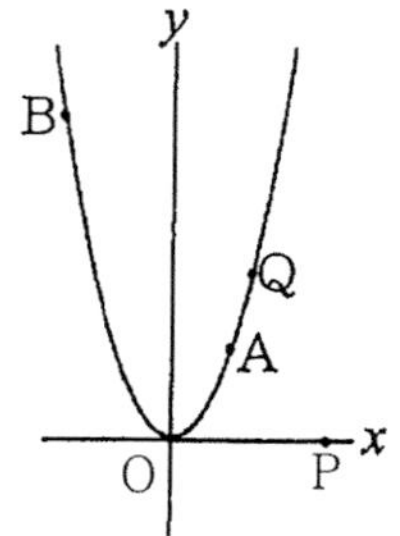

(1)　$\angle OPA=45^\circ$のとき，$\triangle OPA$を，x軸を軸として1回転させてできる立体の体積は[　1　][　2　]πである。

(2)　四角形APQBが平行四辺形になるとき，点Pのx座標は[　3　]＋$\sqrt{[\quad 4\quad]}$である。

▌2024年度▌愛知県▌難易度

【25】一様な材質で作られたひもやロープなどの両端を持って，自然に垂らしたときにできる曲線を，カテナリー曲線(懸垂曲線)という。カテナリー曲線は，定数aと自然対数の底eを用いて，次の式で表される。

$$y=a\left(\frac{e^{\frac{x}{a}}+e^{-\frac{x}{a}}}{2}\right)$$

この式で表された，あるカテナリー曲線について調べたところ，yの最小値が1であった。この曲線の$-1\leqq x\leqq 1$における曲線の長さLを求めなさい。

▌2024年度▌群馬県▌難易度

【26】曲線C：$y=2\log x-4$があります。曲線C上の点における接線のうち，原点Oを通るものをlとします。次の問1，問2に答えなさい。

問1　接線lの方程式を求めると，$y=\dfrac{[\ ②\ ]}{e^{[\ ①\ ]}}x$である。

ア　1　　イ　2　　ウ　3　　エ　4　　オ　5　　カ　6　　キ　7

ク　8　　ケ　9　　コ　0

問2　曲線C，接線l及びx軸で囲まれた部分の面積を求めると，

$e^{[\ ①\ ]}-[\ ②\ ]e^{[\ ③\ ]}$である。

ア　1　　イ　2　　ウ　3　　エ　4　　オ　5　　カ　6　　キ　7

ク　8　　ケ　9　　コ　0

▌2024年度▌北海道・札幌市▌難易度

【27】次の図のように，原点をOとするxy平面上に，傾き$-\frac{2}{3}$で切片が負の直線nがある。直線nとx軸，y軸との交点をそれぞれA，Bとし，直線nと放物線$y=-\frac{1}{2}x^2$との交点をx座標の小さい方から順にC，Dとする。AB＝BDのとき，以下の問いに答えなさい。

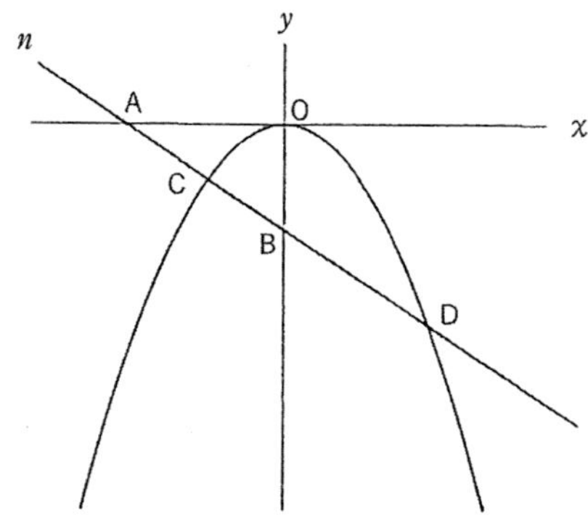

(1)　点Dの座標を求めなさい。

(2)　点Aを通る直線mが線分OC，線分ODとそれぞれ点E，Fで交わり，△AEC＝△EOFであるとき，点Fの座標を求めなさい。

▌2024年度 ▌静岡県・静岡市・浜松市 ▌難易度

【28】関数$f(x)=|x+3|(x-1)$について，$t \leqq x \leqq t+1$における$f(x)$の最小値を表す関数を$g(x)$とおきます。このとき，$g(t)=f(t)$を満たすtの値の範囲として正しいものを，次の(1)～(4)の中から1つ選びなさい。

(1)　$t \leqq \frac{-6-\sqrt{3}}{2}$，$-1 \leqq t$　　(2)　$t \leqq \frac{-3-\sqrt{15}}{2}$，$-1 \leqq t$

(3)　$t \leqq -\frac{7}{2}$，$-1 \leqq t$　　(4)　$t \leqq -3$，$-1 \leqq t$

▌2024年度 ▌埼玉県・さいたま市 ▌難易度

【29】$x>0$で定義された関数$f(x)=x\log x$について，次の問に答えよ。ただし，eは自然対数の底とし，$\lim_{x \to +\infty} xe^{-x}=0$は証明なしに用いてもよい。

問1　曲線$y=f(x)$の概形をかけ。

問2　$x \geqq a$ $(0<a<1)$において，曲線$y=f(x)$とx軸，および直線$x=a$で囲まれる部分の面積を$S(a)$とする。$\lim_{a \to +0} S(a)$を求めよ。

▌2024年度 ▌島根県 ▌難易度

【30】関数$f(x)=-\frac{\log x}{x}$について，次の各問いに答えなさい。必要であれば，$\lim_{x \to \infty} \frac{\log x}{x}=0$を用いてよい。ただし，問3は答のみ記入しなさい。

問1　関数$f(x)$の増減を調べ，$y=f(x)$のグラフの概形をかきなさい。また，関数$f(x)$の極値を求めなさい。ただし，曲線の凹凸は調べなくてよい。

問2　原点から$y=f(x)$に引いた接線ℓの方程式と接点の座標を求めなさい。

問3　$y=f(x)$と接線ℓおよびx軸で囲まれた部分の面積を求めなさい。

2024年度　静岡県・静岡市・浜松市　難易度

【31】関数$y=\sqrt{3}x+2\sin x$ $(0<x<2\pi)$の極大値を，次の①～⑤の中から一つ選べ。

① $\dfrac{7\sqrt{3}}{6}\pi-1$　② $\dfrac{5\sqrt{3}}{6}\pi+1$　③ $\dfrac{7\sqrt{3}}{6}\pi+1$

④ $\dfrac{5\sqrt{3}}{6}\pi+\dfrac{1}{2}$　⑤ $\dfrac{7\sqrt{3}}{6}\pi+\dfrac{1}{2}$

2024年度　岐阜県　難易度

【32】$f(x)=2^{3x}-2^{2x+2}-3\cdot 2^x+12$とする。次の(1)，(2)の問いに答えよ。

(1)　方程式$f(x)=0$の解を，次の①～⑤の中から一つ選べ。

① $x=-\sqrt{3}$，4　② $x=-\dfrac{1}{2}\log_2 3$，2　③ $x=\dfrac{1}{2}\log_2 3$，2

④ $x=\dfrac{1}{2}\log_2 3$，4　⑤ $x=\sqrt{3}$，4

(2)　方程式$f(x)=b$が負の解をもつようなbの範囲を，次の①～⑤の中から一つ選べ。

① $-6<b<0$　② $0<b<12$　③ $0<b<\dfrac{338}{27}$

④ $6<b<12$　⑤ $6<b<\dfrac{338}{27}$

2024年度　岐阜県　難易度

【33】$\tan\theta=-7$ $(0<\theta<\pi)$のとき，$\sin\theta$の値として正しいものを，次の1～4の中から1つ選びなさい。

1 $-\dfrac{7\sqrt{2}}{10}$　2 $-\dfrac{\sqrt{2}}{10}$　3 $\dfrac{7\sqrt{2}}{10}$　4 $\dfrac{\sqrt{2}}{10}$

2024年度　埼玉県・さいたま市　難易度

【34】$0<\theta<\pi$のとき，方程式$\sin\theta-\sin3\theta+\sin5\theta=0$ …①について考える。

$\sin\theta+\sin5\theta$を2つの三角関数の積の形で表すと$\sin\theta+\sin5\theta=2\sin[\ 1\ ]\theta\cos[\ 2\ ]\theta$である。

方程式①の解は[3]個あり，大きい方から2番目の解は$\theta=\dfrac{[\ 4\ ]}{[\ 5\ ]}\pi$である。

▌2024年度 ▌三重県 ▌難易度 ■■■□□

【35】$0\leqq\theta\leqq\pi$とする。$y=2\cos\theta-\sin2\theta-2\sin\theta+1$について，次の各問いに答えなさい。

(1) $t=\sin\theta-\cos\theta$とおくとき，yをtの式で表しなさい。また，tのとり得る値の範囲を求めなさい。

(2) yの最大値，最小値と，そのときのθの値を求めなさい。

▌2024年度 ▌京都府 ▌難易度 ■■■□□

【36】$0\leqq x\leqq\dfrac{\pi}{2}$のとき，曲線$y=\cos2x$と$y=-\sin x$および$y$軸で囲まれた部分の領域を$D$とする。次の問いに答えなさい。

(1) 領域Dの面積Sを求めよ。

(2) 不定積分$\displaystyle\int\sin^2x\,dx$，$\displaystyle\int\cos^2 2x\,dx$をそれぞれ求めよ。

(3) 領域Dがx軸の周りに1回転してできる回転体の体積Vを求めよ。

▌2024年度 ▌佐賀県 ▌難易度 ■■■■□

【37】$\begin{cases}x=\cos2t\\ y=\sin t(1-\cos t)\end{cases}$ $\left(0\leqq t\leqq\dfrac{\pi}{2}\right)$で表された曲線$C$があり，曲線$C$上の任意の点をPとする。次の各問に答えよ。

(1) $t=\dfrac{\pi}{3}$のとき，点Pの座標を求めよ。

(2) $x=\dfrac{1}{2}$のとき，点Pにおける曲線Cの接線の方程式を求めよ。

(3) 曲線Cとx軸，および直線$x=-1$で囲まれた部分の面積Sを求めよ。

▌2024年度 ▌鹿児島県 ▌難易度 ■■■■□

【38】$0<\theta<\dfrac{\pi}{2}$とする。$\sin3\theta=\sin2\theta$のとき，$\cos\theta$の値として最も適切なものを，次の①～⑥のうちから選びなさい。

① $\dfrac{1+\sqrt{5}}{4}$　② $\dfrac{\sqrt{5}-1}{4}$　③ $\dfrac{\sqrt{3}}{2}$　④ $\dfrac{1+\sqrt{3}}{3}$

⑤ $\dfrac{\sqrt{3}-1}{2}$　⑥ $\dfrac{1+\sqrt{3}}{4}$

▍2024年度 ▍神奈川県・横浜市・川崎市・相模原市 ▍難易度

【39】自然数nに対して，$a_n=\displaystyle\int_0^{\frac{\pi}{6}}\tan^{2n}x\,dx$とする。次の(1)～(3)の問いに答えよ。

(1) a_1の値として正しいものを，次の①～⑤の中から一つ選べ。

① $\dfrac{2\sqrt{3}-\pi}{12}$　② $\dfrac{2\sqrt{3}-\pi}{9}$　③ $\dfrac{2\sqrt{3}-\pi}{3}$

④ $\dfrac{2\sqrt{3}-\pi}{6}$　⑤ $2\sqrt{3}-\pi$

(2) a_{n+1}をa_nで表したものを，次の①～⑤の中から一つ選べ。

① $\dfrac{\sqrt{3}}{3^{n+2}(2n+1)}-a_n$　② $\dfrac{\sqrt{3}}{3^{n+1}(2n+1)}-a_n$

③ $\dfrac{\sqrt{3}}{3(2n+1)}-a_n$　④ $\dfrac{\sqrt{3}}{3^n(2n+1)}-a_n$

⑤ $\dfrac{\sqrt{3}}{2n+1}-a_n$

(3) $\displaystyle\lim_{n\to\infty}a_n$の値として正しいものを，次の①～⑤の中から一つ選べ。

① 0　② 1　③ 2　④ 3　⑤ 4

▍2024年度 ▍岐阜県 ▍難易度

【40】媒介変数θを用いて，曲線を$\begin{cases} x=(1+\cos\theta)\cos\theta \\ y=(1+\cos\theta)\sin\theta \end{cases}$で表すとき，この曲線の$\theta=\dfrac{\pi}{4}$の点における接線の傾きとして最も適切なものを，次の①～⑥のうちから選びなさい。

① $\dfrac{\sqrt{2}}{2}$　② $-\dfrac{\sqrt{2}}{2}$　③ $1+\sqrt{2}$　④ $1-\sqrt{2}$

⑤ $\dfrac{1+\sqrt{2}}{2}$　⑥ $\dfrac{1-\sqrt{2}}{2}$

▍2024年度 ▍神奈川県・横浜市・川崎市・相模原市 ▍難易度

解答・解説

【1】(1)　①は$y=a(x-4)^2+2$と表される。

これが点$\left(1,\ \frac{1}{5}\right)$を通るから，$\frac{1}{5}=a(1-4)^2+2$

これを解いて，$a=-\frac{1}{5}$

よって，①は$y=-\frac{1}{5}(x-4)^2+2=-\frac{1}{5}x^2+\frac{8}{5}x-\frac{6}{5}$

ゆえに，$a=-\frac{1}{5}$，$b=\frac{8}{5}$，$c=-\frac{6}{5}$

(2)　接点のy座標は0であるから，$ax^2+bx+c=0$

$a\neq 0$より　$x=\frac{-b\pm\sqrt{b^2-4ac}}{2a}$

ここで，①はx軸と接するから　$b^2-4ac=0$

よって　$x=-\frac{b}{2a}$

以上より　接点の座標は$\left(-\frac{b}{2a},\ 0\right)$

(3)　$y=2x^2+bx+2b=2\left(x+\frac{b}{4}\right)^2-\frac{b^2}{8}+2b$　であり，

①のグラフは下に凸であるから，

$x=-\frac{b}{4}$でyの最小値は$m=-\frac{b^2}{8}+2b$

$m=-\frac{1}{8}(b-8)^2+8$　より　$b=8$でmの最大値は8

(4)　$y=ax^2-4ax+5=a(x-2)^2-4a+5$

(i)　$a>0$のとき，グラフは下に凸であるから，

$x=2$で最小値は$-4a+5$

よって　$-4a+5=-1$　より　$a=\frac{3}{2}$

これは$a>0$をみたす。

(ii)　$a<0$のとき，グラフは上に凸であるから，

$x=5$で最小値は$5a+5$

よって　$5a+5=-1$　より　$a=-\frac{6}{5}$

これは$a<0$をみたす。

以上より，$a=\frac{3}{2}$，$-\frac{6}{5}$

○**解説**○ (1)　二次関数のグラフの頂点が(p, q)のとき，グラフの式は$y=a(x-p)^2+q$と表せることを利用する。

(2)　二次関数のグラフがx軸と接するとき，

$\begin{cases} y=ax^2+bx+c(\text{二次関数のグラフ}) \\ y=0(x\text{軸}) \end{cases}$　の交点は1つである。

(3)　二次関数のグラフは頂点で最大値または最小値をとるため，

$y=a(x-p)^2+q$の形に変形する。

mはbの二次式で表せるため，同様に平方完成し，最大値を調べる。

(4)　二次の係数の符号によってグラフの向きが変わるため，場合分けが必要となる。

【2】(1)　①　16　　②　$\sqrt{3}$　　(2)　$k=1, 2, 5$　　(3)　$a=1, 3$

(4)　①　2　　②　3　　(5)　①　$25\cdot\left(\frac{1}{6}\right)^{n-1}$　　②　30

(6)　①　10　　②　(カ)

○**解説**○ (1)　$y=x^2+\frac{9}{x^2}+10$となるので，相加・相乗平均の関係により，

$x^2+\frac{9}{x^2}\geqq 2\sqrt{x^2\times\frac{9}{x^2}}=6$

したがって，最小値は$y\geqq 6+10=16$

等号成立は$x^2=\frac{9}{x^2}$のときなので，$x^4=9$であり，$x>0$より，$x=\sqrt{3}$

(2)　$k=1$のとき，関数は1次関数で傾きが4となるのでx軸とただ1点を共有する。

$k\neq 1$のとき，関数は2次関数でx軸とただ1点を共有する場合，判別式$D=0$なので，

$\frac{D}{4}=(k-3)^2-(k-1)=0$

$k^2-7k+10=0$

$(k-2)(k-5)=0$

$k=2, 5$

以上より，$k=1, 2, 5$

(3)　$y=-2(x-a)^2+2a^2-7a+6$より，軸は$x=a$

(i)　$a<0$のとき，$x=0$で最大値$-7a+6=1$

よって，$a=\frac{5}{7}$であるが条件に合わないので不適。

(ii)　$0\leqq a<2$のとき，$x=a$で最大値$2a^2-7a+6=1$

$2a^2-7a+5=0$

$(2a-5)(a-1)=0$

$a=1,\ \frac{5}{2}$　条件より，$a=1$

(iii)　$2\leqq a$のとき，$x=2$で最大値$-8+8a-7a+6=1$より，$a=3$

以上より，$a=1,\ 3$

(4)　$\log_7 2=\frac{1}{\log_2 7}$より，$\frac{1}{\log_2 8}<\frac{1}{\log_2 7}<\frac{1}{\log_2 4}$

$\frac{1}{\log_2 2^3}<\frac{1}{\log_2 7}<\frac{1}{\log_2 2^2}$

$\frac{1}{3}<\frac{1}{\log_2 7}<\frac{1}{2}$より，$n=2$

したがって，$0.3<\log_7 2<0.5$

また，$2^{2.5}=2^{\frac{5}{2}}=\sqrt{32}<\sqrt{49}=7$なので，

$\frac{1}{\log_2 2^3}<\frac{1}{\log_2 7}<\frac{1}{\log_2 2^{2.5}}$

$\frac{1}{3}<\frac{1}{\log_2 7}<\frac{1}{2.5}$

$\frac{1}{3}<\frac{1}{\log_2 7}<\frac{2}{5}$

つまり，$0.3<\log_7 2<0.4$と分かるので小数第1位の数は3

(5)　A_nの座標を$(a_n,\ 0)$とする。A_{n+1}のx座標a_{n+1}は$a_{n+1}=\frac{2\times 0+1\times a_n}{1+2}$
$=\frac{1}{3}a_n$

したがって，数列$\{a_n\}$は初項10，公比$\frac{1}{3}$の等比数列より，

$a_n=10\cdot\left(\frac{1}{3}\right)^{n-1}$

B_nの座標を$(0,\ b_n)$とする。B_{n+1}のx座標b_{n+1}は$b_{n+1}=\frac{b_n+0}{2}=\frac{1}{2}b_n$

したがって，数列$\{b_n\}$は初項5，公比$\frac{1}{2}$の等比数列より，

$b_n=5\cdot\left(\frac{1}{2}\right)^{n-1}$

よって，$S_n=\frac{1}{2}\times10\cdot\left(\frac{1}{3}\right)^{n-1}\times5\cdot\left(\frac{1}{2}\right)^{n-1}=25\cdot\left(\frac{1}{6}\right)^{n-1}$

$\sum_{n=1}^{\infty}S_n=\sum_{n=1}^{\infty}25\cdot\left(\frac{1}{6}\right)^{n-1}=\frac{25}{1-\frac{1}{6}}=30$

(6)　二項分布の標準偏差の公式より，分散$V(X)$の平方根の値であるため，

標準偏差$\sigma(X)=\sqrt{V(X)}=\sqrt{450\times\frac{1}{3}\times\frac{2}{3}}=\sqrt{100}=10$

$Z=\frac{X-150}{10}$より，

$P(140\leqq X\leqq170)=P(-1\leqq Z\leqq2)=0.4772+0.3413\fallingdotseq0.82$

【3】問1　①　イ　②　エ　問2　①　イ　②　オ　③　ウ　④　ア　⑤　ア

○解説○　問1　$f(x)=x^2-2(a+1)x-2a+2=(x-a-1)^2-a^2-4a+1$より，

この放物線の頂点の座標は$(a+1,\ -a^2-4a+1)$である。

$X=a+1$，$Y=-a^2-4a+1$とおいて，aを消去すると，

$Y=-(X-1)^2-4(X-1)+1=-X^2-2X+4$

よって，頂点の軌跡は，$y=-x^2-2x+4$

問2　$f(x)=(x-a-1)^2-a^2-4a+1$において，

(i)　頂点のy座標が0のとき，

$-a^2-4a+1=0$より，$a=-2\pm\sqrt{5}$

このとき，$0\leqq a+1\leqq2$を満たすのは，

$a=-2+\sqrt{5}$

(ii)　$f(0)=-2a+2$，$f(2)=-6a+2$であり，

$0\leqq x\leqq2$に1つの実数解をもつから，

$\begin{cases}f(0)<0\\f(2)>0\end{cases}$ …①または$\begin{cases}f(0)<0\\f(2)>0\end{cases}$ …②であればよい。

①より，$-2a+2<0$かつ$-6a+2>0$つまり$a>1$かつ$a<\frac{1}{3}$となり，不適である。

②より，$-2a+2>0$かつ$-6a+2<0$つまり$a<1$かつ$a>\frac{1}{3}$となり，$\frac{1}{3}<a<1$

ここで，$a=1$のとき，$x^2-4x=0$，$x=0$，4となり，適する。

$a=\frac{1}{3}$のとき，$x^2-\frac{8}{3}x+\frac{4}{3}=0$，$3x^2-8x+4=0$，$x=\frac{2}{3}$，2となり不適である。

(2つの解が$0\leqq x\leqq 2$にあることになる)

(i)，(ii)より，求めるaの値の範囲は$a=-2+\sqrt{5}$，$\frac{1}{3}<a\leqq 1$

【4】(1)　与えられた式を変形すると，$y=\sqrt{10}\sin(x+\alpha)$

ただし，αは$\sin\alpha=\frac{3}{\sqrt{10}}$，$\cos\alpha=\frac{1}{\sqrt{10}}$を満たす鋭角である。

$0\leqq x<2\pi$より，$\alpha\leqq x+\alpha<2\pi+\alpha$であるから，$-1\leqq\sin(x+\alpha)\leqq 1$

よって，$x+\alpha=\frac{3}{2}\pi$のとき，最小値は$-\sqrt{10}$

(2)　(1)より，yが最小となるとき，$\theta=\frac{3}{2}\pi-\alpha$

$\cos 2\theta=\cos(3\pi-2\alpha)=-\cos 2\alpha=-(\cos^2\alpha-\sin^2\alpha)$

$=\frac{4}{5}$

○**解説**○ 解答参照。

【5】(1)　ア　1　　イ　3　　(2)　ウ　6　　エオ　12　　(3)　カ　3　キ　6　　(4)　ク　2　　ケ　3　　(5)　コ　7　　サ　4　　シ　3　ス　2　　(6)　セソタ　126　　(7)　チツ　−3　　テト　14

○**解説**○ (1)　$y=ax^2$にA(3，3)を代入して，$a=\frac{1}{3}$

(2)　点Bを中心とする円は$y=6$と接することから点Bのx座標をtとすると，B(t，$t+6$)

点Bは$y=\frac{1}{3}x^2$上の点なので，$t=6$

よって，B(6，12)

(3)　A(3，3)，B(6，12)より，

$y-3=\frac{12-3}{6-3}(x-3)$

$y=3x-6$

(4)　直線OB：$y=2x$に平行な直線は傾きが2である。

よって，求める直線の式は$y=2x+b$となり，この式にA(3，3)を代入して，$y=2x-3$

(5)　(4)より，$y=2x-3$とy軸との交点をDとする。

△BOAと△BODは底辺BO共通で，

BO//ADより高さが等しいので，△BOA＝△BOD

よって，四角形OABC＝△COB＋△BOA＝△COB＋△BOD＝△BCD

よって，図1のようになり，求める直線の式は，点B(6，12)を通り△BCDの面積を2等分するので，底辺CDの中点$\left(0,\ \frac{3}{2}\right)$を通る。

よって，この直線の方程式は，$y-\frac{3}{2}=\frac{12-\frac{3}{2}}{6-0}(x-0)$

$y=\frac{7}{4}x+\frac{3}{2}$

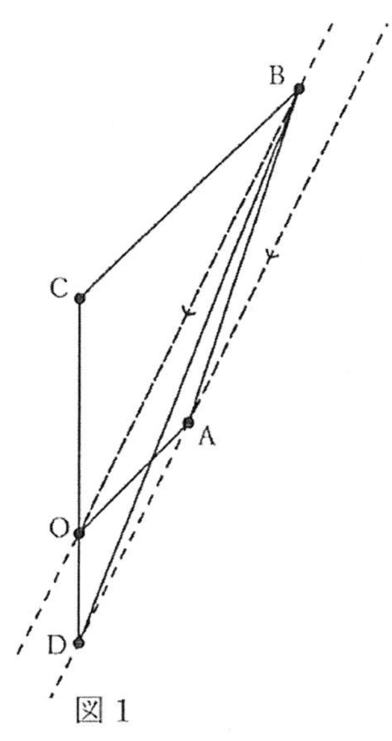

図 1

(6)　図2のように点B，Aからy軸への垂線の交点をそれぞれE，Fとし，直線ABとy軸との交点をGとする。回転体はすべてy軸の周りに1回転さ

せるものとすると，

V_1＝(△GBEの回転体の体積)－(△CBEの回転体の体積)－(△GAFの回転体の体積)＋(△OAFの回転体の体積)

$=6^2\pi\times18\times\frac{1}{3}-6^2\pi\times6\times\frac{1}{3}-3^2\pi\times9\times\frac{1}{3}+3^2\pi\times3\times\frac{1}{3}=126\pi$

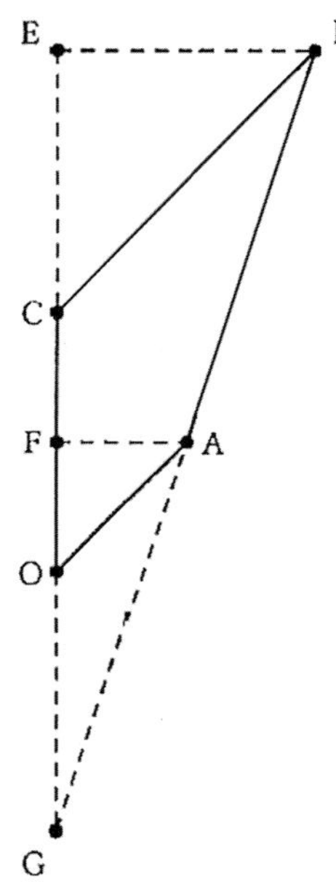

図 2

(7)　$V_1=126\pi$ より，$V_2=252\pi$

体積比が1：2になることから$PO^2\pi\times6\times\frac{1}{3}=252\pi$ より，$PO=3\sqrt{14}$

$p<0$より，$p=-3\sqrt{14}$

【6】(1)　$y=x^2-2ax+2a+3$をaについて整理すると，

$2a(1-x)+(x^2-y+3)=0$

これがaについての恒等式となるx，yの値は，

$\begin{cases}1-x=0\\x^2-y+3=0\end{cases}$ を解いて，$x=1$，$y=4$

したがって，求める定点の座標は，(1，4)

答　(1，4)

(2)　$f(x)=(x-a)^2-a^2+2a+3$と変形できる。

$x\geqq 0$における$f(x)$の最小値が0以上であればよい。

(i)　$a<0$のとき

$f(0)=2a+3\geqq 0$より，$-\dfrac{3}{2}\leqq a<0$

(ii)　$a\geqq 0$のとき

$f(a)=-a^2+2a+3\geqq 0$より，$0\leqq a\leqq 3$

したがって，(i)，(ii)より，$-\dfrac{3}{2}\leqq a\leqq 3$

答　$-\dfrac{3}{2}\leqq a\leqq 3$

(3)　(i)　$x\neq 1$とすると，$y=f(x)$は，$a=\dfrac{y-x^2-3}{2(1-x)}$と変形できるので，

(ア)　$x<1$のとき，(2)より，

$3x-3\leqq y-x^2-3\leqq -6x+6$

$x^2+3x\leqq y\leqq x^2-6x+9$

(イ)　$x>1$のとき，(2)より，

$3x-3\geqq y-x^2-3\geqq -6x+6$

$x^2-6x+9\leqq y\leqq x^2+3x$

(ii)　$x=1$とすると，$y=4$

したがって，求める領域は次図の斜線部分で，境界線を含む。

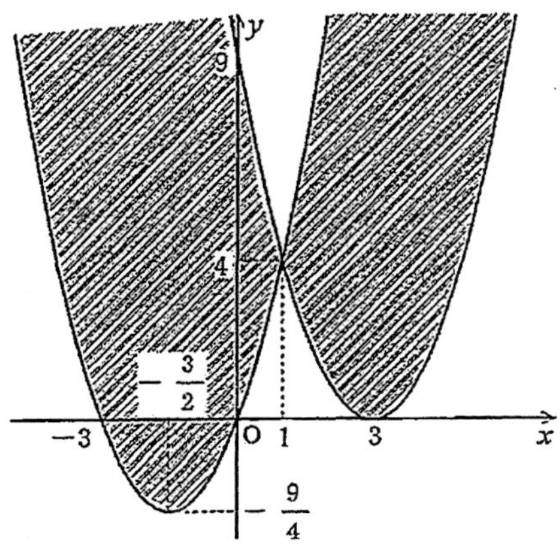

○**解説**○ 解答参照。

【7】〔問1〕[1]　2　　[2]　3　　[3]　2　　[4]　3　　[5]　9

〔問2〕[6]　4　　[7]　1　　[8]　5　　〔問3〕[9]　1　　[10]　1

[11]　2

○**解説**○ $f(x)=x\sqrt{1-x}\,(0\leqq x\leqq 1)$において，

〔問1〕$f'(x)=\sqrt{1-x}-\dfrac{x}{2\sqrt{1-x}}=0$より，$\dfrac{2-3x}{2\sqrt{1-x}}=0$，$x=\dfrac{2}{3}$

次の増減表より，

x	0	…	$\frac{2}{3}$	…	1
$f'(x)$		+	0	−	
$f(x)$	0	↗	極大	↘	0

最大値$f\left(\dfrac{2}{3}\right)=\dfrac{2}{3}\cdot\sqrt{1-\dfrac{2}{3}}=\dfrac{2\sqrt{3}}{9}$

〔問2〕図より，求める面積Sは，

$S=\displaystyle\int_0^1 x\sqrt{(1-x)}\,dx$

$\sqrt{1-x}=t$とおいて，$x=1-t^2$，$dx=-2tdt$

$x:0\to 1\Rightarrow t:1\to 0$

よって，$S=\displaystyle\int_1^0 (1-t^2)\cdot t\cdot(-2t)\,dt=2\int_0^1 (t^2-t^4)dt$

$=2\left[\dfrac{t^3}{3}-\dfrac{t^5}{5}\right]_0^1=2\left(\dfrac{1}{3}-\dfrac{1}{5}\right)=\dfrac{4}{15}$

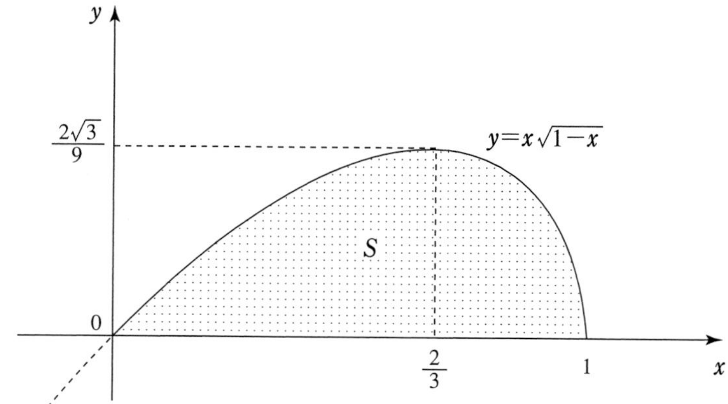

〔問3〕求める回転体の体積Vは，

$V=\pi\displaystyle\int_0^1 (x\sqrt{1-x})^2dx=\pi\int_0^1 (x^2-x^3)dx=\pi\left[\dfrac{x^3}{3}-\dfrac{x^4}{4}\right]_0^1=\dfrac{1}{12}\pi$

【8】(1)　B(6，12)　　(2)　$\pm 2\sqrt{6}$　　(3)　$y=x+6$　　(4)　1：4

(5)　$S\left(-\frac{3}{2},\ 3\right)$

○解説○ (1)　$\frac{1}{3}x^2=-2x$

$x^2+6x=0$

$x(x+6)=0$

$x=0,\ -6$

よって，A(−6，12)

点Bは点Aとy軸に関して対称なので，B(6，12)

(2)　AB＝12より，△ABPの高さ(線分PQ)をhとすると，$\frac{1}{2}\times 12\times h=24$より，$h=4$

つまりPQ＝4より，Pのy座標は12−4＝8

したがって，$8=\frac{1}{3}x^2$を解いて，$x=\pm 2\sqrt{6}$

(3)　QP＝QBなので，△PBQは直角二等辺三角形となり直線PBの傾きは$\frac{QP}{QB}=1$

したがって，直線PBの式は，$y-12=1(x-6)$

$y=x+6$

(4)　$\frac{1}{3}x^2=x+6$

$x^2-3x-18=0$

$(x-6)(x+3)=0$

$x=-3,\ 6$

点P≠点Bなので，点Pのx座標は−3

したがって，AQ＝3，QB＝12−3＝9となるので，

△APQ：△BPQ＝3：9＝1：3，PR：RB＝3：6＝1：2より，

△PQR：△QRB＝1：2

したがって，△PQR：△APB＝1：4

(5)　(4)より，△APQ：△PQR＝1：1と分かるので，点Sは点Pを通るAQとの平行な直線である$y=3$上にある。直線$y=-2x$との交点がSなので，$-2x=3$より，$x=-\frac{3}{2}$

したがって，$S\left(-\frac{3}{2},\ 3\right)$

【9】(1)　$y=\log_2(2x-3)$

対数の定義より　$2^y=2x-3$

$$x=\frac{1}{2}(2^y+3)$$

よって　$y=\frac{1}{2}(2^x+3)$　…[答]

(2)　$\log_2(2x-3)=-\log_2(3-x)$

真数は正より　$2x-3>0,\ 3-x>0$　　つまり　$\frac{3}{2}<x<3$

このとき　$\log_2(2x-3)+\log_2(3-x)=0$

$(2x-3)(3-x)=1$

$(2x-5)(x-2)=0$

$\frac{3}{2}<x<3$ より　$x=2,\ \frac{5}{2}$　…[答]

(3)　曲線C_1は上に凸で単調増加，曲線C_2は下に凸で単調増加なので直線$y=t$がDを通過するのは

$\log_2(2\cdot 2-3)\leqq t\leqq \log_2\left(2\cdot\frac{5}{2}-3\right)$　つまり　$0\leqq t\leqq 1$

このとき曲線C_1と直線$y=t$の共有点のx座標は(1)より

$$x=\frac{1}{2}\cdot 2^t+\frac{3}{2}$$

曲線C_2と直線$y=t$の共有点のx座標は

$-\log_2(3-x)=t$

$3-x=2^{-t}$

$x=3-2^{-t}$

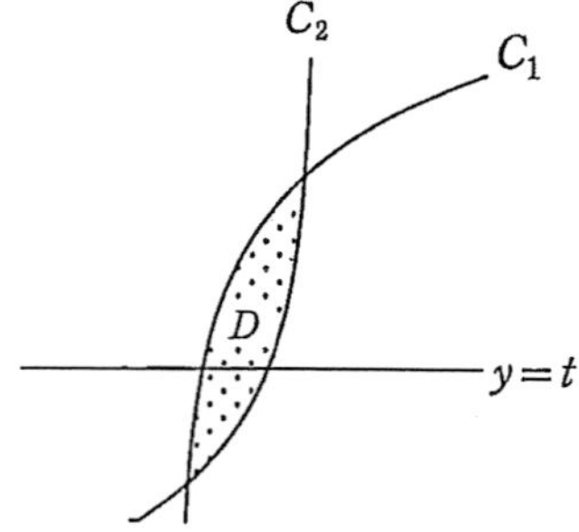

よって，上のグラフより

$$L=(3-2^{-t})-\left(\frac{1}{2}\cdot 2^t+\frac{3}{2}\right)=\frac{3}{2}-\left(\frac{1}{2}\cdot 2^t+2^{-t}\right)$$

$\frac{1}{2}\cdot 2^t>0$，$2^{-t}>0$なので，相加相乗平均の大小関係より

$\frac{1}{2}\cdot 2^t+2^{-t}\geqq 2\sqrt{\frac{1}{2}\cdot 2^t\cdot 2^{-t}}=\sqrt{2}$

等号成立は$\frac{1}{2}\cdot 2^t=2^{-t}$

つまり　$t=\frac{1}{2}$のときである。$0\leqq t\leqq 1$を満たすので適。

$L\leqq\frac{3}{2}-\sqrt{2}$ より　$t=\frac{1}{2}$のとき，最大値$\frac{3}{2}-\sqrt{2}$　…[答]

○**解説**○ 解答参照。

【10】(1)　ア　$t=\cos\left(x-\frac{\pi}{4}\right)=\cos x\cos\frac{\pi}{4}+\sin x\sin\frac{\pi}{4}=\frac{1}{\sqrt{2}}(\sin x+\cos x)$

よって　$\sin x+\cos x=\sqrt{2}\,t$

両辺を2乗すると　$\sin^2 x+2\sin x\cos x+\cos^2 x=2t^2$

ゆえに　$\sin 2x=2t^2-1$

したがって　$f(x)=-\sin 2x+\sqrt{2}(\sin x+\cos x)-1$

$=-(2t^2-1)+\sqrt{2}\cdot\sqrt{2}\,t-1$

$=-2t^2+2t$

イ　$0\leqq x<2\pi$ よりtの値の範囲は　$-1\leqq t\leqq 1$

また　$f(x)=-2t^2+2t=-2\left(t-\frac{1}{2}\right)^2+\frac{1}{2}$

よって，$f(x)$は，$t=\frac{1}{2}$で最大値$\frac{1}{2}$，$t=-1$で最小値-4をとり，$y=-2t^2+2t$の$-1\leqq t\leqq 1$におけるグラフは次の図のようになる。

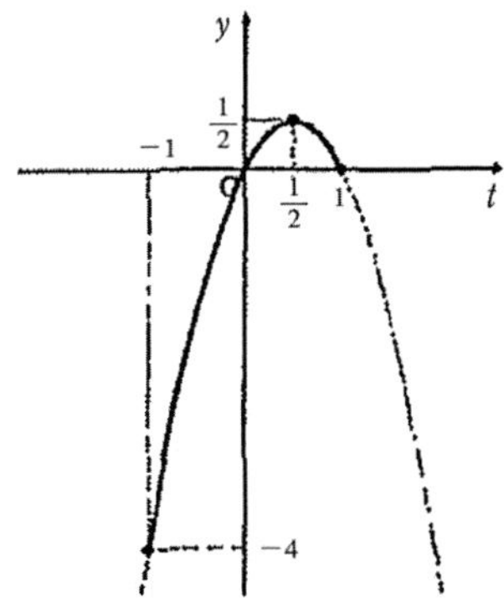

1つのtの値に対応するxの個数は，$-1<t<1$のとき2個，$t=\pm1$のとき1個であるからこのグラフと直線$y=a$の共有点を考えて，方程式$f(x)=a$が$0\leqq x<2\pi$の範囲で相異なる2つの解をもつための実数aの条件は，$-4<a<0$，$a=\dfrac{1}{2}$

(2)　$x=0$は解ではないから，方程式の両辺をx^2で割ると

$x^2-2x-1-\dfrac{2}{x}+\dfrac{1}{x^2}=0$

よって　$\left(x^2+\dfrac{1}{x^2}\right)-2\left(x+\dfrac{1}{x}\right)-1=0$　…①

$t=x+\dfrac{1}{x}$とおくと

$x^2+\dfrac{1}{x^2}=\left(x+\dfrac{1}{x}\right)^2-2=t^2-2$　であるから

①は　　$t^2-2-2t-1=0$　となる。

ゆえに　$t^2-2t-3=0$

　　　　$(t-3)(t+1)=0$

よって　$t=3,\ -1$

〔1〕$t=3$のとき　$x+\dfrac{1}{x}=3$

両辺にxを掛けて整理すると　$x^2-3x+1=0$

これを解くと　$x=\dfrac{3\pm\sqrt{5}}{2}$

〔2〕$t=-1$のとき　$x+\dfrac{1}{x}=-1$

両辺にxを掛けて整理すると　$x^2+x+1=0$

これを解くと　$x=\dfrac{-1\pm\sqrt{3}i}{2}$

したがって，解は$x=\dfrac{3\pm\sqrt{5}}{2}$，$x=\dfrac{-1\pm\sqrt{3}i}{2}$

○**解説**○ (1)　解答参照。

(2)　(別解)　$x^4-2x^3-x^2+1=0$の4次の項の係数が1であり，定数項が1であることより，a，bを用いて，

$x^4-2x^3-x^2+1=(x^2+ax+1)(x^2+bx+1)$とおける。

右辺を展開して，$\{(x^2+1)+ax\}\{(x^2+1)+bx\}=(x^2+1)^2+(ax+bx)(x^2+1)+abx^2=x^4+(a+b)x^3+(ab+2)x^2+(a+b)x+1$

左辺の係数と比較して$\begin{cases} a+b=-2 \\ ab+2=-1 \end{cases}$ より，$\begin{cases} a+b=-2 \\ ab=-3 \end{cases}$

よって，aとbは2次方程式$t^2+2t-3=0$の解より，

$(t-1)(t+3)=0$となるので，$t=-3$，1

したがって，$(x^2-3x+1)(x^2+x+1)=0$となる。

これを解いて，$x^2-3x+1=0$より，$x=\dfrac{3\pm\sqrt{5}}{2}$，$x^2+x+1=0$より，

$x=\dfrac{-1\pm\sqrt{3}i}{2}$

【11】(1)　エ　　(2)　ウ　　(3)　エ

○解説○ (1)　$\begin{cases} y=a^2x^2 \\ y=ax+12 \end{cases}$ より，

$a^2x^2=ax+12$

$(ax+3)(ax-4)=0$

$ax=-3$，4

$x=-\dfrac{3}{a}$，$\dfrac{4}{a}$

$a>0$であるから，点A，Bの座標はそれぞれ，

$\mathrm{A}\left(-\dfrac{3}{a},\ 9\right)$，$\mathrm{B}\left(\dfrac{4}{a},\ 16\right)$となる。

(2)　△OAB＝△OAC＋△OBCであるから，

$\dfrac{1}{2}\times12\times\left\{\dfrac{4}{a}-\left(-\dfrac{3}{a}\right)\right\}=6$，$\dfrac{7}{a}=1$，$a=7$

(3)　ABが直径であるから，∠AOBは直角であり，OA⊥OBとなる。

よって，(直線OAの傾き)×(直線OBの傾き)＝－1となるから，

$-3a\times4a=-1$

$12a^2=1$

$a=\pm\dfrac{1}{\sqrt{12}}=\pm\dfrac{\sqrt{3}}{6}$

$a>0$より，$a=\dfrac{\sqrt{3}}{6}$

【12】問1　関数$y=-\frac{1}{4}x^2$のグラフと関数$y=2x-5$のグラフとの交点は，

$$-\frac{1}{4}x^2=2x-5$$
$$x^2+8x-20=0$$
$$(x+10)(x-2)=0$$
$$x=-10,\ 2$$

より，A(−10，−25)，B(2，−1)となる。

直線BCは傾き1であるから，$y=x+b$とおくと，点Bを通ることから，

$-1=2+b$より　$b=-3$，すなわち直線BCの式は　$y=x-3$となる。

直線BCと関数$y=-\frac{1}{4}x^2$のグラフとの交点は，

$$-\frac{1}{4}x^2=x-3$$
$$x^2+4x-12=0$$
$$(x+6)(x-2)=0$$
$$x=-6,\ 2$$

より，C(−6，−9)となる。

点Cを通りy軸に平行な直線と直線ABとの交点をDとすると，

D(−6，−17)だから　$CD=-9-(-17)=8$

点Aから直線CDまでの距離は$-6-(-10)=4$

点Bから直線CDまでの距離は$2-(-6)=8$

$\triangle ABC=\triangle CAD+\triangle CBD=\frac{1}{2}\times8\times4+\frac{1}{2}\times8\times8=48$より

$\triangle ABC=48$となる。

問2　△CAEと△CBEは点Cを共有しているので高さが等しいため，面積を3：1に分けるには，底辺をAE：EB＝3：1となるように点Eをとればよい。

A(−10，−25)，B(2，−1)なので，

点Eのx座標は$-10+\frac{3}{4}\times(2-(-10))=-1$

y座標は$-25+\frac{3}{4}\times(-1-(-25))=-7$

となり，E(−1，−7)である。

C(−6，−9)だから，直線CEの傾きは$\frac{-7-(-9)}{-1-(-6)}=\frac{2}{5}$となるから，直線CEの切片を$c$とすれば，直線の式は$y=\frac{2}{5}x+c$とおける。

点Cを通るから，$-9=\frac{2}{5}\times(-6)+c$となり，$c=-\frac{33}{5}$とわかるので，

直線CEの式は　$y=\frac{2}{5}x-\frac{33}{5}$である。

○**解説**○ 問1　(別解)　$AB=\sqrt{(2+10)^2+(-1+25)^2}=\sqrt{720}=12\sqrt{5}$

直線AB：$2x-y-5=0$と点C$(-6,\ -9)$との距離hは，

$h=\frac{|-12+9-5|}{\sqrt{4+1}}=\frac{8}{\sqrt{5}}$より，

$\triangle ABC=\frac{1}{2}\times AB\times h=\frac{1}{2}\times 12\sqrt{5}\times\frac{8}{\sqrt{5}}=48$

問2　解答参照。

【13】(1)　P(0，6)　　(2)　$y=-\frac{9}{2}x+6$

○**解説**○ (1)　A$(-4,\ 4)$，B$(6,\ 9)$より，

直線AB：$y=\frac{1}{2}x+6$

よって，点Pの座標はP(0，6)

(2)　三角形の面積に着目すると，

$\triangle OAB=\triangle OAP+\triangle OBP$

$=\frac{1}{2}\cdot OP\times|$点Aの$x$座標$|+\frac{1}{2}\cdot OP\times|$点Bの$x$座標$|$

$=\frac{1}{2}\cdot 6\cdot(4+6)=30$

直線OB：$y=\frac{3}{2}x$より，点$Q\left(t,\ \frac{3}{2}t\right)$とおく。

直線AB：$x-2y+12=0$より，

直線ABと点Qとの距離$h=\frac{|t-3t+12|}{\sqrt{1+4}}=\frac{2|t-6|}{\sqrt{5}}$

また，$PB=\sqrt{6^2+3^2}=3\sqrt{5}$であるから，

$\triangle PQB=\frac{1}{2}\cdot PB\cdot h=\frac{1}{2}\cdot 3\sqrt{5}\cdot\frac{2|t-6|}{\sqrt{5}}=3|t-6|$

$\triangle PQB=\frac{1}{2}\cdot\triangle OAB=\frac{1}{2}\cdot 30=15$より，$3|t-6|=15$，$|t-6|=5$

これより，$t=1$，11

tは，$0<t<6$であるから，$t=1$

よって，点$Q\left(1,\ \frac{3}{2}\right)$となる。

ゆえに，直線PQ：$y=-\frac{9}{2}x+6$

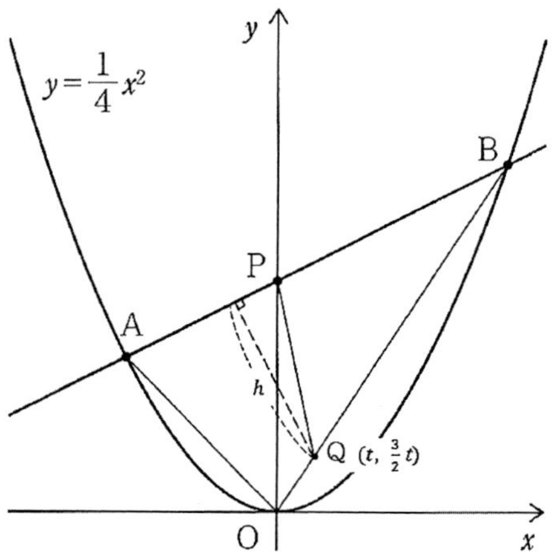

【14】(1)　$P(\cos\theta,\ \sin\theta)$とおき，△ABPの重心を$G(X,\ Y)$とおくと，

$$X=\frac{1+2+\cos\theta}{3}=1+\frac{\cos\theta}{3}$$

$$Y=\frac{1+\frac{1}{2}+\sin\theta}{3}=\frac{1}{2}+\frac{\sin\theta}{3}$$

$$\therefore\quad PG^2=\left\{\cos\theta-\left(1+\frac{\cos\theta}{3}\right)\right\}^2+\left\{\sin\theta-\left(\frac{1}{2}+\frac{\sin\theta}{3}\right)\right\}^2$$

$$=\left(\frac{2}{3}\cos\theta-1\right)^2+\left(\frac{2}{3}\sin\theta-\frac{1}{2}\right)^2$$

$$=1+\frac{1}{4}+\frac{4}{9}-\frac{4}{3}\cos\theta-\frac{2}{3}\sin\theta$$

$$=\frac{61}{36}-\frac{2}{3}(2\cos\theta+\sin\theta)\ \cdots(*)$$

したがって，$2\cos\theta+\sin\theta$が最大のときPGは最小となる。

三角関数の合成より

$2\cos\theta+\sin\theta=\sqrt{5}\cos(\theta-\alpha)$（ただし$\alpha$は，$\cos\alpha=\frac{2}{\sqrt{5}}$，$\sin\alpha=\frac{1}{\sqrt{5}}$を満たす鋭角）

と，変形できるから，(＊)からPGは$\theta=\alpha$のとき最小で，

このとき$P\left(\frac{2}{\sqrt{5}},\ \frac{1}{\sqrt{5}}\right)$

(2) $f\left(\frac{e^x-1}{k}\right)=\begin{cases}\frac{e^x-1}{k} & \left(0\leqq\frac{e^x-1}{k}\leqq1\text{のとき}\right)\\ 0 & \left(\frac{e^x-1}{k}<0,\ 1<\frac{e^x-1}{k}\text{のとき}\right)\end{cases}$ より，

$0\leqq\frac{e^x-1}{k}\leqq1$を解くと，$0\leqq x\leqq\log(k+1)$から，

$f\left(\frac{e^x-1}{k}\right)=\begin{cases}\frac{e^x-1}{k} & (0\leqq x\leqq\log(k+1)\text{のとき})\\ 0 & (x<0,\ \log(k+1)<x\text{のとき})\end{cases}$ となる。

(i) $\log(k+1)<2$　すなわち，$k\leqq6$のとき，…(※)

$$\int_0^2 f\left(\frac{e^x-1}{k}\right)dx=\int_0^{\log(k+1)}\frac{e^x-1}{k}dx+\int_{\log(k+1)}^2 0dx$$
$$=\left[\frac{e^x-x}{k}\right]_0^{\log(k+1)}$$
$$=\frac{k-\log(k+1)}{k}$$

(※)　$\log(k+1)<2$のとき，$k<e^2-1$

$2.7^2<e^2<2.8^2$より，$6.29<e^2-1<6.84$で，kは自然数だから

(ii)　$\log(k+1)\geqq2$すなわち，$k\geqq7$のとき，

$$\int_0^2 f\left(\frac{e^x-1}{k}\right)dx=\int_0^2\frac{e^x-1}{k}dx$$
$$=\left[\frac{e^x-x}{k}\right]_0^2$$
$$=\frac{e^2-3}{k}$$

(i)(ii)より，

$$\int_0^2 f\left(\frac{e^x-1}{k}\right)dx=\begin{cases}\frac{k-\log(k+1)}{k} & (1\leqq k\leqq6\text{のとき})\\ \frac{e^2-3}{k} & (k\geqq7\text{のとき})\end{cases}$$

○**解説**○ (1)　$2\cos\theta+\sin\theta$ の三角関数の合成は，

$\sin\theta+2\cos\theta=\sqrt{5}\sin(\theta+\alpha)$（ただし$\alpha$は，$\sin\alpha=\frac{2}{\sqrt{5}}$，$\cos\alpha=\frac{1}{\sqrt{5}}$を満たす鋭角）と変形してよい。このとき，$\theta=90^\circ-\alpha$ のときPGが最小となる。

(2)　解答参照。

【15】(1) ア 8　(2) イ 1　ウ 2　エ 2　オ 2
(3) カ 2

○解説○ (1) $x_2=f(1)=2\sqrt{16}=2\times 4=8$

(2) $x_{n+1}=2\times x_n^{\frac{1}{2}}$より，任意の自然数$n$について両辺が正であることは明らかである。

2を底とする対数をとると，$\log_2 x_{n+1}=\log_2\left(2\times x_n^{\frac{1}{2}}\right)=\log_2 2+\frac{1}{2}\log_2 x_n$

$a_n=\log_2 x_n$とすると，$a_{n+1}=1+\frac{1}{2}a_n$より，$a_{n+1}-2=\frac{1}{2}(a_n-2)$

数列$\{a_n-2\}$は，初項$a_1-2=\log_2 x_1-2=\log_2 16-2=2$，公比$\frac{1}{2}$の等比数列であるので，

$a_n-2=2\times\left(\frac{1}{2}\right)^{n-1}=\left(\frac{1}{2}\right)^{-1}\times\left(\frac{1}{2}\right)^{n-1}=\left(\frac{1}{2}\right)^{n-2}$より，$a_n=\left(\frac{1}{2}\right)^{n-2}+2$

よって，$\log_2 x_n=\left(\frac{1}{2}\right)^{n-2}+2$から，$x_n=2^{\left(\frac{1}{2}\right)^{n-2}+2}$

(3) $\lim_{n\to\infty}\sum_{k=1}^{n}(\log_2 x_k-\log_2 x_{k+1})$

$=\lim_{n\to\infty}\sum_{k=1}^{n}\left\{\left(\left(\frac{1}{2}\right)^{k-2}+2\right)-\left(\left(\frac{1}{2}\right)^{k-1}+2\right)\right\}$

$=\lim_{n\to\infty}\sum_{k=1}^{n}\left\{\left(\frac{1}{2}\right)^{k}\times 4-\left(\frac{1}{2}\right)^{k}\times 2\right\}$

$=2\lim_{n\to\infty}\sum_{k=1}^{n}\left(\frac{1}{2}\right)^{k}$

$=2$

【16】(1) ・3秒後の水面の高さは何cmですか。　・3秒後の水面の高さが1つに決まらないけどいいのかな。　(2) xの値(時間)を1つ決めると，yの値(水面の高さ)がただ1つに決まること　(3) 水を抜き終わるのは$y=0$のときなので，水槽㋐，㋑の$y=0$の座標を比べると，水槽㋐のx座標の値が小さい(左側にある)ので，水槽㋐の方が早く抜き終わると分かる。　(4) 16秒後　(5) ・タクシーの乗車距離と料金の関係　・郵便物の重さと料金の関係　から1つ

○解説○ (1) 提示されているグラフでは，水槽㋐の3秒後の水位について，12cmと10cmどちらの点も含まれている。このことについて生徒に気付かせる問いかけを行う必要がある。 (2) 水槽㋐は比例の関係

ではないが，時間の値が決まると水位の値も決まるため関数の関係と言える。 (3) 解答参照。 (4) 解答参照。 (5) 解答参照。

【17】問1 ① ア ② コ 問2 ① ア ② ア ③ イ

○解説○ 問1 $f(x)=\{g(x)\}^{h(x)}$において，$g(x)$，$h(x)$が定数関数かつ$f(x)=1$であるためには，$g(x)=1$または$h(x)=0$である。

(ある定数s，tについて，$1^s=1$，$t^0=1$である)

問2 $g(x)=\dfrac{3-x}{2\sqrt{x}}$，$h(x)=2\log_3(2x-1)-\log_3(2x^2+3)$のとき，$f(x)=1$であるから，

問1の結果より，

$\dfrac{3-x}{2\sqrt{x}}=1$ …①または$2\log_3(2x-1)-\log_3(2x^2+3)=0$ …②

①より，$3-x=2\sqrt{x}$ $(x<3)$，$(3-x)^2=(2\sqrt{x})^2$，$x^2-10x+9=0$

$x=1$，9 また，$x<3$であるから，$x=1$

②より，$\log_3(2x-1)^2=\log_3(2x^2+3)$，$(2x-1)^2=2x^2+3$

$x^2-2x-1=0$，$x=1\pm\sqrt{2}$

また，真数条件より，$2x-1>0$，すなわち，$x>\dfrac{1}{2}$

よって，$x=1+\sqrt{2}$

【18】(1) ア (2) ウ (3) エ (4) ア

○解説○ $f(x)=\log(x^2+4)$ $(x\geqq0)$ …①

(1) $x=2\tan\theta$とおくと，$\dfrac{1}{x^2+4}=\dfrac{1}{4(1+\tan^2\theta)}=\dfrac{\cos^2\theta}{4}$

$0\leqq x\leqq2$のとき，$0\leqq\theta\leqq\dfrac{\pi}{4}$であり，$dx=\dfrac{2}{\cos^2\theta}d\theta$

よって，$\displaystyle\int_0^2\frac{1}{x^2+4}dx=\int_0^{\frac{\pi}{4}}\frac{\cos^2\theta}{4}\cdot\frac{2}{\cos^2\theta}\theta=\int_0^{\frac{\pi}{4}}\frac{1}{2}d\theta=\frac{\pi}{8}$

(2) $\displaystyle\int_0^2\log(x^2+4)dx=[x\log(x^2+4)]_0^2-\int_0^2\frac{2x^2}{x^2+4}dx$

$\displaystyle=6\log2-2\int_0^2\left(1-\frac{4}{x^2+4}\right)dx=6\log2-4+8\int_0^2\frac{1}{x^2+4}dx$

$\displaystyle=6\log2-4+8\times\frac{\pi}{8}=6\log2-4+\pi$

(3)　①より，$f'(x)=\dfrac{2x}{x^2+4}$，$f''(x)=\dfrac{2(x^2+4)-4x^2}{(x^2+4)^2}=\dfrac{-2(x+2)(x-2)}{(x^2+4)^2}$

$f''(x)=0$より，$x=\pm 2$，$x\geqq 0$であるから，$x=2$

増減表は以下のようになる。

x	0	…	2	…
$f'(x)$	0	+	+	+
$f''(x)$	+	+	0	−
$f(x)$	$2\log 2$	↘	$3\log 2$	↗

変曲点$(2,\ 3\log 2)$となり，x座標は2である。

【参考】$f(x)=f(-x)$であるから，$y=f(x)$のグラフはy軸に対称である。

(4)　$f'(2)=\dfrac{1}{2}$より，

接線l：$y-3\log 2=\dfrac{1}{2}(x-2)$，$y=\dfrac{1}{2}x-1+3\log 2$

下図より，求める面積Sは，

$$S=\int_0^2\left\{\log(x^2+4)-\left(\frac{1}{2}x-1+3\log 2\right)\right\}dx$$

$$=\int_0^2\log(x^2+4)\,dx-\left[\frac{x^2}{4}+(3\log 2-1)x\right]_0^2$$

$$=6\log 2-4+\pi-(1+6\log 2-2)=\pi-3$$

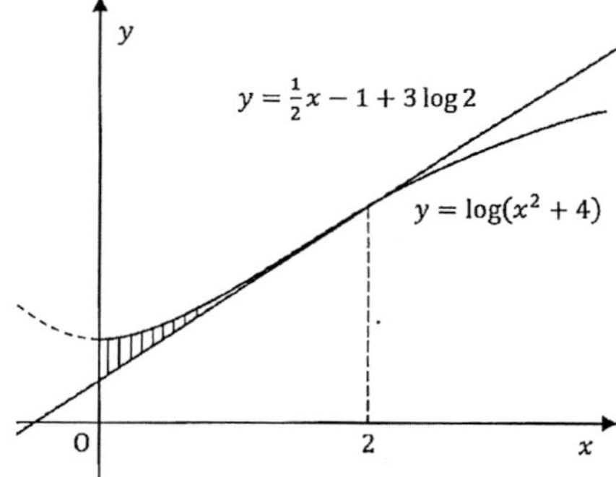

【19】問1

$$\int x\cos x\,dx=\int x(\sin x)'dx$$

$$=x\sin x-\int\sin x\,dx$$

$$=x\sin x+\cos x+C$$

$$\int x\sin 2x\,dx=\int x\left(-\frac{1}{2}\cos 2x\right)'dx$$

$$=-\frac{1}{2}x\cos 2x+\frac{1}{2}\int\cos 2x\,dx$$

$$=-\frac{1}{2}x\cos 2x+\frac{1}{4}\sin 2x+C$$

問2　$\begin{cases} y=x\cos x \\ y=-x \end{cases}$

yを消去すると　$x(\cos x+1)=0$

$x=0$　または　$\cos x=-1$

$0\leqq x\leqq\pi$より　$x=0,\ \pi$

よって　$(0,\ 0),\ (\pi,\ -\pi)$

$0\leqq x\leqq\pi$において，$-1\leqq\cos x\leqq 1$

辺々に$x(\geqq 0)$をかけて，$-x\leqq f(x)\leqq x$

問3　問2よりグラフは次図になる

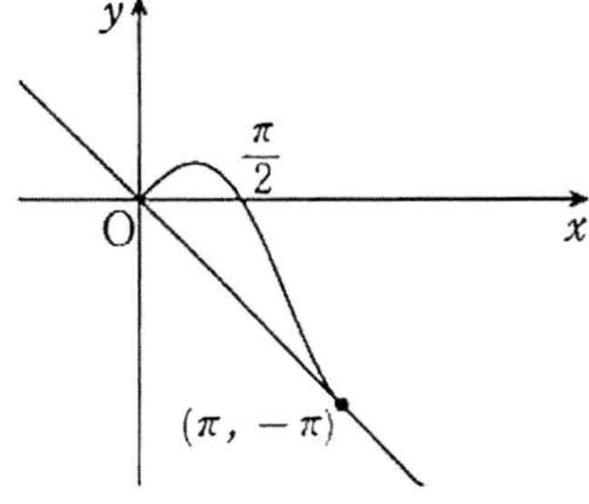

$$S=\int_0^{\pi}(x\cos x+x)dx$$

$$=\left[x\sin x+\cos x+\frac{1}{2}x^2\right]_0^{\pi}$$

$$=\left(0-1+\frac{1}{2}\pi^2\right)-(0+1+0)$$

$$=\frac{\pi^2}{2}-2$$

問4　関数$y=f(x)$，ℓともに，$y<0$の部分をx軸に関して対称移動させると，問2より，$x\geqq x\cos x$であるから，次図の斜線部分を回転させてでき

た立体の体積を求めればよい

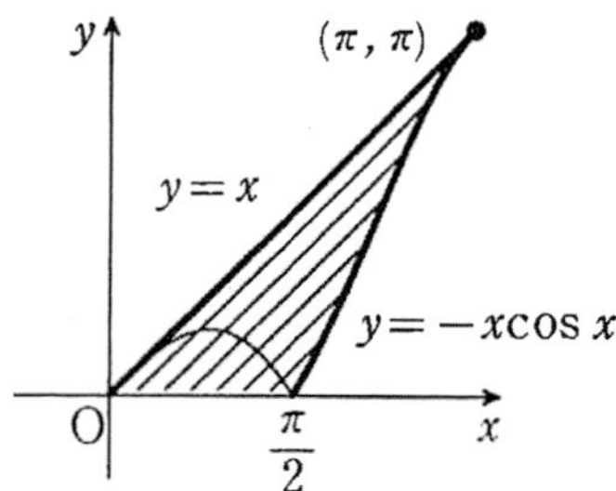

$$V=\frac{1}{3}(\pi\cdot\pi^2)\cdot\pi-\pi\int_{\frac{\pi}{2}}^{\pi}(-x\cos x)^2dx$$

$$=\frac{1}{3}\pi^4-\pi\int_{\frac{\pi}{2}}^{\pi}x^2\cos^2x\,dx$$

$$=\frac{1}{3}\pi^4-\pi\int_{\frac{\pi}{2}}^{\pi}\left(\frac{1}{2}x^2+\frac{1}{2}x^2\cos 2x\right)dx$$

$$=\frac{1}{3}\pi^4-\pi\left\{\left[\frac{1}{6}x^3\right]_{\frac{\pi}{2}}^{\pi}+\frac{1}{2}\int_{\frac{\pi}{2}}^{\pi}x^2\left(\frac{1}{2}\sin 2x\right)'dx\right\}$$

$$=\frac{1}{3}\pi^4-\pi\left\{\frac{1}{6}\left(\pi^3-\frac{\pi^3}{8}\right)+\frac{1}{2}\left(\left[\frac{1}{2}x^2\sin 2x\right]_{\frac{\pi}{2}}^{\pi}-\int_{\frac{\pi}{2}}^{\pi}x\sin 2x\,dx\right)\right\}$$

$$=\frac{1}{3}\pi^4-\pi\left\{\frac{7}{48}\pi^3+\frac{1}{2}\left(0-\left[-\frac{1}{2}x\cos 2x+\frac{1}{4}\sin 2x\right]_{\frac{\pi}{2}}^{\pi}\right)\right\}$$

$$=\frac{1}{3}\pi^4-\pi\left\{\frac{7}{48}\pi^3+\frac{1}{2}\left(\frac{\pi}{2}+\frac{\pi}{4}\right)\right\}$$

$$=\frac{3}{16}\pi^4-\frac{3}{8}\pi^2$$

○**解説**○ 解答参照。

【20】(1) ① $\dfrac{-16x}{(x^2+3)^2}$　② $\dfrac{48(x-1)(x+1)}{(x^2+3)^3}$　③ (1, 2)

④ $-x+3$

(2) $x=\sqrt{3}\tan\theta$ とおく。$\dfrac{dx}{d\theta}=\dfrac{\sqrt{3}}{\cos^2\theta}$ である。

xと θ との対応は

x	$0\ \to\ 1$
θ	$0\ \to\ \dfrac{\pi}{6}$

したがって，

$$\int_0^1 f(x)dx=\int_0^{\frac{\pi}{6}}\frac{8}{3\tan^2\theta+3}\cdot\frac{\sqrt{3}}{\cos^2\theta}d\theta$$

$$=\int_0^{\frac{\pi}{6}}\frac{8\sqrt{3}}{3}\cdot\cos^2\theta\cdot\frac{1}{\cos^2\theta}d\theta$$

$$=\int_0^{\frac{\pi}{6}}\frac{8\sqrt{3}}{3}d\theta=\left[\frac{8\sqrt{3}}{3}\theta\right]_0^{\frac{\pi}{6}}$$

$$=\frac{4\sqrt{3}}{9}\pi \quad \cdots(\text{答})$$

(3) $\frac{1}{2}$

○**解説**○ (1) ① $f'(x)=\dfrac{0-8\times 2x}{(x^2+3)^2}=-\dfrac{16x}{(x^2+3)^2}$

② $f''(x)=\dfrac{-16(x^2+3)^2+16x\times 2(x^2+3)\times 2x}{(x^2+3)^4}$

$$=\frac{-16(x^2+3)^2+64x^2(x^2+3)}{(x^2+3)^4}=\frac{(x^2+3)(48x^2-48)}{(x^2+3)^4}$$

$$=\frac{48(x^2-1)}{(x^2+3)^3}=\frac{48(x+1)(x-1)}{(x^2+3)^3}$$

③ $f''(x)=0$より，$x=-1,\ 1$

ここで求める変曲点Aのx座標は$x\geqq 0$なので$x=1$

よって，A(1，2)

④ $y-2=f'(1)(x-1)$より，$y-2=-\dfrac{16}{16}(x-1)$

よって，$y=-x+3$　つまり，$g(x)=-x+3$

(2) 解答参照。

(3) $\displaystyle\int_0^3|f(x)-g(x)|\,dx=\int_0^3\left|\frac{8}{x^2+3}-(-x+3)\right|dx$

(2)より$\displaystyle\int_0^1 f(x)\,dx=\frac{4\sqrt{3}}{9}\pi$なので，

$$=\int_0^1\left\{-\frac{8}{x^2+3}+(-x+3)\right\}dx+\int_1^3\left\{\frac{8}{x^2+3}-(-x+3)\right\}dx$$

$$=-\frac{4\sqrt{3}}{9}\pi+\left[-\frac{1}{2}x^2+3x\right]_0^1+\frac{8\sqrt{3}}{3}\left[\theta\right]_{\frac{\pi}{6}}^{\frac{\pi}{3}}-\left[-\frac{1}{2}x^2+3x\right]_1^3$$

$$=-\frac{4\sqrt{3}}{9}\pi-\frac{1}{2}+3+\frac{8\sqrt{3}}{3}\left(\frac{\pi}{3}-\frac{\pi}{6}\right)-\left(-\frac{9}{2}+9+\frac{1}{2}-3\right)$$

$$=-\frac{4\sqrt{3}}{9}\pi+\frac{5}{2}+\frac{4\sqrt{3}}{9}\pi-2=\frac{1}{2}$$

【21】1　$y=6ax$

2　$f'(x)=6(x-1)(x-a)$

$f'(x)=0$とすると　$x=1,\ a$

$a>1$より

x	$\cdots$	1	$\cdots$	a	$\cdots$
$f'(x)$	$+$	0	$-$	0	$+$
$f(x)$	↗	$3a-1$	↘	$-a^3+3a^2$	↗

よって　$x=1$のとき極大値$3a-1$，$x=a$のとき極小値$-a^3+3a^2$

3　$m'=-3a^2+6a=-3a(a-2)$

$m'=0$とすると　$a=0,\ 2$

a	1	$\cdots$	2	$\cdots$
m'		$+$	0	$-$
m	／	↗	4	↘

よって　$a=2$のとき最大値4

4　$S=\int_0^a[6ax-\{2x^3-3(a+1)x^2+6ax\}]dx$

$=\int_0^a\{-2x^3+3(a+1)x^2\}dx$

$=\left[-\frac{1}{2}x^4+(a+1)x^3\right]_0^a=\frac{1}{2}a^4+a^3$

○**解説**○ 1　$f'(x)=6x^2-6(a+1)x+6a$ より，$f'(0)=6a$

これは関数$f(x)$の原点における接線の傾きなので，$y=6ax$

2　解答参照。　3　解答参照。　4　解答参照。

【22】(1)　$t=\sin x+\cos x=\sqrt{2}\sin\left(x+\frac{\pi}{4}\right)$

$\frac{\pi}{4}\leqq x+\frac{\pi}{4}\leqq\frac{5}{4}\pi$ であるから，$-\frac{1}{\sqrt{2}}\leqq\sin\left(x+\frac{\pi}{4}\right)\leqq 1$

よって，$-1\leqq t\leqq\sqrt{2}$

(2)　$y=4\sin x\cos x-2k(\sin x+\cos x)+k+2$　$(k>0,\ 0\leqq x\leqq\pi)$　…①として，

$t^2=(\sin x+\cos x)^2=1+2\sin x\cos x$より，$\sin x\cos x=\frac{1}{2}(t^2-1)$

よって，①より，$y=2(t^2-1)-2kt+k+2=2t^2-2kt+k$

(3) (2)の結果より，$f(t)=2t^2-2kt+k=2\left(t-\frac{k}{2}\right)^2-\frac{k^2}{2}+k$として，

$k>0$であり，(1)より，$-1\leqq t\leqq\sqrt{2}$ なので，

[i] $0<\frac{k}{2}<\sqrt{2}$，$0<k<2\sqrt{2}$ のとき，

最小値$f\left(\frac{k}{2}\right)=-\frac{k^2}{2}+k$

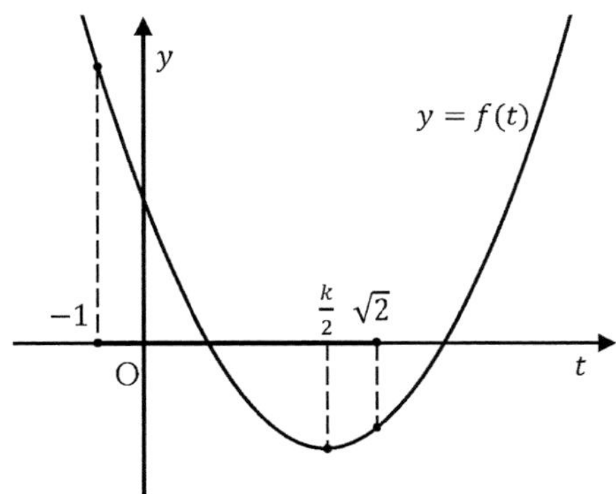

[ii] $\frac{k}{2}\geqq\sqrt{2}$，$k\geqq2\sqrt{2}$ のとき，

最小値$f(\sqrt{2})=4-2\sqrt{2}k+k=(1-2\sqrt{2})k+4$

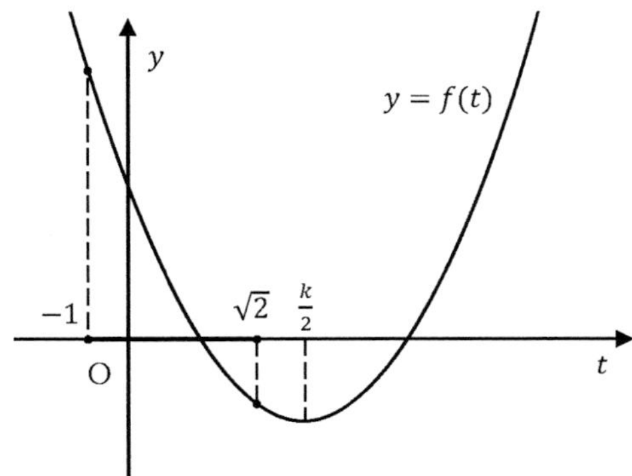

○解説○ 解答参照。

【23】(1)　$f(x)=x^2-6x+11=(x-3)^2+2$

放物線$y=f(x)$と直線$y=g(x)$が$2\leqq x\leqq 5$で接するときを考える。

$x^2-6x+11=ax$　すなわち　$x^2-(a+6)x+11=0$　…①

が$2\leqq x\leqq 5$の範囲に重解をもてばよい。

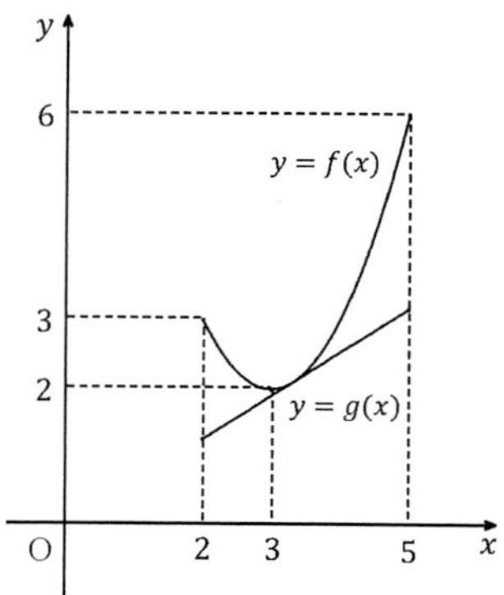

①の判別式をDとすると

$D=(a+6)^2-44=a^2+12a-8$

①が重解をもつとき，$D=0$であるから

$a^2+12a-8=0$　$a=-6\pm 2\sqrt{11}$

$a=-6+2\sqrt{11}$ のとき，①の解は$x=\sqrt{11}$

$a=-6-2\sqrt{11}$ のとき，①の解は$x=-\sqrt{11}$

よって，$2\leqq x\leqq 5$の範囲に重解をもつのは　$a=-6+2\sqrt{11}$

したがって，求めるaの値の範囲は　$a\geqq -6+2\sqrt{11}$

(2)

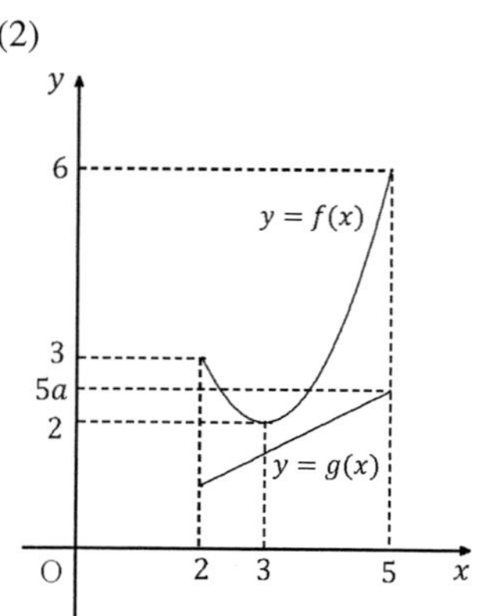

$a \leqq 0$のとき

$2 \leqq x \leqq 5$をみたす全てのxについて

$g(x) < f(x)$となるので不適。

$a > 0$のとき

$2 \leqq x \leqq 5$における$f(x)$の最小値をm，$g(x)$の最大値をMとおくと

$m = 2$，$M = 5a$

$m \leqq M$となるようなaの値の範囲を求めればよいので

$2 \leqq 5a \quad a \geqq \dfrac{2}{5}$　　これは$a > 0$をみたす。

以上より，$a \geqq \dfrac{2}{5}$

○**解説**○ 解答参照。

【24】(1)　[1]　1　　[2]　2　　(2)　[3]　3　　[4]　3

○**解説**○ (1)　Aからx軸に下ろした垂線とx軸の交点をCとする。

∠OAP＝45°のときAC＝CPの直角二等辺三角形となるため，P(4，0)である。

△OPAをx軸中心に回転させてできる立体の体積は，△OACを回転させてできる円錐と△PACを回転させてできる円錐の体積の和に等しいので，

体積$V = \dfrac{1}{3} \cdot \pi \cdot 3^2 \cdot 1 + \dfrac{1}{3} \cdot \pi \cdot 3^2 \cdot 3 = 12\pi$

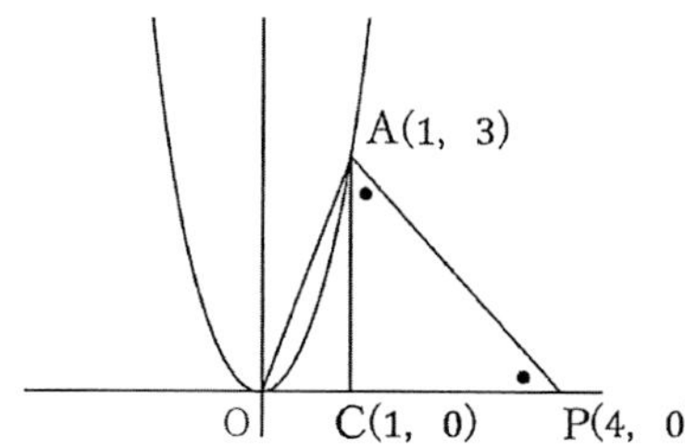

(2)　四角形APQBが平行四辺形になるとき，AP//BQかつAP＝BQ，すなわち$\overrightarrow{AP} = \overrightarrow{BQ}$である。P($a$，0)，Q($b$，$3b^2$)と置くとき，

$\overrightarrow{AP} = \overrightarrow{OP} - \overrightarrow{OA} = (a,\ 0) - (1,\ 3) = (a-1,\ -3)$

$\overrightarrow{BQ} = \overrightarrow{OQ} - \overrightarrow{OB} = (b,\ 3b^2) - (-2,\ 12) = (b+2,\ 3b^2-12)$

$\overrightarrow{AP}$と$\overrightarrow{BQ}$の成分比較をして，$a-1=b+2$ …①，$-3=3b^2-12$ …②
点Qのx座標は正なので，②より，$b=\sqrt{3}$
①に代入して，$a=3+\sqrt{3}$ よってP$(3+\sqrt{3}, 0)$

【25】曲線の対称性から，$x=0$のときyが最小値1をとることがわかる。
曲線の式に$x=0$，$y=1$を代入して
$1=a\left(\dfrac{e^{\frac{0}{a}}+e^{-\frac{0}{a}}}{2}\right)$ ゆえに $a=1$
よって，曲線の式は $y=\dfrac{e^x+e^{-x}}{2}$であり
$\dfrac{dy}{dx}=\dfrac{e^x-e^{-x}}{2}$であるから
この曲線の長さLは，対称性も考慮すると
$L=2\displaystyle\int_0^1\sqrt{1+\left(\frac{dy}{dx}\right)^2}dx=2\int_0^1\sqrt{\frac{(e^x+e^{-x})^2}{4}}dx$
$=\displaystyle\int_0^1(e^x+e^{-x})dx=\Big[e^x-e^{-x}\Big]_0^1=e-\frac{1}{e}$
ゆえに
$L=e-\dfrac{1}{e}$ ……(答)

○**解説**○ $f(x)=a\left(\dfrac{e^{\frac{x}{a}}+e^{-\frac{x}{a}}}{2}\right)$とおくと，$f(-x)=a\left(\dfrac{e^{-\frac{x}{a}}+e^{\frac{x}{a}}}{2}\right)$となり，
$f(x)=f(-x)$であるから，$y=f(x)$のグラフはy軸に関して対称である。
また，曲線$y=f(x)$の区間$a\leqq x\leqq b$における曲線の長さLは，
$L=\displaystyle\int_a^b\sqrt{1+\left(\frac{dy}{dx}\right)^2}dx$で表される。

【26】問1 ① ウ ② イ 問2 ① ウ ② イ ③ イ
○**解説**○ 曲線C：$y=2\log x-4$ …①
問1 ①上の点$(t, 2\log t-4)$における接線の方程式lは$y'=\dfrac{2}{x}$より，
l：$y-(2\log t-4)=\dfrac{2}{t}(x-t)$，接線$l$は原点Oを通るから，
$-(2\log t-4)=\dfrac{2}{t}(-t)$より，$\log t=3$，$t=e^3$
よって，接線の方程式は$y-2=\dfrac{2}{e^3}(x-e^3)$より，$l$：$y=\dfrac{2}{e^3}x$

問2　曲線Cと接線lの接点は$(e^3,\ 2)$となり，以下の図のようになる。
(①とx軸との交点のx座標は$2\log x-4=0$より，$x=e^2$)
よって，曲線Cと接線l及びx軸で囲まれた部分の面積Sは，

$$S=\frac{1}{2}\cdot e^3\cdot 2-\int_{e^2}^{e^3}(2\log x-4)\,dx$$

$$=e^3-2\Big[x\log x-x-2x\Big]_{e^2}^{e^3}$$

$$=e^3-2[x\log x-3x]_{e^2}^{e^3}$$

$$=e^3-2(3e^3-3e^3-2e^2+3e^2)$$

$$=e^3-2e^2$$

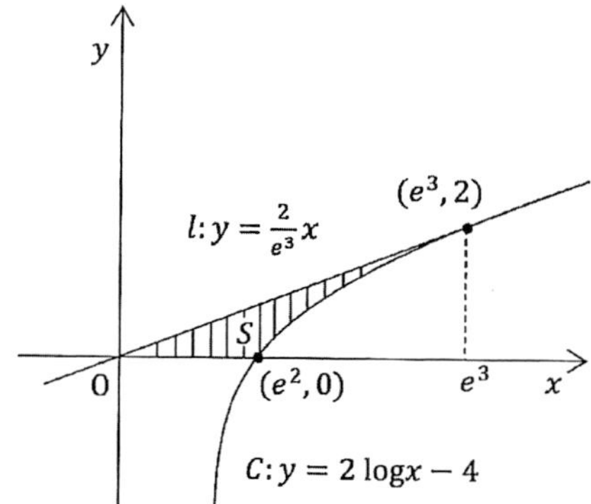

【27】(1)　$D\left(\frac{8}{3},\ -\frac{32}{9}\right)$　　(2)　$F\left(\frac{2}{3},\ -\frac{8}{9}\right)$

○**解説**○ (1)　直線AD：$y=-\frac{2}{3}x+k$ $(k<0)$とおいて，

$y=-\frac{1}{2}x^2$との交点の座標を求める。

$-\frac{1}{2}x^2=-\frac{2}{3}x+k$より，$3x^2-4x+6k=0$

$$x=\frac{2\pm\sqrt{4-18k}}{3}$$

点Cのx座標＜点Dのx座標より，

$D\left(\frac{2+\sqrt{4-18k}}{3},\ -\frac{1}{2}\left(\frac{2+\sqrt{4-18k}}{3}\right)^2\right)$となる。

$A\left(\frac{3}{2}k,\ 0\right)$，$B(0,\ k)$であり，$AB=BD$であるから，

点Dからx軸に向けて引いた垂線とx軸との交点Hについて，

$OA=OH$ となればよいので，$H\left(\frac{2+\sqrt{4-18k}}{3},\ 0\right)$

よって，$0-\frac{3}{2}k=\frac{2+\sqrt{4-18k}}{3}-0$

$9k^2+16k=0$

$k=0,\ -\frac{16}{9}$

$k<0$より，$k=-\frac{16}{9}$

したがって，点Dの座標は，$k=-\frac{16}{9}$を代入して，$D\left(\frac{8}{3},\ -\frac{32}{9}\right)$である。

(2)　$C\left(-\frac{4}{3},\ -\frac{8}{9}\right)$，$D\left(\frac{8}{3},\ -\frac{32}{9}\right)$であり，

直線OC：$y=\frac{2}{3}x$，直線OD：$y=-\frac{4}{3}x$

点Aを通る直線をm：$y=p\left(x+\frac{8}{3}\right)$　$(p<0)$とすると，

$$\begin{cases} y=p\left(x+\frac{8}{3}\right) \\ y=-\frac{4}{3}x \end{cases}$$ を解いて，

$x=-\frac{8p}{4+3p}$，$y=\frac{32p}{3(4+3p)}$ より，$Fp\left(-\frac{8p}{4+3p},\ \frac{32p}{3(4+3p)}\right)$

ここで，$\triangle AEC=\triangle OAC-\triangle OAE$，$\triangle EOF=\triangle OAF-\triangle OAE$

よって，$\triangle AEC=\triangle EOF$より，$\triangle OAC=\triangle OAF$となる。

底辺OAが共通であるから，$-\frac{8}{9}=\frac{32p}{3(4+3p)}$，$-12p=4+3p$，$p=-\frac{4}{15}$

したがって，点Fの座標は，$p=-\frac{4}{15}$を代入して，$F\left(\frac{2}{3},\ -\frac{8}{9}\right)$である。

【28】(2)

○**解説**○ $f(x)=|x+3|(x-1)$　…①

①より，$x<-3$のとき，$y=-(x+3)(x-1)=-(x+1)^2+4$　…②

$x\geqq -3$のとき，$y=(x+3)(x-1)=(x+1)^2-4$　…③

よって，$y=|x+3|(x-1)$のグラフは図のようになる。

$t \leqq x \leqq t+1$における最小値$g(x)$を考えて，

$t<-3$のとき，②，③において，

$f(t+1)=f(t)$より，$(t+2)^2-4=-(t+1)^2+4$

$2t^2+6t-3=0$，$t=\dfrac{-3\pm\sqrt{15}}{2}$

$t<-3$より，$t=\dfrac{-3-\sqrt{15}}{2}$

また，$t \geqq -1$のとき明らかに最小値は$f(t)$

以上より，$g(t)=f(t)$となるtの値の範囲は，$t \leqq \dfrac{-3-\sqrt{15}}{2}$，$t \geqq -1$

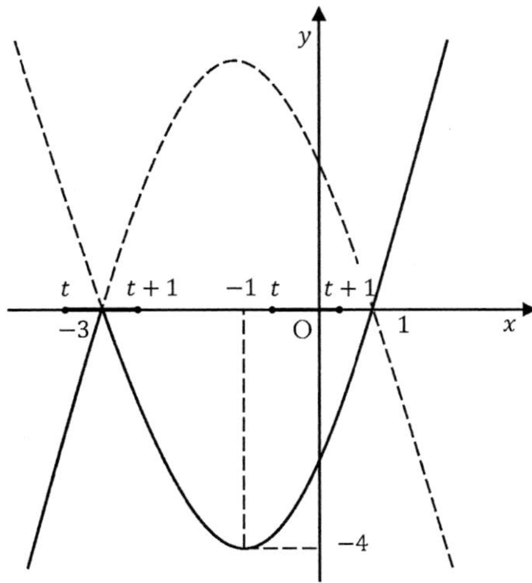

【29】問1　$f(x)=x\log x$より，$f'(x)=\log x+1$

$f'(x)=0$とすると，$\log x=-1$　$x=\dfrac{1}{e}$

よって，$x>0$で$f(x)$の増減を調べて，

x	0	…	$\frac{1}{e}$	…
$f'(x)$		−	0	+
$f(x)$		↘	$-\frac{1}{e}$	↗

ここで，$t=\log x$とおくと，

$x \to +0$のとき，$t \to -\infty$で，$x=e^t$となる。

$u=-t$とおくと，

$t\to-\infty$のとき，$u\to+\infty$で，$\lim_{x\to+0} f(x)=\lim_{t\to-\infty} e^t t=\lim_{u\to+\infty}(-u)e^{-u}=0$

また，$\lim_{x\to+\infty} f(x)=\infty$，$\lim_{x\to+0} f'(x)=-\infty$，$f(x)=0$とすると　$x=1$となる。

したがって，グラフは次のようになる。

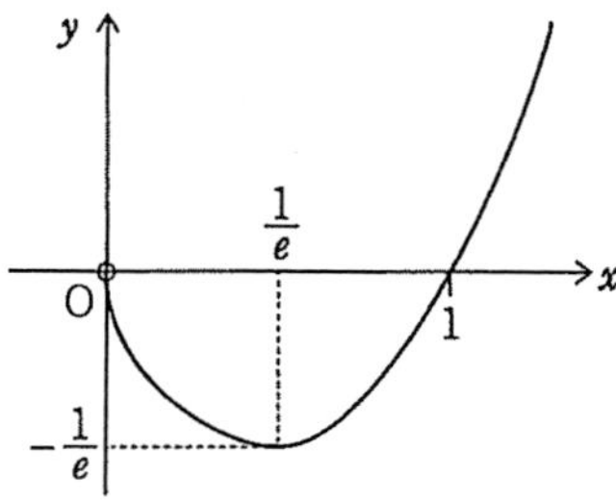

問2　問1よりグラフは次のようになるから，求める面積は図の斜線部分

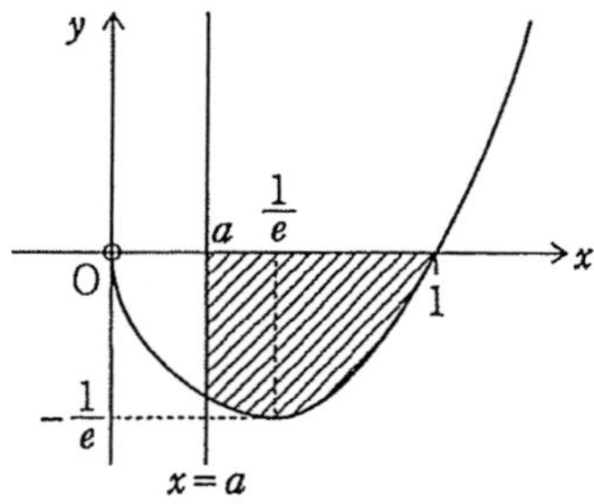

よって，求める面積は

$$S(a)=-\int_a^1 f(x)dx$$

$$=-\left[\frac{x^2}{2}\log x\right]_a^1+\int_a^1 \frac{x^2}{2}\cdot\frac{1}{x}dx$$

$$=-\left(-\frac{a^2}{2}\log a\right)+\left[\frac{1}{2}\cdot\frac{1}{2}x^2\right]_a^1$$

$$=\frac{a^2}{2}\log a+\frac{1}{4}(1-a^2)$$

ここで，問1から $\lim_{a\to+0} a\log a=0$となるから，$\lim_{a\to+0} S(a)=\frac{1}{4}$

○解説○ 解答参照。

【30】問1　定義域は$x>0$である。

$f'(x)=\dfrac{\log x-1}{x^2}$　であるから，$f'(x)=0$とすると　$x=e$

よって，$f(x)$の増減表は次のようになる。

x	0	$\cdots$	e	$\cdots$
$f'(x)$	／	$-$	0	$+$
$f(x)$	／	↘	$-\dfrac{1}{e}$	↗

また，$\displaystyle\lim_{x\to+0}f(x)=\infty$，$\displaystyle\lim_{x\to\infty}\frac{\log x}{x}=0$　より　$\displaystyle\lim_{x\to\infty}f(x)=0$　であるから，

y軸およびx軸はこの曲線の漸近線である。

以上により，グラフの概形は次の図のようになる。

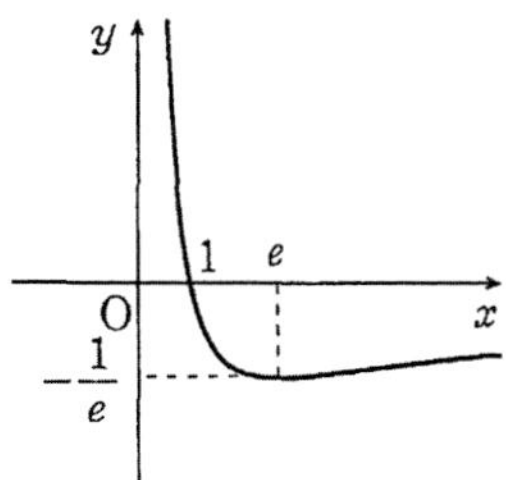

よって，$f(x)$は$x=e$で極小値$-\dfrac{1}{e}$をとり，極大値はない。

問2　接点の座標を$\left(a,\ -\dfrac{\log a}{a}\right)$とする。$f'(a)=\dfrac{\log a-1}{a^2}$であるから，

接線の方程式は，$y+\dfrac{\log a}{a}=\dfrac{\log a-1}{a^2}(x-a)$ であり，

$y=\dfrac{\log a-1}{a^2}x+\dfrac{1-2\log a}{a}$ となる。

この直線が原点を通るので，$1-2\log a=0$　より，$a=\sqrt{e}$

よって，接線の方程式は，$y=-\dfrac{1}{2e}x$，接点の座標は，$\left(\sqrt{e}\ ,\ -\dfrac{1}{2\sqrt{e}}\right)$

問3　$\dfrac{1}{8}$

○**解説**○ 問1　解答参照。　問2　解答参照。

問3　面積$S=\dfrac{1}{2}\times\sqrt{e}\times\left|-\dfrac{1}{2\sqrt{e}}\right|-\displaystyle\int_1^{\sqrt{e}}\frac{\log x}{x}dx$

$\displaystyle\int_1^{\sqrt{e}}\frac{\log x}{x}dx$について，$\log x=t$として置換積分を利用すると，

$x=e^t$，$\dfrac{dx}{dt}=e^t$，$dx=e^t dt$

$x\to\sqrt{e}$ のとき，$t\to\dfrac{1}{2}$なので，

$\displaystyle\int_0^{\frac{1}{2}}\frac{\log x}{x}dx=\int_0^{\frac{1}{2}}\frac{t}{e^t}e^t dt$

$\displaystyle=\int_0^{\frac{1}{2}}t\,dt$

$\displaystyle=\left[\frac{1}{2}t^2\right]_0^{\frac{1}{2}}$

$=\dfrac{1}{8}$

よって，$S=\dfrac{1}{4}-\dfrac{1}{8}=\dfrac{1}{8}$

【31】②

○**解説**○ $y'=\sqrt{3}+2\cos x$なので，$0<x<2\pi$ の範囲で，増減表は以下のようになる。

x	0	…	$\frac{5}{6}\pi$	…	$\frac{7}{6}\pi$	…	2π
y'		＋	0	−	0	＋	
y		↗	極大	↘	極小	↗	

したがって，$x=\dfrac{5}{6}\pi$ で極大値 $\sqrt{3}\times\dfrac{5}{6}\pi+2\sin\dfrac{5}{6}\pi=\dfrac{5\sqrt{3}}{6}\pi+1$

【32】(1) ③　(2) ④

○**解説**○ (1)　$f(x)=(2^x)^3-4\cdot(2^x)^2-3\cdot 2^x+12=(2^x-4)\{(2^x)^2-3\}$

よって，$f(x)=0$のとき，$2^x=4$，$\pm\sqrt{3}$　ただし，$2^x>0$より，$2^x=4$，$\sqrt{3}$

したがって，$x=2$，$\dfrac{1}{2}\log_2 3$

(2)　$X=2^x$とすると，$f(x)=(X-4)(X^2-3)$

$X>0$より，グラフは次図のようになる。また，$x<0$のとき$X=2^x<1$より，直線$y=b$が$0<X<1$の範囲で交わるときを調べればよいので，$6<b<12$

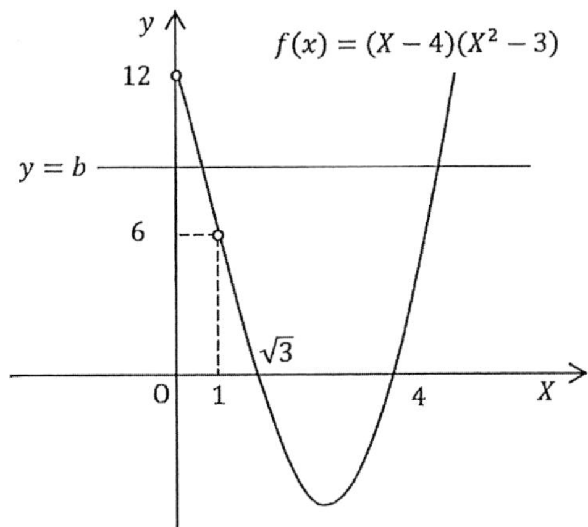

【33】3

○**解説**○ $\tan\theta=-7$より，$\dfrac{\sin\theta}{\cos\theta}=-7$，$\cos\theta=-\dfrac{\sin\theta}{7}$

よって，$\sin^2\theta+\left(-\dfrac{\sin\theta}{7}\right)^2=1$，$\sin^2\theta=\dfrac{49}{50}$

$0<\theta<\pi$ より，$\sin\theta>0$ であるから，$\sin\theta=\dfrac{7}{5\sqrt{2}}=\dfrac{7\sqrt{2}}{10}$

【34】[1]　3　　[2]　2　　[3]　4　　[4]　2　　[5]　3

○**解説**○ $\sin\theta-\sin3\theta+\sin5\theta=0\ (0<\theta<\pi)$　…①

和積の公式より，$\sin A+\sin B=2\sin\dfrac{A+B}{2}\cos\dfrac{A-B}{2}$ なので，

$\sin\theta+\sin5\theta=2\sin3\theta\cos2\theta$　…②

②を①へ代入して，

$\sin\theta+\sin5\theta-\sin3\theta=0$

$2\sin3\theta\cos2\theta-\sin3\theta=0$

$\sin3\theta(2\cos2\theta-1)=0$

$\sin3\theta=0$または，$\cos2\theta=\dfrac{1}{2}$

$0<3\theta<3\pi$ なので，$3\theta=\pi$，2π よって，$\theta=\dfrac{\pi}{3}$，$\dfrac{2}{3}\pi$

$0<2\theta<2\pi$ なので，$2\theta=\dfrac{\pi}{3}$，$\dfrac{5}{3}\pi$ よって，$\theta=\dfrac{\pi}{6}$，$\dfrac{5}{6}\pi$

方程式①の解は4個あり，この4つの中で2番目に大きいのは，

$\theta=\dfrac{2}{3}\pi$ である。

【35】(1)　$t^2=\sin^2\theta+\cos^2\theta-2\sin\theta\cos\theta$ より $\sin2\theta=1-t^2$

よって，$y=-\sin2\theta-2(\sin\theta-\cos\theta)+1=-(1-t^2)-2t+1=t^2-2t$

また，$t=\sqrt{2}\sin\left(\theta-\dfrac{\pi}{4}\right)$

$0\leqq\theta\leqq\pi$ より，$-\dfrac{\pi}{4}\leqq\theta-\dfrac{\pi}{4}\leqq\dfrac{3}{4}\pi$　すなわち，

$-1\leqq\sqrt{2}\sin\left(\theta-\dfrac{\pi}{4}\right)\leqq\sqrt{2}$

よって，$-1\leqq t\leqq\sqrt{2}$

(2)　(1)より，$y=(t-1)^2-1$

$t=-1$のとき，最大値3　　$t=1$のとき，最小値-1

$t=-1$のとき，

$\sqrt{2}\sin\left(\theta-\dfrac{\pi}{4}\right)=-1$　すなわち，$\sin\left(\theta-\dfrac{\pi}{4}\right)=-\dfrac{1}{\sqrt{2}}$

$\theta-\dfrac{\pi}{4}=-\dfrac{\pi}{4}$　したがって，$\theta=0$

$t=1$のとき，$\sqrt{2}\sin\left(\theta-\dfrac{\pi}{4}\right)=1$　すなわち，$\sin\left(\theta-\dfrac{\pi}{4}\right)=\dfrac{1}{\sqrt{2}}$

$\theta-\dfrac{\pi}{4}=\dfrac{\pi}{4}$，$\dfrac{3}{4}\pi$　したがって，$\theta=\dfrac{\pi}{2}$，π

よって，$\theta=0$のとき，最大値3

$\theta=\dfrac{\pi}{2}$，πのとき，最小値-1

○**解説**○ 解答参照。

【36】(1)　$y=\cos2x$と$y=-\sin x$の共有点のx座標は

$\cos2x=-\sin x$

$1-2\sin^2x=-\sin x$

$2\sin^2x-\sin x-1=0$

$(2\sin x+1)(\sin x-1)=0$

$\sin x=-\dfrac{1}{2}$，1　　$0\leqq x\leqq\dfrac{\pi}{2}$より　$x=\dfrac{\pi}{2}$

よって

$$S=\int_0^{\frac{\pi}{2}}\{\cos 2x-(-\sin x)\}dx=\left[\frac{1}{2}\sin 2x-\cos x\right]_0^{\frac{\pi}{2}}=1 \quad \cdots[答]$$

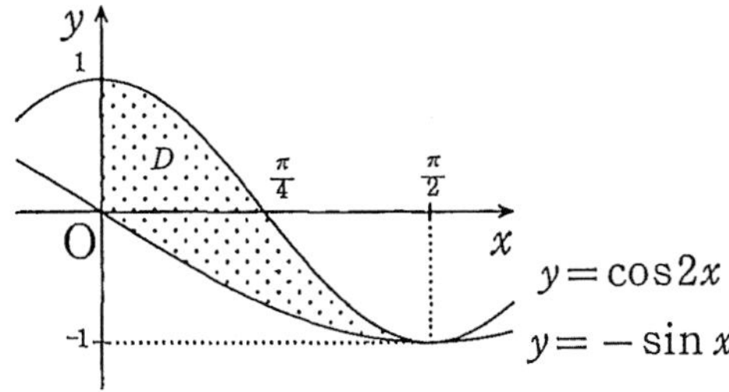

(2) $\displaystyle\int \sin^2 x\,dx=\int\frac{1-\cos 2x}{2}dx$

$\displaystyle=\frac{1}{2}x-\frac{1}{4}\sin 2x+C_1$ （C_1は積分定数） …[答]

$\displaystyle\int \cos^2 2x\,dx=\int\frac{1+\cos 4x}{2}dx$

$\displaystyle=\frac{1}{2}x+\frac{1}{8}\sin 4x+C_2$ （C_2は積分定数） …[答]

(3) $y=\cos 2x$と$y=\sin x$の共有点のx座標は

$\cos 2x=\sin x$

$1-2\sin^2 x=\sin x$

$2\sin^2 x+\sin x-1=0$

$(2\sin x-1)(\sin x+1)=0$

$\sin x=\frac{1}{2}$, -1 $\quad 0\leqq x\leqq\frac{\pi}{2}$より $\quad x=\frac{\pi}{6}$

よって

$$V=\int_0^{\frac{\pi}{6}}\pi\cos^2 2x\,dx+\int_{\frac{\pi}{6}}^{\frac{\pi}{2}}\pi\sin^2 x\,dx-\int_{\frac{\pi}{4}}^{\frac{\pi}{2}}\pi\cos^2 2x\,dx$$

ここで(2)より

$$\int_0^{\frac{\pi}{6}}\cos^2 2x\,dx=\left[\frac{1}{2}x+\frac{1}{8}\sin 4x\right]_0^{\frac{\pi}{6}}=\frac{\pi}{12}+\frac{1}{8}\sin\frac{2}{3}\pi$$

$$=\frac{\pi}{12}+\frac{\sqrt{3}}{16}$$

$$\int_{\frac{\pi}{6}}^{\frac{\pi}{2}}\sin^2 x\,dx=\left[\frac{1}{2}x-\frac{1}{4}\sin 2x\right]_{\frac{\pi}{6}}^{\frac{\pi}{2}}=\left(\frac{\pi}{4}-\frac{1}{4}\sin\pi\right)-\left(\frac{\pi}{12}-\frac{1}{4}\sin\frac{2}{3}\pi\right)$$

$$=\frac{\pi}{6}+\frac{\sqrt{3}}{8}$$

$$\int_{\frac{\pi}{4}}^{\frac{\pi}{2}}\cos^2 2x\,dx=\left[\frac{1}{2}x+\frac{1}{8}\sin 4x\right]_{\frac{\pi}{4}}^{\frac{\pi}{2}}=\left(\frac{\pi}{4}+\frac{1}{8}\sin 2\pi\right)-\left(\frac{\pi}{8}+\frac{1}{8}\sin\pi\right)$$

$$=\frac{\pi}{8}$$

よって　$V=\pi\left(\frac{\pi}{12}+\frac{\sqrt{3}}{16}\right)+\pi\left(\frac{\pi}{6}+\frac{\sqrt{3}}{8}\right)-\pi\cdot\frac{\pi}{8}$

$$=\frac{\pi}{16}(2\pi+3\sqrt{3})$$　…[答]

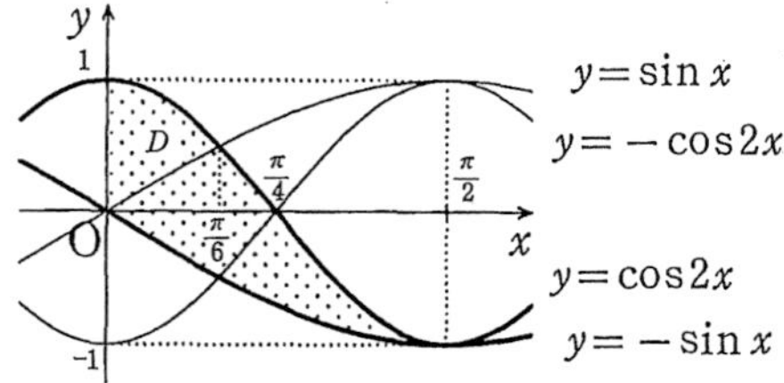

○**解説**○ 解答参照。

【37】(1)　$x=\cos 2t$, $y=\sin(1-\cos t)$より$t=\frac{\pi}{3}$を代入すると

$x=\cos\frac{2}{3}\pi=-\frac{1}{2}$, $y=\sin\frac{\pi}{3}\left(1-\cos\frac{\pi}{3}\right)=\frac{\sqrt{3}}{2}\cdot\frac{1}{2}=\frac{\sqrt{3}}{4}$　より

求める点Pの座標は$\left(-\frac{1}{2},\ \frac{\sqrt{3}}{4}\right)$　…[答]

(2)　$x=\frac{1}{2}$のとき，$\cos 2t=\frac{1}{2}$，$0\leqq t\leqq\frac{\pi}{2}$　より　$t=\frac{\pi}{6}$

よって，$t=\frac{\pi}{6}$のとき　$y=\sin\frac{\pi}{6}\left(1-\cos\frac{\pi}{6}\right)=\frac{1}{2}\cdot\left(1-\frac{\sqrt{3}}{2}\right)=\frac{2-\sqrt{3}}{4}$

また　$\frac{dx}{dt}=-2\sin 2t$

$\frac{dy}{dt}=\cos t(1-\cos t)+\sin t\cdot\sin t=\cos t-\cos^2 t+\sin^2 t=\cos t-\cos 2t$　より

$t=\frac{\pi}{6}$における微分係数は

$$\frac{dy}{dx}=\frac{\frac{dy}{dt}}{\frac{dx}{dt}}=\frac{\cos\frac{\pi}{6}-\cos\frac{\pi}{3}}{-2\sin\frac{\pi}{3}}=\frac{\frac{\sqrt{3}}{2}-\frac{1}{2}}{-\sqrt{3}}$$

$$=\frac{\sqrt{3}-3}{6}$$

よって，求める接線の方程式は

$$y-\frac{2-\sqrt{3}}{4}=\frac{\sqrt{3}-3}{6}\left(x-\frac{1}{2}\right)$$

すなわち　$y=\dfrac{\sqrt{3}-3}{6}x+\dfrac{-4\sqrt{3}+9}{12}$　…[答]

(3)　$0\leqq t\leqq\frac{\pi}{2}$において，$-1\leqq x\leqq 1$，$y\geqq 0$となる。

$y=0$となるのは$t=0$つまり$x=1$のときのみである。

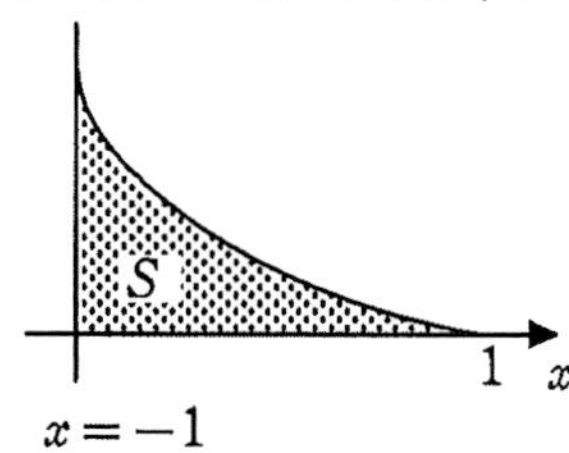

よって，求める面積Sは

$$S=\int_{-1}^{1}y\,dx$$

$$=\int_{\frac{\pi}{2}}^{0}\sin t(1-\cos t)\cdot(-2\sin 2t)dt$$

$$=\int_{0}^{\frac{\pi}{2}}\left(\sin t-\frac{1}{2}\sin 2t\right)\cdot 2\sin 2t\,dx$$

$$=\int_{0}^{\frac{\pi}{2}}(2\sin t\cdot\sin 2t-\sin^2 2t)dt$$

$$=\int_{0}^{\frac{\pi}{2}}\left(-\cos 3t+\cos t+\frac{1}{2}\cos 4t-\frac{1}{2}\right)dt$$

$$=\left[-\frac{1}{3}\sin 3t+\sin t+\frac{1}{8}\sin 4t-\frac{1}{2}t\right]_{0}^{\frac{\pi}{2}}$$

$$=\frac{4}{3}-\frac{\pi}{4}$$　…[答]

○**解説**○ (1)　解答参照。

(2)　$\frac{dy}{dt}$の式について，$(f(t)g(t))'=f'(t)g(t)+f(t)g'(t)$を利用して微分している。

また，$\frac{dy}{dt}$は，$\cos t-\cos 2t$まで変形せずとも値を求められるが，

2倍角の公式$\cos 2\alpha=\cos^2\alpha-\sin^2\alpha$を用いてcosに式を統一している。

(3)　$x=g(t)$とおき，置換積分法$\int f(x)dx=\int f(g(t))g'(t)dt$を利用して積分している。

三角関数の変形ではまずsinに統一しているが，関数の積の積分を避けるために途中から，積和の公式$\sin\alpha\sin\beta=-\frac{1}{2}\{\cos(\alpha+\beta)-\cos(\alpha-\beta)\}$を用いて積をなくした形に変形している。また，$\sin^2 2t$を$\sin^2\alpha=\frac{1-\cos 2\alpha}{2}$によって，cosに変形している。

【38】①

○**解説**○ $\sin 3\theta=\sin 2\theta\ \left(0<\theta<\frac{\pi}{2}\right)$より，$3\sin\theta-4\sin^3\theta=2\sin\theta\cos\theta$

$\sin\theta\neq 0$であるから，$3-4\sin^2\theta=2\cos\theta$

よって，$3-4(1-\cos^2\theta)=2\cos\theta$，$4\cos^2-2\cos\theta-1=0$より，

$\cos\theta=\frac{1\pm\sqrt{5}}{4}$となり，$\cos\theta>0$であるから，$\cos\theta=\frac{1+\sqrt{5}}{2}$

【39】(1)　④　　(2)　②　　(3)　①

○**解説**○ (1)　$a_1=\int_0^{\frac{\pi}{6}}\tan^2 x dx=\int_0^{\frac{\pi}{6}}\frac{\sin^2 x}{\cos^2 x}dx=\int_0^{\frac{\pi}{6}}\frac{1-\cos^2 x}{\cos^2 x}dx$

$=\int_0^{\frac{\pi}{6}}\left(\frac{1}{\cos^2 x}-1\right)dx=\Big[\tan x-x\Big]_0^{\frac{\pi}{6}}=\frac{\sqrt{3}}{3}-\frac{\pi}{6}=\frac{2\sqrt{3}-\pi}{6}$

(2)　$a_{n+1}=\int_0^{\frac{\pi}{6}}\tan^{2(n+1)}x\,dx=\int_0^{\frac{\pi}{6}}\tan^{2n+2}x\,dx=\int_0^{\frac{\pi}{6}}\tan^{2n}x\times\tan^2 x\,dx$

よって，$a_{n+1}+a_n=\int_0^{\frac{\pi}{6}}\tan^{2n}x\times\tan^2 x\,dx+\int_0^{\frac{\pi}{6}}\tan^{2n}x\,dx$

$=\int_0^{\frac{\pi}{6}}\tan^{2n}x(\tan^2 x+1)dx$

$=\int_0^{\frac{\pi}{6}}\tan^{2n}x\times\frac{1}{\cos^2 x}dx$

$=\int_0^{\frac{\pi}{6}}\tan^{2n}x\times(\tan x)'dx$

ここで，$a_{n+1}+a_n=\int_0^{\frac{\pi}{6}}\tan^{2n}x\times(\tan x)'dx$　…①としておく。

さらに計算を続けると，

$a_{n+1}+a_n=\Big[\tan^{2n}x\times\tan x\Big]_0^{\frac{\pi}{6}}-\int_0^{\frac{\pi}{6}}(\tan^{2n}x)'\times\tan x\,dx$

$=\Big[\tan^{2n+1}x\Big]_0^{\frac{\pi}{6}}-\int_0^{\frac{\pi}{6}}2n\tan^{2n-1}x\times(\tan x)'\times\tan x\,dx$

$=\Big[\tan^{2n+1}x\Big]_0^{\frac{\pi}{6}}-\int_0^{\frac{\pi}{6}}2n\tan^{2n}x\times(\tan x)'dx$

$=\Big[\tan^{2n+1}x\Big]_0^{\frac{\pi}{6}}-2n\int_0^{\frac{\pi}{6}}\tan^{2n}x\times(\tan x)'dx$

$=\left(\frac{1}{\sqrt{3}}\right)^{2n+1}-2n(a_{n+1}+a_n)$　（$\because$　①より）

したがって，$a_{n+1}+a_n=\left(\frac{1}{\sqrt{3}}\right)^{2n+1}-2n(a_{n+1}+a_n)$となるので，

$(2n+1)(a_{n+1}+a_n)=\left(\frac{1}{\sqrt{3}}\right)^{2n+1}$

つまり，$a_{n+1}+a_n=\left(\frac{1}{\sqrt{3}}\right)^{2n+1}\times\frac{1}{2n+1}=\frac{1}{\sqrt{3}}\times\left(\frac{1}{\sqrt{3}}\right)^{2n}\times\frac{1}{2n+1}$

$=\frac{\sqrt{3}}{3}\times\left(\frac{1}{3}\right)^n\times\frac{1}{2n+1}=\frac{\sqrt{3}}{3^{n+1}(2n+1)}$

よって，$a_{n+1}=\frac{\sqrt{3}}{3^{n+1}(2n+1)}-a_n$

(3)　(2)より，$a_{n+1}+a_n=\frac{\sqrt{3}}{3^{n+1}(2n+1)}$

$\lim_{n\to\infty}\frac{\sqrt{3}}{3^{n+1}(2n+1)}=0$であり，$\lim_{n\to\infty}a_{n+1}=\alpha$，$\lim_{n\to\infty}a_n=\beta$とすると，

$\alpha+\beta=0$

$0\leqq x\leqq\frac{\pi}{6}$で$\tan^{2n}x\geqq0$なので，$\int_0^{\frac{\pi}{6}}\tan^{2n}x\,dx\geqq0$より，$\alpha\geqq0$かつ$\beta\geqq0$

したがって，$\alpha=\beta=0$となるので，$\lim_{n\to\infty}a_n=0$

【40】④

○**解説**○ 曲線：$\begin{cases} x=(1+\cos\theta)\cos\theta \\ y=(1+\cos\theta)\sin\theta \end{cases}$ より，

$$\frac{dx}{d\theta}=-\sin\theta\cos\theta-(1+\cos\theta)\sin\theta=-2\sin\theta\cos\theta-\sin\theta$$

$$\frac{dy}{d\theta}=-\sin\theta\sin\theta+(1+\cos\theta)\cos\theta=-\sin^2\theta+\cos^2\theta+\cos\theta$$

よって，$\dfrac{dy}{dx}=\dfrac{\frac{dy}{d\theta}}{\frac{dx}{d\theta}}=\dfrac{-\sin^2\theta+\cos^2\theta+\cos\theta}{-2\sin\theta\cos\theta-\sin\theta}$であるから，

曲線上の$\theta=\frac{\pi}{4}$における接線の傾きは，

$$\frac{-\sin^2\frac{\pi}{4}+\cos^2\frac{\pi}{4}+\cos\frac{\pi}{4}}{-2\sin\frac{\pi}{4}\cos\frac{\pi}{4}-\sin\frac{\pi}{4}}=\frac{\frac{1}{\sqrt{2}}}{-1-\frac{1}{\sqrt{2}}}=-\frac{1}{1+\sqrt{2}}=1-\sqrt{2}$$

データの活用

要点整理

① データの整理

(1) 変量とデータ

・変量：ある集団を構成する人やものの特性を数量的に表したもの。

・データ：変量の観測値や測定値の集まりのこと。

(2) 資料

・階級：データの値の範囲を区切った区間のこと。

・階級の幅：区間の幅のこと。

・階級値：階級の真ん中の値。

・度数：各階級に入るデータの個数。

・度数分布表：各階級に階級値を対応させて整理した表。

・相対度数：各階級の度数の全体に占める割合。

・相対度数分布表：度数を相対度数で表した分布表。各段階の相対度数の総和は1となる。

・累積度数：各階級の度数を，最初の階級からある階級まで合計したもの。

・累積度数分布表：階級とその累積度数を表にしたもの。

度数分布表

階級			度数
以上		未満	
0	～	10	3
10	～	20	4
20	～	30	6
30	～	40	18
40	～	50	10
50	～	60	3
60	～	70	1
合計			45

相対度数分布表

階級			相対度数
以上		未満	
0	～	10	0.07
10	～	20	0.09
20	～	30	0.13
30	～	40	0.4
40	～	50	0.22
50	～	60	0.07
60	～	70	0.02
合計			1

累積度数分布表

階級			累積度数
以上		未満	
0	～	10	0.07
10	～	20	0.16
20	～	30	0.29
30	～	40	0.69
40	～	50	0.91
50	～	60	0.98
60	～	70	1.00
合計			－

・ヒストグラム：階級の幅を横，度数を縦として度数分布表の値を柱状グラフで表したもの。

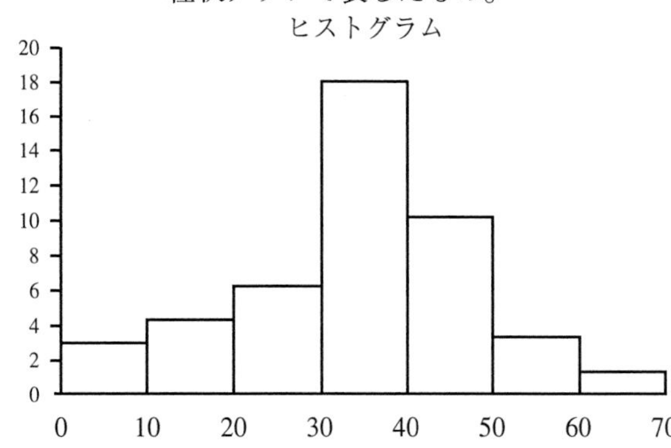

② データの代表値

(1) 平均値：変量xについて，n個のデータがあるとき，

平均値 $\bar{x} = \frac{1}{n}(x_1,\ x_2,\ x_3,\ \cdots,\ x_n)$

(2) 中央値：データの値を小さい順に並べたとき，中央の位置にある値

(3) 最頻値：データのうち，最も個数の多い値

③ 箱ひげ図

(1) 範囲：データの最大値と最小値の差

(2) 四分位数：データの値を小さい順に並べたとき，4等分した位置にくる値

(3) 第1四分位数Q_1：下位のデータの中央値

(4) 第2四分位数Q_2：データ全体の中央値

(5) 第3四分位数Q_3：上位のデータの中央値

(6) 四分位範囲：Q_3-Q_1

(7) 四分位偏差：$\frac{Q_3-Q_1}{2}$

(8) 箱ひげ図

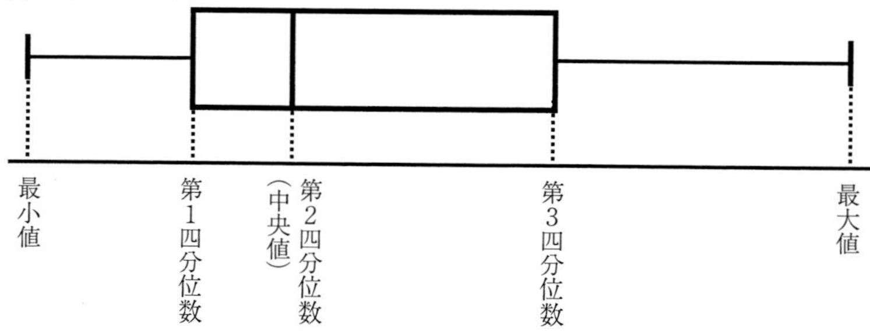

④ 分散と標準偏差

(1) 偏差：n個のデータx_1，x_2，x_3，…，x_nの平均値が$\bar{x}$のとき，それぞれの平均値からの偏差は，

$$x_1-\bar{x},\ x_2-\bar{x},\ x_3-\bar{x},\ \cdots,\ x_n-\bar{x}$$

(2) 分散s^2：偏差の2乗の平均値，データの散らばりの度合いを表す量

$$s^2=\frac{1}{n}\{(x_1-\bar{x})^2+(x_2-\bar{x})^2+\cdots(x_n-\bar{x})^2\}$$

(3) 標準偏差s：データの散らばりの度合いを表す量，分数の正の平方根

$$s=\sqrt{\frac{1}{n}\{(x_1-\bar{x})^2+(x_2-\bar{x})^2+\cdots(x_n-\bar{x})^2\}}$$

⑤ データの相関

(1) 相関関係：2つの変量の間に見られる傾向

・正の相関関係：一方が増えると他方も増える傾向が見られる

・負の相関関係：一方が増えると他方が減る傾向が見られる

・相関関係がない：上記のいずれでもない場合

・共分散s_{xy}： 2つの変量xとyの偏差の積の平均値

つまり，x，yのデータが，n個の組$(x_1,\ y_1)$，$(x_2,\ y_2)$，…，$(x_n,\ y_n)$になっているとき，それぞれの平均値を$\bar{x}$，$\bar{y}$，標準偏差をs_x，s_yとすると，

$$s_{xy}=\frac{1}{n}\{(x_1-\bar{x})(y_1-\bar{y})^2+(x_2-\bar{x})(y_2-\bar{y})+\cdots+\{(x_n-\bar{x})(y_n-\bar{y})\}$$

(2)　相関係数r：相関関係の強さを表す値，共分散sxyを標準偏差の積$s_x \cdot s_y$で割ったもの

- 1に近いほど正の相関関係が強い
- -1に近いほど負の相関関係が強い

$$r=\frac{s_{xy}}{s_x \cdot s_y}=\frac{(x_1-\bar{x})(y_1-\bar{y})+(x_2-\bar{x})(y_2-\bar{y})+\cdots+(x_n-\bar{x})(y_n-\bar{y})}{\sqrt{\{(x_1-\bar{x})^{2+}(x_2-\bar{x})^2+\cdots+(x_n-\bar{x})^2\}\{(y_1-\bar{y})^2+(y_2-\bar{y})^2+\cdots+(y_n-\bar{y})^2\}}}$$

(3)　散布図：2つの変量x，yのデータの組を座標とする点をグラフで表したもの

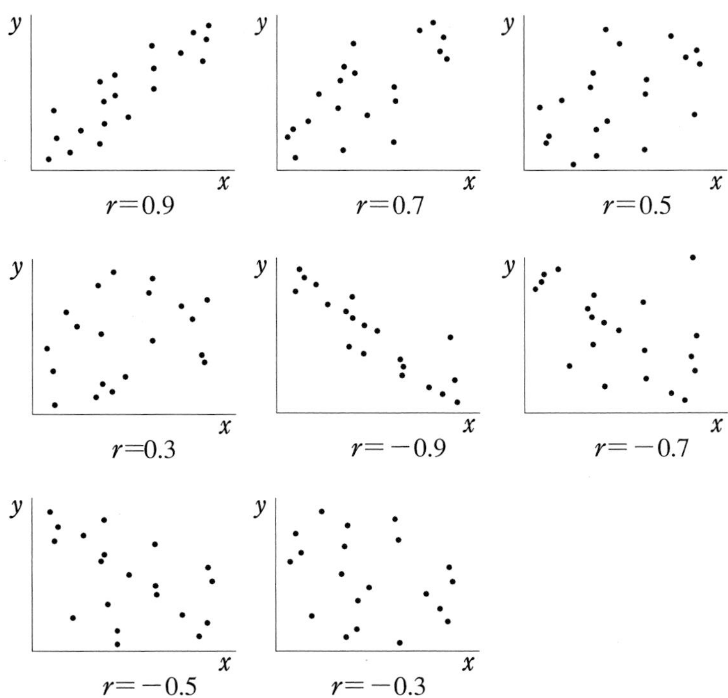

数学科　データの活用

実施問題

【1】花子さん，桜子さん，梅子さんの学級で，高校1年生で学習するデータの分析に関する課題として，先生が【課題1】を提示しました。以下の各問いに答えなさい。

【課題1】

次のデータは，1年1組男子で行ったハンドボール投げの結果です。

1年1組男子のハンドボール投げの結果(単位m)

28	23	19	30	22	19	26	23	32	26
26	17	33	20	26	24	21	30	21	24

どのような整理をすればデータの分布の特徴を調べることができますか。

次は，先生が【課題1】を提示した後，3人が発表し合ったものです。

花子：このデータを並べかえます。<u>小さい順に並べかえると，中央値が求めやすくなります</u>。

桜子：表をつくるとわかりやすくなると思います。<u>いくつかの階級に分けて度数分布表に整理すれば，平均値がわかります</u>。

梅子：グラフに表せばいいと思います。<u>階級の幅が2mであるヒストグラムをつくると，データの範囲を求めやすくなります</u>。

(1)　発表した内容の下線を引いた部分について，3人のうち正しい発言をしている人は誰ですか。次の1～6のうちから1つ選びなさい。

1　花子さんのみ　　2　桜子さんのみ

3　梅子さんのみ　　4　花子さんと桜子さん

5　桜子さんと梅子さん　　6　梅子さんと花子さん

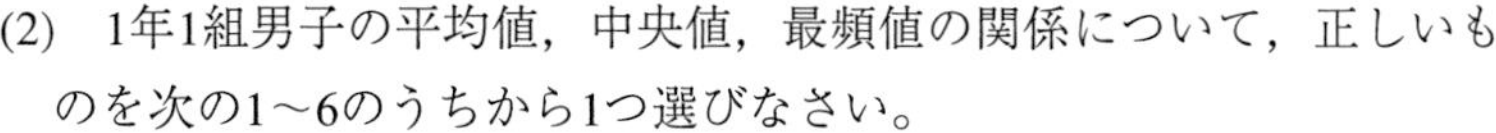

(2)　1年1組男子の平均値，中央値，最頻値の関係について，正しいものを次の1～6のうちから1つ選びなさい。

1　平均値＜中央値＜最頻値　　2　平均値＜最頻値＜中央値
3　中央値＜平均値＜最頻値　　4　中央値＜最頻値＜平均値
5　最頻値＜平均値＜中央値　　6　最頻値＜中央値＜平均値

次に，先生が【課題2】を提示しました。

> 【課題2】
> 次の図は，1年2組男子のハンドボール投げの結果を表した箱ひげ図です。
>
> 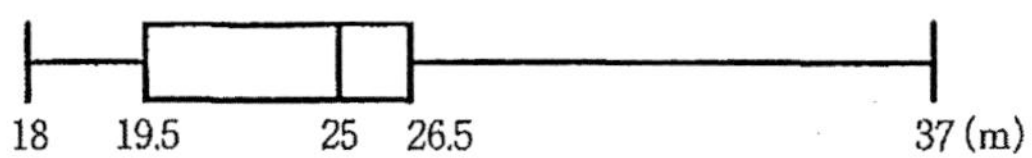
>
>
> (生徒数は21人，データの値はすべて整数)
>
> 1年1組男子の箱ひげ図を作成し，1年2組男子の箱ひげ図と比較してみよう。

(3)　1年1組男子の箱ひげ図として正しいものを，次の1～4のうちから1つ選びなさい。

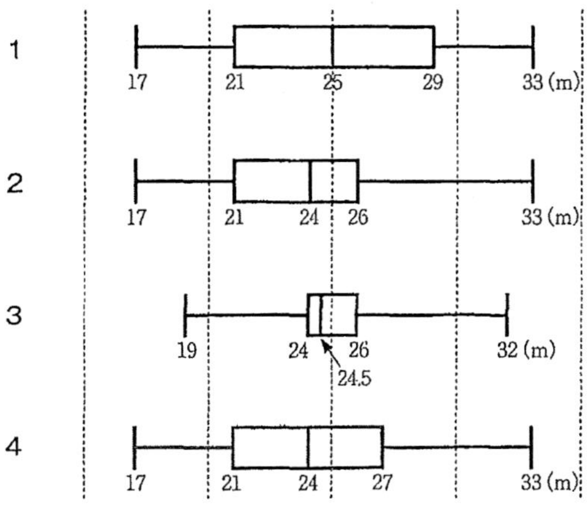

次は，1年1組男子と1年2組男子の箱ひげ図を比較して，3人が発表し合ったものです。

花子：最小値，最大値，中央値それぞれを比較すると，どれも1年2組男子のほうが大きいので，平均値も1年2組男子のほうが大きくなると思います。
桜子：中央値は1年1組男子のほうが小さいので，25m以下の記録の人は1年1組男子のはうが多いです。
梅子：四分位範囲は1年1組男子より1年2組男子のほうが大きくなります。

(4)　1年1組男子と1年2組男子の箱ひげ図を比較したとき，3人のうち正しい発言をしている人は誰ですか。次の1～6のうちから1つ選びなさい。

1　花子さんのみ　　2　桜子さんのみ
3　梅子さんのみ　　4　花子さんと桜子さん
5　桜子さんと梅子さん　　6　梅子さんと花子さん

(5)　1年1組男子の四分位偏差の値として正しいものを，次の1～4のうちから1つ選びなさい。

1　4　　2　3　　3　2.5　　4　1

▌2024年度 ▌宮城県・仙台市 ▌難易度

【2】ある中学校のバスケットボール部の部員は全員で20人である。次の【表】は，これらの部員全員の身長について調べた結果を，階級ごとにまとめたものである。以下の各問いに答えなさい。

【表】

身長(cm)	階級値(cm)	度数(人)	(階級値)×(度数)
150 以上 ～ 155 未満	152.5	1	152.5
155 ～ 160	157.5	3	472.5
160 ～ 165	162.5	4	650.0
165 ～ 170	167.5	7	1172.5
170 ～ 175	172.5	□	517.5
175 ～ 180	177.5	①	□
計		20	3320.0

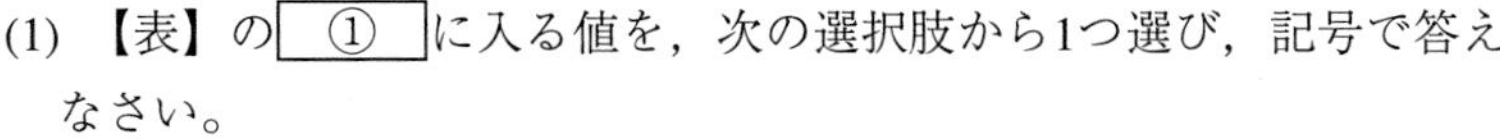

(1) 【表】の ① に入る値を，次の選択肢から1つ選び，記号で答えなさい。

ア　1　　イ　2　　ウ　3　　エ　4

(2) 身長が165cm以上の部員の人数の相対度数を，次の選択肢から1つ選び，記号で答えなさい。

ア　0.15　　イ　0.30　　ウ　0.45　　エ　0.60

(3) 身長が160cm以上165cm未満の階級に入る部員が2人退部し，身長が170cm以上175cm未満の部員が2人入部した。この結果，部員全員の身長の平均値はいくらになったかを，次の選択肢から1つ選び，記号で答えなさい。

ア　166.5cm　　イ　167.0cm　　ウ　167.5cm　　エ　168.0cm

2024年度　宮崎県　難易度

【3】次の図は，ある中学校3年生(3学級)の50m走の記録を，学級ごと箱ひげ図で表したものである。どの学級の生徒数も同じ32人として，以下の問いに答えなさい。

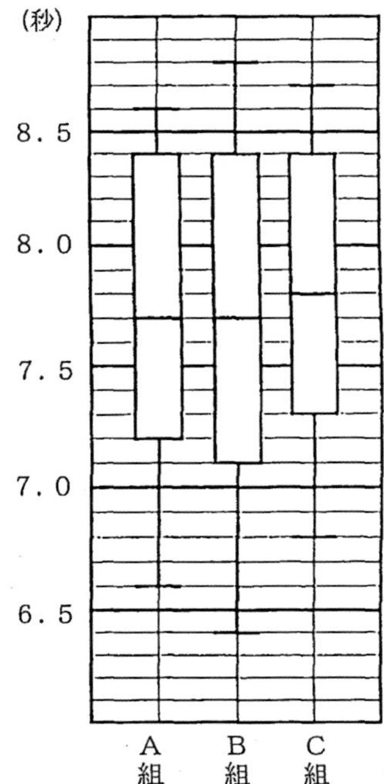

(1) A組の中央値と四分位範囲を求めなさい。

(2) この3つの箱ひげ図から読み取れるものとして必ず正しいものを次のア～カの中からすべて選び，記号で答えなさい。

ア 最も記録がよい(速い)生徒がいる学級はB組である。

イ 範囲が最も小さい学級はC組である。

ウ 平均値で比べるとA組よりB組の方が記録がよい。

エ C組は7.3秒から8.4秒の間に16人いる。

オ B組の生徒数の4分の1が6秒台である。

カ A組とB組において，7.7秒から8.0秒の人数は同じである。

2024年度 静岡県・静岡市・浜松市 難易度

【4】「D データの活用」領域における「不確定な事象の起こりやすさ」の学習について，次の(1)～(3)の問いに答えなさい。

(1) 「中学校学習指導要領(平成29年告示)解説 数学編」では，第1学年において多数の観察や多数回の試行によって得られる確率を扱うこととしている。確率を求める際に，多数回の試行をして相対度数を調べる必要がある事象を具体的に1つ書きなさい。

(2) 第2学年「場合の数を基にして得られる確率」の学習で，「くじを先に引くのと後に引くのとで，どちらがあたりやすいのか」を考えるために次の問題を扱った。後の①～③の問いに答えなさい。

> 問題：5本のうち3本のあたりくじが入っているくじがあります。<u>花子さんが先にくじを1本引き，それを戻さず，次に太郎さんがくじを1本引くとき</u>，どちらがあたりやすいだろうか。

【生徒Aの考え方】

あたりくじを○，はずれくじを×として樹形図をかくと，

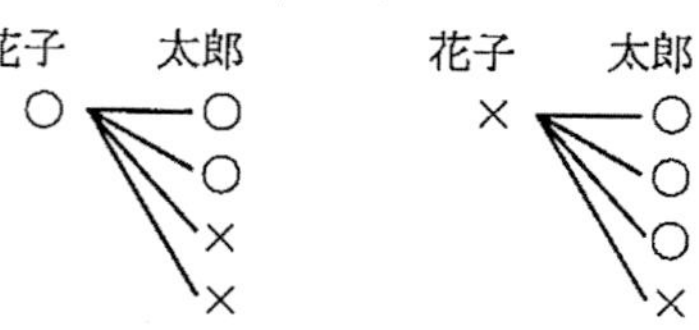

花子さんがあたりくじを引く確率は$\frac{1}{2}$，太郎さんがあたりくじを引く確率は$\frac{5}{8}$だから，後に引いた太郎さんの方があたりやすい。

【生徒Bの考え方】

あたりくじ…①，②，③　はずれくじ…❶，❷

	①	②	③	❶	❷
①	〔①，①〕	〔①，②〕	〔①，③〕	〔①，❶〕	〔①，❷〕
②	〔②，①〕	〔②，②〕	〔②，③〕	〔②，❶〕	〔②，❷〕
③	〔③，①〕	〔③，②〕	〔③，③〕	〔③，❶〕	〔③，❷〕
❶	〔❶，①〕	〔❶，②〕	〔❶，③〕	〔❶，❶〕	〔❶，❷〕
❷	〔❷，①〕	〔❷，②〕	〔❷，③〕	〔❷，❶〕	〔❷，❷〕

〔花子，太郎〕として表の中の組み合わせを数えると全部で25通りあり，花子さんがあたりくじを引くのは15通りだから，確率は，$\frac{15}{25}=\frac{3}{5}$，太郎さんがあたりくじを引くのも15通りだから，確率は，$\frac{15}{25}=\frac{3}{5}$

確率が等しいから，どちらもあたりやすさは同じ。

① 教師は，生徒に考えを交流させる際，最初に生徒Aの考え方を扱うこととした。生徒Aの考え方を扱うことにより，学級全体に気付かせたい，あたりくじが複数ある場合の確率を求めるために必要な考え方を書きなさい。

② 生徒Bは様々な考え方を共有する中で，自分の考えた表が間違っていることに気付いた。生徒Bが考えた表を正しい表にするために，表のどこをどのように修正すればよいか書きなさい。

③ 教師は，生徒Bの間違いを授業に生かして確率への理解を深めるために，表が示す事象を考えさせることとした。生徒Bの考えた表が示す事象となるよう，問題の下線部を書きかえなさい。

(3) 高等学校では，より効率的に確率を求めることを学習する。このことについて，(2)の問題を発展させた次の問題に答えなさい。

> 問題：7本のうち3本のあたりくじが入っているくじがある。この中から3本のくじを同時に引くとき，2本以上あたる確率を求めなさい。

2024年度 ｜ 群馬県 ｜ 難易度

【5】図1は，A中学校の1年生全員のハンドボール投げの記録をヒストグラムに表したものである。例えば，このヒストグラムからハンドボール投げの記録が7m以上10m未満の生徒は7人いることがわかる。このとき，以下の各問いに答えなさい。

図1

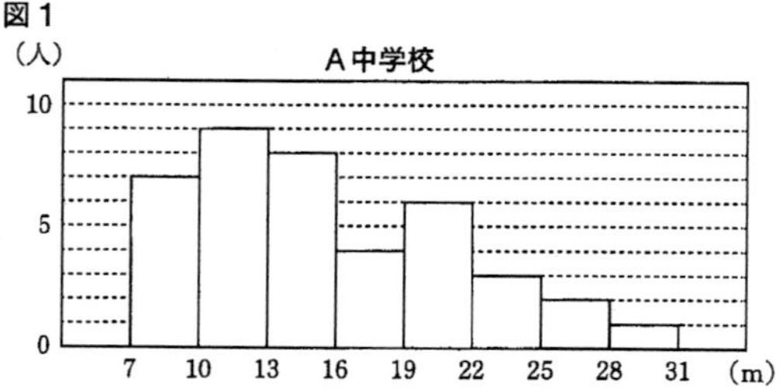

(1)　このデータの第1四分位数が含まれる階級を答えなさい。

(2)　このヒストグラムの階級の幅と7m以上10m未満の階級の階級値をそれぞれ答えなさい。

(3)　このデータを箱ひげ図にまとめるとき，図1のヒストグラムと矛盾するものを，図2のア～カの中からすべて選び記号で答えなさい。

図2

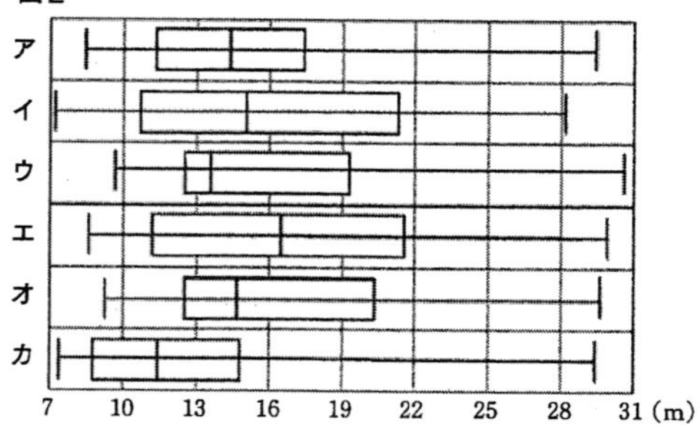

(4)　図3はB中学校の1年生全員のハンドボール投げの記録をヒストグラムに表したものである。A中学校とB中学校の2つのヒストグラムを比較するとき，以下の①～④の[　　]に当てはまるものを【選択

肢】のア～エから選び，記号で答えなさい。

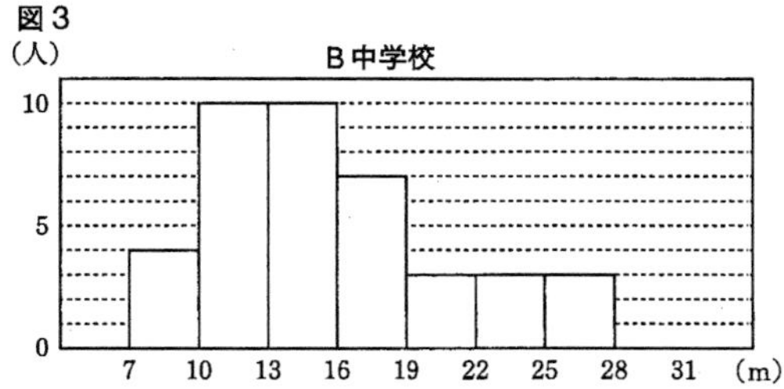

① 19m以上22m未満の階級までの累積度数を比較すると，[　　]

② 16m以上19m未満の階級までの累積相対度数を比較すると，[　　]

③ 第3四分位数が含まれる階級の階級値を比較すると，[　　]

④ 範囲を比較すると，[　　]

【選択肢】

ア　A中学校の方が小さい

イ　A中学校の方が大きい

ウ　両者は等しい

エ　これらの2つのヒストグラムからだけでは大小を判断できない

2024年度 ｜ 長野県 ｜ 難易度

【6】次の図は，ある高等学校の3年生理系コースの生徒240人の実力テストのテストごとの得点を，箱ひげ図で表したものです。各テストは100点満点です。数学Ⅲ，英語(リーディング)，化学は240人全員が受験しました。また，物理と生物はどちらか一方だけを選択して受験しており，物理は80人，生物は160人が受験しました。以下の1・2に答えなさい。

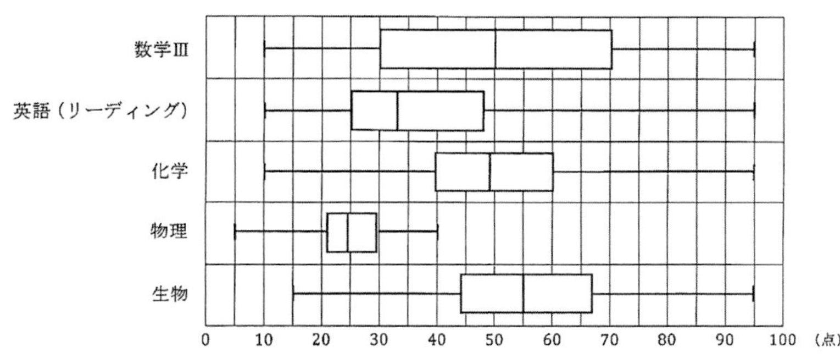

● データの活用

1　数学Ⅲ，英語(リーディング)，化学の得点のヒストグラムについて考えます。

箱ひげ図を参考にすると，数学Ⅲの得点のヒストグラムは[　ア　]，英語(リーディング)の得点のヒストグラムは[　イ　]，化学の得点のヒストグラムは[　ウ　]である。なお，ヒストグラムの各階級の区間は，左側の数値を含み，右側の数値を含まない。

なお，[　ア　]，[　イ　]，[　ウ　]については，次の①～⑥の中から最も適当なものを一つずつ選び，その番号をそれぞれ答えなさい。

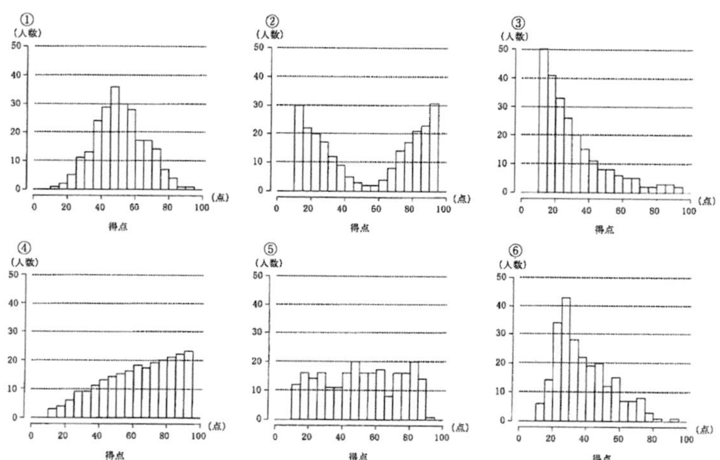

2　数学Ⅲ，英語(リーディング)，化学の得点に，受験した物理又は生物の得点を加えて，各生徒の4つのテストの合計得点を求め，合計得点での理系コース内の順位を出すことにしました。物理と生物それぞれの得点の平均値と分散は，次の表のようになっています。

テスト	平均値	分散
物理	24	64
生物	55	256

生物の得点の平均値に対して，物理の得点の平均値が低くなっているため，物理の得点調整を行うことにした。

得点調整前の物理の得点Xに対し，得点調整後の物理の得点Yを，$Y=aX+b$の式によって定める。ただし，a，bは定数で$a>0$とする。

Yの平均値と分散を生物の得点の平均値と分散にそれぞれ一致させるとき，定数a，bの値は，a=[　エ　]，b=[　オ　]である。

また，数学Ⅲの得点とXの相関係数をrとするとき，数学Ⅲの得点とYの相関係数は[　カ　]である。

なお，[　カ　]については，次の①～④の中から正しいものを一つ選び，その番号を答えなさい。

① $\dfrac{r}{a}$　② $\dfrac{r}{a^2}$　③ $\dfrac{r}{\sqrt{a}}$　④ r

▌2024年度 ▌広島県・広島市 ▌難易度

【7】次の図は，ある中学校の1組35人，2組35人，3組34人の生徒が1年間に読んだ本の冊数の記録を組ごとに箱ひげ図に表したものである。このとき，以下の(1)～(3)の問いに答えよ。

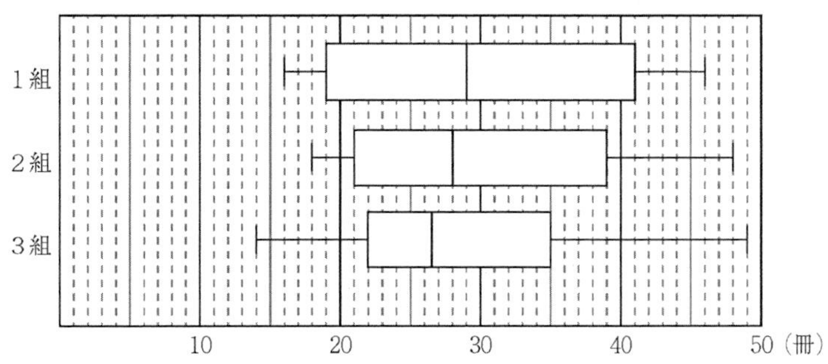

(1)　2組の第3四分位数を求めよ。

(2)　図から読み取れることとして，次の①～④は正しいといえるか。以下のA～Cのうち，最も適切なものをそれぞれ一つ選び，その記号を書け。

> ①　読んだ本の冊数が20冊以下である生徒の人数が最も多いのは1組である。
> ②　読んだ本の冊数の平均値は，2組よりも3組の方が大きい。
> ③　読んだ本の冊数が40冊以上の生徒が最も多いのは2組である。
> ④　読んだ本の冊数が25冊以上40冊以下の生徒はどの組にも必ずいる。

A　正しいといえる

B　正しいといえない

C　この箱ひげ図からは分からない

(3)　2組の記録をヒストグラムに表したものとして最も適切なものを次のA～Dから一つ選び，その記号を書け。

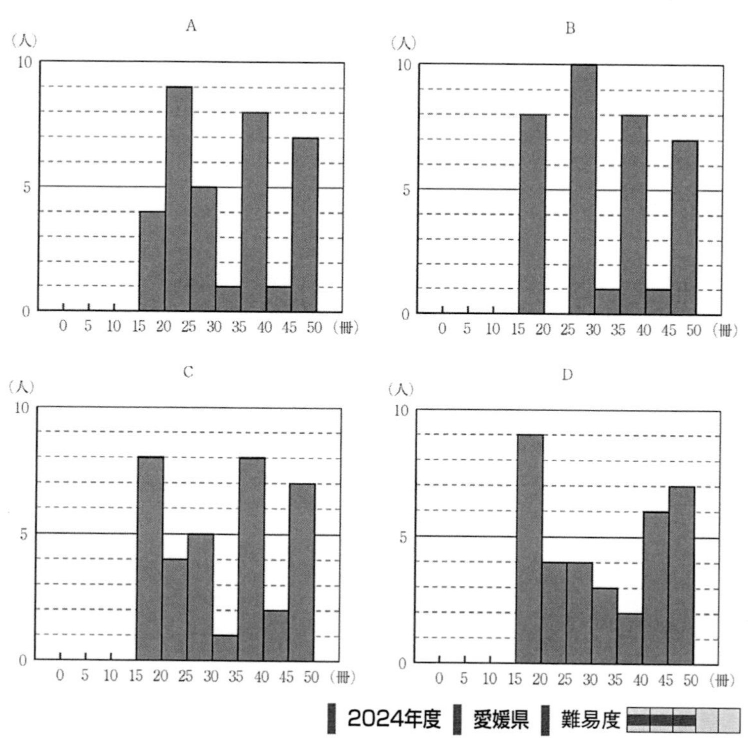

▌2024年度 ▌愛媛県 ▌難易度

【8】5つの容器A，B，C，D，Eに卵が10個ずつ入っている。それぞれの容器に入っている卵の重さの違いを調べるため，卵の重さを1個ずつはかった。次の度数分布表とヒストグラムは，卵の重さについて表したものである。これについて，以下の(1)，(2)の問いに答えよ。

卵の重さ

階級（g）	容器A	容器B	容器C	容器D	容器E
	度数（個）	度数（個）	度数（個）	度数（個）	度数（個）
42以上－44未満	0	1	1	0	1
44 － 46	2	2	3	0	0
46 － 48	0	2	2	1	0
48 － 50	1	1	1	1	4
50 － 52	1	1	1	2	1
52 － 54	4	1	0	1	3
54 － 56	1	1	2	3	1
56 － 58	1	1	0	2	0
計	10	10	10	10	10

(1) 容器Aの最頻値を求めよ。

(2) 次の図は5つの容器A，B，C，D，Eについての箱ひげ図である。容器A，B，C，D，Eにあたる箱ひげ図を①～⑤の中からそれぞれ一つ選び，その番号を書け。

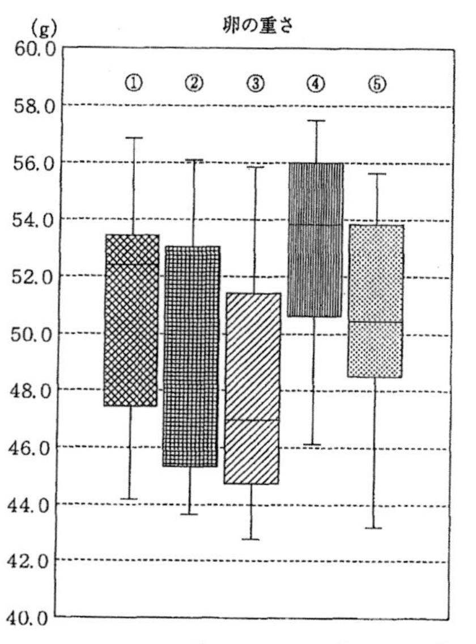

▌2024年度 ▌香川県 ▌難易度

【9】次の図は，ある中学校の第2学年4クラスの1500m走のタイムについて，そのデータの分布の様子を箱ひげ図で表したものである。(ア)～(オ)の文について，図から読み取れることの組合せとして最も適切なものを，あとの①～⑤の中から一つ選べ。

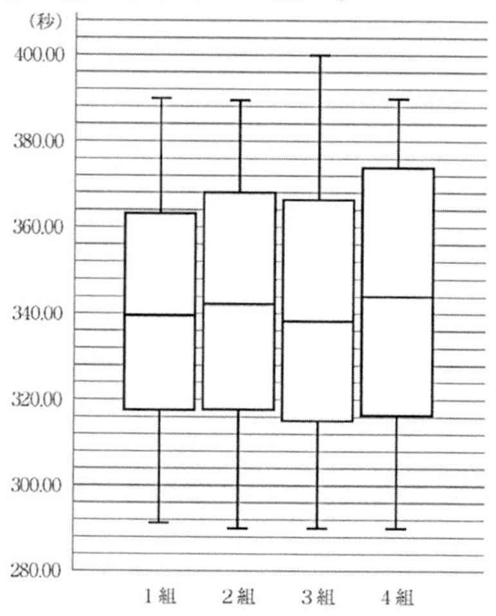

(ア)　1組の第1四分位数は，3組の第1四分位数より大きい。
(イ)　四分位範囲が最も大きいのは3組である。
(ウ)　最大値が最も大きいのは4組である。
(エ)　中央値が最も大きいのは4組である。
(オ)　4クラスとも，平均値は同じである。

①　(ア)，(ウ)　②　(ア)，(エ)　③　(イ)，(エ)　④　(イ)，(オ)
⑤　(ウ)，(オ)

2024年度　岐阜県　難易度

【10】次の図は，あるクラスの生徒40人に実施したテストの得点をヒストグラムに表したものです。

このとき，平均値，中央値，最頻値の大小関係を正しく表したものを，以下の1～4の中から1つ選びなさい。

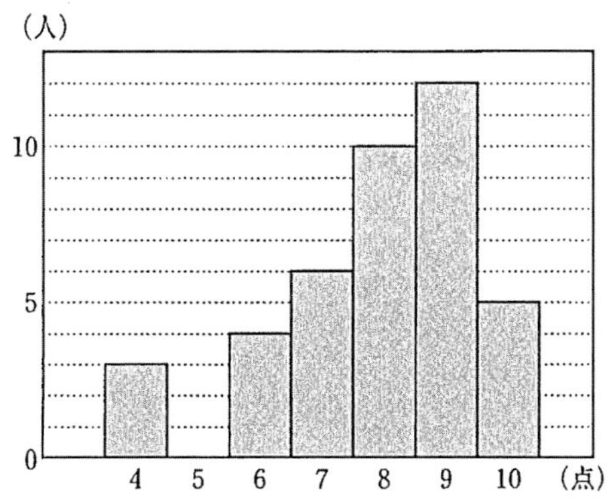

1　平均値＜中央値＜最頻値　2　中央値＜平均値＜最頻値
3　最頻値＜平均値＜中央値　4　最頻値＜中央値＜平均値

2024年度　埼玉県・さいたま市　難易度

【11】次の2つの箱ひげ図は，A中学校，B中学校のそれぞれの生徒200人の身長の分布を表しています。この2つの箱ひげ図から読み取れることの組み合わせとして正しいものを，あとの1～4の中から1つ選びなさい。

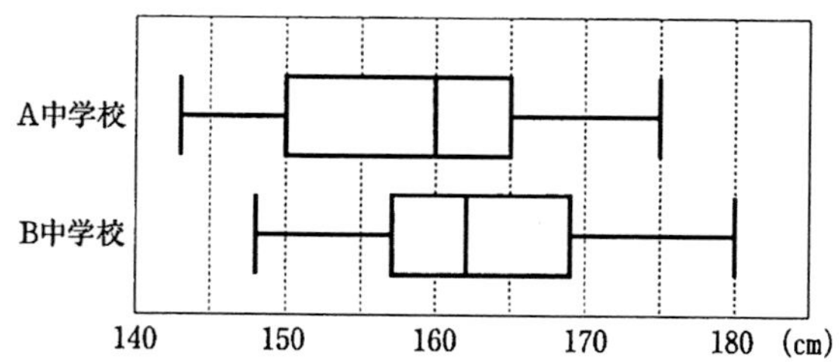

ア　A中学校では，150cm以上160cm未満の生徒が160cm以上165cm未満の生徒の約2倍いる。

イ　140cm以上150cm未満の生徒は，A中学校，B中学校のどちらにもいる。

ウ　155cm以下の生徒は，A中学校では50人以上いるが，B中学校では50人以下である。

エ　A中学校の平均値は，160cmである。

オ　A中学校の四分位範囲は，B中学校の四分位範囲よりも大きい。

1　ア，ウ，エ　　2　イ，ウ，エ　　3　イ，ウ，オ

4　ア，エ，オ

2024年度　埼玉県・さいたま市　難易度

【12】次の各問いに答えよ。

問1　次のデータは，ある学級の生徒17人について，1か月間に読んだ本の冊数を調べ，値の小さい順に並べたものである。このデータについて，以下の値を求めよ。(答えのみ)

1　2　3　3　4　5　6　7　8　10　10　10　12　14　15　18　22　(冊)

(1)　範囲

(2)　最頻値

(3)　中央値

(4)　四分位範囲

問2　自然数が1から順に1つずつ書かれた同じ大きさの正方形のタイルを，【図】のような規則で並べ，1番目，2番目，3番目と正方形を作っていく。2番目以降，正方形の4すみのタイルのうち，右下のタイルに書かれた自然数をx，左下のタイルに書かれた自然数をyとする。例えば，「5番目の正方形」において，$x=17$，$y=21$である。

このとき，以下の各問いに答えよ。

【図】

1番目

1

2番目

2	3
	1	4

3番目

9	2	3
8	1	4
7	6	5

4番目

10	11	12	13
9	2	3	14
8	1	4	15
7	6	5	16

5番目

25	10	11	12	13
24	9	2	3	14
23	8	1	4	15
22	7	6	5	16
21	20	19	18	17

…

(1) 「7番目の正方形」において，xの値を求めよ。(答えのみ)

(2) 「n番目($n \geqq 2$)の正方形」において，xの値をnを用いて表せ。ただし，nが偶数の場合とnが奇数の場合のそれぞれについて表すこと。(答えのみ)

(3) 「n番目($n \geqq 2$)の正方形」において，$x+y$の値をnを用いて表せ。

(4) $x+y=173$となるのは，何番目の正方形か求めよ。

2024年度 長崎県 難易度

解答・解説

【1】(1) 1　(2) 3　(3) 4　(4) 3　(5) 2

○**解説**○ (1) 花子「小さい順に並べ替えると，中央値が求めやすくなる」→正しい。

桜子「度数分布表に整理すれば，平均値がわかる」→$\dfrac{(\text{階級値}\times\text{度数})\text{の総和}}{\text{度数の総和}}$で平均値を求めることができる。しかし，この場合はある階級にいる人の記録は全員階級値の記録であると考えることとなる。例えば，21mから23mの階級にいる3人は，全員22m（＝階級値）であるとみなして，平均を求めている。この方法で求めた平均値は，正しい平均値と比べてずれが生じる。

梅子「ヒストグラムをつくると，データの範囲をもとめやすくなる」→範囲＝最大値－最小値である。ヒストグラムでは，正確な最小値や最大値が読み取りにくい。

(2)　データを小さい順で並べると，

17，19，19，20，21，21，22，23，23，24，24，26，26，26，26，28，30，30，32，33

平均値＝24.5，中央値＝24，最頻値＝26

よって，中央値＜平均値＜最頻値である。

(3)　最大値，最小値，中央値より，正しい箱ひげ図が選択肢の2または4であることがわかる。次に第3四分位数を求める。上位50%（10人）のデータの中央値が第3四分位数である。上位5番目の記録が28m，6番目が26mなので，$\dfrac{28+26}{2}=27$〔m〕が第3四分位数となる。ここから，選択肢の4が正しいと判断できる。

(4)　花子「平均値も1年2組男子のほうが大きくなる」→箱ひげ図には平均値の情報はないので，このように判断することはできない。

桜子「(中央値の情報から)25m以下の記録の人は1年1組男子のほうが多い」→1年2組21人の中央値が25mであるので，25m以下は11人，1年1組20人のデータから25m以下は11人，したがって，桜子のように判断することはできない。

梅子「四分位範囲は1年1組男子より1年2組男子のほうが大きくなる」→箱ひげ図より，1年1組男子の四分位範囲＝27－21＝6，1年2組男子の四分位範囲＝26.5－19.5＝7，よって，この発言は正しい。

(5)　四分位偏差$=\dfrac{\text{四分位範囲}}{2}=\dfrac{\text{第3四分位数}-\text{第1四分位数}}{2}=\dfrac{27-21}{2}$
$=3$

【2】(1)　イ　　(2)　エ　　(3)　イ

○**解説**○ (1)　階級値172.5〔cm〕の度数は，517.5÷172.5＝3〔人〕より，階級値177.5〔cm〕の度数①＝20－(1＋3＋4＋7＋3)＝2〔人〕

(2)　165〔cm〕以上の相対度数は，(7＋3＋2)÷20＝0.60

(3)　3320.0－(162.5×2)＋(172.5×2)＝3340

よって，平均値は，3340÷20＝167.0〔cm〕

【3】(1)　中央値…7.7〔秒〕　　四分位範囲…1.2〔秒〕　　(2)　ア，イ，エ

○**解説**○ (1)　A組の箱ひげ図より，第1四分位数$Q_1=7.2$，

第2四分位数(中央値)Q_2＝7.7，第3四分位数Q_3＝8.4である。
また，最大値8.6，最小値6.6である。
よって，中央値は7.7〔秒〕，四分位範囲は8.4－7.2＝1.2〔秒〕
(2)　B組の箱ひげ図より，第1四分位数Q_1＝7.1
第2四分位数(中央値)Q_2＝7.7，第3四分位数Q_3＝8.4
また，最大値8.8，最小値6.4である。
C組の箱ひげ図より，第1四分位数Q_1＝7.3，
第2四分位数(中央値)Q_2＝7.8，第3四分位数Q_3＝8.4，
また，最大値8.7，最小値6.8である。
ア　記録が最もよいのはB組の最大値8.8であり正しい。
イ　A組の範囲8.6－6.6＝2.0，B組の範囲8.8－6.4＝2.4
C組の範囲8.7－6.8＝1.9
よって，範囲が最も小さいのはC組であり，正しい。
ウ　平均値は箱ひげ図から判断することはできないため，誤り。
エ　C組の第1四分位数Q_1＝7.3，第3四分位数Q_3＝8.4より，
32人の半分の16人がこの範囲に入っているため，正しい。
オ　B組の第1四分位数Q_1＝7.1であるから，生徒の4分の1の中には，7.0がいることも考えられるため，誤り。
カ　A組，B組共に第2四分位数(中央値)Q_2＝7.7，第3四分位数Q_3＝8.4は同じであるが，7.7秒から8.0秒の人数は同じとは限らないため，誤り。

【4】(1)　瓶の王冠を投げて，表が出るか裏が出るか　(2)　①　あたりくじの3本とはずれくじの2本をそれぞれ区別して場合の数を考えること。　②　〔①，①〕，〔②，②〕…など，同じくじの組み合わせの部分を除き，全部で20通りになる表にする。　③　花子さんが先にくじを1本引き，それを戻して，次に太郎さんがくじを1本引くとき
(3)　$\frac{13}{35}$

○**解説**○ (1)　日常生活や社会では，偶然に左右される不確定な事象が数多くある。これらについて多数の観察や多数回の試行の結果から相対度数を調べることで，不確定な事象の起こりやすさの傾向を読み取ることができる。　(2)　①　生徒Aはあたりの3本とはずれの2本につい

て区別せず，場合の数を考えている。本問ではそれぞれのくじは区別ができるため，あたりの3本とはずれの2本のそれぞれのくじの場合についても樹形図を書かなければならない。 ② この問題では一度引いたくじは，戻さないため，同じくじを引くことはできない。よって，同じくじの組み合せは取り除く必要がある。 ③ 解答参照。

(3) 求める確率は当たりくじを2本，3本引く場合があるから，

$\frac{{}_3C_2\times{}_4C_1}{{}_7C_3}+\frac{{}_3C_3\times{}_4C_0}{{}_7C_3}=\frac{3\times4}{35}+\frac{1\times1}{35}=\frac{13}{35}$

【5】(1) 10m以上13m未満 (2) 階級の幅…3〔m〕 階級値…8.5〔m〕 (3) ア，エ，カ (4) ① ウ ② ア ③ イ ④ エ

○解説○ (1) A中学校データ40人のヒストグラムより，

第1四分位数は小さい方から(10番目＋11番目)÷2であるから，10m以上13m未満の階級にある。

(2) 階級の幅は3m，7m以上10m未満の階級値は$\frac{7+10}{2}=8.5$〔m〕

(3) A中学校データ40人のヒストグラムの階級値と人数において，

(階級値，人数)＝(8.5，7)，(11.5，9)，(14.5，8)，(17.5，4)，(20.5，6)，(23.5，3)，(26.5，2)，(29.5，1)である。

第1四分位数：$Q_1=11.5$，第2四分位数(中央値)：$Q_2=14.5$，

第3四分位数：$Q_3=20.5$を考えて，ア～カの箱ひげ図において，

Q_1，Q_2，Q_3を満たす選択肢は，イ，ウ，オである。

(4) B中学校データ40人のヒストグラムの階級値と人数において，

(階級値，人数)＝(8.5，4)，(11.5，10)，(14.5，10)，(17.5，7)，(20.5，3)，(23.5，3)，(26.5，3)，(29.5，0)である。

第1四分位数：$Q_1=11.5$，第2四分位数(中央値)：$Q_2=14.5$，

第3四分位数：$Q_3=17.5$より，

① 階級値20.5までの累積度数はA，B中学校共に34人で等しい。

② 階級値17.5までの累積度数はA中学校28人，B中学校31人であり，累積相対度数はA中学校の方が小さい。

③ 第3四分位数はA中学校20.5，B中学校17.5であり，A中学校の方が大きい。

④ 階級値の判断からすると，A中学校の範囲29.5－8.5＝21.0，B中学

校の範囲26.5－8.5＝18.0であり，範囲はA中学校の方が大きいが，個人の個々のデータから判断して，例えばA中学校において，最小9，最大28のとき，範囲は28－9＝19，B中学校において，最小7，最大27のとき，範囲は27－7＝20となり，範囲はB中学校の方が大きくなることがある。したがって，この2つのヒストグラムからでは範囲の大小は判断できない。

【6】1　ア　⑤　イ　⑥　ウ　①　2　エ　2　オ　7　カ　④

○**解説**○　1　数学と化学はともに中央値が50点付近でありヒストグラムの累積相対度数から①か⑤であると判断できる。箱の間隔が広い場合は，データが散らばっていることがわかり，箱の間隔が狭い場合は，中央値の周辺にデータが集中していることがわかる。よって，数学は箱の間隔が広いのでデータが散らばっている⑤，化学はデータが中央値に集中しているので①であると判断できる。英語は中央値が30～35点の範囲にあるので⑥であると判断できる。

2　調整前の物理の得点をx_i　($i=1, 2, 3, \cdots 80$)とする。

平均 $\overline{x}=\frac{1}{80}\sum_{i=1}^{80}x_i=24$　…①

分散$s_x^2=\frac{1}{80}\sum_{i=1}^{80}(x_i-\overline{x})^2=\frac{1}{80}\sum_{i=1}^{80}(x_i-24)^2=64$　…②

得点調整後の個々の物理の得点を$y_i=ax_i+b$とする。

①より，平均 $\overline{y}=\frac{1}{80}\sum_{i=1}^{80}y_i=\frac{1}{80}\sum_{i=1}^{80}(ax_i+b)=a\times\frac{1}{80}\sum_{i=1}^{80}x_i+b=24+b$
…③

②，③より，分散$s_y^2=\frac{1}{80}\sum_{i=1}^{80}(y_i-\overline{y})^2=\frac{1}{80}\sum_{i=1}^{80}\{ax_i+b-(24a+b)\}^2$

$=a^2\times\frac{1}{80}\sum_{i=1}^{80}(x_i-24)^2=64a^2$

題意より，得点調整後の平均と分散が生物の平均と分散に一致するので，

$24a+b=55$，$64a^2=256$

これを解いて，$a=2$，$b=7$

また，$y=ax+b$なので，$\overline{y}=a\overline{x}+b$が成り立つ。

数学の得点Zをz_i　($i=1, 2, 3\cdots 80$)とする。

共分散$s_{yz}=\dfrac{1}{80}\displaystyle\sum_{i=1}^{80}(ax_i+b-a\overline{x}-b)(z_i-\overline{z})$

$=a\times\dfrac{1}{80}\displaystyle\sum_{i=1}^{80}(x_i-\overline{x})(z_i-\overline{z})=as_{xz}$

$(Z$とYの相関係数$)=\dfrac{s_{yz}}{\sqrt{s_y^2}\times\sqrt{s_z^2}}=\dfrac{as_{xz}}{\sqrt{a^2s_x^2}\times\sqrt{s_x^2}}=\dfrac{s_{xz}}{\sqrt{s_x^2}\times\sqrt{s_z^2}}=r$ $(Z$とXの相関係数$)$

【7】(1) 39〔冊〕　(2) ① A　② C　③ B　④ A
(3) A

○**解説**○ 各組の箱ひげ図より，
1組：第1四分位数$Q_1=19$，第2四分位数(中央値)$Q_2=29$，
第3四分位数$Q_3=41$　最小値16，最大値46
2組：第1四分位数$Q_1=21$，第2四分位数(中央値)$Q_2=28$，
第3四分位数$Q_3=39$　最小値18，最大値48
3組：第1四分位数$Q_1=22$，第2四分位数(中央値)$Q_2=26.5$，
第3四分位数$Q_3=35$　最小値14，最大値49である。
1組と2組35人の冊数の小さい順に並べて，Q_1は8番目，Q_2は18番目，Q_3は27番目であり，3組34人ではQ_1は9番目，Q_2は17.5番目，Q_3は26番目になっている。

(1) 2組の第3四分位数$Q_3=39$

(2) ① 第1四分位数について，1組：$Q_1=19$，2組：$Q_1=21$，3組：$Q_1=22$ であるから，20冊以下の生徒が最も多いのは1組である。正しいといえる。

② 箱ひげ図より，平均値の大小を決めることはできない。

③ 第3四分位数について，1組：$Q_3=41$，2組：$Q_3=39$，3組：$Q_3=35$ であるから，40冊以上の生徒が最も多いのは1組である。正しいといえない。

④ 第2四分位数について，1組：$Q_2=29$，2組：$Q_2=28$，3組：$Q_2=26.5$であり，最大値がそれぞれ46，48，49であるから，25冊以上45冊以下の生徒はどの組にもいる。正しいといえる。

(3) A，B，C，Dのヒストグラムにおいて，
A：正しい。B：第1四分位数$Q_1=21$ にならない。

C：第3四分位数$Q_3=39$にならない。

D：第1四分位数$Q_1=21$，第3四分位数$Q_3=39$にならない。

【8】(1)　53〔g〕　　(2)　A　①　　B　②　　C　③　　D　④　　E　⑤

○**解説**○ (1)　最頻値はヒストグラムの度数の一番多い階級値である。

(2)　最小値が44.0～46.0にある箱ひげ図は①のみであることから①はAであると判断できる。同様に最小値が46.0～48.0にある箱ひげ図④はD，最大値が56.0～58.0，最小値が42.0～44.0にある箱ひげ図②はBであると判断できる。また，容器Cの中央値は46.0～48.0の階級に位置することより箱ひげ図③はCと判断できる。同様にして，箱ひげ図⑤はEである。

【9】②

○**解説**○ (ア)　正しい。(イ)　四分位範囲が最も大きいのは4組であるので誤り。(ウ)　最大値が最も大きいのは3組であるので誤り。(エ)　正しい。(オ)　平均値は箱ひげ図からは読み取れないので誤り。

【10】1

○**解説**○ ヒストグラムより，

平均値：$\bar{x}=\frac{1}{40}(4\times3+6\times4+7\times6+8\times10+9\times12+10\times5)=\frac{1}{40}\times316=7.9$〔点〕

中央値：$Q_2=\frac{8+8}{2}=8$〔点〕

最頻値：9〔点〕

よって，平均値＜中央値＜最頻値である。

【11】3

○**解説**○ A，B中学校(各200人)の身長の箱ひげ図より，

A中学校：

第1四分位数$Q_1=150$，第2四分位数(中央値)$Q_2=160$，

第3四分位数$Q_3=165$，最大値175，最小値142.5

B中学校：
第1四分位数$Q_1=157.5$，第2四分位数(中央値)$Q_2=162.5$
第3四分位数$Q_3=167.8$，最大値180，最小値147.5となっている。

ア　第1四分位数～第2四分位数，第2四分位数～第3四分位数の人数は各50人である。よって，誤り。

イ　A中学校，B中学校の最小値がそれぞれ142.5，最小値147.5であるから，140以上150未満の生徒はどちらにもいる。

ウ　A中学校：最小値$142.5\sim Q_1=150$，B中学校：最小値$147.5\sim Q_1=157.5$

であるから，155以下の生徒はA中学では50人以上，B中学では50人以下。

エ　平均値は第2四分位数(中央値)と一致するとは限らない。よって，誤り。

オ　A中学校の四分位範囲：$Q_3-Q_1=165-150=15$
B中学校の四分位範囲：$Q_3-Q_1=167.8-157.5=10.3$
よって，A中学校の四分位範囲＞B中学校の四分位範囲である。

【12】問1　(1)　21〔冊〕　(2)　10〔冊〕　(3)　8〔冊〕　(4)　9.5〔冊〕　問2　(1)　37　(2)　nが偶数の場合…n^2　nが奇数の場合…n^2-2n+2

(3)　nが偶数の場合，$x=n^2$，$y=n^2-3(n-1)$と表せる
したがって，
$x+y=n^2+n^2-3(n-1)=2n^2-3n+3$
nが奇数の場合，$x=(n-1)^2+1$，$y=(n-1)^2+1+(n-1)$と表せる
したがって，
$x+y=(n-1)^2+1+(n-1)^2+1+(n-1)=2n^2-3n+3$
よって，求める和は，いずれの場合も　$2n^2-3n+3$　である

(別解)
nが偶数の場合，$x=n^2$，$y=n^2-3(n-1)$と表せる
したがって，
$x+y=n^2+n^2-3(n-1)=2n^2-3n+3$
nが奇数の場合，$x=n^2-2(n-1)$，$y=n^2-(n-1)$と表せる

したがって，

$x+y=n^2-2(n-1)+n^2-(n-1)=2n^2-3n+3$

よって，求める和は，いずれの場合も　$2n^2-3n+3$　である

(4)　(3)より，$2n^2-3n+3=173$

$$2n^2-3n+3-173=0$$

$$2n^2-3n-170=0$$

$$(2n+17)(n-10)=0$$

nは自然数より　$n=10$

よって，10番目となる

○**解説**○ 問1　(1)　範囲は，(最大値)－(最小値)なので22－1＝21〔冊〕

(2)　最頻値は，最も多い値なので10冊

(3)　中央値は，下からも上からも9番目の値なので8冊

(4)　四分位範囲は，第1四分位数である$\frac{3+4}{2}=3.5$〔冊〕と第3四分位数である$\frac{12+14}{2}=13$〔冊〕の差なので13－3.5＝9.5〔冊〕

問2　(1)　7番目のxは6番目のxである36に1を足した数なので37

(2)　nが偶数のときのxは，nを2乗した数なのでn^2

nが奇数のときのxは，$(n-1)$番目の$x=(n-1)^2$に1を足した数字なので

n^2-2n+2

(3)　nが偶数のときのyは1，7，21…

これは$1=2^2-3\times1$，$7=4^2-3\times3$，$21=6^2-3\times5\cdots n^2-3(n-1)$である。

nが奇数のときのyは，7，21，43

これは$7=(3-1)^2+1+(3-1)$，$21=(5-1)^2+1+(5-1)$，$43=(7-1)^2+1+(7-1)\cdots(n-1)^2+1+(n-1)$である。

(4)　解答参照。

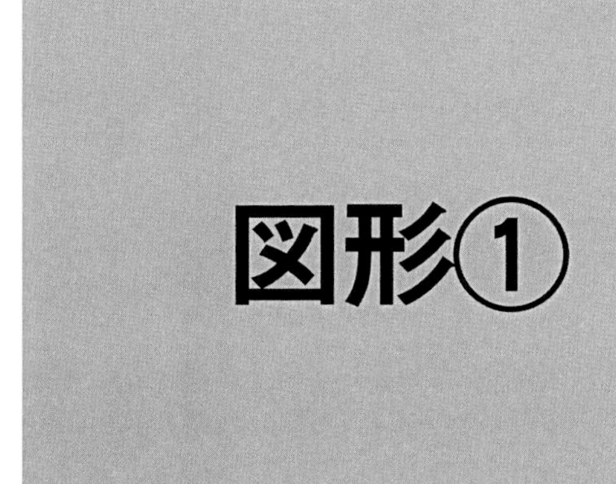

図形①

要点整理

主に初等幾何的な内容を含んだ平面図形・空間図形をとりあげた。この分野はそれ自体独立したものとみるよりも，数学の全範囲にさりげなく登場する性格のものである。基本的な視点として，常に考慮すべきであろう。

① 中点連結定理　三角形ABCにおいて辺AB，ACの中点をそれぞれM，Nとすると，

$MN/\!/BC,\ MN=\dfrac{BC}{2}$

② 三角形の五心（重心・外心・垂心・内心・傍心）

正三角形の重心・外心・垂心・内心は一致する。またこの四心のいずれか二つが一致する三角形は正三角形である。

③ 内角の2等分線　三角形ABCにおいて∠Aの2等分線と辺BCとの交点をDとすると$AB:AC=BD:DC$

④メネラウスの定理　三角形ABCを1つの直線で切り，辺BC，CA，ABまたはその延長との交点をP，Q，Rとすれば

$$\frac{BP}{PC}\cdot\frac{CQ}{QA}\cdot\frac{AR}{RB}=1$$

逆に，△ABCの3辺BC，CA，ABまたはその延長上の点をP，Q，Rとするとき，外分点が奇数個であって，かつ上式が成り立てば，3点P，Q，Rは一直線上にある。

⑤ パップスの定理　三角形ABCにおいて，辺BCの中点をMとすれば，

$AB^2+AC^2=2(AM^2+BM^2)$

⑥ 接弦定理　円の弦ABと，その一端Aからひいた接線ATとのつくる角∠BATは，その角の内にある弧ABに対する円周角∠APBに等しい。

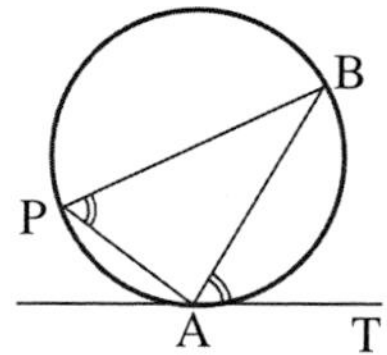

⑦ 方べきの定理　2弦AB，CDの交点をPとすると，

PA・PB＝PC・PD

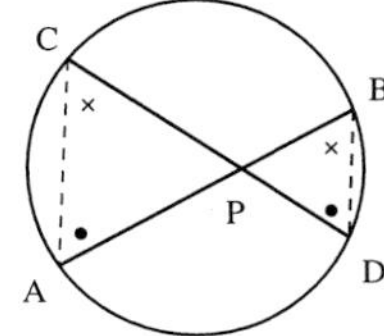

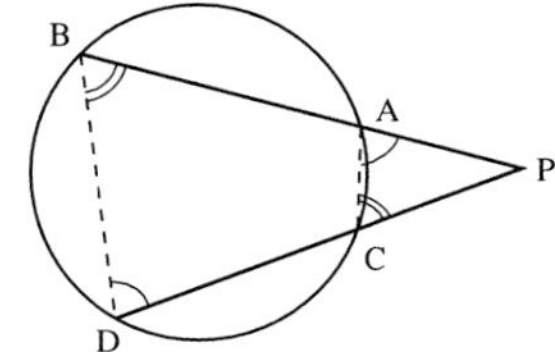

また，4点A，B，C，Dが1つの円の上にあるためには，任意の1点Pに対してPA・PB＝PC・PDであることが必要十分である。

⑧ トレミーの定理　四角形ABCDが円に内接しているなら，

AB・CD＋BC・DA＝AC・BD

（証）∠BAD内に∠BAE＝∠CADとなるようにAEをひき，BDとの交点をEとする。

△ABEと△ACDは相似であるから，

AB：AC＝BE：CDより

AB・CD＝AC・BE

△BACと△EADは相似であるから，

BC：ED＝AC：ADより

BC・DA＝AC・DE

以上2式を加えて，結論の式が出る。

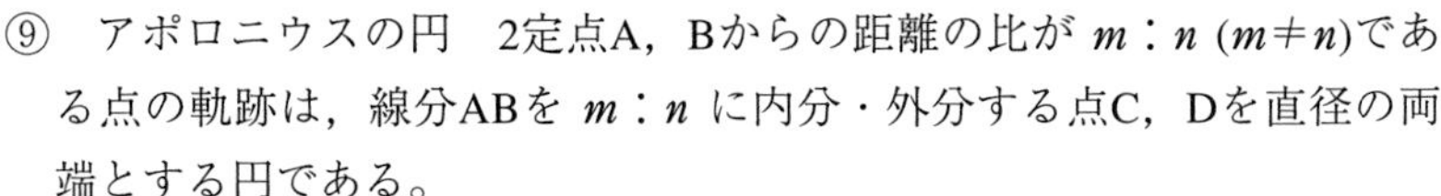

⑨ アポロニウスの円　2定点A，Bからの距離の比が $m:n\ (m\neq n)$ である点の軌跡は，線分ABを $m:n$ に内分・外分する点C，Dを直径の両端とする円である。

⑩ 弧度法による角を θ とし，中心角 θ，半径 r の扇形の弧の長さを l，面積をSとおくと，$l=r\theta$，$S=\dfrac{1}{2}r^2\theta$

⑪ 三角形ABCにおいてBC＝a，CA＝b，AB＝c とおくと，

(a) 正弦定理　$\dfrac{a}{\sin A}=\dfrac{b}{\sin B}=\dfrac{c}{\sin C}=2R$（$R$は外接円の半径）

(b) 余弦定理　$a^2=b^2+c^2-2bc\cos A$

(c) 面積＝$\dfrac{1}{2}bc\sin A$

面積＝$\sqrt{s(s-a)(s-b)(s-c)}$　　ただし，$s=\dfrac{1}{2}(a+b+c)$

数学科　図形①

実施問題

【1】次の図のように，円周を6等分した点にA～Fまでの記号を付け，点Aを1つの頂点とする三角形をつくる。B～Fまでの記号を書いた5本のくじの中から同時に2本を引いて，点Aとその記号の点を結んで三角形をつくる。このとき，できた三角形が直角三角形になる確率を求めなさい。

ただし，どのくじを引くことも同様に確からしいとする。

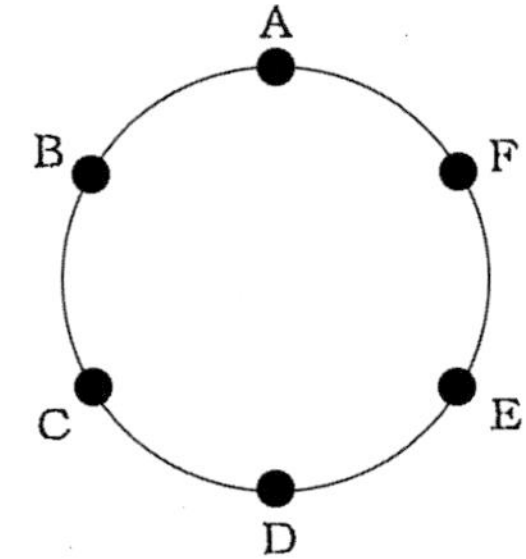

▍2024年度 ▍静岡県・静岡市・浜松市 ▍難易度 ■□□□□

【2】横が縦より3cm長い長方形の紙がある。この4すみから1辺が4cmの正方形を切り取り，ふたのない直方体の容器をつくると，その容積は76cm³になった。はじめの紙の横の長さを求めよ。

▍2024年度 ▍香川県 ▍難易度 ■□□□□

【3】次の1・2に答えなさい。

1　次の図のように，半径5の円に∠BCD＞90°である四角形ABCDが内接しています。点Dにおける接線と直線BCの交点をEとし，線分AEと線分BD，線分AEと線分CD，線分AEと弧CDとの交点をそれぞれF，G，Hとします。∠AEB＝∠AED，DE＝6，∠BDC＝30°のとき，以下の(1)～(3)に答えなさい。なお，円周上に異なる2点をとった場合，弧は2つできますが，本問題において，弧は2つあるうちの小さい方を指します。

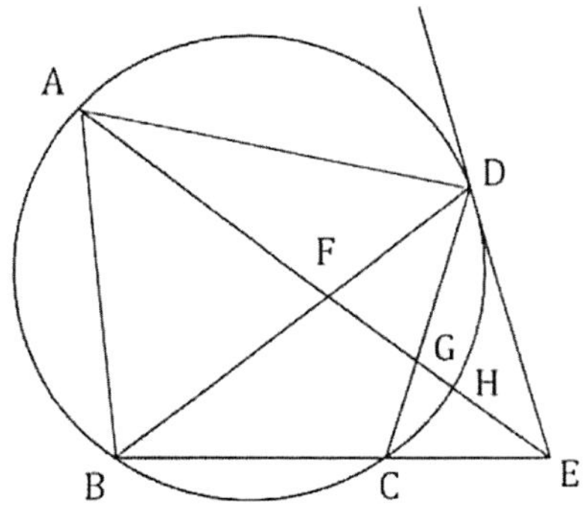

(1)　線分BCの長さは[　ア　]である。また，線分CEの長さは[　イ　]である。

(2)　∠AFDの大きさは[　ウエオ　]°である。

(3)　弧ADの長さと弧BHの長さの和は$\frac{[\ カキ\ ]}{[\ ク\ ]}\pi$である。

2　次の(1)・(2)に答えなさい。

(1)　平面上に半径がそれぞれa，bの2つの円A，B及び直線lがある。円A，Bはそれぞれ点P，Qで直線lに接している。ただし，点Pと点Qは異なる点である。円Aと円Bが外接しているとき，PQの長さは[　ケ　]である。

なお，[　ケ　]については，次の①～⑤の中から正しいものを一つ選び，その番号を答えなさい。

①　$\sqrt{ab}$　　②　$2\sqrt{ab}$　　③　$\sqrt{2ab}$　　④　$2ab$　　⑤　a^2b^2

(2)　平面上に半径がそれぞれ4，2，$c(0<c<2)$の3つの円A，B，C及び直線lがある。3つの円はどれも直線lに接していて，どの2つの円も外接している。このとき，半径cの長さは[　コサ　]－[　シ　]$\sqrt{[\ ス\ ]}$である。

2024年度　広島県・広島市　難易度

【4】3点A(0，2，3)，B(1，1，3)，C(1，2，1)を通る平面をαとするとき，次の問いに答えなさい。

(1)　△ABCの面積は$\frac{[\ 1\ ]}{[\ 2\ ]}$である。

(2)　原点Oから平面αに下ろした垂線の足Hの座標は

$\left(\dfrac{[\ 3\ ][\ 4\ ]}{[\ 5\ ]},\ \dfrac{[\ 6\ ][\ 7\ ]}{[\ 8\ ]},\ \dfrac{[\ 9\ ]}{[\ 10\ ]}\right)$である。

(3)　四面体OABCの体積は$\dfrac{[\ 11\ ]}{[\ 12\ ]}$である。

▌2024年度 ▌三重県 ▌難易度

【5】次の各問いに答えよ。

問1　【図1】のように，円の2つの弦AB，CDの交点をPとするとき，

PA・PB＝PC・PD　(方べきの定理)

が成り立つ。このことを証明せよ。

【図1】

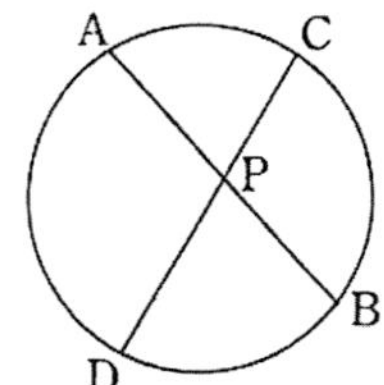

問2　【図2】は1辺の長さが6の立方体で，各面の対角線の交点をA～Fとする。

このとき，以下の各問いに答えよ。

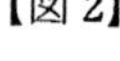
【図2】

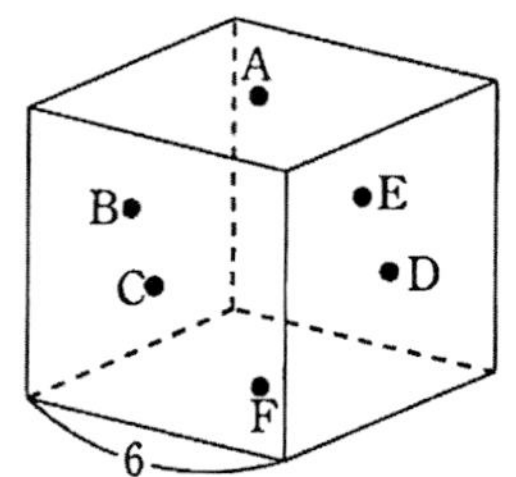

(1)　6点A～Fを頂点とする正多面体の名称を答えよ。

(2)　(1)の正多面体の体積を求めよ。

問3　【図3】のように，放物線$y=\dfrac{1}{4}x^2$上に異なる2点A，Bを，放物線$y=-x^2$上に異なる2点C，Dをとる。ただし，直線AB，CDはx軸に，直線AD，BCはy軸にそれぞれ平行であるとする。

このとき，以下の各問いに答えよ。

【図3】

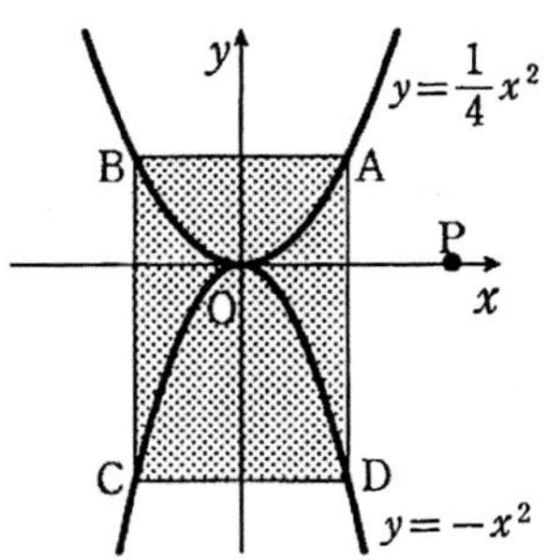

(1)　点Aのx座標が4のとき，点P(10，0)を通り，四角形ABCDの面積を2等分する直線の式を求めよ。

(2)　点Aのx座標を$t(t>0)$とする。四角形ABCDが正方形となるようなtの値を求めよ。

▌2024年度▌長崎県▌難易度

【6】次の図は，長方形ABCDの外側に辺AD，DCを1辺とする正三角形ADE，DCFをつくり，点Eと点B，点Fと点Bをそれぞれ結んだものである。これについて，以下の(1)，(2)の問いに答えよ。

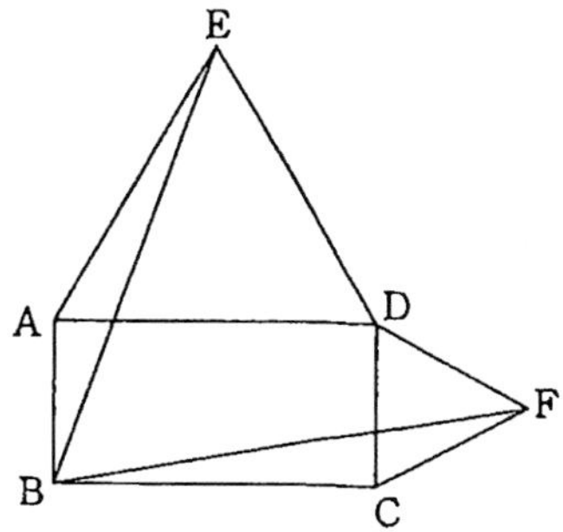

(1)　△ABEと△CFBが合同であることを証明せよ。

(2)　点Eと点Fを結び，BE＝6cmのとき，△EBFの面積を求めよ。

▌2024年度▌香川県▌難易度

【7】

(1)　AB＝5，BC＝6，∠ABC＝60°の△ABCにおいて，辺BCの3等分点をBに近い方からD，Eとおく。

(ア)　AD＝$\sqrt{[\ \text{アイ}\ ]}$であり，△ABDの外接円の半径は，$\dfrac{\sqrt{[\ \text{ウエ}\ ]}}{[\ \text{オ}\ ]}$である。

(イ)　△ABCの辺ACを2：3に内分する点をPとおき，線分BPと線分ADの交点をQ，線分BPと線分AEの交点をRとおくと，AR＝$\dfrac{\sqrt{[\ \text{カキ}\ ]}}{[\ \text{ク}\ ]}$であり，BQ：QR：RP＝[　ケコ　]：[　サ　]：[　シ　]である。

(2)　3点A(1，1)，B(−3，−7)，C(5，−1)がある。

このとき，AB，BCの垂直二等分線の方程式は，それぞれ

$y=-\dfrac{[\ \text{ス}\ ]}{[\ \text{セ}\ ]}x-\dfrac{[\ \text{ソ}\ ]}{[\ \text{タ}\ ]}$，$y=-\dfrac{[\ \text{チ}\ ]}{[\ \text{ツ}\ ]}x-\dfrac{[\ \text{テ}\ ]}{[\ \text{ト}\ ]}$である。

よって，3点A，B，Cを通る円Oの方程式は，

$(x-[\ \text{ナ}\ ])^2+(y+[\ \text{ニ}\ ])^2=[\ \text{ヌネ}\ ]$となる。

また，2点A，Bにおける円Oの接線の交点をDとすると，点Dの座標は([　ノハ　]，[　ヒ　])であり，△ABDの面積は[　フヘ　]である。

▌2024年度 ▌大阪府・大阪市・堺市・豊能地区 ▌難易度

【8】都さんと葵さんがそれぞれ自分が見つけた課題についてレポートを作成している。それぞれの課題について，あとの問いに答えなさい。

<都さんの課題>

次の図のような縦4，横4のマス目を使って面積が1から10の自然数である正方形をかき，その1辺を用いて，$\sqrt{1}$ から $\sqrt{10}$ までの長さを作る。

ただし，正方形の頂点は必ず格子点になることを条件とする。例えば，例①は面積4の正方形，例②は面積2の正方形であり，その1辺がそれぞれ，$\sqrt{4}$，$\sqrt{2}$ であることを表している。

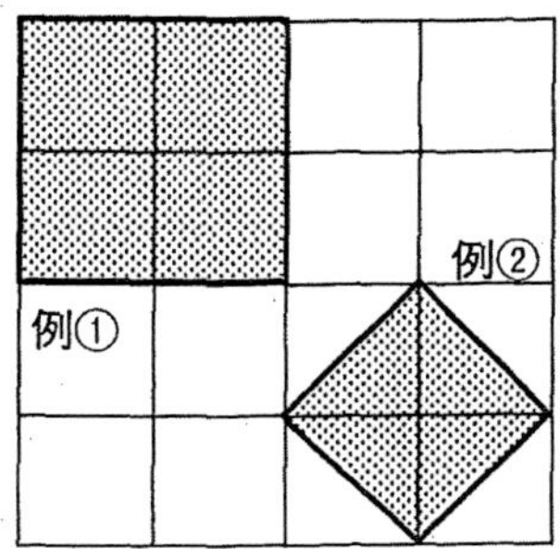

<葵さんの課題>

円の性質の単元で学んだ「円周角の定理」を用いて，次の(ア)～(エ)の図に関する図形の性質について証明する。

(ア)　四角形ABCDが円に内接しているとき，∠A＋∠C＝180°

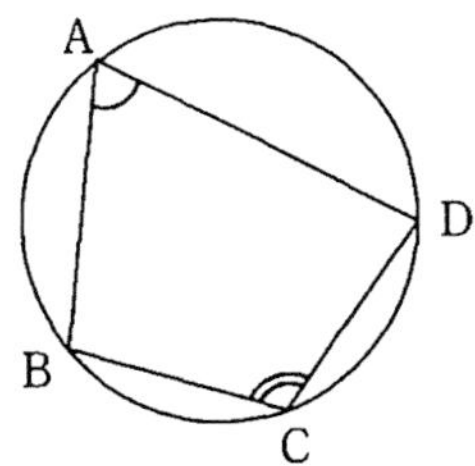

(イ)　直線が円周上の点Aで円に接しているとき，∠C＝∠BAT

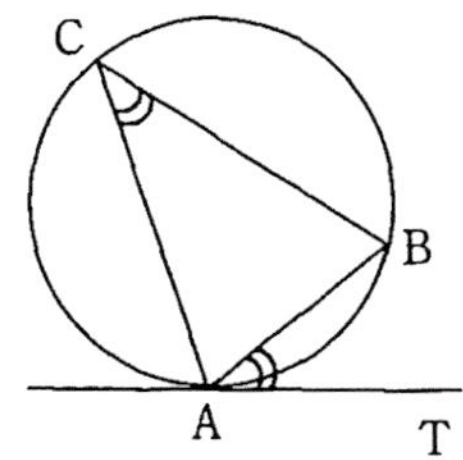

(ウ)　PA×PB＝PC×PD

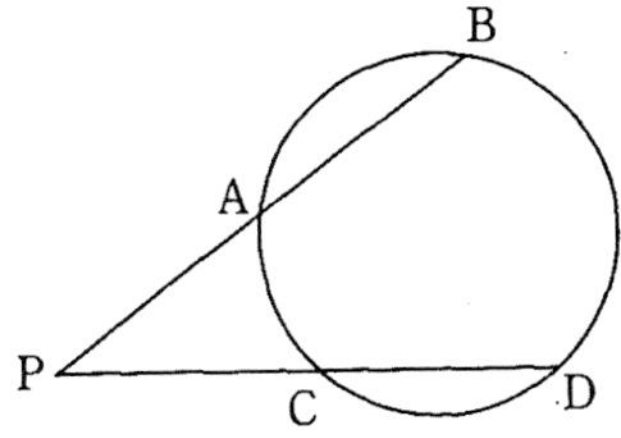

(エ)　PA×PB＝PT^2　　ただし，PTは円の接線

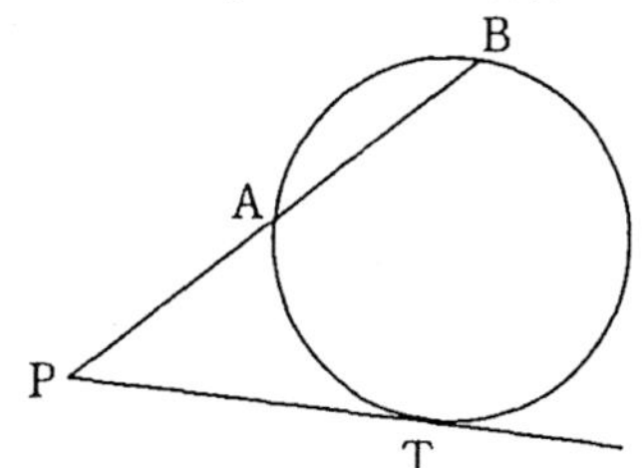

(1)　都さんの方法では目的の長さが作れないものがある。その長さをすべて答えなさい。

(2)　(ア)，(イ)を学習していることを踏まえて，(ウ)，(エ)を証明しなさい。

(3)　(エ)の図と式を用いると $\sqrt{n}$ (nは2以上の自然数)の長さが作れる。例えば，PT＝$\sqrt{6}$ になるようなPAとPBの長さの組をすべて求めなさい。また，そうなる理由を簡単に示しなさい。ただし，PA，PBは自然数でありPA＜PBであるものとする。

2024年度　京都市　難易度

【9】次の〔図〕の平行四辺形OBCAにおいて，辺OAを4：1に内分する点をD，辺OBを2：1に内分する点をE，線分AEと線分BDの交点をFとし，また，点Bから直線OFに引いた垂線と直線OFとの交点をHとする。

〔図〕

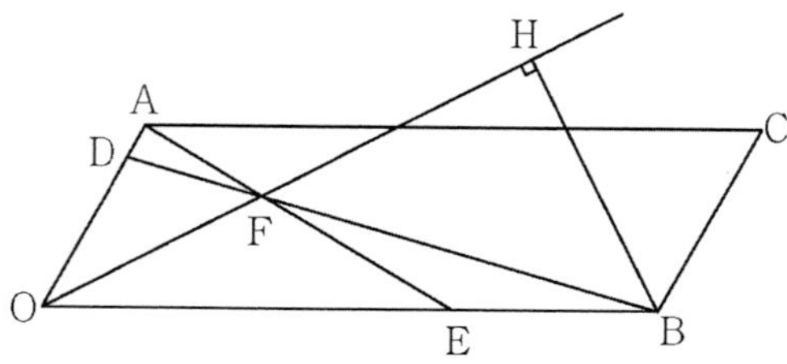

$\overrightarrow{OA}=\vec{a}$，$\overrightarrow{OB}=\vec{b}$，$|\vec{a}|=1$，$|\vec{b}|=3$，∠AOB＝60°とするとき，次の(1)～(3)の問いに答えよ。

(1)　$\overrightarrow{OF}$ を $\vec{a}$，$\vec{b}$ を用いて表すと，$\overrightarrow{OF}=\frac{[\ ア\ ]}{[\ イ\ ]}\vec{a}+\frac{[\ ウ\ ]}{[\ エ\ ]}\vec{b}$

である。

(2)　$\overrightarrow{OH}$を$\vec{a}$，$\vec{b}$を用いて表すと，

$\overrightarrow{OH}=\frac{[\ オカ\ ]}{[\ キク\ ]}\vec{a}+\frac{[\ ケコ\ ]}{[\ サシ\ ]}\vec{b}$である。

(3)　$|\overrightarrow{BH}|=\frac{[\ ス\ ]\sqrt{[\ セソ\ ]}}{[\ タチ\ ]}$である。

2024年度　大分県　難易度

【10】図3において，3点A，B，Cは円Oの円周上の点であり，AC＝CB，∠BAC＝76°である。

また，点Aを通る辺BCに平行な直線と，円Oとの交点，点Bを通る円Oの接線との交点をそれぞれD，Eとする。CAの延長と，点Bを通る円Oの接線との交点をFとする。ACとBDとの交点をGとする。

このとき，以下の問いに答えなさい。

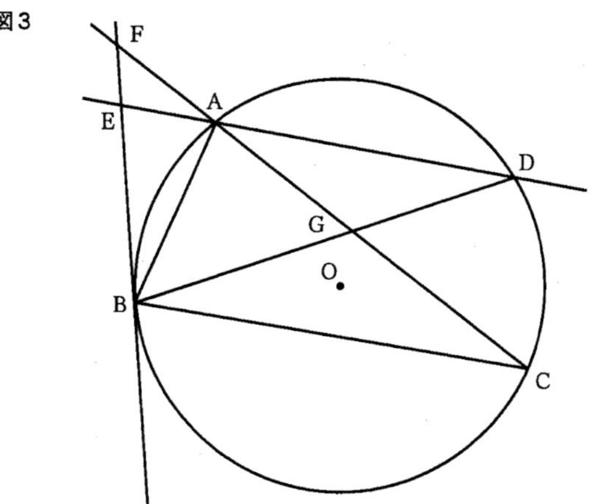

(1)　∠ABEの大きさを求めなさい。

(2)　△AFBと△BFCが相似であることを証明しなさい。

(3)　BE：EF＝3：1のとき，

①　AG：GCの比を求めなさい。

②　△ADGと△AEFの面積の比を求め，最も簡単な整数の比で表しなさい。

【11】次の図のように，ABを直径とする半径3cmの半円Oがある。線分AOを2：1の比に分ける点Cを通る直径ABの垂線と半円Oとの交点をDとする。また，弧DB上にある点Eにおける半円Oの接線と直線CDとの交点をFとする。このとき以下の問いに答えなさい。ただし，OF＝6cmとする。

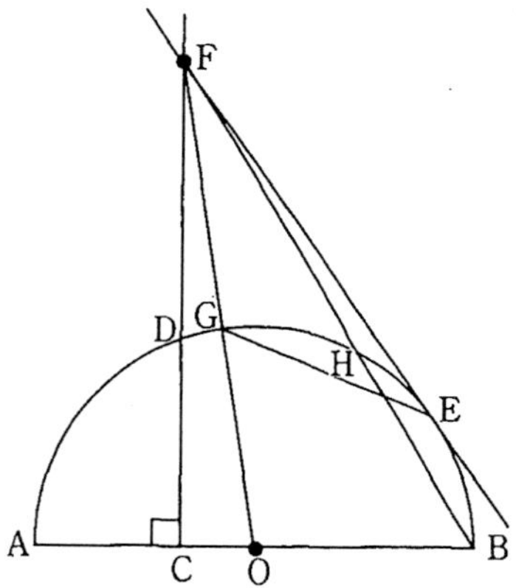

(1)　線分OFと半円Oとの交点をGとするとき，∠GEFの大きさを求めなさい。ただし，答えだけでなく求める過程も記述しなさい。

(2)　線分FBと半円Oとの交点をHとするとき，線分FBの長さと線分HBの長さの比を求めなさい。ただし，答えだけでなく求める過程も記述しなさい。

2024年度　京都市　難易度

【12】次の(1)，(2)の各問いに答えよ。

(1)　次の図の面積を2等分する直線を1つ作図せよ。ただし，作図に用いた線を残すこと。

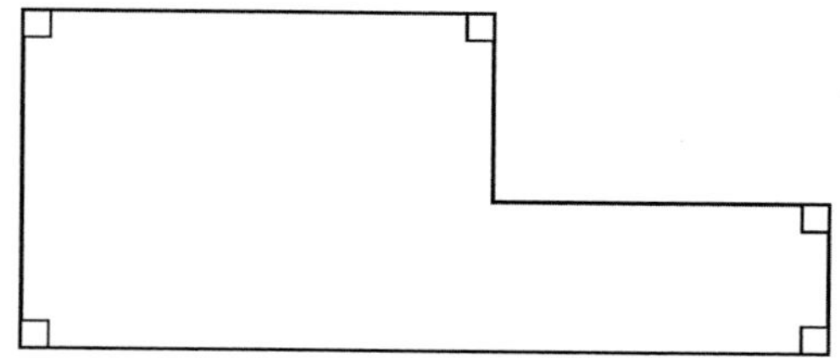

(2)　次の図のように，平行な2直線ℓ，mと点Pがある。点Pを通り，2

直線ℓ，mに接する円を1つ作図せよ。ただし，作図に用いた線を残すこと。

ℓ

● P

m

2024年度　山口県　難易度

【13】 1辺の長さが2の正三角形D_0からはじめて，多角形，D_1，D_2，…，D_n，…を次のように定める。

(i)　D_{n-1}の1辺をABとする。辺ABを3等分し，その分点をAに近い方からP，Qとする。

(ii)　PQを1辺とする正三角形PRQをD_{n-1}の外側に作る。

(iii)　辺ABを折れ線APRQBに置き換える。

D_{n-1}のすべての辺に対して(i)～(iii)の操作を行って得られる多角形をD_nとし，D_nの面積をS_nとする。次の図は，正三角形D_0，多角形D_1，多角形D_2を表している。

正三角形D_0

多角形D_1

多角形D_2

このとき，次の各問いに答えなさい。

(1)　S_2を求めなさい。

(2)　$\lim_{n\to\infty} S_n$を求めなさい。

2024年度　京都府　難易度

【14】図1のように，線分ABを直径とした円Oがある。点Bにおける円Oの接線上に点Bとは異なる点Cをとり，点Cから接線BCと異なる接線をひき，円Oとの接点をDとする。

また，線分OCと線分BDとの交点をE，線分OCと円Oとの交点をFとする。AB＝8cm，CD＝6cmであるとき，以下の問いに答えなさい。

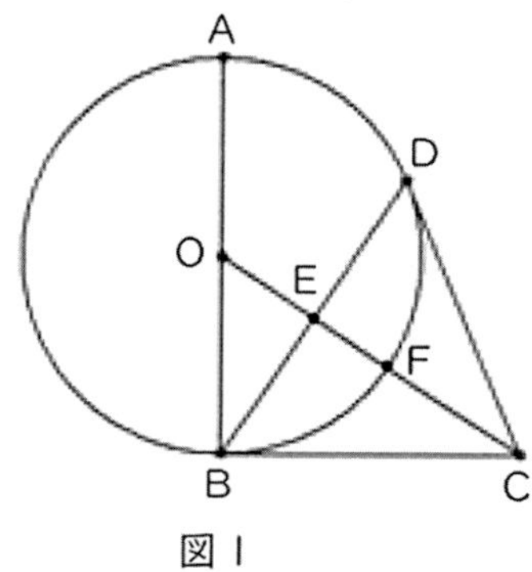

図 1

(1)　線分OCの長さを求めなさい。

(2)　線分BDの長さを求めなさい。

(3)　△EBO∽△ECDを示しなさい。

(4)　線分EFの長さを求めなさい。

(5)　図2のように，直線BCと直線ODの交点をGとするとき，線分GBの長さを求めなさい。

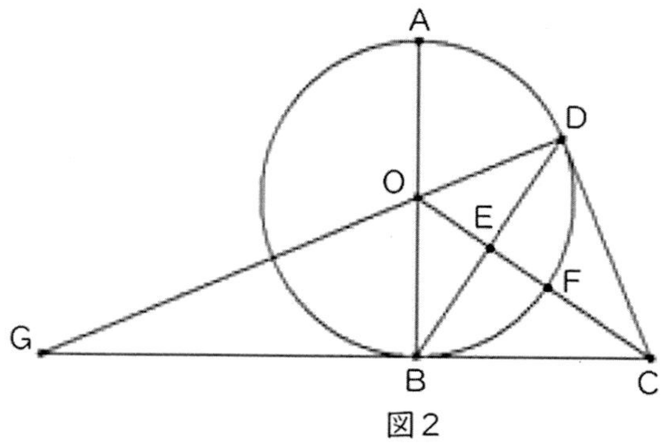

図 2

▌2024年度 ▌大阪府・大阪市・堺市・豊能地区 ▌難易度

【15】次の問に答えよ。

問1　図1のように，∠Cが直角である直角三角形ABCの頂点Cから辺ABにひいた垂線と辺ABとの交点をHとする。中学校第3学年の学習内容をふまえ，図1を用いて三平方の定理の証明せよ。ただし，BC＝a，CA＝b，AB＝cとする。

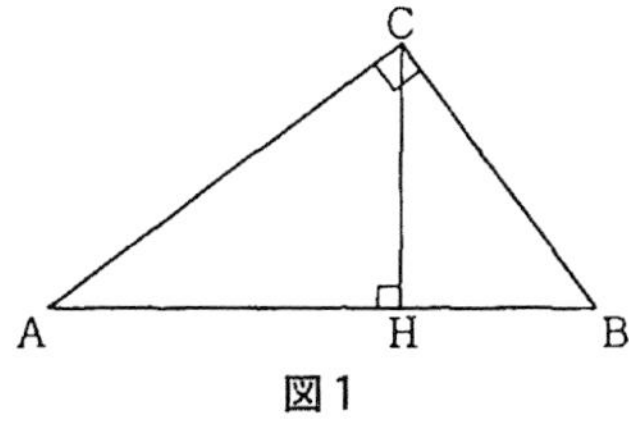

図1

問2　図2は，AB＝26，BC＝17，CA＝25の△ABCである。このとき，△ABCの面積を求めよ。

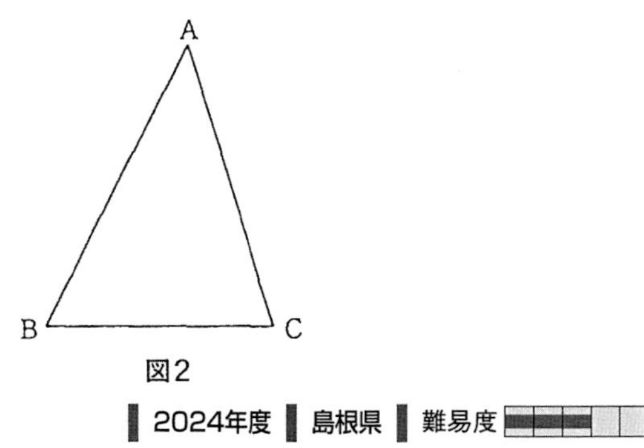

図2

2024年度　島根県　難易度

【16】みずきさんとはるかさんは，運動会の準備のために学校の運動場に円を描くことになった。そこで，運動場の長さを測定し，1000分の1に縮尺した図を作成したところ，次の図のような台形になった。二人の会話について，空欄にあてはまるものを答えよ。ただし空欄［A］には最も適切なものを［A］の選択肢から選び，番号で答えよ。

● 図形①

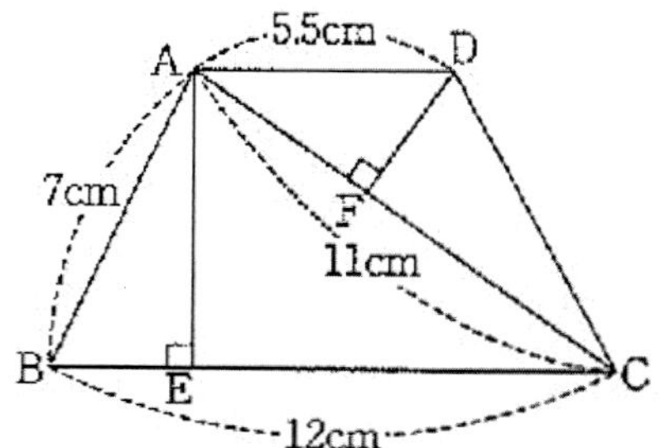

みずきさん：私は，三平方の定理を使って△ABCの高さを求め，面積を求めます。

頂点Aから辺BCに垂線AEを引くと，△ABEと△AECは直角三角形だから，BE＝x，AE＝yとおいて，方程式を立てました。

$$\begin{cases} x^2+y^2=[\text{アイ}] \\ ([\text{ウエ}]-x)^2+y^2=[\text{オカキ}] \end{cases}$$

この連立方程式を解くと，

$x=[\text{ク}]$，$y=[\text{ケ}]\sqrt{[\text{コサ}]}$

と求めることができたので，△ABCの面積は，

$[\text{シス}]\sqrt{[\text{セソ}]}$ cm²となります。

はるかさん：私は，相似比を用いて△ADCの高さを求め，面積を求めます。

頂点Dから辺ACに垂線DFを引くと，△ADFと△CAEは相似だから，DF＝$\sqrt{[\text{タチ}]}$ cmと求めることができたので，

△ADCの面積は$\dfrac{[\text{ツテ}]\sqrt{[\text{トナ}]}}{[\text{ニ}]}$ cm²となります。

みずきさん：△ABCの各辺に接するような円を描くにはどうすればよいでしょうか。円の中心Oは，［A］になり，円Oの半径は，△ABO，△BCO，△CAOの高さに等しくなります。

△ABCの面積と△ABO，△BCO，△CAOの面積の関係から，

円Oの半径は，$\dfrac{[\text{ヌ}]\sqrt{[\text{ネノ}]}}{[\text{ハ}]}$ cmとなります。

はるかさん：これまで1000分の1に縮尺した図を用いて△ABCの面積や円の半径を求めたけど，実際の面積や半径の長さを求めようと思います。
1000分の1に縮尺しているので，円Oの半径は，単位をmにすれば，［　ヒ　］$\sqrt{[\ \text{フヘ}\ ]}$ m，△ABCの面積は単位をm^2にすれば，［　ホマミム　］$\sqrt{[\ \text{メモ}\ ]}$ m^2となります。

A の選択肢

① 3つの内角の二等分線の交点
② 3垂線の交点
③ 3中線の交点
④ 3辺の垂直二等分線の交点

2024年度 | 神戸市 | 難易度

【17】次の図のように，四角形ABCDの対角線の交点をPとする。∠BAC＝60°，∠CBD＝45°，∠ACD＝15°，∠CPD＝105°のとき，以下の(1)，(2)の問いに答えよ。

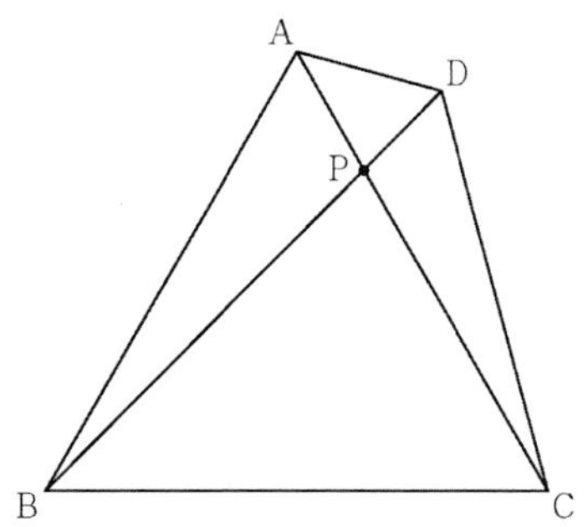

(1) ∠ADBの大きさを求めよ。
(2) BC＝6cmのとき，CDの長さを求めよ。

2024年度 | 愛媛県 | 難易度

【18】次の【図】のように，AB＝4cm，AD＝8cmの長方形ABCDがある。長方形ABCDを対角線BDで折り返して，点Cが移る点をEとし，線分EBと線分ADとの交点をFとする。以下の各問いに答えなさい。

【図】

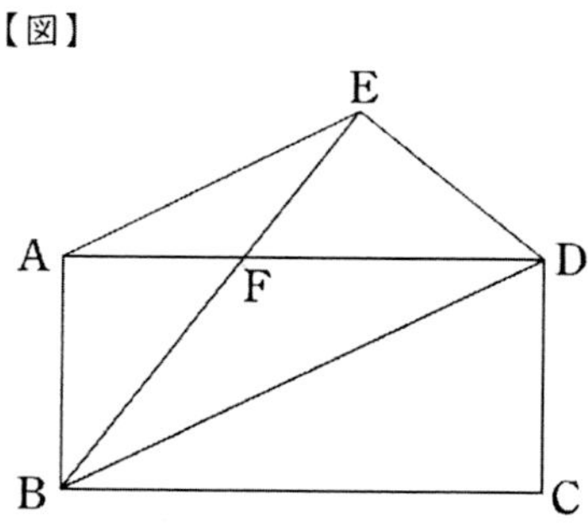

(1)　対角線BDの長さを，次の選択肢から1つ選び，記号で答えなさい。

ア　$4\sqrt{5}$ cm　　イ　$3\sqrt{3}$ cm　　ウ　$2\sqrt{5}$ cm　　エ　$3\sqrt{5}$ cm

(2)　AF：FDとして正しいものを，次の選択肢から1つ選び，記号で答えなさい。

ア　2：3　　イ　3：5　　ウ　3：4　　エ　4：7

(3)　四角形ABDEの面積を，次の選択肢から1つ選び，記号で答えなさい。

ア　$\frac{80}{3}$cm^2　　イ　$\frac{152}{2}$cm^2　　ウ　$\frac{85}{3}$cm^2　　エ　$\frac{128}{5}$cm^2

▍2024年度 ▍宮崎県 ▍難易度

【19】次の図のように，四角形ABCDの4つの内角∠A，∠B，∠C，∠Dの二等分線をそれぞれひき，∠Aと∠B，∠Bと∠C，∠Cと∠D，∠Dと∠Aの二等分線の交点をそれぞれ点E，F，G，Hとする。点E，F，G，Hを線分でつないで四角形EHGFをつくるとき，以下の(1)，(2)の各問いに答えよ。

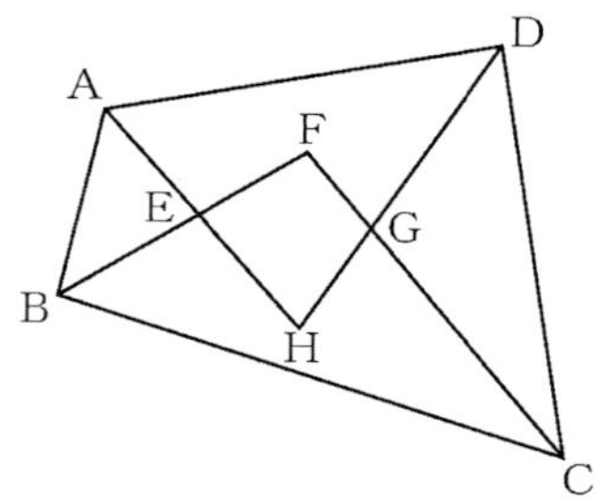

(1) 四角形EHGFは円に内接する四角形になることを証明せよ。

(2) ∠FEH＝90°のとき，四角形ABCDはAD//BCの台形となることを証明せよ。

2024年度 山口県 難易度

【20】平行四辺形OABCにおいて，辺OAを2：1に内分する点をD，辺OCの中点をEとし，辺DEを3：1に内分する点をP，直線OPと直線BCの交点をFとする。

このとき，次の各問いに答えなさい。

(1) $\overrightarrow{OA}=\vec{a}$，$\overrightarrow{OC}=\vec{c}$ とするとき，$\overrightarrow{OF}$ を $\vec{a}$，$\vec{c}$ を用いて表しなさい。

(2) 四角形ODFCの面積は平行四辺形OABCの面積の何倍か求めなさい。

2024年度 京都府 難易度

【21】次の図は，AB＝5cm，BC＝6cm，CA＝7cmの△ABCである。頂点Aから辺BCに引いた垂線をAD，頂点Bから辺CAに引いた垂線をBEとし，線分ADと線分BEの交点をFとする。このとき，以下の問いに答えなさい。

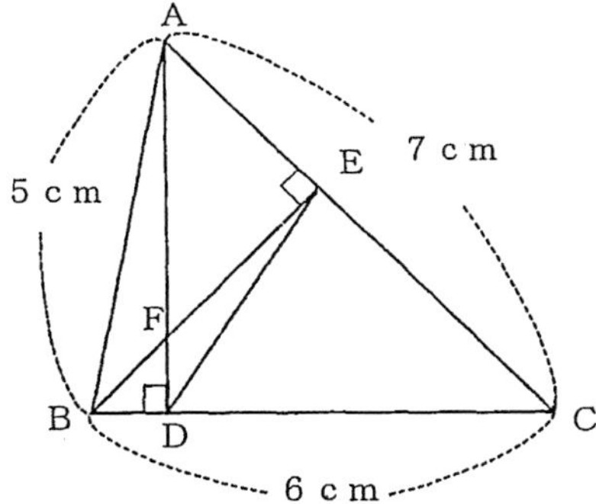

(1) DCの長さを求めなさい。

(2) △ABC∽△DECであることを証明しなさい。

(3) DFの長さを求めなさい。

2024年度 静岡県・静岡市・浜松市 難易度

【22】四角形ABCDが線分ACを直径とする円に内接している。AB$=\sqrt{2}$，AD$=\sqrt{5}$，$\cos\angle\mathrm{BAD}=-\dfrac{1}{\sqrt{10}}$のとき，次の1から4の問いに答えよ。

1 内積 $\overrightarrow{\mathrm{AB}}\cdot\overrightarrow{\mathrm{AD}}$ を求めよ。ただし，途中の計算は書かなくてよい。

2 内積 $\overrightarrow{\mathrm{AB}}\cdot\overrightarrow{\mathrm{BC}}$ を求めよ。ただし，途中の計算は書かなくてよい。

3 $\overrightarrow{\mathrm{AC}}$ を $\overrightarrow{\mathrm{AB}}$ と $\overrightarrow{\mathrm{AD}}$ を用いて表せ。

4 線分ACと線分BDの交点をEとするとき，BE：EDを求めよ。

▌2024年度 ▌栃木県 ▌難易度 ■■■□□

【23】$a>0$とするとき，3辺の長さがそれぞれ1，a，a^2となる三角形が存在するaの値の範囲として最も適切なものを，次の①～⑥のうちから選びなさい。

① $a>\dfrac{-1+\sqrt{5}}{2}$　　② $\dfrac{-1+\sqrt{5}}{2}<a<1$

③ $1<a<\dfrac{1+\sqrt{5}}{2}$　　④ $\dfrac{-1+\sqrt{5}}{2}<a<\dfrac{1+\sqrt{5}}{2}$

⑤ $0<a<\dfrac{-1+\sqrt{5}}{2}$　　⑥ $0<a<\dfrac{1+\sqrt{5}}{2}$

▌2024年度 ▌神奈川県・横浜市・川崎市・相模原市 ▌難易度 ■■■□□

【24】次の図のように，AB＝3，BC＝7，CA＝5の△ABCがあり，△ABCの外心をOとする。

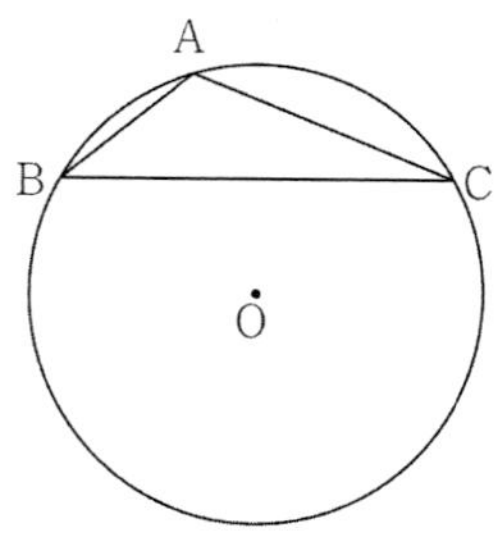

(1) 内積 $\overrightarrow{\mathrm{AO}}\cdot\overrightarrow{\mathrm{AB}}$ と $\overrightarrow{\mathrm{AO}}\cdot\overrightarrow{\mathrm{AC}}$ をそれぞれ求めよ。

(2) $\overrightarrow{\mathrm{AO}}$ を $\overrightarrow{\mathrm{AB}}$，$\overrightarrow{\mathrm{AC}}$ を用いて表せ。

▌2024年度 ▌愛媛県 ▌難易度 ■■■□□

【25】△ABCにおいて，AB＝2，AC＝3，A＝60°とし，∠Aの二等分線と辺BCの交点をDとする。線分ADの長さを，次の①～⑤の中から一つ選べ。

① $\frac{6\sqrt{3}}{5}$　② $\frac{2\sqrt{3}}{5}$　③ $\frac{18}{5}$　④ $\frac{4\sqrt{3}}{5}$　⑤ $\frac{2}{5}$

2024年度 岐阜県 難易度

【26】次の(1)，(2)に答えなさい。

(1) $x>0$の範囲で不等式$x-\frac{x^2}{2}<\log(1+x)$が成り立つことを証明しなさい。

(2) 連立不等式$\begin{cases} x^2+y^2\leqq 2 \\ y\geqq x^2 \end{cases}$の表す領域を$D$とするとき，次の①～③に答えなさい。

① Dを座標平面上に図示しなさい。

② Dの面積Sを求めなさい。

③ Dをy軸のまわりに1回転させてできる立体の体積Vを求めなさい。

2024年度 青森県 難易度

【27】△ABCにおいて，∠C＝90°，AC＝3で，∠Aの二等分線がBCと交わる点をDとします。AD＝$\sqrt{10}$のとき，BCの長さとして，正しいものを選びなさい。

ア $\frac{5}{4}$　イ $\frac{9}{4}$　ウ 3　エ $\frac{15}{4}$

2024年度 北海道・札幌市 難易度

【28】AB＝1とし，線分ABを直径とする半円の$\overset{\frown}{AB}$上に点Pをとり，△APBをつくります。また，点Pから線分AB上に下ろした垂線の足をHとします。BHとPHの長さの和が最大となるとき，△BPHの面積として正しいものを，次の(1)～(4)の中から1つ選びなさい。

(1) $\frac{1}{16}$　(2) $\frac{1}{8}$　(3) $\frac{1}{16}(1+\sqrt{2})$　(4) $\frac{1}{8}(1+\sqrt{2})$

2024年度 埼玉県・さいたま市 難易度

【29】4点A(3，1，2)，B(4，2，3)，C(5，2，5)，D(−2，−1，x)が同一平面上にあるとき，xの値として最も適切なものを，次の①～⑥のうちから選びなさい。

① −6　② −4　③ −2　④ 0　⑤ 2　⑥ 4

2024年度 | 神奈川県・横浜市・川崎市・相模原市 | 難易度

【30】次の図のように，円に内接する四角形ABCDがあります。AB＝6cm，BC＝10cm，CD＝DA＝5cmのとき，四角形ABCDの面積として正しいものを，以下の1～4の中から1つ選びなさい。

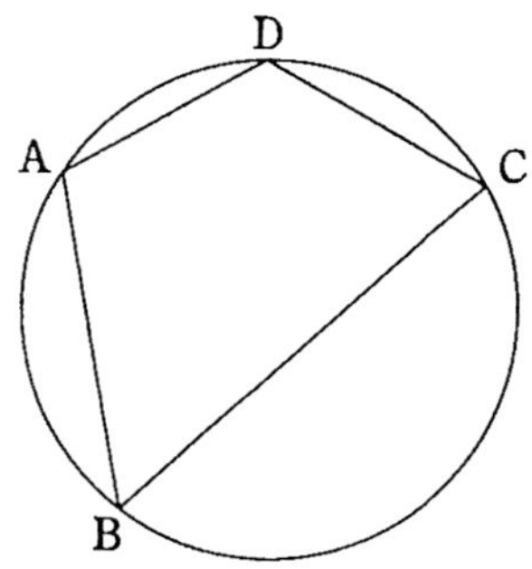

1　$4\sqrt{21}$ cm²　2　$6\sqrt{21}$ cm²　3　$8\sqrt{21}$ cm²　4　$10\sqrt{21}$ cm²

2024年度 | 埼玉県・さいたま市 | 難易度

解答・解説

【1】$\dfrac{3}{5}$

○**解説**○ 点Aを固定してできる直角三角形は△ABD，△ABE，△ACD，△ACF，△ADE，△ADFの6通り。よって，求める確率は，$\dfrac{6}{{}_5C_2}=\dfrac{3}{5}$

【2】はじめの紙の縦の長さをx〔cm〕とすると，

$4(x-8)(x+3-8)=76$

$4(x-8)(x-5)=76$

$(x-8)(x-5)=19$

$x^2-13x+21=0$

解の公式より，$x=\dfrac{13\pm\sqrt{85}}{2}$

4すみから1辺が4cmの正方形を切り取るためには，$x>8$だから，

$9<\sqrt{85}<10$より，$x=\dfrac{13-\sqrt{85}}{2}$は問題にあわない。

$x=\dfrac{13+\sqrt{85}}{2}$のとき，$11<\dfrac{13+\sqrt{85}}{2}<\dfrac{23}{2}$だから，$\dfrac{13+\sqrt{85}}{2}>8$で問題にあっている。

よって横の長さは，$\dfrac{13+\sqrt{85}}{2}+3=\dfrac{19+\sqrt{85}}{2}$

答　$\dfrac{19+\sqrt{85}}{2}$〔cm〕

○**解説**○　はじめの紙の縦の長さをx〔cm〕とすると，横の長さは$x+3$〔cm〕，4すみから4〔cm〕の正方形を切り取り作った直方体は高さ4〔cm〕底面積$(x-8)(x+3-8)$〔cm^2〕である。

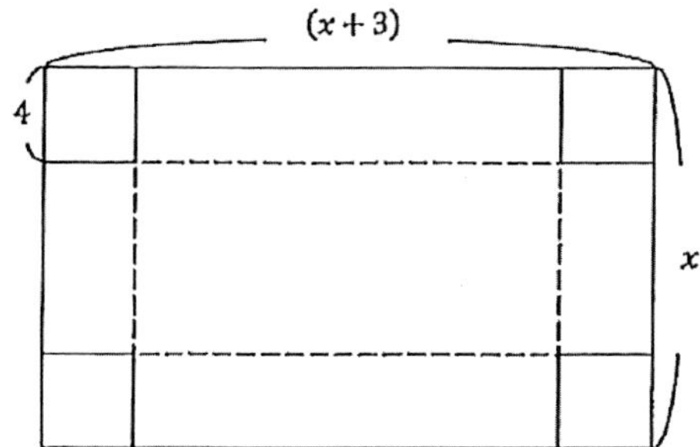

【3】1　(1)　ア　5　　イ　4　　(2)　ウ　1　　エ　0　　オ　5
(3)　カ　3　　キ　5　　ク　6　　2　(1)　ケ　②　　(2)　コ　1
サ　2　　シ　8　　ス　2

○**解説**○ 1　(1)　点Oを円の中心とすると，

弧BCに対する円周角∠BDC＝30°なので，∠BOC＝60°

△OBCは正三角形なので，OB＝BC＝5

△DCEと△BEDにおいて，

∠Eは共通であり，接弦定理より，∠EDC＝∠DBE

二組の角がそれぞれ等しいので，

△DCE∽△BED

CE＝xとすると，$x:6=6:(5+x)$

$(x-4)(x+9)=0$

$x>0$より，$x=4$

よって，CE＝4

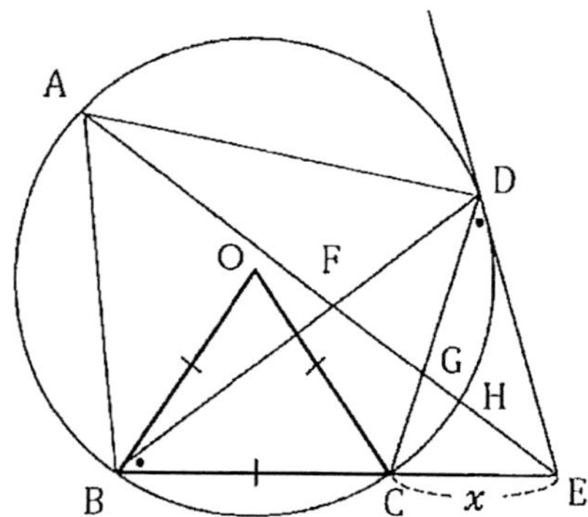

(2)　∠EDC＝aとする。接弦定理より，∠DBE＝a

また，∠AEB＝∠AED＝bとする。

△DBEの内角の和は，

$30^\circ+a+a+2b=180^\circ$

$a+b=75^\circ$

したがって，∠AFD＝∠FDE＋∠DEF

$=30^\circ+a+b=30^\circ+75^\circ=105^\circ$

(3)　弧ADに対する円周角は∠ABD，弧BHに対する円周角は∠BAH

∠ABD＋∠BAH＝∠AFD＝105°

したがって，2つの弧に対する中心角の和は$105^\circ\times2=210^\circ$

求める弧の長さの和＝$2\pi\times5\times\dfrac{210^\circ}{360^\circ}=\dfrac{35}{6}\pi$

2　(1)　図1より，AB＝$a+b$，DB＝$b-a$

△ABDは直角三角形なので，

$PQ^2=(a+b)^2-(b-a)^2=4ab$

$a>0$，$b>0$なので$PQ=2\sqrt{ab}$

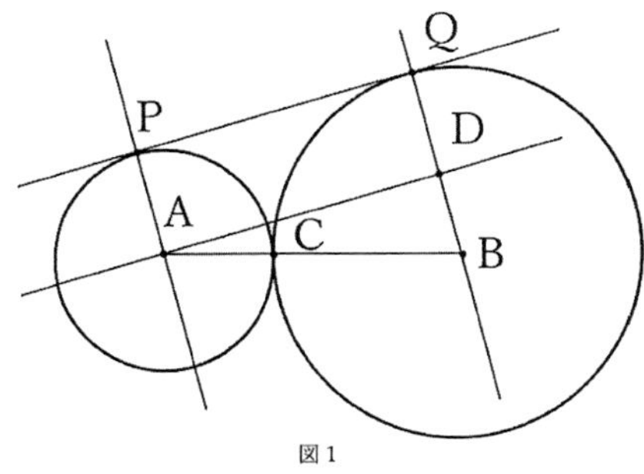

図1

(2)　(1)の結果から，図2のPQ$=2\sqrt{8}=4\sqrt{2}$

PR$=2\sqrt{4c}=4\sqrt{c}$

QR$=2\sqrt{2c}$

PQ＝PR＋QRなので，$4\sqrt{2}=4\sqrt{c}+2\sqrt{2}\times\sqrt{c}$

$\sqrt{c}=\dfrac{4\sqrt{2}}{4+2\sqrt{2}}=2\sqrt{2}-2$

$c=(2\sqrt{2}-2)^2=12-8\sqrt{2}$

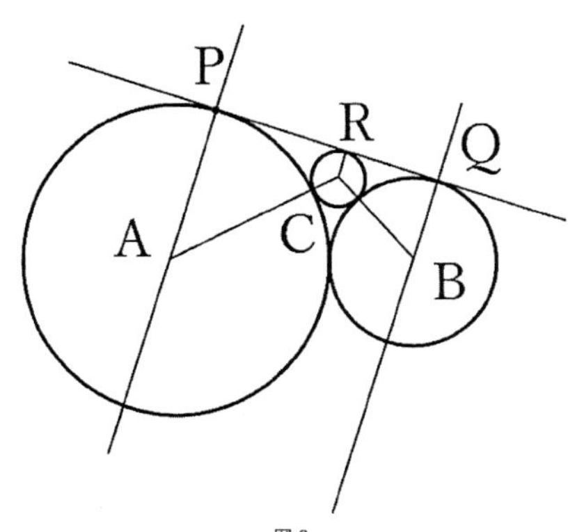

図2

【4】(1)　[1]　3　　[2]　2　　(2)　[3]　1　　[4]　4　　[5]　9
[6]　1　　[7]　4　　[8]　9　　[9]　7　　[10]　9　　(3)　[11]　7
[12]　6

○解説○ (1)　$\overrightarrow{AB}=\overrightarrow{OB}-\overrightarrow{OA}=(1,\ 1,\ 3)-(0,\ 2,\ 3)=(1,\ -1,\ 0)$

$\overrightarrow{AC}=\overrightarrow{OC}-\overrightarrow{OA}=(1,\ 2,\ 1)-(0,\ 2,\ 3)=(1,\ 0,\ -2)$

$\triangle ABC=\frac{1}{2}\sqrt{|\overrightarrow{AB}|^2|\overrightarrow{AC}|^2-(\overrightarrow{AB}\cdot\overrightarrow{AC})^2}=\frac{1}{2}\sqrt{2\cdot 5-1^2}=\frac{3}{2}$

(2)　原点Oから平面αに下した垂線の足をHとする。

s, t, uを実数とすると $\overrightarrow{OH}=s\overrightarrow{OA}+t\overrightarrow{OB}+u\overrightarrow{OC}$

$s+t+u=1$　…①

$\overrightarrow{OH}=s(0,\ 2,\ 3)+t(1,\ 1,\ 3)+u(1,\ 2,\ 1)$

$=(t+u,\ 2s+t+2u,\ 3s+3t+u)$

$OH\perp\alpha$なので，$\overrightarrow{OH}\cdot\overrightarrow{AB}=\overrightarrow{OH}\cdot\overrightarrow{AC}=0$

$t+u-(2s+t+2u)=0$　…②

$t+u-2(3s+3t+u)=0$　…③

①,②,③より，

$(s,\ t,\ u)=\left(-\frac{5}{9},\ \frac{4}{9},\ \frac{10}{9}\right)$

$\overrightarrow{OH}=\left(\frac{4}{9}+\frac{10}{9},\ 2\cdot\left(-\frac{5}{9}\right)+\frac{4}{9}+2\cdot\frac{10}{9},\ 3\cdot\left(-\frac{5}{9}\right)+3\cdot\frac{4}{9}+\frac{10}{9}\right)$

$=\left(\frac{14}{9},\ \frac{14}{9},\ \frac{7}{9}\right)$

よって，Hの座標は，$\left(\frac{14}{9},\ \frac{14}{9},\ \frac{7}{9}\right)$

(3)　四面体OABCの体積$=\frac{1}{3}\cdot\triangle ABC\cdot|\overrightarrow{OH}|$

$=\frac{1}{3}\cdot\frac{3}{2}\cdot\sqrt{\left(\frac{14}{9}\right)^2+\left(\frac{14}{9}\right)^2+\left(\frac{7}{9}\right)^2}=\frac{7}{6}$

【5】問1

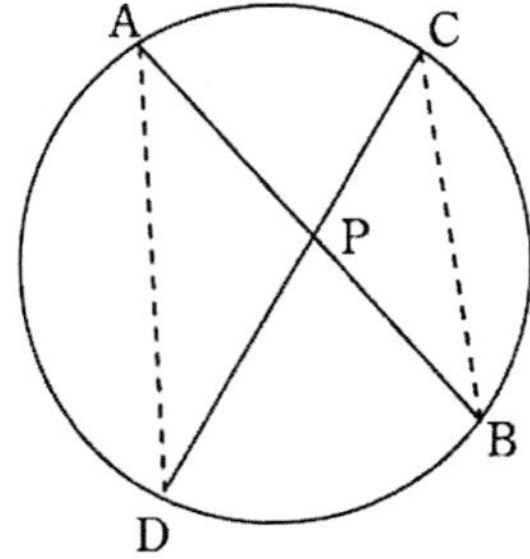

△PADと△PCBにおいて

$\overset{\frown}{DB}$ に対する

円周角は等しいから　∠DAP＝∠BCP　…①

対頂角は等しいから　∠APD＝∠CPB　…②

（※①，②のいずれかは下記も可
$\overset{\frown}{AC}$ に対する
円周角は等しいから　∠ADP＝∠CBP）

①，②より

2組の角がそれぞれ等しいから

△PAD∽△PCB

相似な図形の対応する辺の比は等しいから

PA：PC＝PD：PB

したがって

PA・PB＝PC・PD

(別解)

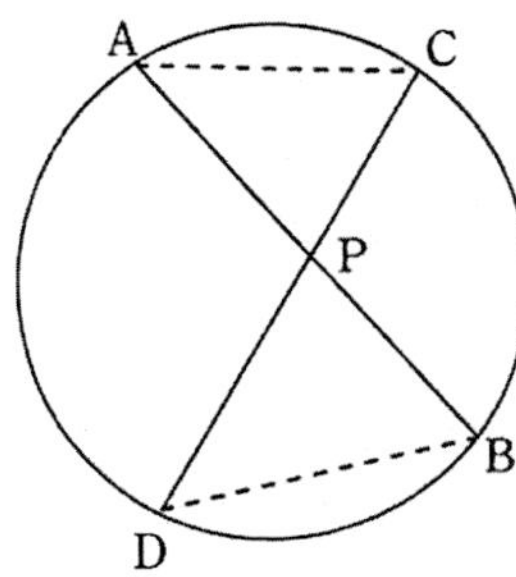

△PACと△PDBにおいて

$\overset{\frown}{AD}$ に対する

円周角は等しいから　∠ACP＝∠DB　…①

対頂角は等しいから　∠APC＝∠DPB　…②

（※①，②のいずれかは下記も可
$\overset{\frown}{BC}$ に対する
円周角は等しいから　∠CAP＝∠BDP）

①，②より

2組の角がそれぞれ等しいから

△PAC∽△PDB

相似な図形の対応する辺の比は等しいから

PA：PD＝PC：PB

したがって

PA・PB＝PC・PD

問2　(1)　正八面体

(2)

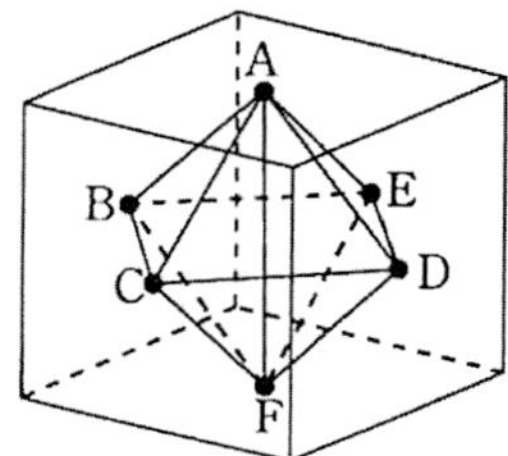

求める体積は，正四角錐2つと考えると

$\frac{1}{3}$・(正方形BCDE)・AF＝$\frac{1}{3}$・$\left(\frac{1}{2}\cdot 6\cdot 6\right)$・6＝36

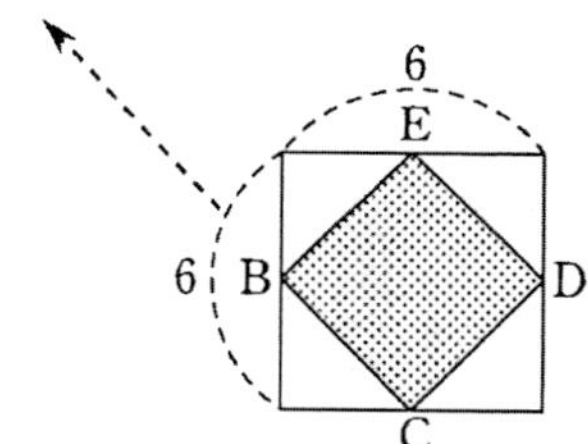

(別解)

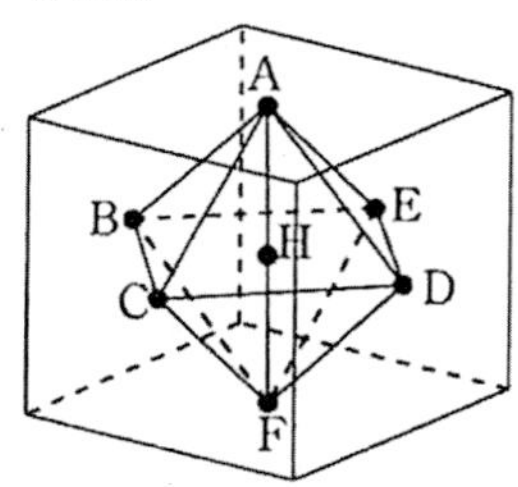

正八面体の1辺の長さは　$3\sqrt{2}$

Aから面BCDEにおろした垂線の足をHとすると　AH＝3

四角錐A－BCDEの体積は　$\frac{1}{3}\cdot(3\sqrt{2})^2\cdot 3=18$

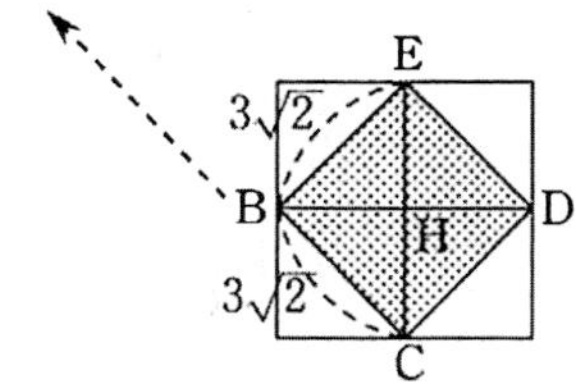

求める体積は，この2倍であるから　18・2＝36

問3　(1)　A(4，4)，C(－4，－16)であるから線分ACの中点Mは，M(0，－6)

直線MPの式を求めればよいから　$y=\frac{3}{5}x-6$

(2)　$A\left(t,\ \frac{1}{4}t^2\right)$とおくと，$B\left(-t,\ \frac{1}{4}t^2\right)$，$D(t,\ -t^2)$と表される

正方形であるから，AB＝AD　より

$$t-(-t)=\frac{1}{4}t^2-(-t^2)$$

$$2t=\frac{5}{4}t^2$$

$$5t^2-8t=0$$

$$t(5t-8)=0$$

$$t=0,\ t=\frac{8}{5}$$

$t>0$より，$t=\frac{8}{5}$

○**解説**○ 問1　解答参照。　問2　解答参照。　問3　(1)　四角形の対角線の交点を通る直線はその四角形を二等分する。　(2)　解答参照。

【6】(1)　△ABEと△CFBにおいて，

正三角形の3つの辺はすべて等しいので，DC＝CF　…①

長方形の向かいあう辺は等しいので，AB＝DC　…②

①，②より，AB＝CF　…③

同様にして，AE＝CB　…④

∠EAB＝∠EAD＋∠DAB＝150°

∠BCF＝∠FCD＋∠DCB＝150°

よって，∠EAB＝∠BCF　…⑤

③，④，⑤より，2組の辺とその間の角がそれぞれ等しいので，

△ABE≡△CFB

(2)　△ABEと△DFEにおいて

(1)より，合同な2つの三角形の対応する辺の長さは等しいので，

AB＝CF　…①

仮定より，CF＝DF　…②

①，②より，AB＝DF　…③

仮定より，AE＝DE　…④

∠EAB＝∠EAD＋∠DAB＝150°

∠EDF＝360°－(60°＋60°＋90°)＝150°

よって，∠EAB＝∠EDF　…⑤

③，④，⑤より，2組の辺とその間の角がそれぞれ等しいので，

△ABE≡△DFE

合同な2つの三角形の対応する辺の長さは等しいので，

BE＝FE

したがって，△BEFは1辺を6cmとする正三角形であることがわかる。

正三角形BEFの面積は

$\frac{1}{2}\times 6\times 3\sqrt{3}=\frac{18\sqrt{3}}{2}=9\sqrt{3}$

答　$9\sqrt{3}$〔cm²〕

○**解説**○ (1)　解答参照。　(2)　1辺の長さaの正三角形の面積は$\frac{1}{2}a^2\sin 60^\circ=\frac{\sqrt{3}}{4}a^2$である。

【7】(1)　(ア)　アイ　19　ウエ　57　オ　3　(イ)　カキ　21　ク　2　ケコ　10　サ　5　シ　3　(2)　ス　1　セ　2　ソ　7　タ　2　チ　4　ツ　3　テ　8　ト　3　ナ　1　ニ　4　ヌネ　25　ノハ　−9　ヒ　1　フヘ　40

○**解説**○ (1)　(ア)　△ABDについて余弦定理より，

$AD^2=5^2+2^2-2\cdot 5\cdot 2\cdot\cos 60^\circ$

$AD=\sqrt{19}$

外接円の半径は正弦定理より，(外接円の半径)$=\frac{\sqrt{19}}{2\sin 60^\circ}=\frac{\sqrt{57}}{3}$

(イ)　△ABEで余弦定理より，

$AE^2=5^2+4^2-2\cdot5\cdot4\cdot\cos60^\circ$

$AE=\sqrt{21}$

メネラウスの定理より，$\dfrac{AP}{PC}\cdot\dfrac{CB}{BE}\cdot\dfrac{RE}{AR}=\dfrac{2}{3}\cdot\dfrac{3}{2}\cdot\dfrac{RE}{AR}=1$

AR：RE＝1：1

よって，$AR=\dfrac{1}{2}AE=\dfrac{\sqrt{21}}{2}$

同様にメネラウスの定理でそれぞれの比を調べると，

$\dfrac{BE}{EC}\cdot\dfrac{CA}{AP}\cdot\dfrac{RP}{BR}=\dfrac{2}{1}\cdot\dfrac{5}{2}\cdot\dfrac{RP}{BR}=1$，BR：RP＝5：1だから，

$BR=\dfrac{5}{6}BP$，$RP=\dfrac{1}{6}BP$

$\dfrac{BD}{DC}\cdot\dfrac{CA}{AP}\cdot\dfrac{QP}{BQ}=\dfrac{1}{2}\cdot\dfrac{5}{2}\cdot\dfrac{QP}{BQ}=1$，BQ：QP＝5：4だから，

$BQ=\dfrac{5}{9}BP$

$QR=BR-BQ=\dfrac{5}{6}BP-\dfrac{5}{9}BP=\dfrac{5}{18}BP$より，

$BQ:QR:RP=\dfrac{5}{9}BP:\dfrac{5}{18}BP:\dfrac{1}{6}BP=10:5:3$

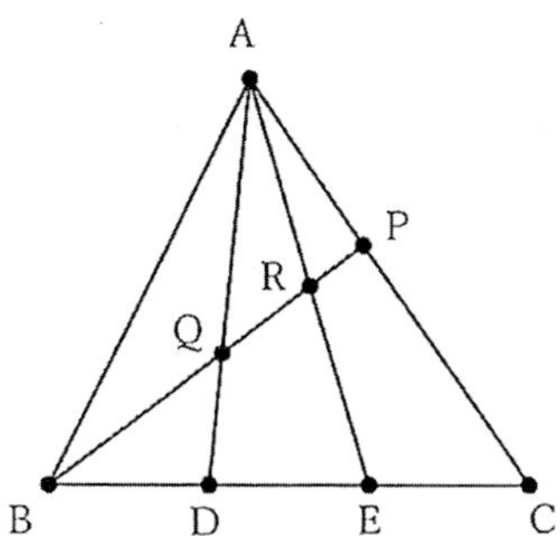

(2)　直線AB，BCの方程式はそれぞれ，$y=2x-1$，$y=\dfrac{3}{4}x-\dfrac{19}{4}$

直線の垂直二等分線はそれぞれの線分の中点を直交するため，

それぞれの垂直二等分線の傾きa，bと中点は，

傾き$2\times a=-1$　∴　$a=-\dfrac{1}{2}$

中点$\left(\dfrac{-3+1}{2},\ \dfrac{-7+1}{2}\right)$　∴　$(-1,\ -3)$

傾き$\frac{3}{4}\times b=-1$　∴　$b=-\frac{4}{3}$

中点$\left(\frac{5-3}{2},\ \frac{-1-7}{2}\right)$　∴　(1，−4)

よって，ABの垂直二等分線は，$y+3=-\frac{1}{2}(x+1)$

∴　$y=-\frac{1}{2}x-\frac{7}{2}$

BCの垂直二等分線は，$y+4=-\frac{4}{3}(x-1)$　∴　$y=-\frac{4}{3}x-\frac{8}{3}$
円Oは三角形ABCの内接円であるため，その中心OはAB，BCの垂直二等分線の交点なので，O(1，−4)
よって，円Oの方程式は，$(x-1)^2+(y+4)^2=25$
接線はその接点を通る半径に垂直であることを利用して，

接線の方程式はそれぞれ$y=1$，$y=-\frac{4}{3}x-11$
よって，交点D(−9，1)
底辺をADとすると，$\triangle ABD=10\times 8\times\frac{1}{2}=40$

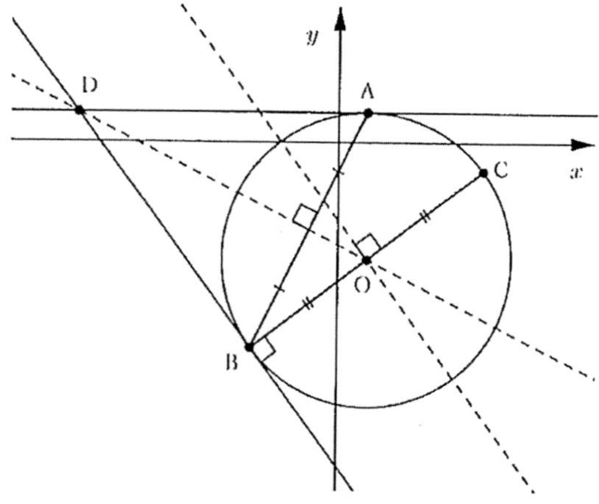

【8】(1)　$\sqrt{3}$，$\sqrt{6}$，$\sqrt{7}$

(2)　(ウ)　△PACと△PDBで共通だから　∠APC＝∠DPB…①
円に内接する四角形の性質より　∠PAC＝∠PDB…②
①②より，2組の角がそれぞれ等しいので　△PAC∽△PDB
相似な2つの三角形では，対応する辺の比は等しいので，

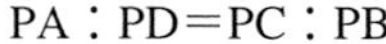
PA：PD＝PC：PB

よって，PA×PB＝PC×PD

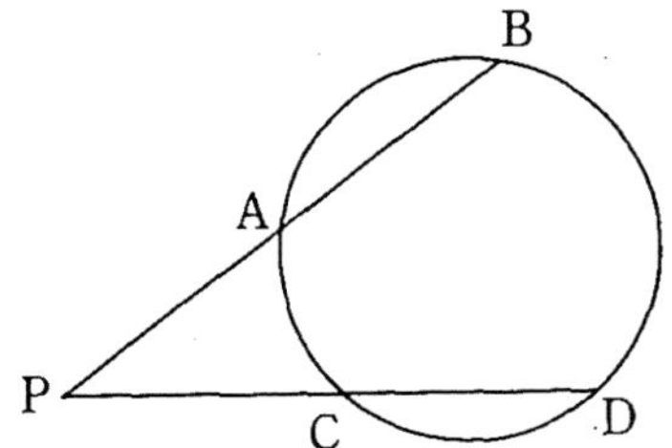

(エ)　△PATと△PTBで共通だから　∠APT＝∠TPB…①

接弦定理より∠ATP＝∠TBP…②

①②より，2組の角がそれぞれ等しいので　△PAT∽△PTB

相似な2つの三角形では，対応する辺の比は等しいので，

PA：PT＝PT：PB

よって，PA×PB＝PT^2

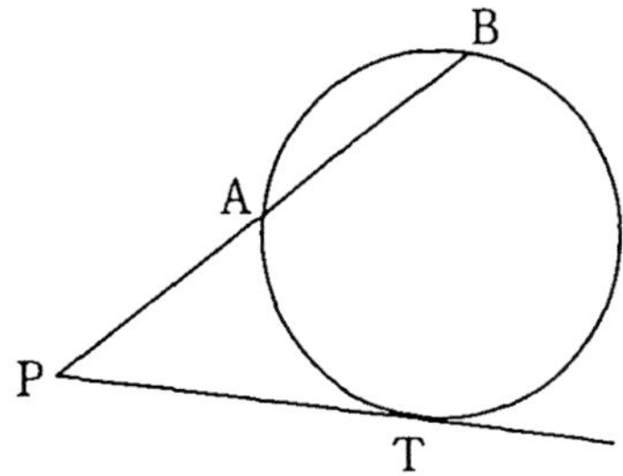

(3)　PA×PB＝PT^2より，PT＝$\sqrt{6}$ になるには，PA×PB＝6となればよい。

PA，PBは自然数だから，PA＝1，PB＝6　か　PA＝2，PB＝3

○**解説**○ (1)　問題の条件で作れる正方形の一辺の長さは以下の通りである。

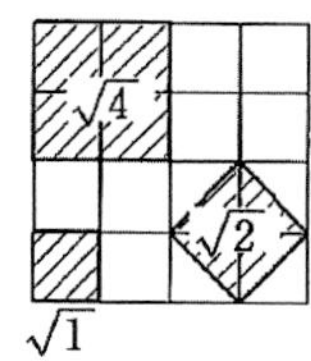

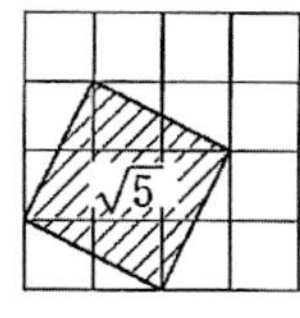

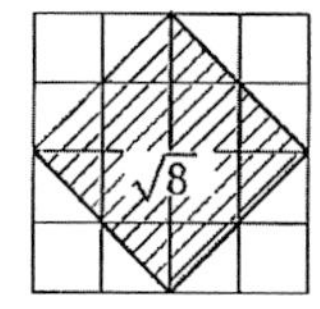

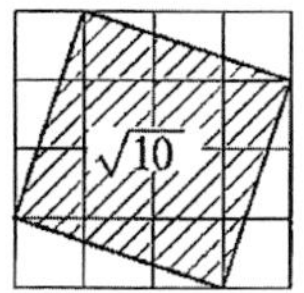

(2)　解答参照。　(3)　解答参照。

【9】(1) ア 4　イ 7　ウ 2　エ 7　(2) オ 2　カ 4
キ 1　ク 9　ケ 1　コ 2　サ 1　シ 9
(3) ス 3　セ 5　ソ 7　タ 1　チ 9

○**解説**○ (1)　△AEOと直線DFBにメネラウスの定理を使うと，

$\frac{AF}{FE}\times\frac{EB}{BO}\times\frac{OD}{DA}=1$より，$\frac{AF}{FE}\times\frac{1}{3}\times\frac{4}{1}=1$から，AF：FE＝3：4

線分AEを3：4に分ける点Fは，$\overrightarrow{OF}=\frac{4\overrightarrow{OA}+3\overrightarrow{OE}}{3+4}$と表せる。

$\overrightarrow{OE}=\frac{2}{3}\overrightarrow{OB}$ より，$\overrightarrow{OF}=\frac{4}{7}\overrightarrow{OA}+\frac{2}{7}\overrightarrow{OB}=\frac{4}{7}\vec{a}+\frac{2}{7}\vec{b}$

(2)　内積 $\vec{a}\cdot\vec{b}$ は，$|\vec{a}||\vec{b}|\cos60^\circ=\frac{3}{2}$

条件から，$\overrightarrow{OH}\cdot\overrightarrow{HB}=0$より，

$\overrightarrow{OH}\cdot(\overrightarrow{OH}-\overrightarrow{OB})=0$

点Fと点Hは一直線上の点であることから，$\overrightarrow{OH}=t\overrightarrow{OF}$となる実数$t$が存在する。

したがって，$t\overrightarrow{OF}(t\overrightarrow{OF}-\overrightarrow{OB})=0$

$t^2|\overrightarrow{OF}|^2-(\overrightarrow{OB}\cdot t\overrightarrow{OF})=0$

(1)より，$\left(\frac{16}{49}|\vec{a}|^2+\frac{16}{49}\vec{a}\cdot\vec{b}+\frac{4}{49}|\vec{b}|^2\right)t^2-\left(\frac{4}{7}\vec{a}\cdot\vec{b}+\frac{2}{7}|\vec{b}|^2\right)t=0$

$\frac{76}{49}t^2-\frac{24}{7}t=0$

$\frac{76}{49}t\left(t-\frac{42}{19}\right)=0$

条件より，$1<t$なので，$t=\frac{42}{19}$

よって，$\overrightarrow{OH}=\frac{42}{19}\overrightarrow{OF}=\frac{42}{19}\left(\frac{4}{7}\vec{a}+\frac{2}{7}\vec{b}\right)=\frac{24}{19}\vec{a}+\frac{12}{19}\vec{b}$

(3)　(2)より，$|\overrightarrow{OH}|^2=\frac{144}{19}$

△OHBについて，三平方の定理より$|\overrightarrow{BH}|=\sqrt{|\overrightarrow{OB}|^2-|\overrightarrow{OH}|^2}$

したがって，$|\overrightarrow{BH}|=\frac{3\sqrt{57}}{19}$

【10】(1)　28〔°〕

(2)　△AFBと△BFCで，

共通の角だから，∠AFB＝∠BFC　…①

円の接線と接点を通る弦とのなす角の性質より，

∠ABF＝∠BCF　…②

①，②より，2組の角がそれぞれ等しいので，

△AFB∽△BFC

(3)　①　3：4　　②　27：7

○**解説**○ (1)　∠ACB＝180°−(∠ABC＋∠BAC)＝180°−2・76°＝28°

よって，円の接線と接点を通る弦とのなす角より，

∠ABE＝∠ACB＝28°

(2)　解答参照

(3)　①　四角形ABCDは円に内接し，AD//BCであるから，等脚台形である。

∠BAE＝∠ABC＝76°

∠BEA＝180°−(∠ABE＋∠BAE)＝180°−(28°＋76°)＝76°

よって，∠BAE＝∠BEAより，

△BEAはBE＝BAの二等辺三角形である。

∠ABF＝∠ADB＝28°，∠BAF＝∠DAB＝104°より，2角がそれぞれ等しいので，△ABF∽△ADBから，

AB：AD＝BF：DBより，AD：DB＝AB：BF＝BE：BF＝3：4

すなわち，AD：BC＝3：4となり，

△GAD∽△GCBであるから，AG：CG＝AD：CB＝3：4

②　∠AEF＝180°−76°＝104°＝∠ADCより，

2組の角が等しいことから△AEF∽△ADCであり，相似比が1：3であるから，△AEF＝$\frac{1}{9}$△ADC

また，AG：GC＝3：4より，△ADG＝$\frac{3}{7}$△ADC

よって，△ADG：△AEF＝$\frac{3}{7}$△ADC：$\frac{1}{9}$△ADC＝27：7

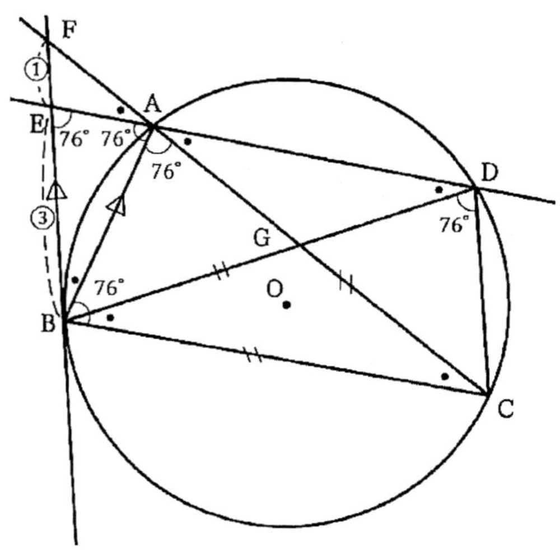

【11】(1) 【求める過程】

中心Oと点Eを結ぶと，△OEFはOF＝6cm

OE＝3cm，∠OEF＝90°の三角形となるので，∠EOF＝60°となる。よって，接弦定理より∠GEFは中心角∠EOF＝60°の半分の30°である。

【答】∠GEF＝30°

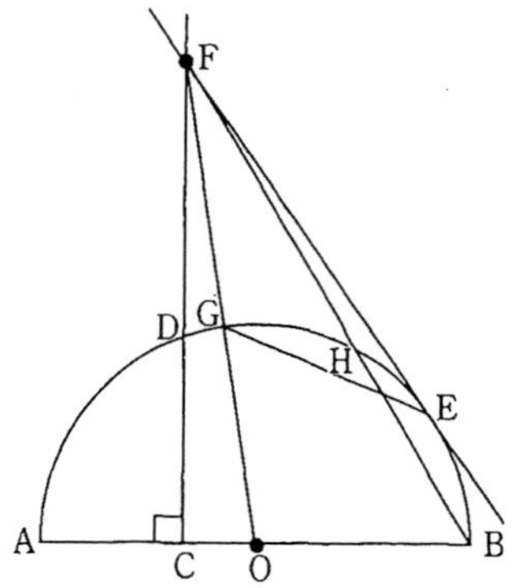

(2) 【求める過程】

△OCFと△CBFで三平方の定理を使うと，

CF＝$\sqrt{OF^2-OC^2}=\sqrt{35}$，FB＝$\sqrt{CF^2+CB^2}=\sqrt{51}$

また，AとHを結ぶと，△BFC∽△BAH (∵2角相等)となるからBF：BC＝BA：BHがいえる。よって，$\sqrt{51}$：4＝6：BHより，BH＝$\frac{24\sqrt{51}}{51}$＝$\frac{8}{17}\sqrt{51}$

よって，FB：HB＝$\sqrt{51}$：$\frac{8}{17}\sqrt{51}$＝17：8

【答】FB：HB＝17：8

○**解説**○ 解答参照。

【12】(1)

(2)

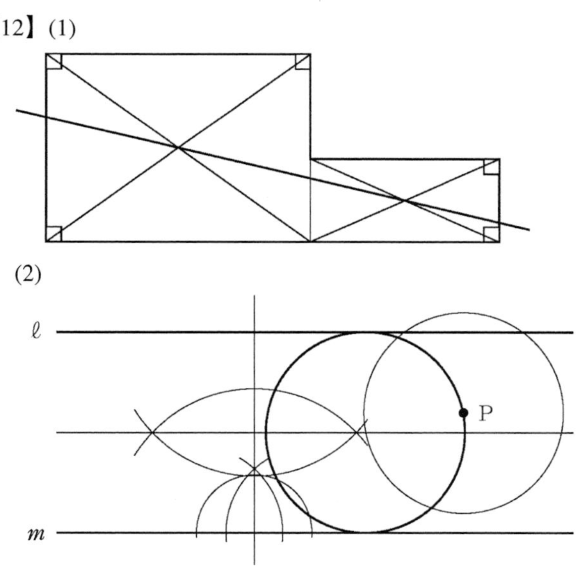

○**解説**○ (1) 平行四辺形の対角線の中点を通る直線は，その平行四辺形を二等分する。よって，図を2つの長方形として，それぞれの対角線の中点を通る直線を作図すればよい。 (2) 平行な2直線l，mに接する円であるため，中心は2直線からの距離が等しい。よって，求める円の中心は，2直線l，mからの距離が等しく平行な直線n上にあり，求める円の半径はこの直線nからどちらかの2直線までの最短距離である。点Pを中心に求める円と同じ半径の円Pを作図したとき，円Pと平行線nの交点が求める円の中心となる。

【13】(1)　D_1の辺の長さは$\frac{2}{3}$，D_0の辺の本数は3本，$S_0=\frac{1}{2}\cdot 2^2\cdot\frac{\sqrt{3}}{2}$ $=\sqrt{3}$ であるから

$S_1=S_0+\frac{1}{2}\cdot\left(\frac{2}{3}\right)^2\cdot\frac{\sqrt{3}}{2}\times 3=\frac{4\sqrt{3}}{3}$

D_2の辺の長さは$\frac{2}{3^2}=\frac{2}{9}$，$D_1$の辺の本数は12本であるから

$S_2=S_1+\frac{1}{2}\cdot\left(\frac{2}{9}\right)^2\cdot\frac{\sqrt{3}}{2}\times 12=\frac{4\sqrt{3}}{3}+\frac{4\sqrt{3}}{27}=\frac{40\sqrt{3}}{27}$

(2)　D_{n-1}の辺の長さは$\frac{2}{3^{n-1}}$であり，辺の本数は$3\cdot 4^{n-1}$本である。

D_{n-1}からD_nに変化するとき，1辺$\frac{2}{3^n}$の正三角形$3\cdot 4^{n-1}$個が図形の外側に付け加わるので，

$S_n=S_{n-1}+\frac{1}{2}\cdot\left(\frac{2}{3^n}\right)^2\sin\frac{\pi}{3}\times 3\cdot 4^{n-1}=S_{n-1}+\frac{\sqrt{3}}{3}\left(\frac{4}{9}\right)^{n-1}$

ここで，$S_0=\frac{1}{2}\cdot 2^2\sin\frac{\pi}{3}=\sqrt{3}$ であるから，$n\geqq 1$に対して，

$S_n=\sqrt{3}+\sum_{k=1}^{n}\frac{\sqrt{3}}{3}\left(\frac{4}{9}\right)^{k-1}=\sqrt{3}+\frac{\sqrt{3}}{3}\cdot\frac{1-\left(\frac{4}{9}\right)^n}{1-\frac{4}{9}}$

$=\frac{8\sqrt{3}}{5}-\frac{3\sqrt{3}}{5}\cdot\left(\frac{4}{9}\right)^n$

$0<\frac{4}{9}<1$であるから，$\lim_{n\to\infty}\left(\frac{4}{9}\right)^n=0$

したがって，$\lim_{n\to\infty}S_n=\lim_{n\to\infty}\left\{\frac{8\sqrt{3}}{5}-\frac{3\sqrt{3}}{5}\cdot\left(\frac{4}{9}\right)^n\right\}=\frac{8\sqrt{3}}{5}$

○**解説**○ 解答参照。

【14】(1)　$2\sqrt{13}$〔cm〕　　(2)　$\frac{24\sqrt{13}}{13}$〔cm〕

(3)　△EBOと△ECDにおいて，

対頂角より，∠OEB＝∠DEC　…①

また，CB，CDは円の接線であるから，∠OBC＝∠ODC＝90°であり，

四角形OBCDの対角の和が180°となるので，

四角形OBCDは円に接する四角形である。

よって，四角形OBCDの外接円の弧ODの円周角より，

∠OBE＝∠DCE　…②

①，②より2組の角がそれぞれ等しいので，△EBO∽△ECD

(4)　$4-\frac{8\sqrt{13}}{13}$〔cm〕

(5)　△GBOと△GDCについて，

∠BGO＝∠DGC(共通)　…①

∠GBO＝∠GDC＝90°　…②

①，②より2角がそれぞれ等しいから，△GBO∽△GDCである。

△GBO∽△GDCより，GB＝x，GO＝yとすると，

$y:(x+6)=2:3$

$2x-3y=-12$　…①

$x:(y+4)=2:3$

$3x-2y=8$　…②

①，②を連立して解くと，

①×2－②×3より，$x=\frac{48}{5}$

∴　GB＝$\frac{48}{5}$〔cm〕

$$\begin{array}{rl} & 4x-6y=-24 \\ - & 9x-6y=\ \ 24 \\ \hline & -5x\qquad\ =-48 \end{array}$$

○解説○ (1)　OB＝OD＝4でOCが共通する辺より，斜辺と他の一辺が等しいので，△OBC∽△ODC，よって，CD＝CB

三平方の定理を利用して，OC＝$\sqrt{(OB^2+CB^2)}=\sqrt{(4^2+6^2)}=2\sqrt{13}$〔cm〕

(2)　△OBCの面積＝$4\times6\times\frac{1}{2}=12$

OCを底辺にしたとき，△OBC＝$2\sqrt{13}\times BE\times\frac{1}{2}$

BE＝$\frac{12\sqrt{13}}{13}$

△OBC∽△ODCより，△BCE∽△DCEなのでDB＝2BE

よって，DB＝$\frac{24\sqrt{13}}{13}$〔cm〕

(3)　相似条件は「2組の角がそれぞれ等しい」でもよい。

(4)　(3)より，△EBO∽△ECDであり，その相似比は2：3

OE＝$\frac{2}{3}$ED＝$\frac{2}{3}\cdot\frac{12\sqrt{13}}{13}=\frac{8\sqrt{13}}{13}$

$EF=OF-OE=4-\frac{8\sqrt{13}}{13}$

(5) 解答参照。

【15】問1　三平方の定理を証明するには，$a^2+b^2=c^2$が成り立つことを証明すればよい。

線分AH$=x$とすると，BH$=$AB$-$AH$=c-x$である。

△CAHと△BACにおいて，仮定より∠AHC＝∠ACB＝90°，∠Aは共通

したがって，2組の角がそれぞれ等しいので，△CAH∽△BAC

よって，AH：AC＝CA：BA　すなわち　$x:b=b:c$

このことから，$cx=b^2$　…①

△BCHと△BACにおいて，仮定より∠CHB＝∠ACB＝90°，∠Bは共通

したがって，2組の角がそれぞれ等しいので，△BCH∽△BAC

よって，BH：BC＝BC：BA　すなわち$(c-x):a=a:c$

このことから，$c(c-x)=a^2$であるから，$c^2-cx=a^2$　…②

①，②より，$c^2-b^2=a^2$

よって，$a^2+b^2=c^2$が成り立つ。

問2　AからBCに垂線をひき，BCとの交点をHとする。

BH$=x$，AH$=h$とする。

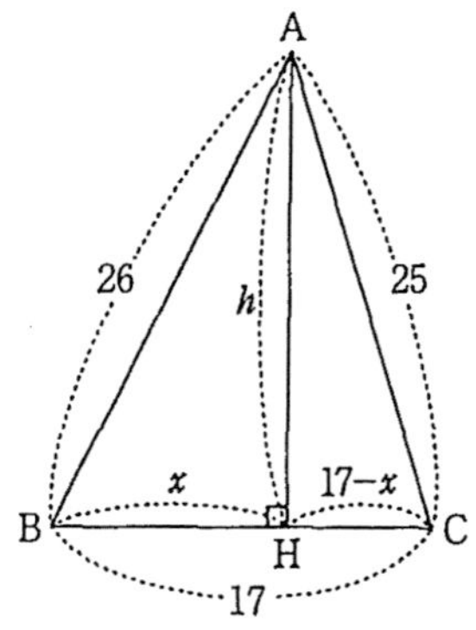

HC$=17-x$

△ABHで三平方の定理から

$AH^2+BH^2=AB^2$　$AH^2=AB^2-BH^2$　$h^2=26^2-x^2$　…①

△ACHで三平方の定理から

$AH^2+CH^2=AC^2$　$AH^2=AC^2-CH^2$　$h^2=25^2-(17-x)^2$　…②

①，②より　$26^2-x^2=25^2-(17-x)^2$

$$676-x^2=625-(289-34x+x^2)$$

$$676-x^2=625-289+34x-x^2$$

$$51+289=34x$$

$$34x=340$$

$$x=10$$

①に代入　$h^2=26^2-10^2=676-100=576$　$h=24$

$\triangle ABC=\frac{1}{2}\times17\times24=204$

○**解説**○ 問1　中学校学習指導要領より，中学校第3学年では，図形の相似を取り扱う。図形の相似比から斜辺の2乗がその他の辺の2乗の和であることを証明すればよい。

問2　(参考)　ヘロンの公式を用いると，$s=\frac{1}{2}(26+17+25)=34$

$\triangle ABC=\sqrt{34(34-26)(34-17)(34-25)}=\sqrt{34\cdot8\cdot17\cdot9}=204$

【16】ア　4　イ　9　ウ　1　エ　2　オ　1　カ　2　キ　1
ク　3　ケ　2　コ　1　サ　0　シ　1　ス　2　セ　1
ソ　0　タ　1　チ　0　ツ　1　テ　1　ト　1　ナ　0
ニ　2　ヌ　4　ネ　1　ノ　0　ハ　5　ヒ　8　フ　1
ヘ　0　ホ　1　マ　2　ミ　0　ム　0　メ　1　モ　0
A　①

○**解説**○ △ABEにおいて，三平方の定理より，

$x^2+y^2=7^2=49$

△AECにおいて，三平方の定理より，

$(12-x)^2+y^2=11^2=121$

これらより，$144-24x=72$

$x=3$，$y=\sqrt{40}=2\sqrt{10}$

したがって面積は，$\triangle ABC=\frac{1}{2}\times12\times2\sqrt{10}=12\sqrt{10}$〔$cm^2$〕

また，$\triangle ADF\backsim\triangle CAE$より，$5.5:11=DF:2\sqrt{10}$なので，

$DF=\sqrt{10}$〔cm〕

したがって面積は，$\triangle ADC=\frac{1}{2}\times 11\times\sqrt{10}=\frac{11\sqrt{10}}{2}$〔$cm^2$〕

次に，△ABCの各辺に接する円は内接円であり，その中心Oは内心となるので，3つの内角の二等分線の交点である。

面積に着目すると，△ABC＝△ABO＋△BCO＋△CAOより，

円Oの半径をrとすると，

$12\sqrt{10}=\frac{7}{2}r+\frac{12}{2}r+\frac{11}{2}r$

$r=\frac{4\sqrt{10}}{5}$〔cm〕

円Oの実際の半径は，

$\frac{4\sqrt{10}}{5}\times 1000=800\sqrt{10}$〔cm〕$=8\sqrt{10}$〔m〕

△ABCの実際の面積は，

$12\sqrt{10}\times 1000^2$〔cm^2〕$=1200\sqrt{10}$〔m^2〕

【17】(1)　∠ADB＝60〔度〕　(2)　$CD=2\sqrt{6}$〔cm〕

○**解説**○ (1)　△PCDにおいて，

$\angle PDC=180^\circ-\angle PCD-\angle CPD=180^\circ-15^\circ-105^\circ=60^\circ$

よって，$\angle BAC=\angle BDC=60^\circ$となり，円周角の定理の逆より，

4点B，A，D，Cは同一円周上である。

△BCPにおいて，内角と外角の関係より，

$\angle PCB=\angle CPD-\angle CBP=105^\circ-45^\circ=60^\circ$

よって，弧ABに対する円周角より，

$\angle ADB=\angle ACB=60^\circ$

(2)　△BCDに正弦定理より，$\frac{BC}{\sin D}=\frac{CD}{\sin B}$であるから，

$\frac{6}{\sin 60^\circ}=\frac{CD}{\sin 45^\circ}$より，$CD=\frac{6\sin 45^\circ}{\sin 60^\circ}=\frac{6\cdot\frac{1}{\sqrt{2}}}{\frac{\sqrt{3}}{2}}=2\sqrt{6}$〔cm〕

【18】(1)　ア　(2)　イ　(3)　エ

○**解説**○ (1)　$BD^2=4^2+8^2=80$より，$BD=\sqrt{80}=4\sqrt{5}$〔cm〕

(2)　条件より，ED＝AB，

$\angle FED=\angle FAB=90^\circ$より，4点ABDEは同一円周上である。

円周角の定理より，∠EDF＝∠ABF

１辺とその両端の角が等しいので，△EDF≡△ABFより，

AF＝EF＝xとおくと，FD＝8－x

△EDFにおいて三平方の定理より，$x^2+4^2=(8-x)^2$，よって，$x=3$

FD＝5となるから，AF：FD＝3：5

(3)　△EFD＝$\frac{1}{2}\times 4\times 3=6$

よって，AF：FD＝3：5より，△EFA＝$\frac{3}{5}$×△EFD＝$\frac{3}{5}\times 6=\frac{18}{5}$

四角形ABDE＝△ABD＋△EAD＝△ABD＋△EFD＋△EFA

$=16+6+\frac{18}{5}=\frac{128}{5}$〔$cm^2$〕

【19】(1)　∠A，∠B，∠C，∠Dの大きさをそれぞれa，b，c，dとおくと，

$\angle FEH=\angle AEB=180^\circ-\frac{a+b}{2}$

$\angle FGH=\angle DGC=180^\circ-\frac{c+d}{2}$

$a+b+c+d=360^\circ$より，

$\angle FGH=180^\circ-\frac{360^\circ-(a+b)}{2}=\frac{a+b}{2}$

よって，$\angle FEH+\angle FGH=180^\circ-\frac{a+b}{2}+\frac{a+b}{2}=180^\circ$

向かいあう2つの角の和が180°なので，四角形EHGFは円に内接する。

(2)　∠A，∠Bの大きさをそれぞれa，bとおくと

∠FEH＝90°より，$180^\circ-\frac{a+b}{2}=90^\circ$

よって，$a+b=180^\circ$

したがって，∠FEH＝90°のとき，$a+b=180^\circ$

よって，∠DAB＋∠ABC＝180°　…①

また，辺BAのA側の延長線上に点Pをとると

∠DAB＋∠PAD＝180°　…②

①，②より

∠ABC＝∠PAD

同位角が等しいので　AD//BC

ゆえに　四角形ABCDはAD//BCの台形となる。

○**解説**○ 解答参照。

【20】(1)　$\overrightarrow{OD}=\frac{2}{3}\vec{a}$，$\overrightarrow{OE}=\frac{1}{2}\vec{c}$ より，

$\overrightarrow{OP}=\frac{1}{4}\cdot\frac{2}{3}\vec{a}+\frac{3}{4}\cdot\frac{1}{2}\vec{c}=\frac{1}{6}\vec{a}+\frac{3}{8}\vec{c}$

であるから，

$\overrightarrow{OF}=k\left(\frac{1}{6}\vec{a}+\frac{3}{8}\vec{c}\right)=\frac{1}{6}k\vec{a}+\frac{3}{8}k\vec{c}$ …①

また，$\overrightarrow{OF}=l\vec{a}+\vec{c}$ $(0\leqq l\leqq 1)$ …②

①，②から　$\frac{1}{6}k\vec{a}+\frac{3}{8}k\vec{c}=l\vec{a}+\vec{c}$

$\vec{a}\neq\vec{0}$，$\vec{c}\neq\vec{0}$ で，かつ $\vec{a}$，$\vec{c}$ は平行ではないから

$\frac{1}{6}k=l$，$\frac{3}{8}k=1$

これを解いて　$k=\frac{8}{3}$，$l=\frac{4}{9}$

したがって，$\overrightarrow{OF}=\frac{4}{9}\vec{a}+\vec{c}$

(2)　平行四辺形OABCの面積をsとすると，

OD：DA＝2：1より，$\triangle ODF=\frac{1}{2}\cdot\frac{2}{3}s=\frac{1}{3}s$

CF：FB＝4：5より，$\triangle OFC=\frac{1}{2}\cdot\frac{4}{9}s=\frac{2}{9}s$

四角形ODFC＝$\triangle ODF+\triangle OFC=\frac{1}{3}s+\frac{2}{9}s=\frac{5}{9}s$

したがって，$\frac{5}{9}$〔倍〕

○**解説**○ 解答参照。問題の条件は次の図のようになる。

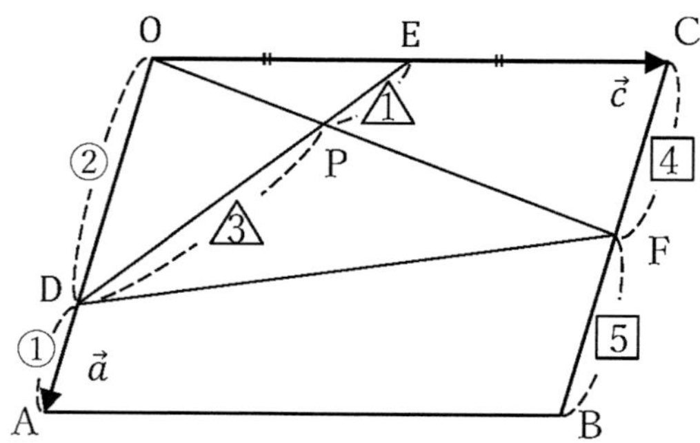

【21】(1)　5〔cm〕

(2)　△ABCと△DECにおいて

仮定より，∠AEB＝∠ADB

よって，2点D，Eは線分ABについて同じ側にあるので，4点A，B，D，Eは1つの円周上にある。

よって，弧BDに対する円周角は等しいので∠BAD＝∠BED　…①

弧DEに対する円周角は等しいので∠DAE＝∠DBE　…②

また，図より，∠BAC＝∠BAD＋∠DAE　…③

△BEDの外角より，∠EDC＝∠BED＋∠DBE　…④

①，②，③，④より，∠BAC＝∠EDC　…⑤

共通の角なので，∠ACB＝∠DCE　…⑥

⑤，⑥より，2組の角がそれぞれ等しいので

△ABC∽△DEC

(3)　$\frac{5\sqrt{6}}{12}$〔cm〕

○**解説**○ (1)　CD＝xとおくと，BD＝6－x,

$AD^2=AC^2-CD^2=AB^2-BD^2$より，

$7^2-x^2=5^2-(6-x)^2$，$x=5$

よって，CD＝5〔cm〕

(2)　【参考】∠BAC＝∠EDCについて，

4点A，B，D，Eは円周上より，四角形ABDEを考えて，

∠BAE＋∠BDE＝180°，また，∠BDE＋∠EDC＝180°

よって，∠BAE＝∠EDC，すなわち，∠BAC＝∠EDCと導くことができる。

(3)　△ABC∽△DECより，

AB：DE＝AC：DC，5：DE＝7：5

よって，DE＝$\frac{25}{7}$

DF＝yとおくと，BF＝$\sqrt{1+y^2}$である。

また，△ABFと△EDFにおいて，

共通の弧の円周角は等しいので，∠ABE＝∠EDA

対頂角は等しいので，∠AFB＝∠EFD

二組の角が等しいことより，△ABF∽△EDF

よって，BF：DF＝AB：ED，$\sqrt{1+y^2}:y=5:\frac{25}{7}$

$7y=5\sqrt{1+y^2}$，よって，$y^2=\frac{25}{24}$

$y=\sqrt{\frac{25}{24}}=\frac{5\sqrt{6}}{12}$となり，DF$=\frac{5\sqrt{6}}{12}$〔cm〕

【22】1　-1　　2　0

3　$\overrightarrow{AC}=s\overrightarrow{AB}+t\overrightarrow{AD}$ (s，tは実数)とすると

$\overrightarrow{AB}\perp\overrightarrow{BC}$より

$\overrightarrow{AB}\cdot\overrightarrow{BC}=0$　　よって　$\overrightarrow{AB}\cdot(\overrightarrow{AC}-\overrightarrow{AB})=0$

$s|\overrightarrow{AB}|^2+t\overrightarrow{AB}\cdot\overrightarrow{AD}-|\overrightarrow{AB}|^2=0$

したがって　$2s-t-2=0$ …①

$\overrightarrow{AD}\perp\overrightarrow{DC}$より

$\overrightarrow{AD}\cdot\overrightarrow{DC}=0$　　よって　$\overrightarrow{AD}\cdot(\overrightarrow{AC}-\overrightarrow{AD})=0$

$s\overrightarrow{AB}\cdot\overrightarrow{AD}+t|\overrightarrow{AD}|^2-|\overrightarrow{AD}|^2=0$

したがって　$-s+5t-5=0$ …②

①，②を解くと　$s=\frac{5}{3}$，$t=\frac{4}{3}$

ゆえに　$\overrightarrow{AC}=\frac{5}{3}\overrightarrow{AB}+\frac{4}{3}\overrightarrow{AD}$

4　$\overrightarrow{AC}=\frac{5}{3}\overrightarrow{AB}+\frac{4}{3}\overrightarrow{AD}=\frac{5\overrightarrow{AB}+4\overrightarrow{AD}}{4+5}\times3$　から

$\overrightarrow{AE}=\frac{5\overrightarrow{AB}+4\overrightarrow{AD}}{4+5}$　だから

点Eは線分BDを4：5に内分する

よって　BE：ED＝4：5

○解説○ 1　$\overrightarrow{AB}\cdot\overrightarrow{AD}=\mathrm{AB}\cdot\mathrm{AD}\cdot\cos\angle\mathrm{BAD}=\sqrt{2}\times\sqrt{5}\times\left(-\frac{1}{\sqrt{10}}\right)=-1$

2　AB⊥BCなので$\overrightarrow{AB}\cdot\overrightarrow{BC}=0$

3　解答参照。

4　次図のように$\overrightarrow{AE}$は$\overrightarrow{AC}$と一直線上なので，$\overrightarrow{AC}=k\overrightarrow{AE}$となる実数$k$が存在する。

また，点Eは線分BDを$m:n$で内分する点なので，

$\overrightarrow{AE}=\dfrac{n\overrightarrow{AB}+m\overrightarrow{AD}}{m+n}$である。

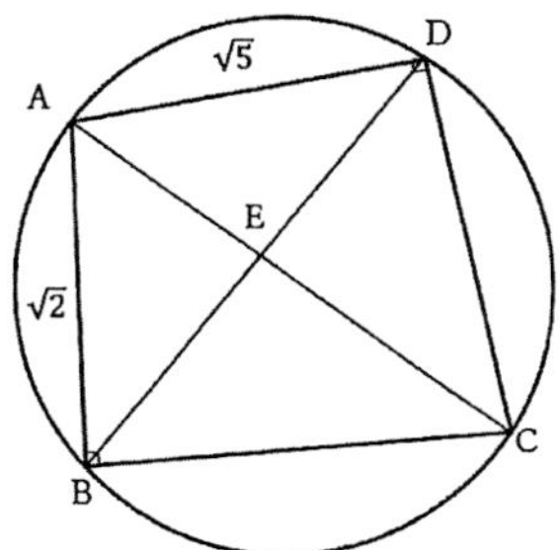

【23】④

○**解説**○ 3辺の長さが1，a，a^2 $(a>0)$である三角形が存在するから，

$$\begin{cases} 1+a>a^2 & \cdots① \\ a+a^2>1 & \cdots② \\ a^2+1>a & \cdots③ \end{cases}$$ が成り立つ。

①より，$a^2-a-1<0$，$\dfrac{1-\sqrt{5}}{2}<a<\dfrac{1+\sqrt{5}}{2}$

②より，$a^2+a-1>0$，$a<\dfrac{-1-\sqrt{5}}{2}$，$a>\dfrac{-1+\sqrt{5}}{2}$

③より，$a^2-a+1>0$，$\left(a-\dfrac{1}{2}\right)^2+\dfrac{3}{4}>0$となり，すべての実数で成り立つ。

以上より，求めるaの値の範囲は，

$\dfrac{-1+\sqrt{5}}{2}<a<\dfrac{1+\sqrt{5}}{2}$

【24】(1)　$\overrightarrow{AO}\cdot\overrightarrow{AB}=\dfrac{9}{2}$，$\overrightarrow{AO}\cdot\overrightarrow{AC}=\dfrac{25}{2}$

(2)　$\overrightarrow{AO}=\dfrac{11}{9}\overrightarrow{AB}+\dfrac{13}{15}\overrightarrow{AC}$

● 図形①

○**解説**○ (1)　△ABCにおいて，

$\cos A=\dfrac{3^2+5^2-7^2}{2\cdot3\cdot5}=-\dfrac{1}{2}$より，$\angle A=120^\circ$

$\sin A=\dfrac{\sqrt{3}}{2}$となり，正弦定理から，円の半径を求める。

$\dfrac{7}{\frac{\sqrt{3}}{2}}=2OA$より，$OA=\dfrac{7}{\sqrt{3}}$

外心Oから引いたABとACの垂線は垂直二等分線となるので，次図のようになる。

よって，$\angle BAO=\theta$とすると，$\cos\theta=\dfrac{\frac{3}{2}}{\frac{7}{\sqrt{3}}}=\dfrac{3\sqrt{3}}{14}$

よって，$\overrightarrow{AO}\cdot\overrightarrow{AB}=|\overrightarrow{AO}||\overrightarrow{AB}|\cos\theta=\dfrac{7}{\sqrt{3}}\cdot3\cdot\dfrac{3\sqrt{3}}{14}=\dfrac{9}{2}$

同様にして，$\angle CAO=\phi$とすると，$\cos\phi=\dfrac{\frac{5}{2}}{\frac{7}{\sqrt{3}}}=\dfrac{5\sqrt{3}}{14}$

よって，$\overrightarrow{AO}\cdot\overrightarrow{AC}=|\overrightarrow{AO}||\overrightarrow{AC}|\cos\phi=\dfrac{7}{\sqrt{3}}\cdot5\cdot\dfrac{5\sqrt{3}}{14}=\dfrac{25}{2}$

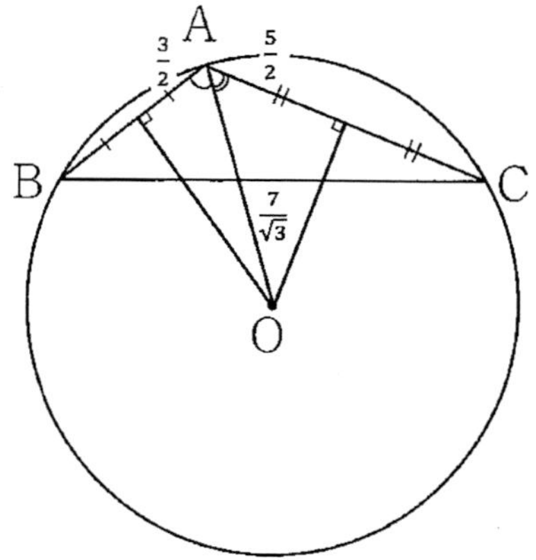

(2)　$\overrightarrow{AO}=s\overrightarrow{AB}+t\overrightarrow{AC}$として，$\overrightarrow{AB}\cdot\overrightarrow{AC}=|\overrightarrow{AB}||\overrightarrow{AC}|\cos120^\circ=-\dfrac{15}{2}$

より，

$\overrightarrow{AO}\cdot\overrightarrow{AB}=s|\overrightarrow{AB}|^2+t\overrightarrow{AC}\cdot\overrightarrow{AB}=\dfrac{9}{2}$から，$6s-5t=3$

$\overrightarrow{AO}\cdot\overrightarrow{AC}=s\overrightarrow{AB}\cdot\overrightarrow{AC}+t|\overrightarrow{AC}|^2=\frac{25}{2}$から，$-3s+10t=5$

これより，$s=\frac{11}{9}$，$t=\frac{13}{15}$　　よって，$\overrightarrow{AO}=\frac{11}{9}\overrightarrow{AB}+\frac{13}{15}\overrightarrow{AC}$

【25】①

○**解説**○ 三角形の面積に着目すると，$\triangle ABC=\triangle ABD+\triangle ADC$より，

$$\frac{1}{2}\times2\times3\times\sin60^\circ=\frac{1}{2}\times2\times AD\times\sin30^\circ+\frac{1}{2}\times AD\times3\times\sin30^\circ$$

$$\frac{1}{2}\times2\times3\times\frac{\sqrt{3}}{2}=\frac{1}{2}\times2\times AD\times\frac{1}{2}+\frac{1}{2}\times AD\times3\times\frac{1}{2}$$

$$\frac{3\sqrt{3}}{2}=\frac{5}{4}AD$$

$$AD=\frac{6\sqrt{3}}{5}$$

【26】(1)　$f(x)=\log(1+x)-\left(x-\frac{x^2}{2}\right)$とおくと，

$$f'(x)=\frac{1}{1+x}-(1-x)=\frac{1-(1-x)(1+x)}{1+x}=\frac{x^2}{1+x}>0\qquad(\because\quad x>0)$$

よって，$f(x)$は$x\geqq0$の範囲で常に増加する。

よって，$x>0$のとき，$f(x)>f(0)=0$

つまり　$x-\frac{x^2}{2}<\log(1+x)$が成り立つ。

(2)　①　$\begin{cases}x^2+y^2=2\\ y=x^2\end{cases}$　を解くと　$(x,\ y)=(1,\ 1)$　または　$(-1,\ 1)$

領域Dを図示すると次図の斜線部分であり，境界線を含む。

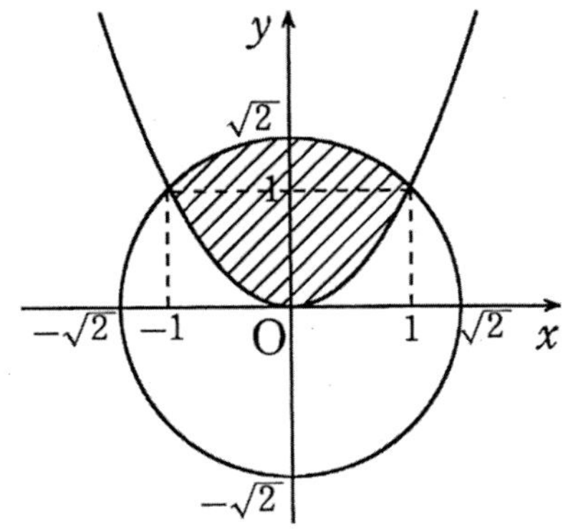

② A(1, 1), B(−1, 1)とおくと
$S=$(扇形OAB)+(直線OAと$y=x^2$で囲まれた部分)×2 である。

(扇形OABの面積)$=\frac{1}{2}\cdot(\sqrt{2})^2\cdot\frac{\pi}{2}=\frac{\pi}{2}$

(直線OAと$y=x^2$で囲まれた部分の面積)

$=\int_0^1(x-x^2)dx=\left[\frac{1}{2}x^2-\frac{1}{3}x^3\right]_0^1=\frac{1}{2}-\frac{1}{3}=\frac{1}{6}$ であるから,

$S=\frac{\pi}{2}+\frac{1}{6}\cdot2=\frac{\pi}{2}+\frac{1}{3}$

③ $V=\pi\int_0^1 ydy+\pi\int_1^{\sqrt{2}}(2-y^2)dy=\pi\left[\frac{y^2}{2}\right]_0^1+\pi\left[2y-\frac{y^3}{3}\right]_1^{\sqrt{2}}$

$=\pi\left(\frac{1}{2}-0\right)+\pi\left\{2\sqrt{2}-\frac{2\sqrt{2}}{3}-\left(2-\frac{1}{3}\right)\right\}=\frac{\pi}{2}+\pi\left(\frac{4\sqrt{2}}{3}-\frac{5}{3}\right)$

$=\left(\frac{4\sqrt{2}}{3}-\frac{7}{6}\right)\pi$

○**解説**○ (1) $x>0$でつねに$f(x)>0$とは,($x>0$での$f(x)$の最小値)>0ということである。$f(x)$の最小値を調べるために,$f(x)$を微分して増減を調べている。 (2) ① 解答参照。 ② $x^2+y^2=2$をyについて解くと積分の計算が複雑になるため,ここでは求めやすい扇形の面積を利用している。 ③ $c\leqq y\leqq d$の範囲で,曲線$x=f(y)$とy軸とで囲まれた図形をy軸のまわりに1回転してできる立体の体積は,

$\int_c^d\pi x^2dy=\pi\int_c^d\{f(y)\}^2dy$

【27】 イ

○**解説**○ 以下の図のようにBC$=x$とすると,

CD$=\sqrt{(\sqrt{10})^2-3^2}=1$, AB$=\sqrt{x^2+9}$,

BD=BC−CD$=x-1$

AB:AC=BD:DCより,

$\sqrt{x^2+9}:3=(x-1):1$

$\sqrt{x^2+9}=3(x-1)$

$x^2+9=9(x-1)^2$

$4x^2-9x=0$

$x>0$より, $x=\frac{9}{4}$

よって, BC$=\frac{9}{4}$

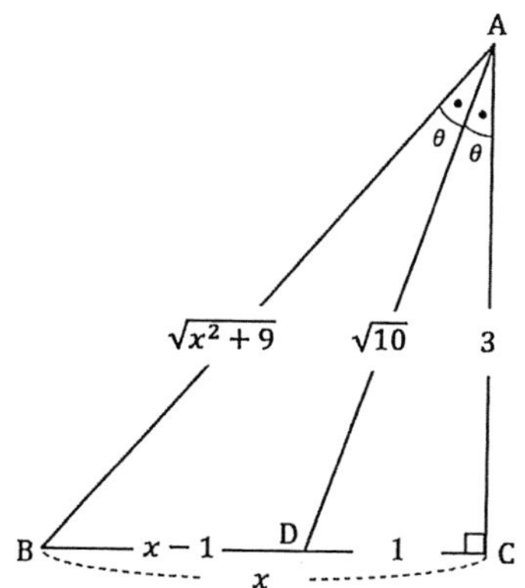

【別解】 ∠CAD$=\theta$とおくと，直角三角形ACDにおいて，$\tan\theta=\dfrac{1}{3}$，
直角三角形ACBにおいて，$\dfrac{\mathrm{BC}}{3}=\tan 2\theta$なので，BC$=3\tan 2\theta$

ここで，$\tan 2\theta=\dfrac{2\tan\theta}{1-\tan^2\theta}=\dfrac{\frac{2}{3}}{1-\frac{1}{9}}=\dfrac{3}{4}$であるから，BC$=\dfrac{9}{4}$

【28】(3)

○**解説**○ 図のようにして，BH$=x$とおくと，AH$=1-x$であり，
PH$^2=$AH・BHより，PH$^2=x(1-x)$，PH$=\sqrt{x-x^2}$
よって，BH＋PH$=x+\sqrt{x-x^2}=f(x)$として，

$f'(x)=1+\dfrac{1-2x}{2\sqrt{x-x^2}}=\dfrac{2\sqrt{x-x^2}+1-2x}{2\sqrt{x-x^2}}=0$より，

$2\sqrt{x-x^2}+1-2x=0\left(\dfrac{1}{2}<x<1\text{に注意}\right)$を解いて，$x=\dfrac{2+\sqrt{2}}{4}$

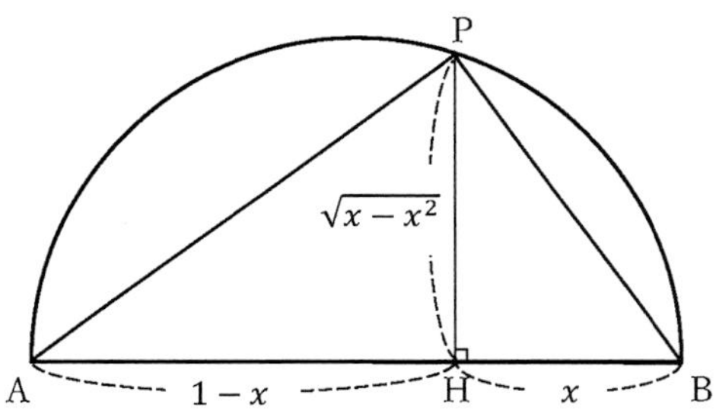

次の$f(x)$の増減表より，

x	$\frac{1}{2}$	……	$\frac{2+\sqrt{2}}{4}$	……	1
$f'(x)$	＼	＋	0	－	＼
$f(x)$	＼	↗	極大	↘	＼

$f(x)$は$x=\frac{2+\sqrt{2}}{4}$のとき，最大になる。

このとき，$PH^2=\left(\frac{2+\sqrt{2}}{4}\right)\left(1-\frac{2+\sqrt{2}}{4}\right)=\frac{2}{16}$より，$PH=\frac{\sqrt{2}}{4}$

したがって，$\triangle BPH=\frac{1}{2}\cdot BH\cdot PH=\frac{1}{2}\cdot\left(\frac{2+\sqrt{2}}{4}\right)\cdot\frac{\sqrt{2}}{4}=\frac{1}{16}(1+\sqrt{2})$

【29】①

○**解説**○ 3点A(3，1，2)，B(4，2，3)，C(5，2，5)を通る平面の方程式を，$ax+by+cz+d=0$とおいて，

$$\begin{cases} 3a+b+2c+d=0 \\ 4a+2b+3c+d=0 \\ 5a+2b+5c+d=0 \end{cases}$$ これより，$a=-\frac{2d}{3}$，$b=\frac{d}{3}$，$c=\frac{d}{3}$

よって，平面の方程式は，

$-\frac{2d}{3}x+\frac{d}{3}y+\frac{d}{3}z+d=0$から，$2x-y-z-3=0$

点D$(-2,\ -1,\ x)$はこの平面上だから代入して，

$-4+1-x-3=0$より，$x=-6$

【30】3

○**解説**○ $\angle DAB=\alpha$とすると，$\angle DCB=180^\circ-\alpha$であるから，

△ABDと△CBDにおいて，

余弦定理より，$BD^2=6^2+5^2-2\cdot6\cdot5\cdot\cos\alpha=10^2+5^2-2\cdot10\cdot5\cdot\cos(180^\circ-\alpha)$

よって，$61-60\cdot\cos\alpha=125+100\cdot\cos\alpha$

$160\cdot\cos\alpha=-64$，$\cos\alpha=-\frac{2}{5}$となり，

$\sin\alpha=\sqrt{1-\left(-\frac{2}{5}\right)^2}=\frac{\sqrt{21}}{5}$

したがって，四角形ABCD＝△ABD＋△CBD

$$=\frac{1}{2}\cdot 6\cdot 5\cdot \sin\alpha+\frac{1}{2}\cdot 10\cdot 5\cdot \sin(180^\circ-\alpha)$$

$$=\frac{1}{2}(30+50)\cdot \sin\alpha=40\times\frac{\sqrt{21}}{5}=8\sqrt{21}\ 〔\mathrm{cm}^2〕$$

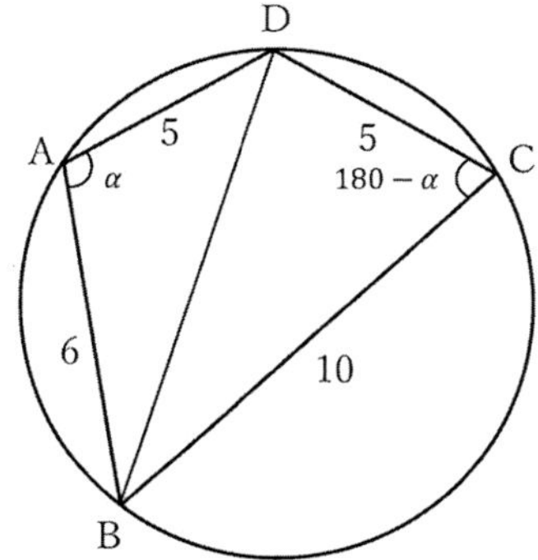

図形②

要点整理

「図形①」では主に初等幾何を扱った。今回は幾何を座標系の中で扱う。3次元空間における直線・球面・平面と，2次元空間における2次曲線がその中心である。また複素数平面での幾何への応用についても，問題の中で紹介する。

①空間図形

(1) 直線$\dfrac{x-x_1}{a}=\dfrac{y-y_1}{b}=\dfrac{z-z_1}{c}$

方向ベクトル$(a,\ b,\ c)$が単位ベクトルのとき，これを方向余弦という。このとき直線上の2点をA，Bとし，$\overrightarrow{AB}/\!/(a,\ b,\ c)$とすれば，$\overrightarrow{AB}$と$x$，$y$，$z$軸とのなす角$\alpha$，$\beta$，$\gamma$は，

$a=\cos\alpha$，$b=\cos\beta$，$c=\cos\gamma$

となっている。これが方向余弦の意味である。

(2) 2直線の平行，垂直

方向ベクトルの垂直，平行に帰結される。なお，2直線が平行でなく，しかも交わらないときはこれをねじれの位置“twisted position”にあるという。2直線l_1，l_2が交わらないとき，これら2直線間の距離については，l_1，l_2上にそれぞれ動点P，Qをとり$PQ\perp l_1$と$PQ\perp l_2$としたときの線分PQの長さをもって定義する。

(3) 空間の3点$A_i(x_i,\ y_i,\ z_i)$，$(i=1,\ 2,\ 3)$が定める平面$\overrightarrow{A_1A_2}$と$\overrightarrow{A_1A_3}$の両方に垂直な方向が，求める平面の法線ベクトルとなる。外積ベクトル$\overrightarrow{A_1A_2}\times\overrightarrow{A_1A_3}$の計算が実用上便利である。

(4) 球面

中心$(a,\ b,\ c)$，半径rの球面については

$$(x-a)^2+(y-b)^2+(z-c)^2=r^2$$

がその方程式である。この球面の中心を$A(a,\ b,\ c)$，球面上の一点をPとするとき，$\overrightarrow{AP}$はPにおける接平面の法線ベクトルになっている。$P(x_1,\ y_1,\ z_1)$とすると，Pにおける接平面は，

$$(x_1-a)(x-a)+(y_1-b)(y-b)+(z_1-c)(z-c)=r^2$$

また，平面π：$p_1x+q_1y+r_1z=d$と上の球面とが交わっているとき，

切り口の円の半径は$\sqrt{r^2-d^2}$

ただし,

$$d=\frac{|p_1a+q_1b+r_1c-d|}{\sqrt{p_1^2+q_1^2+r_1^2}}$$ (点(a, b, c)と平面πとの距離)

である。

(5) 錐面

錐面については,体積や断面積を求めたりする出題がほとんどである。座標空間において直線$\frac{x}{a}+\frac{z}{b}=1$, $y=0$があるとき,

$(z-b)^2=\frac{b^2}{a^2}(x^2+y^2)$ が,直線を母線とする直円錐の方程式である。

(6) その他の座標系

デカルト直交座標(x, y, z)だけを扱う必要はない。問題に応じていろいろな座標を用いるのがよい。

$x=a\sin u\cos v$, $y=a\sin u\sin v$, $z=a\cos u$

は球面座標と呼ばれる。

②平面上の2次曲線

座標平面上の2次方程式

$F(x, y)=ax^2+2bxy+cy^2+2dx+2ey+f=0$

が定義する図形を2次曲線という。

(1) 適当な平行移動$x=X+x_0$, $y=Y+y_0$により,

$F=aX^2+2bXY+bY^2+g=0$

の形になる。さらに,

$X=\varepsilon\cos\theta-\eta\sin\theta$

$Y=\varepsilon\sin\theta+\eta\cos\theta$

と変換し,ε, ηの係数が0となるようにθを選ぶことにより,いわゆる2次曲線の標準形へと変形される。

(a) 楕円

2定点F,F′よりの距離の和が一定な点Pの軌跡を楕円といい,F,F′をその焦点という。

標準形は$\frac{x^2}{a^2}+\frac{y^2}{b^2}=1$ $(a>0, b>0)$

(b)　双曲線

2定点F，F′よりの距離の差が一定な点Pの軌跡を双曲線という。

標準形は$\frac{x^2}{a^2}-\frac{y^2}{b^2}=1$　$(a>0,\ b>0)$

(c)　放物線

1定点をF，gはFを通らない定直線とする。F，gからの距離が等しい点Pの軌跡を放物線という。Fを焦点，gを準線という。

標準形は$y^2=4px$

(2)　離心率

離心率eとは，簡単に言えば楕円・双曲線の形状を決定する値である。今それぞれの標準形において，焦点をF$(\pm k,\ 0)$とすると，$ae=k$を満たすeが離心率であり，

楕円においては，　$e=\frac{k}{a}=\frac{\sqrt{a^2-b^2}}{a}$

双曲線においては，$e=\frac{k}{a}=\frac{\sqrt{a^2+b^2}}{a}$

である。中心からの焦点の離れ具合を表しており，離心率の名はそこからきている。

③複素数と幾何

平面上の点Pに複素数zを対応させ，さらに複素数を作用素と考えれば，

1. rが実数のとき，rzはOPをr倍に相似拡大した点
2. iを虚数単位とすると，izはOPを原点中心に$\frac{\pi}{2}$回転した点

をそれぞれ表す。

実施問題

【1】次の各問いについて，解答番号[1]～[9]内にあてはまる0～9の数字を記入せよ。

(1) $|\vec{a}|=2$，$|\vec{b}|=2$で，$3\vec{a}-2\vec{b}$と$\vec{a}+4\vec{b}$が垂直であるとき，$\vec{a}$と$\vec{b}$のなす角は[1][2]°である。

(2) 四面体OABCにおいて，辺ABを3：2に内分する点をD，辺CDを2：1に内分する点をPとするとき，$\overrightarrow{OP}=\dfrac{[\ 3\ ]}{[\ 4\ ][\ 5\ ]}\overrightarrow{OA}+\dfrac{[\ 6\ ]}{[\ 7\ ]}\overrightarrow{OB}+\dfrac{[\ 8\ ]}{[\ 9\ ]}\overrightarrow{OC}$である。

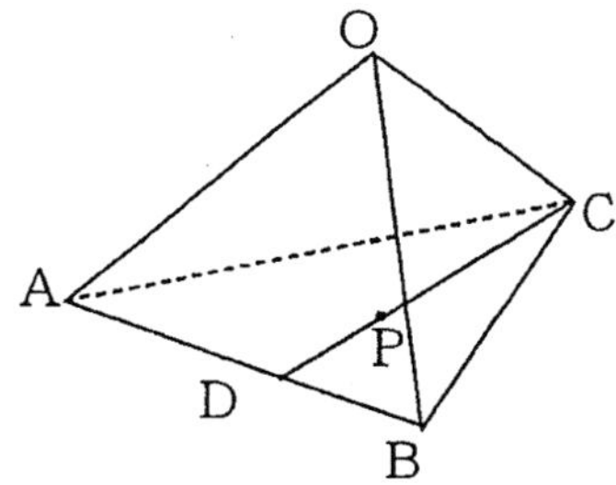

▌2024年度 ▌愛知県 ▌難易度

【2】次の図のように，AB＝AC＝AD＝$\sqrt{21}$，BC＝CD＝DB＝6の三角錐ABCDがあり，頂点Aから△BCDに垂線AHを下ろす。以下の各問に答えよ。

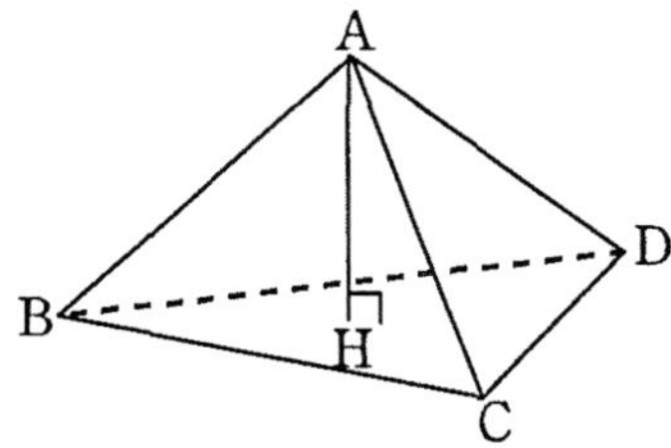

(1) 点Hは△BCDの外心であることを証明せよ。

(2) 三角錐ABCDの体積Vを求めよ。

(3)　三角錐ABCDに内接する球の半径rを求めよ。

▌2024年度 ▌鹿児島県 ▌難易度

【3】次の図のような，AB＝AC＝AD＝BC＝BD＝3，CD＝4の四面体ABCDにおいて，辺CDの中点をEとする。また，辺AD上に点Fをとり，DF＝tとする。このとき，以下の1，2，3の問いに答えよ。

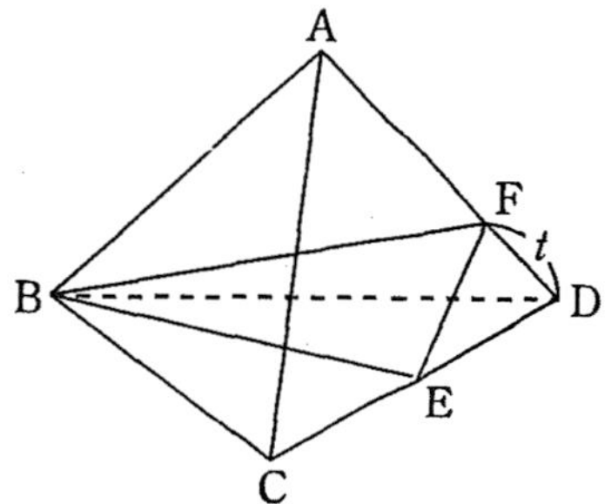

1　sin∠BCDを求めよ。ただし，途中の計算は書かなくてよい。

2　四面体ABCDの体積Vを求めよ。

3　線分EFの長さが最小になるときのtの値と，そのときの△BEFの面積を求めよ。

▌2024年度 ▌栃木県 ▌難易度

【4】AB＝5，AD＝8，AE＝2である直方体ABCD-EFGHにおいて，辺BC上にBP＝1となる点P，辺AD上にAQ＝6となる点Qをとる。

3点F，P，Qを通る平面と辺EHとの交点をRとするとき，次の各問に答えよ。

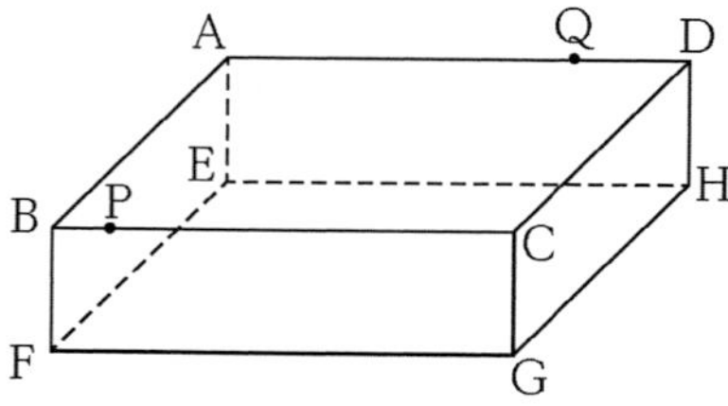

〔問1〕 PR＝[　[1]　]$\sqrt{[\quad[2]\quad]}$である。

〔問2〕 四角形PFRQの面積は[　[3][4]　]である。

〔問3〕 3点F，P，Qを通る平面によって直方体ABCD-EFGHを2つの立体に切断するとき，頂点Cを含む方の立体の体積は[[5][6]]である。

▌2024年度 ▌東京都 ▌難易度

【5】半径1cmの球をたくさん用意し，これらの球を，隣り合うものどうしが接するように組み合わせて，次の手順Ⅰ～Ⅲに従って，正四面体状の立体を作る。このとき，以下の(1)，(2)に答えなさい。

> 手順
> Ⅰ 球を1個置いて，1段目とする。
> Ⅱ ($n-1$)段目と同じ個数の球とn個の球を合わせて正三角形状に並べ，n段目とする。ただし，nは2以上の自然数とする。
> Ⅲ 1段目からn段目までを，1段目が一番上にくるように順に重ねて，正四面体状の立体を作る。

なお，次の図は，球を3段目まで重ねて作った正四面体状の立体である。

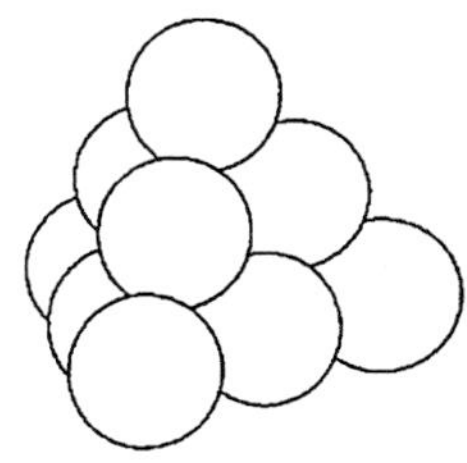

(1) 用意した球が100個であるとき，できるだけ大きい正四面体状の立体を作ると，何個の球が余るか。

(2) (1)で作った正四面体状の立体の高さを求めなさい。

▌2024年度 ▌新潟県・新潟市 ▌難易度

【6】次の各問いに答えなさい。

(1) 図1のような，AB＝AC＝6cmの直角二等辺三角形ABCがある。頂点Aを底辺BCの方向に，折り目が底辺BCと平行になるよう折り曲げ，その折り目となる線分をDEとする。なお，点Dは辺AB上，点Eは辺AC上の点とする。また，折り曲げた時に△ABCと重なった部分の面積をSとする。このとき，以下の各問いに答えなさい。

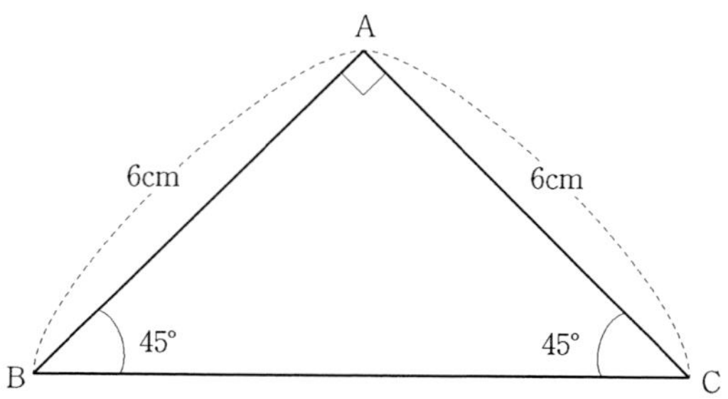

図1

① AD＝$x$cmとするとき，次の[(ア)]～[(ウ)]にあてはまる数や式を答えなさい。

0＜x≦[(ア)]のとき，S＝[(イ)]

[(ア)]＜x＜6のとき，S＝[(ウ)]

② S＝$\frac{9}{2}$のとき，xの値を求めなさい。

(2) 図2のような，底面が1辺6cmの正方形で高さが12cmの正四角柱がある。辺AB，BCの中点をそれぞれM，Nとする。この正四角柱を，3点M，N，Pを含む平面で2つに切るとき，以下の各問いに答えなさい。

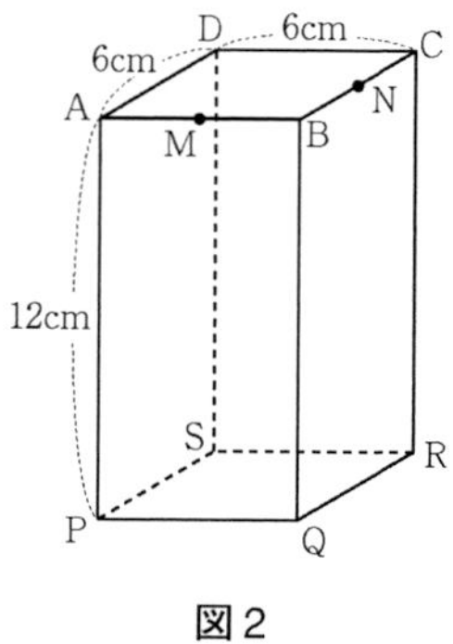

図2

① 切り口の図形を答えなさい。

② 切り口の図形の周の長さを求めなさい。

③ 頂点Bを含む立体の体積を求めなさい。

▌2024年度 ▌鳥取県 ▌難易度

【7】太郎さんは図1のように同じ大きさの円柱状の7本のバトンを，互いが接するように並べてひもで束ねようとしたが，ひもの長さが足りなかったため，図2のように並べかえたところ，ひもで束ねることができた。

束ねるのに必要なひもの長さの違いを調べるために，太郎さんはバトンをひもで束ねた様子を，以下のア，イのように模式的に表した。

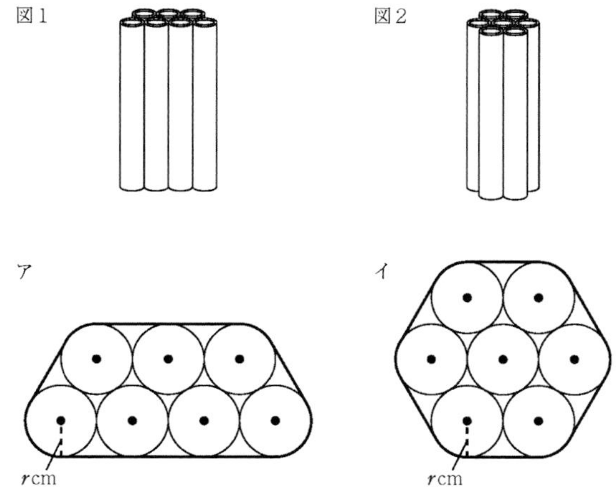

円の半径を$r$cm，円周率をπとするとき，アとイのひもの長さの差を説明も書いて求めよ。その際，図を使って説明してもよい。

ただし，必要なひもの長さは1周だけ巻いたときの最も短い長さとし，ひもの太さや結び目については考えないものとする。

▌2024年度 ▌愛媛県 ▌難易度

【8】次の図は，AB＝BC＝6cm，AE＝8cmである直方体である。この直方体について，以下の問いに答えなさい。

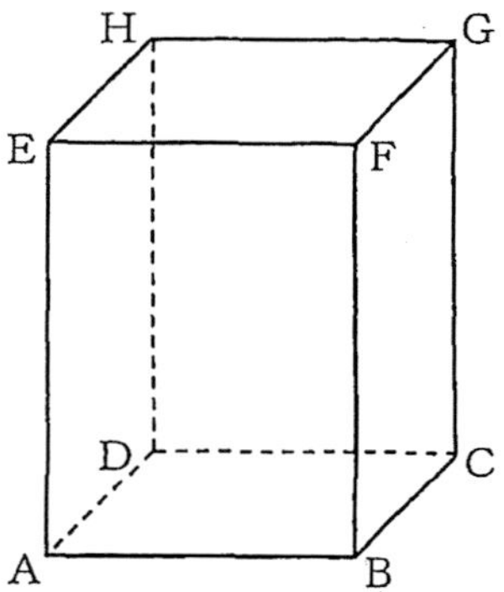

(1)　点Eを頂点とし，△GDBを底面とする三角錐E－GDBの体積を求めなさい。

(2)　線分ECと△GDBの交点をPとするとき，EPの長さを求めなさい。

▌2024年度 ▌静岡県・静岡市・浜松市 ▌難易度

【9】次の図のように，半径10の半球形の容器に水が満たしてある。この容器を静かに30°だけ傾けたときに，こぼれ出る水の量として最も適切なものを，以下の①～⑥のうちから選びなさい。ただし，円周率はπとする。

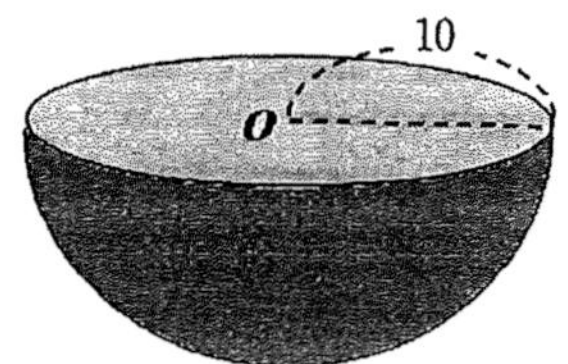

①　$\frac{1375}{3}\pi$　　②　$\frac{1375}{6}\pi$　　③　$99\sqrt{3}\pi$　　④　$\frac{625}{3}\pi$

⑤　$\frac{625}{6}\pi$　　⑥　$\frac{2000-99\sqrt{3}}{3}\pi$

▌2024年度 ▌神奈川県・横浜市・川崎市・相模原市 ▌難易度

【10】次の図のように，1辺の長さが4cmの立方体ABCD－EFGHがあります。辺AD，CDの中点をそれぞれP，Qとするとき，五面体PQD－EGH

の体積として正しいものを，以下の1～4の中から1つ選びなさい。

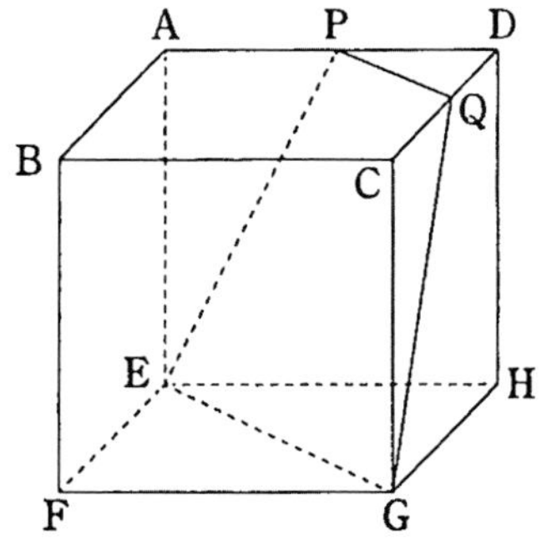

1　$\frac{52}{3}$ cm^3　　2　$\frac{56}{3}$ cm^3　　3　$\frac{60}{3}$ cm^3　　4　$\frac{64}{3}$ cm^3

▌2024年度 ▌埼玉県・さいたま市 ▌難易度 ■■■□□

【11】2点A(4，0，2)，B(0，4，−2)を通る直線に，原点Oから垂線を下ろし，交点をHとする。このとき，点Hの座標を求めなさい。(求め方も記入しなさい)

▌2024年度 ▌名古屋市 ▌難易度 ■■□□□

【12】曲線$y=x^3-5x$と曲線上の点(−1，4)における接線で囲まれた図形Sがある。このとき，次の各問いについて，解答番号[1]～[5]内にあてはまる0～9の数字を記入せよ。

(1)　接線の方程式は$y=-$[1]$x+$[2]である。

(2)　図形Sの面積は$\frac{[\ 3\ ][\ 4\ ]}{[\ 5\ ]}$である。

▌2024年度 ▌愛知県 ▌難易度 ■■□□□

【13】次の各問いに答えよ。

問1　座標平面上の3点O(0，0)，A(5，0)，B(4，3)に対し，△OABにおける次の点の座標をそれぞれ求めよ。

(1)　重心

(2)　垂心

(3)　内心

問2　aは定数とする。2次方程式$x^2-2ax+a-6=0$が$-2<x<4$の範囲

で，異なる2つの実数解をもつようなaの値の範囲を求めよ。

問3　kは定数とする。xについての不等式$k(x^2+1) \geqq x^2-x+1$が常に成り立つようなkの値の範囲を求めよ。

2024年度 | 長崎県 | 難易度

【14】曲線$y=\frac{1}{2}(e^x+e^{-x})$の$0 \leqq x \leqq 1$の部分の長さを求めなさい。(求め方も記入しなさい)

2024年度 | 名古屋市 | 難易度

【15】座標平面上で点A(1，1)を中心とする半径$2\sqrt{5}$の円をCとする。C上の点Pが第1象限にあり，直線APとx軸の正の方向とのなす角αが$\tan\alpha=2$を満たすとき，次の各問いに答えよ。

(1)　点Pの座標を求めよ。

(2)　C上にある点Qについて，三角形APQが正三角形になるとき，点Qの座標を求めよ。

2024年度 | 富山県 | 難易度

【16】2つの放物線$y=x^2$ …①，$y=x^2-4x$ …②について，次の問いに答えなさい。

(1)　放物線①，②の両方に接する直線ℓの方程式を求めよ。

(2)　直線ℓと放物線①，②で囲まれた部分の面積を求めよ。

2024年度 | 群馬県 | 難易度

【17】空間内の4点A(1，3，2)，B(2，3，1)，C(2，4，2)，D(4，2，2)を通る球面Kがある。この球面の中心を点Pとするとき，次の問いに答えなさい。

(1)　点Pの座標を求めよ。

(2)　点Pから平面ABCに垂線PHを下ろすとき，点Hの座標を求めよ。

(3)　点Qが球面K上を動くとき，四面体QABCの体積が最大となる点Qの座標を求めよ。

2024年度 | 佐賀県 | 難易度

【18】次の図のように，曲線C：$y=\dfrac{2}{x}$上に2点A(1，2)，B$\left(t,\ \dfrac{2}{t}\right)$がある。ただし，$t>1$とする。また，△OABの面積を$S$とし，原点Oを通り△OABの面積$S$を2等分する直線を$l$とする。以下の各問に答えよ。

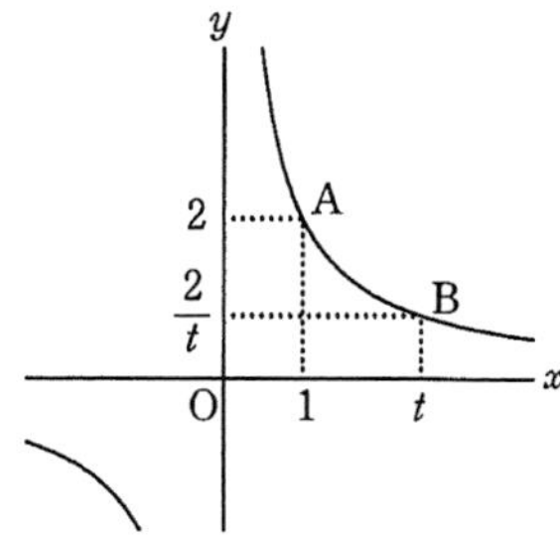

(1) 直線lの方程式を求めよ。

(2) △OABの面積Sを求めよ。

(3) 直線lと曲線Cとの交点のうちx座標が正となる点をPとする。$S=\dfrac{3}{2}$のとき，△OAPを直線lを軸として1回転させてできる回転体の体積Vを求めよ。

2024年度 鹿児島県 難易度

【19】原点Oを中心とし，点A(3，4)を通る円を円Pとするとき，次の(1)～(3)の各問いに答えよ。

(1) 円Pの式を表せ。また，円上の点Bのx座標は1で，y座標は負の数であるとき，点Bのy座標を求めよ。

(2) 円P上に点C(−4，3)がある。△AOCの面積を求めよ。

(3) x軸上の点D(6，0)と円Pの円周上を動く点Qがある。△DOQの面積が最大となる点Qの座標を求めよ。

2024年度 山口県 難易度

【20】次の図で，点Oは原点，直線①は$y=-\dfrac{3}{4}x+3$のグラフ，直線②は$y=\dfrac{4}{3}x-2$のグラフである。点A，点Bはそれぞれ直線①とx軸，y軸との交点，点C，点Dはそれぞれ直線②とx軸，y軸との交点である。また，点Pは直線①と直線②との交点である。これについて，以下の(1)，(2)の問いに答えよ。

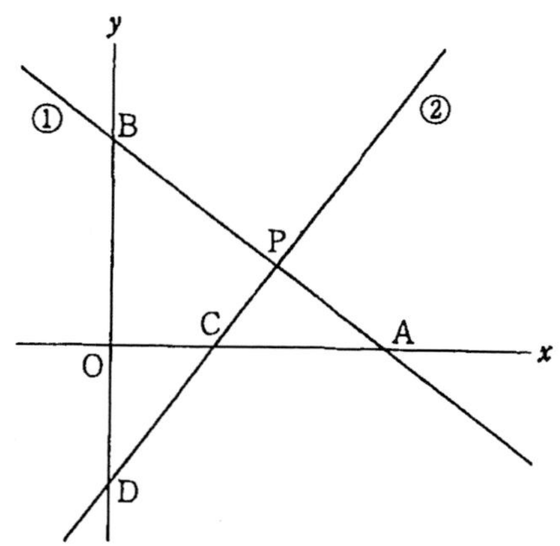

(1) 点Pの座標を求めよ。

(2) 点Aを通る直線②と平行な直線を引き，y軸との交点を点Eとするとき，CP：EAの比を求めよ。

▌2024年度 ▌香川県 ▌難易度

【21】直線$3x+4y-1=0$と円$5x^2+5y^2=1$の2つの交点を結ぶ線分の長さを，次の①～⑤の中から一つ選べ。

① $\frac{1}{5}$　② $\frac{2}{5}$　③ $\frac{1}{\sqrt{5}}$　④ $\frac{4}{5}$　⑤ $\frac{2}{\sqrt{5}}$

▌2024年度 ▌岐阜県 ▌難易度

【22】座標平面上の点A(3，0)から曲線C：$y=\frac{1}{x}$に引いた接線をlとする。次の問いに答えなさい。

(1) 接線lの方程式は$y=-\frac{[\ 1\ ]}{[\ 2\ ]}x+\frac{[\ 3\ ]}{[\ 4\ ]}$である。

(2) 曲線Cと接線l，および直線$x=3$で囲まれた部分の面積Sは

$\log[\ 5\ ]-\frac{[\ 6\ ]}{[\ 7\ ]}$である。

▌2024年度 ▌三重県 ▌難易度

【23】kが負でない実数の値をとりながら変化するとき，直線$y=kx-k^2+2$上の点(x，y)の存在する範囲を示した図として正しいものを，次の(1)～(4)の中から1つ選びなさい。ただし，範囲は示した図の斜線部分で境界線を含むものとします。

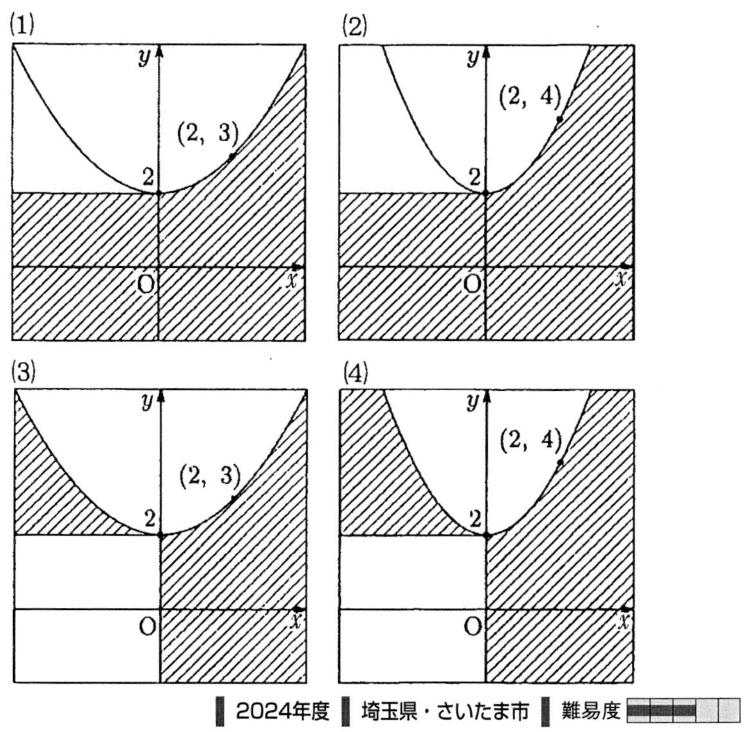

▌2024年度 ▌埼玉県・さいたま市 ▌難易度

【24】点Qが直線$y=x-2$上を動くとき，点A(1, 6)と点Qを結ぶ線分AQを2：1に内分する点Pの軌跡として最も適切なものを，次の①～⑥のうちから選びなさい。

① $y=x-\frac{1}{4}$　② $y=x-\frac{8}{3}$　③ $y=x-\frac{1}{3}$

④ $y=x+\frac{1}{4}$　⑤ $y=x+\frac{8}{3}$　⑥ $y=x+\frac{1}{3}$

▌2024年度 ▌神奈川県・横浜市・川崎市・相模原市 ▌難易度

【25】曲線C：$y=xe^{-x}$について，次の問いに答えよ。ただし，eは自然対数の底とする。

(1) C上の変曲点におけるCの接線lの方程式を求めよ。

(2) 曲線Cと接線lとy軸で囲まれた部分の面積Sを求めよ。

▌2024年度 ▌愛媛県 ▌難易度

【26】円$(x-a)^2+(y-b)^2=1$ …①，直線$4x+3y=10$ …②，円$x^2+y^2=4$ …③について，次の各問いに答えなさい。ただし，問1と問2は答のみ記入しなさい。

問1　$a=-1$，$b=2$のとき，円①と直線②の共有点の個数を求めなさい。

問2　$a=-1$，$b=2$のとき，円①と円③の共有点の個数を求めなさい。

問3　円①が直線②と円③の両方と共有点をもつとき，点(a, b)の存在範囲を図示しなさい。

▌2024年度 ▌静岡県・静岡市・浜松市 ▌難易度

【27】aは正の定数とする。曲線$y=\frac{1}{3}x^3-ax$について，次の問いに答えなさい。

(1)　曲線上の点$(0, 0)$における接線の傾きをaを用いて表しなさい。解答は，答えのみでよい。

(2)　曲線上の点$(0, 0)$における接線に垂直な直線のうち，点$(0, 0)$を通る直線ℓの方程式をaを用いて表しなさい。解答は，答えのみでよい。

(3)　(2)における直線ℓと曲線の共有点のx座標のうち，正であるものをaを用いて表しなさい。

(4)　(2)における直線ℓと曲線で囲まれた2つの部分の面積の和Sをaを用いて表しなさい。また，面積の和Sの最小値とそのときのaの値を求めなさい。

▌2024年度 ▌兵庫県 ▌難易度

【28】θを媒介変数として，$x=\theta-\sin\theta$，$y=1-\cos\theta$で表される曲線Cがある。

この曲線Cと直線$y=1$との交点のうち，x座標が小さい方をPとする。

次の[問1]，[問2]に答えよ。ただし，$0\leqq\theta\leqq2\pi$とする。

[問1]　点Pの座標を求めよ。

[問2]　曲線OPをx軸のまわりに1回転させてできる回転体の体積Vを求めよ。

▌2024年度 ▌和歌山県 ▌難易度

【29】座標平面上に曲線C：$y=\sqrt{x+3}$ $(x\geqq 0)$，直線ℓ：$y=x-3$がある。曲線C，直線ℓおよびy軸で囲まれた図形をDとするとき，次の1から4の問いに答えよ。

1　曲線Cと直線ℓの交点の座標を求めよ。ただし，途中の計算は書かなくてよい。

2　図形Dの面積Sを求めよ。

3　図形Dをy軸の周りに1回転してできる回転体の体積V_yを求めよ。

4　図形Dをx軸の周りに1回転してできる回転体の体積V_xを求めよ。

▌2024年度 ▌栃木県 ▌難易度 ■■■■■□

【30】座標平面上で，原点Oを中心とする半径1の円をAとし，点PをAの円周上にある第1象限の点とする。Pからy軸へ下ろした垂線をPQとし，中心が点Q，半径PQの円をBとする。このとき，円Aとその内部または円Bとその内部からなる部分をy軸の周りに1回転してできる回転体の体積をVとする。点Pのx座標をrとするとき，Vが最大となるrの値を求めなさい。

▌2024年度 ▌長野県 ▌難易度 ■■■■■□

解答・解説

【1】(1)　[1]　6　　[2]　0　　(2)　[3]　4　　[4]　1　　[5]　5
[6]　2　　[7]　5　　[8]　1　　[9]　3

○**解説**○ (1)　$|\vec{a}|=2$，$|\vec{b}|=2$，$3\vec{a}-2\vec{b}\perp\vec{a}+4\vec{b}$より，

$(3\vec{a}-2\vec{b})(\vec{a}+4\vec{b})=0$

$3|\vec{a}|^2+10\vec{a}\cdot\vec{b}-8|\vec{b}|^2=0$

$10\vec{a}\cdot\vec{b}=20$

$\vec{a}\cdot\vec{b}=2$

$\vec{a}$ と $\vec{b}$ のなす角を θ とすると，$\cos\theta=\dfrac{\vec{a}\cdot\vec{b}}{|\vec{a}||\vec{b}|}=\dfrac{2}{4}=\dfrac{1}{2}$

よって，$\theta=\dfrac{\pi}{3}=60^\circ$

(2)　点Pは線分CDを2：1に内分するので，$\overrightarrow{OP}=\dfrac{2}{3}\overrightarrow{OD}+\dfrac{1}{3}\overrightarrow{OC}$

点Dは線分ABを3：2に内分するので，$\overrightarrow{OD}=\dfrac{2}{5}\overrightarrow{OA}+\dfrac{3}{5}\overrightarrow{OB}$

よって，$\overrightarrow{OP}=\dfrac{2}{3}\left(\dfrac{2}{5}\overrightarrow{OA}+\dfrac{3}{5}\overrightarrow{OB}\right)+\dfrac{1}{3}\overrightarrow{OC}=\dfrac{4}{15}\overrightarrow{OA}+\dfrac{2}{5}\overrightarrow{OB}+\dfrac{1}{3}\overrightarrow{OC}$

【2】(1)　(証明)

△ABH，△ACH，△ADHにおいて

∠AHB＝∠AHC＝∠AHD＝90°…①

AB＝AC＝AD …②

AHは共通 …③

①，②，③より，直角三角形の斜辺と他の1辺がそれぞれ等しいので

△ABH≡△ACH≡△ADH　となり　BH＝CH＝DH

であるから，点Hは△BCDの外心である。　[終]

(2)　正三角形の外心と重心は一致する。

点Hは△BCDの重心であるから　$BH=2\sqrt{3}$

△ABHにおいて，三平方の定理より

$AH^2=AB^2-BH^2=(\sqrt{21})^2-(2\sqrt{3})^2=9$

AH＞0より　AH＝3

また，△BCDの面積をS_1とすると

$S_1=\dfrac{1}{2}\cdot 6\cdot 3\sqrt{3}=9\sqrt{3}$　であるから

$V=\dfrac{1}{3}\cdot S_1\cdot AH=\dfrac{1}{3}\cdot 9\sqrt{3}\cdot 3=9\sqrt{3}$　…[答]

(3)　三角錐ABCDに内接する球の中心をOとすると三角錐ABCDは，体積の等しい3つの三角錐OABC，三角錐OACD，三角錐OADBと三角錐OBCDに分割される。

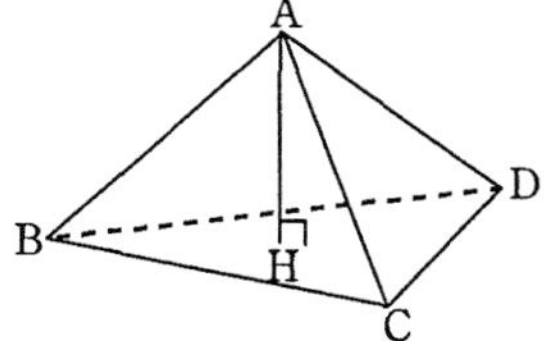

△ABCの面積をS_2とすると

$S_2=\frac{1}{2}\cdot 6\cdot 2\sqrt{3}=6\sqrt{3}$　であるから

$V=$(三角錐OABCの体積)$\cdot 3+$(三角錐OBCDの体積)

$=\left(\frac{1}{3}\cdot S_2\cdot r\right)\cdot 3+\frac{1}{3}\cdot S_1\cdot r$

$=\left(\frac{1}{3}\cdot 6\sqrt{3}\cdot r\right)\cdot 3+\frac{1}{3}\cdot 9\sqrt{3}\cdot r$

$=9\sqrt{3}\,r$

(2)より$V=9\sqrt{3}$であるから　$9\sqrt{3}\,r=9\sqrt{3}$

よって　$r=1$　…[答]

○**解説**○ (1)　三角形の外心とは，三角形の外側にできる円(外接円)の中心であるため，BH，CH，DHが外接円の半径となる。これらが等しいことを証明すればよい。

(2)　(参照)　△BCDにおいて，Dから引いた中線とBCとの交点をMとすると，この中線はHを通り，△BHMは内角が30°，60°，90°の直角三角形となる。

各辺の比が1：2：$\sqrt{3}$となるため，BH$=2\sqrt{3}$が求められる。

同様に，△BDMも内角が30°，60°，90°の直角三角形となり，△BCDの面積S_1を求めるときに必要な高さ$3\sqrt{3}$が求められる。

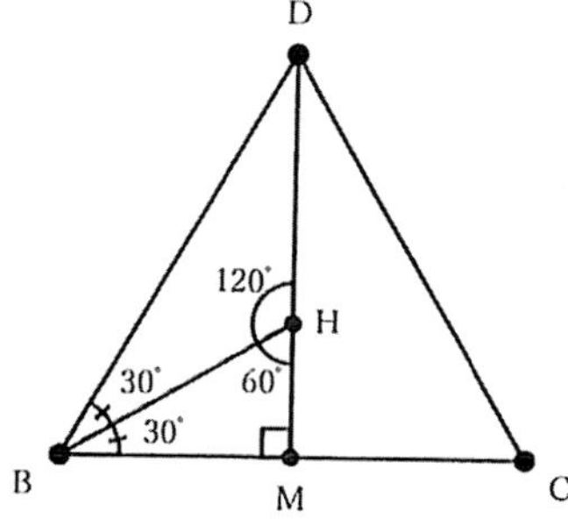

(3)　△ABCの面積S_2を求めるときに必要な高さ$2\sqrt{3}$は，BCの中点Mから直角三角形ABMで三平方の定理を用いて$\sqrt{(\sqrt{21})^2-3^2}=2\sqrt{3}$と求めることができる。

【3】1　$\dfrac{\sqrt{5}}{3}$

2　Aから△BCDに下した垂線をAHとすると　△ABH≡△ACH≡△ADH

よって，BH＝CH＝DHが成り立つから，Hは△BCDの外接円の中心であり，BHは△BCDの外接円の半径である。

正弦定理より　$2BH=\dfrac{BD}{\sin\angle BCD}$　　$2BH=3\cdot\dfrac{3}{\sqrt{5}}$

よって　$BH=\dfrac{9\sqrt{5}}{10}$

したがって　$AH=\sqrt{AB^2-BH^2}=\sqrt{3^2-\left(\dfrac{9\sqrt{5}}{10}\right)^2}=\dfrac{3\sqrt{55}}{10}$

$V=\dfrac{1}{3}\cdot\triangle BCD\cdot AH=\dfrac{1}{3}\cdot\dfrac{1}{2}\cdot4\cdot\sqrt{5}\cdot\dfrac{3\sqrt{55}}{10}=\sqrt{11}$

3　△ACDはAC＝ADの二等辺三角形であり，CE＝DEより

$\angle AED=90^\circ$　　よって　$\cos\angle ADC=\dfrac{2}{3}$

△EDFにおいて，余弦定理より

$EF^2=ED^2+DF^2-2ED\cdot DF\cdot\cos\angle EDF$

$\quad=2^2+t^2-2\cdot2\cdot t\cdot\dfrac{2}{3}=\left(t-\dfrac{4}{3}\right)^2+\dfrac{20}{9}$

$0<t<3$より，EFは$t=\dfrac{4}{3}$のとき最小となり，$EF=\dfrac{2\sqrt{5}}{3}$

△BDFにおいて，余弦定理より

$BF^2=BD^2+DF^2-2BD\cdot DF\cdot\cos\angle BDF=3^2+\left(\dfrac{4}{3}\right)^2-2\cdot3\cdot\dfrac{4}{3}\cdot\dfrac{1}{2}$

よって　$BF=\dfrac{\sqrt{61}}{3}$

△BEFにおいて，余弦定理より

$\cos\angle BEF=\dfrac{BE^2+EF^2-BF^2}{2\cdot BE\cdot EF}=\dfrac{1}{15}$　よって

$\sin\angle BEF=\sqrt{1-\cos^2\angle BEF}=\dfrac{4\sqrt{14}}{15}$

ゆえに　$\triangle BEF=\frac{1}{2}\cdot BE\cdot EF\cdot \sin\angle BEF=\frac{4\sqrt{14}}{9}$

○**解説**○ 1　△BCDで余弦定理より，$\cos\angle BCD=\frac{3^2+4^2-3^2}{2\times3\times4}=\frac{2}{3}$

よって，$\sin\angle BCD=\sqrt{1-\left(\frac{2}{3}\right)^2}=\sqrt{\frac{5}{9}}=\frac{\sqrt{5}}{3}$

2　三角形の各頂点から等距離にある点はその三角形の外心である。△BCDの面積はsin∠BCDを用いて，$\frac{1}{2}BC\cdot CD\sin\angle BCD=\frac{1}{2}\cdot3\cdot4\cdot\frac{\sqrt{5}}{3}$

また，解答の点Hは図のようになる。

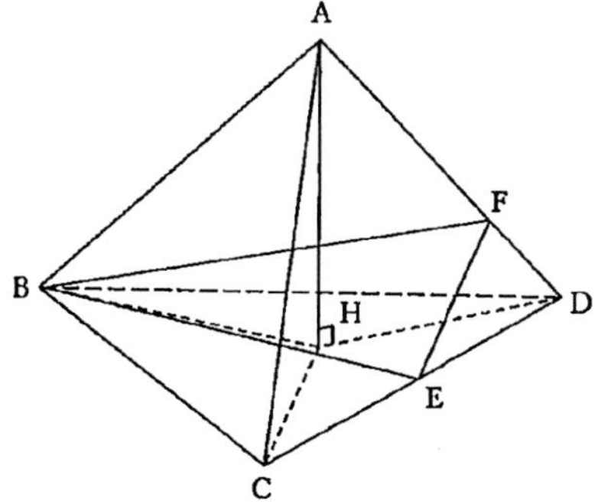

3　解答参照。

【4】〔問1〕[1]　3　　[2]　5　　〔問2〕[3]　1　　[4]　5

〔問3〕[5]　5　　[6]　0

○**解説**○ 直方体の各頂点について空間座標を用いて，図のように，

A(0, 0, 2)，B(5, 0, 2)，C(5, 8, 2)，D(0, 8, 2)，

E(0, 0, 0)，F(5, 0, 0)，G(5, 8, 0)，H(0, 8, 0)とすると，

BP＝1，AQ＝6であるから，

点P(5, 1, 2)，Q(0, 6, 2)とおける。

図形②

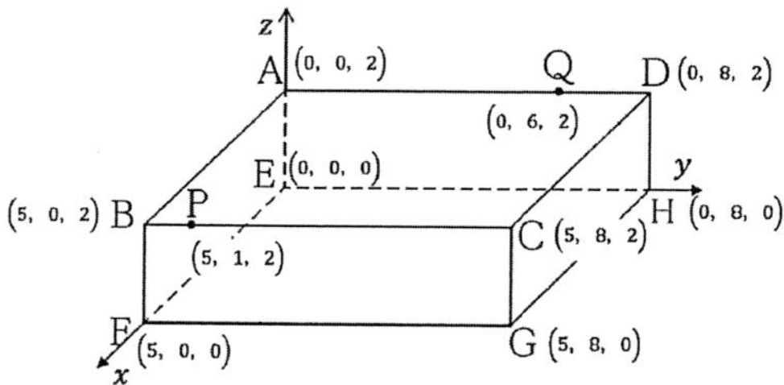

〔問1〕3点F，P，Qを通る平面の方程式を平面α：$ax+by+cz+d=0$とおくと，

$$\begin{cases} 5a+d=0 \\ 5a+b+2c+d=0 \\ 6b+2c+d=0 \end{cases}$$

これより，$a=-\dfrac{d}{5}$，$b=-\dfrac{d}{5}$，$c=\dfrac{d}{10}$

よって，$-\dfrac{d}{5}x-\dfrac{d}{5}y+\dfrac{d}{10}z+d=0$より，$2x+2y-z-10=0$

直線EHと平面αとの交点Rの座標は，$x=z=0$として，$y=5$

よって，R(0，5，0)となるから，

$PR=\sqrt{(0-5)^2+(5-1)^2+(0-2)^2}=\sqrt{45}=3\sqrt{5}$

〔問2〕四角形PFRQにおいて，

$PF=QR=\sqrt{5}$，$PQ=FR=5\sqrt{2}$より，四角形PFRQは平行四辺形となる。

また，$PR=3\sqrt{5}$であるから，$\angle FPR=\angle QRP=90^\circ$

したがって，四角形PFRQの面積Sは，△FPRと△QRPの和となる。

$S=2\left(\dfrac{1}{2}\cdot\sqrt{5}\cdot 3\sqrt{5}\right)=15$

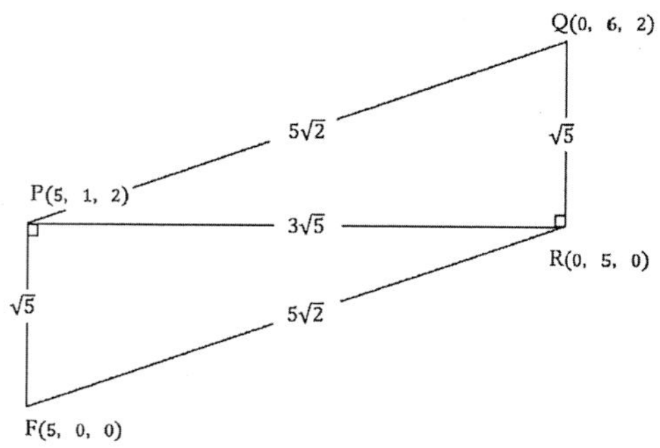

〔問3〕図のようにQD＝SC＝UG＝TH＝2となる点をそれぞれS，U，Tとする。

平面αによる切断による立体を直方体と2つの底面が台形の三角錐の組合せと考えると，

求める立体の体積Vは，

V＝直方体CDHG‐SQTU＋立体Q‐PSUF＋立体Q‐RTUF

$$=2\times5\times2+\frac{1}{3}\cdot\left(\frac{5+6}{2}\times2\times5\right)+\frac{1}{3}\cdot\left(\frac{1+6}{2}\times5\times2\right)$$

$$=20+\frac{55}{3}+\frac{35}{3}=50$$

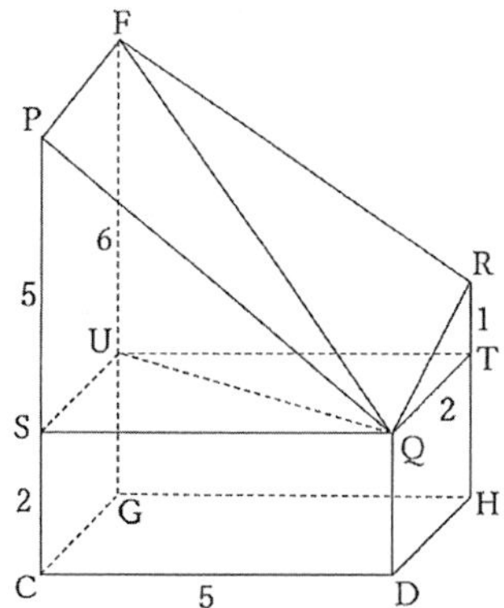

【5】(1)　1段目からn段目まで重ねて作る正四面体状の立体に必要な球の個数は，

$$\sum_{m=1}^{n}\sum_{k=1}^{m}k=\sum_{m=1}^{n}\frac{1}{2}m(m+1)$$

$$=\frac{1}{2}\left\{\frac{1}{6}n(n+1)(2n+1)+\frac{1}{2}n(n+1)\right\}$$

$$=\frac{1}{6}n(n+1)(n+2)$$

7・8・9＝504，8・9・10＝720であるから，

$\frac{1}{6}n(n+1)(n+2)\leqq100$を満たす最大の自然数$n$は7

よって，7段目まで重ねて作る立体が最も大きい。

したがって，求める球の個数は$100-\frac{1}{6}\cdot504=16$個

答　16〔個〕

(2)　7段目まで重ねて作った正四面体状の立体の，四隅の球の中心を結んでできる立体は，1辺の長さが12cmの正四面体であり，その底面の正三角形の外接円の半径をRcmとすると，

$R=\frac{1}{2}\cdot\frac{12}{\sin\frac{\pi}{3}}=4\sqrt{3}$ であるから，

この正四面体の高さは，$\sqrt{12^2-(4\sqrt{3})^2}=4\sqrt{6}$ cm

したがって，求める高さは$2+4\sqrt{6}$ cm

答　$2+4\sqrt{6}$〔cm〕

○解説○ (1)　球の数は段が増える毎に$1+(1+2)+(1+2+3)+\cdots$となっている。

n段目の球の数は$1+2+3+\cdots+n=\frac{1}{2}n(n+1)$

(2)　次図のようにn段目の正四面体の四隅の球の中心を結んでできる一辺の長さは$2n-2$である。この正四面体の一つの面の外接円の半径Rは正弦定理より，$R=\frac{2n-2}{2\sin60^\circ}$

求める高さは，四面体の高さxに上下の球の半径を足して，

$2+\sqrt{(2n-2)^2-\left(\frac{2n-2}{2\sin60^\circ}\right)^2}$である。

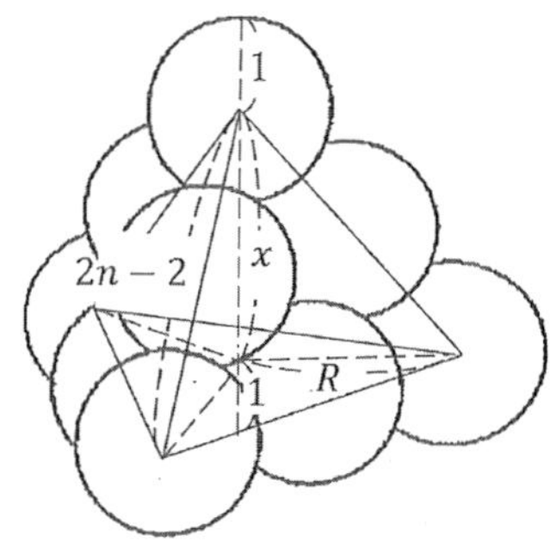

【6】(1)　①　(ア)　3　　(イ)　$\frac{1}{2}x^2$　　(ウ)　$-\frac{3}{2}x^2+12x-18$

②　$x=3, 5$　　(2)　①　等脚台形　　②　$9\sqrt{2}+6\sqrt{17}$〔cm〕

③　126〔cm^3〕

○解説○ (1)　①　点Aを折り曲げたあとの点をA′とする。

$0<x\leqq3$のときは，点A′は辺BCを超えないので，S＝△A′DE＝$\frac{1}{2}\times x\times$

$x=\frac{1}{2}x^2$〔cm^2〕

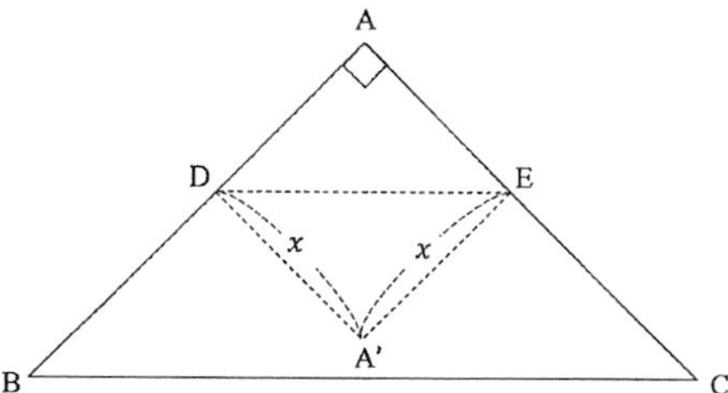

$3<x<6$のときは，点A′は辺BCを超える。
このとき，線分A′D，A′Eと辺BCの交点をそれぞれF，Gとすると，求める面積Sは台形DFGEの面積となる。したがって，$S=\triangle$DA′E$-\triangle$FA′Gで求められる。
A′D$=$A′E$=x$，BD$=$CE$=$DF$=$GE$=6-x$と表せるので，
FA′$=$A′G$=x-(6-x)=2x-6$となる。
よって，$S=\frac{1}{2}x^2-\frac{1}{2}(2x-6)^2=-\frac{3}{2}x^2+12x-18$

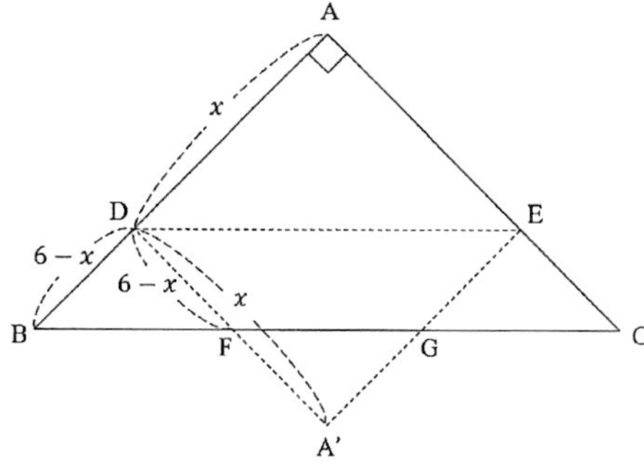

② $0<x\leqq3$のとき，$\frac{1}{2}x^2=\frac{9}{2}$

$x^2=3$

$x=3$　($\because$　$0<x\leqq3$)

$3<x<6$のとき，$-\frac{3}{2}x^2+12x-18=\frac{9}{2}$

$x^2-8x+15=0$

$(x-3)(x-5)=0$

$x=5$　($\because$　$3<x<6$)

(2) ① 切り口は図のような等脚台形MPRNとなる。

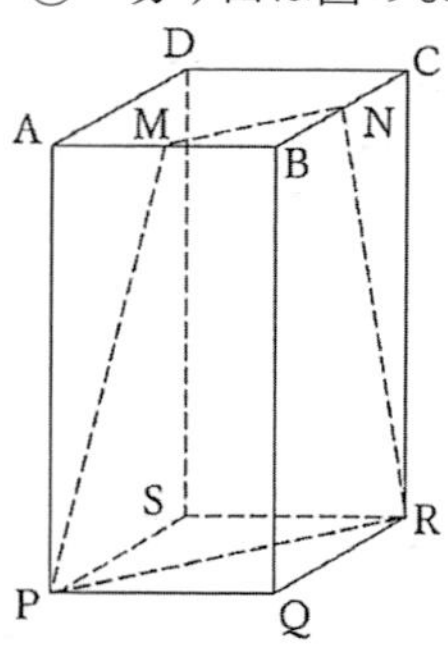

② $MP=NR=\sqrt{AP^2+AM^2}=\sqrt{12^2+3^2}=\sqrt{153}=3\sqrt{17}$

$MN=\sqrt{MB^2+NB^2}=\sqrt{3^2+3^2}=3\sqrt{2}$

$PR=\sqrt{PQ^2+QP^2}=\sqrt{6^2+6^2}=6\sqrt{2}$

よって，周の長さは，$3\sqrt{17}+3\sqrt{17}+3\sqrt{2}+6\sqrt{2}=6\sqrt{17}+9\sqrt{2}$

③ 直線PM，QB，RNの交点をTとする。

このとき，三角錐TPQR∽三角錐TMBNで相似比はPQ：MBより，2：1

TB＝12〔cm〕なので，

三角錐TPQRの体積は，$\frac{1}{3}\times\triangle PQR\times TQ=\frac{1}{3}\times\frac{1}{2}\times6\times6\times24=144$であり，

三角錐TMBNの体積は，$\frac{1}{3}\times\triangle MBN\times TB=\frac{1}{3}\times\frac{1}{2}\times3\times3\times12=18$である。

したがって，求める立体の体積は144－18＝126〔cm³〕

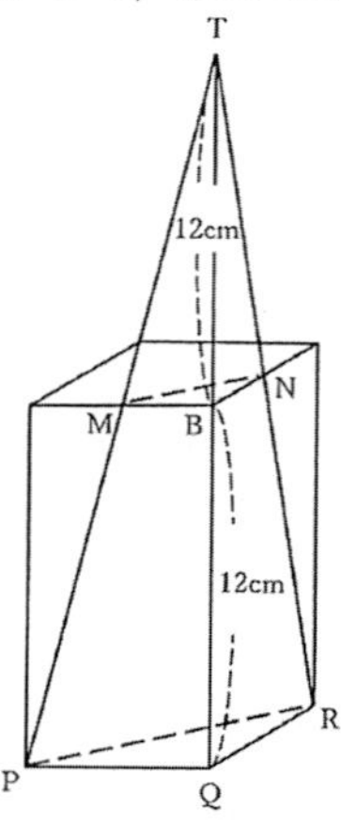

【7】

ア　　　　　　　　　　　　　　　イ

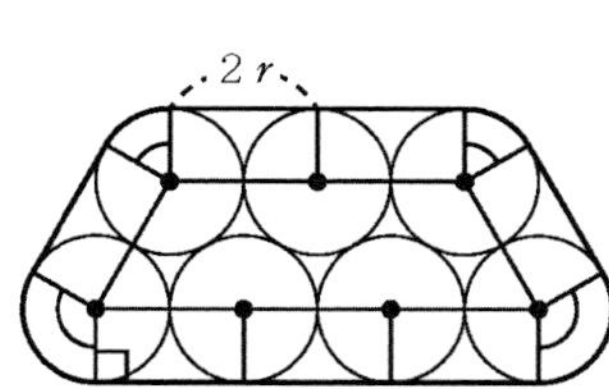

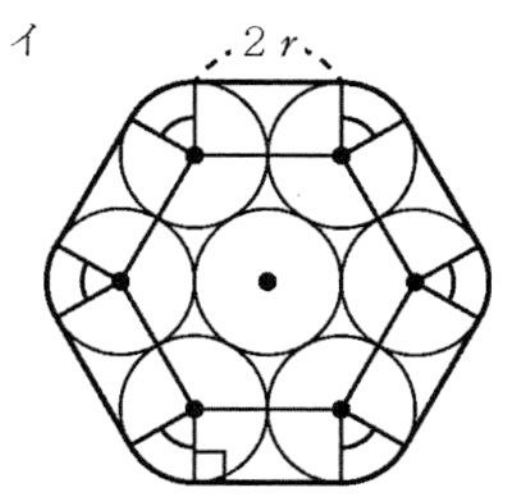

ア，イの図の曲線部分の長さの和はともに$2\pi r$〔cm〕で等しいので，アとイのひもの長さの差は，直線部分の差になる。

したがって，その差は，

$2r\times 7-2r\times 6=2r$

よって，$2r$〔cm〕　　　　答え　$2r$〔cm〕

○**解説**○ 解答参照。

【8】(1)　96〔cm^3〕　　(2)　$\dfrac{4\sqrt{34}}{3}$〔cm〕

○**解説**○ (1)　空間座標を利用して，Dを原点とした図のように，

A(6，0，0)，B(6，6，0)，C(0，6，0)，D(0，0，0)，

E(6，0，8)，F(6，6，8)，G(0，6，8)，H(0，0，8)とおく。

平面GDB の方程式を$ax+by+cz+d=0$として，

3点G，D，Bの座標を代入して，

$$\begin{cases} 6b+8c+d=0 \\ d=0 \\ 6a+6b=0 \end{cases}$$　これより，$a=-b$，$c=-\dfrac{3}{4}b$

$-bx+by-\dfrac{3}{4}bz=0$より，$4x-4y+3z=0$　…①

△GDB は二等辺三角形であり，DBの中点をIとすると，I(3，3，0)

$\mathrm{GI}=\sqrt{3^2+3^2+8^2}=\sqrt{82}$

$\mathrm{DB}=\sqrt{6^2+6^2}=6\sqrt{2}$

$\triangle\mathrm{GDB}\equiv\dfrac{1}{2}\cdot 6\sqrt{2}\cdot\sqrt{82}=6\sqrt{41}$

また，点E (6，0，8)と平面①との距離

$$h=\frac{|24+24|}{\sqrt{4^2+(-4)^2+3^2}}=\frac{48}{\sqrt{41}}$$

よって，三角錐E－GDBの体積は，$V=\frac{1}{3}\cdot\triangle\mathrm{GDB}\cdot h=\frac{1}{3}\cdot 6\sqrt{41}$

$\cdot\frac{48}{\sqrt{41}}=96$〔cm^3〕

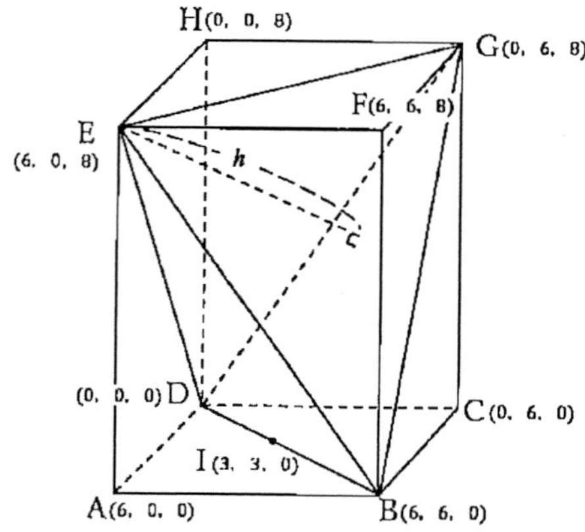

(2)　$\overrightarrow{\mathrm{EC}}=(-6,\ 6,\ -8)=-2(3,\ -3,\ 4)$より，

直線EC：$\frac{x-6}{3}=\frac{y}{-3}=\frac{z-8}{4}$　…②

②式をkとおいて，$x=3k+6$，$y=-3k$，$z=4k+8$を①に代入して，

$4(3k+6)-(-3k)+4(4k+8)=0$より，$k=-\frac{4}{3}$

よって，$x=2$，$y=4$，$z=\frac{8}{3}$となり，点Pの座標はP$\left(2,\ 4,\ \frac{8}{3}\right)$

ゆえに，$\mathrm{EP}=\sqrt{4^2+4^2+\left(\frac{16}{3}\right)^2}=\frac{4\sqrt{34}}{3}$〔cm〕

【9】①

○**解説**○ 円の方程式を$x^2+y^2=10^2$として，半径10 の半球形の容器を30°傾けたとき，下図のように，$10\sin 30^\circ=5$の水位までの水は流れ出るため，こぼれる水の量は半円$y=\sqrt{10^2-x^2}$とy軸及びx軸と直線$x=5$で囲まれた図形がx軸上に一回転してできる回転体の体積である。

よって，

$$=\int_0^5 \pi (\sqrt{10^2-x^2})^2 dx$$

$$=\int_0^5 10^2-x^2\,dx=\pi\left[100x-\frac{x^3}{3}\right]_0^5$$

$$=\frac{1375}{3}\pi$$

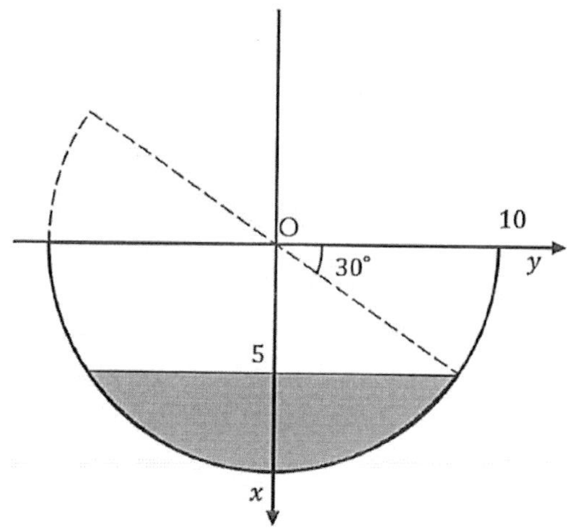

【10】2

○**解説**○ 図のように，辺EP，GQ，DHを延ばした線分の交点をRとする。

このとき，△RPDと△REHにおいて，

共通の角であるため，∠PRD＝∠ERH

PD//EHより，同位角は等しいため，∠RPD＝∠REH

2組の角が等しいため△RPD∽△REH

相似比はPD:EH＝2：4より，1：2

よって，RD＝8，RH＝4

三角錐R－HEG＝$\frac{1}{3}\cdot$△HEG・RH＝$\frac{1}{3}\cdot\left(\frac{1}{2}\cdot 4\cdot 4\right)\cdot 8=\frac{64}{3}$

三角錐R－DPQ＝$\frac{1}{3}\cdot$△DPQ・RD＝$\frac{1}{3}\cdot\left(\frac{1}{2}\cdot 2\cdot 2\right)\cdot 4=\frac{8}{3}$

5面体PQD－EGH＝(三角錐R－HEG)－(三角錐R－DPQ)

$=\frac{64}{3}-\frac{8}{3}=\frac{56}{3}$〔$cm^3$〕

● 図形②

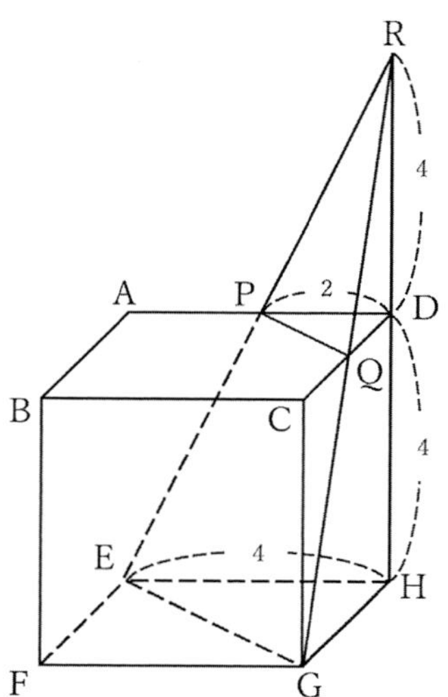

【11】 $\overrightarrow{AB}=(0,\ 4,\ -2)-(4,\ 0,\ 2)$

$=(-4,\ 4,\ -4)$

点Hは直線AB上にあるから，tを実数とすると

$\overrightarrow{OH}=\overrightarrow{OA}+\overrightarrow{AH}$

$=\overrightarrow{OA}+t\overrightarrow{AB}$

$\overrightarrow{OH}=(4,\ 0,\ 2)+t(-4,\ 4,\ -4)$

$=(4-4t,\ 4t,\ 2-4t)$

$\overrightarrow{OH}\perp\overrightarrow{AB}$ より

$\overrightarrow{OH}\cdot\overrightarrow{AB}=0$

$-4(4-4t)+4\cdot 4t-4(2-4t)=0$

両辺を4で割って

$-4+4t+4t-2+4t=0$

$12t=6$

$t=\dfrac{1}{2}$

よって $\overrightarrow{OH}=(2,\ 2,\ 0)$ となるから点Hの座標はH(2，2，0)

答　H(2，2，0)

○**解説**○ 解答参照。

【12】(1) [1] 2 [2] 2 (2) [3] 2 [4] 7 [5] 4

○**解説**○ (1) $f(x)=x^3-5x$と置くと$f'(x)=3x^2-5$,

A(−1, 4)における接線の方程式は,

$y-4=f'(-1)(x+1)$

$y-4=-2(x+1)$

$y=-2x+2$

(2) $f(x)$と接線の交点の座標を求める。

$x^3-5x=-2x+2$

$x^3-3x-2=0$

$(x+1)(x^2-x-2)=0$

$(x+1)^2(x+2)=0$

$x=-1,\ 2$

交点の座標はA(−1, 2), B(2, −2)となる。

求める面積$S=\int_{-1}^{2}\{(-2x+2)-(x^3-5x^2)\}dx$

$=\int_{-1}^{2}(-x^3+3x+2)dx=\left[-\frac{1}{4}x^4+\frac{3}{2}x^2+2x\right]_{-1}^{2}=\frac{27}{4}$

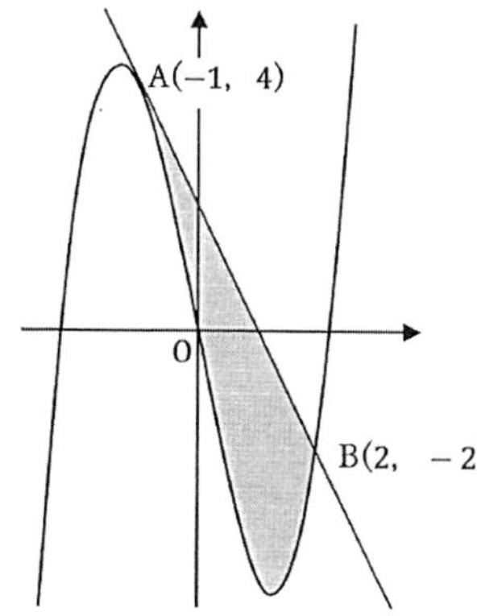

【13】問1　(1)　$\left(\dfrac{0+5+4}{3},\ \dfrac{0+0+3}{3}\right)$　　よって，(3，1)

(2)

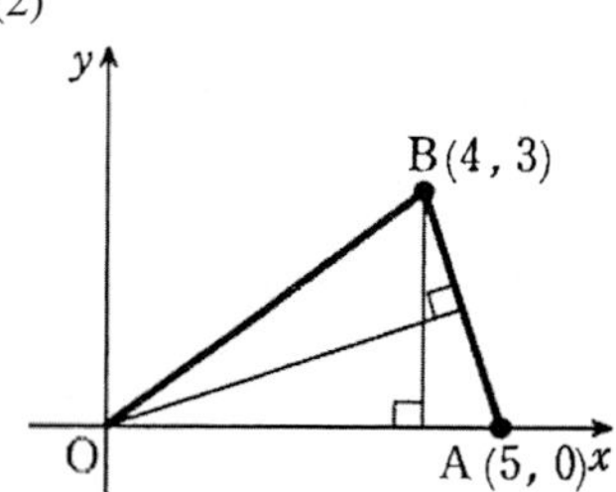

垂心は各頂点から引いた垂線の交点である

原点を通り，直線ABに直交する直線の方程式は$y=\dfrac{1}{3}x$であり，この直線と直線$x=4$の交点が求める垂心である

よって，$\left(4,\ \dfrac{4}{3}\right)$

(3)

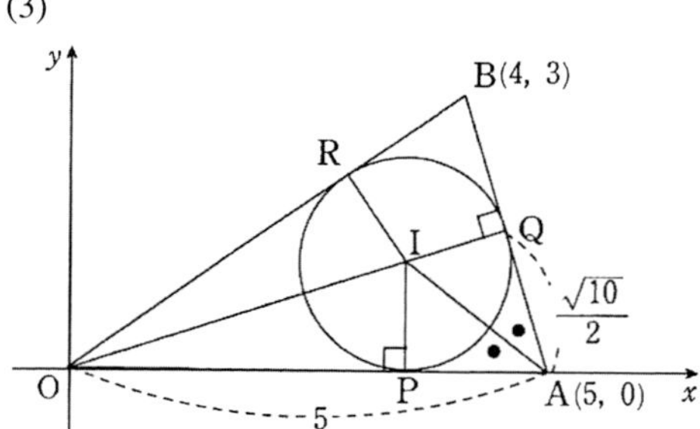

グラフのように，内接円と△OABの接点をそれぞれP，Q，Rとし，内心をIとする

OA＝OB＝5より，△OABは二等辺三角形なので，

点Qは線分ABの中点であり，$Q\left(\dfrac{9}{2},\ \dfrac{3}{2}\right)$

また，角の二等分線の性質より

$$OI : IQ = OA : AQ = 5 : \frac{\sqrt{10}}{2} = 10 : \sqrt{10}$$

よって，点Iは線分OQを$10 : \sqrt{10}$に内分するので

$$I\left(\frac{45}{10+\sqrt{10}},\ \frac{15}{10+\sqrt{10}}\right)$$

すなわち　$I\left(\dfrac{10-\sqrt{10}}{2},\ \dfrac{10-\sqrt{10}}{6}\right)$

(別解)

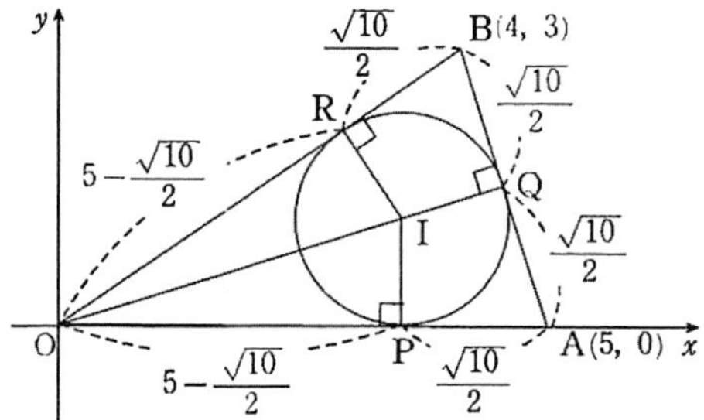

接線の長さは等しいので，$AP=AQ=\dfrac{\sqrt{10}}{2}$，$OP=5-\dfrac{\sqrt{10}}{2}$

グラフより，内心Iのx座標は点Pのx座標と等しく，$5-\dfrac{\sqrt{10}}{2}$

また，内心は∠AOBの二等分線$y=\dfrac{1}{3}x$上にあるので，

内心のy座標は$\dfrac{5}{3}-\dfrac{\sqrt{10}}{6}$

内心$\left(5-\dfrac{\sqrt{10}}{2},\ \dfrac{5}{3}-\dfrac{\sqrt{10}}{6}\right)$

問2　$f(x)=x^2-2ax+a-6$　とおくと

$f(x)=(x-a)^2-a^2+a-6$　より

$y=f(x)$のグラフは

頂点$(a,\ -a^2+a-6)$

軸　$x=a$

下に凸である

題意を満たすのは$y=f(x)$のグラフが次図のようになるときである

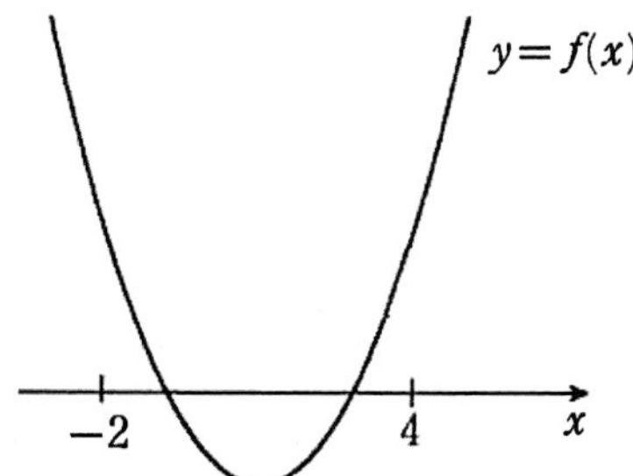

(i)　軸について

$-2<a<4$

(ii)　$f(x)=0$の判別式をDとすると

$\frac{D}{4}=a^2-a+6$

$=\left(a-\frac{1}{2}\right)^2+\frac{23}{4}>0$

すべての実数aで$D>0$が成り立つ

(iiの別解)　頂点のy座標は負より

$-a^2+a-6<0$

$a^2-a+6>0$

$\left(a-\frac{1}{2}\right)^2+\frac{23}{4}>0$

これは，すべての実数aで成り立つ

すなわち，頂点のy座標は常に負である

(iii)　$f(-2)=4+4a+a-6>0$

$5a-2>0$

$\therefore\ a>\frac{2}{5}$

(iv)　$f(4)=16-8a+a-6>0$

$-7a+10>0$

$\therefore\ a<\frac{10}{7}$

(i)～(iv)より　$\frac{2}{5}<a<\frac{10}{7}$

問3　与式より　$(k-1)x^2+x+(k-1)\geqq 0$

この不等式が常に成り立つときのkについて考える

[1]　$k=1$のとき

$x\geqq 0$となり，題意を満たさない

[2]　$k\neq 1$のとき

$f(x)=(k-1)x^2+x+(k-1)$とし，$f(x)=0$の判別式をDとすると題意を満たす条件は　$\begin{cases} k-1>0 \\ D\leqq 0 \end{cases}$　である

$k-1>0$より　$k>1$　…①

$D=1-4(k-1)^2\leqq 0$

$$(k-1)^2 \geqq \frac{1}{4}$$

$k-1 \leqq -\frac{1}{2}$, $\frac{1}{2} \leqq k-1$

よって　$k \leqq \frac{1}{2}$, $\frac{3}{2} \leqq k$　…②

①, ②より, $\frac{3}{2} \leqq k$

[1], [2]より, $k \geqq \frac{3}{2}$

(別解)

$x^2+1>0$なので,

$k \geqq \dfrac{x^2-x+1}{x^2+1}$

$f(x)=\dfrac{x^2-x+1}{x^2+1}$とすると

$f(x)=\dfrac{-x}{x^2+1}+1$

$$f'(x)=\frac{-(x^2+1)+x\cdot 2x}{(x^2+1)^2}$$

$$=\frac{x^2-1}{(x^2+1)^2}$$

$$=\frac{(x+1)(x-1)}{(x^2+1)^2}$$

$f(x)$の増減表は

x	…	-1	…	1	…
$f'(x)$	$+$	0	$-$	0	$+$
$f(x)$	↗	$\frac{3}{2}$	↘	$\frac{1}{2}$	↗

ここで,

$$\lim_{x\to\infty} f(x)=\lim_{x\to\infty}\frac{1-\frac{1}{x}+\frac{1}{x^2}}{1+\frac{1}{x^2}}=1 \quad \text{より}$$

$f(x)$の最大値は　$\frac{3}{2}$

ゆえに, $k \geqq \frac{3}{2}$

○**解説**○ 解答参照。

【14】 $\dfrac{dy}{dx}=\dfrac{1}{2}(e^x-e^{-x})$であるから，求める曲線の長さを$L$とすると

$$L=\int_0^1\sqrt{1+\frac{1}{4}(e^x-e^{-x})^2}\,dx$$
$$=\frac{1}{2}\int_0^1(e^x+e^{-x})dx$$
$$=\frac{1}{2}\Big[e^x-e^{-x}\Big]_0^1$$
$$=\frac{1}{2}(e-e^{-1})$$
$$=\frac{1}{2}\left(e-\frac{1}{e}\right)$$

答　$\dfrac{1}{2}\left(e-\dfrac{1}{e}\right)$

○**解説**○ 曲線$y=f(x)$の$a\leqq x\leqq b$の部分の曲線の長さLは，

$L=\displaystyle\int_a^b\sqrt{1+(f(x)')^2}\,dx$で求められる。

【15】(1)　円C：$(x-1)^2+(y-1)^2=20$　…①

直線AP：$y-1=\tan\alpha\,(x-1)$，$y=2x-1$　…②

②を①に代入して，$(x-1)^2+(2x-2)^2=20$

$x^2-2x-3=0$，$(x+1)(x-3)=0$，$x=-1$，3

よって，$\begin{cases}x=-1\\y=-3\end{cases}$，$\begin{cases}x=3\\y=5\end{cases}$

点Pは第1象限であるからP(3，5)

(2)　点Q$(a,\ b)$として，三角形APQは正三角形であることから，

$\mathrm{AQ}^2=(a-1)^2+(b-1)^2=20$

$\mathrm{PQ}^2=(a-3)^2+(b-5)^2=20$

$\mathrm{AQ}^2-\mathrm{PQ}^2=a+2b-8=0$

$a=-2b+8$

これをAQ^2に代入すると，

$5b^2-30b+30=0$

$b^2-6b+6=0$

よって，$b=3\pm\sqrt{3}$

$b=3+\sqrt{3}$のとき，$a=2-2\sqrt{3}$

$b=3-\sqrt{3}$のとき，$a=2+2\sqrt{3}$

よって，点Qの座標は$(2\mp 2\sqrt{3}\ ,\ 3\pm\sqrt{3}\ )$　(複合同順)

○解説○ (1)　解答参照。

(2)　三角形APQが正三角形であるから，

$$\overrightarrow{\mathrm{AQ}}=\begin{pmatrix}\cos\left(\pm\frac{\pi}{3}\right) & -\sin\left(\pm\frac{\pi}{3}\right)\\ \sin\left(\pm\frac{\pi}{3}\right) & \cos\left(\pm\frac{\pi}{3}\right)\end{pmatrix}\overrightarrow{\mathrm{AP}}\text{ である。}$$

点Q$(x,\ y)$として，$\overrightarrow{\mathrm{AP}}=(2,\ 4)$より，

$$\begin{pmatrix}x-1\\ y-1\end{pmatrix}=\begin{pmatrix}\frac{1}{2} & -\frac{\sqrt{3}}{2}\\ \frac{\sqrt{3}}{2} & \frac{1}{2}\end{pmatrix}\begin{pmatrix}2\\ 4\end{pmatrix},\ \begin{pmatrix}x-1\\ y-1\end{pmatrix}=\begin{pmatrix}1-2\sqrt{3}\\ \sqrt{3}+2\end{pmatrix}\text{より，}$$

$$\begin{pmatrix}x\\ y\end{pmatrix}=\begin{pmatrix}2-2\sqrt{3}\\ 3+\sqrt{3}\end{pmatrix}$$

また，$\begin{pmatrix}x-1\\ y-1\end{pmatrix}=\begin{pmatrix}\frac{1}{2} & \frac{\sqrt{3}}{2}\\ -\frac{\sqrt{3}}{2} & \frac{1}{2}\end{pmatrix}\begin{pmatrix}2\\ 4\end{pmatrix},\ \begin{pmatrix}x-1\\ y-1\end{pmatrix}=\begin{pmatrix}1+2\sqrt{3}\\ -\sqrt{3}+2\end{pmatrix}$より，

$$\begin{pmatrix}x\\ y\end{pmatrix}=\begin{pmatrix}2+2\sqrt{3}\\ 3-\sqrt{3}\end{pmatrix}$$

よって，点Qの座標は，$(2-2\sqrt{3}\ ,\ 3+\sqrt{3}\ )$，$(2+2\sqrt{3}\ ,\ 3-\sqrt{3}\ )$

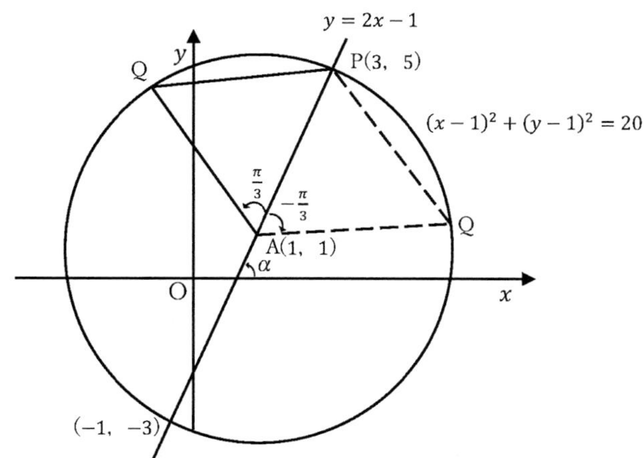

【16】(1)　①上の接点を$(t,\ t^2)$とすると，$y'=2x$　より接線は

$y-t^2=2t(x-t)$　すなわち

$y=2tx-t^2$　と表せる。

この直線が②とも接するので，②の方程式と連立して

$2tx-t^2=x^2-4x$　すなわち

$x^2-2(t+2)x+t^2=0$

判別式が0となることから，$(t+2)^2-t^2=0$　ゆえに　$t=-1$

よって求める接線は　$y=-2x-1$　・・・(答)

(2)　$\int_{-1}^{0}\{x^2-(-2x-1)\}dx+\int_{0}^{1}\{(x^2-4x)-(-2x-1)\}dx$

$=\left[\frac{1}{3}(x+1)^3\right]_{-1}^{0}+\left[\frac{1}{3}(x-1)^3\right]_{0}^{1}$

$=\frac{1}{3}+\frac{1}{3}=\frac{2}{3}$　・・・(答)

○**解説**○ 解答参照。

【17】(1)　P$(x,\ y,\ z)$とおく。

$AP^2=(x-1)^2+(y-3)^2+(z-2)^2$

$=x^2+y^2+z^2-2x-6y-4z+14$　…①

$BP^2=(x-2)^2+(y-3)^2+(z-1)^2$

$=x^2+y^2+z^2-4x-6y-2z+14$　…②

$CP^2=(x-2)^2+(y-4)^2+(z-2)^2$

$=x^2+y^2+z^2-4x-8y-4z+24$　…③

$DP^2=(x-4)^2+(y-2)^2+(z-2)^2$

$=x^2+y^2+z^2-8x-4y-4z+24$　…④

AP＝BP＝CP＝DPであるから

①＝②より　$x=z$　…⑤

①＝③より　$x+y=5$　…⑥

①＝④より　$3x-y=5$　…⑦

⑤，⑥，⑦を満たすx，y，zは　$x=\frac{5}{2}$，$y=\frac{5}{2}$，$z=\frac{5}{2}$

よって　$P\left(\frac{5}{2},\ \frac{5}{2},\ \frac{5}{2}\right)$　…[答]

(2)　$\overrightarrow{AB}=(1,\ 0,\ -1)$，$\overrightarrow{AC}=(1,\ 1,\ 0)$である。

点Hは平面ABC上の点であるから

$\overrightarrow{OH}=\overrightarrow{OA}+s\overrightarrow{AB}+t\overrightarrow{AC}$ (s，tは実数)より

$\overrightarrow{OH}=(1,\ 3,\ 2)+s(1,\ 0,\ -1)+t(1,\ 1,\ 0)=(s+t+1,\ t+3,\ -s+2)$

よって　$\overrightarrow{PH}=\overrightarrow{OH}-\overrightarrow{OP}=(s+t+1,\ t+3,\ -s+2)-\left(\frac{5}{2},\ \frac{5}{2},\ \frac{5}{2}\right)$

$=\left(s+t-\frac{3}{2},\ t+\frac{1}{2},\ -s-\frac{1}{2}\right)$

PH⊥平面ABCより　$\overrightarrow{PH}\perp\overrightarrow{AB}$，$\overrightarrow{PH}\perp\overrightarrow{AC}$

よって　$\overrightarrow{PH}\cdot\overrightarrow{AB}=0$，$\overrightarrow{PH}\cdot\overrightarrow{AC}=0$

すなわち　$2s+t=1$，$s+2t=1$

これを満たすs，tは　$s=\frac{1}{3}$，$t=\frac{1}{3}$

よって　$\overrightarrow{OH}=\left(\frac{5}{3},\ \frac{10}{3},\ \frac{5}{3}\right)$より　$H\left(\frac{5}{3},\ \frac{10}{3},\ \frac{5}{3}\right)$　…[答]

(3)　$\overrightarrow{PH}=\overrightarrow{OH}-\overrightarrow{OP}=\left(\frac{5}{3},\ \frac{10}{3},\ \frac{5}{3}\right)-\left(\frac{5}{2},\ \frac{5}{2},\ \frac{5}{2}\right)$

$=\left(-\frac{5}{6},\ \frac{5}{6},\ -\frac{5}{6}\right)=\frac{5}{6}(-1,\ 1,\ -1)$

$|\overrightarrow{PH}|=\frac{5}{6}\sqrt{(-1)^2+1^2+(-1)^2}=\frac{5\sqrt{3}}{6}$

また　$\overrightarrow{PA}=\overrightarrow{OA}-\overrightarrow{OP}=(1,\ 3,\ 2)-\left(\frac{5}{2},\ \frac{5}{2},\ \frac{5}{2}\right)=\frac{1}{2}(-3,\ 1,\ -1)$

$|\overrightarrow{PA}|=\frac{1}{2}\sqrt{(-3)^2+1^2+(-1)^2}=\frac{\sqrt{11}}{2}$

四面体QABCの体積が最大となるのは，3点H，P，Qがこの順で一直線上にあるときであり，このときの点QをQ_0とする。

$\overrightarrow{OQ_0}=\overrightarrow{OP}+\overrightarrow{PQ_0}=\overrightarrow{OP}+\frac{|\overrightarrow{PA}|}{|\overrightarrow{PH}|}\overrightarrow{HP}=\overrightarrow{OP}-\frac{\sqrt{11}}{2}\cdot\frac{6}{5\sqrt{3}}\overrightarrow{PH}$

$=\left(\frac{5}{2},\ \frac{5}{2},\ \frac{5}{2}\right)-\frac{\sqrt{33}}{5}\left(-\frac{5}{6},\ \frac{5}{6},\ -\frac{5}{6}\right)=\left(\frac{15+\sqrt{33}}{6},\ \frac{15-\sqrt{33}}{6},\right.$

$\left.\frac{15+\sqrt{33}}{6}\right)$

よって　$Q\left(\frac{15+\sqrt{33}}{6},\ \frac{15-\sqrt{33}}{6},\ \frac{15-\sqrt{33}}{6}\right)$　…[答]

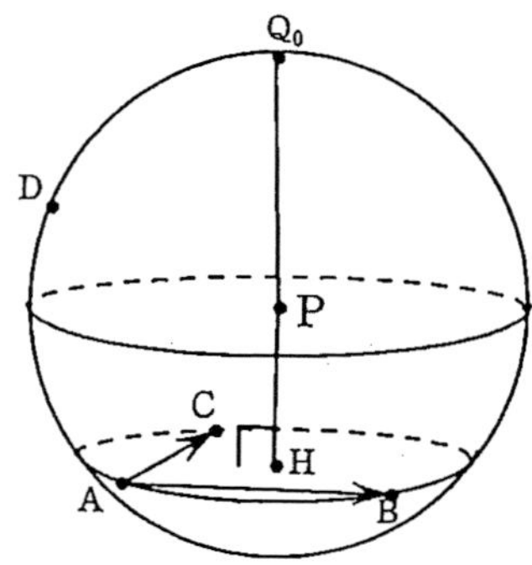

○**解説**○ (1)　解答参照。

(2)【別解】

3点A，B，Cを通る平面αの方程式をα：$px+qy+rz+s=0$　とおく。

$$\begin{cases} p+3q+2r+s=0 & \cdots① \\ 2p+3q+r+s=0 & \cdots② \\ 2p+4q+2r+s=0 & \cdots③ \end{cases}$$

②−①より，$p-r=0$，③−②より，$q+r=0$

よって，$p=r$，$q=-r$を①に代入して$s=0$となるから，

平面αの方程式は，$rx-ry+rz=0$，$r\neq0$より，$x-y+z=0$　…④

すなわち，法線ベクトルが$\overrightarrow{n}=(1,\ -1,\ 1)$となり，点$\mathrm{P}\left(\dfrac{5}{2},\ \dfrac{5}{2},\ \dfrac{5}{2}\right)$

を通り，平面αに垂直な直線の方程式は，

$$\frac{x-\frac{5}{2}}{1}=\frac{y-\frac{5}{2}}{-1}=\frac{z-\frac{5}{2}}{1}\quad\cdots⑤$$

④と⑤の交点がHであるから，⑤より，与式$=k$とおいて，

$x=k+\dfrac{5}{2}$，$y=-k+\dfrac{5}{2}$，$z=k+\dfrac{5}{2}$を④に代入して，$k=-\dfrac{5}{6}$

よって，$x=\dfrac{5}{3}$，$y=\dfrac{10}{3}$，$z=\dfrac{5}{3}$となり，$\mathrm{H}\left(\dfrac{5}{3},\ \dfrac{10}{3},\ \dfrac{5}{3}\right)$

(3)【別解】

題意より，△ABCの面積が一定，HP⊥平面αであるから，

四面体QABCの体積を最大にする点QはHPの延長が球面Kと交わる点である。

球面の方程式は中心$\mathrm{P}\left(\frac{5}{2},\ \frac{5}{2},\ \frac{5}{2}\right)$，半径$R^2=\mathrm{AP}^2=\frac{11}{4}$であるから，

$\left(x-\frac{5}{2}\right)^2+\left(y-\frac{5}{2}\right)^2+\left(z-\frac{5}{2}\right)^2=\frac{11}{4}$　…⑥

⑤より，$x=k+\frac{5}{2}$，$y=-k+\frac{5}{2}$，$z=k+\frac{5}{2}$を⑥に代入して，

$3k^2=\frac{11}{4}$，$k^2=\frac{11}{12}$，$k=\pm\sqrt{\frac{11}{12}}=\pm\frac{\sqrt{33}}{6}$

$k=\frac{\sqrt{33}}{6}$のとき，$\mathrm{Q_1}\left(\frac{15+\sqrt{33}}{6},\ \frac{15-\sqrt{33}}{6},\ \frac{15+\sqrt{33}}{6}\right)$

$k=-\frac{\sqrt{33}}{6}$のとき，$\mathrm{Q_2}\left(\frac{15-\sqrt{33}}{6},\ \frac{15+\sqrt{33}}{6},\ \frac{15-\sqrt{33}}{6}\right)$

$\mathrm{Q_1H}>\mathrm{Q_2H}$となるから，求める点Qの座標は，

$\mathrm{Q}\left(\frac{15+\sqrt{33}}{6},\ \frac{15-\sqrt{33}}{6},\ \frac{15+\sqrt{33}}{6}\right)$

【18】(1)　線分ABの中点の座標は　$\left(\frac{t+1}{2},\ \frac{t+1}{t}\right)$

直線lは線分ABの中点を通るので，直線lの傾きは

$\frac{t+1}{t}\div\frac{t+1}{2}=\frac{2}{t}$

よって，求める直線lの方程式は　$y=\frac{2}{t}x$　…[答]

(2)　$S=2\cdot t-\left\{\frac{1}{2}\cdot 1\cdot 2+\frac{1}{2}\cdot t\cdot\frac{2}{t}+\frac{1}{2}\cdot(t-1)\cdot\left(2-\frac{2}{t}\right)\right\}$

$=2t-\left(t+\frac{1}{t}\right)$

$=t-\frac{1}{t}$　…[答]

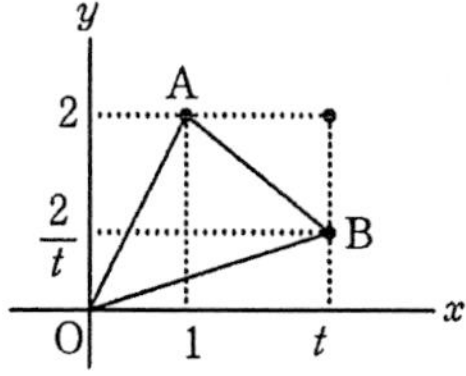

(3)　(2)より，$t-\frac{1}{t}=\frac{3}{2}$

$2t^2-3t-2=0$

$(2t+1)(t-2)=0$

$t=-\frac{1}{2}$，$t=2$

$t>1$より　$t=2$

このとき，直線lの方程式は$y=x$となる。

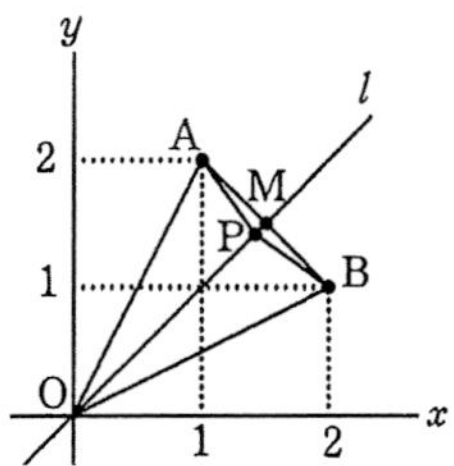

点Pの座標は($\sqrt{2}$，$\sqrt{2}$)であるので，線分ABの中点をMとすると，求める回転体は直線lを回転の軸として△OMAを1回転させた回転体から△PMAを1回転させた回転体を取り除いた回転体である。ここで，点Mの座標は$\left(\frac{3}{2},\ \frac{3}{2}\right)$なので，

$\mathrm{OM}=\frac{3\sqrt{2}}{2}$，$\mathrm{AM}=\frac{\sqrt{2}}{2}$，$\mathrm{PM}=\mathrm{OM}-\mathrm{OP}=\frac{3\sqrt{2}}{2}-2$

よって，求める回転体の体積Vは

$$V=\frac{1}{3}\cdot\left(\frac{\sqrt{2}}{2}\right)^2\cdot\pi\cdot\frac{3\sqrt{2}}{2}-\frac{1}{3}\cdot\left(\frac{\sqrt{2}}{2}\right)^2\cdot\pi\cdot\left(\frac{3\sqrt{2}}{2}-2\right)$$

$$=\frac{1}{3}\cdot\left(\frac{\sqrt{2}}{2}\right)^2\cdot\pi\cdot 2$$

$$=\frac{\pi}{3}$$ …[答]

○**解説**○ (1)　解答参照。　(2)　直線$x=t$，$y=2$とx軸，y軸で囲まれる長方形から，3つの直角三角形を引くことで，△OABの面積を求められる。　(3)　解答参照。

【19】(1)　円Pの式を，$x^2+y^2=r^2$とおくと，

点(3，4)を通るので，$3^2+4^2=r^2$

$r^2=25$

よって，求める円の式は，$x^2+y^2=25$

$x=1$とすると，$y^2=24$より，$y=\pm 2\sqrt{6}$

y座標は負の数なので，$y=-2\sqrt{6}$

(2)　$\triangle AOC=\frac{1}{2}|9-(-16)|=\frac{25}{2}$

(3)　△DOQは，辺ODを底辺とすると底辺の長さが6の三角形なので，面積が最大となるには，高さが最大となればよい。

円上の点Qとx軸との距離が高さとなり，それが最大となるのは，点Qがy軸上にあるときである。

よって，Q(0，5)，(0，−5)

○**解説**○ (1)　解答参照。

(2)　A(3，4)，C(−4，3)，O(0，0)なので，$\overrightarrow{OA}=(3,\ 4)$，$\overrightarrow{OC}=(-4,\ 3)$

よって，$\triangle AOC=\frac{1}{2}|3\times3-4\times(-4)|=\frac{25}{2}$

【別解】A，Cを通る直線は，$y-4=\frac{4-3}{3-(-4)}(x-3)$,

$\therefore\quad y=\frac{1}{7}x+\frac{25}{7}$

この直線の切片をEとすると，OEは△AOEと△COEの底辺なので，

△AOC＝△AOE＋△COE

よって，$\triangle AOC=\frac{1}{2}\cdot\frac{25}{7}\cdot3+\frac{1}{2}\cdot\frac{25}{7}\cdot4=\frac{25}{2}$

(3)　解答参照。

【20】(1)　点Pは直線①，②の交点なので，

$$\begin{cases} y=-\frac{3}{4}x+3 \\ y=\frac{4}{3}x-2 \end{cases}$$

これを解くと，

$$\begin{cases} x=\frac{12}{5} \\ y=\frac{6}{5} \end{cases}$$

答　$P\left(\frac{12}{5},\ \frac{6}{5}\right)$　(または　P(2.4，1.2))

(2)　BD＝5，$BE=\frac{25}{3}$である。

△BEAにおいて，PD//AEより

BD：BE＝BP：BA＝3：5　…①

点Oと点P，点Dと点Aを結ぶ

△BDAにおいて

①より，BO：BD＝BP：BA＝3：5　…②

よって，OP // DA　…③

②，③より，OP：DA＝3：5

よって，PC：CD＝3：5　…④

①より，DP：EA＝3：5　…⑤

④，⑤より，

$PC=\frac{3}{8}\times DP=\frac{3}{8}\times\frac{3}{5}\times EA=\frac{9}{40}\times EA$

よって，CP：EA＝9：40

答　9：40

○**解説**○ (1)　解答参照。

(2)　(別解)　直線①と②の傾きより，これらの直線は点Pで垂直に交わっているといえる。

また，点Aを通る②と平行な直線は，$y-0=\frac{4}{3}(x-4)$より，$y=\frac{4}{3}x-\frac{16}{3}$となる。

$A(4,\ 0)$，$B(0,\ 3)$，$C\left(\frac{3}{2},\ 0\right)$，$D(0,\ -2)$，$E\left(0,\ -\frac{16}{3}\right)$，$P\left(\frac{12}{5},\ \frac{6}{5}\right)$より

$CP=\sqrt{\left(\frac{12}{5}-\frac{3}{2}\right)^2+\left(\frac{6}{5}\right)^2}=\sqrt{\left(\frac{9}{10}\right)^2+\left(\frac{6}{5}\right)^2}=\sqrt{\frac{81}{100}+\frac{36}{25}}=\sqrt{\frac{81+144}{100}}$

$=\sqrt{\frac{225}{100}}=\frac{15}{10}=\frac{3}{2}$

$EA=\sqrt{4^2+\left(\frac{16}{3}\right)^2}=\sqrt{16+\frac{256}{9}}=\sqrt{\frac{144}{9}+\frac{256}{9}}=\sqrt{\frac{400}{9}}=\frac{20}{3}$

よって，$CP：EA=\frac{3}{2}：\frac{20}{3}=9：40$

【21】④

○**解説**○ $3x+4y-1=0$より，$y=-\frac{3}{4}x+\frac{1}{4}$

$5x^2+5y^2=1$に代入して，$5x^2+5\left(-\frac{3}{4}x+\frac{1}{4}\right)^2=1$

$5x^2+5\left(\frac{9}{16}x^2-\frac{6}{16}x+\frac{1}{16}\right)=1$

$\frac{25}{16}x^2-\frac{6}{16}x+\frac{1}{16}=\frac{1}{5}$

$125x^2-30x-11=0$

$(25x-11)(5x+1)=0$

$x=\frac{11}{25}$，$-\frac{1}{5}$

$x=\frac{11}{25}$のとき，$y=-\frac{3}{4}\times\frac{11}{25}+\frac{1}{4}=-\frac{2}{25}$

$x=-\frac{1}{5}$のとき，$y=-\frac{3}{4}\times\left(-\frac{1}{5}\right)+\frac{1}{4}=\frac{2}{5}$

よって，2つの交点の座標は，$\left(\frac{11}{25}，-\frac{2}{25}\right)$，$\left(-\frac{1}{5}，\frac{2}{5}\right)$

これらの2点間の距離は，

$\sqrt{\left(\frac{11}{25}+\frac{1}{5}\right)^2+\left(-\frac{2}{25}-\frac{2}{5}\right)^2}=\sqrt{\left(\frac{16}{25}\right)^2+\left(-\frac{12}{25}\right)^2}=\sqrt{\frac{400}{625}}=\sqrt{\frac{16}{25}}=\frac{4}{5}$

【22】(1)　[1]　4　　[2]　9　　[3]　4　　[4]　3　　(2)　[5]　2　[6]　1　　[7]　2

○**解説**○ (1)　曲線C：$f(x)=\frac{1}{x}$ とすると，$f'(x)=-1\cdot x^{-2}=-\frac{1}{x^2}$

接線の方程式がB$\left(a,\ \frac{1}{a}\right)$で接するとする。

接線l：$y-\frac{1}{a}=f'(a)(x-a)$

$y-\frac{1}{a}=-\frac{1}{a^2}(x-a)$

$y=-\frac{1}{a^2}x+\frac{2}{a}$

接線lはA(3，0)を通るので，

$0=-\frac{1}{a^2}\cdot 3+\frac{2}{a}$

$0=\frac{2a-3}{a^2}$

接点Bは曲線C上の点なので，$a\neq 0$，したがって，$a=\frac{3}{2}$

接線l：$y=-\frac{1}{\left(\frac{3}{2}\right)^2}x+\frac{2}{\frac{3}{2}}$

$y=-\frac{4}{9}x+\frac{4}{3}$

(2)　(1)より，接点は$\left(\frac{3}{2},\ \frac{2}{3}\right)$

よって，求める面積は，

$$S=\int_{\frac{3}{2}}^{3}\left(\frac{1}{x}-\left(-\frac{4}{9}x+\frac{4}{3}\right)\right)dx$$

$$=\left[\log x+\frac{2}{9}x^2-\frac{4}{3}x\right]_{\frac{3}{2}}^{3}$$

$$=(\log 3+2-4)-\left(\log 3-\log 2+\frac{1}{2}-2\right)$$

$$=\log 2-\frac{1}{2}$$

【23】(1)

〈解説〉$y=kx-k^2+2$より，kについての2次方程式$k^2-xk+y-2=0$　…①

が$k\geqq 0$となる解をもつことを調べる。

[i]　①の2つの解が$k\geqq 0$の解をもつとき，

$D=(-x)^2-4(y-2)\geqq 0$より，$y\leqq\frac{x^2}{4}+2$

$\alpha+\beta=x\geqq 0$，$\alpha\cdot\beta=y-2\geqq 0$より，$y\geqq 2$

[ii]　①の2つの解が異符号の解をもつとき，

$\alpha\cdot\beta=y-2\leqq 0$より，$y\leqq 2$

[i]，[ii]より，点$(x,\ y)$の存在する範囲は，$x\geqq 0$かつ$y\geqq 2$かつ$y\leqq\frac{x^2}{4}+2$と$y\leqq 2$である。

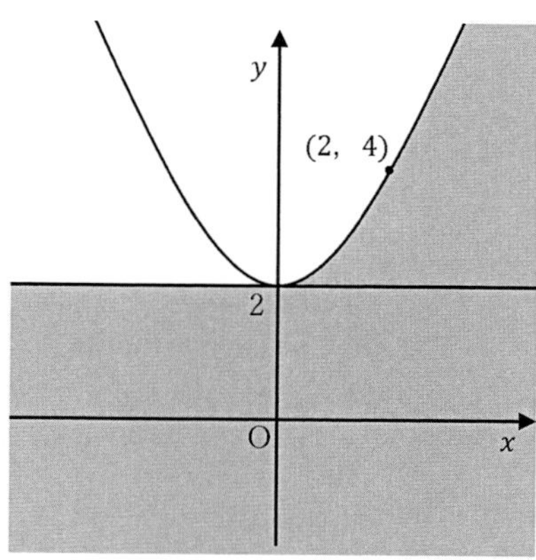

【24】⑥

○解説○ 直線$y=x-2$上の点をQ$(t,\ t-2)$とおいて，点A$(1,\ 6)$であるから，AQを2：1に内分する点をP$(X,\ Y)$とすれば，

$X=\dfrac{1+2t}{2+1}=\dfrac{2t+1}{3}$ …①，$Y=\dfrac{6+2(t-2)}{2+1}=\dfrac{2t+2}{3}$ …②

①より，$2t=3X-1$を②に代入して，$Y=\dfrac{3X-1+2}{3}=X+\dfrac{1}{3}$

ゆえに，求める点Pの軌跡は，$y=x+\dfrac{1}{3}$

【25】(1) $y=-\dfrac{1}{e^2}x+\dfrac{4}{e^2}$ (2) $\dfrac{9}{e^2}-1$

○解説○ (1) 曲線C：$y=xe^{-x}$より，

$y'=e^{-x}-xe^{-x}$

$y''=-e^{-x}-(e^{-x}-xe^{-x})=(x-2)e^{-x}$

$y''=0$より，$x=2$

よって，変曲点$\left(2,\ \dfrac{2}{e^2}\right)$での接線$l$の方程式は，

$y-\dfrac{2}{e^2}=-\dfrac{1}{e^2}(x-2)$

ゆえに，接線l：$y=-\dfrac{1}{e^2}x+\dfrac{4}{e^2}$

(2) 次図より，求める面積Sは，

$S=\dfrac{1}{2}\left(\dfrac{4}{e^2}+\dfrac{2}{e^2}\right)\cdot 2-\displaystyle\int_0^2 xe^{-x}dx$ …①

ここで，$\displaystyle\int_0^2 xe^{-x}dx=\int_0^2 x(-e^{-x})'dx$

$=\Big[x(-e^{-x})\Big]_0^2+\displaystyle\int_0^2 e^{-x}dx=-\dfrac{2}{e^2}+\Big[-e^{-x}\Big]_0^2=-\dfrac{2}{e^2}+\left(-\dfrac{1}{e^2}+1\right)=-\dfrac{3}{e^2}+1$

よって，①より，

$S=\dfrac{6}{e^2}-\left(-\dfrac{3}{e^2}+1\right)=\dfrac{9}{e^2}-1$

● 図形②

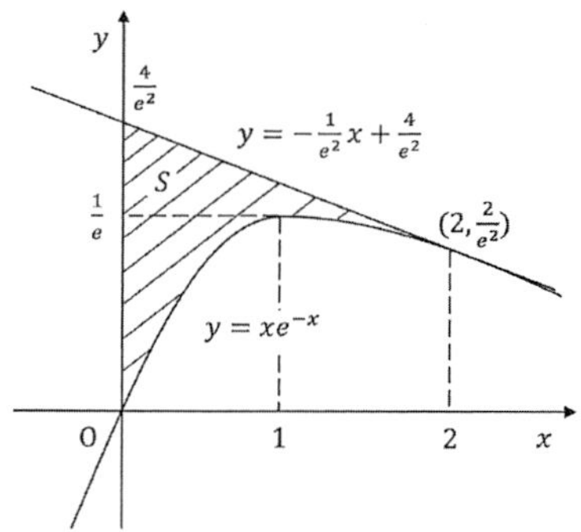

【26】問1　0〔個〕　　問2　2〔個〕

問3　円①は中心$(a,\ b)$，半径1の円であり，

円①と直線②が共有点をもつための条件は，

$\frac{|4a+3b-10|}{\sqrt{4^2+3^2}}\leqq 1$　より，$5\leqq 4a+3b\leqq 15$　…④

円①と円③が共有点をもつための条件は，

$2-1\leqq\sqrt{a^2+b^2}\leqq 2+1$　　よって，$1\leqq a^2+b^2\leqq 9$　…⑤

④の表す領域の境界線$4a+3b=5$と$4a+3b=15$は平行で，原点からの距離はそれぞれ，$\frac{|-5|}{\sqrt{16+9}}=1$，$\frac{|-15|}{\sqrt{16+9}}=3$であるから，⑤の表す領域の境界線$a^2+b^2=1$，$a^2+b^2=9$に接している。

したがって，点$(a,\ b)$の存在範囲は次の図の斜線部分で境界線を含む。

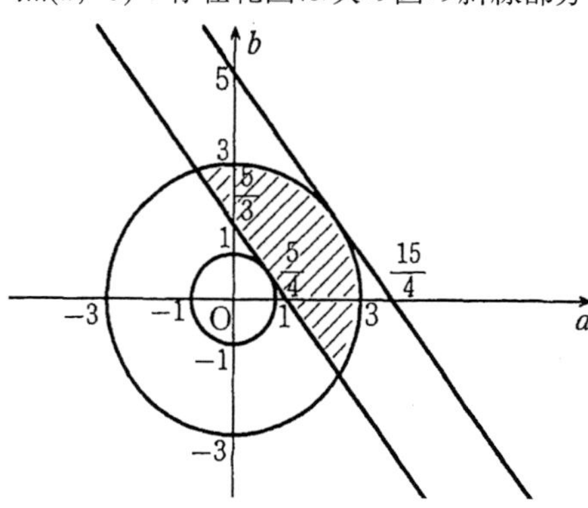

○**解説**○ 問1　条件より，$(x+1)^2+(y-2)^2=1$

中心$(-1,\ 2)$と直線②との距離は，$d=\dfrac{|4+6-10|}{\sqrt{4^2+3^2}}=\dfrac{8}{5}$

$d>1$ (円①の半径)より，円①と直線②は共有点をもたない。

問2　2円が共有点をもつ条件は半径r_1，r_2 において，

$|r_1-r_2|\leqq$(中心間の距離)$\leqq r_1+r_2$ を満たすときである。

円①と円③の中心間の距離は，$\sqrt{1^2+2^2}=\sqrt{5}$　である。

円①と円③の半径の差と和は$|2-1|=1$，$2+1=3$となり，

$1<\sqrt{5}<3$であることより，円①と円③は異なる2点で交わっている。

問3　解答参照。

【27】(1)　$-a$　　(2)　$y=\dfrac{1}{a}x$　　(3)　(2)より　$\dfrac{1}{3}x^3-ax=\dfrac{1}{a}x$

よって　$\dfrac{1}{3}x\left\{x^2-3\left(a+\dfrac{1}{a}\right)\right\}=0$

これを解いて，共有点のx座標は　$x=0,\ \pm\sqrt{3\left(a+\dfrac{1}{a}\right)}$

このうち，正であるものは　$\sqrt{3\left(a+\dfrac{1}{a}\right)}$

(4)　関数$y=\dfrac{1}{3}x^3-ax$と関数$y=\dfrac{1}{a}x$のグラフはそれぞれ原点に関して対称である。よって　面積の和Sは

$$S=2\int_0^{\sqrt{3\left(a+\frac{1}{a}\right)}}\left\{\frac{1}{a}x-\left(\frac{1}{3}x^3-ax\right)\right\}dx$$

$$=2\int_0^{\sqrt{3\left(a+\frac{1}{a}\right)}}\left\{-\frac{1}{3}x^3+\left(a+\frac{1}{a}\right)x\right\}dx$$

$$=2\left[-\frac{x^4}{12}+\frac{1}{2}\left(a+\frac{1}{a}\right)x^2\right]_0^{\sqrt{3\left(a+\frac{1}{a}\right)}}$$

$$=2\left\{-\frac{1}{12}\cdot 9\cdot\left(a+\frac{1}{a}\right)^2+\frac{1}{2}\left(a+\frac{1}{a}\right)\cdot 3\left(a+\frac{1}{a}\right)\right\}$$

$$=2\left(-\frac{3}{4}+\frac{3}{2}\right)\left(a+\frac{1}{a}\right)^2$$

$$=\frac{3}{2}\left(a+\frac{1}{a}\right)^2$$

ここでaは正の定数より$a>0$，$\dfrac{1}{a}>0$であるから

相加平均と相乗平均の関係より

$$a+\frac{1}{a}\geqq 2\sqrt{a\cdot\frac{1}{a}}=2$$

等号成立条件は$a=\frac{1}{a}$

$a>0$より　$a=1$

$a+\frac{1}{a}>0$より$a+\frac{1}{a}$が最小のとき$\left(a+\frac{1}{a}\right)^2$も最小である

よって$a=1$のとき　面積の和Sの最小値は$\frac{3}{2}\cdot 2^2=6$

○解説○ (1)　曲線$y=f(x)$上の点$(t,\ f(t))$における接線の傾きは$f'(t)$より，

$f(x)=\frac{1}{3}x^3-ax$のとき，$f'(x)=x^2-a$

よって，$f'(0)=0^2-a=-a$

(2)　曲線$y=f(x)$上の点$(t,\ f(t))$における法線の傾きは$-\frac{1}{f'(t)}$なので，

$-\frac{1}{f'(t)}=-\frac{1}{-a}=\frac{1}{a}$

この法線は$(0,\ 0)$を通るため，直線ℓ：$y=\frac{1}{a}x$

(3)　解答参照。

(4)　$y=\frac{1}{3}x^3-ax$と$y=\frac{1}{a}x$はともに，$f(-x)=-f(x)$なので，奇関数であり図のように原点に関して対称である。

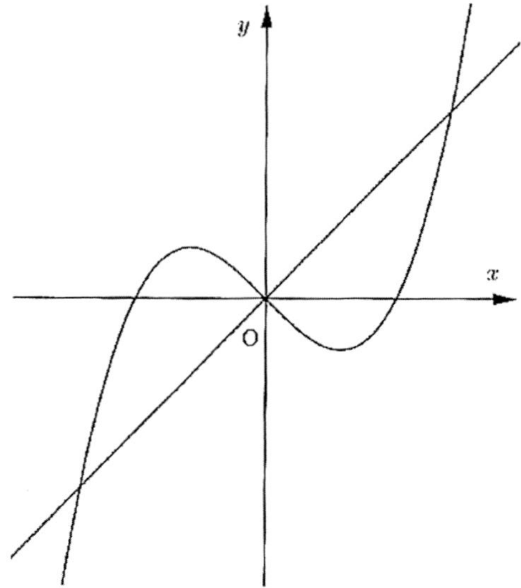

【28】問1　y座標が1であるとき，$y=1$　　$\cos\theta=0$

よって，$\theta=\frac{\pi}{2}$，$\frac{3}{2}\pi$

$\theta=\frac{\pi}{2}$のとき，$x=\frac{\pi}{2}-1$であり，

$\theta=\frac{3}{2}\pi$のとき$x=\frac{3}{2}\pi+1$である。

x座標が小さい方であるから$\theta=\frac{\pi}{2}$である。

したがって，点Pの座標は$\left(\frac{\pi}{2}-1,\ 1\right)$

問2

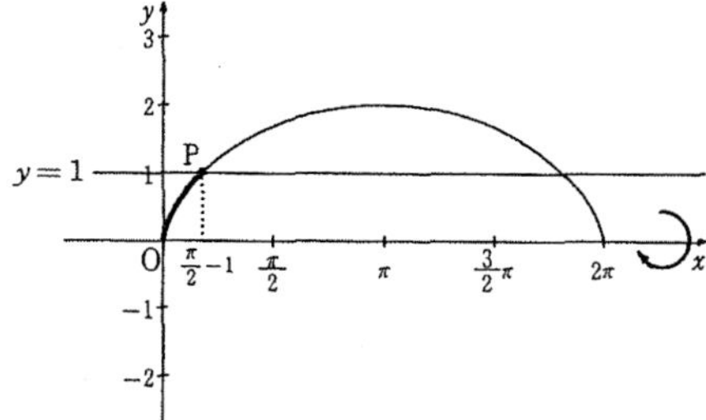

曲線OPをx軸のまわりに1回転させてできる回転体の体積をVとすると，

$V=\pi\int_{0}^{\frac{\pi}{2}-1} y^2dx$

$=\pi\int_{0}^{\frac{\pi}{2}-1}(1-\cos\theta)^2dx$

ここで　$x=\theta-\sin\theta$ より　$dx=(1-\cos\theta)d\theta$ である。

x	$0\ \to\ \frac{\pi}{2}-1$
θ	$0\ \to\ \frac{\pi}{2}$

θに置換すると

$V=\pi\int_{0}^{\frac{\pi}{2}}(1-\cos\theta)^2\cdot(1-\cos\theta)d\theta$

$=\pi\int_{0}^{\frac{\pi}{2}}(1-\cos\theta)^3d\theta$

$=\pi\int_{0}^{\frac{\pi}{2}}(1-3\cos\theta+3\cos^2\theta-\cos^3\theta)d\theta$

$=\pi\int_{0}^{\frac{\pi}{2}}\left\{1-3\cos\theta+3\left(\frac{1+\cos2\theta}{2}\right)-\cos\theta(1-\sin^2\theta)\right\}d\theta$

$$=\pi\int_0^{\frac{\pi}{2}}\left(\frac{5}{2}-4\cos\theta+\frac{3}{2}\cos2\theta+\sin^2\theta\cos\theta\right)d\theta$$

$$=\pi\left[\frac{5}{2}\theta-4\sin\theta+\frac{3}{4}\sin2\theta+\frac{1}{3}\sin^3\theta\right]_0^{\frac{\pi}{2}}$$

$$=\frac{5}{4}\pi^2-\frac{11}{3}\pi$$

○**解説**○ 問1　解答参照。

問2　途中式の$\sin^2\theta\cos\theta$は$\sin\theta=t$とおいて，置換積分を行うと，

$\dfrac{dt}{d\theta}=\cos\theta$より，$d\theta=\dfrac{dt}{\cos\theta}$なので，

$\displaystyle\int\sin^2\theta\cos\theta\,d\theta=\int t^2\cos\theta\frac{dt}{\cos\theta}=\frac{t^3}{3}+C=\frac{\sin^3\theta}{3}+C$となる。

【29】1　(6, 3)

2　$S=\displaystyle\int_0^6\{\sqrt{x+3}-(x-3)\}dx=\left[\frac{2}{3}(x+3)^{\frac{3}{2}}-\frac{1}{2}x^2+3x\right]_0^6=18-2\sqrt{3}$

3　$V_y=\dfrac{1}{3}\cdot36\pi\cdot6-\pi\displaystyle\int_{\sqrt{3}}^3x^2dy=72\pi-\pi\int_{\sqrt{3}}^3(y^4-6y^2+9)dy$

$$=72\pi-\pi\left[\frac{1}{5}y^5-2y^3+9y\right]_{\sqrt{3}}^3=\frac{252+24\sqrt{3}}{5}\pi$$

4　$y=-x+3$と$y=\sqrt{x+3}$の交点は(1, 2)

$$V_x=\pi\int_0^1(-x+3)^2dx+\pi\int_1^6(\sqrt{x+3})^2dx-\frac{1}{3}\cdot9\pi\cdot3$$

$$=\pi\left[-\frac{1}{3}(-x+3)^3\right]_0^1+\pi\left[\frac{1}{2}x^2+3x\right]_1^6-9\pi$$

$$=\frac{19}{3}\pi+\frac{65}{2}\pi-9\pi=\frac{179}{6}\pi$$

○**解説**○ 1　$\sqrt{x+3}=x-3$　…①より，両辺を2乗して，

$x+3=(x-3)^2$

$x^2-7x+6=0$

$(x-1)(x-6)=0$

$x=1, 6$　ここで，①より$x-3>0$なので$x=6$となり，$y=6-3=3$

したがって，(6, 3)

2　解答参照。

3　求める体積V_yは，次図のように底面積36π高さ6の円錐の体積と

$y=\sqrt{x+3}$とy軸と$y=3$で囲まれた図形をy軸に一回転させてできた立体の体積の差である。

$y=\sqrt{x+3}$より$y^2=x+3$　よって，$x=y^2-3$

よって，求める体積$V_y=\dfrac{1}{3}\times 36\pi\times 6-\pi\displaystyle\int_{\sqrt{3}}^{3}x^2dy=72\pi-\pi\int_{\sqrt{3}}^{3}(y^2-3)^2dy$

である。

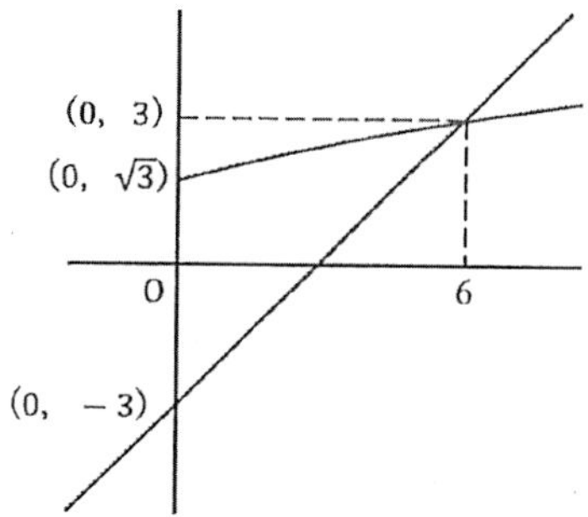

4　求める体積V_xは，次図の塗りつぶし部分の図形をx軸に一回転させた立体の体積である。

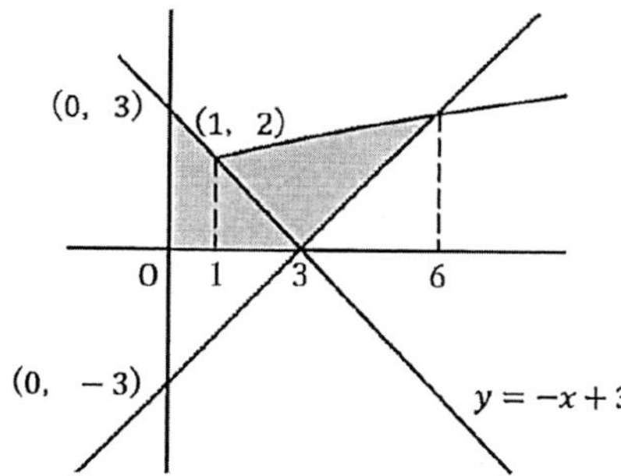

● 図形②

【30】円Aの方程式は$x^2+y^2=1$，点Qの座標は$(0,\ \sqrt{1-r^2})$ $(0<r<1)$で表される。

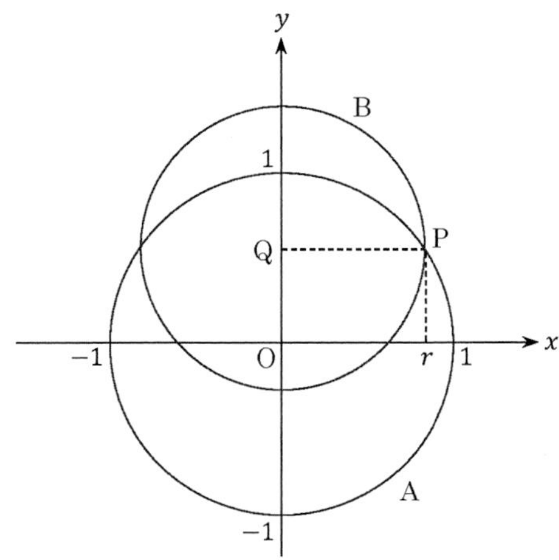

$$V=\frac{2}{3}\pi r^3+\pi\int_0^{\sqrt{1-r^2}}(1-y^2)dy+\frac{2}{3}\pi$$

$$\frac{dV}{dr}=2\pi r^2+\pi\{1-(1-r^2)\}\cdot\frac{-r}{\sqrt{1-r^2}}=\frac{\pi r^2(2\sqrt{1-r^2}-r)}{\sqrt{1-r^2}}$$

$\dfrac{dV}{dr}=0$とすると，

$2\sqrt{1-r^2}-r=0\quad r^2=\dfrac{4}{5}\quad r=\pm\dfrac{2}{\sqrt{5}}$

r	0	…	$\frac{2}{\sqrt{5}}$	…	1
$\frac{dV}{dr}$		＋	0	−	
V		↗	極大	↘	

よって，上の表からVは

$r=\dfrac{2}{\sqrt{5}}$ のときに最大となる。

○**解説**○ [参考]　Vの最大値は，

$\dfrac{2}{3}\pi\cdot\left(\dfrac{2}{\sqrt{5}}\right)^3+\pi\displaystyle\int_0^{\frac{1}{\sqrt{5}}}(1-y^2)dy+\dfrac{2}{3}\pi=\pi\left(\dfrac{1}{\sqrt{5}}+\dfrac{2}{3}\right)$となる。

総合問題

実施問題

総合問題①

【1】次の(1)〜(5)の問いに答えよ。

(1)　$2xy+y^2-8x-16$を因数分解せよ。

(2)　次の図のような円があり，この円周上に異なる4点A，B，C，Dをとる。弦ABと弦CDの交点をPとし，AP＝6，PB＝8，PD＝12のとき，弦CDの長さxを求めよ。

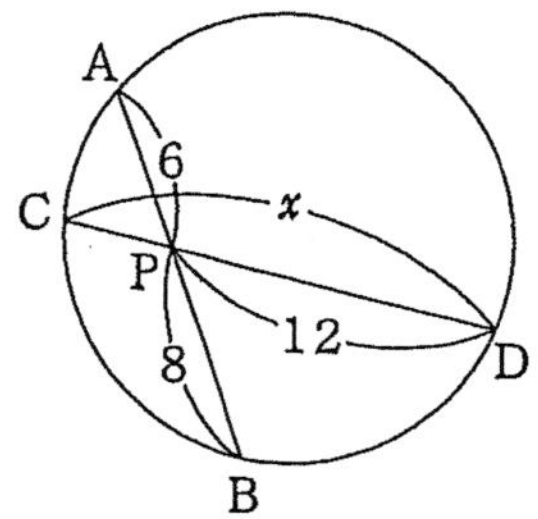

(3)　A，B，C，D，E，Fの6人が円形に並ぶとき，並び方は何通りできるか求めよ。

(4)　$a+b+c=0$のとき，次の等式を証明せよ。

$2a^2+bc=(b-a)(c-a)$

(5)　直線$x+2y-12=0$に関して，点A(1，3)と対称な点Bの座標を求めよ。

▌2024年度 ▌香川県 ▌難易度 ■□□□□

【2】次の各問いに答えよ。

問1　△ABCにおいて，AB＝$\sqrt{7}$，BC＝1，CA＝$\sqrt{3}$とするとき，最も大きい角の大きさを求めよ。

問2　方程式$xy+4x-y=6$を満たす整数の組(x, y)は全部で何組あるか。

問3　方程式$2\cdot 4^x-5\cdot 2^x+2=0$を解け。

問4　△OABにおいて，辺OAを3：2に内分する点をC，辺OBを2：1に内分する点をDとし，線分ADと線分BCの交点をPとする。$\overrightarrow{OP}$

を$\overrightarrow{OA}$，$\overrightarrow{OB}$を用いて表せ。

問5　底面の半径が6の直円錐を，頂点を中心にして平面上で滑らないように転がしたところ，3回転してもとの位置に戻った。この直円錐の側面積を求めよ。

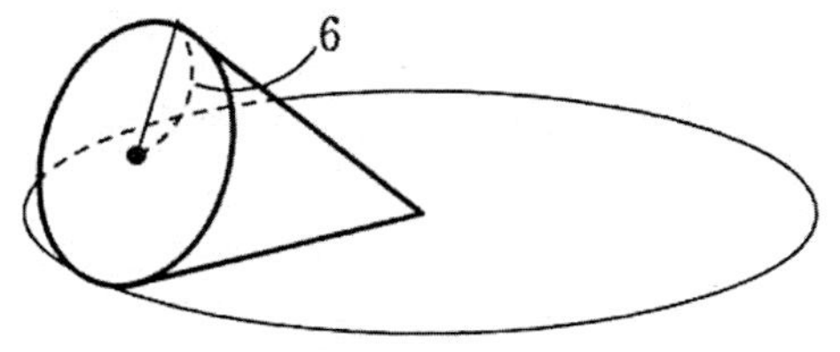

2024年度　長崎県　難易度

【3】次の各問に答えよ。(答のみでよい。)

(1) $\frac{299}{391}$を既約分数で表せ。

(2) 次の図のように畑を3つの区画A，B，Cに分けた。異なる4種類の野菜の中からA，B，Cで栽培する野菜をそれぞれ1種類ずつ選ぶとき，何通りの選び方があるか。ただし，隣り合う区画には同じ種類の野菜を栽培しないこととする。

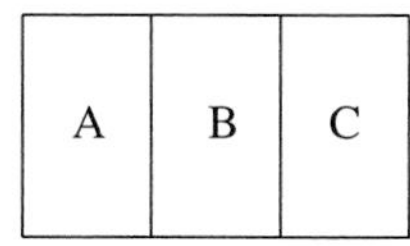

(3) 次の図のひし形ABCDの内部に△BCFが正三角形となるような点Fをとり，線分DFを延長した直線と辺ABとの交点をEとする。∠BAD＝86°のとき，∠AEDの大きさを求めよ。

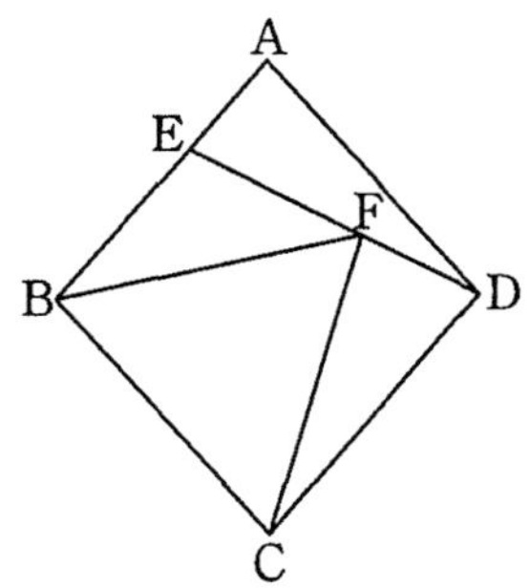

(4)　Aさんを含めた10人の生徒に10点満点のテストを行ったところ，点数は次のようになった。

　　2，3，4，4，5，6，8，8，10，10

答案の返却後，Aさんの点数に誤りがあることが分かり，点数を修正すると，中央値が7点，平均値が6.3点になった。Aさんの修正後の点数を求めよ。

▌2024年度 ▌鹿児島県 ▌難易度

【4】次の1から4の問いに答えよ。ただし，途中の計算は書かなくてよい。

1　2次方程式$\sqrt{3}x^2-x-2\sqrt{3}=0$を解け。

2　座標平面上に，3点A(0，4)，B(−1，1)，C(3，3)がある。このとき，△ABCはどのような三角形か。

3　最大公約数が28，最小公倍数が1260である，2つの3桁の自然数を求めよ。

4　ある池に生息するコイの総数を調べるために，60匹のコイを捕まえて印をつけて池に戻した。数日後に，40匹のコイを捕まえて調べたところ，そのうち10匹に印がついていた。池にコイは何匹いると推定できるか。およその数を求めよ。

▌2024年度 ▌栃木県 ▌難易度

【5】次の問いに答えなさい。

(1)　120以下の自然数で，120と互いに素である自然数の個数は[　1　][　2　]個である。

(2)　円に内接し，AB＝8，BC＝6，CD＝2，∠B＝60°である四角形ABCDの面積は[　3　][　4　]$\sqrt{[\ 5\ ]}$である。

(3)　AB＝4，BC＝8，CA＝6である△ABCの内心をIとする。

このとき，$\overrightarrow{AI}$を$\overrightarrow{AB}$と$\overrightarrow{AC}$を用いて表すと，

$\overrightarrow{AI}=\dfrac{[\ 6\ ]}{[\ 7\ ]}\overrightarrow{AB}+\dfrac{[\ 8\ ]}{[\ 9\ ]}\overrightarrow{AC}$である。

(4)　複素数$\alpha=\dfrac{1+i}{\sqrt{3}+i}$について，$\alpha^8$の値を求めると

$\dfrac{-[\ 10\ ]+\sqrt{[\ 11\ ]}\,i}{[\ 12\ ][\ 13\ ]}$である。

▌2024年度 ▌三重県 ▌難易度

【6】次の1～6に答えなさい。

1　男子3人，女子4人の計7人がいます。

(1)　7人が一列に並ぶとき，男子3人が続いて並ぶ並び方は[　アイウ　]通りあり，男子と女子が交互に並ぶ並び方は[　エオカ　]通りある。

(2)　7人をグループに分けるとき，3人，2人，2人の3つのグループに分ける方法は[　キクケ　]通りある。

2　△ABCの内部に点Pがあり，$4\overrightarrow{AP}+3\overrightarrow{BP}+5\overrightarrow{CP}+\overrightarrow{AB}=\overrightarrow{0}$が成り立っています。直線APと辺BCの交点をDとします。

(1)　点Dは辺BCを[　コ　]：[　サ　]に内分する点であり，点Pは線分ADを[　シ　]：[　ス　]に内分する点である。

(2)　△PACの面積は，△ABCの面積の$\frac{1}{[\ セ\ ]}$倍である。

3　Uを全体集合とし，A，BをUの部分集合とします。このとき，次の①～③の全てが成り立っています。

$n(\mathrm{U})=120$　……①

$\{n(\mathrm{A})-n(\mathrm{A}\cap\mathrm{B})\}+\{n(\mathrm{B})-n(\mathrm{A}\cap\mathrm{B})\}=n(\mathrm{A}\cup\mathrm{B})-28$　……②

$n(\overline{\mathrm{A}\cup\mathrm{B}})=n(\mathrm{A}\cap\mathrm{B})+17$　……③

ただし，集合Xの要素の個数を$n(\mathrm{X})$で表します。また，Uの部分集合Yに対し，$\overline{\mathrm{Y}}$はYの補集合を表します。

(1)　AとBのどちらにも属する要素の個数は[　ソタ　]個，Uの中でAとBのどちらにも属さない要素の個数は[　チツ　]個である。

(2)　Aの要素の個数は最も少なくて[　テト　]個，最も多くて[　ナニ　]個である。

4　a，b，x，yは実数とし，関係式$a=\log_2 x$，$b=\log_8 y$を満たすとします。

(1)　$x^6y^2=\frac{1}{16}$のとき，$a+b=\frac{[\ ヌネ\ ]}{[\ ノ\ ]}$である。

(2)　$a+3b=5$のとき，$xy=2^{[\ ハ\ ]}$であり，$x+y$の最小値は[　ヒ　]$\sqrt{[\ フ\ ]}$である。

5　数列$\{a_n\}$が，-39，-5，25，51，73，91，……のように並んでいます。この数列$\{a_n\}$の階差数列$\{b_n\}$は等差数列であることが分かっています。

(1)　数列$\{b_n\}$の一般項b_nを求めるとb_n＝[　ヘホ　]n＋[　マミ　]となる。数列$\{b_n\}$の初項から第n項までの和をS_nとすると，n＝　[　ム　]のときにS_nは最大値をとる。

(2)　数列$\{a_n\}$の一般項a_nを求めるとa_n＝[　メモ　]n^2＋[　ヤユ　]n−[　ヨラ　]となる。数列$\{a_n\}$で第3項以降で初めて負の数が現れるのは，第[　リル　]項である。

6　曲線$y=2x^3-4x+1$上の点(1，−1)における接線をlとします。

(1)　接線lの方程式は，y＝[　レ　]x−[　ロ　]である。

(2)　曲線$y=2x^3-4x+1$と接線lで囲まれた部分の面積をSとすると，$S=\dfrac{[\ \text{ワヲ}\ ]}{[\ \text{ン}\ ]}$である。

2024年度　広島県・広島市　難易度

【７】次の各問いに答えなさい。

(1)　方程式$3x^2-2x-1=0$を解きなさい。

(2)　式x^4+x^2-20を因数分解しなさい。

(3)　次の3つの数28，84，180の最大公約数と最小公倍数を求めなさい。

(4)　次の①～④について，下線部が正しいものは○を，誤っているものは下線部を正しくしなさい。

①　$\sqrt{4}+\sqrt{4}=\underline{4}$　　②　$\sqrt{64}=\underline{\pm 8}$

③　7の平方根は$\underline{\sqrt{7}}$　　④　$-\sqrt{(-3)^2}=\underline{3}$

(5)　縦$20a$cm，横$50a$cmの長方形がある($a>0$)。長方形の横の長さを30％短くするとき，縦の長さを何％長くすれば正方形になるか求めなさい。

(6)　一次関数$y=-\dfrac{2}{3}x+4$において，xの増加量が6のとき，yの増加量を求めなさい。

(7)　二次関数$y=x^2-4x+6$において，xの変域が$a\leqq x\leqq 5$のとき，yの変域は$2\leqq y\leqq 11$である。

このとき，aの値の範囲を求めなさい。

(8)　図1において，AB//EDであるとき，面積が等しい三角形の組をすべて答えなさい。

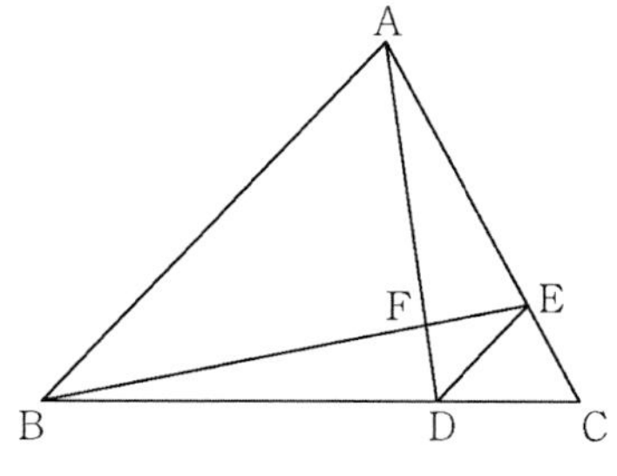

図1

(9)　底面の半径が5cm，高さが12cmの円錐がある。この円錐の表面積を求めなさい。

(10)　3点A(1，4)，B(−3，−2)，C(2，−1)を頂点とする三角形がある。この△ABCはどのような三角形であるか答えなさい。

(11)　1個のサイコロを3回続けて投げるとき，出る目の数の和が5以上になる確率を求めなさい。

(12)　次のデータは，気象庁ホームページより那覇市と鳥取市において，2022年に1mm以上の降水量があった日数を，月ごとに1月から12月まで並べたものである。(単位は日)

那覇市：12，14，12，6，21，17，13，15，17，10，15，10
鳥取市：21，18，11，6，7，9，14，14，11，11，9，18
(『気象庁ホームページ』より作成)

このデータから那覇市の箱ひげ図をかくと，図2のようになる。このとき，以下の各問いに答えなさい。

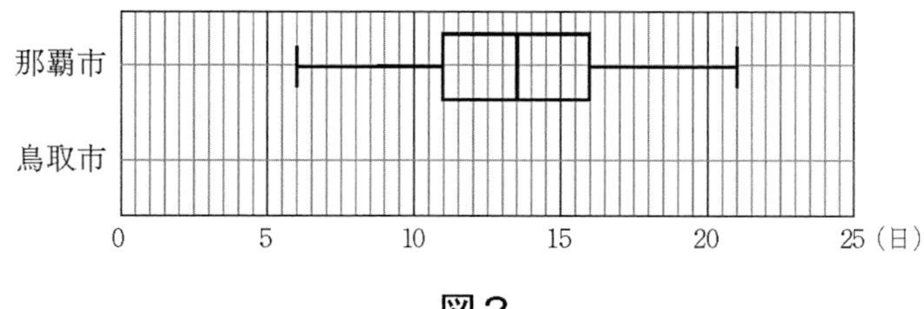

図2

①　上図に鳥取市の箱ひげ図をかきなさい。

②　那覇市と鳥取市の箱ひげ図を比較して読み取れることを，数学

的な表現を用いて答えなさい。

(13) 図3のように，円Oと，この円の外部に点Pがある。

このとき，点Pを通る接線をコンパスと定規を使って作図しなさい。

ただし，作図に用いた線は消さないこと。

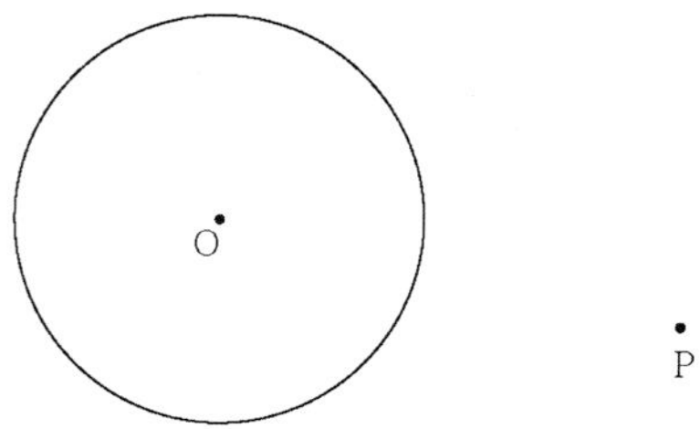

図３

(14) 図4は，AB＜ADである長方形ABCDの紙を，頂点Bが頂点Dに重なるように折り返したもので，線分PQは折り目の線，点Rは頂点Aが移った点をそれぞれ表している。

このとき，QD＝PDとなることを証明しなさい。

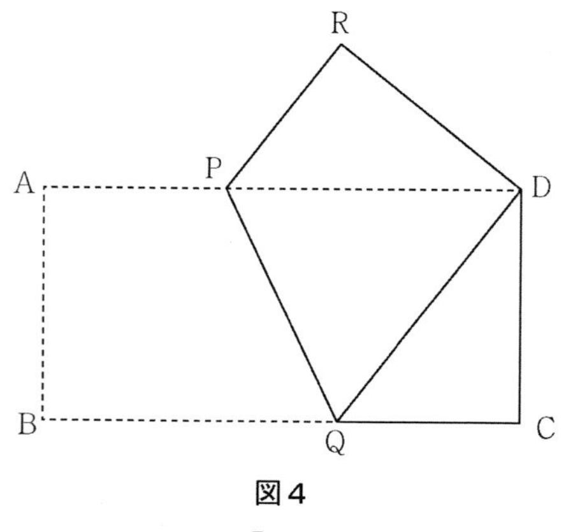

図４

▌2024年度 ▌鳥取県 ▌難易度

【８】次の問いに答えなさい。解答は，答えのみでよい。

(1) 次のデータは，10人の生徒に30点満点の数学のテストを行った結果である。このデータの平均値と中央値を求めなさい。ただし，単位は点である。

23，14，27，16，17，23，26，11，26，12

(2) 方程式$4^x-5\cdot 2^x+4=0$を解きなさい。

(3) 次の[①]，[②]に当てはまる数を求めなさい。

[1]，[2]，[3]，[4]の4枚のカードがある。この4枚のカードを左から右に並べて4けたの整数をつくるとき，4けたの整数は全部で[①]通りあり，それらの総和は[②]×1111である。

(4) 1辺の長さが2cmの正八面体の体積を求めなさい。

(5) ① 2024を素因数分解しなさい。

② 2桁の連続するいくつかの自然数の和が2024となるとき，その連続する2桁の自然数の最初の数と最後の数を求めなさい。

(6) 図のように，$AB_1=AB_2$である二等辺三角形AB_1B_2において，頂点Aから辺B_1B_2に垂線を下ろし，その交点をCとする。さらに，点B_1を通り辺AB_1に垂直な直線とAB_2の延長との交点をDとする。$B_1C=a$，$CA=b$として，[①]～[⑤]に当てはまる式をa，bを用いて表しなさい。ただし，$0<a<b$とし，同じ記号には同じ式が入る。

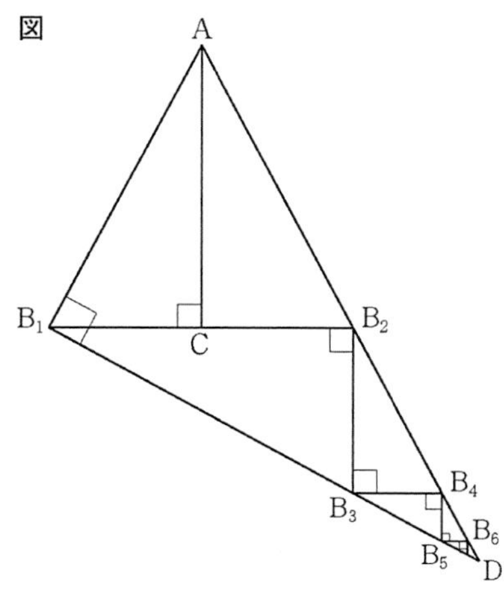

点B_2を通り辺B_1B_2に垂直な直線と辺B_1Dとの交点をB_3，点B_3を通り辺B_2B_3に垂直な直線と辺ADとの交点をB_4，点B_4を通り辺B_3B_4に垂直な直線と辺B_1Dとの交点をB_5，点B_5を通り辺B_4B_5に垂直な直線と辺

ADとの交点をB_6と定め，以下同様に点B_7，B_8，B_9，……を定めていく。

このとき，辺B_1B_2の長さは[　①　]，辺B_2B_3の長さは[　②　]，辺B_3B_4の長さは[　③　]である。

また，$S=B_1B_2+B_2B_3+B_3B_4+\cdots\cdots$とすると，$S$は初項[　①　]，公比[　④　]の無限等比級数で表され，公比は0＜[　④　]＜1であるから収束し，Sは[　⑤　]となる。

2024年度 兵庫県 難易度

【9】次の(1)～(6)の各問いに答えなさい。

(1)　3次式$x^3+y^3-9xy+27$を因数分解したときの2つの因数をかきなさい。

(2)　2次不等式$x^2+2mx+2m+3\geqq 0$の解がすべての実数であるとき，定数mの値の範囲を求めなさい。

(3)　AB＝3，BC＝5，CA＝7である△ABCの内接円の半径rを求めなさい。

(4)　次の図において，AD＝3，BD＝9，AE ＝4，CE＝5である。BF＝8のとき，CFの長さを求めなさい。

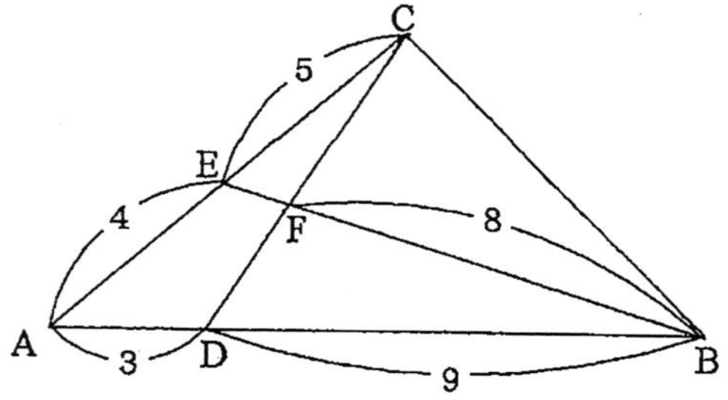

(5)　不等式$\log_4(x+1)\geqq \log_2 x$を解きなさい。

(6)　半径rの円Oの周上に定点Aがある。Aにおける円Oの接線に，Aと異なる円周上の点Pから垂線PQを下ろす。∠AOP＝θとするとき，$\lim_{\theta\to+0}\dfrac{AQ^2}{PQ}$を$r$を用いて表しなさい。ただし，$0<\theta<\dfrac{\pi}{2}$とする。

2024年度 名古屋市 難易度

【10】次の各問いに答えなさい。

問1　$\sqrt{(1-\sqrt{3})^2}-\sqrt{(1+\sqrt{3})^2}$として正しいものを，次の1～4のうちから1つ選びなさい。

1　$-2\sqrt{3}$　　2　-2　　3　2　　4　$2\sqrt{3}$

問2　$x^2+7x+12$と$x^3+6x^2+5x-12$の最小公倍数として正しいものを，次の1～4のうちから1つ選びなさい。

1　$(x+1)(x+3)(x+4)$　　2　$(x+1)(x+3)^2(x+4)^2$

3　$(x-1)(x+3)(x+4)$　　4　$(x-1)(x+3)^2(x+4)^2$

問3　△ABCにおいて，$\angle A=30^\circ$，$BC=\sqrt{13}$，$CA=3\sqrt{3}$，∠Bが鈍角とするとき，辺ABの長さとして正しいものを，次の1～4のうちから1つ選びなさい。

1　2　　2　$\sqrt{14}$　　3　$2\sqrt{10}$　　4　7

問4　2次関数$y=x^2-4x+5$ $(a\leqq x\leqq a+2)$の$a<0$における最小値として正しいものを，次の1～4のうちから1つ選びなさい。

1　a^2-4a+5　　2　1　　3　a^2+1　　4　5

問5　$x^2-y^2=48$を満たす正の整数x，yの組の個数として正しいものを，次の1～4のうちから1つ選びなさい。

1　3個　　2　5個　　3　6個　　4　10個

問6　次のAまたはBのゲームに，参加料200円を払って参加するのは，得であるか，あるいは損であるか。ただし，もらえる金額の期待値よりも参加料の方が高いとき損であると判断するものとする。このとき，正しいものを以下の1～4のうちから1つ選びなさい。

A：5枚の100円硬貨を同時に投げたとき，表の出た硬貨を受け取ることができる。

B：袋の中に，白球7個と黒球3個があり，1個の球を取り出したとき，白球のときは100円を，黒球のときは500円を受け取ることができる。

1　Aのゲームは得で，Bのゲームは損であると考えられる。

2　Aのゲームは損で，Bのゲームは得であると考えられる。

3　Aのゲームは得で，Bのゲームも得であると考えられる。

4　Aのゲームは損で，Bのゲームも損であると考えられる。

問7　方程式$3^{2x}-2\cdot 3^{x+1}+1=0$の2つの解を$\alpha$，$\beta$とするとき，$\alpha+\beta$

の値として正しいものを，次の1～4のうちから1つ選びなさい。

1　-1　　2　0　　3　1　　4　2

問8　2曲線$y=x^2+4$と$y=x^2-6x+12$の共通接線の傾きとして正しいものを，次の1～4のうちから1つ選びなさい。

1　-2　　2　$-\frac{4}{3}$　　3　-1　　4　$-\frac{1}{3}$

問9　期待値が6，分散が2の二項分布に従う確率変数をXとする。$X=k$となる確率をP_kとするとき，P_5はP_4の何倍となるか。正しいものを，次の1～4のうちから1つ選びなさい。

1　$\frac{1}{3}$倍　　2　$\frac{1}{2}$倍　　3　2倍　　4　3倍

問10　$z=\cos\frac{2}{5}\pi+i\sin\frac{2}{5}\pi$のとき，$z^4+z^3+z^2+z+1$の値として正しいものを，次の1～4のうちから1つ選びなさい。

1　-1　　2　0　　3　1　　4　i

2024年度 ｜ 宮城県・仙台市 ｜ 難易度 ■■■■□□

【11】次の(1)～(10)に答えなさい。

(1)　実数xに対して，$n\leqq x$を満たす最大の整数nを$[x]$で表す。このとき，$[\sqrt{2p}]=7$を満たす素数pをすべて求めなさい。

(2)　さいころを2回投げて，出た目の数を順にa，bとするとき，xの2次方程式$x^2-ax+b=0$が整数解をもつ確率を求めなさい。

(3)　次の図のような正三角形ABCを紙にかいて切り取り，頂点Aが辺BC上の点Dに重なるように折り返した。このときできた折り目の両端をE，Fとするとき，△BDE∽△CFDであることを証明しなさい。ただし，点Dは，点B，Cと一致しないものとする。

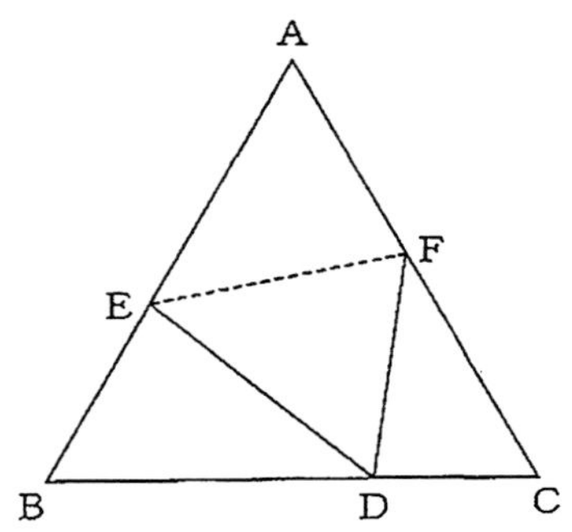

(4)　次の図のような円Oがあり，この円を底面とし，母線の長さが底面の半径の長さの3倍となる円錐を作る。この円錐の側面の展開図を作図しなさい。ただし，作図に使った線は消さないで残しておくこと。

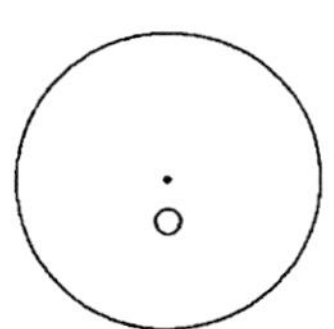

(5)　自動車の購入にあたり，ガソリン車Aと電気自動車Bについて，それぞれの購入費用，1回の給油または充電にかかる費用，1回の給油または充電で走行できる距離を調べたところ，次の表のとおりであった。

	ガソリン車A	電気自動車B
購入費用	180 万円	280 万円
1回の給油または充電にかかる費用	6000 円	500 円
1回の給油または充電で走行できる距離	500 km	300 km

1年間に10000km走行した場合，ガソリン車Aの総費用が，電気自動車Bの総費用より高くなるのは，何年以上乗り続けたときか。ただし，総費用は次の式で求め，1年間あたりの給油または充電にかかる費用は常に一定であることとし，年数は整数で答えること。

(総費用)＝(購入費用)＋(1年間あたりの給油または充電にかかる費用)×(使用年数)

(6)　半径1の円に内接する正十二角形の周の長さを求めなさい。

(7)　3個のデータ4，10，aの分散が最小となるaの値と，そのときの最小値を求めなさい。

(8)　$0 \leqq \theta < 2\pi$ のとき，次の方程式を解きなさい。

$4\sin\theta\cos\theta + \sqrt{6}(\sin\theta + \cos\theta) - 4 = 0$

(9)　$a_1 = 1$，$a_{n+1} = 3\sqrt{a_n}$ ($n = 1, 2, 3, \cdots\cdots$)によって定められる数列$\{a_n\}$の一般項を求めなさい。

(10)　次の極限を求めなさい。

$\lim_{x \to -\infty}(\sqrt{9x^2+5x+1}+3x)$

2024年度　新潟県・新潟市　難易度■■■■□□

【12】次の各問に答えよ。

〔問1〕　$\sqrt{4+2\sqrt{3}}$ の整数部分をa，小数部分をbとするとき，$b^2+\frac{a^2}{b^2}$＝[　[1]　]である。

〔問2〕　2024の正の約数の個数は[　[2][3]　]個である。

〔問3〕　1つのさいころを続けて3回投げて，出た目を順にx_1，x_2，x_3とするとき，$x_1 \leqq x_2 \leqq x_3$となる確率は$\frac{[\ \ [4]\ \ ]}{[\ \ [5][6]\ \ ]}$である。

ただし，さいころの1から6までのそれぞれの目が出る事象は，全て同様に確からしいものとする。

〔問4〕　不等式$2\log_{\frac{1}{2}}(x-3) > \log_{\frac{1}{2}}(x-1)$の解は，[　[7]　]$<x<$[　[8]　]である。

〔問5〕　$\left(x^2+\frac{1}{2}x\right)^8$の展開式で，$x^7$の係数は[　[9]　]である。

〔問6〕　等比数列$\{a_n\}$が，$a_1+a_2+a_3=740$，$a_2+a_3+a_4=555$を満たしているとき，この数列の初項は[　[10][11][12]　]，公比は$\frac{[\ \ [13]\ \ ]}{[\ \ [14]\ \ ]}$である。

〔問7〕　$0 \leqq \theta \leqq \frac{\pi}{2}$のとき，$\cos^2\theta + 2\sin\theta\cos\theta - \sin^2\theta$ の最大値は$\sqrt{[\ \ [15]\ \ ]}$である。

〔問8〕　AB＝1，AC＝2，∠BAC＝120°である△ABCにおいて，頂点Aから辺BCに下ろした垂線と辺BCとの交点をHとするとき，$\overrightarrow{AH} = \frac{[\ \ [16]\ \ ]}{[\ \ [17]\ \ ]}\overrightarrow{AB} + \frac{[\ \ [18]\ \ ]}{[\ \ [19]\ \ ]}\overrightarrow{AC}$ である。

〔問9〕　次の記述中の空欄[　[20]　]に当てはまるものとして適切なものは，以下の1～4のうちのどれか。

x，yを実数とするとき，$x^2+y^2<1$は，$|x|+|y|<1$であるための[　[20]　]。

1　必要十分条件である

2　必要条件であるが，十分条件ではない

3　十分条件であるが，必要条件ではない

4　必要条件でも十分条件でもない

〔問10〕 複素数α，βが，$|\alpha|=|\beta|=1$，$|\alpha-\beta|=\sqrt{3}$を満たすとき，$|2\alpha+3\beta|=\sqrt{[\quad[21]\quad]}$である。

〔問11〕 $\displaystyle\lim_{n\to\infty}\frac{1}{n^4}\{(n+1)^3+(n+2)^3+(n+3)^3+\cdots\cdots+(2n)^3\}=\frac{[\quad[22][23]\quad]}{[\quad[24]\quad]}$

である。

2024年度 東京都 難易度

【13】各問いに答えなさい。(ただし，答えのみでよい。)

(1) kは定数とする。2次方程式$x^2-2(k+1)x+3k+7=0$が異なる2つの負の解をもつような定数kの値の範囲を求めよ。

(2) x，yは実数とし，aは定数とする。$y\leqq-x+a$が$y\leqq x^2$であるための十分条件となるような定数aの値の範囲を求めよ。

(3) AB＝2，AC＝1，∠A＝120°である△ABCにおいて，∠Aの二等分線と辺BCの交点をDとする。線分ADの長さを求めよ。

(4) 8個のデータa，b，0，1，2，3，4，5の平均が3，分散が6であるとき，a，bの値を求めよ。ただし，$a\leqq b$とする。

(5) 等式$x+y+z=25$ ($x\geqq7$，$y\geqq5$，$z\geqq3$)を満たす整数(x, y, z)の組は全部で何通りあるか求めよ。

(6) 点Pが円$(x-2)^2+(y-1)^2=5$上を動き，点Qが直線$2x+y+5=0$上を動くとき，PQの長さの最小値を求めよ。

(7) 定数a，bは0以上の整数とする。方程式$x^3+(a+1)x^2+(a-b+1)x-b+1=0$が実数解と虚数解をもつとき，$(a, b)$の組は全部で何通りあるか求めよ。

(8) 和$\dfrac{1}{1+\sqrt{2}}+\dfrac{1}{\sqrt{2}+\sqrt{3}}+\dfrac{1}{\sqrt{3}+\sqrt{4}}+\cdots\cdots+\dfrac{1}{\sqrt{2024}+\sqrt{2025}}$を

求めよ。

(9) $\alpha=1+\sqrt{3}\,i$, $\beta=1+i$とする。$z=\dfrac{\alpha}{\beta}$とするとき，z^nが純虚数になるような最小の自然数nを求めよ。

(10) 曲線$y=e^{3x}$について，原点を通る接線の方程式を求めよ。

▌2024年度 ▌佐賀県 ▌難易度

【14】次の(1)～(5)の問いに答えよ。

(1) 放物線$y=x^2+ax-\dfrac{1}{2}a+\dfrac{3}{4}$の頂点が直線$y=2x+1$上にあるとき，$a=$[ア]である。

(2) 生徒25人に対してテストを実施したところ，1名が欠席した。テストを受けた24人の平均値は55点，分散は15であった。後日，欠席した生徒が同じテストを受けたところ，この生徒の得点は80点であった。このとき，25人の平均値は[イウ]点，分散は[エオ].[カ]である。

(3) 円に内接する四角形ABCDにおいて，AB＝4，BC＝8，CD＝6，DA＝4のとき，AC＝[キ]である。

(4) 3次方程式$2x^3-9x^2+10x-3=0$の解は，$\dfrac{[\ ク\ ]}{[\ ケ\ ]}$，[コ]，[サ]である。(ただし，[コ]<[サ]とする。)

(5) 整数Nを5で割ると2余り，7で割ると4余る。このような整数Nで，$100\leqq N\leqq 1000$を満たすものは，[シス]個ある。

▌2024年度 ▌大分県 ▌難易度

【15】次の1から4の問いに答えよ。ただし，途中の計算は書かなくてよい。

1 最大公約数が28，最小公倍数が1260である，2つの3桁の自然数を求めよ。

2 $2^x=3^y=12$のとき，$\dfrac{1}{x}+\dfrac{1}{2y}$の値を求めよ。

3 確率変数Xが二項分布$B\left(500,\ \dfrac{2}{5}\right)$に従うとする。また，確率変数$Y$を，$Y=-3X+100$で定める。このとき，$Y$の平均を求めよ。

4 不定積分$\displaystyle\int\frac{x^2}{x^3+7}dx$を求めよ。ただし，積分定数を$C$とする。

▌2024年度 ▌栃木県 ▌難易度

【16】次の(1)～(8)の各問いに答えよ。ただし，答えのみを記入せよ。

(1) 2次式$6x^2-x-2$を因数分解せよ。

(2) $-3<a<1$のとき，$\sqrt{a^2-2a+1}-\sqrt{a^2+6a+9}$を簡単にせよ。

(3) 10進法の数2024を3進法であらわせ。

(4) 2次方程式$x^2+ax-a+5=0$の異なる2つの実数解が，ともに負となるような定数aの値の範囲を求めよ。

(5) $a>0$，$b>0$のとき，$\frac{b}{a}+\frac{a}{b}$の最小値を求めよ。また最小値となるときのaとbの条件を求めよ。

(6) 生徒数がいずれも30人のA組からE組で100点満点の同じテストを行った。次図はその結果のデータを，組別に箱ひげ図に表したものである。50点以上の生徒が15人以上いる組で四分位範囲が最も小さい組をA～Eから1つ選び記号で答えよ。

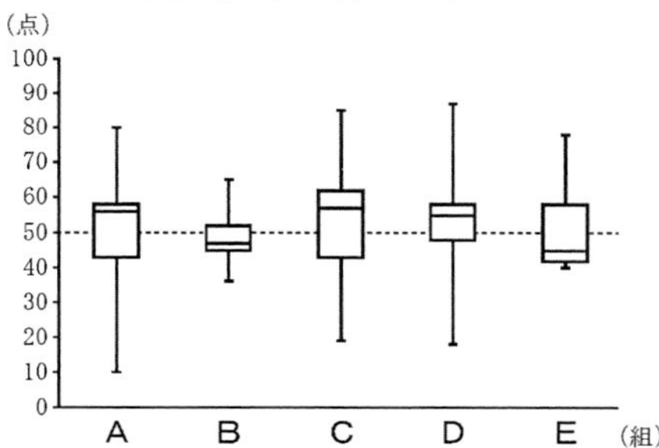

(7) 7個の数字1，1，1，2，2，3，3を全て1列に並べてできる異なる7桁の整数は何個あるか求めよ。

(8) 次図のように，△ABCの辺AC上にAF＝4cm，CF＝6cmとなる点Fと，辺AB上にAE＝5cm，BE＝2cmとなる点Eがある。点Eと点Fを通る直線と辺BCの延長線との交点をDとするとCD＝15cmとなった。このとき，線分BCの長さを求めよ。

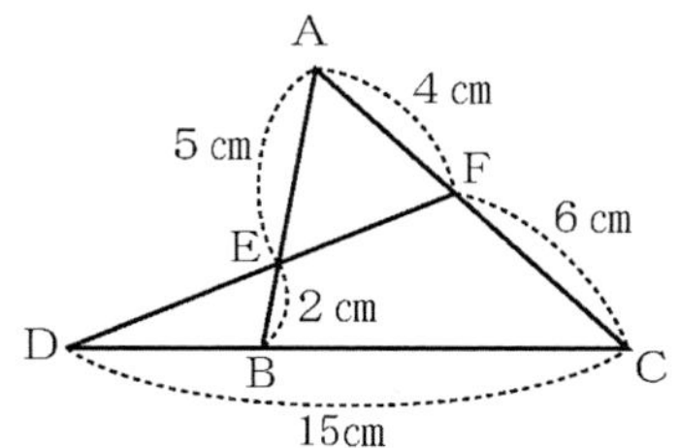

総合問題

【17】次の問に答えよ。

問1　$\sqrt{11}$の小数部分をaとするとき，a^2+6a-6の式の値を求めよ。

問2　図1のような星形の先端にできる7つの角の和$\angle a+\angle b+\angle c+\angle d+\angle e+\angle f+\angle g$の大きさを求めよ。

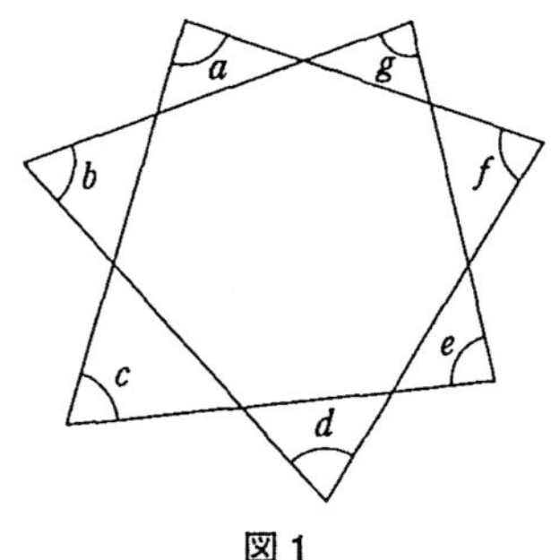

図1

問3　図2のように，東西に5本，南北に6本の道がある。これらの道を通って，最短距離でAからBへ行く道順を考える。このとき，以下の(1)，(2)に答えよ。

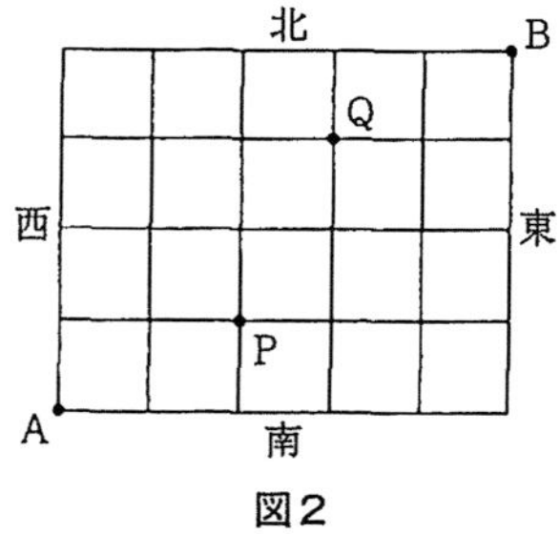

図2

(1)　道順は全部で何通りか，求めよ。

(2)　図2のPもQも通らない道順は全部で何通りか，求めよ。

問4　次の(1)，(2)に答えよ。

(1)　$2x^2+xy-y^2+4x+y+2$を因数分解せよ。

(2)　$2x^2+xy-y^2+4x+y-7=0$をみたす整数の組(x, y)をすべて求めよ。

問5　2次関数$y=ax^2+4x+(a+3)$について，yの値が常に負となるように，定数aの値の範囲を求めよ。

問6　図3のような平行四辺形OACBにおいて，辺OA，BCの中点をそれぞれQ，R，辺OBを4：1に内分する点をS，辺ACを2：3に内分する点をT，線分QRとSTの交点をPとする。$\overrightarrow{OA}=\vec{a}$，$\overrightarrow{OB}=\vec{b}$ とするとき，$\overrightarrow{OP}$ を $\vec{a}$，$\vec{b}$ を用いて表せ。

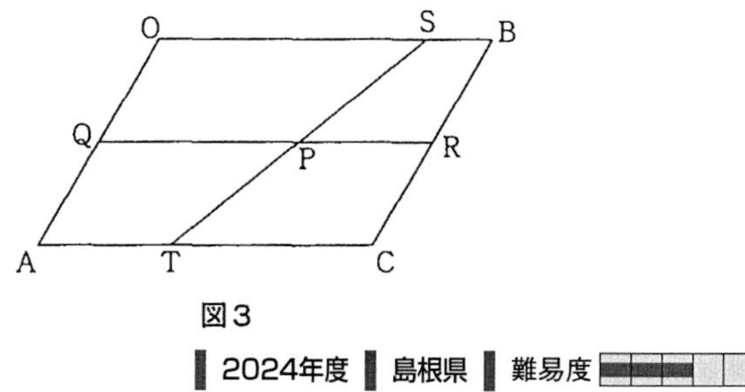

図3

▌2024年度▌島根県▌難易度

【18】次の問いに答えなさい。ただし，解答は結果のみ記入しなさい。

(1) $a=\sqrt{5}+2$，$b=\sqrt{5}-2$のとき，a^3+b^3の値を求めよ。

(2) 不等式$|x^2-4x+3|>3$を解け。

(3) 2点A(1，3)，B(5，1)を結んだ線分ABを1：3に外分する点Cの座標を求めよ。

(4) 2次方程式$x^2+4kx+k=0$が正の解と負の解を1つずつもち，解の絶対値が，ともに2より小さくなるようなkの値の範囲を求めよ。

(5) 10本のくじの中に当たりくじが4本ある。このくじを同時に4本引くとき，当たりくじが2本以上含まれる確率を求めよ。

(6) 直線$3x-4y+1=0$と点(2，3)との距離dを求めよ。

(7) $0\leqq x<2\pi$とするとき，方程式$\cos x+\cos 2x=-1$を解け。

(8) 座標空間に平行四辺形ABCDがあり，頂点の座標がそれぞれ，A(1，3，1)，B(−1，1，4)，C(2，−2，−1)であるとき，点Dの座標を求めよ。

(9) 次の不定積分を求めよ。ただし，積分定数をCとする。

$$\int e^{3x+1}dx$$

▌2024年度▌群馬県▌難易度

総合問題

【19】

(1)　3次方程式　$2x^3+3x+4=0$　の3つの解をα，β，γとするとき，$(\alpha+2)(\beta+2)(\gamma+2)$の値は[　ア　]である。

(2)　点P(7，1)を通り，円$x^2+y^2=25$　に接する直線と円の接点Q，Rは，Q([　イ　]，[　ウ　])，R([　エ　]，[　オカ　])であり，△PQRの面積は$\dfrac{[\text{キク}]}{[\text{ケ}]}$である。

(3)　不等式　$\sin x \geqq \sin\left(x+\dfrac{\pi}{3}\right)$を整理すると，

$\sin\left(x-\dfrac{[\text{コ}]}{[\text{サ}]}\pi\right)\geqq 0$　となる。ただし，$0<\dfrac{[\text{コ}]}{[\text{サ}]}\pi<\pi$とする。

よって，$0\leqq x<2\pi$におけるこの不等式の解は，

$\dfrac{[\text{シ}]}{[\text{ス}]}\pi\leqq x\leqq\dfrac{[\text{セ}]}{[\text{ソ}]}\pi$である。

(4)　1回投げたときの表の出る確率が$\dfrac{1}{3}$である歪んだコインが1枚ある。このコインをn回投げるとき，表が偶数回出る確率をP_nとする。

$n\geqq1$のとき，$P_{n+1}=\dfrac{[\text{タ}]}{[\text{チ}]}P_n+\dfrac{[\text{ツ}]}{[\text{テ}]}(1-P_n)$だから，

P_nをnの式で表すと，$\dfrac{[\text{ト}]}{[\text{ナ}]}\left\{1+\left(\dfrac{[\text{ニ}]}{[\text{ヌ}]}\right)^n\right\}$となる。

2024年度 ▍高知県 ▍難易度 ■■■■□□

【20】次の各問いに答えなさい。答のみ記入しなさい。

問1　不等式$\sqrt{x^2}+\sqrt{x^2-4x+4}<4$を解きなさい。

問2　3^nが40！の約数となるような自然数nのうち，最大のものを求めなさい。

問3　$x=2+i$，$y=2-i$であるとき，x^4-y^4の値を求めなさい。

問4　∠A＝60°，AB＝8，AC＝3である△ABCの内心をIとする。$\overrightarrow{AB}=\vec{b}$，$\overrightarrow{AC}=\vec{c}$とするとき，$\overrightarrow{AI}$を$\vec{b}$，$\vec{c}$を用いて表しなさい。

問5　極方程式$r=\dfrac{1}{3-3\cos\theta}$ …①の表す曲線について，次の各問いに答えなさい。

(1)　この曲線上の点の直交座標を$(x,\ y)$とする。曲線①を，直交座標に関する方程式で表しなさい。

(2)　曲線①は2次曲線である。その焦点を直交座標で答えなさい。

2024年度 ｜ 静岡県・静岡市・浜松市 ｜ 難易度

【21】次の(1)～(6)の問いに答えよ。

(1)　$(\sqrt{6}-3)(\sqrt{6}+5)-\dfrac{4\sqrt{3}}{\sqrt{2}}$を計算せよ。

(2)　次のA～Dのうち，正しいものを二つ選び，その記号を書け。

A　$\sqrt{(-4)^2}$は-4と等しい。

B　aを0以上の数とするとき，aの平方根は$x^2=a$を成り立たせるxの値のことである。

C　$\dfrac{1}{3}$は有理数である。

D　$\sqrt{2}$は循環小数である。

(3)　$b^3+4a^2b+4a^2c-4ab^2+b^2c-4abc$を因数分解せよ。

(4)　$x+y=6$，$xy=-3$のとき，x^2-y^2の式の値を求めよ。ただし，$x>y$とする。

(5)　$\sqrt{\dfrac{5880}{n}}$の値が自然数となるような自然数nを全て求めよ。

(6)　商品Aは，金額を1個120円に設定すると，1日当たり240個売れ，120円から1円値下げするごとに1日当たり4個多く売れる。金額を1個120円に設定したときよりも，1日の売上高が3200円増えたときの1個の設定金額を全て求めよ。

2024年度 ｜ 愛媛県 ｜ 難易度

【22】次の(1)～(3)に答えなさい。

(1)　nを自然数とする。$\sqrt{216n}$がもっとも小さな有理数となるときのnの値を求めなさい。

(2)　次の図1は，直角三角形と4分の1の円をあわせた図形である。この図形を，直線ℓを軸として1回転させてできる立体の体積と表面積を求めなさい。

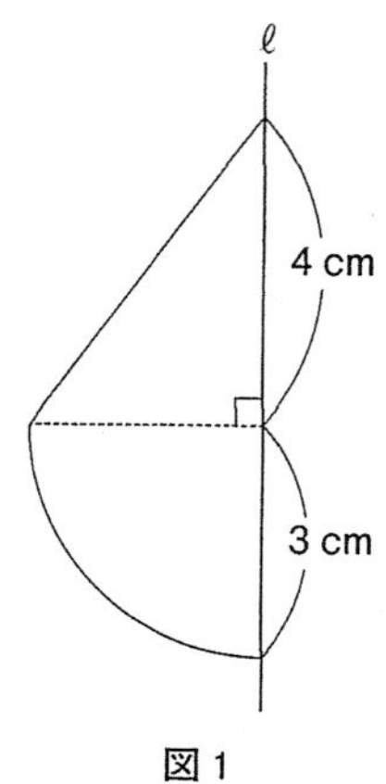

図1

(3) 次の図2は，底面の半径が5cm，母線ABの長さが10cmの円柱である。点Pは点Aを出発し，円Oの円周上を一定の速さで動き，1周するのに30秒かかる。点Qは点Bを出発し円O′の円周上を一定の速さで点Pと逆回りに動き，1周するのに45秒かかる。2点P，Qが同時に出発するとき，以下の①～③に答えなさい。

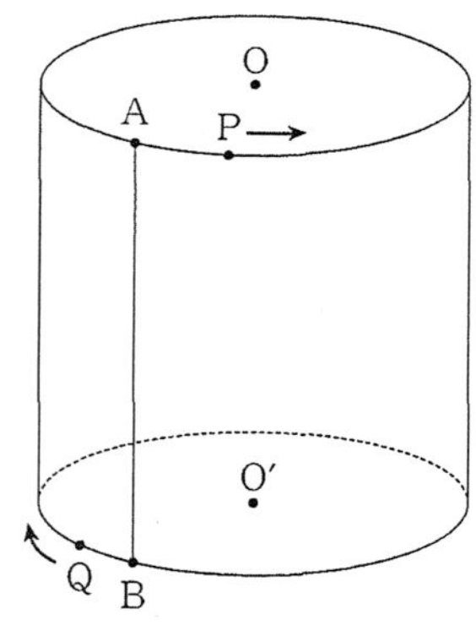

図2

① 5秒後の∠AOPの大きさと線分PBの長さを求めなさい。

② 点Pが1周する間にOP // O′Qとなるのは出発してから何秒後か，すべて求めなさい。ただし出発時は考えないものとする。

③ 点Pが1周する間の線分PQの長さの変域を $\alpha \leqq PQ \leqq \beta$ で表すとき，α，β の値を求めなさい。

▌2024年度 ▌青森県 ▌難易度

【23】次の各問いに答えなさい。

(1) $x=\dfrac{2}{\sqrt{5}+\sqrt{3}}$，$y=\dfrac{2}{\sqrt{5}-\sqrt{3}}$のとき，$x^3+y^3$の値を，次の選択肢から1つ選び，記号で答えなさい。

ア　8　　イ　16　　ウ　$28\sqrt{5}$　　エ　$32\sqrt{5}$

(2) 二次関数$y=x^2+2x+3$のグラフをx軸方向に(　①　)，y軸方向に(　②　)平行移動すると，二次関数$y=x^2-6x+8$のグラフに重なる。(　①　)，(　②　)に当てはまる正しい組合せを，次の選択肢から1つ選び，記号で答えなさい。

ア　①　8　　②　-27
イ　①　4　　②　-5
ウ　①　4　　②　-3
エ　①　-3　　②　4

(3) 第1四分位数が32，第3四分位数が44のデータについて，外れ値であるものを，次の選択肢からすべて選び，記号で答えなさい。

ア　11　　イ　13　　ウ　58　　エ　64

(4) 1個のさいころを続けて3回投げるとき，1の目がちょうど2回出る確率を，次の選択肢から1つ選び，記号で答えなさい。

ア　$\dfrac{5}{216}$　　イ　$\dfrac{25}{216}$　　ウ　$\dfrac{5}{72}$　　エ　$\dfrac{1}{72}$

(5) 次の【図】のような△ABCにおいて，辺AB，BC，CAの長さをそれぞれ6，5，4とする。

頂点Aにおける外角の二等分線とBCの延長との交点をQとするとき，CQの長さを，以下の選択肢から1つ選び，記号で答えなさい。

【図】

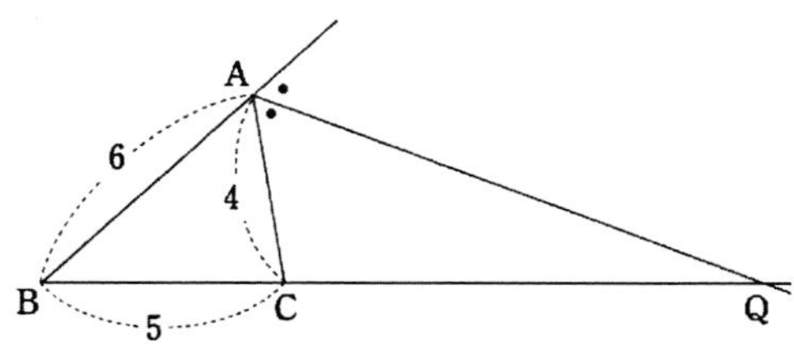

ア　9　　イ　10　　ウ　$\dfrac{21}{2}$　　エ　$\dfrac{25}{2}$

(6)　三角関数を含む方程式で，$0 \leqq \theta < 2\pi$ のとき，次の方程式の解を，以下の選択肢から1つ選び，記号で答えなさい。

$2\cos^2\theta + 5\sin\theta + 1 = 0$

ア　$\theta = \frac{1}{6}\pi,\ \frac{5}{6}\pi$　　イ　$\theta = \frac{1}{3}\pi,\ \frac{2}{3}\pi$

ウ　$\theta = \frac{4}{3}\pi,\ \frac{5}{3}\pi$　　エ　$\theta = \frac{7}{6}\pi,\ \frac{11}{6}\pi$

(7)　3点A(2, 3)，B(1, 1)，C(5, −1)を頂点とする△ABCは，どのような形の三角形になるかを，次の選択肢から1つ選び，記号で答えなさい。

ア　正三角形

イ　二等辺三角形

ウ　∠Bを直角とする直角三角形

エ　∠Bを直角とする直角二等辺三角形

(8)　数列$\frac{1}{3}$，$\frac{2}{3}$，$\frac{1}{4}$，$\frac{2}{4}$，$\frac{3}{4}$，$\frac{1}{5}$，$\frac{2}{5}$，$\frac{3}{5}$，$\frac{4}{5}$，$\frac{1}{6}$，…について，この数列の第200項を，次の選択肢から1つ選び，記号で答えなさい。

ア　$\frac{11}{21}$　　イ　$\frac{12}{21}$　　ウ　$\frac{13}{21}$　　エ　$\frac{14}{21}$

▌2024年度 ▌宮崎県 ▌難易度 ■■■□□

【24】xに関する二次式が一次式の二乗の式で表されるとき，二次式の各項の係数にどのような関係があるのかを調べることにした。

(1)　二次式$x^2 - ax - a + 3$が一次式の二乗の式で表されるときのaの値を求めてみよう。

$x^2 - ax - a + 3 = 0$とおくと，

$a^2 +$[　ア　]$a -$[　イウ　]$= 0$

したがって，二次式$x^2 - ax - a + 3$が一次式の二乗の式で表されるときのaの値は[　エオ　]，[　カ　]である。

(2)　数列$\{a_n\}$の項を係数とするxの二次式が$x^2 + a_n x + a_{n+1}$が一次式の二乗の式で表されるとき，数列$\{a_n\}$の一般項を求めよう。

一次式の二乗の式で表されることから，$a_n^{[キ]} =$[　ク　]a_{n-1}が成り立つので，$b_n = \log_2 a_n$とおくと，

b_{n+1}＝[　ケ　]b_n－[　コ　]となる。

a_1＝8とすると，数列{b_n}の一般項は，b_n＝[　サ　]$^{n-[\ シ\ ]}$＋[　ス　]となるので，数列{a_n}の一般項は，a_n＝[　セ　]・[　ソ　]$^{[\ タ\ ]n-[\ チ\ ]}$である。

(3)　$\log_{10}2$＝0.3010，$\log_{10}3$＝0.4771とすると，(2)の数列{a_n}の項で，$8 \leqq a_n \leqq 1000000$を満たす項は[　ツ　]個ある。

2024年度 | 神戸市 | 難易度

【25】次の各問いに答えなさい。

(1)　半径2の円に内接する正三角形の1辺の長さを，次の選択肢から1つ選び，記号で答えなさい。

ア　$2\sqrt{3}$　　イ　2　　ウ　$2\sqrt{2}$　　エ　3

(2)　$x>0$，$y>0$のとき，$\dfrac{y}{x}+\dfrac{16x}{y}$の最小値を，次の選択肢から1つ選び，記号で答えなさい。

ア　2　　イ　4　　ウ　8　　エ　16

(3)　二次方程式$x^2-ax+a^2-7=0$の異なる2つの実数解のうち，1つは1より大きく，他の1つは1より小さくなるような定数aの値の範囲を，次の選択肢から1つ選び，記号で答えなさい。

ア　$-3<a<2$　　イ　$-\sqrt{7}<a<\sqrt{7}$

ウ　$-\dfrac{2\sqrt{21}}{3}<a<\dfrac{2\sqrt{21}}{3}$　　エ　$-2<a<3$

2024年度 | 宮崎県 | 難易度

解答・解説

【1】(1)　$2xy+y^2-8x-16 =(2y-8)x+y^2-16$

$=2(y-4)x+(y+4)(y-4)$

$=(y-4)(2x+y+4)$

答　$(y-4)(2x+y+4)$

(2)　方べきの定理より，

$PA \times PB = PC \times PD$

$6 \times 8 = (x-12) \times 12$

$48 = 12(x-12)$

$4 = x-12$

$x = 16$

答　$x=16$

(3)　6人が円形に並ぶとき，並び方の総数は

$(6-1)! = 5! = 5 \times 4 \times 3 \times 2 \times 1 = 120$

答　120〔通り〕

(4)　$a+b+c=0$という条件から　$c=-a-b$

よって，

(左辺)$=2a^2+b(-a-b)=2a^2-ab-b^2$

(右辺)$=(b-a)(-2a-b)=2a^2-ab-b^2$

したがって，$2a^2+bc=(b-a)(c-a)$

(5)　直線$x+2y-12=0$をℓとし，点Bの座標を$(a,\ b)$とする。

直線ℓの傾きは$-\dfrac{1}{2}$，直線ABの傾きは$\dfrac{b-3}{a-1}$，$AB \perp \ell$だから，

$-\dfrac{1}{2} \times \dfrac{b-3}{a-1} = -1$

$-(b-3) = -2(a-1)$

$b-3 = 2a-2$

$2a-b = -1$　…①

また，線分ABの中点$\left(\dfrac{a+1}{2},\ \dfrac{b+3}{2}\right)$は直線$\ell$上にあるから，

$\dfrac{(a+1)}{2} + 2 \times \dfrac{(b+3)}{2} - 12 = 0$

$a+1+2b+6-24=0$

$a+2b=17$　…②

①，②を解いて，$a=3$，$b=7$

よって点Bの座標は，$(3,\ 7)$

答　$B(3,\ 7)$

○**解説**○ 解答参照。

【2】問1　150°　　問2　4〔組〕　　問3　$x=-1,\ 1$

問4　$\overrightarrow{OP}=\frac{1}{3}\overrightarrow{OA}+\frac{4}{9}\overrightarrow{OB}$　　問5　108π

○**解説**○ 問1　三角形の角度の大小関係は向かい合う辺の大小関係と一致するため，最も大きい角は∠BCAである。

余弦定理より，$\cos\angle BCA=\frac{1^2+(\sqrt{3})^2-(\sqrt{7})^2}{2\cdot 1\cdot \sqrt{3}}=-\frac{3}{2\sqrt{3}}=-\frac{\sqrt{3}}{2}$

したがって，∠BCA＝150°

問2　$xy+4x-y-4=2$より，$(x-1)(y+4)=2$

よって，$(x-1,\ y+4)=(1,\ 2),\ (2,\ 1),\ (-1,\ -2),\ (-2,\ -1)$

これらより，$(x,\ y)=(2,\ -2),\ (3,\ -3),\ (0,\ -6),\ (-1,\ -5)$　の4組である。

問3　$2\cdot 4^x-5\cdot 2^x+2=(2\cdot 2^x-1)(2^x-2)=0$より，$2^x=\frac{1}{2},\ 2$となる。

したがって，$x=-1,\ 1$

問4　CP：PB＝m：$(1-m)$，AP：PD＝n：$(1-n)$とする。

△OCBで $\overrightarrow{OP}=(1-m)\overrightarrow{OC}+m\overrightarrow{OB}=\frac{3(1-m)}{5}\overrightarrow{OA}+m\overrightarrow{OB}$　…①

△OADで $\overrightarrow{OP}=(1-n)\overrightarrow{OA}+n\overrightarrow{OD}=(1-n)\overrightarrow{OA}+\frac{2n}{3}\overrightarrow{OB}$　…②

①と②で $\overrightarrow{OA}$ と $\overrightarrow{OB}$ は1次独立より，

$$\begin{cases}\frac{3(1-m)}{5}=1-n\\ m=\frac{2n}{3}\end{cases}$$

$n=\frac{2}{3},\ m=\frac{4}{9}$

したがって，$\overrightarrow{OP}=\frac{1}{3}\overrightarrow{OA}+\frac{4}{9}\overrightarrow{OB}$

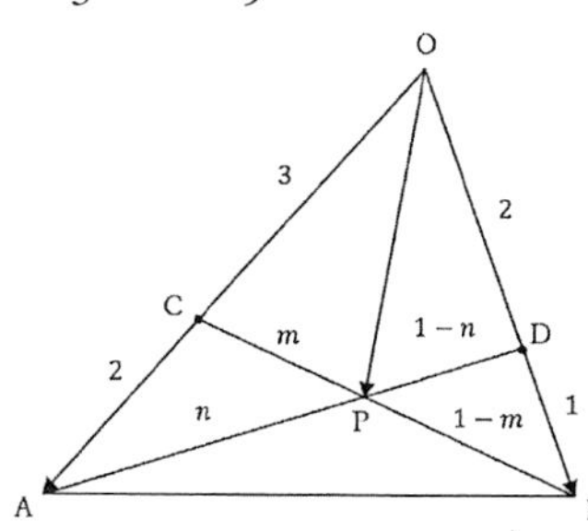

問5　円錐の底面の円周は12π〔cm〕なので，転がしてできた円の円周は$12\pi\times3=36\pi$〔cm〕

したがって，転がしてできた円の半径r〔cm〕は，$2\pi r=36\pi$より，$r=18$〔cm〕

この半径は円錐の母線と等しいため，円錐の母線$=18$〔cm〕であり，側面となる扇形の半径が18〔cm〕

ここで，底面の円の半径6〔cm〕なので，側面の扇形の中心角は，$\frac{6}{18}\times360^\circ=120^\circ$

したがって，側面積は，$18\times18\times\pi\times\frac{120^\circ}{360^\circ}=108\pi$〔$cm^2$〕

【3】(1)　$\frac{13}{17}$　(2)　36〔通り〕　(3)　77〔度〕　(4)　8〔点〕

○**解説**○ (1)　分子分母ともに素数(2，3，5，7…)の倍数であるかを検証する。

2の倍数…一の位が偶数。(299は一の位が奇数より，2の倍数ではない)

3の倍数…全ての位の数の和が3の倍数。(299は$2+9+9=20$より，3の倍数ではない)

5の倍数…一の位が5か0の数。(299は一の位が9より，5の倍数ではない)

他の数の倍数…大まかな数で分配して検証する。

(7の倍数の検証の場合，$299=280+19$と分配すると，7の倍数ではないことが分かる)

同様にして，

$299=260+39=13\times20+13\times3=13\times(20+3)$より，299は13の倍数である。

よって，$299=13\times23$より，391を13か23のどちらかで割れれば既約分数を求められる。

同様の方法で391を検証すると13の倍数ではないため，分母分子を23で割り$\frac{13}{17}$である。

(別解)　$391=400-9=20^2-3^2=(20-3)(20+3)=17\times23$より，299を17か23のどちらかで割れれば既約分数を求められる。

(2)　区画Aで栽培する野菜は4〔通り〕

区画Bで栽培する野菜は，隣り合う区画Aと異なる野菜を選ぶため4−

1＝3〔通り〕

区画Cで栽培する野菜は，隣り合う区画Bと異なる野菜を選ぶため4－1＝3〔通り〕

よって，4×3×3＝36〔通り〕

(3)　ひし形の対角は等しいため∠BCD＝86°

△BCFは正三角形であることから∠DCF＝∠BCD－∠BCF＝86－60＝26°

ひし形ABCDと正三角形BCFより，△CDFはCD＝CFの二等辺三角形CDFである。

よって，$\angle \mathrm{CDF}=\dfrac{180-26}{2}=77^\circ$

ひし形の性質よりBA // CDなので，平行線の錯角が等しいことより，

∠AED＝∠CDF＝77°

(4)　点数の修正後の平均値が6.3点より，生徒が10人いることから，合計は63点である。

点数の修正前の10人の合計は60点より，Aさんは修正して3点上がったことが分かる。

10人の中央値は5番目に高い点数と6番目に高い点数の平均を取るため，中央値を7点にするには5点を8点にした場合のみとなる。

【4】1　$x=-\dfrac{2\sqrt{3}}{3}$，$\sqrt{3}$　　2　∠A＝90°の直角二等辺三角形

3　140と252　　4　240〔匹〕

○**解説**○ 1　$(\sqrt{3}x+2)(x-\sqrt{3})=0$より，$x=-\dfrac{2}{\sqrt{3}}$，$\sqrt{3}$ よって，

$x=-\dfrac{2\sqrt{3}}{3}$，$\sqrt{3}$

2　$\mathrm{AB}=\sqrt{(0+1)^2+(4-1)^2}=\sqrt{10}$，$\mathrm{BC}=\sqrt{(-1-3)^2+(1-3)^2}=\sqrt{20}$

$=2\sqrt{5}$，$\mathrm{CA}=\sqrt{(3-0)^2+(3-4)^2}=\sqrt{10}$

したがって，AB＝CA，$\mathrm{BC}^2=\mathrm{AB}^2+\mathrm{CA}^2$より，∠A＝90°の直角二等辺三角形

3　2つの自然数は，互いに素な自然数a，b $(a<b)$を用いて，最大公約数が28より$28a$，$28b$と表せる。また，最小公倍数が1260より，$28ab=1260$なので$ab=45$となる。a，bは互いに素な自然数であり，$a<b$であることを考えると，$(a,\ b)=(1,\ 45)$，$(5,\ 9)$と分かる。これらのとき

の2つの自然数は$(28a,\ 28b)=(28,\ 1260),\ (140,\ 252)$

3桁の2つの自然数は，140と252

4　池のコイがx匹いると推定する。x匹のうち60匹に印がついているので印のついているコイの割合は$\frac{60}{x}$である。数日後に40匹のコイを捕まえて10匹に印がついていたので，$\frac{10}{40}=\frac{60}{x}$と考えることができる。したがって，$x=240$となるのでおよそ240匹

【5】(1)　[1]　3　　[2]　2　　(2)　[3]　1　　[4]　5　　[5]　3

(3)　[6]　1　　[7]　3　　[8]　2　　[9]　9　　(4)　[10]　1　　[11]　3

[12]　3　　[13]　2

○**解説**○ (1)　$120=2^3\times3\times5$より，2の倍数の集合をA，3の倍数の集合をB，5の倍数の集合をCとする。

下図より，$\varphi(120)=120-n(\mathrm{A}\cup\mathrm{B}\cup\mathrm{C})$

$=120-\{n(\mathrm{A})+n(\mathrm{B})+n(\mathrm{C})-n(\mathrm{A}\cap\mathrm{B})-n(\mathrm{A}\cap\mathrm{C})-n(\mathrm{B}\cap\mathrm{C})+n(\mathrm{A}\cap\mathrm{B}\cap\mathrm{C})\}$

$=120-(60+40+24-20-12-8+4)=32$〔個〕

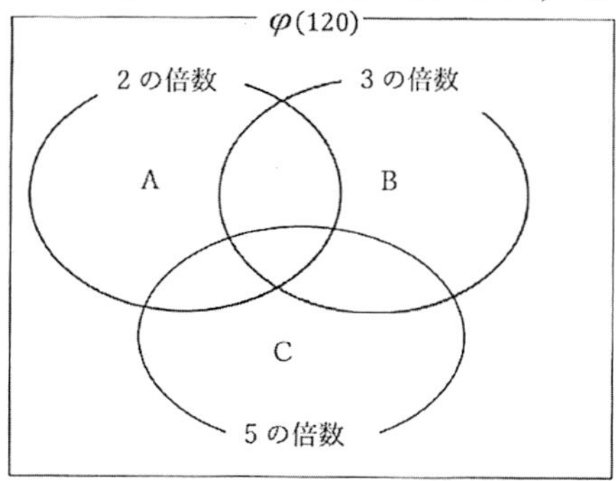

(2)　$\triangle\mathrm{ABC}=\frac{1}{2}\cdot6\cdot8\cdot\sin60^\circ=12\sqrt{3}$

余弦定理より，$\mathrm{AC}^2=8^2+6^2-2\cdot8\cdot6\cdot\cos60^\circ=52$

四角形ABCDは円に内接する四角形なので，$\angle\mathrm{D}=180-60=120^\circ$

余弦定理より，$\mathrm{AC}^2=\mathrm{AD}^2+2^2-2\cdot2\cdot\mathrm{AD}\cdot\cos120^\circ$

$52=\mathrm{AD}^2+4+2\mathrm{AD}$

$\mathrm{AD}^2+2\mathrm{AD}-48=0$

$(\mathrm{AD}+8)(\mathrm{AD}-6)=0$

AD＞0なのでAD＝6

$\triangle ACD=\frac{1}{2}\cdot 6\cdot 2\cdot \sin 120^\circ=3\sqrt{3}$

以上から四角形ABCD＝△ABC＋△ACD＝$12\sqrt{3}+3\sqrt{3}=15\sqrt{3}$

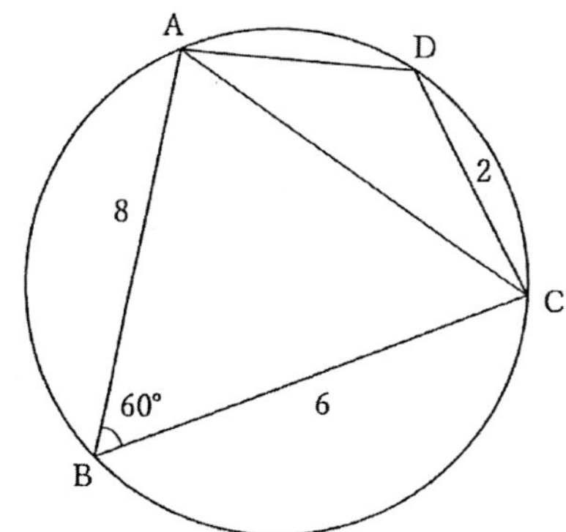

(3)　∠Aの2等分線と線分BCとの交点をDとする。

三角形の角二等分線と辺の比の関係から，BD：DC＝AB：AC＝4：6＝2：3

よって，$\overrightarrow{AD}=\frac{2}{2+3}\overrightarrow{AC}+\frac{3}{2+3}\overrightarrow{AB}=\frac{2}{5}\overrightarrow{AC}+\frac{3}{5}\overrightarrow{AB}$

また，BIは∠Bの2等分線なので，AI：ID＝AB：BD＝4：$8\times\frac{2}{5}$＝5：4

したがって，$\overrightarrow{AI}=\frac{5}{9}\overrightarrow{AD}=\frac{5}{9}\left(\frac{2}{5}\overrightarrow{AC}+\frac{3}{5}\overrightarrow{AB}\right)=\frac{1}{3}\overrightarrow{AB}$
$+\frac{2}{9}\overrightarrow{AC}$

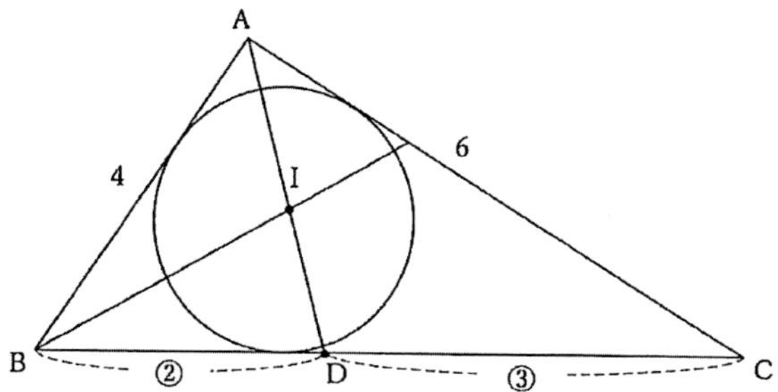

(4)　$\alpha=\frac{1+i}{\sqrt{3}+i}=\frac{1+i}{\sqrt{3}+i}\times\frac{\sqrt{3}-i}{\sqrt{3}-i}=\frac{\sqrt{3}+1+(\sqrt{3}-1)i}{4}$

$\alpha^2=\left(\frac{\sqrt{3}+1+(\sqrt{3}-1)i}{4}\right)^2=\frac{\sqrt{3}+i}{4}$

$$\alpha^4=(\alpha^2)^2=\left(\frac{\sqrt{3}+i}{4}\right)^2=\frac{1+\sqrt{3}i}{8}$$

$$\alpha^8=(\alpha^4)^2=\left(\frac{1+\sqrt{3}i}{8}\right)^2=\frac{-1+\sqrt{3}i}{32}$$

【6】1 (1) ア 7 イ 2 ウ 0 エ 1 オ 4 カ 4
(2) キ 1 ク 0 ケ 5 2 (1) コ 5 サ 2
シ 7 ス 5 (2) セ 6 3 (1) ソ 2 タ 8 チ 4
ツ 5 (2) テ 2 ト 8 ナ 7 ニ 5 4 (1) ヌ －
ネ 2 ノ 3 (2) ハ 5 ヒ 8 フ 2 5 (1) ヘ －
ホ 4 マ 3 ミ 8 ム 9 (2) メ － モ 2
ヤ 4 ユ 0 ヨ 7 ラ 7 リ 1 ル 8
6 (1) レ 2 ロ 3 (2) ワ 2 ヲ 7 ン 2

○**解説**○ 1 (1) 男子3人の並べ方3!＝6〔通り〕
男子3人を一つと考えて，女子4人含めた5人の並べ方5!＝120〔通り〕
したがって，男子3人が続いて並ぶ並び方は，6×120＝720〔通り〕
男子を□女子を○で表すと男子と女子が交互に並ぶとき，次図のようになることから，
男子3人の並び方は6通り，女子4人の並び方は4!＝24〔通り〕
したがって，男子と女子が交互に並ぶ並び方は6×24＝144〔通り〕

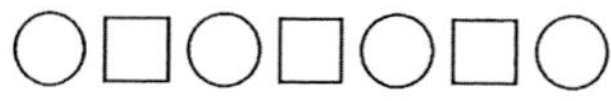

(2) 3人グループが(A，B，C)であった場合の分け方は，
①(A，B，C)(D，E)(F，G)，②(A，B，C)(D，F)(E，G)，③(A，B，C)(D，G)(E，F)
これらから，最初に3人グループを選んだ時，それぞれに3通りの2人グループの分け方があることがわかる。
したがって，3人，2人，2人のグループに分ける方法は，${}_7C_3\times3=105$〔通り〕

2 (1) 図より，$\overrightarrow{BP}=\overrightarrow{AP}-\overrightarrow{AB}$，$\overrightarrow{CP}=\overrightarrow{AP}-\overrightarrow{AC}$なので，
与式$4\overrightarrow{AP}+3\overrightarrow{BP}+5\overrightarrow{CP}+\overrightarrow{AB}=\overrightarrow{0}$より，
$4\overrightarrow{AP}+3(\overrightarrow{AP}-\overrightarrow{AB})+5(\overrightarrow{AP}-\overrightarrow{AC})+\overrightarrow{AB}=\overrightarrow{0}$

$12\overrightarrow{AP} = 5\overrightarrow{AC} + 2\overrightarrow{AB} = \overrightarrow{0}$

$\frac{12}{7}\overrightarrow{AP} = \frac{5\overrightarrow{AC} + 2\overrightarrow{AB}}{7} = \overrightarrow{0}$

右辺より，点Dは辺BCを5：2に内分する点である。

また，左辺より，点Pは線分ADを7：5に内分する点である。

(2)　(1)より，△ADCの面積は△ABCの面積の$\frac{2}{7}$

△APCの面積は△ADCの面積の$\frac{7}{12}$

したがって，△APC＝△ABC×$\frac{2}{7}$×$\frac{7}{12}$＝$\frac{1}{6}$

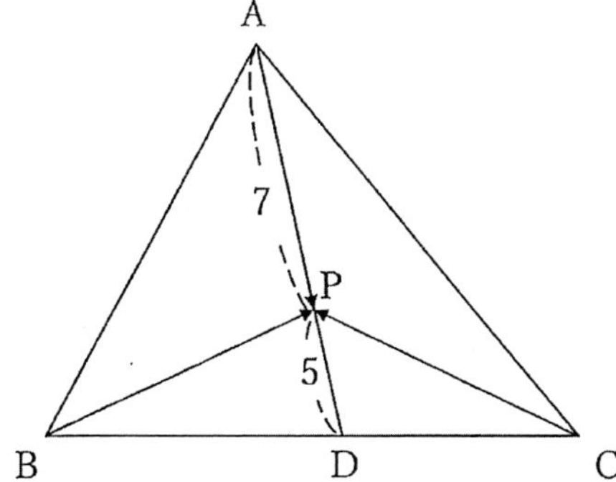

3　(1)　②において，$n(A \cup B) = n(A) + n(B) - n(A \cap B)$より，

$n(A) - n(A \cap B) + n(B) - n(A \cap B) = n(A) + n(B) - n(A \cap B) - 28$

$n(A \cap B) = 28$　…④

よって，どちらにも属する要素の個数は28個である。

④を③に代入し，$n(\overline{A \cup B}) = 28 + 17 = 45$　…⑤

よって，どちらにも属さない要素の個数は45個である。

(2)　⑤より，$n(A \cup B) = 120 - 45 = 75$

Aの要素の個数は最大で75個である。

また，④より，Aの要素の個数は最少で28個である。

4　(1)　$b = \log_8 y$より，

$y = 8^b = (2^3)^b = 2^{3b}$

したがって，$3b = \log_2 y$

$b=\frac{1}{3}\log_2 y$

よって，$a+b=\log_2 x+\frac{1}{3}\log_2 y=\log_2 xy^{\frac{1}{3}}$　…①

$x^6y^2=\frac{1}{16}$より，$\left(xy^{\frac{1}{3}}\right)^6=2^{-4}$

$xy^{\frac{1}{3}}=(2^{-4})^{-6}=2^{-\frac{2}{3}}$

これを①に代入し，$a+b=\log_2 2^{-\frac{2}{3}}=-\frac{2}{3}$

(2)　$a+3b=5$より，$\log_2 x+3\times\frac{1}{3}\log_2 y=\log_2 xy=5$

$xy=2^5$

$y=\frac{2^5}{x}$

x，yともに実数で$x\geqq 0$，$y\geqq 0$の相加平均≧相乗平均なので，

$x+y=x+\frac{2^5}{x}\geqq 2\sqrt{x}\ \times\frac{2^5}{x}$

$x+y\geqq 8\sqrt{2}$

したがって，$x+y$の最小値は$8\sqrt{2}$

5　(1)　数列$\{b_n\}$初項34，公差-4に等差数列なので

$b_n=34+(n-1)\times(-4)=-4n+38$

$S_n=\sum_{k=1}^{n-1} b_k=\frac{n\{34+(-4n+38)\}}{2}=-2n^2+36n=-2(n-9)^2+162$

よって，S_nは$n=9$のとき，最大値162である。

(2)　数列$\{a_n\}$の階差数列が数列$\{b_n\}$なので，

$b_1=a_2-a_1$，$b_2=a_3-a_n\cdots b_{n-1}=a_n-a_{n-1}$

辺々の和は，

$\sum_{k=1}^{n} b_k=a_n-a_1=a_n+39$

$a_n=\sum_{k=1}^{n} b_k-39=\sum_{k=1}^{n-1}(-4n+38)-39$

$=\left\{-4\times\frac{(n-1)(1+n-1)}{2}+38(n-1)\right\}-39$

$=-2n^2+40n-77=-2(n-10)^2+123$

数列$\{a_n\}$の最大値は$n=10$のとき，$a_n>0$，$n=2$のとき，$a_n<0$，$n=3$のとき，$a_n>0$

第3項以降ではじめて負の数が現れるのは，$10+7+1=18$項である。

6　(1)　$f(x)=2x^3-4x+1$

$f'(x)=6x^2-4$

点(1，1)における接線lの方程式は，$y+1=f'(1)(x-1)$

$f'(1)=2$より，$y=2x-3$

(2)　$y=2x^3-4x+1$と接線lの交点座標は，

$2x^3-4x+1=2x-3$

$2x^3-3x+2=0$

$(x-1)^2(x+2)=0$

$x=1，2$

よって，求める面積は図のようになり，

$S=\int_{-2}^{1}(2x^3-4x+1)-(2x-3)dx=\int_{-2}^{1}(2x^3-6x+4)\,dx$

$=\left[\frac{1}{2}x^4-3x^2+4x\right]_{-2}^{1}=\frac{27}{2}$

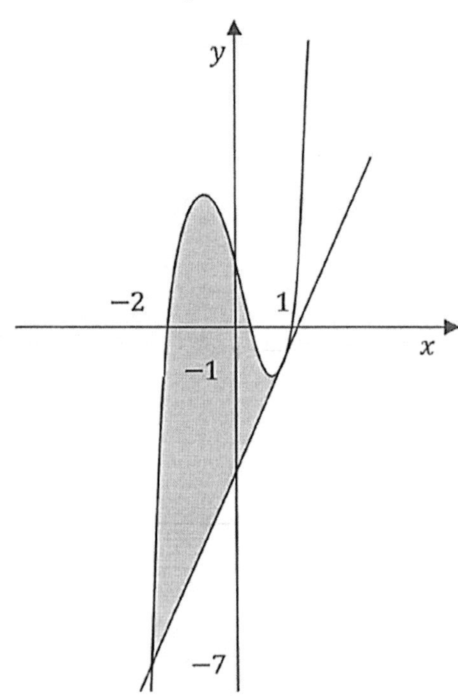

【7】(1)　$x=-\frac{1}{3}$，1　　(2)　$(x-2)(x+2)(x^2+5)$

(3)　最大公約数…4　　最小公倍数…1260　　(4)　①　○　　②　8

③　$\pm\sqrt{7}$　　④　-3　　(5)　75〔%〕　　(6)　-4

(7)　$-1 \leqq a \leqq 2$　　(8)　△ABD＝△ABE，△ADE＝△BDE，△AFE＝△BFD，△ADC＝△BEC　　(9)　90π〔cm²〕　　(10)　直角二等辺三角形　　(11)　$\frac{53}{54}$

(12)　①

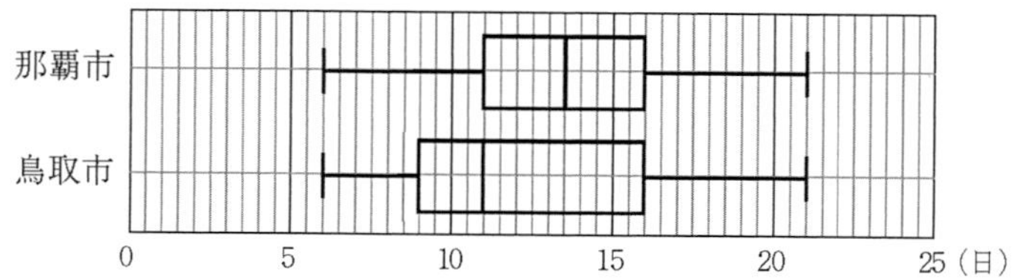

②　・那覇市の方が，鳥取市より箱が全体的に右に寄っており，中央値(第2四分位数)も大きいため，雨が降りやすいと考えられる。

・両市とも範囲は同じであるが，鳥取市の方が，四分位範囲が大きいため，ばらつきがある。

(13)

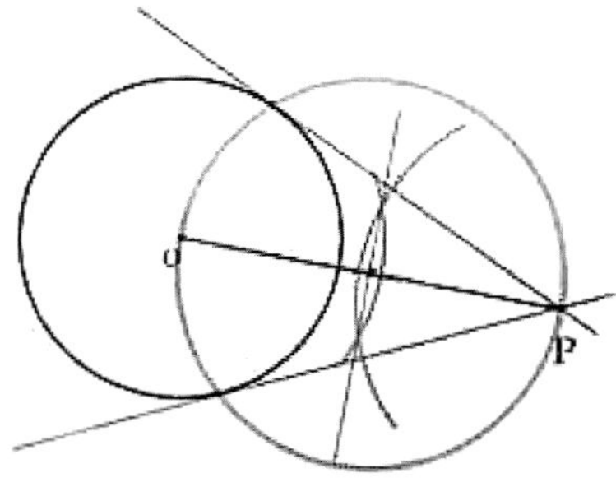

(14)　△QCDと△PRDで，長方形ABCDより，

CD＝RD　…①，∠QCD＝∠PRD＝90°　…②

また，∠CDP＝∠CDQ＋∠QDP＝90°　…③，∠RDQ＝∠RDP＋∠QDP＝90°　…④

③，④より，∠CDQ＝∠RDP　…⑤

①，②，⑤より，1組の辺とその両端の角がそれぞれ等しいので，

$\triangle$QCD$\equiv\triangle$PRD

よって，QD＝PD

○**解説**○ (1)　$(3x+1)(x-1)=0$より，$x=-\frac{1}{3}$，1

(2)　(与式)$=(x^2-4)(x^2+5)=(x+2)(x-2)(x^2+5)$

(3)　$28=2^2\times7$，$84=2^2\times3\times7$，$180=2^2\times3^2\times5$より，

最大公約数$2^2=4$，最小公倍数$2^2\times3^2\times5\times7=1260$

(4)　①　$\sqrt{4}+\sqrt{4}=2+2=4$で正しい。　②　$\sqrt{64}=8$

③　7の平方根は$\pm\sqrt{7}$　④　$-\sqrt{(-3)^2}=-\sqrt{9}=-3$

(5)　横の長さ$50a$〔cm〕を30％短くすると，$50a\times(1-0.3)=35a$〔cm〕

したがって，縦の長さを$35a$〔cm〕にすればよいので，$20a\times x=35a$より，$x=\frac{35a}{20a}=1.75$

よって，75％長くすればよい。

(6)　直線の傾きは，$\frac{y\text{の増加量}}{x\text{の増加量}}$で表すことができるので($y$の増加量)$=-\frac{2}{3}\times6=-4$

(7)　$y=2$のとき，$2=x^2-4x+6$

$x^2-4x+4=0$

$(x-2)^2=0$

$x=2$

よって，頂点が(2，2)と分かる。

次に，$y=11$のとき，$11=x^2-4x+6$

$x^2-4x-5=0$

$(x-5)(x+1)=0$

$x=-1$，5

したがって，$-1\leqq a\leqq2$

(8)　辺ABを底辺とみて$\triangle$ABD＝$\triangle$ABE，辺DEを底辺とみて$\triangle$ADE＝$\triangle$BDE…②，②から同一の$\triangle$DEFを除くので$\triangle$AFE＝$\triangle$BFD，②に同一の$\triangle$DCEを加えるので$\triangle$ADC＝$\triangle$BEC

(9)　円錐の母線(側面の扇形の半径)は，$\sqrt{5^2+12^2}=13$〔cm〕

よって円錐の表面積は，$25\pi+169\pi\times\frac{5}{13}=25\pi+65\pi=90\pi$〔cm²〕

(10)　$AB=\sqrt{(1+3)^2+(4+2)^2}=\sqrt{16+36}=\sqrt{52}$

$BC=\sqrt{(-3-2)^2+(-2+1)^2}=\sqrt{25+1}=\sqrt{26}$

$CA=\sqrt{(2-1)^2+(-1-4)^2}=\sqrt{1+25}=\sqrt{26}$

したがって，BC＝CAかつ$AB^2=BC^2+CA^2$なので，∠ACB＝90°と分かる。よって，∠C＝90°の直角二等辺三角形

(11)　余事象として出る目の和が4以下になる確率を考える。

和が4となるのは，{1，1，2} の組み合わせなので3通り

和が3となるのは，{1，1，1} の組み合わせなので1通り

したがって，4以下となるのは3＋1＝4〔通り〕なので余事象の確率は，$\frac{4}{216}=\frac{1}{54}$

よって，求める確率は$1-\frac{1}{54}=\frac{53}{54}$

(12)　①　データを小さい順に並べると，6，7，9，9，11，11，11，14，14，18，18，21

中央値は11，第1四分位数は9，第3四分位数は$\frac{14+18}{2}=16$である。

②　箱ひげ図は視覚的に中央値，四分位範囲，最大値・最小値を比較することができる。

(13)　線分OPとその垂直二等分線との交点を中心とした直径OPの円と円Oの2つの交点と点Pを結んだ2つの線分が接線となる。

(14)　解答参照。

【8】(1)　平均値…19.5〔点〕　　中央値…20〔点〕　　(2)　$x=0,\ 2$

(3)　①　24　　②　60　　(4)　$\frac{8}{3}\sqrt{2}$〔cm^3〕　　(5)　①　$2024=2^3\cdot 11\cdot 23$　　②　最初の数は77，最後の数は99　　(6)　①　$2a$

②　$\frac{2a^2}{b}$　　③　$\frac{2a^3}{b^2}$　　④　$\frac{a}{b}$　　⑤　$\frac{2ab}{b-a}$

○**解説**○ (1)　10人のデータを昇順に並べると，

11，12，14，16，17，23，23，26，26，27

(データの値の合計)÷(データの総数)

$=\frac{11+12+14+16+17+23+23+26+26+27}{10}=195\div 10=19.5$

資料の総数が偶数のときの中央値は，中央の2つの平均より，

$\frac{17+23}{2}=20$

(2)　$4^x=(2^2)^x=2^2x=(2^x)^2$より，$2^x=t$とおくと，

$4^x-5\cdot 2^x+4=t^2-5t+4$

$t^2-5t+4=0$を解くと，$t=1,\ 4$　つまり，$2^x=1,\ 4$

$2^x=1$の解は$x=0$，$2^x=4$の解は$x=2$

(3)　千の位にくる数は，4通り。

百の位にくる数は，千の位以外の数から選ばれるので3通り。

十の位にくる数は，千の位と百の位以外の数から選ばれるので2通り。

一の位にくる数は，千の位と百の位と十の位以外の数から選ばれるので1通り。

積の法則から，全部で$4\times 3\times 2\times 1=24$〔通り〕

また，千の位に1がくる4桁の整数は$3\times 2\times 1=6$〔通り〕あり，

千の位に2，3，4がくる4桁の整数もそれぞれ6通りずつある。

同様に，他の位に1，2，3，4がくる4桁の整数もそれぞれ6通りずつあるため，4桁の整数の総和は，

$1111\times 6+2222\times 6+3333\times 6+4444\times 6$

$=1111\times 6+1111\times 12+1111\times 18+1111\times 24$

$=(6+12+18+24)\times 1111=60\times 1111$

(4)　正八面体の体積を，2つの正四角錐の和として考えると，

図のように高さAOは，正方形ABFDの対角線から求めて，

(正四面体A－BCDEの体積)$\times 2=\left(2\times 2\times \sqrt{2}\times \frac{1}{3}\right)\times 2=\frac{8}{3}\sqrt{2}$

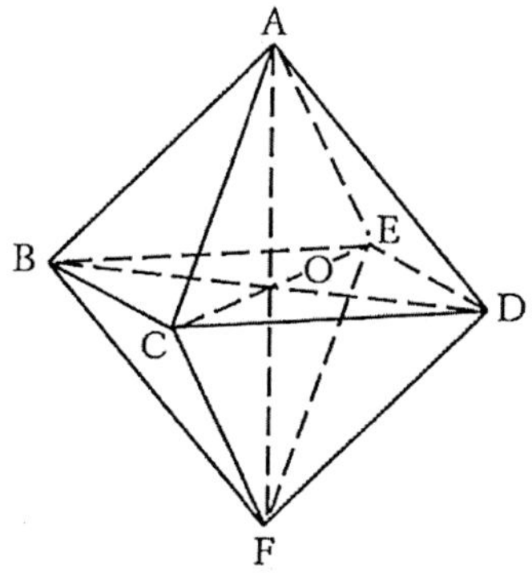

(5)　①　$2024=2025-1=45^2-1^2=(45-1)(45+1)=44\times 46=2^3\cdot 11\cdot 23$

② 連続する自然数の和について，例えば5，6，7の場合，中央値6が3個分と計算できる。
①より，$2024=2^3\times 11\times 23$より，
連続する自然数が11個の場合，連続する自然数の和2024は中央値$2^3\times 23=184$が11個分となるが，桁数が条件に合わないため不適。
連続する自然数が23個の場合，連続する自然数の和2024は中央値$2^3\times 11=88$が23個分となる。
23個から中央88の1個を除いて，$(23-1)\div 2=11$〔個〕だけ88から小さくすると77，
11個だけ88から大きくすると99となり，2桁の条件を満たす。
(6) 二等辺三角形AB_1B_2より，底角と直角の2角相等から，
$\triangle ACB_1\backsim\triangle ACB_2$
また，$\angle CAB_1=\angle B_2B_1B_3=90^\circ-\angle AB_1C$と直角の2角相等から，
$\triangle ACB_1\backsim\triangle B_1B_2B_3$
直角の錯角から$AC\,/\!/\,B_2B_3$，$B_1B_2\,/\!/\,B_3B_4$で，同位角2組の2角相等から，
$\triangle ACB_2\backsim\triangle B_2B_3B_4$
よって，$\triangle B_1B_2B_3\backsim\triangle B_2B_3B_4\backsim\triangle B_3B_4B_5\backsim\cdots$
直角三角形の長辺B_1B_2から短辺B_2B_3を求めるには，
相似である$\triangle ACB_1$の長辺$CA=b$，短辺$B_1C=a$より，
$B_2B_3=B_1B_2\times\dfrac{a}{b}=2a\times\dfrac{a}{b}$，$B_3B_4=B_2B_3\times\dfrac{a}{b}=2a\times\dfrac{a}{b}\times\dfrac{a}{b}$
初項a，公比r，項数nの等比数列の和は$r\neq 1$のとき，$\dfrac{a(1-r^n)}{1-r}$
$-1<r<1$のとき$\displaystyle\lim_{n\to\infty}r^n=0$であるから，
$-1<r<1$のときの無限等比数列の和は$\dfrac{a(1-0)}{1-r}=\dfrac{a}{1-r}$
この式にあてはめていくと$\dfrac{2a}{1-\dfrac{a}{b}}$となり，分子分母に$b$をかけて$\dfrac{2ab}{b-a}$となる。

【9】(1) $x+y+3$，$x^2+y^2-xy-3x-3y+9$ (2) $-1\leqq m\leqq 3$
(3) $r=\dfrac{\sqrt{3}}{2}$ (4) $CF=\dfrac{40}{9}$ (5) $0<x\leqq\dfrac{1+\sqrt{5}}{2}$
(6) $\displaystyle\lim_{\theta\to+0}\frac{AQ^2}{PQ}=2r$

○**解説**○ (1)　$x^3+y^3-9xy+27$

$=(x+y)^3-3xy(x+y)-9xy+27$

$=(x+y)^3-27-3xy(x+y+3)$

$=(x+y+3)^3-3\cdot3(x+y)(x+y+3)-3xy(x+y+3)$

$=(x+y+3)\{(x+y+3)^2-9(x+y)-3xy\}$

$=(x+y+3)(x^2+y^2+3^2+2xy+6y+6x-9x-9y-3xy)$

$=(x+y+3)(x^2+y^2-xy-3x-3y+9)$

よって，2つの因数は，$x+y+3$，$x^2+y^2-xy-3x-3y+9$

【別解】公式$a^3+b^3+c^3-3abc=(a+b+c)(a^2+b^2+c^2-ab-bc-ca)$を用いて，

与式$=x^3+y^3+3^3-3\cdot x\cdot y\cdot 3$

$=(x+y+3)(x^2+y^2+3^2-x\cdot y-y\cdot 3-3\cdot x)$

$=(x+y+3)(x^2+y^2-xy-3x-3y+9)$

(2)　$x^2+2mx+2m+3\geqq0$より，$(x+m)^2-m^2+2m+3\geqq0$

すべての実数xで，$(x+m)^2\geqq0$であるから，$-m^2+2m+3\geqq0$であればよい。

よって，$m^2-2m-3\leqq0$，$(m+1)(m-3)\leqq0$より，$-1\leqq m\leqq3$

(3)　AB＝3，BC＝5，CA＝7であるから，△ABCの面積Sは，

ヘロンの公式より，$s=\frac{1}{2}(3+5+7)=\frac{15}{2}$，

$$S=\sqrt{\frac{15}{2}\left(\frac{15}{2}-3\right)\left(\frac{15}{2}-5\right)\left(\frac{15}{2}-7\right)}=\frac{15\sqrt{3}}{4}$$

また，$S=\frac{1}{2}(3+5+7)r$であるから，

$\frac{15}{2}r=\frac{15\sqrt{3}}{4}$，$r=\frac{\sqrt{3}}{2}$

(4)　△EABと△DACにおいて，

∠EAB＝∠DAC(共通)，AB：AC＝EA：DA＝4：3より，

2組の辺の比とその間の角が等しくなり，

△EAB∽△DAC

よって，∠EBA＝∠DCA　…①

また，△FBDと△FCEにおいて，

対頂角は等しいので∠BFD＝∠CFE，①より，∠FBD＝∠FCE

2組の角が等しくなり，△FBD∽△FCE

よって，BF：CF＝BD：CE，8：CF＝9：5より，

9CF＝40，CF$=\frac{40}{9}$

(5)　$\log_4(x+1) \geqq \log_2 x$において，

真数は正より，$x+1>0$，$x>0$

よって，$x>0$　…①

$\frac{\log_2(x+1)}{\log_2 4} \geqq \log_2 x$より，$\log_2(x+1) \geqq 2\log_2 x$

$\log_2(x+1) \geqq \log_2 x^2$

底：$2>1$より，$x+1 \geqq x^2$

$x^2-x-1 \leqq 0$

$\frac{1-\sqrt{5}}{2} \leqq x \leqq \frac{1+\sqrt{5}}{2}$

したがって，①より，$0<x \leqq \frac{1+\sqrt{5}}{2}$

(6)　次図のようにして，PQ$=r-r\cos\theta$，AQ$=r\sin\theta$

よって，$\lim_{\theta \to +0} \frac{AQ^2}{PQ} = \lim_{\theta \to +0} \frac{r^2\sin^2\theta}{r(1-\cos\theta)} = \lim_{\theta \to +0} \frac{r(1-\cos^2\theta)}{1-\cos\theta}$

$= \lim_{\theta \to +0} r(1+\cos\theta) = r(1+\cos 0) = 2r$

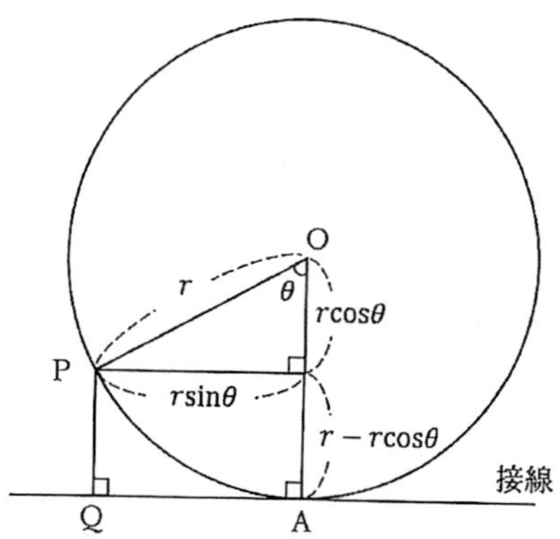

【10】問1　2　　問2　3　　問3　1　　問4　3　　問5　1　　問6　3

問7　2　　問8　4　　問9　3　　問10　2

○**解説**○　問1　$\sqrt{a+b+2\sqrt{ab}} = \sqrt{a} + \sqrt{b}$，$\sqrt{a+b-2\sqrt{ab}} = \sqrt{a}$

$-\sqrt{b}$ の公式を用いて2重根号を外すと，

$$\sqrt{(1-\sqrt{3})^2}-\sqrt{(1+\sqrt{3})^2}=\sqrt{4-2\sqrt{3}}+\sqrt{4+2\sqrt{3}}$$

$$=(\sqrt{3}-1)-(\sqrt{3}+1)=-2$$

問2　2つの式を因数分解する。

$x^2+7x+12=(x+3)(x+4)$

$x^3+6x^2+5x-12=(x-1)(x+3)(x+4)$

したがって，2つの式の最小公倍数は$(x-1)(x+3)(x+4)$である。

問3　辺AB$=x$とする。

余弦定理より，$(\sqrt{13})^2=(3\sqrt{3})^2+x^2-2\cdot3\sqrt{3}\cdot x\cdot\cos30^\circ$

$13=27+x^2-2\cdot3\sqrt{3}\cdot x\cdot\dfrac{\sqrt{3}}{2}$

$x^2-9x+14=0$

$(x-2)(x-7)=0$

$x=2,\ 7$

$x=2$のとき，$\cos B=\dfrac{(\sqrt{13})^2+2^2-(3\sqrt{3})^2}{2\cdot2\cdot\sqrt{13}}=-\dfrac{10}{4\sqrt{13}}\fallingdotseq-0.69<0$

$\angle B$は鈍角なので$\dfrac{\pi}{2}<B<\pi$，このとき，$-1<\cos B<0$

このときの$\cos B$の値は，$\angle B$が鈍角という条件を満たしている。

$x=7$のとき，$\cos B=\dfrac{(\sqrt{13})^2+7^2-(3\sqrt{3})^2}{2\cdot7\cdot\sqrt{13}}=\dfrac{9}{14\sqrt{13}}>0$

このことは，$\angle B$が鈍角という条件に反する。

したがって，辺AB$=x=2$

問4　$f(x)=x^2-4x+5$とする。

$f(x)=(x-2)^2+1$なのでグラフは下に凸で頂点は$(2,\ 1)$

$a<0$より，$a+2<2$

さらに，$x=2$のとき，最小値$f(2)=1$なので，

$f(x)$は区間$(a\leqq x\leqq a+2)$において，単調減少となり，$x=a+2$のとき最小値をとる。

最小値$f(a+2)=(a+2)^2-4(a+2)+5=a^2+1$

問5　$x^2-y^2=48$，$x\geqq1$，$y\geqq1$より，

$y^2=x^2-48\geqq1$，$x^2\geqq49$，$x\geqq7$

また，$(x+y)(x-y)=48$

ここで，$x+y=a$，$x-y=b$とすると，$ab=48$
したがって，a，bは以下の条件を満たす。
① xとyが正の整数なので，aとbはともに正の整数
② $a=x+y\geqq 8$
③ 辺々加えると$2x=a+b$なので，aとbの和は偶数
④ 辺々引くと$2y=b-a$なので，aとbの差は偶数
$ab=48$を満たす$(a,\ b)$の組は，
$(a,\ b)=(1,\ 48)$，$(2,\ 24)$，$(3,\ 16)$，$(4,\ 12)$，$(6,\ 8)$，$(8,\ 6)$，$(12,\ 4)$，$(16,\ 3)$，$(24,\ 2)$，$(48,\ 1)$
このうち①～④の条件を満たすのは，$(a,\ b)=(8,\ 6)$，$(12,\ 4)$，$(24,\ 2)$
$(a,\ b)=(8,\ 6)$のとき，$(x,\ y)=(7,\ 1)$
$(a,\ b)=(12,\ 4)$のとき，$(x,\ y)=(8,\ 4)$
$(a,\ b)=(24,\ 2)$のとき，$(x,\ y)=(13,\ 11)$
これらは$x\geqq 7$を満たす。したがって，$x^2-y^2=48$を満たすx，yの組は3個である。

問6　Aのゲームについて硬貨の表がn枚出る確率：${}_5C_n\cdot\left(\frac{1}{2}\right)^n\cdot\left(\frac{1}{2}\right)^{5-n}$

Aのゲームの期待値：$100\cdot{}_5C_1\cdot\left(\frac{1}{2}\right)^1\cdot\left(\frac{1}{2}\right)^4+200\cdot{}_5C_2\cdot\left(\frac{1}{2}\right)^2\cdot\left(\frac{1}{2}\right)^3$
$+300\cdot{}_5C_3\cdot\left(\frac{1}{2}\right)^3\cdot\left(\frac{1}{2}\right)^2+400\cdot{}_5C_4\cdot\left(\frac{1}{2}\right)^4\cdot\left(\frac{1}{2}\right)^1+500\cdot{}_5C_5\cdot\left(\frac{1}{2}\right)^5\cdot$
$\left(\frac{1}{2}\right)^0=\left(\frac{1}{2}\right)^5(100\cdot 5+200\cdot 10+300\cdot 10+400\cdot 5+500\cdot 1)=\frac{8000}{32}=$

250

Bのゲームの期待値：$100\cdot\frac{7}{10}+500\cdot\frac{3}{10}=220$
A，B両方の期待値が参加料の200円を上回ったので，A，Bとも得であると考えることができる。
問7　$3^{2x}-2\cdot 3^{x+1}+1=0$について，$3^x=t$として，
$(3^x)^2-2\cdot 3^x\cdot 3+1=0$
$t^2-6t+1=0$
解の公式より，$t=3\pm 2\sqrt{2}$
$3^x=3\pm 2\sqrt{2}$

2つの解がα，βなので，$3^{\alpha}=3+2\sqrt{2}$，$3^{\beta}=3-2\sqrt{2}$

$\alpha=\log_3(3+2\sqrt{2})$，$\beta=\log_3(3-2\sqrt{2})$

$\alpha+\beta=\log_3(3+2\sqrt{2})+\log_3(3-2\sqrt{2})$

$=\log_3(3+2\sqrt{2})(3-2\sqrt{2})=\log_3(9-8)=\log_3 1=0$

問8　$f(x)=x^2+4$，$g(x)=x^2-6x+12$と置く。

$y=f(x)$上の接点を$(t,\ t^2+4)$とすると，

接線の方程式は，

$y-(t^2+4)=f'(x)(x-t)$

$y=2t(x-t)+(t^2+4)$

$y=2tx-t^2+4$　…①

$y=f(x)$の接線と$y=g(x)$が接するのは，交点を求める2次方程式が重解を持つ場合である。

よって，$2tx-t^2+4=g(x)$

$x^2-2(t+3)x-(t^2+8)=0$

この方程式の判別式をDとする。重解をもつためには$\frac{D}{4}=0$となればよい。

$\frac{D}{4}=(t+3)^2-(t^2+8)=0$

$6t+1=0$

$t=-\frac{1}{6}$

したがって，接線の方程式の傾きは，$f'\left(-\frac{1}{6}\right)=2\cdot\left(-\frac{1}{6}\right)=-\frac{1}{3}$

(別解)　$y=g(x)$上の接点を$(s,\ s^2-6s+12)$とする。

接線の方程式は，$y-(s^2-6s+12)=g'(s)(x-s)$

$y=(2s-6)x-s^2+12$　…②

①と②が一致するようにsとtを定める。

$2t=2s-6$

$-t^2+4=-s^2+12$

これを解いて$(s,\ t)=\left(\frac{17}{6},\ -\frac{1}{6}\right)$

②の接線の傾きを求めると$g'\left(\frac{17}{6}\right)=2\cdot\frac{17}{6}-6=-\frac{1}{3}$

問9　確率変数Xが二項分布$B(n,\ p)$に従うとき，(試行回数n，確率p)

Xの期待値$E(X)=np=6$　…①

Xの分散$V(X)=np(1-p)=2$　…②

①より，$n=\dfrac{6}{p}$

②へ代入すると，$\dfrac{6}{p}\cdot p\cdot(1-p)=2$

この方程式を解いて，$p=\dfrac{2}{3}$

①より，$n=9$

この二項分布は，$\mathrm{B}\left(9,\ \dfrac{2}{3}\right)$となる。

このとき，$P_4=P(X=4)={}_9\mathrm{C}_4\left(\dfrac{2}{3}\right)^4\left(1-\dfrac{2}{3}\right)^{9-4}=126\cdot\left(\dfrac{2}{3}\right)^4\left(\dfrac{1}{3}\right)^5$

$P_5=P(X=5)={}_9\mathrm{C}_5\left(\dfrac{2}{3}\right)^5\left(1-\dfrac{2}{3}\right)^{9-5}=126\cdot\left(\dfrac{2}{3}\right)^5\left(\dfrac{1}{3}\right)^4$

よって，$\dfrac{P_5}{P_4}=\dfrac{126\cdot\left(\dfrac{2}{3}\right)^5\left(\dfrac{1}{3}\right)^4}{126\cdot\left(\dfrac{2}{3}\right)^4\left(\dfrac{1}{3}\right)^5}=\dfrac{\dfrac{2}{3}}{\dfrac{1}{3}}=2$

P_5はP_4の2倍となる。

問10　ドモアブルの定理より，

$z^5=\left(\cos\dfrac{2}{5}\pi+i\sin\dfrac{2}{5}\pi\right)^5=\cos5\cdot\dfrac{2}{5}\pi+i\sin5\cdot\dfrac{2}{5}\pi=\cos2\pi+i\sin2\pi$

$=1+0\cdot i=1$

$z^5-1=0$の左辺を因数分解すると，

$(z-1)(z^4+z^3+z^2+z+1)=0$

zの定義より，$z\neq1$，よって，$z^4+z^3+z^2+z+1=0$

【11】(1)　$[\sqrt{2p}]=7$より，$[\sqrt{2p}]$の整数部分は7であり，$7\leqq\sqrt{2p}<8$

各辺を2乗して，$49\leqq2p<64$

よって，$\dfrac{49}{2}\leqq p<32$

pは素数であるから，$p=29,\ 31$

答　$p=29,\ 31$

(2)　さいころを2回投げたとき目の出方の総数は36通り

また，2つの整数α，βに対して，$\alpha+\beta=a$，$\alpha\beta=b$となる6以下の自然数a，bの組は，

$(a,\ b)=(2,\ 1),\ (3,\ 2),\ (4,\ 3),\ (5,\ 4),\ (6,\ 5),\ (4,\ 4),\ (5,\ 6)$
の7通り

したがって，求める確率は $\dfrac{7}{36}$

答 $\dfrac{7}{36}$

(3)

△BDEと△CFDにおいて，△ABCが正三角形であるから，

∠EBD＝∠DCF＝∠EDF＝60°…①

また，①より，

∠BDE＝180°－(∠EDF＋∠FDC)

　　　＝180°－(∠DCF＋∠FDC)

　　　＝∠CFD …②

①，②より，2組の角がそれぞれ等しいので，

△BDE∽△CFD

(4)

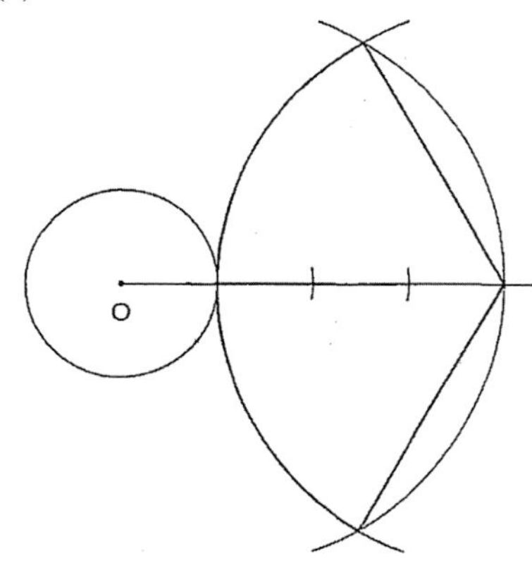

(5)　x年乗り続けたとき，ガソリン車Aの総費用が電気自動車Bの総費用より高くなるとすると，

$$1800000+6000\cdot\frac{10000}{500}x>2800000+500\cdot\frac{10000}{300}x$$

$$x>\frac{300}{31}=9\frac{21}{31}$$

したがって，求める年数は10年以上

答　10年以上

(6)　正十二角形の1辺の長さをℓとすると，

$\ell^2=1^2+1^2-2\cdot1\cdot1\cdot\cos\frac{\pi}{6}=2-\sqrt{3}$

$\ell>0$より，$\ell=\sqrt{2-\sqrt{3}}=\frac{\sqrt{6}-\sqrt{2}}{2}$

したがって，求める周の長さは，

$12\ell=12\cdot\frac{\sqrt{6}-\sqrt{2}}{2}=6(\sqrt{6}-\sqrt{2})$

答　$6(\sqrt{6}-\sqrt{2})$

(7)　与えられた3個のデータの分散は，

$\frac{1}{3}(4^2+10^2+a^2)-\left\{\frac{1}{3}(4+10+a)\right\}^2=\frac{2}{9}(a-7)^2+6$

したがって，$a=7$のとき分散は最小となり，最小値は6

答　$a=7$のとき，最小値…6

(8)　$\sin\theta+\cos\theta=t$とおくと，

$t=\sqrt{2}\sin\left(\theta+\frac{\pi}{4}\right)$，$\frac{\pi}{4}\leqq\theta+\frac{\pi}{4}<\frac{9}{4}\pi$であるから，

$-\sqrt{2}\leqq t\leqq\sqrt{2}$ …①

また，$\sin\theta\cos\theta=\frac{t^2-1}{2}$より，与式は，

$2t^2+\sqrt{6}t-6=0$　となり，$(t+\sqrt{6})(2t-\sqrt{6})=0$

①より，$t=\frac{\sqrt{6}}{2}$

よって，$\sin\left(\theta+\frac{\pi}{4}\right)=\frac{\sqrt{3}}{2}$より，$\theta+\frac{\pi}{4}=\frac{\pi}{3}$，$\frac{2}{3}\pi$

したがって，$\theta=\frac{\pi}{12}$，$\frac{5}{12}\pi$

答　$\theta=\frac{\pi}{12}$，$\frac{5}{12}\pi$

(9)　$a_1=1>0$，$a_{n+1}=3\sqrt{a_n}>0$より，すべての自然数nに対して，$a_n>0$ である。

$\log_3 a_{n+1}=\log_3 3\sqrt{a_n}=\frac{1}{2}\log_3 a_n+1$　より，

$\log_3 a_{n+1}-2=\frac{1}{2}(\log_3 a_n-2)$

また，$\log_3 a_1-2=-2$であるから，

$\log_3 a_n-2=-2\cdot\left(\frac{1}{2}\right)^{n-1}=-2^{2-n}$

よって，$\log_3 a_n = 2 - 2^{2-n}$

したがって，$a_n = 3^{2-2^{2-n}}$

答　$a_n = 3^{2-2^{2-n}}$

(10)　$\lim_{x \to -\infty} (\sqrt{9x^2 + 5x + 1} + 3x)$

$$= \lim_{x \to -\infty} \frac{(9x^2 + 5x + 1) - 9x^2}{\sqrt{9x^2 + 5x + 1} - 3x}$$

$$= \lim_{x \to -\infty} \frac{5 + \frac{1}{x}}{-\sqrt{9 + \frac{5}{x} + \frac{1}{x^2}} - 3}$$

$$= -\frac{5}{6}$$

答　$-\frac{5}{6}$

○解説○ (1)　解答参照。　(2)　解答参照。　(3)　解答参照。

(4)　母線と円の半径の比から作図する円錐の展開図における扇形の中心角は120°

よって，円Oに接し半径が円Oの3倍で中心角120°の扇形を作図する。

正三角形の作図方法を利用し，円Oと扇形の接点と扇形の中心点から円Oの半径の3倍の距離の2点と扇形の中心点を結ぶと扇形の中心角は120°となる。

(5)　解答参照。

(6)　半径1の円に内接する正十二角形は次のような等しい辺の長さが1，頂角$\frac{\pi}{6}$の二等辺三角形が12個集まった図形となる。

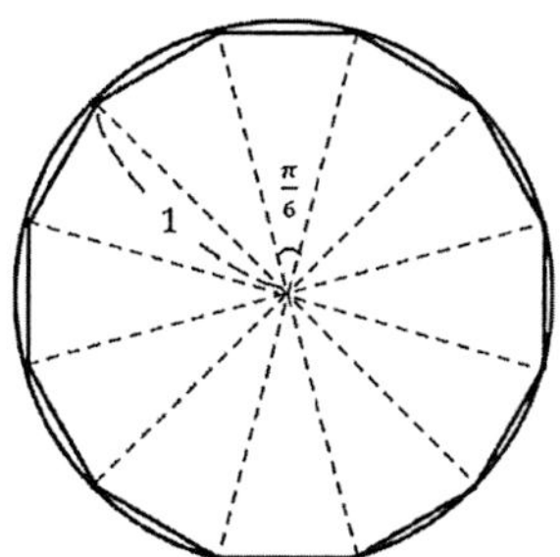

(7)　解答参照。

(8)　$\sin\theta + \cos\theta = t$より，$(\sin\theta + \cos\theta)^2 = t^2$

● 総合問題

$1+2\sin\theta\cos\theta=t^2$

$\sin\theta\cos\theta=\dfrac{t^2-1}{2}$である。

(9)　解答参照。　(10)　解答参照。

【12】〔問1〕[1]　8　〔問2〕[2]　1　[3]　6　〔問3〕[4]　7
[5]　2　[6]　7　〔問4〕[7]　3　[8]　5　〔問5〕[9]　7
〔問6〕[10]　3　[11]　2　[12]　0　[13]　3　[14]　4
〔問7〕[15]　2　〔問8〕[16]　5　[17]　7　[18]　2　[19]　7
〔問9〕[20]　2　〔問10〕[21]　7　〔問11〕[22]　1　[23]　5
[24]　4

〈解説〉〔問1〕$\sqrt{4+2\sqrt{3}}=\sqrt{(\sqrt{3}+1)^2}=\sqrt{3}+1$

$1<\sqrt{3}<2$より，$\sqrt{3}+1=2+(\sqrt{3}-1)$として，

整数部分$a=2$，小数部分$b=\sqrt{3}-1$

$b^2+\dfrac{a^2}{b^2}=(\sqrt{3}-1)^2+\left(\dfrac{2}{\sqrt{3}-1}\right)^2=(\sqrt{3}-1)^2+(\sqrt{3}+1)^2=4-2\sqrt{3}+4+2\sqrt{3}=8$

〔問2〕$2024=2^3\times11\times23$となるから，正の約数の個数は，

$(3+1)\times(1+1)\times(1+1)=16$〔個〕

〔問3〕$x_1\leqq x_2\leqq x_3$において，x_1，x_2，x_3を満たす場合の数を求めると，

$x_1=1$のとき，$6+5+4+3+2+1=21$〔通り〕

$x_1=2$のとき，$5+4+3+2+1=15$〔通り〕

$x_1=3$のとき，$4+3+2+1=10$〔通り〕

$x_1=4$のとき，$3+2+1=6$〔通り〕

$x_1=5$のとき，$2+1=3$〔通り〕

$x_1=6$のとき，1〔通り〕

よって，合計$21+15+10+6+3+1=56$〔通り〕

ゆえに，求める確率は，$\dfrac{56}{6^3}=\dfrac{7}{27}$

〔問4〕$2\log_{\frac{1}{2}}(x-3)>\log_{\frac{1}{2}}(x-1)$　…①

①において，真数は正であるから，$x-3>0$，$x-1>0$より，$x>3$　…②

①より，$\log_{\frac{1}{2}}(x-3)^2>\log_{\frac{1}{2}}(x-1)$，底：$\frac{1}{2}<1$であるから，

$(x-3)^2<x-1$より，$2<x<5$

②より，$3<x<5$

〔問5〕$\left(x^2+\frac{1}{2x}\right)^8$の二項定理の展開式より，の一般項は，

${}_8C_r(x^2)^r\left(\frac{1}{2x}\right)^{8-r}={}_8C_r\left(\frac{1}{2}\right)^{8-r}x^{3r-8}$

よって，x^7の係数であるから，$3r-8=7$，$r=5$

ゆえに，求める係数は，${}_8C_5\left(\frac{1}{2}\right)^3=7$

〔問6〕等比数列$\{a_n\}$より，$a_n=ar^{n-1}$（初項a，公比r）とおいて，

条件の$a_1+a_2+a_3=740$，$a_2+a_3+a_4=555$に代入して，

$a+ar+ar^2=740$　…①，$ar+ar^2+ar^3=555$　…②

②÷①より，$\frac{ar+ar^2+ar^3}{a+ar+ar^2}=\frac{555}{740}$，$r=\frac{3}{4}$

①より，$a\left(1+\frac{3}{4}+\frac{9}{16}\right)=740$，$a=320$

〔問7〕$f(\theta)=2\sin\theta\cos\theta+\cos^2\theta-\sin^2\theta$

$=\sin2\theta+\cos2\theta=\sqrt{2}\sin\left(2\theta+\frac{\pi}{4}\right)$

$0\leqq\theta\leqq\frac{\pi}{2}$より，$\frac{\pi}{4}\leqq\theta+\frac{\pi}{4}\leqq\frac{5}{4}\pi$であるから，

最大値は，$2\theta+\frac{\pi}{4}=\frac{\pi}{2}$，$\theta=\frac{\pi}{8}$のとき，$f\left(\frac{\pi}{8}\right)=\sqrt{2}$

〔問8〕$BC^2=1+4-2\cdot1\cdot2\cos120^\circ=7$，$BC=\sqrt{7}$

△ABCの面積は，$\frac{1}{2}\cdot1\cdot2\cdot\sin120^\circ=\frac{\sqrt{3}}{2}$

よって，$\frac{1}{2}\cdot\sqrt{7}\cdot AH=\frac{\sqrt{3}}{2}$より，$AH=\sqrt{\frac{3}{7}}$

$BH=\sqrt{1-\frac{3}{7}}=\frac{2}{\sqrt{7}}$，$CH=\sqrt{4-\frac{3}{7}}=\frac{5}{\sqrt{7}}$

したがって，BH：HC＝2：5となるから，

$\overrightarrow{AH}=\frac{5\overrightarrow{AB}+2\overrightarrow{AC}}{2+5}=\frac{5}{7}\overrightarrow{AB}+\frac{2}{7}\overrightarrow{AC}$

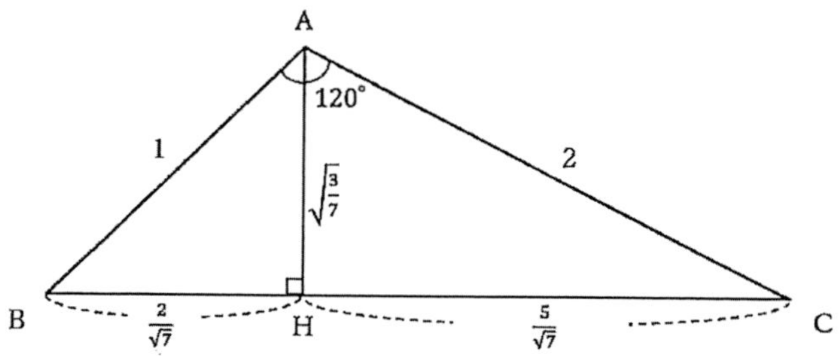

〔問9〕図の領域関係から，$|x|+|y|<1$ ならば $x^2+y^2<1$ が成り立つ。

よって，$x^2+y^2<1$ は $|x|+|y|<1$ であるための必要条件である。

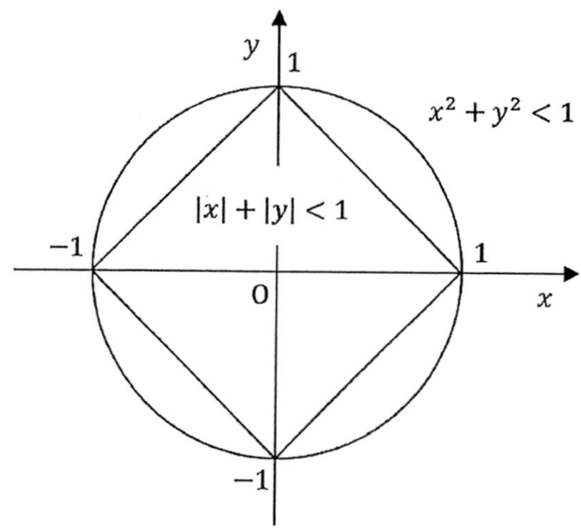

〔問10〕$|\alpha|^2=1$，$|\beta|^2=1$，$|\alpha-\beta|^2=3$ より，$\alpha\overline{\alpha}=1$，$\beta\overline{\beta}=1$ であり，

$(\alpha-\beta)\overline{(\alpha+\beta)}=3$ より，$(\alpha-\beta)(\overline{\alpha}-\overline{\beta})=3$，$\alpha\overline{\alpha}-\alpha\overline{\beta}-\beta\overline{\alpha}+\beta\overline{\beta}=3$

よって，$\alpha\overline{\beta}+\beta\overline{\alpha}=-1$

$|2\alpha+3\beta|^2=(2\alpha+3\beta)\overline{(2\alpha+3\beta)}=(2\alpha+3\beta)(2\overline{\alpha}+3\overline{\beta})$

$=4\alpha\overline{\alpha}+6\alpha\overline{\beta}+6\beta\overline{\alpha}+9\beta\overline{\beta}=4\alpha\overline{\alpha}+9\beta\overline{\beta}+6(\alpha\overline{\beta}+\beta\overline{\alpha})=4+9-6=7$

ゆえに，$|2\alpha+3\beta|=\sqrt{7}$

〔問11〕与式$=\lim_{n\to\infty}\frac{1}{n}\sum_{k=1}^{n}\left(1+\frac{k}{n}\right)^3=\int_0^1(1+x)^3dx=\left[\frac{(x+1)^4}{4}\right]_0^1$

$=\frac{2^4}{4}-\frac{1}{4}=\frac{15}{4}$

【13】(1)　$-\frac{7}{3}<k<-2$　(2)　$a\leqq-\frac{1}{4}$　(3)　$\frac{2}{3}$

(4)　$a=1$，$b=8$　(5)　66〔通り〕　(6)　$\sqrt{5}$　(7)　2〔通り〕

(8)　44　(9)　6　(10)　$y=3ex$

○解説○ (1)　$x^2-2(k+1)x+3k+7=0$の2つの解をα，βとすると，

$\alpha<0$，$\beta<0$より，$\alpha+\beta=2(k+1)<0$　…①

$\alpha\beta=3k+7>0$　…②

$\frac{D}{4}=(k+1)^2-(3k+7)>0$　…③

①より，$k<-1$，②より，$k>-\frac{7}{3}$

③より，$(k+2)(k-3)>0$となり，$k<-2$，$k>3$

これらの共通の範囲を求めて，$-\frac{7}{3}<k<-2$

(2)　題意より，命題：「$y\leqq-x+a$」であるならば，「$y\leqq x^2$」が成りたてばよい。

$y=-x+a$と$y=x^2$が接するとき，$x^2+x-a=0$が重解をもつから，

$D=1+4a=0$，$a=-\frac{1}{4}$

よって，求めるaの範囲は，$a\leqq-\frac{1}{4}$

(3)　三角形の面積に着目すると，△ABC＝△ABD＋△ACDより，

$\frac{1}{2}\cdot2\cdot1\cdot\sin120^\circ=\frac{1}{2}\cdot2\cdot\mathrm{AD}\cdot\sin60^\circ+\frac{1}{2}\cdot1\cdot\mathrm{AD}\cdot\sin60^\circ$

よって，3AD＝2より，$\mathrm{AD}=\frac{2}{3}$

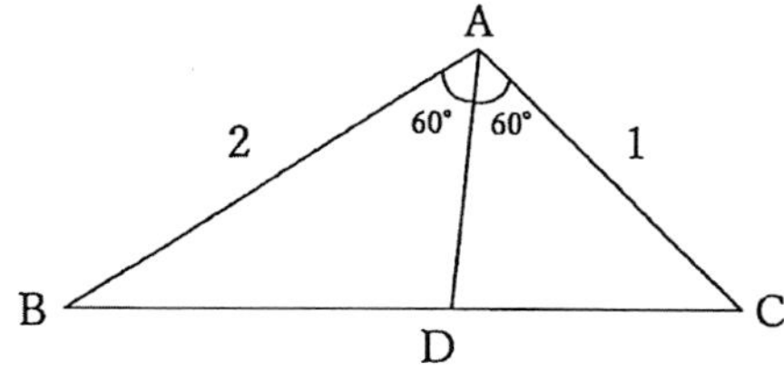

(4)　a，b，0，1，2，3，4，5　($a \leqq b$)の平均が3，分散が6であるから，

$\frac{1}{8}(a+b+0+1+2+3+4+5)=3$より，$a+b=9$　…①

$\frac{1}{8}(a^2+b^2+0^2+1^2+2^2+3^2+4^2+5^2)-3^2=6$より，$a^2+b^2=65$　…②

①，②より，$a^2+(9-a)^2=65$，$(a-1)(a-8)=0$，$a=1$，8

よって，$(a,\ b)=(1,\ 8)$，$(8,\ 1)$

$a \leqq b$であるから，$a=1$，$b=8$

(5)　$x+y+z=25(x \geqq 7,\ y \geqq 5,\ z \geqq 3)$より，

$(x-7)+(y-5)+(z-3)=10$として，$x-7=X$，$y-5=Y$，$z-3=Z$とおくと，

$X+Y+Z=10(X \geqq 0,\ Y \geqq 0,\ Z \geqq 0)$となる。

○○○|○○|○○○○○⇒$X=3$，$Y=2$，$Z=5$

|○○○○○○|○○○○⇒$X=0$，$Y=6$，$Z=4$

○○○○○○○|○○○|⇒$X=7$，$Y=3$，$Z=0$のように10個の○と2つの|で考えると，

求める場合の数は，$\frac{12!}{10! \times 2!}=\frac{12 \times 11}{2}=66$〔通り〕

(6)　直線：$2x+y+5=0$と円の中心$(2,\ 1)$との距離$d=\frac{|4+1+5|}{\sqrt{2^2+1^2}}=2\sqrt{5}$

よって，PQの長さの最小値は，$2\sqrt{5}-\sqrt{5}=\sqrt{5}$

(7)　$x^3+(a+1)x^2+(a-b+1)x-b+1=0$は$x=-1$のとき成り立つから，

$(x+1)(x^2+ax-b+1)=0$より，$x+1=0$，$x^2+ax-b+1=0$となる。

$x^2+ax-b+1=0$が虚数解をもてばよいから，$D=a^2+4b-4<0$

よって，$b<-\frac{a^2}{4}+1$において，$a \geqq 0$，$b \geqq 0$を満たす整数の組は，

$(a,\ b)=(0,\ 0)$，$(1,\ 0)$の2通り

(8)　$\frac{1}{1+\sqrt{2}}+\frac{1}{\sqrt{2}+\sqrt{3}}+\frac{1}{\sqrt{3}+\sqrt{4}}+\cdots\cdots+\frac{1}{\sqrt{2023}+\sqrt{2024}}$

$+\frac{1}{\sqrt{2024}+\sqrt{2025}}$

$=(\sqrt{2}-1)+(\sqrt{3}-\sqrt{2})+(\sqrt{4}-\sqrt{3})+\cdots+(\sqrt{2024}-\sqrt{2023})+$

$(\sqrt{2025}-\sqrt{2024})$

$=-1+\sqrt{2025}=-1+45=44$

(9)　$\alpha=1+\sqrt{3}\,i=2\left(\frac{1}{2}+\frac{\sqrt{3}}{2}i\right)=2\left(\cos\frac{\pi}{3}+i\sin\frac{\pi}{3}\right)$

$\beta=1+i=\sqrt{2}\left(\frac{1}{\sqrt{2}}+\frac{1}{\sqrt{2}}i\right)=\sqrt{2}\left(\cos\frac{\pi}{4}+i\sin\frac{\pi}{4}\right)$

よって，$z=\frac{\alpha}{\beta}=\frac{2\left(\cos\frac{\pi}{3}+i\sin\frac{\pi}{3}\right)}{\sqrt{2}\left(\cos\frac{\pi}{4}+i\sin\frac{\pi}{4}\right)}=\sqrt{2}\left(\cos\frac{\pi}{12}+i\sin\frac{\pi}{12}\right)$

$z^n=\left\{\sqrt{2}\left(\cos\frac{\pi}{12}+i\sin\frac{\pi}{12}\right)\right\}^n=(\sqrt{2})^n\left(\cos\frac{\pi}{12}+i\sin\frac{\pi}{12}\right)^n$

$=(\sqrt{2})^n\left(\cos\frac{n\pi}{12}+i\sin\frac{n\pi}{12}\right)$

したがって，これが純虚数になる最小の自然数nの値は$n=6$

(10)　$y=e^{3x}$より，$y'=3e^{3x}$

よって，点$(t,\ e^{3t})$における接線の方程式は，$y-e^{3t}=3e^{3t}(x-t)$

これが原点O(0，0)を通るから，$-e^{3t}=-3te^{3t}$より，$3t=1$，$t=\frac{1}{3}$

よって，接線の方程式は，$y-e=3e\left(x-\frac{1}{3}\right)$より，$y=3ex$

【14】(1)　ア　1　(2)　イ　5　ウ　6　エ　3　オ　8　カ　4

(3)　キ　8　(4)　ク　1　ケ　2　コ　1　サ　3

(5)　シ　2　ス　6

○解説○ (1)　$y=x^2+ax-\frac{1}{2}a+\frac{3}{4}=\left(x+\frac{1}{2}a\right)^2+\left(-\frac{1}{4}a^2-\frac{1}{2}a+\frac{3}{4}\right)$より，

頂点の座標は$\left(-\frac{1}{2}a,\ -\frac{1}{4}a^2-\frac{1}{2}a+\frac{3}{4}\right)$

$y=2x+1$に代入すると，

$-\frac{1}{4}a^2-\frac{1}{2}a+\frac{3}{4}=-a+1$

$a=1$

(2)　平均値はデータの値の合計をデータの総数で割ったものである。

25人分の合計は，55×24＋80＝1400〔点〕より，

平均値は，1400÷25＝56〔点〕

分散は，(データの2乗の平均値)－(データの平均値の2乗)で求められる。

24人のデータの2乗の平均値は，$55^2+15=3040$より，

25人のデータの2乗の平均値は，$(3040\times24+80^2)\div25=3174.4$

25人の分散は，$3174.4-56^2=38.4$

(3)　ACについて△ABCと△ADCで余弦定理より，

$AC^2=4^2+8^2-2\times4\times8\times\cos B=4^2+6^2-2\times4\times6\times\cos D$　…①

円に内接する四角形ABCDより，$\cos D=\cos(180^\circ-B)=-\cos B$であるから，$\cos B=\dfrac{1}{4}$

この値を①に代入して，$AC=8$

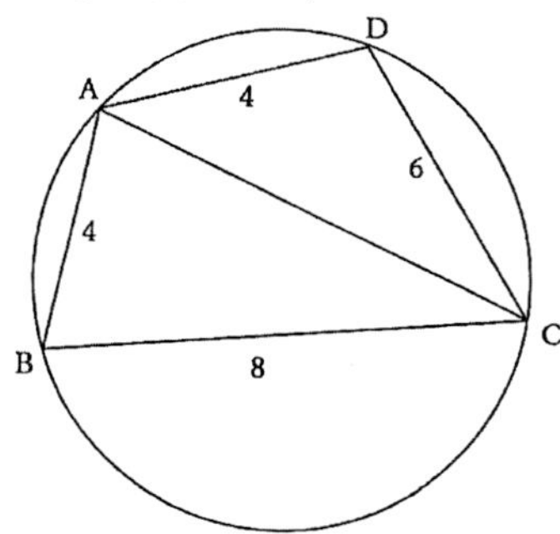

(4)　3次式$2x^3-9x^2+10x-3$は$x-1$を因数にもつので，

$2x^3-9x^2+10x-3$を$x-1$で割ると，

$2x^2-7x+3$より，

$2x^3-9x^2+10x-3$

$=(x-1)(2x^2-7x+3)$

$=(x-1)(2x-1)(x-3)=0$

したがって，$x=\dfrac{1}{2}$，1，3

(5)　a，bを整数とすると，$N=5a+2=7b+4$と表せる。

よって，$5a-7b=2$　…①

①を満たすa，bは，$(a,\ b)=(-1,\ -1)$より，

$5(-1)-7(-1)=2$　…②

①－②より，$5(a+1)=7(b+1)$

5と7は互いに素であるから，kを整数とすると，$a+1=7k$，$b+1=5k$

よって，$a=7k-1$より，$N=5(7k-1)+2=35k-3$

$100\leqq35k-3\leqq1000$より，$103\leqq35k\leqq1003$となり，$2.94\cdots\leqq k\leqq28.6\cdots$

これをみたすkは$28-2=26$〔個〕

【15】1　140と252　　2　$\dfrac{1}{2}$　　3　-500　　4　$\dfrac{1}{3}\log|x^3+7|+C$

○**解説**○ 1　2つの自然数は，互いに素な自然数a，b $(a<b)$を用いて，最大公約数が28より$28a$，$28b$と表せる。また，最小公倍数が1260より，$28ab=1260$なので$ab=45$となる。a，bは互いに素な自然数であり，$a<b$であることを考えると，$(a,\ b)=(1,\ 45)$，$(5,\ 9)$と分かる。これらのときの2つの自然数は$(28a,\ 28b)=(28,\ 1260)$，$(140,\ 252)$

3桁の2つの自然数は，140と252

2　$2^x=3^y=12$より，$x=\log_2 12$，$y=\log_3 12$なので，

$$\frac{1}{x}+\frac{1}{2y}=\frac{1}{\log_2 12}+\frac{1}{2\log_3 12}=\log_{12}2+\frac{1}{2}\log_{12}3$$

$$=\log_{12}2+\log_{12}\sqrt{3}=\log_{12}2\sqrt{3}=\log_{12}\sqrt{12}=\log_{12}12^{\frac{1}{2}}=\frac{1}{2}$$

3　平均$E(X)=500\times\dfrac{2}{5}=200$より，$E(Y)=-3\times200+100=-500$

4　$\displaystyle\int\frac{x^2}{x^3+7}dx=\int\frac{\frac{1}{3}(x^3+7)'}{x^3+7}dx=\frac{1}{3}\log|x^3+7|+C$

【16】(1)　$(3x-2)(2x+1)$　　(2)　$-2a-2$　　(3)　$2202222_{(3)}$

(4)　$-2+2\sqrt{6}<a<5$　　(5)　$a=b$のとき最小値2　　(6)　D組

(7)　210〔個〕　　(8)　11〔cm〕

○**解説**○ (1)　解答参照。

(2)　(与式)$=\sqrt{(a-1)^2}-\sqrt{(a+3)^2}=|a-1|-|a+3|$

ここで，$-3<a<1$より，$|a-1|=-a+1$，$|a+3|=a+3$なので，

(与式)$=-a+1-(a+3)=-2a-2$

(3)　2024を3で割っていく。

次図の筆算のあまりの部分を下から拾って，$2202222_{(3)}$

```
3) 2024
3)  674…2
3)  224…2
3)   74…2
3)   24…2
3)    8…0
      2…2
```

(4)　$f(x)=x^2+ax-a+5$として，$y=f(x)$のグラフについて調べればよい。

(i)　異なる2つの実数解をもつので，方程式の判別式$D>0$より，

$a^2-4(-a+5)>0$

$a^2+4a-20>0$

$a<-2-2\sqrt{6}$，$-2+2\sqrt{6}<a$

(ii)　異なる2つの実数解がともに負なので，$f(0)>0$より，$-a+5>0$

つまり，$a<5$

(iii)　異なる2つの実数解がともに負なので，軸は負の位置にあるので，

$f(x)=\left(x+\frac{1}{2}a\right)^2-\frac{1}{4}a^2-a+5$より，

軸$x=-\frac{1}{2}a<0$　つまり，$a>0$

(i)～(iii)の共通部分より，$-2+2\sqrt{6}<a<5$

(5)　相加平均と相乗平均の関係より，$\frac{b}{a}+\frac{a}{b}\geqq 2\sqrt{\frac{b}{a}\times\frac{a}{b}}=2$となるので，最小値は2

等号成立は，$\frac{b}{a}=\frac{a}{b}$のときなので，$a^2=b^2$である。また，$a>0$，$b>0$なので，$a=b$

(6)　一つの組の生徒数は30人であるため，50点以上が15人以上いる組は中央値が50点を超えているA，C，D組である。

このうち四分位範囲が最も小さい組はD組である。

(7)　$\frac{7!}{3!2!2!}=210$〔個〕

(8)　メネラウスの定理より，$\frac{4}{6}\times\frac{15}{\mathrm{BD}}\times\frac{2}{5}=1$なので，BD＝4である。

よって，BC＝15－4＝11〔cm〕

【17】問1　－4　　問2　540〔度〕　問3　(1)　126〔通り〕

(2)　33〔通り〕　問4　(1)　$(2x-y+2)(x+y+1)$　　(2)　(1，1)，(－3，－1)　　問5　$a<-4$　　問6　$\overrightarrow{\mathrm{OA}}=\frac{1}{2}\vec{a}+\frac{3}{5}\vec{b}$

○**解説**○ 問1　$3<\sqrt{11}<4$より，整数部分3，小数部分$a=\sqrt{11}-3$

よって，$a^2+6a-6=(\sqrt{11}-3)^2+6(\sqrt{11}-3)-6$

$=20-6\sqrt{11}+6\sqrt{11}-18-6=-4$

問2　対頂角は等しいことから次の図のようにして，外側の7つの三角形の内角の和は，

$a+b+c+d+e+f+g+2(h+i+j+k+l+m+n)=7\times180^\circ=1260^\circ$ …①

また，内側の七角形の外角の和は，

$h+i+j+k+l+m+n=360^\circ$ …②

①，②より，

$a+b+c+d+e+f+g=1260^\circ-2\times360^\circ=540^\circ$

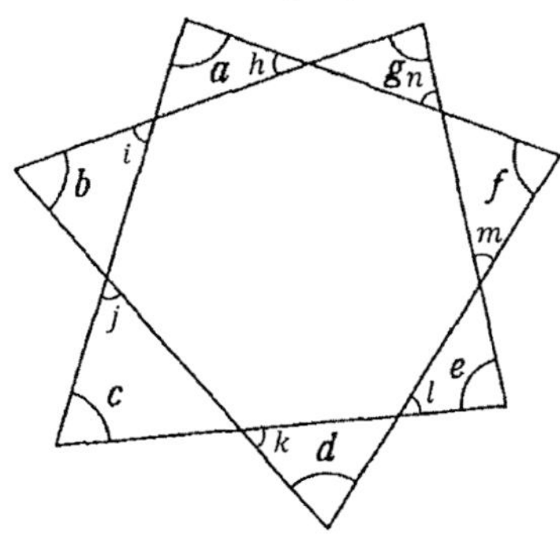

問3　(1)　$\dfrac{9!}{5!\times4!}=126$〔通り〕

(2)　求める場合の数はPまたはQを通る場合の数の余事象である。

(PまたはQを通る場合の数)＝(Pを通る場合)＋(Qを通る場合)－(PかつQを通る場合)

$=\dfrac{3!}{2!\times1!}\times\dfrac{6!}{3!\times3!}+\dfrac{6!}{3!\times3!}\times\dfrac{3!}{2!\times1!}-\dfrac{3!}{2!\times1!}\times\dfrac{3!}{1!\times2!}\times\dfrac{3!}{2!\times1!}$

$=3\times20+20\times3-3\times3\times3=93$

よって，求める場合の数は，$126-93=33$〔通り〕

問4　(1)　$2x^2+xy-y^2+4x+y+2$

$=2x^2+(y+4)x-(y^2-y-2)$

$=2x^2+(y+4)x-(y+1)(y-2)$

$=\{2x-(y-2)\}\{x+(y+1)\}$

$=(2x-y+2)(x+y+1)$

(2)　$2x^2+xy-y^2+4x+y-7=0$より，

$2x^2+xy-y^2+4x+y+2-9=0$

よって，(1)の結果より，$(2x-y+2)(x+y+1)=9$

これより，x，yは整数であるから，

$\begin{cases} 2x-y+2=\pm1,\ \pm3,\ \pm9 \\ x+y+1=\pm9,\ \pm3,\ \pm1 \end{cases}$ (複号同順)として，

これらの連立方程式を解いて，整数となる組の解は，

$(x,\ y)=(1,\ 1),\ (-3,\ -1)$

問5　放物線が上に凸で軸と共有点を持たないとき，yは常に負の値である。

$y=ax^2+4x+(a+3)$において，$a<0$のときこのグラフは上に凸である。

また，x軸と共有点を持たないとき，判別式$\dfrac{D}{4}=4-a(a+3)<0$より，

$a^2+3a-4>0$として，$(a+4)(a-1)>0$から，$a<-4$，$a>1$

共有範囲を求めて，$a<-4$

問6　下図のように，OA，STの延長での交点をDとする。

$\mathrm{OA}=x$，$\mathrm{AD}=y$として，OS//ATより，

$4:2=(x+y):y\quad 2(x+y)=4y\quad y=x$

OS//QP より，

$\mathrm{OS}:\mathrm{QP}=(x+y):\left(\dfrac{x}{2}+y\right)=2x:\dfrac{3x}{2}=4:3$

よって，QR＝OBより，QP：PR＝3：2である。

したがって，$\overrightarrow{\mathrm{OP}}=\dfrac{2\overrightarrow{\mathrm{OQ}}+3\overrightarrow{\mathrm{OR}}}{3+2}$

$=\dfrac{2}{5}\cdot\dfrac{\vec{a}}{2}+\dfrac{3}{5}\cdot\left(\vec{b}+\dfrac{\vec{a}}{2}\right)=\dfrac{1}{2}\vec{a}+\dfrac{3}{5}\vec{b}$

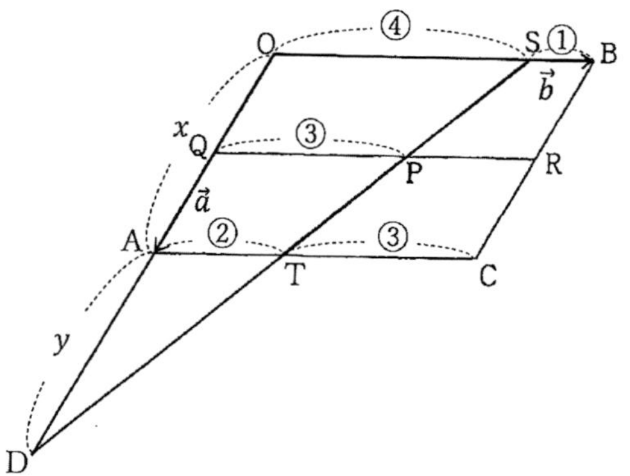

【18】(1)　$34\sqrt{5}$　(2)　$x<0$，$x>4$　(3)　C$(-1,\ 4)$

(4)　$-\frac{4}{9}<k<0$　(5)　$\frac{23}{42}$　(6)　$d=1$　(7)　$x=\frac{\pi}{2}$，$\frac{2\pi}{3}$，$\frac{4\pi}{3}$，$\frac{3\pi}{2}$　(8)　D$(4,\ 0,\ -4)$　(9)　$\frac{1}{3}e^{3x+1}+C$

○解説○ (1)　$a=\sqrt{5}+2$，$b=\sqrt{5}-2$より，$a+b=2\sqrt{5}$，$ab=1$

よって，$a^3+b^3=(a+b)^3-3ab(a+b)=(2\sqrt{5})^3-3\cdot1\cdot2\sqrt{5}=34\sqrt{5}$

(2)　$|x^2-4x+3|>3$より，$x^2-4x+3>3$または$x^2-4x+3<-3$

$x^2-4x+3>3$より，$x(x-4)>0$，$x<0$，$x>4$

$x^2-4x+3<-3$より，$(x-2)^2+2<0$，これは不適である。

よって，求めるxの値の範囲は，$x<0$，$x>4$

(3)　A$(1,\ 3)$，B$(5,\ 1)$より，線分ABを1：3に外分する点Cの座標は，

C$\left(\frac{-3+5}{1-3},\ \frac{-9+1}{1-3}\right)$より，C$(-1,\ 4)$である。

(4)　$x^2+4kx+k=0$の解をα，$\beta(\alpha<\beta)$とすると，

条件より，$-2<\alpha<0$，$0<\beta<2$となる。

$y=f(x)=x^2+4kx+k$のグラフから，

$f(-2)>0$，$f(0)<0$，$f(2)>0$となればよい。

よって，$4-7k>0$，$k<0$，$4+9k>0$となり，

求めるkの値の範囲は，$-\frac{4}{9}<k<0$

(5)　求める確率は当たりくじを2本，3本，4本引く場合があるから，

$$\frac{{}_4C_2\times{}_6C_2}{{}_{10}C_4}+\frac{{}_4C_3\times{}_6C_1}{{}_{10}C_4}+\frac{{}_4C_4\times{}_6C_0}{{}_{10}C_4}=\frac{6\times15}{210}+\frac{4\times6}{210}+\frac{1\times1}{210}=\frac{23}{42}$$

(6)　直線$3x-4y+1=0$と点$(2,\ 3)$との距離dは，

$$d=\frac{|3\cdot2-4\cdot3+1|}{\sqrt{3^2+(-4)^2}}=\frac{|-5|}{5}=1$$

(7)　$\cos x+\cos 2x=-1$より，$\cos x+2\cos^2 x-1=-1$，$\cos x(2\cos x+1)=0$

よって，$\cos x=0$，$-\frac{1}{2}$となり，$0\leqq\theta<2\pi$であるから，

$x=\frac{\pi}{2}$，$\frac{3\pi}{2}$，$\frac{2\pi}{3}$，$\frac{4\pi}{3}$

(8)　A$(1,\ 3,\ 1)$，B$(-1,\ 1,\ 4)$，C$(2,\ -2,\ -1)$であり，

Dの座標をD$(x,\ y,\ z)$とすると，平行四辺形ABCDより，

$\overrightarrow{AD}=\overrightarrow{BC}$，よって，$(x-1,\ y-3,\ z-1)=(2+1,\ -2-1,\ -1-4)$

$x-1=3$，$y-3=-3$，$z-1=-5$より，$x=4$，$y=0$，$z=-4$
ゆえに，D(4，0，-4)
(9) $\int e^{3x+1}dx$ …① において，$t=3x+1$とおくと，
$dt=3dx$，$dx=\frac{1}{3}dt$
よって，①$=\int e^{t}\left(\frac{1}{3}dt\right)=\frac{1}{3}\int e^{t}dt=\frac{1}{3}e^{t}+C=\frac{1}{3}e^{3x+1}+C$
[参考] $\int e^{ax+b}dx=\frac{1}{a}\cdot e^{ax+b}+C$である。

【19】(1) ア 9 (2) イ 3 ウ 4 エ 4 オ － カ 3
キ 2 ク 5 ケ 2 (3) コ 1 サ 3 シ 1
ス 3 セ 4 ソ 3 (4) タ 2 チ 3 ツ 1
テ 3 ト 1 ナ 2 ニ 1 ヌ 3

○**解説**○ (1) $2x^3+3x+4=0$の3つの解がα，β，γであるから，
解と係数の関係より，
$\alpha+\beta+\gamma=-\frac{0}{2}=0$，$\alpha\beta+\beta\gamma+\gamma\alpha=\frac{3}{2}$，$\alpha\beta\gamma=-\frac{4}{2}=-2$
よって，$(\alpha+2)(\beta+2)(\gamma+2)=\alpha\beta\gamma+2(\alpha\beta+\beta\gamma+\gamma\alpha)+4(\alpha+\beta+\gamma)+8$
$=-2+2\cdot\frac{3}{2}+4\cdot 0+8=9$
(2) 円$x^2+y^2=25$上の点(s, t)における接線の方程式は，
$sx+ty=25$である。これが点P(7，1)を通ることから，
$$\begin{cases} 7s+t=25 & \cdots① \\ s^2+t^2=25 & \cdots② \end{cases}$$
①より，$t=25-7s$を②に代入して，$s^2+(25-7s)^2=25$から，
$s^2-7s+12=0$，$(s-3)(s-4)=0$，$s=3$，4
よって，$(s, t)=(3, 4)$，$(4, -3)$となり，
Q(3，4)，R(4，-3)である。
次に，$\overrightarrow{PQ}=(-4, 3)$，$\overrightarrow{PR}=(-3, -4)$から，$\overrightarrow{PQ}\cdot\overrightarrow{PR}=12-12=0$，
よって，$\overrightarrow{PQ}\perp\overrightarrow{PR}$となるから，
$\triangle PQR=\frac{1}{2}\cdot|\overrightarrow{PQ}||\overrightarrow{PR}|=\frac{1}{2}\cdot 5\cdot 5=\frac{25}{2}$

(3)　$\sin x-\sin\left(x+\frac{\pi}{3}\right)=2\cos\frac{x+x+\frac{\pi}{3}}{2}\cdot\sin\frac{x-\left(x+\frac{\pi}{3}\right)}{2}$

$=2\cos\left(x+\frac{\pi}{6}\right)\cdot\sin\left(-\frac{\pi}{6}\right)=-\cos\left(x+\frac{\pi}{6}\right)=-\cos\left\{\frac{\pi}{2}-\left(\frac{\pi}{3}-x\right)\right\}$

$=-\sin\left(\frac{\pi}{3}-x\right)=\sin\left(x-\frac{\pi}{3}\right)$

よって，$\sin\left(x-\frac{\pi}{3}\right)\geqq 0$となる。

$0\leqq x<2\pi$より，$-\frac{\pi}{3}\leqq x-\frac{\pi}{3}<\frac{5\pi}{3}$であるから，

$0\leqq x-\frac{\pi}{3}\leqq\pi$となり，$\frac{\pi}{3}\leqq x\leqq\frac{4\pi}{3}$

(4)　表が偶数回出る確率がP_nであるから，P_{n+1}はP_nに対して裏が出て，余事象$1-P_n$に対して表が出ればよいから，

$P_{n+1}=\frac{2}{3}P_n+\frac{1}{3}(1-P_n)=\frac{1}{3}P_n+\frac{1}{3}$　…①

①を$P_{n+1}-\frac{1}{2}=\frac{1}{3}\left(P_n-\frac{1}{2}\right)$と変形して，

数列$\left\{P_n-\frac{1}{2}\right\}$は公比$\frac{1}{3}$，初項$P_1-\frac{1}{2}$の等比数列である。

$P_1=1-\frac{1}{3}=\frac{2}{3}$であるから，$P_1-\frac{1}{2}=\frac{2}{3}-\frac{1}{2}=\frac{1}{6}$

よって，$P_n-\frac{1}{2}=\frac{1}{6}\left(\frac{1}{3}\right)^{n-1}$より，$P_n=\frac{1}{2}+\frac{1}{6}\left(\frac{1}{3}\right)^{n-1}=\frac{1}{2}\left\{1+\left(\frac{1}{3}\right)^n\right\}$

【20】問1　$-1<x<3$　　問2　$n=18$　　問3　$48i$

問4　$\frac{1}{6}\vec{b}+\frac{4}{9}\vec{c}$　　問5　①　$y^2=\frac{2}{3}x+\frac{1}{9}$　　②　(0，0)

○**解説**○ 問1　$\sqrt{x^2}+\sqrt{x^2-4x+4}<4$より，

$|x|+\sqrt{(x-2)^2}<4$

$|x|+|x-2|<4$

[i]　$x<0$のとき，$-x-(x-2)<4$，

$x>-1$

よって，$-1<x<0$

[ii]　$0 \leqq x < 2$のとき，$x-(x-2)<4$

$2<4$となり，成り立つ。

よって，$0 \leqq x < 2$

[iii]　$2 \leqq x$のとき，$x+(x-2)<4$

$x<3$

よって，$2 \leqq x < 3$

[i]～[iii]より，$-1<x<3$

問2　40！において，3^kの倍数は，

39，36，33，30，27，24，21，18，15，12，9，6，3である。

よって，nの最大値は，

$n=1+2+1+1+3+1+1+2+1+1+2+1+1=18$

問3　$x=2+i$，$y=2-i$より，$x+y=4$，$x-y=2i$，$xy=5$となる。

$x^4-y^4=(x^2-y^2)(x^2+y^2)=(x+y)(x-y)\{(x+y)^2-2xy\}$

$=4\times 2i\times(4^2-10)=48i$

問4　余弦定理より，

$BC^2=8^2+3^2-2\cdot 8\cdot 3\cdot \cos 60^\circ=49$

$BC=7$

BD：CD＝8：3であるから，$BD=\frac{8}{11}BC=\frac{56}{11}$

よって，AI：ID＝8：$\frac{56}{11}$＝11：7であるから，$AI=\frac{11}{18}AD$

BD：CD＝8：3より，$\overrightarrow{AD}=\frac{3\vec{b}+8\vec{c}}{11}$なので，

$\overrightarrow{AI}=\frac{11}{18}\overrightarrow{AD}=\frac{11}{18}\cdot\left(\frac{3\vec{b}+8\vec{c}}{11}\right)=\frac{1}{6}\vec{b}+\frac{4}{9}\vec{c}$

問5　(1)　$r=\frac{1}{3-3\cos\theta}$より，$3r-3r\cos\theta=1$

よって，$3\sqrt{x^2+y^2}-3x=1$

$(3\sqrt{x^2+y^2})^2=(3x+1)^2$

$9(x^2+y^2)=9x^2+6x+1$

$y^2=\frac{2}{3}x+\frac{1}{9}$

(2)　$y^2=\frac{2}{3}\left(x+\frac{1}{6}\right)$として，$y^2=\frac{2}{3}x=4\cdot\frac{1}{6}x$の焦点$\left(\frac{1}{6},\ 0\right)$を$x$軸方向

に$-\frac{1}{6}$平行移動すればよいから，焦点は(0, 0)となる。

【21】(1)　-9　(2)　B，C　(3)　$(2a-b)^2(b+c)$　(4)　$24\sqrt{3}$

(5)　$n=30$，120，1470，5880　(6)　80，100〔円〕

○解説○ (1)　$(\sqrt{6}-3)(\sqrt{6}+5)-\frac{4\sqrt{3}}{\sqrt{2}}=6+2\sqrt{6}-15-2\sqrt{6}=-9$

(2)　A　$\sqrt{(-4)^2}=|-4|=4$である。　D　$\sqrt{2}$は無理数である。

(3)　$b^3+4a^2b+4a^2c-4ab^2+b^2c-4abc$

$=(4a^2-4ab+b^2)c+b(b^2-4ab+4a^2)$

$=(2a-b)^2c+b(2a-b)^2$

$=(2a-b)^2(b+c)$

(4)　$x+y=6$，$xy=-3$より，

$(x-y)^2=(x+y)^2-4xy=6^2+12=48$

$x>y$であるから，$x-y=\sqrt{48}$

よって，$x^2-y^2=(x+y)(x-y)=6\sqrt{48}=24\sqrt{3}$

(5)　$N=\sqrt{\frac{5880}{n}}=\sqrt{\frac{2^3\cdot 7^2\cdot 3\cdot 5}{n}}=\sqrt{\frac{(2\cdot 3\cdot 5)\cdot 2^2\cdot 7^2}{n}}$として，

Nが自然数になるためには，$n=2\cdot 3\cdot 5=30$のとき，$N=14$

$n=2\cdot 3\cdot 5\cdot 2^2=120$のとき，$N=7$，$n=2\cdot 3\cdot 5\cdot 7^2=1470$のとき，

$N=2$

$n=2\cdot 3\cdot 5\cdot 2^2\cdot 7^2=5880$のとき，$N=1$

(6)　1円値下げで4個多く売れるから120円から，x円値下げすると，

$4x$個多く売れて，売上高が3200円増える。

よって，$(120-x)(240+4x)=120\times 240+3200$が成り立つ。

これより，$x^2-60x+80=0$，$(x-40)(x-20)=0$，$x=40$，20

ゆえに，1個の設定金額は，$120-40=80$〔円〕，$120-20=100$〔円〕

【22】(1)　$216=2^3\times 3^3=2^2\times 3^2\times 2\times 3$

$216n$が(自然数)^{2}になるには，$n=2\times 3$となればよい。

よって，$n=6$

(2)　【体積】

上の円錐の部分の体積は，$3\times 3\times \pi\times 4\times \frac{1}{3}=12\pi$

下の半球の部分の体積は，$\frac{4}{3}\pi\times3^3\times\frac{1}{2}=18\pi$

よって，$12\pi+18\pi=30\pi$　　答…30π〔cm³〕

【表面積】

上の円錐の部分における側面の扇形の面積は，$5\times5\times\pi\times\frac{3}{5}=15\pi$

下の半球の部分の表面積は，$4\pi\times3^2\times\frac{1}{2}=18\pi$

よって，$15\pi+18\pi=33\pi$　　答…33π〔cm²〕

(3)　①

【∠AOP】

360〔°〕÷30秒より，点Pは1秒で12〔°〕進む

よって，5秒後は12〔°〕×5＝60〔°〕　　答…∠AOP＝60〔°〕

【線分PB】

∠AOP＝60〔°〕，OA＝OPより，△AOPは正三角形だから，

AP＝OA＝5〔cm〕

△PABは∠PAB＝90〔°〕の直角三角形だから，三平方の定理より，

$PB=\sqrt{10^2+5^2}=5\sqrt{5}$　　答…$5\sqrt{5}$〔cm〕

②　x秒後の∠AOPと∠BO′Qの大きさは，∠AOP＝$12x°$，∠BO′Q＝$8x°$

点Pが1周する間に($0<x\leqq30$)，OP // O′Qとなるのは，∠AOP＋∠BO′Q＝$12x°+8x°=20x°$が$180°$の倍数となるときで，nを自然数とすると

$20x=180n$　より，$x=9n$のとき

よって，$9\times1=9$〔秒後〕，$9\times2=18$〔秒後〕，$9\times3=27$〔秒後〕

答…9〔秒後〕，18〔秒後〕，27〔秒後〕

③　線分PQの長さが最小になるのは，線分PQが円柱の母線と一致するときだから，PQ＝AB＝10〔cm〕

点Qを通る円柱の母線と円Oの円周との交点をCとすると，PC⊥QCだから，△PQCで三平方の定理を用いると，

$PQ=\sqrt{QC^2+PC^2}=\sqrt{10^2+PC^2}=\sqrt{100+PC^2}$

よって，線分PQの長さが最大になるのは，線分PCの長さが最大になるときで，それは線分PCが円Oの直径と一致するとき。

そのときの線分PQの長さは，$PQ=\sqrt{100+PC^2}=\sqrt{100+10^2}=10\sqrt{2}$

答…$\alpha=10$，$\beta=10\sqrt{2}$

○解説○ (1)　$\sqrt{216n}$が整数となるには，根号の中が平方数となればよい。

$216n$＝(ある自然数)^2＝(ある自然数)×(ある自然数)＝(2×3×2×3)×(2×3×n)より，平方数となるには因数が偶数個ずつ必要である。それを満たすnの値を考える。

(2)　円錐の側面積について，扇形(円の一部分)がどれだけの割合か分かれば求められる。母線の長さは三平方の定理から5cmと分かる。展開図をかいてみると，相似比5：3の円から，円周比も5：3である。扇形の弧の長さと底面の円周の長さは等しいから，扇形は円全体の$\frac{3}{5}$であることが分かる。よって，扇形の面積＝円全体の面積×$\frac{3}{5}$＝5×5×π×$\frac{3}{5}$＝15π

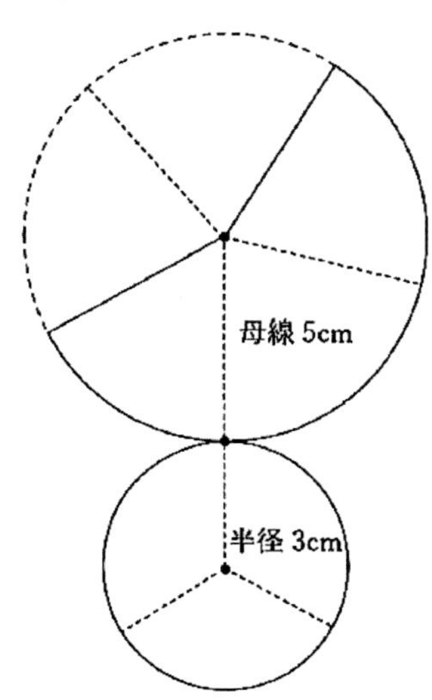

(3)　②について，直線OPと直線O′Qは交わらないため，ねじれ以外の位置関係が平行となる。

【23】(1)　ウ　(2)　ウ　(3)　ア，イ，エ　(4)　ウ　(5)　イ
(6)　エ　(7)　ウ　(8)　ア

○**解説**○ (1)　$x+y=\frac{2}{\sqrt{5}+\sqrt{3}}$，$y=\frac{2}{\sqrt{5}-\sqrt{3}}=2\sqrt{5}$

$xy=\left(\frac{2}{\sqrt{5}+\sqrt{3}}\right)\left(\frac{2}{\sqrt{5}-\sqrt{3}}\right)=2$より，

$x^3+y^3=(x+y)^3-3xy(x+y)=(2\sqrt{5})^3-3\times2\times(2\sqrt{5})=28\sqrt{5}$

(2)　$y=x^2+2x+3$をx軸，y軸方向にそれぞれ，p，q平行移動すると，
$y-q=(x-p)^2+2(x-p)+3$より，$y=x^2+(-2p+2)x+p^2-2p+q+3$
これが，$y=x^2-6x+8$に重なるから，

$\begin{cases} -2p+2=-6 \\ p^2-2p+q+3=8 \end{cases}$　これを解いて，$p=4$，$q=-3$

(3)　外れ値はQ_1 (第1四分位数)$-1.5\times$(四分位範囲)より小さい値，または，Q_3 (第3四分位数)$+1.5\times$(四分位範囲)より大きい値である。
四分位範囲$=44-32=12$より，$32-1.5\times12=14$，$44+1.5\times12=62$
となり，外れ値は14より小さい値，62より大きい値である。

(4)　さいころを3回投げて，1の目が2回出る確率は反復試行の確率より，
${}_3C_2\left(\frac{1}{6}\right)^2\left(\frac{5}{6}\right)=\frac{5}{72}$

(5)　下図のようにQA//CDとすると，
平行線の錯角は等しいので，∠ACD＝●
∠BAC＝180－2●より，三角形の内角の和は180°なので，
△ACD は∠ACD＝∠ADCの二等辺三角形であり，AD＝AC となり，
BA：AD＝BQ：QCである。
よって，CQ＝xとすると，
$6:4=(5+x):x$，$2(5+x)=3x$，$x=10$
ゆえに，CQ＝10

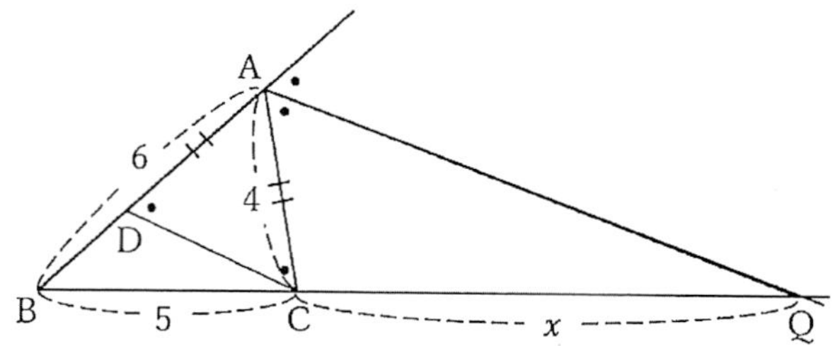

(6)　$2\cos^2\theta+5\sin\theta+1=0$より，$2(1-\sin^2\theta)+5\sin\theta+1=0$
$2\sin^2\theta-5\sin\theta-3=0$，$(2\sin\theta+1)(\sin\theta-3)=0$

$0\leqq\theta<2\pi$より，$-1\leqq\sin\theta\leqq1$であるから，$\sin\theta=-\frac{1}{2}$

よって，$\theta=\frac{7}{6}\pi$，$\frac{11}{6}\pi$

(7)　A(2，3)，B(1，1)，C(5，-1)より，

$AB=\sqrt{1^2+2^2}=\sqrt{5}$，$BC=\sqrt{4^2+2^2}=\sqrt{20}$，$CA=\sqrt{3^2+4^2}=5$

よって，$AB^2+BC^2=CA^2$が成り立ち，3辺の長さが互いに異なるから，

△ABCは∠Bを直角とする直角三角形である。

(8) $\frac{1}{3}$，$\frac{2}{3}$ | $\frac{1}{4}$，$\frac{2}{4}$，$\frac{3}{4}$ | $\frac{1}{5}$，$\frac{2}{5}$，$\frac{3}{5}$，$\frac{4}{5}$ | … | $\frac{1}{n+1}$，…，$\frac{n}{n+1}$ |

$(n\geqq 2)$のように，

群数列を考えて，第200項であるから，$\frac{n(n+1)}{2}-1\leqq 200$に近い数$n$を求めると，

$n(n+1)\leqq 402$より，$n=19$までで，189項ある。

したがって，第200項は，20群目の第11項であり，$\frac{11}{20+1}=\frac{11}{21}$である。

【24】(1) ア 4　イ 1　ウ 2　エ －　オ 6　カ 2

(2) キ 2　ク 4　ケ 2　コ 2　サ 2　シ 1

ス 2　セ 4　ソ 2　タ 2　チ 1　(3) ツ 5

○解説○ (1) $x^2-ax-a+3=0$が重解をもてばよいので，

判別式$D=0$より，$D=(-a)^2-4\times 1\times(-a+3)=0$

$a^2+4a-12=0$

$(a-2)(a+6)=0$

$a=-6$，2

(2) $x^2+a_nx+a_{n+1}=0$が重解をもてばよいので，

判別式$D=0$より，$D=a_n{}^2-4\times 1\times a_{n+1}=0$

$a_n{}^2=4a_{n+1}$

底が2の対数をとると，

$\log_2 a_n{}^2=\log_2(4a_{n+1})$

$2\log_2 a_n=2+\log_2 a_{n+1}$

ここで，$b_n=\log_2 a_n$とおくと，

$2b_n=2+b_{n+1}$

$b_{n+1}=2b_n-2$

$b_{n+1}-2=2(b_n-2)$

数列$\{b_n-2\}$は，

初項$b_1-2=\log_2 a_1-2=\log_2 8-2=3-2=1$

公比2の等比数列なので，

$b_n-2=1\times2^{n-1}=2^{n-1}$

$b_n=2^{n-1}+2$

$\log_2 a_n=2^{n-1}+2$

$a_n=2^{2^{n-1}+2}=4\cdot2^{2^{n-1}}$

(3)　$8\leqq a_n\leqq1000000$

$\log_2 8\leqq b_n\leqq\log_2 1000000$

$\log_2 2^3\leqq b_n\leqq\log_2 10^6$

$3\leqq b_n\leqq6\log_2 10$

$3\leqq2^{n-1}+2\leqq\dfrac{6}{\log_{10}2}$

$1\leqq2^{n-1}\leqq\dfrac{6}{0.3010}-2$

$\dfrac{6}{0.3010}-2\fallingdotseq17.9<2^5$より，

$2^0\leqq2^{n-1}<2^5$

$1\leqq n\leqq5$より，$n=1$，2，3，4，5の5個

【25】(1)　ア　　(2)　ウ　　(3)　エ

○**解説**○ (1)　正弦定理から，正三角形の1辺の長さaは，

$\dfrac{a}{\sin60^\circ}=2\cdot2$より，$a=4\times\sin60^\circ=2\sqrt{3}$

(2)　相加・相乗平均を用いて，

$\dfrac{y}{x}+\dfrac{16x}{y}\geqq2\sqrt{\dfrac{y}{x}\cdot\dfrac{16x}{y}}=8$

等号は，$\dfrac{y}{x}=\dfrac{16x}{y}$より，$y=4x$のときである。

よって，最小値8である。

(3)　二次方程式$x^2-ax+a^2-7=0$より，

$f(x)=x^2-ax+a^2-7$とおいて，

$f(1)=1-a+a^2-7<0$となればよいから，

$(a+2)(a-3)<0$，よって，$-2<a<3$

総合問題②

【1】次の問いに答えよ。

(1) 方程式$ab=2a+4b-5$を満たす正の整数a，bの組をすべて求めよ。

(2) △ABCにおいて，AB＝1，AC＝2，$\angle BAC=\frac{2}{3}\pi$であるとき，AからBCへ下ろした垂線の足をHとし，$\overrightarrow{AB}=\vec{b}$，$\overrightarrow{AC}=\vec{c}$とする。このとき，$\overrightarrow{AH}$を$\vec{b}$，$\vec{c}$を用いて表せ。

(3) 当たりくじが3本，はずれくじが5本入っている箱から，A，B，Cの3人がこの順で1本ずつ引く。ただし，引いたくじは元に戻さない。Cが当たりくじを引いたとき，Aも当たりくじを引いている確率を求めよ。

▌2024年度▌京都市▌難易度

【2】次の各問いに答えなさい。

(1) $(a-b+c+d)(a+b-c+d)$を展開しなさい。

(2) 方程式$(x^2-2x-8)(x^2-2x-10)=35$を解きなさい。

(3) 3点A(1，0，1)，B(0，−5，3)，C(2，−4，2)を通る平面上に点P(4，a，−2)があるとき，aの値を求めなさい。

(4) 表は，あるくじ引き抽選会の賞金と本数を表したものである。くじの総数は50万本である。この中から1本のくじを引くとき，賞金の期待値を求めなさい。

表

	賞金	本数
1等	50万円	1本
2等	10万円	3本
3等	5万円	10本
4等	1万円	50本
5等	千円	200本

(5) 1，$\sqrt[3]{16}$，$\sqrt[5]{64}$を小さい方から順にかきなさい。

(6) 不等式$2\log_{\frac{1}{2}}(x-3)>\log_{\frac{1}{2}}(x-1)$を解きなさい。

(7) 円に内接する四角形ABCDがあり，AB＝4cm，BC＝5cm，CD＝

2cm，DA＝3cmである。

∠BCD＝θ とするとき，$\cos\theta$ の値を求めなさい。

(8) 図1のように，半径の等しい3個の球が円柱に入っていて，どの球も他の2個の球と接し，また，どの球も円柱の側面と上下の底面に接している。図2は，図1の円柱を真上から見た図である。

円柱の底面の半径が$\left(\sqrt{3}+\dfrac{3}{2}\right)$cmであるとき，この球1つ分の体積を求めなさい。

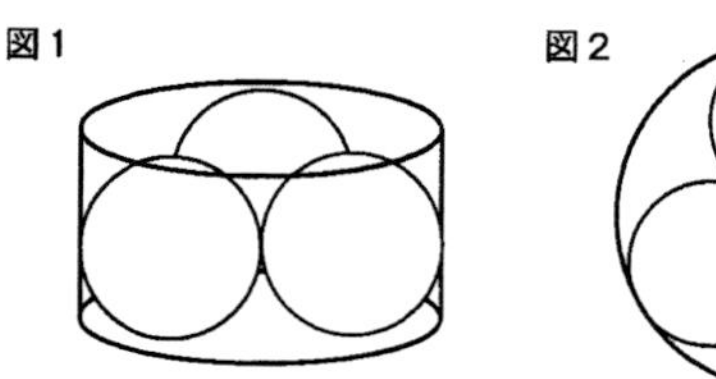

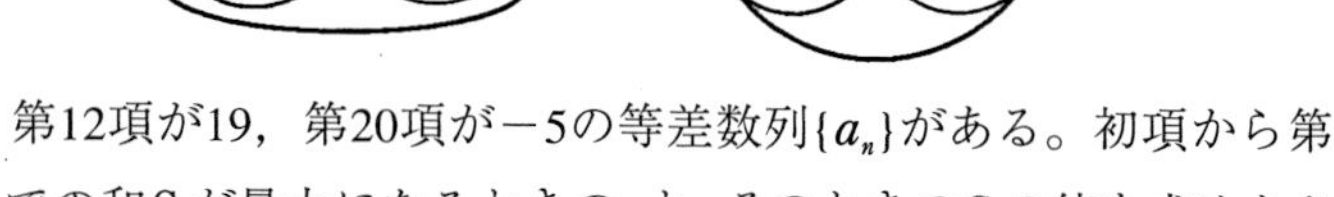

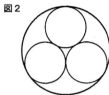

(9) 第12項が19，第20項が−5の等差数列$\{a_n\}$がある。初項から第n項までの和S_nが最大になるときのnと，そのときのS_nの値を求めなさい。

(10) $x=\dfrac{1+\sqrt{2}i}{1-\sqrt{2}i}$，$y=\dfrac{1-\sqrt{2}i}{1+\sqrt{2}i}$のとき，$x^2-xy+y^2$の値を求めなさい。ただし，$i$は虚数単位とする。

▌2024年度 ▌長野県 ▌難易度

【3】次の問1～問3に答えなさい。

問1 高等学校学習指導要領(平成30年告示)では，高等学校数学科の目標が次のように示されている。下線部①，②について，高等学校学習指導要領(平成30年告示)解説数学編理数編に書かれたものとして，適当でないものをア～オからそれぞれ選びなさい。

> ①<u>数学的な見方・考え方</u>を働かせ，数学的活動を通して，数学的に考える資質・能力を次のとおり育成することを目指す。
>
> (1) 数学における基本的な概念や原理・法則を体系的に理解するとともに，事象を数学化したり，数学的に解釈したり，数学的に表現・処理したりする技能を身に付けるようにする。
>
> (2) 数学を活用して事象を論理的に考察する力，事象の本

質や他の事象との関係を認識し統合的・発展的に考察する力，数学的な表現を用いて事象を簡潔・明瞭・的確に表現する力を養う。 (3) ②数学のよさを認識し積極的に数学を活用しようとする態度，粘り強く考え数学的論拠に基づいて判断しようとする態度，問題解決の過程を振り返って考察を深めたり，評価・改善したりしようとする態度や創造性の基礎を養う。

① ア　数学的に考える資質・能力の三つの柱である「知識及び技能」，「思考力，判断力，表現力等」及び「学びに向かう力，人間性等」の全ての育成に働くものである。

イ　数学的に考える資質・能力を支え，方向付けるものであり，数学の学習が創造的に行われるために欠かせないものである。

ウ　事象を，数量や図形及びそれらの関係などに着目して捉え，論理的，統合的・発展的，体系的に考えることである。

エ　事象を数理的に捉え，数学の問題を見いだし，問題を自立的，協働的に解決する過程を遂行することである。

オ　生徒一人一人が目的意識をもって問題を発見したり解決したりする際に積極的に働かせていくものである。

② ア　数学における基本的な概念や原理・法則のよさ

イ　社会における数学の有用性や実用性

ウ　数学の問題発見・解決のためにコンピュータを用いることのよさ

エ　数学的な表現や処理のよさ

オ　数学的な見方・考え方を働かせることのよさ

問2　$0 \leqq x < \pi$ において，関数 $f(x) = 2\sin x(\sin x + \cos x)$ は，$x = \dfrac{[\ ②\ ]}{[\ ①\ ]}\pi$ のとき，最大値 $\sqrt{[\ ③\ ]} + [\ ④\ ]$ をとる。

ア　1　　イ　2　　ウ　3　　エ　4　　オ　5　　カ　6　　キ　7
ク　8　　ケ　9　　コ　0

問3　平面上の2つのベクトル$\vec{a}$，$\vec{b}$について，$|\vec{a}|=2$，$|\vec{b}|=3$とする。円のベクトル方程式$(\vec{p}-\vec{a}+2\vec{b})\cdot(\vec{p}-\vec{a}-2\vec{b})=0$で定まる円の半径は，[　　]である。

ア　1　　イ　2　　ウ　3　　エ　4　　オ　5　　カ　6　　キ　7
ク　8　　ケ　9　　コ　0

▌2024年度 ▌北海道・札幌市 ▌難易度 ■■■□□

【4】

(1)　x，yは実数とする。次の4つの命題の中で真である命題は[　ア　]である。[　ア　]にあてはまるものを，以下の⓪～⑤の中から一つ選びなさい。

a　x，yが無理数ならば$x+y$は無理数である。

b　x，yが無理数ならば$x+y$または$x-y$は無理数である。

c　x，yが無理数ならば$x+y$またはxyは無理数である。

d　xが無理数，yが有理数ならば$x+y$は無理数である。

⓪　aとb　　①　aとc　　②　aとd　　③　bとc　　④　bとd
⑤　cとd

(2)　2次関数　$y=ax^2+2ax+b(-2\leqq x\leqq 1)$の最大値が3，最小値が$-1$であるとき，定数$a$，$b$の値の組は，([　イウ　]，[　エ　])と([　オ　]，[　カ　])である。

(3)　△ABCにおいて，AB＝4，AC＝3，A＝60°とし，∠Aの二等分線と辺BCの交点をDとするとき，$\mathrm{BD}=\dfrac{[\ キ\ ]\sqrt{[\ クケ\ ]}}{[\ コ\ ]}$，$\mathrm{AD}=\dfrac{[\ サシ\ ]\sqrt{[\ ス\ ]}}{[\ セ\ ]}$である。

(4)　複数の個体に対して，2つの変量x,yのデータを，x,yの値の組として散布図を作成すると，次の図のようになった。

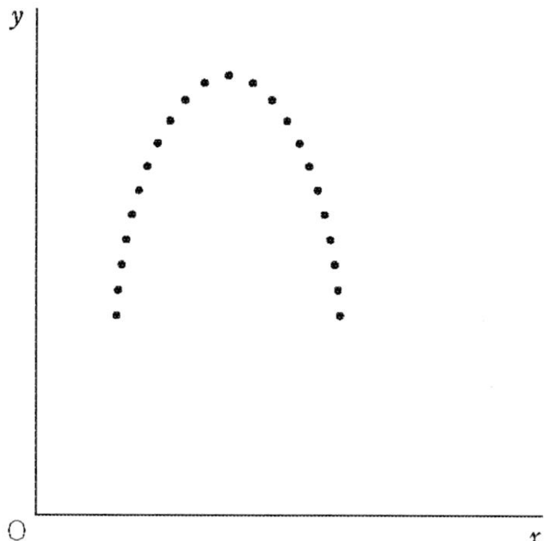

このデータについて，次の5つの記述の中で正しい記述は[　ソ　]である。[　ソ　]にあてはまるものを，以下の⓪～⑤の中から一つ選びなさい。

a　xよりyの方が小さい個体がある。

b　xよりyの方が小さい個体の有無は，この散布図からはわからない。

c　xとyの相関係数の絶対値は，おおよそ1に近い値である。

d　xとyの相関係数は，おおよそ0に近い値である。

e　xとyの相関係数は，この散布図からはわからない。

⓪　aとc　①　aとd　②　aとe　③　bとc　④　bとd

⑤　bとe

(5)　赤玉4個，白玉6個が入っている袋から，玉を1個取り出し，それを元に戻さないで，続けて玉をもう1個取り出す。2回目に取り出した玉が赤玉であるとき，1回目に取り出した玉も赤玉である確率は$\frac{[\ タ\ ]}{[\ チ\ ]}$である。

2024年度　高知県　難易度

【5】次の問いに答えなさい。

(1)　3辺の長さがa，$a+2$，$a+3$である三角形において，1つの内角が120°であるとき，aの値を求めなさい。

(2)　ある製品には，1000個に1個の割合で不良品が含まれている。この製品の品質検査では，不良品が不良品であると判定される確率は99％で，不良品でないものが誤って不良品であると判定される確率は2％である。この品質検査で不良品であると判定された製品が不良品である確率を求めなさい。

(3)　次の図のように，半径8の円O_1と半径5の2つの円O_2，O_3とが互いに2つずつ外接している。このとき，円O_1，O_2，O_3すべてに外接する円の半径を求めなさい。

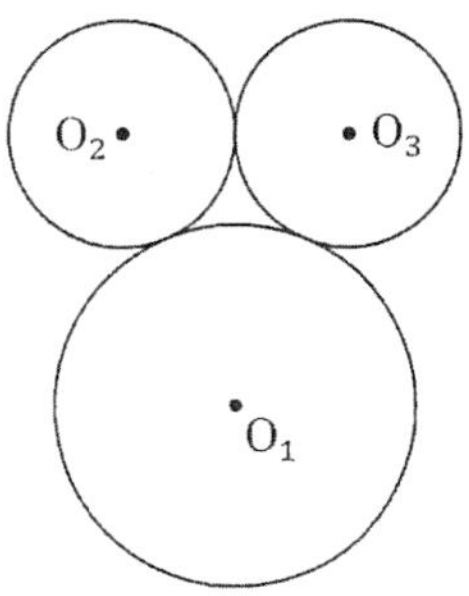

(4)　$x-3y-z=3$，$x+y+z=-5$を満たすx，y，zのすべての値に対して，$ax^2+2by^2+cz^2=24$が成り立つとき，a，b，cの値を求めなさい。

(5)　等差数列$\{a_n\}$の初項が3，初項から第19項までの平均が30である。このとき，初項から第19項までの19個の値からなるデータの分散を求めなさい。

(6)　空間内の3点A(2，3，1)，B(3，−1，2)，C(1，5，4)を頂点とする△ABCの面積を求めなさい。

(7)　極限$\lim_{x\to\infty}\dfrac{1-\cos x}{x^2}$を求めなさい。

▌2024年度 ▌長野県 ▌難易度

【6】次の各問いに答えなさい。(結果のみ答えなさい。)

(1)　2つの容器A，Bがあり，容器Aには12％の食塩水が400g，容器Bには5％の食塩水が600g入っている。容器A，Bからそれぞれ同じ量の食塩水を取り出し，容器Aから取り出した食塩水は容器Bに，容器Bから取り出した食塩水は容器Aに移したところ，容器A，Bに入っている食塩水の濃度が等しくなった。このとき，容器Aから取り出した食塩水の量を求めなさい。

(2)　$AB=5\sqrt{3}$ cm，BC＝7cm，$CA=3\sqrt{6}$ cmである△ABCの面積を求めなさい。

(3)　放物線$y=x^2-6x+8$を，原点に関して対称移動し，さらにx軸方向に4，y軸方向に-5だけ平行移動して得られる放物線の頂点の座標を求めなさい。

(4)　方程式$|x-3|+2|x+3|=10$を解きなさい。

(5)　複素数$\left(\frac{\sqrt{3}}{2}+\frac{1}{2}i\right)^{2023}$の値を求めなさい。ただし，$i$は虚数単位とする。

(6)　次の文章は，「中学校学習指導要領」(平成29年告示　文部科学省)第2章　各教科　第3節　数学　第1　目標　からの抜粋である。文章中の[　　]に当てはまる語句を漢字3字で書きなさい。

> 数学的な見方・考え方を働かせ，数学的活動を通して，数学的に考える資質・能力を次のとおり育成することを目指す。
> (1)　数量や図形などについての基礎的な概念や原理・法則などを理解するとともに，事象を[　　]したり，数学的に解釈したり，数学的に表現・処理したりする技能を身に付けるようにする。
> (2)　数学を活用して事象を論理的に考察する力，数量や図形などの性質を見いだし統合的・発展的に考察する力，数学的な表現を用いて事象を簡潔・明瞭・的確に表現する力を養う。
> (3)　数学的活動の楽しさや数学のよさを実感して粘り強く考え，数学を生活や学習に生かそうとする態度，問題解決の過程を振り返って評価・改善しようとする態度を養う。

2024年度　京都府　難易度

【7】次の各問いに答えなさい。(結果のみ答えなさい。)

(1)　2点A(1，2，−3)，B(3，−1，−4)から等距離にあるx軸上の点Pの座標を求めなさい。

(2)　不等式$2\log_{\frac{1}{2}}(2-x)\geqq\log_{\frac{1}{2}}x$を解きなさい。

(3)　2^{2023}を11で割った余りを求めなさい。

(4) 和 $\sum_{k=1}^{180} \frac{1}{\sqrt{2k-1}+\sqrt{2k+1}}$ を求めなさい。

(5) 楕円$\frac{x^2}{8}+\frac{y^2}{2}=1$上の点A(2, 1)における法線の方程式を求めなさい。

(6) 次の文章は，「高等学校学習指導要領」(平成30年告示　文部科学省)第2章　各学科に共通する各教科　第4節　数学　第1款　目標からの抜粋である。文章中の[　　]に入る語句を，漢字3字で書きなさい。

> 数学的な見方・考え方を働かせ，数学的活動を通して，数学的に考える資質・能力を次のとおり育成することを目指す。
>
> (1) 数学における基本的な概念や原理・法則を体系的に理解するとともに，事象を[　　]したり，数学的に解釈したり，数学的に表現・処理したりする技能を身に付けるようにする。
>
> (2) 数学を活用して事象を論理的に考察する力，事象の本質や他の事象との関係を認識し統合的・発展的に考察する力，数学的な表現を用いて事象を簡潔・明瞭・的確に表現する力を養う。
>
> (3) 数学のよさを認識し積極的に数学を活用しようとする態度，粘り強く考え数学的論拠に基づいて判断しようとする態度，問題解決の過程を振り返って考察を深めたり，評価・改善したりしようとする態度や創造性の基礎を養う。

2024年度 | 京都府 | 難易度

【8】次の(1)～(13)の問いに答えなさい。

(1) 6つのデータ　70，80，73，77，[　アイ　]，60　の中央値は74である。

(2) 2024を素数の積で表すと[　ウ　]^[エ]×[　オカ　]×[　キク　]であるから，2024の正の約数は[　ケコ　]個である。

ただし，[　ウ　]<[　オカ　]<[　キク　]とする。

(3) 循環小数$0.\dot{4}\dot{5}$を分数で表すと$\frac{[\ サ\ ]}{[\ シス\ ]}$である。

(4)　次の[　セ　]にあてはまる最も適当なものを，以下の解答群の①～④のうちから一つ選びなさい。

実数x，yについて，「$x>1$かつ$y>1$」は「$xy-x-y>-1$」であるための[　セ　]。

解答群

①　必要十分条件である

②　必要条件であるが，十分条件ではない

③　十分条件であるが，必要条件ではない

④　必要条件でも十分条件でもない

(5)　放物線C：$y=x^2-3x$上の点(5，10)における接線lの方程式は$y=$[　ソ　]$x-$[　タチ　]である。

また，この放物線Cと直線l及びy軸とで囲まれた図形の面積は$\frac{[\ ツテト\ ]}{[\ ナ\ ]}$である。

(6)　不等式$2\log_{\frac{1}{2}}(x-2)>\log_{\frac{1}{2}}x$の解は[　ニ　]$<x<$[　ヌ　]である。

(7)　極限値$\lim_{x\to\infty}\frac{5x-4\sin x}{2x+3\sin x}$を求めると$\frac{[\ ネ\ ]}{[\ ノ\ ]}$である。

(8)　方程式$x^4-16x^2+4=0$の4つの実数解のうち，2番目に大きいものは$\sqrt{[\ ハ\ ]}-\sqrt{[\ ヒ\ ]}$である。

(9)　座標空間内の3点A(0，1，3)，B(1，2，4)，C(2，7，3)を頂点とする△ABCの面積は$\sqrt{[\ フヘ\ ]}$である。

(10)　関数$y=|x-1|+|x-3|+|x-4|$は$x=$[　ホ　]のとき最小値[　マ　]をとる。

(11)　1辺の長さが1の正五角形ABCDEについて

AC$=\frac{[\ ミ\ ]+\sqrt{[\ ム\ ]}}{[\ メ\ ]}$である。

(12)　$\{a_n\}$が，$a_1+2a_2+3a_3+\cdots+na_n=n^2$ $(n=1, 2, 3, \cdots)$を満たすとき$a_n=\frac{[\ モ\ ]n-[\ ヤ\ ]}{n}$である。

(13)　定積分$\int_1^e\frac{\log x}{x}dx$を求めると$\frac{[\ ユ\ ]}{[\ ヨ\ ]}$である。

2024年度 ▌千葉県・千葉市 ▌難易度

【9】次の[問1]～[問5]に答えよ。(答えのみでよい。)

[問1]　$\sqrt[3]{108}+6\sqrt[6]{64}+\sqrt[3]{-4}=2^p$のとき，$p$の値を求めよ。

[問2]　$x^2+x+1=0$のとき，$x^{2023}+x^{2024}$の値を求めよ。

[問3]　桃，柿，梨の3種類の果物の中から，合計7個の果物を買うとき，その果物の種類とそれぞれの個数の買い方は何通りあるか，求めよ。ただし，3種類の果物はそれぞれ十分な個数があり，また，買わない果物があってもよいものとする。

[問4]　次の図のように，円を10等分した点を結んで，正十角形をつくる。

このとき，$\angle x$の大きさを求めよ。

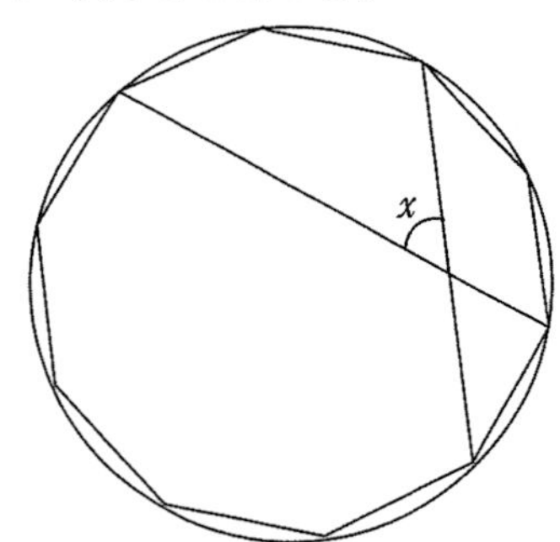

[問5]　極限値$\lim_{x\to\infty}(\sqrt{x^2+x}-x)$を求めよ。

▌2024年度 ▌和歌山県 ▌難易度 ■■■□□

【10】次の各問いに答えなさい。

(1)　実数xについての条件p：$x^2-2x-15<0$，q：$|x-2|\leqq a$がある。ただし$a>0$とする。条件pが条件qの必要条件となるようなaの値の範囲を，次の選択肢から1つ選び，記号で答えなさい。

ア　$0<a<3$　　イ　$0<a\leqq 3$　　ウ　$a\geqq 3$　　エ　$a>3$

(2)　次の表は，5名の生徒a，b，c，d，eの，10点満点で実施した小テストの得点の結果である。得点の標準偏差を，以下の選択肢から1つ選び，記号で答えなさい。

生徒	a	b	c	d	e
得点	9	6	3	5	7

ア　2　　イ　4　　ウ　$\sqrt{2}$　　エ　$2\sqrt{5}$

(3) △ABCにおいてAB＝6，BC＝5，CA＝4とする。△ABCの外接円の半径を，次の選択肢から1つ選び，記号で答えなさい。

ア $\frac{\sqrt{7}}{2}$　イ $\frac{15\sqrt{7}}{4}$　ウ $\frac{8\sqrt{7}}{7}$　エ $\frac{16\sqrt{7}}{7}$

(4) $x>0$，$y>0$のとき，$\frac{y}{x}+\frac{16x}{y}$の最小値を，次の選択肢から1つ選び，記号で答えなさい。

ア 2　イ 4　ウ 8　エ 16

(5) 2次方程式$x^2-ax+a^2-7=0$の異なる2つの実数解のうち，1つは1より大きく，他の1つは1より小さくなるような定数aの値の範囲を，次の選択肢から1つ選び，記号で答えなさい。

ア $-3<a<2$　イ $-\sqrt{7}<a<\sqrt{7}$

ウ $-\frac{2\sqrt{21}}{3}<a<\frac{2\sqrt{21}}{3}$　エ $-2<a<3$

(6) 円$x^2+y^2-2x=0$と直線$y=kx-3$が異なる2点で交わるときの定数kの値の範囲を，次の選択肢から1つ選び，記号で答えなさい。

ア $k>\frac{4}{3}$　イ $k<\frac{4}{3}$　ウ $k>\frac{3}{4}$　エ $k<\frac{3}{4}$

(7) 3つの数$\frac{2}{3}$，$\sqrt[3]{\frac{4}{9}}$，$\sqrt[4]{\frac{8}{27}}$の大小を不等号を用いて表したものを，次の選択肢から1つ選び，記号で答えなさい。

ア $\sqrt[4]{\frac{8}{27}}<\sqrt[3]{\frac{4}{9}}<\frac{2}{3}$　イ $\sqrt[3]{\frac{4}{9}}<\sqrt[4]{\frac{8}{27}}<\frac{2}{3}$

ウ $\frac{2}{3}<\sqrt[4]{\frac{8}{27}}<\sqrt[3]{\frac{4}{9}}$　エ $\sqrt[4]{\frac{8}{27}}<\frac{2}{3}<\sqrt[3]{\frac{4}{9}}$

(8) $\left(\frac{1}{6}\right)^{100}$は小数第[　　]位に初めて0でない数字が現れる。[　　]に当てはまる数を，次の選択肢から1つ選び，記号で答えなさい。ただし，$\log_{10}2=0.3010$，$\log_{10}3=0.4771$とする。

ア 22　イ 23　ウ 77　エ 78

(9) 極限$\lim_{x\to\infty}(\sqrt{4x^2+3x+2}-2\sqrt{x^2-x+1})$を，次の選択肢から1つ選び，記号で答えなさい。

ア $\frac{7}{4}$　イ $\frac{7}{6}$　ウ $-\frac{1}{4}$　エ $-\frac{1}{6}$

(10)　方程式$z^3=-8$の解でない複素数を，次の選択肢から1つ選び，記号で答えなさい。

ア　-2　　イ　$1+\sqrt{3}\,i$　　ウ　$-1+\sqrt{3}\,i$　　エ　$1-\sqrt{3}\,i$

▌2024年度 ▌宮崎県 ▌難易度

【11】次の1～5について，[　①　]～[　⑮　]に当てはまる数字を答えなさい。

1　多項式$A=3x^2-x+3$，$B=-x^2+3x-5$について，
$2A-3B=$[　①　]x^2-[　②　][　③　]$x+$[　④　][　⑤　]である。

2　△ABCにおいて，∠Aの二等分線と対辺が交わる点をD，内心をIとする。AB＝5，BC＝8，CA＝7であるとき，AI：ID＝[　⑥　]：[　⑦　]である。

3　xについての2次方程式$x^2-2ax+a+2=0$が異なる2つの正の解をもつとき，定数aの値の範囲は，$a>$[　⑧　]である。

4　次の図のように，円に内接する四角形ABCDがある。AB＝4，BC＝3，AD＝4，∠ABC＝120°のとき，線分CDの長さは[　⑨　]であり，四角形ABCDの面積は[　⑩　][　⑪　]$\sqrt{[\ ⑫\ ]}$である。

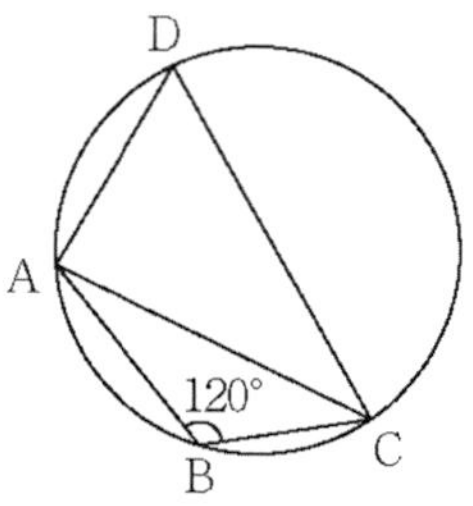

5　$1011_{(2)}\times101_{(2)}$を計算して，その結果を5進法で表すと[　⑬　][　⑭　][　⑮　]$_{(5)}$である。

▌2024年度 ▌茨城県 ▌難易度

【12】次の(1)～(6)の問いに答えよ。答のみを書け。

(1)　3個のサイコロを同時に投げるとき，出る目の積が45の倍数となる確率を求めよ。

(2)　平面上に3点O，A，Bがあり，$|\overrightarrow{OA}|=\sqrt{10}$，$|\overrightarrow{OB}|=\sqrt{5}$，$|\overrightarrow{OA}|$

・$|\overrightarrow{OB}|=5$を満たす。

平面上の点Pが$\overrightarrow{OP}=s\overrightarrow{OA}+t\overrightarrow{OB}$，$s\geqq 0$，$t\geqq 0$，$1\leqq s+t\leqq 2$を満たしながら動くとき，点Pの存在範囲の面積を求めよ。

(3)　和$\displaystyle\sum_{k=1}^{n}\frac{k}{2^k}$を求めよ。

(4)　$\left(\dfrac{\sqrt{3}}{2}+\dfrac{1}{2}i\right)^{15}$を計算せよ。

(5)　等式$\displaystyle\lim_{x\to 1}\frac{a\sqrt{x}+b}{x-1}=3$が成り立つように，定数$a$，$b$の値を定めよ。

(6)　kを実数の定数とする。xの2次方程式$x^2+2kx+k^2+2k-3=0$が実数解をもつとき，その解のとりうる値の範囲を求めよ。

▌2024年度 ▌香川県 ▌難易度

【13】次の各問いに答えよ。

(1)　$\sqrt{\dfrac{936}{n}}$が最大の自然数になるときの，自然数nの値は[　アイ　]である。

(2)　次の図のような，半径6の円を2つの扇形A，Bに分け，それぞれの扇形を側面とする円錐の容器を2つ作った。扇形Aで作った容器の容積をV_A，扇形Bで作った容器の容積をV_Bとする。扇形A，Bの中心角a，bの比が，$a:b=2:1$であるとき，$\dfrac{V_A}{V_B}=\sqrt{[\quad ウエ\quad]}$である。

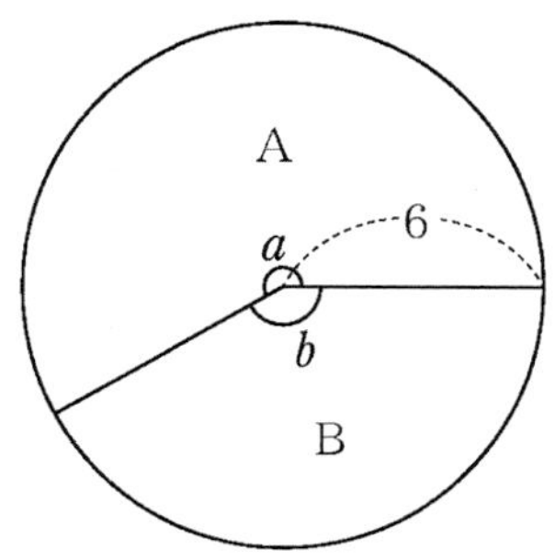

(3)　nを5以上の自然数とする。正n角形の一つの内角の大きさが整数となるような自然数nは[　オカ　]個ある。

(4)　次の図のような平行四辺形ABCDにおいて，辺BC，辺DC上に点E，Fをとり，BE：EC＝2：3，DF：FC＝1：2とする。線分AF，線分AE

と対角線BDの交点を点P，Qとするときの線分比は，DP：PQ：QB＝[　キ　]：[　クケ　]：[　コ　]である。

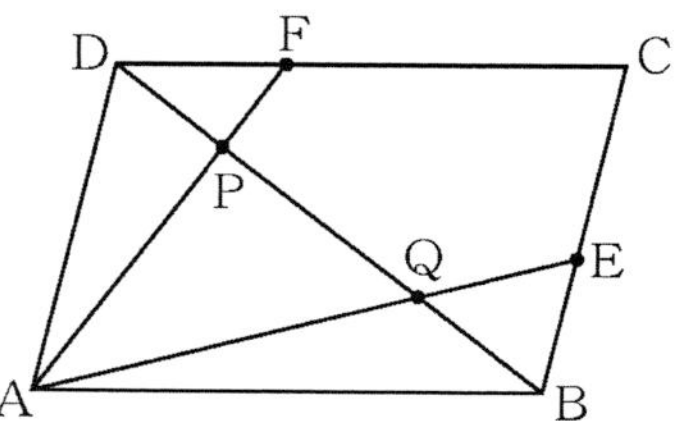

(5)　次の図のように，直線ℓ：$y=3x+5$と直線m：$y=x+3$の交点をAとし，直線ℓ上のx座標が1である点をB，直線m上のx座標が3である点をCとする。四角形ACDBが平行四辺形となるような点Dの座標は([　サ　]，[　シス　])である。

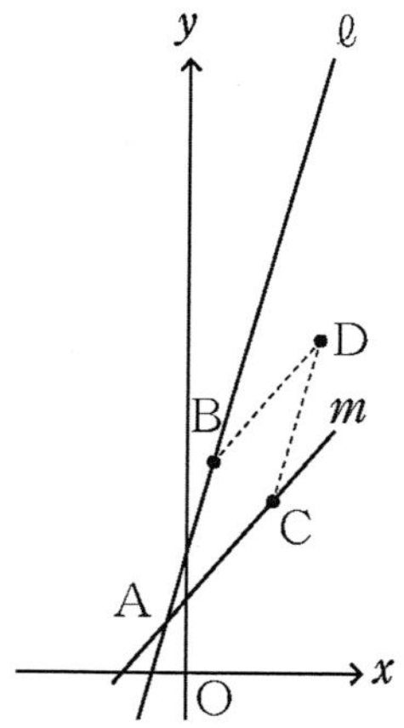

(6)　$k \leqq x \leqq k+2$における一次関数$y=3x-5$と二次関数$y=\frac{1}{2}x^2$の変化の割合が等しいとき，$k=$[　セ　]である。

(7)　次の図のように，正六角形の各頂点に①から⑥までの番号をつける。3個のサイコロを同時に投げたとき，出た目と同じ番号の頂点を結んで図形を作る。例えば，3個のサイコロの目が1，2，3のとき，①，②，③を結ぶ三角形ができる。三角形ができない確率は，$\frac{[\ ソ\ ]}{[\ タ\ ]}$である。

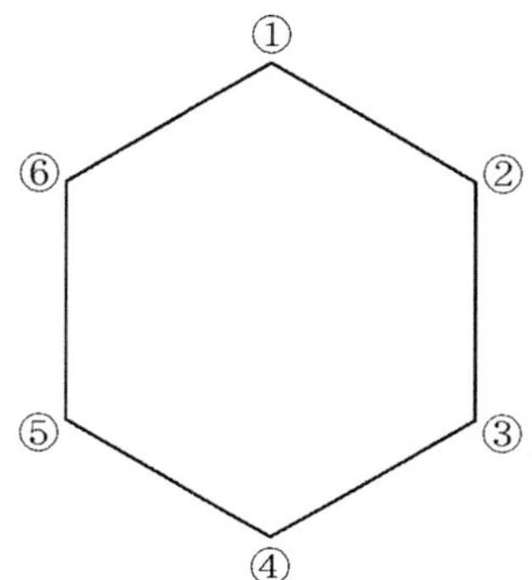

(8)　ある学校のボール投げの測定結果をまとめ，累積相対度数をグラフに表したところ，次の図のようになった。このグラフより中央値を含む階級は[　チツ　]以上[　テト　]未満で，最頻値は[　ナニ　]である。

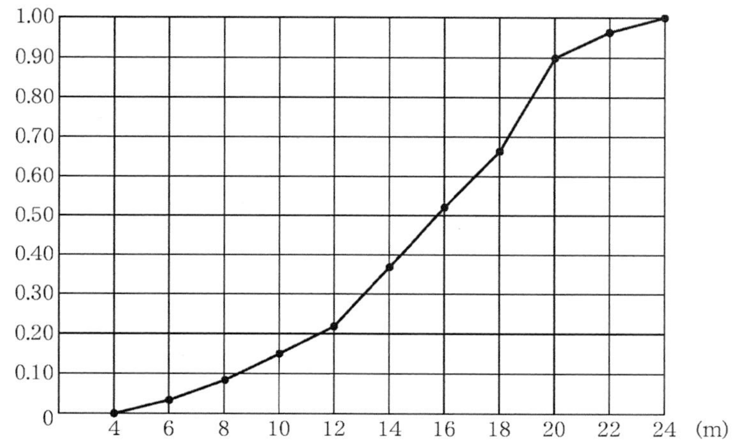

(9)　$\frac{107}{333}$を小数で表したとき，小数第1位から小数第100位までの各位の数の和は，[　ヌネノ　]である。

2024年度 沖縄県 難易度

【14】次の1～5の問いに答えなさい。

1　多項式$A=3x^2-x+3$，$B=-x^2+3x-5$のとき，

$2A-3B=$[　①　]x^2-[　②　][　③　]$x+$[　④　][　⑤　]である。

2　△ABCにおいて，∠Aの二等分線と対辺が交わる点をD，内心をIとする。AB＝5，BC＝8，CA＝7であるとき，AI：ID＝[　⑥　]：[　⑦　]である。

3　2次方程式$x^2-2ax+a+2=0$が異なる2つの正の解をもつとき，定数aの値の範囲は$a>$[　⑧　]である。

4　円に内接する四角形ABCDがある。AB＝4，BC＝3，AD＝4，∠ABC＝120°のとき，辺CDの長さは[　⑨　]であり，四角形ABCDの面積は[　⑩　][　⑪　]$\sqrt{[\quad ⑫ \quad]}$である。

5　$1011_{(2)}\times 101_{(2)}$を計算して，その結果を5進法で表すと[　⑬　][　⑭　][　⑮　]$_{(5)}$である。

▌2024年度 ▌茨城県 ▌難易度■■■□□

【15】次の各問いに答えよ。解答は答えのみ記入せよ。

(1)　1個のさいころを450回投げるとき，3の倍数の目が出る回数をXとする。このとき，Xの分散を求めよ。

(2)　曲線$y=\log(2x+1)$上の点$\left(\frac{e-1}{2},\ 1\right)$における接線の方程式を求めよ。

(3)　実数全体を全体集合とし，その部分集合P，Qについて，

$$P=\{x \mid x^2+2x-3\leqq 0\},\ Q=\{x \mid 3x+5a\geqq 0\}$$

とする。$P\cap Q=\phi$であるとき，定数aのとりうる値の範囲を求めよ。

(4)　複素数平面上に点P$(2\sqrt{3}-2i)$がある。点Pを原点Oを中心に$\frac{\pi}{3}$だけ回転した点を表す複素数を求めよ。

▌2024年度 ▌富山県 ▌難易度■■■□□

【16】次の問に答えよ。

問1　図1で，点Aの座標は(−2，4)，点Bの座標は(2，1)である。このとき，∠AOB＝90°となることを，中学校第3学年までの学習内容をふまえ，2通りの方法で証明せよ。

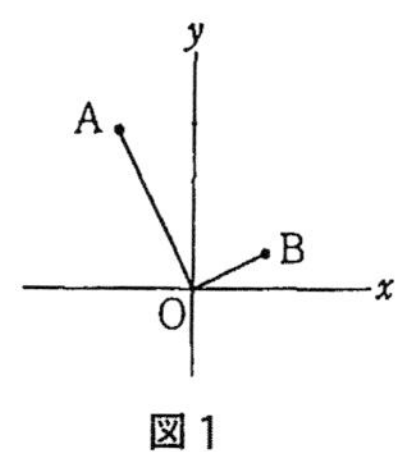

図1

問2　砲丸投げ選手2人の記録をヒストグラムで比較して，代表選手を選ぶことにした。図2は選手Aと選手Bの記録をそれぞれヒストグラムで表したものである。図2のヒストグラムを見て，選手Bを代表選手にしたいと言う生徒がいた。その生徒は，両選手の記録のヒストグラムのどのような特徴を根拠に判断していると考えられるか，読みとれることをもとに説明せよ。

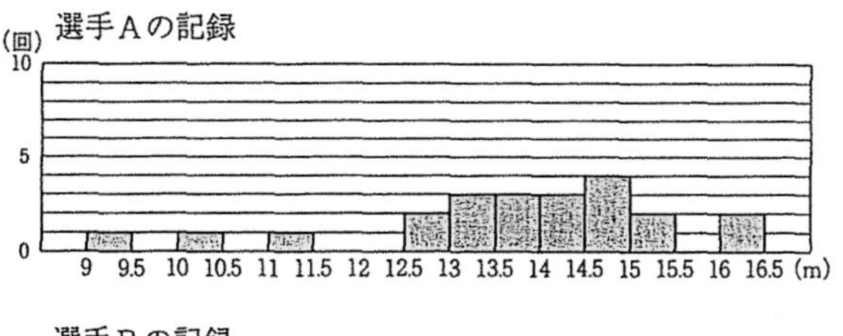

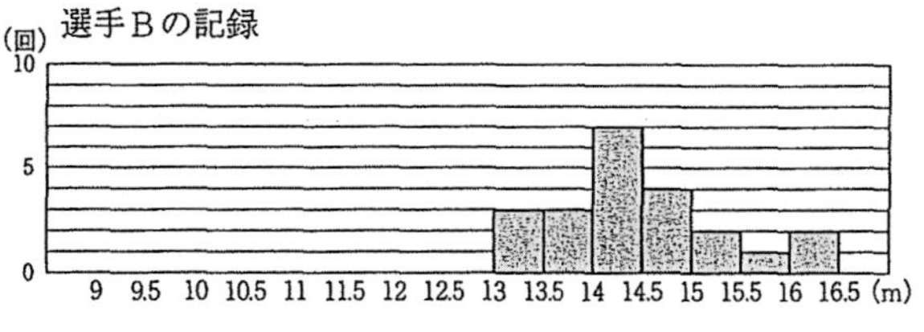

図2

▌2024年度 ▌島根県 ▌難易度

【17】次の問いに答えよ。

(1)　次の文は，「中学校学習指導要領」(平成29年3月　文部科学省)における「第3学年の目標」に関する記述の一部である。文中の(　ア　)～(　ウ　)にあてはまる適切な語句を語群から選び，番号で答えよ。

> (2)　数の範囲に着目し，数の性質や計算について考察したり，文字を用いて数量の関係や法則などを考察したりする力，図形の構成要素の関係に着目し，図形の性質や(　ア　)について論理的に考察し表現する力，(　イ　)に着目し，その特徴を表，式，グラフを相互に関連付けて考察する力，標本と母集団の関係に着目し，母集団の傾向を推定し判断したり，調査の(　ウ　)を批判的に考察したりする力を養う。

語群

① 関係　② 内容　③ 関数関係
④ 計量　⑤ 変化や対応　⑥ 方法や結果
⑦ 傾向　⑧ 数値の変化　⑨ 特徴

(2) 次の文は，「高等学校学習指導要領」(平成30年3月　文部科学省」における「目標」に関する記述の一部である。文中の(a)～(c)にあてはまる語句の適切な組合せを，以下の①～⑤から選び，番号で答えよ。

> (3) 数学のよさを認識し積極的に数学を活用しようとする態度，粘り強く考え数学的(a)に基づいて判断しようとする態度，問題解決の(b)を振り返って考察を深めたり，(c)したりしようとする態度や創造性の基礎を養う。

① a 論拠　b 過程　c 考察・検討
② a 原理　b 結果　c 考察・検討
③ a 論拠　b 結果　c 評価・改善
④ a 原理　b 結果　c 評価・改善
⑤ a 論拠　b 過程　c 評価・改善

(3) $3-\sqrt{3}$ の整数部分をa，小数部分をbとするとき，$a+\frac{8}{b^3+1}$の値は，[エ]+[オ]$\sqrt{[\ カ\ ]}$である。

(4) Aさんは図書の貸し出し数を9日間調べ，次の表にまとめ，箱ひげ図を作成した。

調査日	貸し出し数（冊）
1日目	42
2日目	55
3日目	44
4日目	59
5日目	47
6日目	46
7日目	43
8日目	40
9日目	30

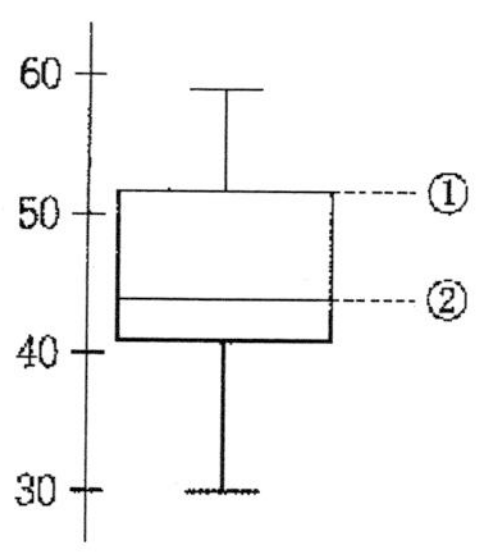

i) 箱ひげ図の①，②の値を求めよ。

① [キク]　② [ケコ]

ii) この分布の四分位範囲[　サシ　]を求めよ。

(5) kを正の定数とするとき，xに関する不等式$\begin{cases} |x-1| \leqq 2 \\ (x+2)(x-k-1) \leqq 0 \end{cases}$

を同時に満たす整数値が4個となるようなkの値の範囲は，[　ス　] $\leqq k <$ [　セ　]である。

(6) 1008の正の約数は[　ソタ　]個あり，それらの総和は[　チツテト　]である。

2024年度 神戸市 難易度

【18】次の(1)～(3)に答えなさい。

(1) 6個のりんごを3人に配る。1個も配られない人がいてもよいとき，配り方は全部で何通りか，求めなさい。

(2) 色の異なる6本の色鉛筆を3人に配る。1本も配られない人がいてもよいとき，配り方は全部で何通りか，求めなさい。

(3) 三角形の内角の二等分線には次のような性質がある。

性質：△ABCの∠Aの二等分線と辺BCの交点は辺BCをAB：ACに内分する。

A
B　D　C

図

つまり上の図で，

AB：AC＝BD：DC　……(＊)

が成り立つ。

(＊)について，2通りの方法で証明しなさい。

2024年度 青森県 難易度

【19】次の問いに答えよ。

(1) 次の等式を満たす自然数x，yの組をすべて求めよ。

$xy=3x+2y+1$

(2) $\dfrac{x+8}{x^2+x-2}-\dfrac{x+4}{x^2+3x+2}$を計算せよ。

(3) 周の長さが10の扇形の面積の最大値を求めよ。

(4) iを虚数単位とするとき，方程式$x^3=i$を解け。

(5) 次の図のように，中心が直線$y=x+5$上にあり，原点と点A(1，1)を通る円の方程式を求めよ。

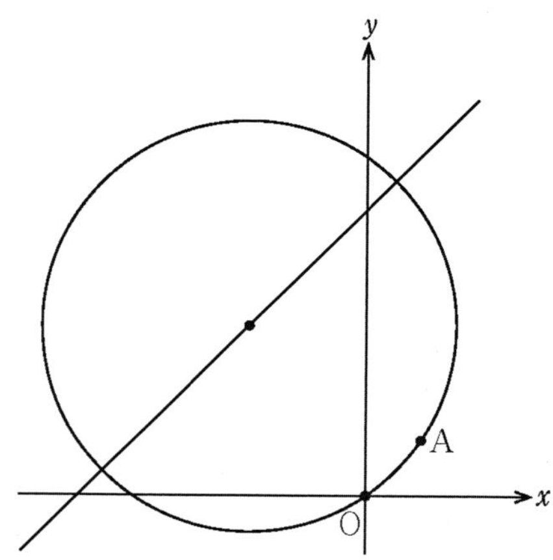

(6) 定積分$\displaystyle\int_0^1 \frac{x^2}{\sqrt{4-x^2}}dx$を求めよ。

▌2024年度▌愛媛県▌難易度

【20】次の各問いに答えよ。

(1) xについての二次方程式$x^2-2ax+a+2=0$が異なる2つの解をもつとき，2つの解がともに1より大きいときのaの範囲は，[　ア　]＜a＜[　イ　]である。

(2) △ABCの∠BACの二等分線と辺BCとの交点をDとする。AB＝8，AC＝7，$\cos\angle BAC=-\dfrac{1}{14}$であるとき，BD＝$\dfrac{[\ ウエ\ ]}{[\ オカ\ ]}$である。

(3) 親1名，子ども1名を1組とする4組の親子が円形の8人席のテーブルに座るとき，4組とも親子が隣り合って座る座り方は，[　キク　]通りである。

▌2024年度▌沖縄県▌難易度

【21】次の1～3について，[　①　]～[　⑩　]に当てはまる数字を答えなさい。

1　あるゲームセンターのゲーム機で景品を獲得した人の中から，100人を無作為抽出してかかった金額について調査したところ，標本平均が1000円，標本標準偏差が500円であった。このゲームセンターのゲーム機で景品を獲得するためにかかる平均額μに対する信頼度95％の信頼区間は，

[　①　][　②　][　③　]$\leqq \mu \leqq$[　④　][　⑤　][　⑥　][　⑦　]である。

2　10個の値からなるデータ5，3，6，8，5，8，5，4，6，5の標準偏差は

[　⑧　].[　⑨　]である。

3　確率変数Xが二項分布$B\left(8,\ \frac{1}{2}\right)$に従うとき，$X$の分散は[　⑩　]である。

2024年度　茨城県　難易度

【22】

(1)　$z=-1+i$を極形式で表すと，

$\sqrt{[\ ア\ ]}\left(\cos\frac{[\ イ\ ]}{[\ ウ\ ]}\pi+i\sin\frac{[\ イ\ ]}{[\ ウ\ ]}\pi\right)$となる。

ただし，$0\leqq \arg z<2\pi$とする。

よって，$\frac{z}{\bar{z}}=$[　エ　]iとなり，$\left|z+\frac{1}{z}\right|^2=\frac{[\ オ\ ]}{[\ カ\ ]}$である。

(2)　曲線$y=\log x$と原点Oを通るこの曲線の接線，およびx軸で囲まれた図形の面積は，$\frac{e}{[\ キ\ ]}-$[　ク　]である。また，この図形をy軸の周りに1回転させてできる立体の体積は，$\frac{\pi}{[\ ケ\ ]}(e^{[\ コ\ ]}-[\ サ\ ])$である。

2024年度　高知県　難易度

● 総合問題

【23】

(1) 1から10までの自然数が1つずつ書かれた10枚のカードがある。

2枚のカードを同時に取り出すとき，取り出した2枚のカードの自然数の和が5の倍数となる確率は，$\frac{[\ \text{ア}\ ]}{[\ \text{イ}\ ]}$である。

ただし，どのカードが取り出されることも同様に確からしいものとする。

(2) aを定数とする。放物線$y=-x^2+(a+2)x-a-4$がx軸と2点で交わり，かつ直線$y=x+5$と共有点をもたないような整数aは，[　ウ　]個ある。

(3) $x+y+z=8$ $(x\geqq 0,\ y\geqq 0,\ z\geqq 0)$を満たす整数$x$，$y$，$z$の組$(x,\ y,\ z)$は，全部で[　エオ　]組存在する。

(4) 自然数nがn回ずつ続く，次のような数列がある。

1，2，2，3，3，3，4，4，4，4，5，5，5，5，5，…

自然数24が初めて現れるのは第[　カキク　]項で，第2024項は自然数[　ケコ　]である。

(5) aを定数とする。3次方程式$x^3-(a+6)x^2+(16+6a)x-16a=0$の1つの解が$\sqrt{5}$であるとき，$a$の値は$a=\sqrt{[\ \text{サ}\ ]}$であり，他の解は$x=$[　シ　]$\pm\sqrt{[\ \text{ス}\ ]}\,i$である。

(6) $x=4^{10}$，$y=9^3$，$z=5^2$とするとき，xyzは[　セソ　]桁の整数である。

ただし，$\log_{10}2=0.3010$，$\log_{10}3=0.4771$とする。

(7) 平面上に3点O，A，Bがあり，OA＝7，OB＝8，AB＝9となっている。

正の実数tに対して，動点Pを$\overrightarrow{OP}=t\overrightarrow{OA}+\frac{1}{t}\overrightarrow{OB}$となる点としたとき，$\overrightarrow{OA}$と$\overrightarrow{OB}$の内積は$\overrightarrow{OA}\cdot\overrightarrow{OB}=$[　タチ　]であり，線分OPの長さの最小値は[　ツテ　]である。

(8) 2つの放物線C_1：$y=-x^2$，C_2：$y=x^2-2x+13$がある。

放物線C_1，C_2の共通接線l，mの方程式は，それぞれ

$y=$[　ト　]$x+$[　ナ　]，$y=$[　ニヌ　]$x+$[　ネ　]となる。

また，l，mとC_1で囲まれた部分の面積は$\frac{[\ \text{ノハヒ}\ ]}{[\ \text{フヘ}\ ]}$である。

▌2024年度 ▌大阪府・大阪市・堺市・豊能地区 ▌難易度

【24】次の1～5の問いに答えなさい。

1　極限値 $\lim_{x\to0}\dfrac{1-\cos x}{x\sin x}$ は $\dfrac{1}{[\ ①\ ]}$ である。

2　3点A(2, 3, 4), B (3, 5, 5), C(0, 5, 8)を頂点とする△ABCにおいて，∠BACの大きさは[　②　][　③　]°であり，△ABCの面積は[　④　]$\sqrt{[\ ⑤\ ]}$である。

3　$(-1-i)^8$を計算すると[　⑥　][　⑦　]である。

4　長さが12の線分ABの端点Aはx軸上を，端点Bはy軸上を動くとき，線分ABを5：7に内分する点Pの軌跡は

$$\frac{x^2}{[\ ⑧\ ][\ ⑨\ ]}+\frac{y^2}{[\ ⑩\ ][\ ⑪\ ]}=[\ ⑫\ ]$$
である。

5　定積分 $\int_0^{\frac{1}{\sqrt{3}}}\dfrac{dx}{x^2+1}$ の値は $\dfrac{\pi}{[\ ⑬\ ]}$ である。

■2024年度 ■茨城県 ■難易度

【25】次の1～3の問いに答えなさい。

1　$x=t^5$, $y=\dfrac{1}{t}$ とするとき，$\dfrac{d^2y}{dx^2}$ をtを用いて表すと

$$\frac{[\ ⑤\ ]}{[\ ①\ ][\ ②\ ]t^{[\ ③\ ][\ ④\ ]}}$$
である。

2　曲線C：$y=\log(x^2+2)(0\leqq x\leqq1)$と直線$y=\log3$，および$y$軸で囲まれた部分を$y$軸の周りに1回転させてできる回転体の体積は

$$\left([\ ⑥\ ]+[\ ⑦\ ]\log\frac{[\ ⑨\ ]}{[\ ⑧\ ]}\right)\pi$$
である。

3　ベクトル空間R^2において，$x=\begin{bmatrix}5\\11\end{bmatrix}$を$a=\begin{bmatrix}3\\1\end{bmatrix}$, $b=\begin{bmatrix}2\\-4\end{bmatrix}$の1次結合で表すと

$x=[\ ⑩\ ]a-[\ ⑪\ ]b$である。

■2024年度 ■茨城県 ■難易度

解答・解説

【1】(1)　与式について，$(a-4)(b-2)=3$と式変形し，積が3になる整数の組み合わせを考える。

$(a-4)(b-2)=1\times3,\ 3\times1,\ (-1)\times(-3),\ (-3)\times(-1)$であるため，$(a,\ b)=(5,\ 5),\ (7,\ 3),\ (3,\ -1),\ (1,\ 1)$である。

問題文より，正の整数の組を求めるので，$(a,\ b)=(5,\ 5),\ (7,\ 3),\ (1,\ 1)$

(2)　点Hは直線BC上にあるため，$\overrightarrow{AH}=s\vec{b}+t\vec{c}$ $(s+t=1)$として

$$\overrightarrow{AH}\cdot\overrightarrow{BC}=(s\vec{b}+t\vec{c})\cdot(\vec{c}-\vec{b})$$

$$=(s-t)\vec{b}\cdot\vec{c}-s|\vec{b}|^2+t|\vec{c}|^2$$

$\left(\vec{b}\cdot\vec{c}=|\vec{b}||\vec{c}|\cos\frac{2}{3}\pi=-1,\ |\vec{b}|=1,\ |\vec{c}|=2\right.$　より)

$$=-(s-t)-s+4t$$

$$=-2s+5t$$

$$=0$$

$s+t=1$と連立して，$s=\frac{5}{7}$，$t=\frac{2}{7}$であるため，

$$\overrightarrow{AH}=\frac{5}{7}\vec{b}+\frac{2}{7}\vec{c}$$

(3)　条件付確率で求める。Aが当たる確率を$P(\mathrm{A})$，Cが当たる確率を$P(\mathrm{C})$とし，$\frac{P(\mathrm{A}\cap\mathrm{C})}{P(\mathrm{C})}$を求める。

$$P(\mathrm{A}\cap\mathrm{C})=\frac{3}{8}\times\left(\frac{2}{7}\times\frac{1}{6}+\frac{5}{7}\times\frac{2}{6}\right)=\frac{3}{28}$$

$$P(\mathrm{C})=P(\mathrm{A}\cap\mathrm{C})+\frac{5}{8}\times\left(\frac{3}{7}\times\frac{2}{6}+\frac{4}{7}\times\frac{3}{6}\right)=\frac{3}{28}+\frac{15}{56}$$

よって，$\frac{P(\mathrm{A}\cap\mathrm{C})}{P(\mathrm{C})}=\frac{\frac{6}{56}}{\frac{21}{56}}=\frac{2}{7}$

○**解説**○ 解答参照。

【2】(1) $a^2-b^2-c^2+d^2+2ad+2bc$　(2) $x=-1,\ \pm3,\ 5$

(3) $a=6$　(4) 4〔円〕　(5) $1<\sqrt[5]{64}<\sqrt[3]{16}$　(6) $3<x<5$

(7) $\cos\theta=\dfrac{1}{11}$　(8) $\dfrac{9}{2}\pi$〔cm^3〕　(9) $n=18,\ S_n=477$

(10) $-\dfrac{23}{9}$

〇**解説**〇 (1) $(a-b+c+d)(a+b-c+d)=\{a+d-(b-c)\}(a+d+b-c)$

$=(a+d)^2-(b-c)^2=a^2+2ad+d^2-(b^2-2bc+c^2)$

$=a^2-b^2-c^2+d^2+2ad+2bc$

(2) $(x^2-2x-8)(x^2-2x-10)-35=0$ …① $x^2-2x=t$とおいて，

$(t-8)(t-10)-35=0,\ t^2-18t+45=0,\ (t-3)(t-15)=0,\ t=3,\ 15$

$t=3$のとき，$x^2-2x-3=0,\ (x+1)(x-3)=0,\ x=-1,\ 3$

$t=15$のとき，$x^2-2x-15=0,\ (x+3)(x-5)=0,\ x=-3,\ 5$

よって，①の解は，$x=-1,\ \pm3,\ 5$

(3) 3点A(1, 0, 1)，B(0, −5, 3)，C(2, −4, 2)を通る平面αの方程式を平面α：$px+qy+rz+s=0$とおいて，

$$\begin{cases} p+r+s=0 \\ -5q+3r+s=0 \\ 2p-4q+2r+s=0 \end{cases}$$ これを解いて，$p=-\dfrac{s}{4},\ q=-\dfrac{s}{4},\ r=-\dfrac{3s}{4}$

$-\dfrac{s}{4}x-\dfrac{s}{4}y-\dfrac{3s}{4}z+s=0$より，平面$\alpha$：$x+y+3z-4=0$

点P(4, a, −2)は平面α上であるから，$4+a-6-4=0$より，$a=6$

(4) 期待値$E(X)=500000\times\dfrac{1}{500000}+100000\times\dfrac{3}{500000}+50000\times$

$\dfrac{10}{500000}+10000\times\dfrac{50}{500000}+1000\times\dfrac{200}{500000}=1+\dfrac{3}{5}+1+1+\dfrac{2}{5}=4$〔円〕

(5) $\sqrt[3]{16}=2^{\frac{4}{3}},\ \sqrt[5]{64}=2^{\frac{6}{5}}$であり，$\dfrac{4}{3}>\dfrac{6}{5}$であるから，$2^{\frac{4}{3}}>2^{\frac{6}{5}}$

よって，$1<2^{\frac{6}{5}}<2^{\frac{4}{3}}$となり，$1<\sqrt[5]{64}<\sqrt[3]{16}$

(6) $2\log_{\frac{1}{2}}(x-3)>\log_{\frac{1}{2}}(x-1)$ …①

①の真数は正であるから，$x-3>0,\ x-1>0$より，$x>3$ …②

①より，$\log_{\frac{1}{2}}(x-3)^2>\log_{\frac{1}{2}}(x-1)$，底：$\dfrac{1}{2}<1$であるから，

$(x-3)^2<(x-1)$，$x^2-7x+10<0$，$(x-2)(x-5)<0$，$2<x<5$

よって，②より，求めるxの値の範囲は$3<x<5$

(7)　下図のように，$\angle BAD=180°-\theta$であるから，

$\triangle ABD$と$\triangle CBD$において，

$BD^2=4^2+3^2-2\cdot4\cdot3\cdot\cos(180°-\theta)=5^2+2^2-2\cdot5\cdot2\cdot\cos\theta$

よって，$25+24\cos\theta=29-20\cos\theta$より，

$\cos\theta=\dfrac{1}{11}$

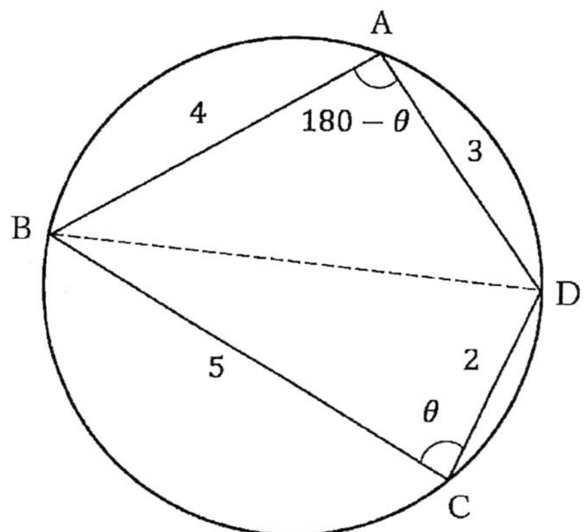

(8)　下図のようにして，$\triangle O_1O_2O_3$は正三角形である。

$OH\perp O_1O_2$，$\angle OO_1H=30°$であるから，

求める円の半径をrとすると$OO_1=\dfrac{2r}{\sqrt{3}}$

円Oの半径が$\sqrt{3}+\dfrac{3}{2}$であるから，

$r+\dfrac{2r}{\sqrt{3}}=\sqrt{3}+\dfrac{3}{2}$より，$(\sqrt{3}+2)r=3+\dfrac{3\sqrt{3}}{2}$

$(\sqrt{3}+2)r=\dfrac{3}{2}(\sqrt{3}+2)$，$r=\dfrac{3}{2}$

よって，求める球の体積Vは，$V=\dfrac{4}{3}\pi\left(\dfrac{3}{2}\right)^3=\dfrac{9}{2}\pi$〔$cm^3$〕

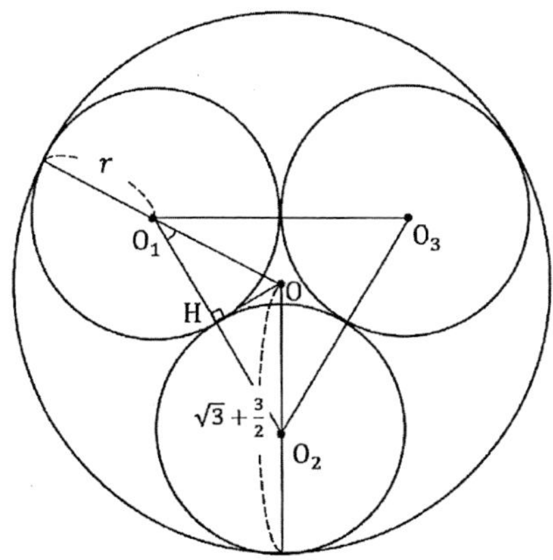

(9)　等差数列$\{a_n\}$を$a_n=a+(n-1)d$とおいて，$a_{12}=19$，$a_{20}=-5$より，

$$\begin{cases} a+11d=19 \\ a+19d=-5 \end{cases}$$　これを解いて，$a=52$，$d=-3$

よって，$a_n=52+(n-1)\cdot(-3)=-3n+55$

初項から第n項までの和の最大値は，$a_n>0$までの和を求めればよい。

$-3n+55>0$より，$n<\dfrac{55}{3}=18.33\cdots$

最大値は$n=18$のとき，$S_{18}=\dfrac{18\{2\cdot52+(18-1)\cdot(-3)\}}{2}=477$

[参考]　$S_n=\dfrac{n\{2\cdot52+(n-1)\cdot(-3)\}}{2}=-\dfrac{3n^2-107n}{2}$

$=-\dfrac{3}{2}\left(n-\dfrac{107}{6}\right)^2+\dfrac{34347}{72}$として，

$\dfrac{107}{6}=17.83\cdots$より，最大値は$n=18$のとき，$S_{18}=477$

(10)　$x=\dfrac{1+\sqrt{2}\,i}{1-\sqrt{2}\,i}=\dfrac{-1+2\sqrt{2}\,i}{3}$，$y=\dfrac{1-\sqrt{2}\,i}{1+\sqrt{2}\,i}=\dfrac{-1-2\sqrt{2}\,i}{3}$より，

$x+y=-\dfrac{2}{3}$，$xy=1$

よって，$x^2-xy+y^2=(x+y)^2-3xy=\left(-\dfrac{2}{3}\right)^2-3\cdot1=-\dfrac{23}{9}$

【3】問1　①　エ　　②　ウ　　問2　①　ク　　②　ウ　　③　イ
④　ア　　問3　カ

○**解説**○ 問1 ① 学習指導要領解説において「数学的な見方・考え方」とは，「事象を数量や図形及びそれらの関係などに着目して捉え，論理的，統合的・発展的，体系的に考えること」と示されており，数学科の目標の前文にあるように育成を目指す資質・能力に働くものである。また，数学的に考える資質・能力を支え，方向付け，数学の学習が創造的に行われるために欠かせないものであり，生徒一人一人が目的意識をもって問題を発見したり解決したりする際に積極的に働かせていくものであるということが示されている。 ② 学習指導要領における「数学のよさ」とは，社会における数学の意義や価値，数学的な表現や処理のよさや，数量や図形などに関する基礎的な概念や原理・法則のよさ，数学的な見方・考え方を働かせることのよさなどを意味する。

問2 $f(x)=2\sin x(\sin x+\cos x)$

$=2\sin^2 x+2\sin x\cos x$

$=1-\cos 2x+\sin 2x$

$=\sqrt{2}\sin\left(2x-\frac{\pi}{4}\right)+1$

$0\leqq x<\pi$ より，$-\frac{\pi}{4}\leqq 2x-\frac{\pi}{4}<\frac{7\pi}{4}$ であるから，

$2x-\frac{\pi}{4}=\frac{\pi}{2}$ すなわち，$x=\frac{3\pi}{8}$ のとき，最大値 $\sqrt{2}+1$

問3 $(\vec{p}-\vec{a}+2\vec{b})\cdot(\vec{p}-\vec{a}-2\vec{b})=0$ より，

$\vec{p}\cdot\vec{p}-\vec{p}\cdot(\vec{a}+2\vec{b})+\vec{p}\cdot(-\vec{a}+2\vec{b})+(\vec{a}-2\vec{b})\cdot(\vec{a}+2\vec{b})=0$

$|\vec{p}|^2+\vec{p}\cdot(-2\vec{a})+|\vec{a}|^2-4|\vec{b}|^2=0$

$|\vec{p}|^2-2\vec{p}\cdot\vec{a}-32=0$ $(\because\ |\vec{a}|=2,\ |\vec{b}|=3)$

$|\vec{p}-\vec{a}|^2-4=32$

よって，$|\vec{p}-\vec{a}|^2=36$，$|\vec{p}-\vec{a}|=6$ より，円の半径は6

【4】(1) ア ④　(2) イ －　ウ 1　エ 2　オ 1
カ 0　(3) キ 4　ク 1　ケ 3　コ 7　サ 1
シ 2　ス 3　セ 7　(4) ソ ④　(5) タ 1　チ 3

○**解説**○ (1) a 反例 $x=1+\sqrt{2}$，$y=1-\sqrt{2}$ (x，yは無理数)のとき，
$x+y=2$ 有理数となり，不成立である。

c 反例 $x=2+\sqrt{3}$，$y=2-\sqrt{3}$ (x，yは無理数)のとき，
$x+y=4$，$xy=1$ ともに有理数となり，不成立である。

(2) $y=ax^2+2ax+b=a(x+1)^2-a+b$ $(-2\leqq x\leqq 1)$において，

[i] $a>0$のとき，最大値$y=3a+b$ $(x=1)$
最小値 $y=-a+b$ $(x=-1)$

よって，$\begin{cases} 3a+b=3 \\ -a+b=-1 \end{cases}$ これより，$a=1$，$b=0$

[ii] $a<0$のとき，最大値 $y=-a+b$ $(x=-1)$
最小値 $y=3a+b$ $(x=1)$

よって，$\begin{cases} -a+b=3 \\ 3a+b=-1 \end{cases}$ これより，$a=-1$，$b=2$

[i]，[ii]より，求めるa，bの値は，$(a,\ b)=(1,\ 0)$，$(-1,\ 2)$

(3) $BC^2=4^2+3^2-2\cdot4\cdot3\cdot\cos60^\circ=13$より，$BC=\sqrt{13}$
ADは∠Aの二等分より，BD：DC＝4：3であるから，

$BD=\dfrac{4}{7}BC=\dfrac{4\sqrt{13}}{7}$

次に$\triangle ABC=\dfrac{1}{2}\cdot4\cdot3\cdot\sin60^\circ=3\sqrt{3}$

$\triangle ABD+\triangle ACD=\triangle ABC$より，$\dfrac{1}{2}(AB+AC)\cdot AD\cdot\sin30^\circ=3\sqrt{3}$

よって，$\dfrac{7}{4}AD=3\sqrt{3}$ より，$AD=\dfrac{12\sqrt{3}}{7}$

(4) 問題の散布図からではx，yそれぞれの変量の大小を判別することはできない。
散布図より，23個(奇数個)の2つの変量x，yデータをそれぞれx_1，x_2，…x_{23}，y_1，y_2，…y_{23}として相関係数を求める。

xの平均 $\overline{x}=\dfrac{x_1+x_2+\cdots+x_{23}}{23}=\alpha=(x_{12})$

として，散布図が対称であるから，

$\alpha-x_1=x_{23}-\alpha$，$\alpha-x_2=x_{22}-\alpha$，$\alpha-x_3=x_{21}-\alpha$，…，$\alpha-x_{11}=x_{13}-\alpha$ …①

yの平均 $\overline{y}=\dfrac{y_1+y_2+\cdots+y_{23}}{23}=\beta$　として，

$y_1=y_{23}$，$y_2=y_{22}$，$y_3=y_{21}$，…，$y_{11}=y_{13}$ …②である。

①より，$x_{23}-\alpha=-(x_1-\alpha)$，$x_{22}-\alpha=-(x_2-\alpha)$，$x_{21}-\alpha=-(x_3-\alpha)$，…

よって，x，yについて，平均との偏差

$x_1-\alpha$，$x_2-\alpha$，$x_3-\alpha$，$x_4-\alpha$，$\cdots x_{21}-\alpha$，$x_{22}-\alpha$，$x_{23}-\alpha$，

$y_1-\beta$，$y_2-\beta$，$y_3-\beta$，$y_4-\beta$，$\cdots y_{21}-\beta$，$y_{22}-\beta$，$y_{23}-\beta$について，

$x_1-\alpha$，$x_2-\alpha$，$x_3-\alpha$，$x_4-\alpha$，…，$-(x_3-\alpha)$，$-(x_2-\alpha)$，$-(x_1-\alpha)$

$y_1-\beta$，$y_2-\beta$，$y_3-\beta$，$y_4-\beta$，…，$y_3-\beta$，$y_2-\beta$，$y_1-\beta$となる。

これらより，2つの偏差の積を考えて，

$(x_1-\alpha)(y_1-\beta)+(x_2-\alpha)(y_2-\beta)+\cdots+(x_{22}-\alpha)(y_{22}-\beta)+(x_{23}-\alpha)(y_{23}-\beta)$

$=(x_1-\alpha)(y_1-\beta)+(x_2-\alpha)(y_2-\beta)+\cdots+\{\cdots-(x_2-\alpha)(y_2-\beta)-(x_1-\alpha)(y_1-\beta)\}$

$=0$　となり，共分散が0となるから，相関係数は$r=\dfrac{s_{xy}}{s_x s_y}=0$である。

よって，b，dが正しい。

【参考】このような散布図であれば，nが偶数個であっても相関係数は0である。

(5)　2回目に取り出した玉が赤である確率は

赤→赤，白→赤の場合があるから，

$\dfrac{4}{10}\times\dfrac{3}{9}+\dfrac{6}{10}\times\dfrac{4}{9}=\dfrac{36}{90}$

よって，1回目に取り出した玉が赤である確率は条件付き確率より，

$$\frac{1回目に取り出した玉が赤である確率}{2回目に取り出した玉が赤である確率}=\frac{\frac{12}{90}}{\frac{36}{90}}=\frac{1}{3}$$

【5】(1) $\frac{\sqrt{10}}{2}$　(2) $\frac{11}{233}$　(3) $\frac{8}{9}$　(4) $a=8$，$b=-6$，$c=1$

(5) 270　(6) $3\sqrt{6}$　(7) $\frac{1}{2}$

○**解説**○ (1) 三角形において，鈍角120°に対する辺の長さが最大より，

$(a+3)^2=a^2+(a+2)^2-2a(a+2)\cos 120^\circ$

$a^2+6a+9=a^2+a^2+4a+4+a^2+2a$

$2a^2=5$，$a>0$より，$a=\sqrt{\frac{5}{2}}=\frac{\sqrt{10}}{2}$

(2) 取り出した製品が不良品であるという事象をAとし，不良品であると判定される事象をEとする。題意より，$P(A)=\frac{1}{1000}$，$P_A(E)=\frac{99}{100}$，$P_{\overline{A}}(E)=\frac{2}{100}$である。求める確率は，$P_E(A)=\frac{P(E\cap A)}{P(E)}=\frac{P(A\cap E)}{P(E)}$であるから，$P(E)$，$P(E\cap \mathrm{A})$を求める。

$P(E)$は，製品が不良品でありかつ不良品と判定される場合と製品が不良品でなくかつ不良品と判定される場合の和事象であるため，

$P(E)=P(A\cap E)+P(\overline{A}\cap E)=P(A)\,P_A(E)+P(\overline{A})\,P_{\overline{A}}(E)$

$=\frac{1}{1000}\cdot\frac{99}{100}+\left(1-\frac{1}{1000}\right)\cdot\frac{2}{100}=\frac{9\cdot(11+222)}{10^5}=\frac{9\cdot 233}{10^5}$

よって，$\frac{P(A\cap E)}{P(E)}=\frac{99}{10^5}\div\frac{9\cdot 233}{10^5}=\frac{11}{233}$

(3) 図のようにして，$\mathrm{O_1H}\perp\mathrm{O_2O_3}$より，

$\mathrm{O_1H}=\sqrt{13^2-5^2}=\sqrt{144}=12$　$\mathrm{HT}=12-8=4$

求める円Oの半径をrとすると，直角三角形$\mathrm{OHO_2}$において，

$(4-r)^2+5^2=(5+r)^2$

$16-8r+r^2+25=25+10r+r^2$

$18r=16$，$r=\frac{8}{9}$

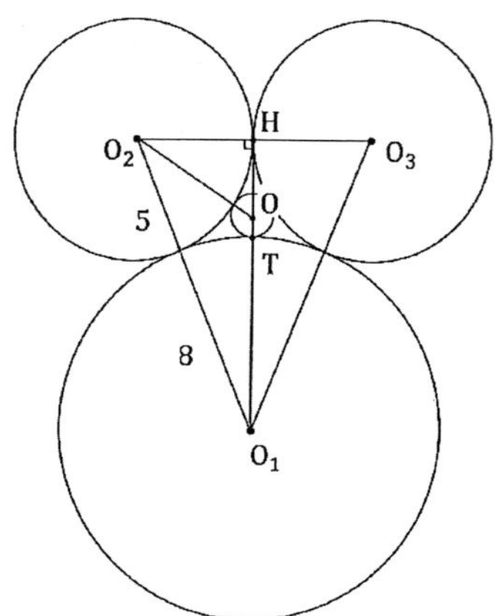

(4) $\begin{cases} x-3y-z=3 \\ x+y+z=-5 \end{cases}$ より，$y=x+1$，$z=-2x-6$

$ax^2+2by^2+cz^2=24$に代入して，$ax^2+2b(x+1)^2+c(-2x-6)^2=24$

$(a+2b+4c)x^2+(4b+24c)x+2b+36c=24$

すべての実数xについて成り立つから，$\begin{cases} a+2b+4c=0 \\ 4b+24c=0 \\ 2b+36c=24 \end{cases}$

これを解いて，$a=8$，$b=-6$，$c=1$

(5) 等差数列の一般項$a_n=3+(n-1)d$とおいて，初項から第19項までの和は，$S_{19}=\frac{19}{2}\{2\cdot3+(19-1)d\}=19(3+9d)$

よって，平均が$\frac{S_{19}}{19}=30$であるから，$3+9d=30$より，$d=3$，$a_n=3+(n-1)\cdot3=3n$となる。

ゆえに，分散は，$\frac{1}{19}\sum_{k=1}^{19}(3k-30)^2=\frac{9}{19}\sum_{k=1}^{19}(k-10)^2=\frac{9}{19}\sum_{k=1}^{19}(k^2-20k+100)=\frac{9}{19}\left\{\frac{19(19+1)(2\cdot19+1)}{6}-20\cdot\frac{19(19+1)}{2}+100\cdot19\right\}=270$

(6) A(2，3，1)，B(3，−1，2)，C(1，5，4)より，

$\overrightarrow{AB}=(1,\ -4,\ 1)$，$\overrightarrow{AC}=(-1,\ 2,\ 3)$

よって，$\triangle ABC=\frac{1}{2}\sqrt{|\overrightarrow{AB}|^2|\overrightarrow{AC}|^2-(\overrightarrow{AB}\cdot\overrightarrow{AB})^2}$

$=\frac{1}{2}\sqrt{(1+16+1)(1+4+9)-(-1-8+3)^2}=\frac{1}{2}\sqrt{18\cdot 14-36}=3\sqrt{6}$

(7) $\lim_{x\to 0}\frac{1-\cos x}{x^2}=\lim_{x\to 0}\frac{(1-\cos x)(1+\cos x)}{x^2(1+\cos x)}=\lim_{x\to 0}\frac{1-\cos^2 x}{x^2(1+\cos x)}$

$=\lim_{x\to 0}\frac{\sin^2 x}{x^2(1+\cos x)}=\lim_{x\to 0}\left(\frac{\sin x}{x}\right)^2\cdot\frac{1}{1+\cos x}=1^2\cdot\frac{1}{1+1}=\frac{1}{2}$

【6】(1) 240〔g〕 (2) $\frac{35\sqrt{2}}{2}$〔cm²〕 (3) (1, −4)

(4) $x=-\frac{13}{3}$, 1 (5) $-\frac{\sqrt{3}}{2}-\frac{1}{2}i$ (6) 数学化

○**解説**○ (1) A，Bの容器には食塩がそれぞれ$400\times\frac{12}{100}=48$〔g〕，$600\times\frac{5}{100}$

$=30$〔g〕入っている。各容器からx〔g〕の食塩水を取り出し，それぞれ相手方の容器に入れたとき，

容器Aの濃度は，$\left(48-\frac{12}{100}x+\frac{5}{100}x\right)\times\frac{1}{400}=\frac{1}{400}\cdot\left(48-\frac{7}{100}x\right)$

容器Bの濃度は，$\left(30-\frac{5}{100}x+\frac{12}{100}x\right)\times\frac{1}{600}=\frac{1}{600}\cdot\left(30+\frac{7}{100}x\right)$

よって，$\frac{1}{400}\cdot\left(48-\frac{7}{100}x\right)=\frac{1}{600}\cdot\left(30+\frac{7}{100}x\right)$より，

$3\left(48-\frac{7}{100}x\right)=2\left(30+\frac{7}{100}x\right)$

$\frac{35}{100}x=84$

$x=240$

ゆえに，容器Aから取り出す食塩水の量は240g

(2) 図のように，点Aから辺BCに垂線AHを下ろし，

$BH=x$とする。$CH=7-x$であり，

$AH^2=AB^2-BH^2=AC^2-CH^2$であるから，

$(5\sqrt{3})^2-x^2=(3\sqrt{6})^2-(7-x)^2$

$75-x^2=54-(49-14x+x^2)$より，$x=5$

よって，$AH=\sqrt{50}=5\sqrt{2}$となり，

$\triangle ABC=\frac{1}{2}\times 7\times 5\sqrt{2}=\frac{35\sqrt{2}}{2}$〔cm²〕

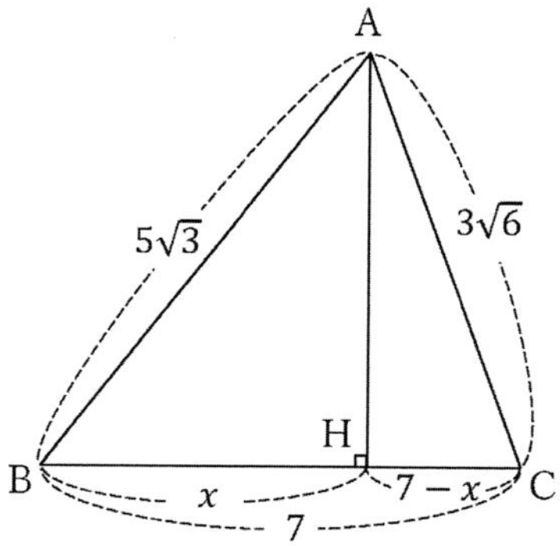

(3)　$y=x^2-6x+8$を原点Oに関して対称移動すると，

$-y=(-x)^2-6(-x)+8$より，$y=-x^2-6x-8$

さらに，x軸，y軸方向にそれぞれ4，-5平行移動するから，

$y-(-5)=-(x-4)^2-6(x-4)-8$より，$y=-x^2+2x-5$，

$y=-(x-1)^2-4$として，頂点の座標は$(1,\ -4)$

(4)　$|x-3|+2|x+3|=10$

[i]　$x<-3$のとき，

$-(x-3)-2(x+3)=10$より，$x=-\dfrac{13}{3}$

[ii]　$-3\leqq x<3$のとき，

$-(x-3)+2(x+3)=10$より，$x=1$

[iii]　$x\geqq 3$のとき，

$x-3+2(x+3)=10$より，$x=\dfrac{7}{3}$　　$x\geqq 3$を満たさないため不適である。

[i]～[iii]より，$x=-\dfrac{13}{3},\ 1$

(5)　$\left(\dfrac{\sqrt{3}}{2}+\dfrac{1}{2}i\right)^{2023}=\left(\cos\dfrac{\pi}{6}+i\sin\dfrac{\pi}{6}\right)^{2023}=\cos\dfrac{2023}{6}\pi+i\sin\dfrac{2023}{6}\pi$

$=\cos\left(336\pi+\dfrac{7}{6}\pi\right)+i\sin\left(336\pi+\dfrac{7}{6}\pi\right)$

$=\cos\dfrac{7}{6}\pi+i\sin\dfrac{7}{6}\pi=\cos\left(\pi+\dfrac{1}{6}\pi\right)+i\sin\left(\pi+\dfrac{1}{6}\pi\right)$

$=-\cos\dfrac{1}{6}\pi-i\sin\dfrac{1}{6}\pi=-\dfrac{\sqrt{3}}{2}-\dfrac{1}{2}i$

(6)　日常生活や社会の事象に関わる問題を発見し解決するためには，事象を目的に応じて数値に着目したり，抽象化したりして法則や関係性を数学の舞台に乗せて考察する必要がある。そのため，数学の原理・法則や概念を理解し知識を身に付けるとともに，事象を数学化し表現する技能を身に付けることが，数学における育成すべき資質・能力の「知識・技能」では目標として設定されている。

【7】(1)　(3，0，0)　　(2)　$1 \leqq x < 2$　　(3)　8　　(4)　9

(5)　$y=2x-3$　　(6)　数学化

○解説○ (1)　P$(t,\ 0,\ 0)$とおいて，AP＝BPより，

$(t-1)^2+(0-2)^2+(0+3)^2=(t-3)^2+(0+1)^2+(0+4)^2$

$t^2-2t+1+4+9=t^2-6t+9+1+16$

$4t=12$

$t=3$

よって，P(3，0，0)

(2)　$2\log_{\frac{1}{2}}(2-x) \geqq \log_{\frac{1}{2}}x$において，真数は正であるから，$2-x>0$

$x>0$より，$0<x<2$　…①

不等式から，$\log_{\frac{1}{2}}(2-x)^2 \geqq \log_{\frac{1}{2}}x$，底：$\frac{1}{2}<1$より，

$(2-x)^2 \leqq x$となり，$x^2-5x+4 \leqq 0$，$(x-1)(x-4) \leqq 0$，$1 \leqq x \leqq 4$

よって，xの範囲は①より，$1 \leqq x < 2$

(3)　$N=2^{2023}=(2^5)^{404}\cdot 2^3$において，

$(2^5)^{404}=32^{404}=(3\times 11-1)^{404}$

$=(3\times 11)^{404}+{}_{404}C_1(3\times 11)^{403}\times(-1)^1+{}_{404}C_2(3\times 11)^{402}\times(-1)^2+\cdots+{}_{404}C_{403}$

$(3\times 11)^1\times(-1)^{403}+(-1)^{404}=11\times K+1$　(Kは整数)となる。

すなわち，$N=2^3(11\times K+1)=8\times 11\times K+8$となるから，

Nを11で割った余りは8である。

(4)　$\displaystyle\sum_{k=1}^{180}\frac{1}{\sqrt{2k-1}+\sqrt{2k+1}}$

$=\frac{1}{\sqrt{1}+\sqrt{3}}+\frac{1}{\sqrt{3}+\sqrt{5}}+\frac{1}{\sqrt{5}+\sqrt{7}}+\cdots+\frac{1}{\sqrt{357}+\sqrt{359}}+\frac{1}{\sqrt{359}+\sqrt{361}}$

$=\frac{1}{2}(\sqrt{3}-1)+\frac{1}{2}(\sqrt{5}-\sqrt{3})+\cdots+\frac{1}{2}(\sqrt{359}-\sqrt{357}+\frac{1}{2}(\sqrt{361}$

$-\sqrt{359})$

$=-\frac{1}{2}+\frac{1}{2}\sqrt{361}=-\frac{1}{2}+\frac{1}{2}\times 19=9$

(5)　$\frac{x^2}{8}+\frac{y^2}{2}=1$について，$x$で微分をして，$\frac{x}{4}+y\frac{dy}{dx}=0$より，

$\frac{dy}{dx}=-\frac{x}{4y}$

よって，点A(2，1)における接線の傾きが$-\frac{2}{4}=-\frac{1}{2}$であるから，

法線の傾きは2となる。

ゆえに，法線の方程式は$y-1=2(x-2)$，$y=2x-3$

(6)　日常生活や社会の事象について，理論を構築して体系化し，条件が等しい事象について考察することができるようにするためには，事象を理想化したり単純化したりして抽象し，条件を数学的に表現することが必要となる。そのため，数学的な概念や原理・法則と一体的なものとして事象を数学化したり，数学的に解釈したり，数学的に表現・処理したりする技能を身に付けることが数学における育成すべき資質・能力の「知識・技能」では目標として設定されている。

【8】(1)　ア　7　イ　5　(2)　ウ　2　エ　3　オ　1　カ　1
キ　2　ク　3　ケ　1　コ　6　(3)　サ　5　シ　1
ス　1　(4)　セ　③　(5)　ソ　7　タ　2　チ　5　ツ　1
テ　2　ト　5　ナ　3　(6)　ニ　2　ヌ　4　(7)　ネ　5
ノ　2　(8)　ハ　5　ヒ　3　(9)　フ　1　ヘ　4
(10)　ホ　3　マ　3　(11)　ミ　1　ム　5　メ　2
(12)　モ　2　ヤ　1　(13)　ユ　1　ヨ　2

○**解説**○ (1)　判明しているデータを小さい順に並べると，60，70，73，77，80

中央値が74となるためには，$\frac{73+アイ}{2}=74$

ゆえに，アイ＝75

(2)　$2024=2^3\times 11\times 23$より，正の約数の個数は，

$(3+1)\times(1+1)\times(1+1)=4\times 2\times 2=16$〔個〕

(3)　循環小数$0.\dot{4}\dot{5}$を$x=0.45454545\cdots$として，

100倍すると，$100x=45.45454545\cdots$　なので，

両辺の差$99x=45$より，$x=\dfrac{5}{11}$

(4)　$xy-x-y>-1$

$(x-1)(y-1)>0$

ゆえに，「$x>1$かつ$y>1$」または「$x<1$かつ$y<1$」である。

したがって，「$x>1$かつ$y>1$」ならば，「$x>1$かつ$y>1$」または「$x<1$かつ$y<1$」は真である。

また，「$x>1$かつ$y>1$」または「$x<1$かつ$y<1$」ならば，「$x>1$かつ$y>1$」は偽である。

したがって，「$x>1$かつ$y>1$」は「$xy-x-y>-1$」であるための③　十分条件であるが，必要条件ではない。

(5)　$y=x^2-3x$より，$y'=2x-3$なので$x=5$における接線の傾きは，$2\times5-3=7$

したがって，接線lの方程式は，$y-10=7(x-5)$より，$y=7x-25$である。

放物線Cと直線l及びy軸とで囲まれた図形の面積は，

$$\int_0^5\{(x^2-3x)-(7x-25)\}dx=\int_0^5(x^2-10x+25)dx$$

$$=\int_0^5(x-5)^2dx=\left[\frac{(x-5)^3}{3}\right]_0^5=\frac{(5-5)^3}{3}-\frac{(0-5)^3}{3}=\frac{125}{3}$$

(6)　真数条件より，$x-2>0$なので$x>2$　…①

与式を変形すると$\log_{\frac{1}{2}}(x-2)^2>\log_{\frac{1}{2}}x$であり，底は1より小さいので，

$(x-2)^2<x$

$x^2-5x+4<0$

$(x-1)(x-4)<0$

$1<x<4$　…②

①，②より，$2<x<4$

(7)　$$\lim_{x\to\infty}\frac{5-4\times\dfrac{\sin x}{x}}{2+3\times\dfrac{\sin x}{x}}=\frac{5-4\times0}{2+3\times0}=\frac{5}{2}$$

(8)　$(x^2-8)^2=60$より，$x^2-8=\pm\sqrt{60}=\pm2\sqrt{15}$

よって，$x^2=8\pm2\sqrt{15}$

つまり，$x=\pm\sqrt{8\pm2\sqrt{15}}=\pm(\sqrt{5}\pm\sqrt{3})$より2番目に大きいもの

は，$\sqrt{5}-\sqrt{3}$

(9)　$\overrightarrow{AB}=(1, 1, 1)$，$\overrightarrow{AC}=(2, 6, 0)$より，

$|\overrightarrow{AB}|=\sqrt{1+1+1}=\sqrt{3}$，$|\overrightarrow{AC}|=\sqrt{4+36+0}=\sqrt{40}=2\sqrt{10}$

$\overrightarrow{AB}\cdot\overrightarrow{AC}=1\times2+1\times6+1\times0=8$

したがって，

$\triangle ABC=\frac{1}{2}\sqrt{\sqrt{3}^2\times(2\sqrt{10})^2-8^2}=\sqrt{14}$

(10)　$|x-3|=0$となるとき最小となるので，$x=3$のとき最小値$y=2+0+1=3$

(11)　次図のように1辺の長さが1の正五角形ABCDEにおいて，$x=$AC，●$=36^\circ$とすると△CDFは底角72°の二等辺三角形，△FACは底角36°の二等辺三角形であるからCD＝CF＝FA＝1であり，△ACDは底角72°の二等辺三角形であるからDF$=x-1$である。△ACD∽△CDFより，

AC：CD＝CD：DF

$x:1=1:(x-1)$

$x^2-x-1=0$　∴　$x=\mathrm{AC}=\frac{1+\sqrt{5}}{2}$

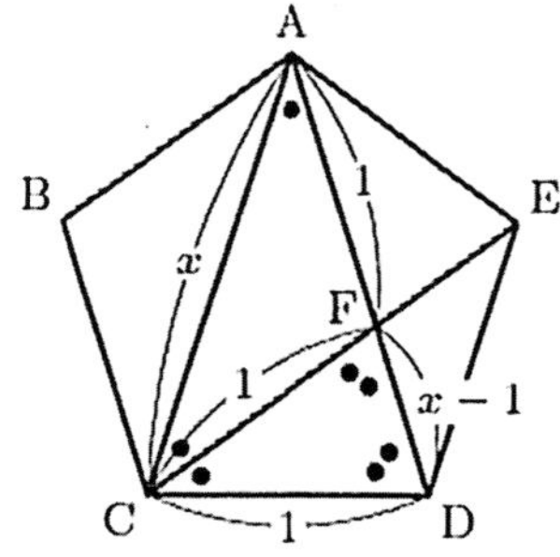

(12)　$a_1+2a_2+3a_3+\cdots+na_n=n^2$　…①

$a_1+2a_2+3a_3+\cdots+(n-1)a_{n-1}=(n-1)^2$　…②として，

①−②より，

$na_n=n^2-(n-1)^2=(n-n+1)(n+n-1)=2n-1$

よって，$a_n=\frac{2n-1}{n}$

(13)　$\int_1^e \frac{\log x}{x}dx=\int_1^e \log x\,(\log x)'dx$

$=\left[\log x\times\log x\right]_1^e-\int_1^e(\log x)'\log x\,dx$

$=1-\int_1^e\frac{\log x}{x}dx$

$2\int_1^e\frac{\log x}{x}dx=1$より，$\int_1^e\frac{\log x}{x}dx=\frac{1}{2}$

【9】問1　$p=\frac{11}{3}$　　問2　-1　　問3　36〔通り〕

問4　$\angle x=54$〔°〕　　問5　$\frac{1}{2}$

○**解説**○ 問1　$3\sqrt[3]{4}+6\sqrt[9]{4^3}-\sqrt[3]{4}=2^p$

$8\sqrt[3]{4}=2^p$

$2^3\times2^{\frac{2}{3}}=2^p$

$2^{\frac{11}{3}}=2^p$

$p=\frac{11}{3}$

問2　$x^2+x+1=0$なので，$(x-1)(x^2+x+1)=0$より，

$x^3-1=0$，つまり，$x^3=1$

よって，$x^{2023}=x^{3\times674+1}=x$

$x^{2024}=x^{3\times674+2}=x^2$なので，$x^{2023}+x^{2024}=x+x^2=-1$

問3　${}_9C_7={}_9C_2=36$〔通り〕

問4　10個の頂点で一つの円を分割するので，正十角形1辺に対する中心角は36°，円周角は18°

$\angle x$を含む四角形のx以外の内角の和は，$18^\circ\times3+18^\circ\times8+18^\circ\times6=18^\circ\times17=306^\circ$

したがって，$\angle x=360^\circ-306^\circ=54^\circ$

問5　$\lim_{x\to\infty}\frac{(\sqrt{x^2+x}-x)(\sqrt{x^2+x}+x)}{\sqrt{x^2+x}+x}=\lim_{x\to\infty}\frac{(\sqrt{x^2+x})^2-x^2}{\sqrt{x^2+x}+x}$

$=\lim_{x\to\infty}\frac{x^2+x-x^2}{\sqrt{x^2+x}+x}=\lim_{x\to\infty}\frac{x}{\sqrt{x^2+x}+x}=\lim_{x\to\infty}\frac{1}{\sqrt{1+\frac{1}{x}}+1}=\frac{1}{2}$

● 総合問題

【10】(1)　ア　(2)　ア　(3)　ウ　(4)　ウ　(5)　エ　(6)　ア

(7)　ウ　(8)　エ　(9)　ア　(10)　ウ

○**解説**○ (1)　p：$x^2-2x-15<0$より，$(x+3)(x-5)<0$，$-3<x<5$

q：$|x-2|\leqq a$より，$-a\leqq x-2\leqq a$，$-a+2\leqq x\leqq a+2$，$(a>0)$

条件pが条件qの必要条件となるから，

$-a+2\leqq x\leqq a+2\Rightarrow -3<x<5$

よって，「$-3<-a+2$」かつ，「$a+2<5$」かつ，「$a>0$」が成り立てばよい。

したがって，「$a<5$」かつ，「$a<3$」かつ，「$a>0$」より，aの値の範囲は$0<a<3$

(2)　平均値：$\bar{x}=\frac{1}{5}(9+6+3+5+7)=6$

分散：$s^2=\frac{1}{5}(9^2+6^2+3^2+5^2+7^2)-6^2=4$

よって，標準偏差：$s=\sqrt{4}=2$

(3)　AB＝6，BC＝5，CA＝4より，$\cos A=\frac{6^2+4^2-5^2}{2\cdot 6\cdot 4}=\frac{9}{16}$，

$\sin A=\sqrt{1-\left(\frac{9}{16}\right)^2}=\frac{5\sqrt{7}}{16}$，外接円の半径Rは正弦定理から，

$\frac{5}{\sin A}=2R$，$R=\frac{5}{2\sin A}=\frac{5}{\frac{5\sqrt{7}}{8}}=\frac{8\sqrt{7}}{7}$

(4)　相加・相乗平均を用いて，

$\frac{y}{x}+\frac{16x}{y}\geqq 2\sqrt{\frac{y}{x}\cdot\frac{16x}{y}}=8$

等号は，$\frac{y}{x}+\frac{16x}{y}$より，$y=4x$のときである。

よって，最小値8である。

(5)　二次方程式$x^2-ax+a^2-7=0$より，

$f(x)=x^2-ax+a^2-7$とおいて，

$f(1)=1-a+a^2-7<0$となればよいから，

$(a+2)(a-3)<0$，よって，$-2<a<3$

(6)　円$x^2+y^2-2x=0$は，$(x-1)^2+y^2=1$より，中心(1，0)，半径1である。

中心(1，0)と直線$kx-y-3=0$との距離$d=\frac{|k-3|}{\sqrt{k^2+1}}$

円と直線が異なる2点で交わるから，$d<1$であればよい。

よって，$\dfrac{|k-3|}{\sqrt{k^2+1}}<1$より，$|k-3|<\sqrt{k^2+1}$，$(k-3)^2<k^2+1$

これより，$k>\dfrac{4}{3}$

(7)　$\dfrac{2}{3}=\left(\dfrac{2}{3}\right)^1$，$\sqrt[3]{\dfrac{4}{9}}=\left(\dfrac{2}{3}\right)^{\frac{2}{3}}$，$\sqrt[4]{\dfrac{8}{27}}=\left(\dfrac{2}{3}\right)^{\frac{3}{4}}$において，

$\dfrac{2}{3}<\dfrac{3}{4}<1$であり，$\dfrac{2}{3}<1$であるから，$\left(\dfrac{2}{3}\right)^1<\left(\dfrac{2}{3}\right)^{\frac{3}{4}}<\left(\dfrac{2}{3}\right)^{\frac{2}{3}}$となり，

数の大小関係は，$\dfrac{2}{3}<\sqrt[4]{\dfrac{8}{27}}<\sqrt[3]{\dfrac{4}{9}}$となる。

(8)　$X=\left(\dfrac{1}{6}\right)^{100}$とおいて，$\log_{10}X=\log_{10}\left(\dfrac{1}{6}\right)^{100}=-100\log_{10}6$

$=-100(\log_{10}2+\log_{10}3)=-100(0.3010+0.4771)=-77.81$

よって，$10^{-78}<X<10^{-77}$となるから，Xは小数第78位に初めて0でない数が現れる。

(9)　$\lim_{x\to\infty}(\sqrt{4x^2+3x+2}-2\sqrt{x^2-x+1})$

$$=\lim_{x\to\infty}\frac{(\sqrt{4x^2+3x+2}-2\sqrt{x^2-x+1})(\sqrt{4x^2+3x+2}+2\sqrt{x^2-x+1})}{\sqrt{4x^2+3x+2}+2\sqrt{x^2-x+1}}$$

$$=\lim_{x\to\infty}\frac{4x^2+3x+2-4(x^2-x+1)}{\sqrt{4x^2+3x+2}+2\sqrt{x^2-x+1}}$$

$$=\lim_{x\to\infty}\frac{7x-2}{\sqrt{4x^2+3x+2}+2\sqrt{x^2-x+1}}$$

$$=\lim_{x\to\infty}\frac{7-\frac{2}{x}}{\sqrt{4+\frac{3}{x}+\frac{2}{x^2}}+2\sqrt{1-\frac{1}{x}+\frac{1}{x^2}}}=\frac{7}{4}$$

(10)　$z^3=-8$より，$z^3+8=0$，$(z+2)(z^2-2z+4)=0$

よって，$z=-2$，$1\pm\sqrt{3}\,i$

ゆえに，選択肢の中で解でないのは$-1+\sqrt{3}\,i$

【11】1　①　9　②　1　③　1　④　2　⑤　1　2　⑥　3

⑦　2　3　⑧　2　4　⑨　7　⑩　1　⑪　0　⑫　3

5　⑬　2　⑭　1　⑮　0

○**解説**○ 1　$2A-3B=2(3x^2-x+3)-3(-x^2+3x-5)=6x^2-2x+6+3x^2-9x+15=9x^2-11x+21$

2　三角形の内角の二等分線と辺の比の関係よりBD：DC＝5：7

したがって，$BD=8\times\frac{5}{12}=\frac{10}{3}$

よって，$BA:BD=5:\frac{10}{3}=15:10=3:2$

線分BIを引いたときBIは∠Bの二等分線となるので，AI：ID＝3：2

3　判別式$D>0$より，$\frac{D}{4}=a^2-1\times(a+2)>0$

$a^2-a-2>0$

$(a-2)(a+1)>0$

$a<-1,\ 2<a$　…①

$y=x^2-2ax+a+2$ のグラフについて，$y=(x-a)^2-a^2+a+2$より，

軸の方程式は，$x=a$軸の位置は$x>0$にあるので，$a>0$　…②

また，このグラフのy切片は正となるので，$a+2>0$

つまり$a>-2$　…③

①，②，③より$a>2$

4　△ABCで余弦定理より，$AC^2=4^2+3^2-2\cdot4\cdot3\cos120°=37$

次に△CDAで，円に内接する四角形ABCDの角なので，$\angle CDA=180°-120°=60°$

したがって，余弦定理より，$37=4^2+CD^2-2\cdot4\cdot CD\cdot\cos60°$

$CD^2-4CD-21=0$

$(CD-7)(CD+3)=0$ よって，$CD>0$より$CD=7$

四角形ABCDの面積は，

$\triangle ABC+\triangle CDA=\frac{1}{2}\cdot4\cdot3\cdot\sin120°+\frac{1}{2}\cdot7\cdot4\cdot\sin60°=10\sqrt{3}$

5　$1011_{(2)}\times101_{(2)}=11\times5=55=2\times5^2+1\times5^1+0\times5^0=210_{(5)}$

【12】(1)　$\frac{1}{18}$　(2)　$\frac{15}{2}$　(3)　$\frac{2^{n+1}-n-2}{2^n}$　(4)　i　(5)　$a=6,\ b=-6$　(6)　$x\geqq-2$

○**解説**○ (1)　$45=3^2\times5$より，3個のうち2個は3または6の目が出て，1個は5の目が出る確率である。

よって，${}_3C_2\left(\frac{1}{3}\right)^2\left(\frac{1}{6}\right)^1=\frac{1}{18}$

(2)　$\cos\angle AOB=\frac{5}{\sqrt{10}\times\sqrt{5}}=\frac{1}{\sqrt{2}}$より，$\angle AOB=45^\circ$と分かる。

したがって，△AOBの面積は，$\frac{1}{2}\times\sqrt{10}\times\sqrt{5}\ \sin45^\circ=\frac{5}{2}$となる。

また，$\overrightarrow{OA'}=2\overrightarrow{OA}$，$\overrightarrow{OB'}=2\overrightarrow{OB}$となるような点A′とB′をとる。

このとき，△OA′B′の面積は，$\frac{1}{2}\times2\sqrt{10}\times2\sqrt{5}\ \sin45^\circ=10$となる。

$\overrightarrow{OP}=s\overrightarrow{OA}+t\overrightarrow{OB}$，$s\geqq0$，$t\geqq0$，$s+t\leqq1$を満たす点Pの存在範囲は△OABである。

また，$\overrightarrow{OP}=s\overrightarrow{OA}+t\overrightarrow{OB}$，$s\geqq0$，$t\geqq0$，$s+t\leqq2$を満たす点Pの存在範囲は△OA′B′である。

したがって，$\overrightarrow{OP}=s\overrightarrow{OA}+t\overrightarrow{OB}$，$s\geqq0$，$t\geqq0$，$1\leqq s+t\leqq2$を満たす点Pの存在範囲の面積は，$\triangle OA'B'-\triangle OAB=10-\frac{5}{2}=\frac{15}{2}$

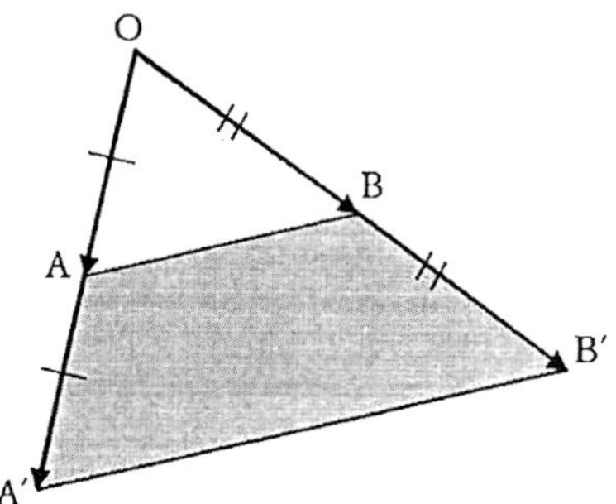

(3)　$S=\sum_{k=1}^{n}\frac{k}{2^k}$とすると，$S=\frac{1}{2}+\frac{2}{2^2}+\frac{3}{2^3}+\cdots+\frac{n-1}{2^{n-1}}+\frac{n}{2^n}$

このとき，$2S=1+\frac{2}{2}+\frac{3}{2^2}+\cdots+\frac{n}{2^{n-1}}$

したがって，$2S-S=1+\frac{1}{2}+\frac{1}{2^2}+\cdots+\frac{1}{2^{n-1}}-\frac{n}{2^n}$

よって，$S=\frac{1\times\left\{1-\left(\frac{1}{2}\right)^n\right\}}{1-\frac{1}{2}}-\frac{n}{2^n}=2\left\{1-\left(\frac{1}{2}\right)^n\right\}-\frac{n}{2^n}=2-\frac{2}{2^n}-\frac{n}{2^n}$

$=\dfrac{2^{n+1}-n-2}{2^n}$

(4)　(与式)$=\left(\cos\dfrac{\pi}{6}+i\sin\dfrac{\pi}{6}\right)^{15}=\cos 15\times\dfrac{\pi}{6}+i\sin 15\times\dfrac{\pi}{6}=\cos\dfrac{5}{2}\pi+$
$i\sin\dfrac{5}{2}\pi=0+i=i$

(5)　$\lim_{x\to 1}(x-1)=0$なので，$\lim_{x\to 1}(a\sqrt{x}+b)=0$より，
$a+b=0$よって，$b=-a$とおけるので，

$\lim_{x\to 1}\dfrac{a\sqrt{x}+b}{x-1}=\lim_{x\to 1}\dfrac{a\sqrt{x}-a}{x-1}=\lim_{x\to 1}\dfrac{a(\sqrt{x}-1)}{x-1}=\lim_{x\to 1}\dfrac{a(\sqrt{x}-1)}{(\sqrt{x}-1)(\sqrt{x}+1)}$

$=\lim_{x\to 1}\dfrac{a}{\sqrt{x}+1}=3$より，
$a=6$，$b=-6$

(6)　2次方程式$x^2+2kx+k^2+2k-3=0$をkについて整理すると，$k^2+2(x+1)k+x^2-3=0$となり，kの2次方程式としてみたときに，kは実数なので実数解をもてばよい。
②の判別式をD'とすると$\dfrac{D'}{4}\geqq 0$より，$(x+1)^2-(x^2-3)\geqq 0$
$x\geqq -2$

【13】(1)　ア　2　　イ　6　　(2)　ウ　1　　エ　0　　(3)　オ　2
カ　0　　(4)　キ　7　　ク　1　　ケ　3　　コ　8　　(5)　サ　5
シ　1　　ス　2　　(6)　セ　2　　(7)　ソ　4　　タ　9
(8)　チ　1　　ツ　4　　テ　1　　ト　6　　ナ　1　　ニ　9
(9)　ヌ　2　　ネ　0　　ノ　1

○解説○ (1)　$\sqrt{\dfrac{936}{n}}=\sqrt{\dfrac{2^3\times 3^2\times 13}{n}}=6\sqrt{\dfrac{2\times 13}{n}}$として，
最大の自然数となるためには$n=2\times 13=26$

(2)　中心角の比$\angle a:\angle b=2:1$より，$\angle a=240^\circ$，$\angle b=120^\circ$となり，
弧の長さl_Aとl_Bはそれぞれ，$l_A=2\times 6\times\dfrac{240}{360}\pi=8\pi$，$l_B=2\times 6\times\dfrac{120}{360}\pi=4\pi$
よって，扇形Aの円錐について，
底面の半径r_Aは，$2\pi r_A=8\pi$より，$r_A=4$
高さ$h_A=\sqrt{6^2-4^2}=2\sqrt{5}$となり，

体積$V_A=\frac{1}{3}\times\pi\times4^2\times2\sqrt{5}=\frac{32\sqrt{5}}{3}$

扇形Bの円錐について，

底面の半径r_Bは，$2\pi r_B=4\pi$より，$r_B=2$

高さ$h_B=\sqrt{6^2-2^2}=4\sqrt{2}$

体積$V_B=\frac{1}{3}\times\pi\times2^2\times4\sqrt{2}=\frac{16\sqrt{2}}{3}$

したがって，$\frac{V_A}{V_B}=\frac{\frac{32\sqrt{5}}{3}}{\frac{16\sqrt{2}}{3}}=\frac{2\sqrt{5}}{\sqrt{2}}=\sqrt{10}$

(3)　正n角形の1つの内角$S=180^\circ-\frac{360^\circ}{n}$である。

$360=2^3\times3^2\times5$より，360の約数の個数は，$(3+1)\times(2+1)\times(1+1)=24$〔個〕

nは5以上であるから，1，2，3，4を除いて，

$24-4=20$〔個〕

(4)　△QAD∽△QEBより，DQ：BQ＝AD：EB＝5：2

△PDF∽△PBAより，DP：BP＝DF：BA＝1：3

よって，DQ＝DP＋PQ，BP＝PQ＋QBより，

DP＝x，PQ＝y，QB＝zとおくと，

$(x+y):z=5:2$，$x:(y+z)=1:3$

$2(x+y)=5z$，$y+z=3x$

これより，$x=\frac{7z}{8}$，$y=\frac{13z}{8}$

ゆえに，DP：PQ：QB＝$x:y:z=\frac{7z}{8}:\frac{13z}{8}:z=7:13:8$

(5)　A$(-1,\ 2)$，B$(1,\ 8)$，C$(3,\ 6)$であり，D$(x,\ y)$として，平行四辺形ABCDにおいて，BCの中点が$(2,\ 7)$であるから，ADの中点も同様なので，

$\frac{-1+x}{2}=2$，$\frac{2+y}{2}=7$より，$x=5$，$y=12$

ゆえに，D$(5,\ 12)$

(6)　題意より，$k\leqq x\leqq k+2$における変化の割合が等しいから，

$$\frac{3(k+2)-5-(3k-5)}{k+2-k}=\frac{\frac{1}{2}(k+2)^2-\frac{1}{2}k^2}{k+2-k}$$

$3=\dfrac{2k+2}{2}$

$k=2$

(7)　どれか1つのサイコロの目を1で固定したとき，三角形ができない場合は出る目が，

(1，1，1)のようにすべての目が同じときの1通り

(1，2，2)のように2つの目が同じときの15通りであり，

2〜6についても同様であるため，

全部で$(1+15)\times6=96$〔通り〕

よって，求める確率は，$\dfrac{96}{6^3}=\dfrac{4}{9}$

(8)　グラフから各階級の幅2mより，累積相対度数が0.50 となる階級値の範囲に中央値はあることになる。よって，中央値を含む階級は$14\leqq X<16$の範囲にある。

各階級の幅2mより，最頻値は相対度数が最も大きいときであり，累積相対度数より，$18\leqq X<20$の範囲にあるとき，約$0.90-0.66=0.24$で最大である。

すなわち，最頻値は階級値が$X=19$のときである。

(9)　$\dfrac{107}{333}=0.321321321321\cdots$より，群数列を321|321|321|321|…として，第100 項を考える。

100項までの和は(33群まで＋34群の3)の和であるから，

$(3+2+1)\times33+3=201$

【14】1　①　9　②　1　③　1　④　2　⑤　1　2　⑥　3
⑦　2　3　⑧　2　4　⑨　7　⑩　1　⑪　0　⑫　3
5　⑬　2　⑭　1　⑮　0

○**解説**○　1　$2A-3B=2(3x^2-x+3)-3(-x^2+3x-5)=6x^2-2x+6+3x^2-9x+15=9x^2-11x+21$

2　三角形の内角の二等分線と辺の比の関係よりBD：DC＝5：7

したがって，$BD=8\times\dfrac{5}{12}=\dfrac{10}{3}$

よって，$BA:BD=5:\dfrac{10}{3}=15:10=3:2$

線分BIを引いたときBIは∠Bの二等分線となるので，AI：ID＝3：2

3　判別式$D>0$より，$\frac{D}{4}=a^2-1\times(a+2)>0$

$a^2-a-2>0$

$(a-2)(a+1)>0$

$a<-1,\ 2<a$　…①

$y=x^2-2ax+a+2$ のグラフについて，$y=(x-a)^2-a^2+a+2$より，

軸の方程式は，$x=a$軸の位置は$x>0$にあるので，$a>0$　…②

また，このグラフのy切片は正となるので，$a+2>0$

つまり$a>-2$　…③

①，②，③より$a>2$

4　△ABCで余弦定理より，$AC^2=4^2+3^2-2\cdot4\cdot3\cos120^\circ=37$

次に△CDAで，円に内接する四角形ABCDの角なので，$\angle CDA=180^\circ-120^\circ=60^\circ$

したがって，余弦定理より，$37=4^2+CD^2-2\cdot4\cdot CD\cdot\cos60^\circ$

$CD^2-4CD-21=0$

$(CD-7)(CD+3)=0$ よって，$CD>0$より$CD=7$

四角形ABCDの面積は，

$\triangle ABC+\triangle CDA=\frac{1}{2}\cdot4\cdot3\cdot\sin120^\circ+\frac{1}{2}\cdot7\cdot4\cdot\sin60^\circ=10\sqrt{3}$

5　$1011_{(2)}\times101_{(2)}=11\times5=55=2\times5^2+1\times5^1+0\times5^0=210_{(5)}$

【15】(1)　100　　(2)　$y=\frac{2}{e}x+\frac{1}{e}$　　(3)　$a<-\frac{3}{5}$　　(4)　$2\sqrt{3}+2i$

○**解説**○ (1)　さいころで3の倍数の出る目の確率は$\frac{1}{3}$であり，

さいころを450回投げて，3の倍数の出る目の回数をXとすると，

Xは二項分布$B\left(450,\ \frac{1}{3}\right)$に従う。

よって，分散は$V(X)=450\times\frac{1}{3}\times\left(1-\frac{1}{3}\right)=100$

(2)　$y=\log(2x+1)$より，$y'=\frac{2}{2x+1}$

よって，接線の傾きは，$\frac{2}{2\cdot\frac{e-1}{2}+1}=\frac{2}{e}$となるから，

接線の方程式は，$y-1=\dfrac{2}{e}\left(x-\dfrac{e-1}{2}\right)$より，$y=\dfrac{2}{e}x+\dfrac{1}{e}$

(3)　$P=\{x|x^2+2x-3\leqq 0\}$，$Q=\{x|3x+5a\geqq 0\}$

集合Pより，$(x+3)(x-1)\leqq 0$，$-3\leqq x\leqq 1$

集合Qより，$3x\geqq -5$，$x\geqq -\dfrac{5}{3}a$

よって，$P\cap Q=\phi$となるためには，

図から，$-\dfrac{5}{3}a>1$となればよい。

ゆえに，$a<-\dfrac{3}{5}$

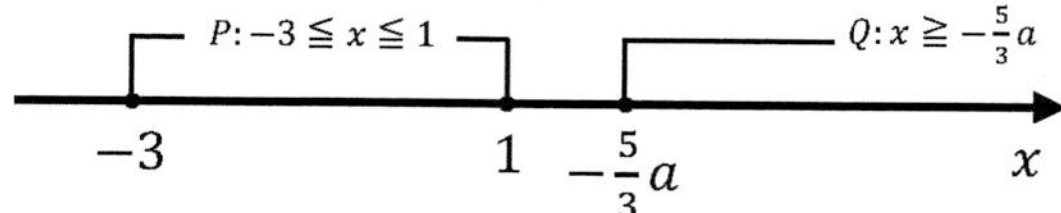

(4)　点$(2\sqrt{3}-2i)$が原点Oを中心に$\dfrac{\pi}{3}$回転するから，

求める複素数は，$(2\sqrt{3}-2i)\left(\cos\dfrac{\pi}{3}+i\ \sin\dfrac{\pi}{3}\right)=(2\sqrt{3}-2i)\left(\dfrac{1}{2}+\dfrac{\sqrt{3}}{2}i\right)$

$=2\sqrt{3}+2i$

【16】問1

(例1)

線分ABをひき，△AOBをつくる。

Aからy軸に平行にひいた直線とx軸との交点をHとする。

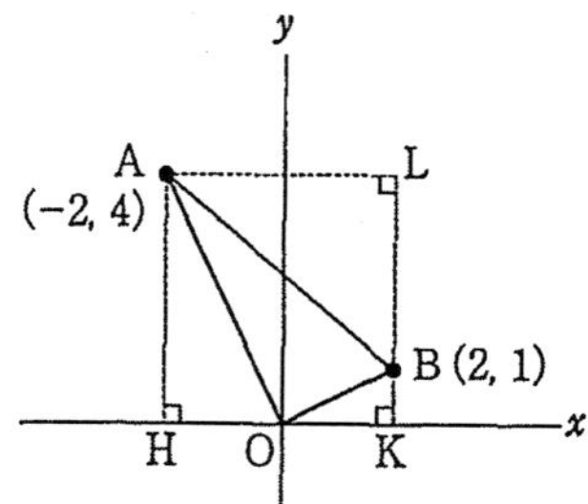

△AHOで，∠AHO＝90°，AH＝4，OH＝2

したがって，三平方の定理より　$OA^2=4^2+2^2=20$

同様に△BOKで　$OB^2=1^2+2^2=5$

同様に△ABLで　$AB^2=AL^2+BL^2=4^2+3^2=16+9=25$

△AOBで，$OA^2+OB^2=20+5=25$　$AB^2=25$

よって，$OA^2+OB^2=AB^2$が成り立ち，三平方の定理の逆から△AOBはABを斜辺とする直角三角形である。つまり，∠AOB＝90°

(例2)

2点A，Bからy軸に平行にひいた直線とx軸との交点をそれぞれC，Dとする。

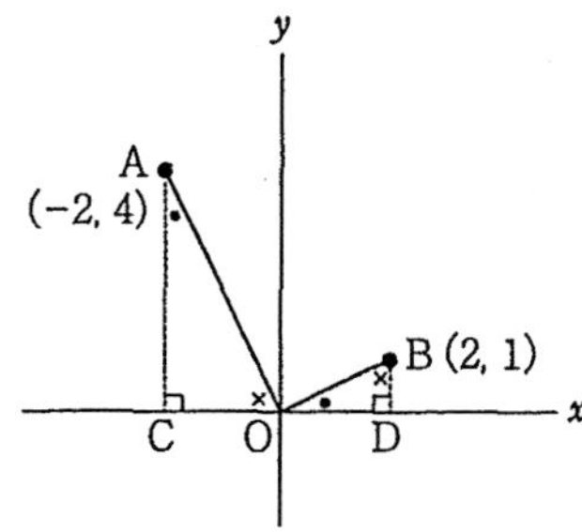

△AOCと△OBDで∠ACO＝∠ODB＝90°　…①

AC：OD＝4：2＝2：1　CO：DB＝2：1

よって，AC：OD＝CO：DB　…②

①，②より2組の辺の比とその間の角がそれぞれ等しいので

△AOC∽△OBD

相似な図形では，対応する角の大きさは等しい

だから∠COA＝∠DBO　…③

△OBDで∠ODB＝90°なので，∠DOB＋∠DBO＝90°　…④

③，④より　∠DOB＋∠COA　＝90°　…⑤

x軸は一直線なので　∠AOB＋∠DOB＋∠COA＝180°

⑤より　∠AOB＋90°＝180°　∠AOB＝180°−90°　∠AOB＝90°

ゆえに　∠AOB＝90°

問2　選手Bの方が，最小値が大きく，範囲が小さいので，より安定して遠くへ投げそうだと考え，選手Bを選択している。

○解説○　問1　中学校学習指導要領より，基本的な平面図形の性質，三平方の定理，図形の相似などを使い証明する。

問2　選手Aの範囲，選手Bの範囲をそれぞれ，L，Mとすると，
$9 \leqq L < 16.5$　$13 \leqq M < 16.5$
また，選手A，選手Bの最小値はそれぞれ，9，13である。
階級値を考えると，選手Aは最小値9.25，最大値16.2，範囲の幅7
選手Bは最小値13.25，最大値16.25，範囲の幅3となる。
したがって，選手Bの方が，最小値が大きく，範囲が小さいことから判断し，選手Bを選択していると考えられる。

【17】(1)　ア　④　イ　③　ウ　⑥　(2)　⑤　(3)　エ　5　オ　2　カ　3　(4)　i)　キ　5　ク　1　ケ　4　コ　4　ii)　サ　1　シ　0　(5)　ス　1　セ　2　(6)　ソ　3　タ　0　チ　3　ツ　2　テ　2　ト　4

○解説○　(1)(2)　学習指導要領の教科の「目標」や「内容」，各学年の「目標」や「内容」などは非常に重要であり，頻出内容でもあるので，学習指導要領だけでなく，学習指導要領解説もあわせて理解するとともに，用語などもしっかり覚えておきたい。

(3)　公開解答では，エが5，オが2，カが3であり，$a+\dfrac{8}{b^3+1}$の値は$5+2\sqrt{3}$となっているが，次の計算結果により$5+\dfrac{20\sqrt{3}}{9}$になることから，正解なしと考えられる。

$1<\sqrt{3}<2$より，$1<3-\sqrt{3}<2$なので，
$a=1$，$b=2-\sqrt{3}$
$b^3+1=(2-\sqrt{3})^3+1=8-12\sqrt{3}+18-3\sqrt{3}+1$
$=27-15\sqrt{3}$

よって，$a+\dfrac{8}{b^3+1}=1+\dfrac{8}{27-15\sqrt{3}}=1+\dfrac{8(27+15\sqrt{3})}{(27-15\sqrt{3})(27+15\sqrt{3})}$

$=1+\dfrac{8(27+15\sqrt{3})}{27^2-(15\sqrt{3})^2}=1+\dfrac{8(27+15\sqrt{3})}{729-675}=1+\dfrac{8(27+15\sqrt{3})}{54}$

$=1+\dfrac{4(27+15\sqrt{3})}{27}=\dfrac{27+4(27+15\sqrt{3})}{27}=\dfrac{5\times27+4\times15\sqrt{3}}{27}=$

$5+\dfrac{20\sqrt{3}}{9}$

(4)　貸し出し数を小さい順に並べると，以下の通りである。

30，40，42，43，44，46，47，55，59

したがって，第1四分位数は$\dfrac{40+42}{2}=41$，中央値は44，

第3四分位数は$\dfrac{47+55}{2}=51$

四分位範囲は$51-41=10$

よって，i)の①は51，②は44，ii)は10

(5)　$|x-1|\leqq 2$を解くと，$-2\leqq x-1\leqq 2$より，

$-1\leqq x\leqq 3$　…①

$(x+2)(x-k-1)\leqq 0$より，$(x+2)\{x-(k+1)\}\leqq 0$

kは正の定数より，$k+1>0$なので，

$-2\leqq x\leqq k+1$　…②

①と②を同時に満たす整数が4個となるためには，

$2\leqq k+1<3$，つまり，$1\leqq k<2$

(6)　$1008=2^4\times 3^2\times 7$

よって，正の約数は，$5\times 3\times 2=30$〔個〕

正の約数の総和は，

$(1+2+2^2+2^3+2^4)(1+3+3^2)(1+7)=31\times 13\times 8=3224$

【18】(1)　6個の○と2個の|を1列に並べる組み合わせの総数に等しいから

${}_8C_6={}_8C_2=28$〔通り〕

(2)　$3^6=729$〔通り〕

(3)　【証明1】

点Cを通り直線ADに平行な直線を引き，直線ABとの交点をEとおく。

AD // ECより　∠BAD＝∠AEC　…①

∠CAD＝∠ACE　…②

また，ADは∠Aの二等分線より，∠BAD＝∠CAD　…③

①～③より，∠AEC＝∠ACE　となり，

△ACEは二等辺三角形であるから，AE＝AC　…④

一方，AD // ECより　AB：AE＝BD：DC

④より　AB：AC＝BD：DC　が成り立つ。　(証明終わり)

【証明2】

∠BAD＝∠CAD＝θとおくと，

$\triangle ABD : \triangle ACD = \frac{1}{2} \cdot AB \cdot AD \cdot \sin\theta : \frac{1}{2} \cdot AC \cdot AD \cdot \sin\theta$

$= AB : AC$ …⑤

また，点Aから辺BCに垂線AHをおろすと，

$\triangle ABD : \triangle ACD = \frac{1}{2} \cdot BD \cdot AH : \frac{1}{2} \cdot CD \cdot AH = BD : CD$ …⑥

⑤，⑥より　AB：AC＝BD：DC　が成り立つ。　(証明終わり)

○解説○ (1)　解答参照。　(2)　色鉛筆A，B，C，D，E，Fの6本に対して，ア，イ，ウの3人がいるとして，色鉛筆Aはア，イ，ウの誰かに配られるのだから配られ方は3通り。色鉛筆Aのどの場合についても色鉛筆Bはア，イ，ウの誰かに配られるため，3通り。色鉛筆は6本より，積の法則から，$3 \times 3 \times 3 \times 3 \times 3 \times 3 = 3^6 = 729$〔通り〕　(3)　証明1は中学校学習範囲の知識による証明で，平行と比の関係を利用している。証明2は高等学校学習範囲の知識による証明で，三角比および面積と比の関係を利用している。

【19】(1)　$(x, y) = (3, 10), (9, 4)$　(2)　$\frac{6}{(x+1)(x-1)}$　(3)　$\frac{25}{4}$

(4)　$\pm\frac{\sqrt{3}}{2} + \frac{i}{2}, -i$　(5)　$(x+2)^2 + (y-3)^2 = 13$　(6)　$\frac{\pi}{3} - \frac{\sqrt{3}}{2}$

○解説○ (1)　$xy = 3x + 2y + 1$より，$(x-2)(y-3) = 7$

x，yは自然数であるから，$\begin{cases} x-2=1 \\ y-3=7 \end{cases}$，$\begin{cases} x-2=7 \\ y-3=1 \end{cases}$　の2通りが考えられる。

これより，$(x, y) = (3, 10), (9, 4)$

(2)　$\frac{x+8}{x^2+x-2} - \frac{x+4}{x^2+3x+2} = \frac{x+8}{(x+2)(x-1)} - \frac{x+4}{(x+2)(x+1)}$

$= \frac{(x+8)(x+1) - (x+4)(x-1)}{(x+2)(x+1)(x-1)} = \frac{6(x+2)}{(x+2)(x+1)(x-1)} = \frac{6}{(x+1)(x-1)}$

(3)　扇形の半径をr，中心角をαとする。

周の長さが10より，$2r + 2\pi r \times \frac{\alpha}{360} = 10$

$\pi r \times \frac{\alpha}{360} = 5 - r$なので，

面積$S = \pi r^2 \times \frac{\alpha}{360} = 5r - r^2 = -\left(r - \frac{5}{2}\right)^2 + \frac{25}{4}$

よって，面積Sの最大値は，$S=\frac{25}{4}$ $\left(r=\frac{5}{2},\ \alpha=\frac{360^\circ}{\pi}\right)$

(4) $x=r(\cos\theta+i\sin\theta)$ $(r>0,\ 0\leqq\theta<2\pi)$とおくと，

$x^3=i$より，$r^3(\cos3\theta+i\sin3\theta)=\cos\frac{\pi}{2}+i\sin\frac{\pi}{2}$

よって，$r^3=1$，$3\theta=\frac{\pi}{2}+2n\pi$ より，$r=1$，$\theta=\frac{\pi}{6}+\frac{2n\pi}{3}$

$0\leqq\theta<2\pi$であるから，$\theta=\frac{\pi}{6}$，$\frac{5\pi}{6}$，$\frac{3\pi}{2}$となる。

$x=\cos\frac{\pi}{6}+i\sin\frac{\pi}{6}$，$\cos\frac{5\pi}{6}+i\sin\frac{5\pi}{6}$，$\cos\frac{3\pi}{2}+i\sin\frac{3\pi}{2}$より，

xの値は，$x=\pm\frac{\sqrt{3}}{2}+\frac{i}{2}$，$-i$

(5) 求める円の中心をC$(t,\ t+5)$とすると，A$(1,\ 1)$であり，
CO＝CAより，$t^2+(t+5)^2=(1-t)^2+(-4-t)^2$，$4t=-8$，$t=-2$
よって，中心C$(-2,\ 3)$，半径は，$\sqrt{(-2)^2+3^2}=\sqrt{13}$となり，
円の方程式は，$(x+2)^2+(y-3)^2=13$

(6) $\int_0^1\frac{x^2}{\sqrt{4-x^2}}dx$において，

$x=2\sin\theta$とおくと，$x:0\to1\Rightarrow\theta:0\to\frac{\pi}{6}$，$dx=2\cos\theta d\theta$
$\sqrt{4-x^2}=\sqrt{4(1-\sin^2\theta)}=2\cos\theta$

よって，$\int_0^1\frac{x^2}{\sqrt{4-x^2}}dx=\int_0^{\frac{\pi}{6}}\frac{4\sin^2\theta}{2\cos\theta}\cdot2\cos\theta\ d\theta=4\int_0^{\frac{\pi}{6}}\sin^2\theta d\theta$

$=4\int_0^{\frac{\pi}{6}}\frac{1-\cos2\theta}{2}d\theta=4\left[\frac{\theta}{2}-\frac{\sin2\theta}{4}\right]_0^{\frac{\pi}{6}}=4\left(\frac{\pi}{12}-\frac{\sqrt{3}}{8}\right)=\frac{\pi}{3}-\frac{\sqrt{3}}{2}$

【20】(1) ア 2　イ 3　(2) ウ 8　エ 8　オ 1　カ 5
(3) キ 9　ク 6

○**解説**○ (1) $y=f(x)=x^2-2ax+a+2=(x-a)^2-a^2+a+2$において，
2次方程式$f(x)=0$が$x>1$に異なる2つの解をもつから，
$f(1)=1-2a+a+2>0$より，$a<3$
頂点：$f(a)=-a^2+a+2<0$，$(a+1)(a-2)>0$より，
$a<-1$，$a>2$
軸：$x=a>1$

切片：$a+2>0$より，$a>-2$

これらの共通範囲より，求めるaの値の範囲は，$2<a<3$

(2)　$BC^2=8^2+7^2-2\cdot8\cdot7\cdot\cos\angle BAC=121$より，

$BC=\sqrt{121}=11$

点Dは∠BACの二等分線と辺BCとの交点なので，BD：DC＝8：7

よって，$BD=\frac{8}{15}BC=\frac{8}{15}\cdot11=\frac{88}{15}$

(3)　4組の親子が円順列をなし，それぞれの親と子の入れ替わりがあるから，

$(4-1)!\times2\times2\times2\times2=96$〔通り〕

【21】1　①　9　②　0　③　2　④　1　⑤　0　⑥　9
⑦　6　2　⑧　1　⑨　5　3　⑩　2

○解説○ 1　$1000-1.96\times\frac{500}{\sqrt{100}}\leqq\mu\leqq1000+1.96\times\frac{500}{\sqrt{100}}$

$1000-98\leqq\mu\leqq1000+98$

$902\leqq\mu\leqq1098$

2　平均は，$(5+3+6+8+5+8+5+4+6+5)\div10=5.5$

平均の2乗は$5.5^2=30.25$

2乗の平均は，$(25+9+36+64+25+64+25+16+36+25)\div10=32.5$

したがって分散は$32.5-30.25=2.25$

よって，標準偏差は$\sqrt{2.25}=1.5$

3　Xの分散を$V(X)$とすると，$V(X)=8\times\frac{1}{2}\left(1-\frac{1}{2}\right)=2$

【22】(1)　ア　2　イ　3　ウ　4　エ　－　オ　5　カ　2
(2)　キ　2　ク　1　ケ　6　コ　2　サ　3

○解説○ (1)　$z=-1+i=\sqrt{2}\left(-\frac{1}{\sqrt{2}}+\frac{1}{\sqrt{2}}i\right)=\sqrt{2}\left(\cos\frac{3\pi}{4}+i\sin\frac{3\pi}{4}\right)$

$\bar{z}=\sqrt{2}\left(\cos\frac{3\pi}{4}-i\sin\frac{3\pi}{4}\right)=\sqrt{2}\left\{\cos\left(-\frac{3\pi}{4}\right)+i\sin\left(-\frac{3\pi}{4}\right)\right\}$

よって，$\frac{z}{\bar{z}}=\frac{\sqrt{2}\left(\cos\frac{3\pi}{4}+i\sin\frac{3\pi}{4}\right)}{\sqrt{2}\left\{\cos\left(-\frac{3\pi}{4}\right)+i\sin\left(-\frac{3\pi}{4}\right)\right\}}$

$=\cos\left\{\frac{3\pi}{4}-\left(-\frac{3\pi}{4}\right)\right\}+i\sin\left\{\frac{3\pi}{4}-\left(-\frac{3\pi}{4}\right)\right\}=\cos\frac{3\pi}{2}+i\sin\frac{3\pi}{2}=-i$

$\left|z+\frac{1}{z}\right|^2=\left(z+\frac{1}{z}\right)\overline{\left(z+\frac{1}{z}\right)}=\left(z+\frac{1}{z}\right)\left(\bar{z}+\frac{1}{\bar{z}}\right)=z\bar{z}+\frac{z}{\bar{z}}+\frac{\bar{z}}{z}+\frac{1}{z\bar{z}}\quad\cdots①$

ここで，$z\bar{z}=2\left(\cos\frac{3\pi}{4}+i\sin\frac{3\pi}{4}\right)\left\{\cos\left(-\frac{3\pi}{4}\right)+i\sin\left(-\frac{3\pi}{4}\right)\right\}$

$=2\cos\left(\frac{3\pi}{4}-\frac{3\pi}{4}\right)+i\sin\left(\frac{3\pi}{4}-\frac{3\pi}{4}\right)=2(\cos0+i\sin0)=2,$

$\frac{\bar{z}}{z}=\frac{\sqrt{2}\left\{\cos\left(-\frac{3\pi}{4}\right)+i\sin\left(-\frac{3\pi}{4}\right)\right\}}{\sqrt{2}\left(\cos\frac{3\pi}{4}+i\sin\frac{3\pi}{4}\right)}=\cos\left(-\frac{3\pi}{2}\right)+i\sin\left(-\frac{3\pi}{2}\right)=i$

$\frac{z}{\bar{z}}=-i$であるから，

$①=2+(-i)+i+\frac{1}{2}=\frac{5}{2}$

【参考】　直接の計算では

$\frac{z}{\bar{z}}=\frac{-1+i}{-1-i}=\frac{(-1+i)^2}{(-1-i)(-1+i)}=\frac{1-2i+i^2}{1-i^2}=\frac{1-2i+(-1)}{1-(-1)}=\frac{-2i}{2}=-i$

$z+\frac{1}{z}=-1+i+\frac{1}{-1+i}=-1+i+\frac{-1-i}{(-1+i)(-1-i)}=-1+i+\frac{-1-i}{2}$

$=-\frac{3}{2}+\frac{1}{2}i$

よって，$\left|z+\frac{1}{z}\right|=\left|-\frac{3}{2}+\frac{1}{2}i\right|=\sqrt{\left(-\frac{3}{2}\right)^2+\left(\frac{1}{2}\right)^2}=\sqrt{\frac{5}{2}}$となるから，

$\left|z+\frac{1}{z}\right|^2=\left(\sqrt{\frac{5}{2}}\right)^2=\frac{5}{2}$である。

(2)　$y=\log x$上の点$(t,\ \log t)$における

接線の方程式は$y'=\frac{1}{x}$より，$y-\log t=\frac{1}{t}(x-t)$　これが原点O(0，0)

を通るから，$-\log t=\frac{1}{t}(-t)$，$\log t=1$，$t=e$

よって，接点は$(e,\ 1)$となる。

求める面積Sは図の斜線部なので，

$S=\frac{1}{2}(e\times1)-\int_1^e\log x\,dx=\frac{e}{2}-\Big[x\log x-x\Big]_1^e=\frac{e}{2}-1$

次に，$y=\log x$より，$x=e^y$，接線$y=\frac{x}{e}$より，$x=ey$

よって，y軸の周りの回転体の体積Vは図より，

$$V=\pi\int_0^1\{(e^y)^2-(ey)^2\}dy=\pi\int_0^1(e^{2y}-e^2y^2)dy=\pi\left[\frac{e^{2y}}{2}-\frac{e^2y^3}{3}\right]_0^1$$

$$=\pi\left(\frac{e^2}{2}-\frac{e^2}{3}-\frac{1}{2}\right)=\frac{\pi}{6}(e^2-3)$$

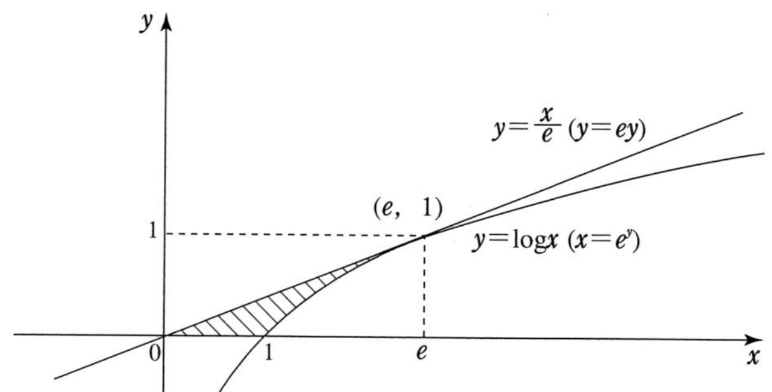

【23】(1)　ア　1　　イ　5　　(2)　ウ　4　　(3)　エオ　45

(4)　カキク　277　　ケコ　64　　(5)　サ　5　　シ　3　　ス　7

(6)　セソ　11　　(7)　タチ　16　　ツテ　12　　(8)　ト　4

ナ　4　　ニヌ　−6　　ネ　9　　ノハヒ　125　　フヘ　12

○**解説**○ (1)　10枚のカードから同時に2枚取り出す取り出し方は${}_{10}C_2=45$〔通り〕取り出した2枚のカードの自然数の和が5の倍数になるのは，(1, 4)，(2, 3)，(1, 9)，(2, 8)，(3, 7)，(4, 6)，(5, 10)，(6, 9)，(7, 8)の9通り。

よって，求める確率は，$\frac{9}{45}=\frac{1}{5}$

(2)　$\begin{cases} y=-x^2+(a+2)x-a-4 \\ y=0(x軸) \end{cases}$　が2点で交わるということは，

$-x^2+(a+2)x-a-4=0$の判別式D＞0より，

$a>2\sqrt{3}$，$a<-2\sqrt{3}$　…①

$\begin{cases} y=-x^2+(a+2)x-a-4 \\ y=x+5 \end{cases}$　が共有点をもたないということは，

$-x^2+(a+2)x-a-4=x+5$の判別式$D<0$より，$-5<a<7$　…②

①，②を同時に満たす整数aは−4，4，5，6の4個。

(3)　$x+y+z=8$を8個の○に2個の区切り|を1列に並べる順列の総数と考えて，${}_{10}C_8={}_{10}C_2=45$〔組〕

(4)　1が1回，2が2回，3が3回…と続いていくので，
自然数nがすべて出てくるのは，$1+2+3+\cdots+n=\sum_{k=1}^{n}k=\frac{n(n+1)}{2}$の次の項である。
自然数23がすべて出てくるには，$\frac{23\times(23+1)}{2}=276$項だけ必要なので，
自然数24が初めて現れるのは，$(276+1)=277$〔項目〕
$\frac{n(n+1)}{2}\fallingdotseq 2024$となる$n$を調べると，
$2024\fallingdotseq 2025=45^2$より，$2\times 2025=(45\sqrt{2})^2\fallingdotseq(45\times 1.4)^2=63^2$
$\frac{n(n+1)}{2}$に$n=63$を代入すると2016より，第2017項から自然数64が初めて現れる。
(5)　3次方程式$x^3-(a+6)x^2+(16+6a)x-16a=0$に$x=\sqrt{5}$を代入すると，$a=\sqrt{5}$
3次方程式は，$x^3-(6+\sqrt{5})x^2+(16+6\sqrt{5})x-16\sqrt{5}=0$
この方程式の解が，$x=\sqrt{5}$なので，
$x^3-(6+\sqrt{5})x^2+(16+6\sqrt{5})x-16\sqrt{5}$を$x-\sqrt{5}$で割ると，
$x^2-6x+16$
よって，他の解は，$3\pm\sqrt{7}\,i$
(6)　正の整数Nがn桁の数$10^{n-1}\leqq N<10^n$
$n-1\leqq\log_{10}N<n$を利用する。
$\log_{10}xyz=\log_{10}(4^{10}\cdot 9^3\cdot 5^2)=\log_{10}(2^{20}\cdot 3^6\cdot 5^2)=\log_{10}(2^{18}\cdot 3^6\cdot 10^2)$
$=18\log_{10}2+6\log_{10}3+2=18\times 0.3010+6\times 0.4771+2=10.2806$
よって，xyzは11桁の数である。
(7)　内積$\overrightarrow{OA}\cdot\overrightarrow{OB}=|\overrightarrow{OA}||\overrightarrow{OB}|\cos\theta$で求められるので，△OABで余弦定理を用いると，
$\cos\theta=\frac{7^2+8^2-9^2}{2\cdot 7\cdot 8}=\frac{2}{7}$より，$\overrightarrow{OA}\cdot\overrightarrow{OB}=7\times 8\times\frac{2}{7}=16$
$|\overrightarrow{OP}|^2=\left(t\overrightarrow{OA}+\frac{1}{t}\overrightarrow{OB}\right)^2=t^2|\overrightarrow{OA}|^2+\frac{1}{t^2}|\overrightarrow{OB}|^2+2\overrightarrow{OA}\cdot\overrightarrow{OB}=49t^2+\frac{64}{t^2}+32$
ここで$49t^2>0$，$\frac{64}{t^2}>0$より，相加平均・相乗平均から，
$49t^2+\frac{64}{t^2}\geqq 2\sqrt{49t^2\cdot\frac{64}{t^2}}=112$

よって，$|\overrightarrow{OP}|^2 \geqq 112+32=144=12^2$

(8)　C_1：$y=-x^2$上の接点を$(s,\ -s^2)$とすると，

接線の方程式は，$y=-2s(x-s)-s^2=-2sx+s^2$

C_2：$y=x^2-2x+13$上の接点を$(t,\ t^2-2t+13)$とすると，

接線の方程式は，$y=(2t-2)(x-t)+t^2-2t+13=(2t-2)x-t^2+13$

共通接線であるので，$\begin{cases} -2s=2t-2 \\ s^2=-t^2+13 \end{cases}$

よって，$s=-2$，$t=3$もしくは，$s=3$，$t=-2$

l：$y=4x+4$

m：$y=-6x+9$

共通接線の交点は$\left(\dfrac{1}{2},\ 6\right)$

C_1の接点はそれぞれ$(-2,\ -4)$，$(3,\ -9)$

求める面積は，

$$\int_{-2}^{\frac{1}{2}}\{(4x+4)-(-x^2)\}\,dx+\int_{\frac{1}{2}}^{3}\{(-6x+9)-(-x^2)\}dx$$

$$=\int_{-2}^{\frac{1}{2}}(x^2+4x+4)\,dx+\int_{\frac{1}{2}}^{3}(x^2-6x+9)dx$$

$$=\left[\frac{x^3}{3}+2x^2+4x\right]_{-2}^{\frac{1}{2}}+\left[\frac{x^3}{3}-3x^2+9x\right]_{\frac{1}{2}}^{3}$$

$$=\frac{125}{12}$$

【24】1　①　2　　2　②　6　　③　0　　④　3　　⑤　3　　3　⑥　1
⑦　6　　4　⑧　4　　⑨　9　　⑩　2　　⑪　5　　⑫　1
5　⑬　6

○解説○ 1　$\displaystyle\lim_{x\to0}\frac{(1-\cos x)(1+\cos x)}{x\sin x\,(1+\cos x)}=\lim_{x\to0}\frac{1-\cos^2 x}{x\sin x\,(1+\cos x)}$

$\displaystyle=\lim_{x\to0}\frac{\sin^2 x}{x\sin x\,(1+\cos x)}=\lim_{x\to0}\frac{\sin x}{x(1+\cos x)}=\frac{1}{2}$

2　$\overrightarrow{AB}=(1,\ 2,\ 1)$，$\overrightarrow{AC}=(-2,\ 2,\ 4)$

$|\overrightarrow{AB}|=\sqrt{1^2+2^2+1^2}=\sqrt{6}$

$|\overrightarrow{AC}|=\sqrt{(-2)^2+2^2+4^2}=2\sqrt{6}$

$\overrightarrow{AB}\cdot\overrightarrow{AC}=1\times(-2)+2\times2+1\times4=6$

したがって，$\cos\angle BAC=\dfrac{6}{\sqrt{6}\times2\sqrt{6}}=\dfrac{1}{2}$

よって，$\angle BAC=60^\circ$

$\triangle ABC=\dfrac{1}{2}\times|\overrightarrow{AB}||\overrightarrow{AC}|\sin60^\circ=\dfrac{1}{2}\times\sqrt{6}\times2\sqrt{6}\times\dfrac{\sqrt{3}}{2}=3\sqrt{3}$

3　$-1-i=-\sqrt{2}\left(\dfrac{1}{\sqrt{2}}+\dfrac{1}{\sqrt{2}}i\right)=-\sqrt{2}\left(\cos\dfrac{\pi}{4}+i\sin\dfrac{\pi}{4}\right)$より，

$(-1-i)^8=\left\{-\sqrt{2}\left(\cos\dfrac{\pi}{4}+i\sin\dfrac{\pi}{4}\right)\right\}^8$

$=(-\sqrt{2})^8\left(\cos\dfrac{\pi}{4}+i\sin\dfrac{\pi}{4}\right)^8=16\left(\cos\dfrac{8}{4}\pi+i\sin\dfrac{8}{4}\pi\right)=16\times(1+0)=16$

4　$A(a,\ 0)$，$B(0,\ b)$とする。点$P(x,\ y)$とすると，

$x=\dfrac{7a+5\times0}{5+7}=\dfrac{7a}{12}$，$y=\dfrac{7\times0+5b}{5+7}=\dfrac{5b}{12}$

よって，$a=\dfrac{12}{7}x$，$b=\dfrac{12}{5}y$

$AB=12$より，$AB^2=144$なので，$a^2+b^2=144$

以上より，$\left(\dfrac{12}{7}x\right)^2+\left(\dfrac{12}{5}y\right)^2=144$

$\dfrac{144x^2}{49}+\dfrac{144y^2}{25}=144$

$\dfrac{x^2}{49}+\dfrac{y^2}{25}=1$

5　$x=\tan\theta$とおくと，$\dfrac{dx}{d\theta}=\dfrac{1}{\cos^2\theta}$，積分区間は$0\to\dfrac{\pi}{6}$となるので，

$(与式)=\displaystyle\int_0^{\frac{\pi}{6}}\dfrac{1}{1+\tan^2\theta}\times\dfrac{d\theta}{\cos^2\theta}$

$=\displaystyle\int_0^{\frac{\pi}{6}}\cos^2\theta\times\dfrac{d\theta}{\cos^2\theta}=\int_0^{\frac{\pi}{6}}1\,d\theta=\Big[\theta\Big]_0^{\frac{\pi}{6}}=\dfrac{\pi}{6}$

● 総合問題

【25】1　① 2　② 5　③ 1　④ 1　⑤ 6　2 ⑥ 1
⑦ 2　⑧ 3　⑨ 2　3 ⑩ 3　⑪ 2

○**解説**○ 1　$\dfrac{dx}{dt}=5t^4$, $\dfrac{dy}{dt}=-\dfrac{1}{t^2}$より，$\dfrac{dy}{dx}=-\dfrac{1}{5t^6}$

よって，$\dfrac{d^2y}{dx^2}=\dfrac{d}{dx}\left(\dfrac{dy}{dx}\right)=\dfrac{d}{dx}\left(-\dfrac{1}{5t^6}\right)=\dfrac{d}{dt}\left(-\dfrac{1}{5t^6}\right)\dfrac{dt}{dx}=\dfrac{6}{5t^7}\times\dfrac{1}{5t^4}=\dfrac{6}{25t^{11}}$

2　$y=\log(x^2+2)$より，$e^y=x^2+2$

$x^2=e^y-2$

$x=0$のとき$y=\log2$，$x=1$のとき$y=\log3$

したがって，求める回転体の体積は

$$\pi\int_{\log2}^{\log3}x^2dy=\pi\int_{\log2}^{\log3}(e^y-2)dy=\pi\left[e^y-2y\right]_{\log2}^{\log3}=\pi\,(e^{\log3}-2\log3-e^{\log2}+\log2)$$

$$=\pi\,(3-2\log3-2+2\log2)=\left(1+2\log\frac{3}{2}\right)\pi$$

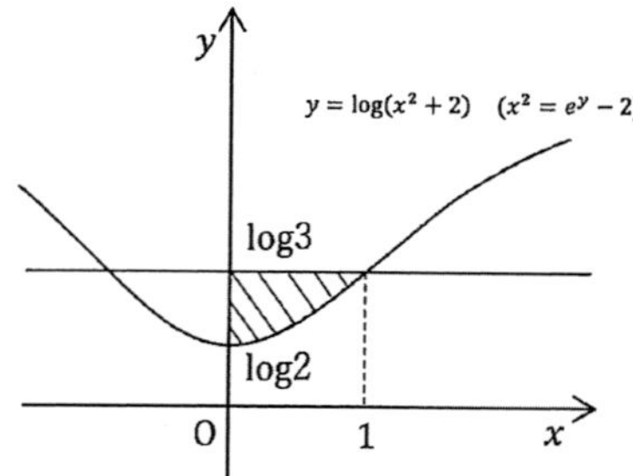

3　$x=pa+qb$とすると，$\begin{bmatrix}5\\11\end{bmatrix}=\begin{bmatrix}3p\\p\end{bmatrix}+\begin{bmatrix}2p\\-4q\end{bmatrix}$

よって，$\begin{cases}3p+2q=5\\p-4q=11\end{cases}$　を解いて，$(p,\ q)=(3,\ -2)$

したがって，$x=3a-2b$

学習指導要領

数学科　学習指導要領

実施問題

中学校

【1】中学校学習指導要領(平成29年告示)の「第2章　第3節　数学」について，次の(1)，(2)の問いに答えよ。

(1) 次の文は，「第1　目標」を示そうとしたものである。文中のア，イの[　　]にあてはまる語句を，それぞれ書け。

> 数学的な見方・考え方を働かせ，数学的活動を通して，数学的に考える資質・能力を次のとおり育成することを目指す。
>
> (1) 数量や図形などについての基礎的な概念や原理・法則などを理解するとともに，事象を[　ア　]したり，数学的に解釈したり，数学的に表現・処理したりする技能を身に付けるようにする。
>
> (2) 数学を活用して事象を論理的に考察する力，数量や図形などの性質を見いだし統合的・発展的に考察する力，数学的な表現を用いて事象を簡潔・明瞭・的確に表現する力を養う。
>
> (3) 数学的活動の楽しさや数学のよさを実感して粘り強く考え，数学を[　イ　]や学習に生かそうとする態度，問題解決の過程を振り返って評価・改善しようとする態度を養う。

(2) 次の文は，「第3　指導計画の作成と内容の取扱い」の一部を示そうとしたものである。文中のウ～カの[　　]にあてはまる最も適切な語句を，以下の①～⑧の中からそれぞれ一つずつ選び，その番号を書け。

> 3　数学的活動の取組においては，次の事項に配慮するものとする。
>
> (1) 数学的活動を楽しめるようにするとともに，数学を学習することの意義や[　ウ　]などを実感する機会を設ける

こと。

(2) 数学を活用して問題解決する方法を理解するとともに，自ら問題を見いだし，解決するための構想を立て，実践し，[エ]を設けること。

(3) 各領域の指導に当たっては，[オ]などの活動を通して，数量や図形などの性質を見いだしたり，発展させたりする機会を設けること。

(4) [カ]を振り返り，レポートにまとめ発表することなどを通して，その成果を共有する機会を設けること。

① 算数を学ぶことの楽しさ
② その過程や結果を評価・改善する機会
③ 数学の必要性
④ 具体物，図，数，式，表，グラフ相互の関連を図る
⑤ 学習の過程と成果
⑥ 数学的活動を楽しめるようにする機会
⑦ 数学的活動の過程
⑧ 観察や操作，実験

2024年度 香川県 難易度

【2】次の記述は，「中学校学習指導要領」(平成29年3月告示)「第2章 各教科 第3節 数学 第1 目標」である。

空欄[a]～[c]に当てはまるものの組合せとして最も適切なものを，以下の①～⑥のうちから選びなさい。

数学的な見方・考え方を働かせ，数学的活動を通して，数学的に考える資質・能力を次のとおり育成することを目指す。

(1) 数量や図形などについての基礎的な概念や原理・法則などを理解するとともに，事象を[a]したり，数学的に解釈したり，数学的に表現・処理したりする技能を身に付けるようにする。

(2) 数学を活用して事象を論理的に考察する力，数量や図形などの性質を見いだし統合的・発展的に考察する力，数学的な表現を用いて事象を簡潔・明瞭・的確に表現する力を養う。

(3) 数学的活動の楽しさや数学のよさを実感して[b]考え，数学を生活や学習に生かそうとする態度，問題解決の過程を振り返って[c]しようとする態度を養う。

① a 数学化 b 粘り強く c 評価・改善
② a 数学化 b 数学的に c 評価・改善
③ a 数学化 b 粘り強く c 統合的・発展的に考察
④ a 一般化 b 数学的に c 評価・改善
⑤ a 一般化 b 粘り強く c 統合的・発展的に考察
⑥ a 一般化 b 数学的に c 統合的・発展的に考察

2024年度 ▌神奈川県・横浜市・川崎市・相模原市 ▌難易度

【3】次の記述は，「中学校学習指導要領」(平成29年3月告示)「第2章 各教科 第3節 数学 第2 各学年の目標及び内容」の一部である。

空欄[a]～[c]に当てはまるものの組合せとして最も適切なものを，以下の①～⑥のうちから選びなさい。

〔第3学年〕

2 内容

〔数学的活動〕

(1) 「A数と式」，「B図形」，「C関数」及び「Dデータの活用」の学習やそれらを相互に関連付けた学習において，次のような数学的活動に取り組むものとする。

ア 日常の事象や社会の事象を[a]に捉え，数学的に表現・処理し，問題を解決したり，解決の過程や結果を振り返って考察したりする活動

イ 数学の事象から見通しをもって問題を見いだし解決したり，解決の過程や結果を振り返って[b]に考察したりする活動

ウ 数学的な表現を用いて[c]に説明し伝え合う活動

① a 多面的 b 統合的・発展的 c 体系的
② a 数理的 b 批判的 c 論理的
③ a 数理的 b 批判的 c 体系的
④ a 多面的 b 批判的 c 体系的
⑤ a 数理的 b 統合的・発展的 c 論理的

⑥ a 多面的 b 統合的・発展的 c 論理的

2024年度 神奈川県・横浜市・川崎市・相模原市 難易度

【4】次の文章は，中学校学習指導要領(平成29年3月)「数学」の一部です。空欄①，②に当てはまる語句として，正しいものを選びなさい。

> 第3 指導計画の作成と内容の取扱い
>
> 1 指導計画の作成に当たっては，次の事項に配慮するものとする。
>
> (1) 単元など内容や時間のまとまりを見通して，その中で育む資質・能力の育成に向けて，数学的活動を通して，生徒の[①]の実現を図るようにすること。その際，数学的な見方・考え方を働かせながら，日常の事象や社会の事象を数理的に捉え，数学の問題を見いだし，問題を自立的，協働的に解決し，学習の過程を振り返り，概念を形成するなどの学習の充実を図ること。
>
> (略)
>
> (3) 生徒の学習を確実なものにするために，新たな内容を指導する際には，既に指導した関連する内容を意図的に再度取り上げ，[②]の機会を設定することに配慮すること。

① ア 個別最適な学び イ 主体的・対話的で深い学び
ウ 協働的な学び エ 習得・活用・探究という学び

② ア 言語活動 イ 観察や操作
ウ 学び直し エ 具体的な体験

2024年度 北海道・札幌市 難易度

【5】次の文章は，中学校学習指導要領解説(平成29年7月)「数学編」の一部です。空欄①～③に当てはまる語句として，正しいものを選びなさい。

> 第2章 数学科の目標及び内容
>
> (略)

第2節　数学科の内容

1　内容構成の考え方

(1)　数学科の内容について

(略)

⑧　数学的に説明し伝え合うこと

数の概念及びその範囲の拡張についての理解，ユークリッド空間の把握及び関数についての理解など確定した事象並びに不確定な事象を考察できるようにしていく過程では，数学的に説明し伝え合う活動が重要である。

[　①　]では，何を考え，どのように感じているのか，自分自身と向き合わなければならない。自分自身の言葉で着想や思考を表すことにより，自分の考えを再認識することができる。こうして言語で表されたものは，自分の考えを見つめ直す反省的思考を生み出し，更に研ぎ澄まされたものとなっていく。この自己内対話の過程は，他者とのコミュニケーションによって一層促進され，考えを[　②　]可能性を広げてくれる。説明し伝え合う活動における他者との関わりは，一人では気付かなかった新しい視点をもたらし，理由などを問われることは根拠を明らかにし，それに基づいて[　③　]説明する必要性を生み出す。そして，数学的な知識及び技能，数学的な表現などのよさを実感する機会も生まれる。

①　ア　新たな知識を習得していく過程
　　イ　問題発見・解決の過程
　　ウ　結果の意味を考察する過程
　　エ　統合的・発展的に考察する過程

②　ア　新たに創造する　　イ　生み出す喜びを味わう
　　ウ　分類整理する　　　エ　質的に高める

③　ア　合理的に　　　　　イ　意味や解釈などの詳細について
　　ウ　筋道立てて　　　　エ　簡潔・明瞭・的確に

2024年度　北海道・札幌市　難易度

【6】次の各問いに答えなさい。

(1) 「中学校学習指導要領(平成29年3月) 第2章 第3節 数学」における「第3 指導計画の作成と内容の取扱い」に即して，次の(①)～(③)に当てはまる語句を答えなさい。

> 1 指導計画の作成に当たっては，次の事項に配慮するものとする。
>
> (1) 単元など内容や時間のまとまりを見通して，その中で育む(①)の育成に向けて，数学的活動を通して，生徒の主体的・対話的で深い学びの実現を図るようにすること。その際，数学的な見方・考え方を働かせながら，日常の事象や社会の事象を数理的に捉え，数学の(②)を見いだし，(②)を自立的，協働的に解決し，学習の過程を(③)，概念を形成するなどの学習の充実を図ること。

(2) 「中学校学習指導要領解説 数学編」(平成29年7月) 第2章 数学科の目標及び内容 第2節 数学科の内容 2 各領域の内容の概観 D データの活用 (1)「データの活用」指導の意義 をふまえて次の(①)～(⑤)に当てはまる語句を【選択肢】から選び，記号で答えなさい。

> 〔一部，抜粋〕
>
> 中学校数学科の「データの活用」の指導の意義については，次の二つの面が考えられる。
>
> ・日常生活においては，(①)な事象についてデータに基づいて(②)する場面が多いので，(③)に応じてデータを(④)して処理し，その傾向を読み取って(②)することが有用であること。
>
> ・よりよい解決や結論を見いだすに当たって，データに基づいた(②)や主張を(⑤)的に考察することが有用であること。

【選択肢】

ア　目的	イ　複雑	ウ　簡単	エ　未解決	オ　不確定
カ　分析	キ　状況	ク　場面	ケ　解釈	コ　判断
サ　肯定	シ　批判	ス　積極	セ　数学	ソ　具体
タ　収集	チ　決定	ツ　計算		

2024年度 | 長野県 | 難易度

【7】次の文は，「中学校学習指導要領解説　数学編(平成29年7月)第3章　各学年の目標及び内容　第3節　第3学年の内容〔数学的活動〕」の抜粋である。[　①　]～[　⑤　]にあてはまる語句を，以下のア～ケの中から選び，記号で答えなさい。ただし，同じ番号には同じ記号が入る。

> (1) 「A数と式」，「B図形」，「C関数」及び「Dデータの活用」の学習やそれらを相互に関連付けた学習において，次のような数学的活動に取り組むものとする。
> ア　日常の事象や社会の事象を数理的に捉え，[　①　]的に表現・処理し，問題を解決したり，解決の過程や結果を振り返って考察したりする活動
> イ　[　①　]の事象から[　②　]をもって問題を見いだし解決したり，解決の過程や結果を振り返って[　③　]・[　④　]に考察したりする活動
> ウ　[　①　]的な表現を用いて[　⑤　]に説明し伝え合う活動

ア　見通し	イ　数学	ウ　日常	エ　過程や結果
オ　多面的	カ　批判的	キ　発展的	ク　論理的
ケ　統合的			

2024年度 | 静岡県・静岡市・浜松市 | 難易度

【8】次の①，②は，中学校学習指導要領(平成29年告示)「第2章　各教科　第3節　数学　第2　各学年の目標及び内容」に示されている各学年の目標の一部です。①と②の目標が示されている学年の組み合わせとして正しいものを，以下の1～4の中から1つ選びなさい。

①

> 複数の集団のデータの分布に着目し，その傾向を比較して読み取り批判的に考察して判断したり，不確定な事象の起こりやすさについて考察したりする力を養う。

②

> 標本と母集団の関係に着目し，母集団の傾向を推定し判断したり，調査の方法や結果を批判的に考察したりする力を養う。

1　①　第1学年　　②　第3学年
2　①　第2学年　　②　第3学年
3　①　第3学年　　②　第1学年
4　①　第1学年　　②　第2学年

2024年度｜埼玉県・さいたま市｜難易度

【9】次は，中学校学習指導要領(平成29年告示)「第2章　各教科　第3節　数学　第3　指導計画の作成と内容の取扱い」の一部です。文中の[　①　]，[　②　]に入る語句の組み合わせとして正しいものを，以下の1～4の中から1つ選びなさい。

> 3　数学的活動の取組においては，次の事項に配慮するものとする。
> (1)　数学的活動を楽しめるようにするとともに，数学を学習することの意義や数学の[　①　]などを実感する機会を設けること。
> (2)　数学を活用して問題解決する方法を理解するとともに，自ら問題を[　②　]，解決するための構想を立て，実践し，その過程や結果を評価・改善する機会を設けること。

1　①　必要性　　②　見いだし
2　①　必要性　　②　分析し
3　①　有用性　　②　見いだし
4　①　有用性　　②　分析し

2024年度｜埼玉県・さいたま市｜難易度

【10】中学校学習指導要領数学の「各学年の目標及び内容」の〔第2学年〕の「内容」において，身に付けることができるよう指導するとされている事項に関する記述として適切なものは，次の1～4のうちのどれか。

1 「A　数と式」において，具体的な事象の中の数量の関係を文字を用いた式で表したり，式の意味を読み取ったりすること。

2 「B　図形」において，基本的な立体の相似の意味及び相似な図形の相似比と面積比や体積比との関係について理解すること。

3 「C　関数」において，関数$y=ax^2$として捉えられる二つの数量について，変化や対応の特徴を見いだし，表，式，グラフを相互に関連付けて考察し表現すること。

4 「D　データの活用」において，目的に応じてデータを収集して分析し，そのデータの分布の傾向を読み取り，批判的に考察し判断すること。

▌2024年度 ▌東京都 ▌難易度

高等学校

【1】次の各問いに答えなさい。

(1)　次の文は「高等学校学習指導要領(平成30年告示)解説　数学編　理数編　第1部　数学編　第1章　総説　第3節　数学科の目標　②『数学的活動を通して』について」からの抜粋である。文中の(　　)に当てはまる語句を以下の選択肢からそれぞれ1つずつ選び，記号で答えなさい。

> 数学的活動として捉える問題発見・解決の過程には，主として二つの過程を考えることができる。一つは，日常生活や社会の事象などを数理的に捉え，数学的に(　①　)し，問題を解決し，解決過程を振り返り得られた結果の意味を考察する過程であり，もう一つは，数学の事象から問題を見いだし，数学的な推論などによって問題を解決し，解決の過程や結果を振り返って統合的・発展的，(　②　)に考察する過程である。これら二つの過程は相互に関わり合って展開される。数学の学習過程においては，これらの二つの過程を意識しつつ，生

徒が(　③　)をもって遂行できるようにすること，各場面で(　④　)を充実し，それぞれの過程や結果を振り返り，評価・改善することができるようにすることが大切である。

ア	思考・判断	イ	表現・処理	ウ	全体的
エ	体系的	オ	自主的	カ	言語活動
キ	主体性	ク	意欲	ケ	目的意識
コ	数学的内容	サ	問題意識	シ	協働的な学び

(2)　次の文は「高等学校学習指導要領(平成30年告示)第2章　各学科に共通する各教科　第4節　数学　第2款　各科目　第5　数学B　2　内容　(2)統計的な推測」からの抜粋である。文中の(　　)に当てはまる語句を以下からそれぞれ1つずつ選び，記号で答えなさい。ただし，同じ番号には同じ語句が入るものとする。

(2)　統計的な推測

統計的な推測について，数学的活動を通して，その有用性を認識するとともに，次の事項を身に付けることができるよう指導する。

ア　次のような知識及び技能を身に付けること。

(ア)　(　①　)の考え方について理解を深めること。

(イ)　(　②　)と(　③　)について理解すること。

(ウ)　二項分布と(　④　)の性質や特徴について理解すること。

(エ)　(　④　)を用いた区間推定及び仮説検定の方法を理解すること。

イ　次のような思考力，判断力，表現力等を身に付けること。

(ア)　(　③　)や標本分布の特徴を，(　②　)の平均，分散，標準偏差などを用いて考察すること。

(イ)　目的に応じて(　①　)を設計し，収集したデータを基にコンピュータなどの情報機器を用いて処理するなどして，母集団の特徴や傾向を推測し判断するとともに，(　①　)の方法や結果を批判的に考察すること。

[用語・記号]　信頼区間，有意水準

ア	確率分布	イ	正規分布	ウ	確率変数
エ	指数分布	オ	統計量	カ	検定量
キ	ポアソン分布	ク	全数調査	ケ	クラスター
コ	標本調査	サ	分布曲線	シ	仮説

2024年度 ▍宮崎県 ▍難易度

【2】次の文1，文2は，「高等学校学習指導要領(平成30年3月告示)」の「第2章　第4節　数学」から抜粋したものである。次の(　①　)～(　④　)にあてはまる語句として最も適切なものを以下の【選択肢】の(ア)～(コ)から一つ選び，記号で答えなさい。

文1　(第1款「目標」から抜粋)

> 第1款　目標
> (　①　)を働かせ，数学的活動を通して，数学的に考える資質・能力を次のとおり育成することを目指す。
> (1)～(3)　(　省略　)

文2　(第3款「各科目にわたる指導計画の作成と内容の取扱い」から抜粋)

> 3　各科目の指導に当たっては，数学を学習する意義などを実感できるよう工夫するとともに，次のような数学的活動に取り組むものとする。
> (1)　(　②　)などを数理的に捉え，数学的に表現・処理して問題を解決し，解決の過程や結果を振り返って考察する活動。
> (2)　(　③　)から自ら問題を見いだし解決して，解決の過程や結果を振り返って(　④　)考察する活動。
> (3)　(　省略　)

【選択肢】

(ア)　思考力・判断力・表現力等　　(イ)　事象を数学化する力
(ウ)　数学的な見方・考え方　　(エ)　基本的な概念や原理・法則
(オ)　数学の事象　　(カ)　各科目の内容
(キ)　日常の事象や社会の事象　　(ク)　統合的・発展的に

(ケ)　数学的論拠に基づいて　　　　(コ)　数学的な表現を用いて

【3】次の各問いに答えよ。

(1)　次の[　ア　]から[　ウ　]にあてはまる語句として最も適当なものを，以下の語群の①から④までの中から一つ選び，記号で答えよ。

中学校学習指導要領(平成29年3月告示)第2章　第3節　数学　第2 各学年の目標及び内容

〔第2学年〕

1　目標

(1)　文字を用いた式と[　ア　]，平面図形と数学的な推論，一次関数，データの分布と確率などについての基礎的な概念や原理・法則などを理解するとともに，事象を数学化したり，数学的に解釈したり，数学的に表現・処理したりする技能を身に付けるようにする。

(2)　文字を用いて数量の関係や法則などを考察する力，数学的な推論の過程に着目し，図形の性質や関係を論理的に考察し表現する力，関数関係に着目し，その特徴を表，式，グラフを相互に関連付けて考察する力，[　イ　]に着目し，その傾向を比較して読み取り批判的に考察して判断したり，不確定な事象の起こりやすさについて考察したりする力を養う。

(3)　数学的活動の楽しさや数学のよさを実感して粘り強く考え，数学を生活や学習に生かそうとする態度，問題解決の過程を振り返って[　ウ　]しようとする態度，多様な考えを認め，よりよく問題解決しようとする態度を養う。

語群

ア　①　一元一次方程式

②　連立二元一次方程式

③　二次方程式

④ 素因数分解

イ ① 複数の集団のデータの分布 ② データの分布

③ データの特徴や傾向 ④ 標本

ウ ① 検討・考察 ② 表現・処理

③ 判断・改良 ④ 評価・改善

(2) 次の[エ]から[カ]にあてはまる語句として最も適当なものを，以下の語群の①から④までの中から一つ選び，記号で答えよ。

高等学校学習指導要領(平成30年3月告示)第2章 第4節 数学

第2款 各科目

第1 数学Ⅰ

1 目標

数学的な見方・考え方を働かせ，数学的活動を通して，数学的に考える資質・能力を次のとおり育成することを目指す。

(1) 数と式，図形と計量，二次関数及びデータの分析についての[エ]や原理・法則を体系的に理解するとともに，事象を数学化したり，数学的に解釈したり，数学的に表現・処理したりする技能を身に付けるようにする。

(2) 命題の条件や結論に着目し，数や式を多面的にみたり目的に応じて適切に変形したりする力，図形の構成要素間の関係に着目し，図形の性質や計量について論理的に考察し表現する力，関数関係に着目し，事象を的確に表現してその特徴を表，式，グラフを相互に関連付けて考察する力，社会の事象などから設定した問題について，データの散らばりや変量間の関係などに着目し，適切な手法を選択して分析を行い，問題を解決したり，解決の[オ]を批判的に考察し判断したりする力を養う。

(3) 数学のよさを認識し数学を活用しようとする態度，粘り強く考え数学的論拠に基づいて判断しようとする態度，問題解決の過程を振り返って考察を深めたり，評価・改善したりしようとする態度や[カ]の基礎を養う。

語群

エ　①　基本的な手法　　②　基礎的な手法
　　③　基本的な概念　　④　基礎的な概念

オ　①　過程や結果　　②　方法や結果
　　③　過程や知見　　④　方法や知見

カ　①　独創性　　②　創造性
　　③　独自性　　④　創意性

2024年度　沖縄県　難易度 

【4】次の文は，「高等学校学習指導要領(平成30年3月告示)第2章　第4節　数学」における，「第3款　各科目にわたる指導計画の作成と内容の取扱い」の一部である。以下の各問いに答えなさい。

> 1　指導計画の作成に当たっては，次の事項に配慮するものとする。
>
> (1)　単元など内容や時間のまとまりを見通して，その中で育む資質・能力の育成に向けて，数学的活動を通して，生徒の《　あ　》・対話的で深い学びの実現を図るようにすること。その際，数学的な見方・考え方を働かせながら，日常の事象や社会の事象を【　A　】に捉え，数学の問題を見いだし，問題を自立的，【　B　】に解決し，学習の過程を振り返り，概念を形成するなどの学習の充実を図ること。
>
> ……(中略)……
>
> 3　各科目の指導に当たっては，数学を学習する意義などを実感できるよう工夫するとともに，次のような数学的活動に取り組むものとする。
>
> (1)　日常の事象や社会の事象などを【　A　】に捉え，数学的に表現・処理して問題を解決し，解決の過程や結果を振り返って考察する活動。
>
> (2)　数学の事象から自ら問題を見いだし解決して，解決の過程や結果を振り返って【　C　】・発展的に考察する活動。
>
> (3)　自らの考えを数学的に表現して【　D　】したり，議論したりする活動。

「高等学校学習指導要領(平成30年3月告示)第2章各学科に共通する各教科第4節数学」

問1　文中の《　あ　》に入る語句を，適切な漢字を用いて記入しなさい。

問2　文中の【　A　】から【　D　】に入る語句を，次の語群から選び，記入しなさい。なお，同じ記号には同じ語句が入るものとする。

[語群]

論理的　数理的　数量的　協働的　統合的　総合的
創造的　効率的　証明　説明　検討

▌2024年度 ▌静岡県・静岡市・浜松市 ▌難易度

【5】次は，高等学校学習指導要領(平成30年告示)「第2章　各学科に共通する各教科　第4節　数学　第1款　目標」です。[　A　]と[　B　]に入る語句の組み合わせとして正しいものを，以下の(1)～(4)の中から1つ選びなさい。

> 数学的な見方・考え方を働かせ，数学的活動を通して，数学的に考える資質・能力を次のとおり育成することを目指す。
> (1)　数学における基本的な概念や原理・法則を体系的に理解するとともに，事象を数学化したり，数学的に解釈したり，数学的に表現・処理したりする技能を身に付けるようにする。
> (2)　数学を活用して事象を[　A　]に考察する力，事象の本質や他の事象との関係を認識し統合的・発展的に考察する力，数学的な表現を用いて事象を簡潔・明瞭・的確に表現する力を養う。
> (3)　数学のよさを認識し積極的に数学を活用しようとする態度，粘り強く考え数学的論拠に基づいて判断しようとする態度，問題解決の過程を振り返って考察を深めたり，[　B　]・改善したりしようとする態度や創造性の基礎を養う。

(1)　A　批判的　B　評価　(2)　A　批判的　B　探究
(3)　A　論理的　B　評価　(4)　A　論理的　B　探究

▌2024年度 ▌埼玉県・さいたま市 ▌難易度

【6】次の記述は,「高等学校学習指導要領」(平成30年3月告示)「第2章　各学科に共通する各教科　第4節　数学　第2款　各科目」の一部である。

空欄[a]~[c]に当てはまるものの組合せとして最も適切なものを,以下の①~⑥のうちから選びなさい。

第6　数学C

1　目標

数学的な見方・考え方を働かせ,数学的活動を通して,数学的に考える資質・能力を次のとおり育成することを目指す。

(1)　[a],平面上の曲線と[b]についての基本的な概念や原理・法則を体系的に理解するとともに,[c]について認識を深め,事象を数学化したり,数学的に解釈したり,数学的に表現・処理したりする技能を身に付けるようにする。

	a		b		c	
①	a	データの分析	b	積分法	c	数学的な表現の工夫
②	a	ベクトル	b	複素数平面	c	数学と人間の活動
③	a	ベクトル	b	積分法	c	数学的な表現の工夫
④	a	データの分析	b	複素数平面	c	数学と人間の活動
⑤	a	ベクトル	b	複素数平面	c	数学的な表現の工夫
⑥	a	データの分析	b	積分法	c	数学と人間の活動

2024年度 ▌神奈川県・横浜市・川崎市・相模原市 ▌難易度

【7】次の記述は,「高等学校学習指導要領」(平成30年3月告示)「第2章　各学科に共通する各教科　第4節　数学　第3款　各科目にわたる指導計画の作成と内容の取扱い」の一部である。

空欄[a]~[c]に当てはまるものの組合せとして最も適切なものを,以下の①~⑥のうちから選びなさい。

2　内容の取扱いに当たっては,次の事項に配慮するものとする。

(1)　各科目の指導に当たっては,[a]を育成するため,数学的な表現を用いて簡潔・明瞭・的確に表現したり,数学的な表現を解釈したり,互いに自分の考えを表現し伝え合ったりするなどの機会を設けること。

(2)　各科目の指導に当たっては,必要に応じて,コンピュータや

[b]などを適切に活用し，[c]を高めるようにすること。

① a 思考力，判断力，表現力等 b 地域の人材
c 学習の効率

② a 思考力，判断力，表現力等 b 情報通信ネットワーク
c 学習の効率

③ a 思考力，判断力，表現力等 b 情報通信ネットワーク
c 学習の効果

④ a 知識及び技能 b 情報通信ネットワーク
c 学習の効果

⑤ a 知識及び技能 b 地域の人材
c 学習の効率

⑥ a 知識及び技能 b 地域の人材
c 学習の効果

▌2024年度 ▌神奈川県・横浜市・川崎市・相模原市 ▌難易度

【8】高等学校学習指導要領(平成30年告示)解説　数学編　理数編に関する次の(1)，(2)の問いに答えよ。

(1) 数学科の目標について，各文中の(ア)～(オ)に当てはまる適当な語句を書け。ただし，同じ記号には同じ語句が入る。

> 数学的な見方・考え方を働かせ，数学的活動を通して，数学的に考える資質・能力を次のとおり育成することを目指す。
> (1) 数学における基本的な概念や原理・法則を体系的に理解するとともに，事象を数学化したり，数学的に解釈したり，数学的に表現・(ア)したりする技能を身に付けるようにする。
> (2) 数学を(イ)して事象を論理的に考察する力，事象の本質や他の事象との関係を認識し統合的・発展的に考察する力，数学的な表現を用いて事象を(ウ)・明瞭・的確に表現する力を養う。
> (3) 数学の(エ)を認識し積極的に数学を(イ)しようとする態度，粘り強く考え数学的論拠に基づいて判断しようとする態度，問題解決の過程を振り返って考察を深めたり，

評価・改善したりしようとする態度や(　オ　)の基礎を養う。

(2) 「数学B」の内容について書かれた次の文中の(　ア　)～(　オ　)に当てはまる適当な語句を書け。ただし，同じ記号には同じ語句が入る。

「数学B」は「数列」,「統計的な(　ア　)」及び「数学と(　イ　)」の三つの内容で構成されている。
このうち,「統計的な(　ア　)」において身に付けることができるように指導する思考力，判断力，表現力等の中には，「目的に応じて(　ウ　)を設計し，収集したデータを基にコンピュータなどの情報機器を用いて処理するなどして，(　エ　)の特徴や傾向を(　ア　)し判断するとともに，(　ウ　)の方法や結果を(　オ　)に考察すること。」という事項がある。

2024年度 | 愛媛県 | 難易度 ■■■■□

【9】 高等学校学習指導要領数学の「各科目」の「数学Ⅰ」の「内容」において，身に付けることができるよう指導するとされている事項に関する記述として適切なものは，次の1～4のうちのどれか。

1 因数定理について理解し，簡単な高次方程式について因数定理などを用いてその解を求めること。

2 確率の意味や基本的な法則についての理解を深め，それらを用いて事象の確率や期待値を求めること。

3 コンピュータなどの情報機器を用いて図形を表すなどして，図形の性質や作図について統合的・発展的に考察すること。

4 正弦定理や余弦定理について三角形の決定条件や三平方の定理と関連付けて理解し，三角形の辺の長さや角の大きさなどを求めること。

2024年度 | 東京都 | 難易度 ■■■■□

【10】「高等学校学習指導要領(平成30年告示)解説　数学編」では,「数学的な見方・考え方」について,「事象を数量や図形及びそれらの関係などに着目して捉え,論理的,統合的・発展的,体系的に考えること」とされている。このことについて,次の問いに答えなさい。

(1) 「数学的な見方・考え方」を働かせながら学習活動を行うことによって,生きて働く知識や習熟・熟達した技能とともに,生徒にどのような力が育成されると考えられるか,簡潔に書け。

(2) 「数学Ⅰ」の「図形と計量」において,余弦定理を学習した際に対象となる角度を90°として考察することによって,余弦定理が三平方の定理を一般の三角形に拡張したものであることを認識する学習活動が考えられる。この例のように,高校数学の授業の場面を想定し,数学的な見方・考え方を働かせて,統合的・発展的,体系的に学習できる例を挙げ,その学習活動の内容がわかるよう簡潔に説明せよ。

▌2024年度 ▌群馬県 ▌難易度

解答・解説

中学校

【1】(1)　ア　数学化　　イ　生活　　(2)　ウ　③　　エ　②　オ　⑧　　カ　⑦

○解説○ (1)　ア　日常生活や社会の事象について,数学的に考えるためには,事象を理想化したり単純化したり,条件を数学的に表現したりする技能が必要であり,また,得られた数学的な結果について実際の問題の答えとして受け入れるかどうかを判断するために,数学的な結果を具体的な事象に即して解釈する技能が必要である。中学数学における「知識・技能」では,問題発見・解決の基礎をなす技能として事象の数学化が挙げられている。　イ　数学が日常生活や社会生活において,また他教科の学習やその後の人生において必要不可欠なものであることに気付かせることが大切であること，さらに様々な事象の考察に際し，見方・考え方を自在に働かせられるようにする態度を養うことをここでは示している。このことは中学校学習指導要領のみならず，小学校および高等学校学習指導要領でも同様のことが示されている。 (2) ウ 数学的活動においては，基本的に問題解決の活動を体験する中で，数学を学ぶことの面白さや考えることの楽しさ，数学の必要性や有用性を実感する機会を設定することが示されている。
エ 数学的活動は，基本的に問題解決の形で行われる。見いだした問題を一旦解決し終えた後で，導いた結果やその価値を振り返って自覚化することは，問題解決の意義や数学のよさを実感する上で大切であり，統合的・発展的な考察に向けた新しい問題を得る機会ともなるため，振り返る機会を設定することが示されている。 オ 中学校数学科においては，単にでき上がった数学を知るだけでなく，様々な数字を設定するなどして事象を観察して法則を見つけたり，具体的な操作や実験を試みて数学的内容を帰納したりするなどして，数量や図形の性質などを見いだし，発展させる活動を通して数学を学ぶことが示されている。 カ 問題解決の形で行われる数学的活動では，結果だけではなくその過程の振り返り等からの考察や評価・改善も同様に重視する必要がある。ここでは数学的活動についてレポートなどにより成果を共有する機会を設けることが示されている。

【2】①

○**解説**○ (1)は，知識及び技能について示している。事象の数学化とは，日常や社会の事象を数学の舞台にのせ，社会生活や自然界における事物・現象等の広い範囲にわたる事象について考察することができるようにする問題発見・解決の基礎をなす技能である。(3)は，学びに向かう力，人間性等について，数学のよさを実感して粘り強くかつ柔軟に考え，知識・技能を日常生活に生かそうとする態度と得られた結果だけではなく，解決の方法や内容，順序を見直したり，自らの取り組みを客観的に評価したりする，評価・改善しようとする態度として示している。

【3】⑤

○**解説**○ 数学的活動とは，事象を数理的に捉え，数学の問題を見いだし，問題を自立的，協働的に解決する過程を遂行することである。中学校数学科においては数学的活動を「日常の事象や社会の事象から問題を見いだし解決する活動」，「数学の事象から問題を見いだし解決する活動」，「数学的な表現を用いて説明し伝え合う活動」の三つとして示している。また，中学校第3学年における提示されている数学的活動については中学校第2学年と同様のものであり，これらは中学校第1学年で提示されたものをより発展させたものである。

【4】① イ　② ウ

○**解説**○ ①　指導計画の作成に当たっては，生徒の「主体的な学び」，「対話的な学び」，「深い学び」が実現できているかどうかについて確認しつつ一層の充実を求めて進めることが重要であり，育成を目指す資質・能力及びその評価の観点との関係も十分に踏まえた上で指導計画等を作成することが必要である。　②　学習指導要領においては，一度示した内容を再度示すことは原則していない。しかし，ある内容を取り上げる際にそれまでに指導した内容を意図的に取り上げることが，生徒の理解を広げたり深めたりするために有効な場合がある。したがって，指導計画の作成に当たっては学び直しの機会を設定することにも配慮する必要である。

【5】① イ　② エ　③ ウ

○**解説**○ 数学の学習では，主体的に問題発見・解決の過程を遂行すること，そして，これを振り返って言語としての数学で表現し，意見の交流や議論などを通して吟味を重ね，更に洗練させていくことが大切である。数学的に説明し合うことの意義とは，数量や図形などに関する問題場面について思考した過程や，その結果得られた事実や方法，判断の根拠などを数学的に表現し考察するために説明し伝え合うことにより，自分の考えを再認識したり，お互いの考えをよりよいものにしたり，一人では気付くことのできなかった新たなことを見いだしたりする機会や筋道を立てて説明することの必要性が生まれることを実感できるようにすることである。

【6】(1) ① 資質・能力 ② 問題 ③ 振り返り

(2) ① オ ② コ ③ ア ④ タ ⑤ シ

○**解説**○ (1) 問題部分は「主体的・対話的で深い学びの実現に向けた授業改善」についての事項である。生徒の資質・能力の育成に向けて，事象を数理的に捉え，数学の問題を見いだし，問題を自立的，協働的に解決する過程を遂行するという数学的活動を通して，効果的な学習が展開できるように配慮すべきであることを示している。 (2) 中学校数学科では，小学校算数科における学習の上に立ち，不確定な事象を数学的な考察・判断の対象として取り扱い，データの傾向を読み取り，批判的に考察し，問題解決に取り組むことがデータの活用の指導の意義であると示している。これらについて中学校数学科では，データの分布と確率についての基礎的な概念や性質を理解すること，データを収集して分析したり，確率を求めたりできるようにすること，データの分布や母集団の傾向に着目して，その傾向を読み取り批判的に考察し判断したりすること，不確定な事象の起こりやすさについて考察し表現したりすることの育成を目指している。

【7】① イ ② ア ③ ケ(キ) ④ キ(ケ) ⑤ ク

○**解説**○ 数学的活動について学習指導要領では，2年間をかけた指導をすることが必要であることから，第3学年の活動の示し方は第2学年と同様である。数学的に物事を捉えたり，数学的に表現・処理したり，数学を利用する活動に関しては，第1学年と比べて範囲を広げ，社会における様々な事象なども視野に入れて活動に取り組む機会を設けることを示している。また，問題発見・解決の過程について，更に見通しをもって遂行できるようにすることを重視すること，数学的な表現を使用して筋道を立てて説明し合う活動はより洗練され，より実質的なものになるように，根拠を明らかにし論理的に説明し伝え合う活動に取り組む機会を設けることをここでは示している。

【8】2

○**解説**○ 中学校学習指導要領において数学の各学年で指導する内容は，

A　数と式，　B　図形，　C　関数，　D　データの活用で構成されている。問題は，D　データの活用についての内容であり，第1学年では主に，データの分布に着目し目的に応じてデータを収集して分析し傾向を読み取り判断・考察する力を養う。第2学年では，複数のデータの集団を取り扱い，データの比較から傾向などを批判的に考察する力を養う。第3学年では，標本と母集団に着目し，標本調査の方法や結果を批判的に考察したり母集団の傾向を推定したりする力を養う。

【9】1

○**解説**○ IEAの国際数学・理科教育動向調査（TIMSS2015）における調査の結果では，学習意欲面で課題があることが判明しており，これを受けて学習指導要領では，数学を学ぶことの面白さや考えることの楽しさ，数学の実社会との関連や数学の必要性や有用性を実感する機会を設ける必要があるとしている。また，数学的活動とは，「事象を数理的に捉え，数学の問題を見いだし，問題を自立的，協働的に解決する過程を遂行すること」であり，特に中学校数学科において重視するものとして，日常の事象や社会の事象から問題を見いだし解決することや，数学の事象から問題を見いだし解決すること，またその過程で数学的な表現を用いて説明し伝え合うことを各領域の数学的活動にも位置付けている。

【10】1

○**解説**○ 1　第2学年では「文字を用いた式の四則計算」，「連立二元一次方程式」，「基本的な平面図形と平行線の性質」，「図形の合同」，「一次関数」，「データの分布の比較」，「場合の数を基にして得られる確率」を取り扱う。なお，選択肢2「図形の相似」は第3学年の内容，選択肢3「関数$y=ax^2$」は第3学年の内容，選択肢4「目的に応じてデータを収集して分析し，そのデータの分布の傾向を読み取」るのは第1学年の内容である。

高等学校

【1】(1) ① イ　② エ　③ ケ　④ カ　(2) ① コ　② ウ　③ ア　④ イ

○**解説**○ (1) 数学的活動とは，事象を数理的に捉え，数学の問題を見いだし，問題を自立的，協働的に解決する過程を遂行することである。この過程には「日常生活や社会の事象などを数理的に捉え，数学的に表現・処理し，問題を解決し，解決過程を振り返り得られた結果の意味を考察する過程」，「数学の事象から問題を見いだし，数学的な推論などによって問題を解決し，解決の過程や結果を振り返って統合的・発展的，体系的に考察する過程」の2つがある。数学的活動ではこの問題発見・解決の過程を生徒が自主的に目的意識を持って遂行できること，結果や過程について説明し伝え合うなどの言語活動を充実させること等が求められる。　(2) 数学Bの統計的な推測では，標本調査，確率変数と確率分布，二項分布と正規分布，正規分布を用いた区間推定法，仮説検定法を扱い，母集団の特徴や傾向を推測し判断したり，標本調査の方法や結果を批判的に考察したりする力を養うことが示されている。

【2】① (ウ)　② (キ)　③ (オ)　④ (ク)

○**解説**○ 学習指導要領の各教科の目標は，それぞれの教科の「見方・考え方」を働かせて，「知識及び技能」，「思考力，判断力，表現力等」，「学びに向かう力，人間性等」の3つの柱の資質・能力を育成することである。学習指導要領における数学的活動とは，「事象を数理的に捉え，数学の問題を見いだし，問題を自立的，協働的に解決する過程を遂行すること」であり，「日常の事象や社会の事象から問題を見いだし解決する活動」，「数学の事象から問題を見いだし解決する活動」，「数学的な表現を用いて説明し伝え合う活動」の3つを数学的活動の内容として提示している。「数学の事象から問題を見いだし解決する活動」では，問題解決の結果だけではなく，過程や解決の結果を統合的・発展的に考察することも重要である。

【3】(1) ア ② イ ① ウ ④ (2) エ ③ オ ① カ ②

○**解説**○ (1) ア 中学校第2学年では，第1学年で学習した一元一次方程式の上に立ち，連立二元一次方程式を取り扱う。 イ 中学校第2学年では，第1学年で学習したヒストグラムや相対度数などに加えて四分位範囲や箱ひげ図を学習することで，複数の集団のデータの分布に着目し，その傾向を比較して読み取り，批判的に考察して判断する力を養うことを示している。 ウ 育成を目指す資質・能力の柱の中の「学びに向かう力，人間性等」について，問題部分は第1学年の「問題解決の過程を振り返って検討しようとする態度」から，学年の進行に伴って質的な向上を目指し，教科の目標と同様の「問題解決の過程を振り返って評価・改善しようとする態度」と示している。

(2) エ 高等学校数学科の目標では，育成を目指す「知識及び技能」に関わる資質・能力を，「数学における基本的な概念や原理・法則を体系的に理解するとともに，事象を数学化したり，数学的に解釈したり，数学的に表現・処理したりする技能を身に付ける」としている。問題部分はこのことを数学Ⅰについて具体的に示している。 オ 高等学校数学科の目標では，育成を目指す「思考力，判断力，表現力等」に関わる資質・能力において「事象の本質や他の事象との関係を認識し統合的・発展的に考察する力」を挙げている。数学の問題解決において批判的に考察を行うものは，過程や結果が妥当である。 カ 数学教育における創造性の基礎とは，知識及び技能を活用して問題を解決することの他に，知的好奇心や豊かな感性，想像力，直観力，洞察力，論理的な思考力，批判的な思考力，粘り強く考え抜く力などの資質・能力を示している。

【4】問1 主体的 問2 【A】 数理的 【B】 協働的 【C】 統合的 【D】 説明

○**解説**○ 問1 高等学校学習指導要領(平成30年3月告示)では改訂の基本方針の一つとして，「主体的・対話的で深い学び」の実現に向けた授業改善の推進が図られている。数学的活動についてもこの方針に沿って，児童生徒の主体的・対話的で深い学びの実現を図ることが示されている。　問2　数学的活動は社会や日常の実際の問題を数理的に捉えて考察する活動，数学の事象から自ら見出してその解決の過程や結果を考察する活動，考えを数学的に表現し説明し合う活動の3つの活動を取り組むことが示されている。また活動は自立的・協働的に行えるように図ることも示されている。

【5】(3)

○**解説**○　学習指導要領における批判的に考察する力とは，批判的思考(クリティカルシンキング)を示しており，問題や課題を多角的，客観的に捉えることでよりよい考察や判断につなげることである。また，数学的な問題発見・解決の過程では，それぞれの過程・結果を振り返り，評価・改善して学習の質を高めることを重視している。

【6】⑤

○**解説**○　問題部分の空白には数学Cで取り扱う内容が当てはまる。数学Cでは，①　ベクトル，②　平面上の曲線と複素数平面，③　数学的な表現の工夫を取り扱う。なお，データの分析は数学Ⅰ，積分法は数学Ⅲ，数学と人間の活動は数学Aの内容である。

【7】③

○**解説**○　(1)は言語活動について示している。「数学的な表現を用いて簡潔・明瞭・的確に表現したり～」とあるように，言語活動は，主に思考力，判断力，表現力等を高めるために言語活動の機会を設けることに配慮する必要があることを示している。(2)は情報機器の活用等に関する配慮事項を示している。コンピュータや情報通信ネットワークなどの活用により指導方法や学習形態を内容や生徒に応じたものにすることで，学習効果を高めるようにすることを示している。

【8】(1)　ア　処理　　イ　活用　　ウ　簡潔　　エ　よさ　　オ　創造性　　(2)　ア　推測　　イ　社会生活　　ウ　標本調査　　エ　母集団　　オ　批判的

○**解説**○ (1)　学習指導要領における教科の目標は育成すべき資質・能力を「知識及び技能」，「思考力，判断力，表現力等」，「学びに向かう力，人間性等」の三つの柱として構成している。数学においては，事象を数学的に表現する知識・技能，数学を活用し考察する力，数学的な表現で事象を簡潔・明瞭・的確に表現する表現力，数学のよさを認識して数学を活用しようとする態度等として示している。なお，学習指導要領における創造性の基礎とは，知識及び技能を活用して問題を解決することの他に，知的好奇心や豊かな感性，想像力，直観力，洞察力，論理的な思考力，批判的な思考力，粘り強く考え抜く力などの資質・能力を示している。　(2)「数学B」は「数列」，「統計的な推測」，「数学と社会生活」で構成されている。このうち「統計的な推測」ではコンピュータなどの情報機器を用いるなどして無作為に標本を取り出し，整理することや，簡単な場合について標本調査を行い，母集団の傾向を捉え説明することなどを取り扱うことで，仮説検定の考え方に基づいて批判的に考察したりできるようにすることが示されている。

【9】4

○**解説**○ 数学Ⅰは，(1)数と式，(2)図形と計量，(3)二次関数，(4)データの分析で構成されている。三角関数はこのうちの(2)図形と計量に含まれる。なお，選択肢1の因数定理は数学Ⅱの「いろいろな式」の内容，選択肢2「場合の数と確率」は数学Aの内容，選択肢3の情報機器を用いて図形を表すなどして，統合的・発展的に考察する活動は数学A「図形の性質」の内容である。

【10】(1)　より広い領域や複雑な事象の問題を解決するための思考力，判断力，表現力等や，自らの学びを振り返って次の学びに向かおうとする力などが育成されると考えられる。

(2)　指数関数において，$2^2=4$，$2^3=8$のように，指数が正の整数の場合には2を指数で表された数だけ掛け合わせることによって計算がされる。ここで，$2^2=2^3\times\frac{1}{2}$であることに着目すれば，$2^0=2^1\times\frac{1}{2}=1$，$2^{-1}=2^0\times\frac{1}{2}=\frac{1}{2}$のように指数を正の整数から0や負の整数にまで拡張することができ，拡張した指数の定義による場合も指数法則を満たすことが確認できる。

授業では，例えば指数関数の導入において，2^0や2^{-1}について，既習の指数の考え方をもとにその値を予想させることで，発展的に指数の拡張を考察させるとともに，その考え方が指数法則も満たすかどうかを調べることによって，既習のものと新しく生み出したものを包括的に取り扱えるよう，統合的に考えさせることなどが考えられる。

○解説○ (1) 数学的な見方・考え方を働かせ，学習活動を通して育成すべき資質・能力とは，数学の目標および各科目の目標でも示されている「知識及び技能」,「思考力，判断力，表現力等」,「学びに向かう力，人間性等」の三つの柱である。 (2) 統合的・発展的・体系的な学習とは，学習したことを振り返ること等によって,「得られた結果から他に分かることがないかを考えること」,「問題解決の過程を振り返り，本質的な条件を見いだし，それ以外の条件を変えること」,「問題の考察範囲を拡げること」,「(事象を式で表したとき等しい式が現れるなど)類似な事象の間に共通する性質を見いだすこと」などの新しい知識を得る視点を明確にしつつ，さらなる活動を促し，知識などを体系的に整理することで，様々な場面で活用できるようにすることである。

学習指導法

数学科　学習指導法

実施問題

中学校

【1】次は，第1学年「正の数と負の数」の学習における，減法の計算の学習指導案の一部である。以下の(1)～(4)の問いに答えなさい。

<table>
<tr><td colspan="2">本時のねらい：負の数が入った減法の計算方法を数直線や□を使って考えることを通して，減法の計算方法を加法の考え方と関連付けて説明することができる。</td></tr>
<tr><td>主な学習活動
予想される生徒の反応〔S〕</td><td>○指導上の留意点
◆評価項目（観点）</td></tr>
<tr><td>1．前時の学習を振り返り，本時のめあてを設定する。
問題：①（＋5）－（＋3）　②（－5）－（＋3）　③（＋5）－（－3）
S：①，②は＋3を3とみれば小学校と同じ考え方で計算できるな。
S：③は「引く，マイナス3」か。マイナスを引くってどう考えるのかな。
めあて：③の減法の計算はどのようにするのだろうか。
S：前時の加法と同じようにまずは数直線で考えようかな。</td><td>○小学校の学習を生かして考えられるように，①～③の中で差が求められそうな式を問いかける。
○前時までの加法の考え方を意識して取り組めるように，数直線を利用して考えるよう促す。</td></tr>
<tr><td>2．個別に数直線を使った考え方を追究し，全体で共有する。</td><td></td></tr>
<tr><td>S：確かに，数直線で考えると，「引く」に対して「マイナス」だから「足す」の方向に進みそうだな。
S：＋5から「足す」の方向に3進むから＋8かな。</td><td>○数直線を使って計算方法を考えられるように，加法での数直線の動きと減法の動きを比較するよう助言する。</td></tr>
<tr><td>3．数直線を使った考え方の他にも計算する方法があるか話し合う。
教師の発問：本当に差は＋8になるのかな。
S：小学校のとき，引き算を足し算にする方法があったような気がするな。□を使って考えたね。</td><td>○減法を加法に直して考える必要感を高められるように，差の求め方の根拠が明らかとなっているか問いかける。
○(ア)<u>□を用いた考え方を想起できるように，小学校で減法を加法に直して考えた経験の有無を問いかける</u>。</td></tr>
<tr><td>4．本時の学習のまとめをして，適用問題に取り組む。
まとめ：減法の計算は□を使って加法の式にすることができる。数直線上でも，「足す」はそのまま，「引く」は向きを逆にして進めばよい。
適用問題：（－5）－（－3）の計算の仕方を，□を使った加法の式と文を用いて，説明しなさい。</td><td>◆評価項目（思考・判断・表現）
適用問題から，「加法で学習した計算方法と関連付けて，減法の計算方法を考察し，表現することができているか」を評価する。</td></tr>
</table>

(1)　生徒Aは個別で追究する場面において，(＋5)－(－3)の計算結果が＋2になると予想した。負の数を含む減法について未習の生徒Aが，減法をどのようにイメージしていると考えられるか，書きなさい。

(2)　下線(ア)について，小学校の学習を活用して(＋5)－(－3)＝□を加法の式と関連付けさせたい。差が＋8になることを生徒が説明する際に用いる加法の式を書きなさい。

(3)　適用問題において，ノートの記述から評価する際，次のような生徒Bの記述では，おおむね満足な状況とはいえない。評価項目のおおむね満足と考えられる記述となるよう，式や文を書き加えなさい。
生徒Bの記述

$(-5)-(-3)=-2$

(4) 演算を日常生活と関わる事象と関連付けながら捉えることは大切な指導である。日常生活における，負の数を引くことで答えが求められる事象の具体例とその式を1つ書きなさい。

2024年度 群馬県 難易度

【2】太郎さんと花子さんは次の【問題】について考えている。このとき，以下の(1)，(2)の問いに答えよ。

【問題】
ある学級では，週に一度，空き缶を集めてリサイクル活動に協力しています。先週はアルミ缶とスチール缶を合わせて390個集めました。
今週はアルミ缶が10％増え，スチール缶が30％減ったため，全体で397個になりました。今週集めたアルミ缶の個数とスチール缶の個数を，それぞれ求めよ。

(1) 太郎さんは，【問題】について，次のように解いた。＜太郎さんの考え＞の[　ア　]に当てはまる式を書き，[　イ　]～[　オ　]に当てはまる数をそれぞれ求めよ。ただし，同じ記号には同じ数が入る。

＜太郎さんの考え＞
先週集めたアルミ缶の個数をx個，スチール缶の個数をy個とすると

$$\begin{cases} x+y=390 \\ [\quad ア \quad]=7 \end{cases}$$

これを解くと，$x=$[　イ　]，$y=$[　ウ　]
この解は問題にあっているので，先週集めたアルミ缶の個数は[　イ　]個，スチール缶の個数は[　ウ　]個と分かる。

よって，今週集めたアルミ缶の個数は[　エ　]個，スチール缶の個数は[　オ　]個である。

(2) 花子さんは，【問題】について，太郎さんとは別の解き方を考えた。<花子さんの考え>の[　カ　]に当てはまる式を書け。

<花子さんの考え>

今週集めたアルミ缶の個数をx個，スチール缶の個数をy個とすると

$$\begin{cases} [\quad カ \quad] = 390 \\ x + y = 397 \end{cases}$$

これを解くと，今週集めたアルミ缶の個数とスチール缶の個数をそれぞれ求めることができる。

2024年度 愛媛県 難易度

【3】令和4年度の全国学力・学習状況調査では，中学校3年生に対して，次のような問題が出題された。表1は，この問題についての解答類型と全国の反応率である。このことについて，あとの(1)，(2)の問いに答えよ。

問題

4 次のアからエまでの表は，yがxの一次関数である関係を表しています。この中から，変化の割合が2であるものを1つ選びなさい。

ア

x	…	−6	−4	−2	0	2	4	6	…
y	…	−11	−7	−3	1	5	9	13	…

イ

x	…	−6	−4	−2	0	2	4	6	…
y	…	−5	−3	−1	1	3	5	7	…

ウ

x	…	−6	−4	−2	0	2	4	6	…
y	…	−2	−1	0	1	2	3	4	…

エ

x	…	−6	−4	−2	0	2	4	6	…
y	…	−7	−4	−1	2	5	8	11	…

表1

問題番号			解答類型	反応率(%)	正答
4		1	ア　と解答しているもの。	38.7	◎
		2	イ　と解答しているもの。	31.9	
		3	ウ　と解答しているもの。	16.8	
		4	エ　と解答しているもの。	12.0	
		99	上記以外の解答	0.2	
		0	無解答	0.4	

(1)　表1から，どのような課題があると考えられるか，誤答の状況とその反応率をもとに書け。

(2)　(1)で考えた課題を踏まえると，指導を行う際，どのようなことに留意する必要があると考えられるか。具体的に書け。

2024年度｜香川県｜難易度

【4】数学Aの授業において，次の【問題】を扱った。

> 【問題】
> 7個の数字0，1，2，3，4，5，6を使ってできる4桁の偶数は何個あるか。ただし，同じ数字は2度以上使わないものとする。

この【問題】を次のように解答した生徒がいた。

> 【生徒の解答】
> 偶数となるのは，一の位が0，2，4，6の4通り
> 千の位，百の位，十の位は一の位で取りだした数字以外の6個の数字から3個取って並べるから
> ${}_6P_3=6\cdot5\cdot4=120$通り
> したがって，4桁の偶数は　$4\times120=480$〔個〕

上の【生徒の解答】は正しくない。この生徒に対して，同じような誤りをさせないために，どのような指導をしたらよいと考えるか。正答例を示したうえで，この生徒に対して指導をするべき内容について述べなさい。

2024年度｜京都府｜難易度

【5】平成29年3月告示の中学校学習指導要領　数学　各学年の目標及び内容　第2学年　内容　には，〔数学的活動〕に関して，次のように示されています。

> (1)「A数と式」,「B図形」,「C関数」及び「Dデータの活用」の学習やそれらを相互に関連付けた学習において，次のような数学的活動に取り組むものとする。
> ア　日常の事象や社会の事象を数理的に捉え，数学的に表現・処理し，問題を解決したり，解決の過程や結果を振り返って考察したりする活動
> イ　数学の事象から見通しをもって問題を見いだし解決したり，解決の過程や結果を振り返って統合的・発展的に考察したりする活動
> ウ　数学的な表現を用いて論理的に説明し伝え合う活動

第2学年の「C関数」において，生徒に下線部の「日常の事象や社会の事象を数理的に捉え，数学的に表現・処理し，問題を解決」する活動に取り組ませることとします。設定する日常の場面とそれに関する問題として，どのようなものが考えられますか。また，その問題を解決する活動としてどのようなものが考えられますか。それぞれ具体的に書きなさい。

▌2024年度 ▌広島県・広島市 ▌難易度 ■■■■□

高等学校

【1】数学Ⅱのすべての内容および数学Cの「ベクトル」と「平面上の曲線と複素数平面」の内容の学習を終えた生徒たちに授業で次の【問題】を扱うことを考えた。ただし，数学Ⅱ，数学Cとは「高等学校学習指導要領(平成30年3月告示)」での数学科の科目を指す。

> 【問題】
> 2つの複素数$\alpha=4+8i$，$\beta=7+4i$があり，複素数平面上に原点O，および2点A(α)，B(β)をとる。
> $\theta=\angle AOB$ $(0\leqq\theta\leqq\pi)$として，$\sin\theta$の値を求めよ。

このとき，次の各問いに答えなさい。

(1) 【問題】の解答を，$\frac{\alpha}{\beta}$を計算してそれを利用するという方針により記述しなさい。

(2) 授業において，「この【問題】は複素数$z=x+yi$ (x，yは実数)に対して，複素数平面上の点zを座標平面上の点(x，y)とみなすことで，数学Ⅱの内容や「ベクトル」の内容を用いた解答も作ることができる。」となげかければ，生徒たちから様々な解答が発表されることが想定できる。

数学Ⅱの内容または数学Cの「ベクトル」の内容を用いた(1)とは異なる方針の【問題】の解答を一つ記述しなさい。

(3) 【問題】の場面において，直線OAに関して点Bと対称な点をCとする。三角形OBCの外接円の半径を求めなさい。ただし，解答は答えのみ記入しなさい。

▌2024年度 ▌鳥取県 ▌難易度

【2】次の問に答えよ。

問1 数学Ⅰで「図形と計量」の学習をしている。図1のように，四角形ABCDにおいて，ACの長さをa，BDの長さをbとする。また，ACとBDの交点をOとし，$\angle AOB=\theta$とするとき，四角形ABCDの面積Sが$S=\frac{1}{2}ab\sin\theta$となることを証明した。そのあとで，図2のように，四角形ABCDを凹四角形としても$S=\frac{1}{2}ab\sin\theta$が成り立つのではないかと生徒が予想した。図2の凹四角形ABCDにおいても生徒の予想が成り立つことを，数学Ⅰの学習内容をふまえ，証明せよ。

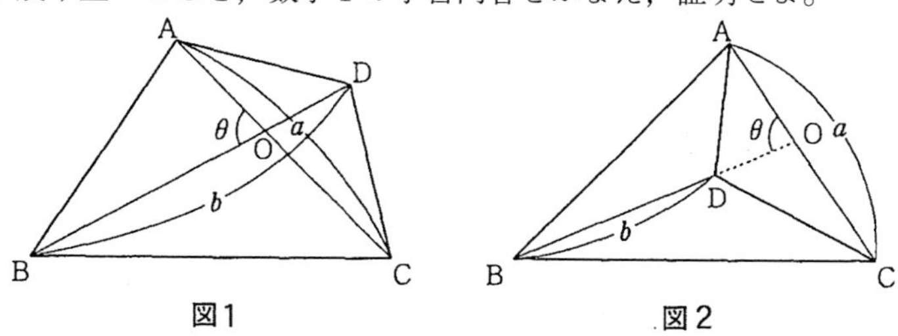

図1　　図2

問2 次の【問題】に対し，生徒が【答案】を作成した。この生徒の考え方の誤りを指摘し，生徒に示す正しい解答を記せ。

【問題】放物線$y=x^2$と直線$y=mx+m$が異なる2点Q，Rで交わるとき，線分QRの中点Pの軌跡を求めよ。

【答案】2点Q，Rのx座標は，2次方程式$x^2=mx+m$の異なる2つの実数解α，βである。

線分QRの中点をP(x，y)とすると，

解と係数の関係より，$x=\dfrac{\alpha+\beta}{2}=\dfrac{m}{2}$　…①

Pは$y=mx+m$上にあるから，

$y=mx+m=\dfrac{1}{2}m^2+m$　…②

①，②からmを消去して，$y=2x^2+2x$

よって，点Pの軌跡は，放物線$y=2x^2+2x$である。

2024年度 ｜ 島根県 ｜ 難易度

【3】「すべてが同じ大きさの，赤玉1個，青玉2個，白玉6個をつなげて環状の首飾りを作るとき，作り方は全部で何通りあるか。」という問題に対して，生徒Aは次のように解答した。以下の問いに答えなさい。

<生徒Aの解答>

赤玉1個を固定して考えると，残り8個の並べ方は

$_8C_2\times{}_6C_6=28$　　28通り

じゅず順列の考え方を用いると，求める場合の数は

$28\div2=14$　　答　14通り

(1)　生徒Aの解答には間違いがある。その間違えた部分を指摘し，生徒Aの解答が間違いである 理由について，簡潔に説明せよ。

(2) 「すべてが同じ大きさの，赤玉1個，青玉2個，白玉6個をつなげて環状の首飾りを作るとき，作り方は全部で何通りあるか。」という問題に対する正しい解答を書け。

2024年度 ｜ 群馬県 ｜ 難易度

【4】平成30年3月告示の高等学校学習指導要領　数学　数学Ⅰ　内容には，〔課題学習〕に関して，次のように示されています。なお，文中の「(1)から(4)までの内容」は，「(1)　数と式」，「(2)　図形と計量」，

「(3)　二次関数」，「(4)　データの分析」を指しています。

(1)から(4)までの内容又はそれらを相互に関連付けた内容を生活と関連付けたり発展させたりするなどした課題を設け，生徒の主体的な学習を促し，数学のよさを認識させ，学習意欲を含めた数学的に考える資質・能力を高めるようにする。

数学Ⅰにおいて，「(3)　二次関数」の内容を生活と関連付けた課題を設定した課題学習の例を具体的に書きなさい。

▌2024年度 ▌広島県・広島市 ▌難易度

【5】あなたは数学Ⅱの授業において，次のような問題を生徒に取り組ませ，解答例のように解説をした。

(問題)

4つの不等式$x \geqq 0$，$y \geqq 0$，$2x+3y \leqq 12$，$2x+y \leqq 8$を満たす座標平面上の点(x, y)全体からなる領域をDとする。点(x, y)が領域D内を動くとき，$_{(ア)}\underline{x+y}$の最大値を求めよ。

(解答例)

4つの不等式を満たす領域は次図のようになる。

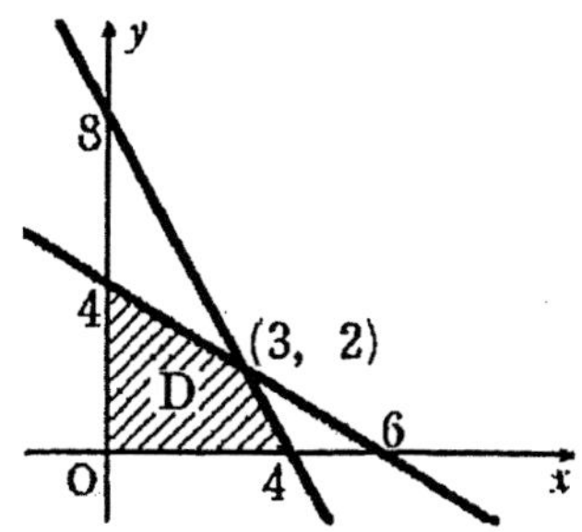

$x+y=k$ (kは定数)とおくと

$y=-x+k$　…①

これは傾きが-1，y切片がkの直線である。

kが最大となるのは，直線①が点(3, 2)を通るときである。

よって$x=3$，$y=2$のとき最大値5をとる。

この問題の解法を理解できた生徒の思考力を高めることを目的とし

て，下線部(ア)の式のみを変更した問題を3問作成することにした。あなたが考える変更後の(ア)の式およびそのように変更した意図を簡潔に書け。

ただし，答の数値設定にはこだわらなくてよい。

2024年度 | **香川県** | **難易度** ■■■■□

解答・解説

中学校

【1】(1)　減法は減るもの　　(2)　□＋(−3)＝(＋5)

(3)

(−5)−(−3)＝−2

(−5)−(−3)＝□　　←減法を加法の式に変えると

□＋(−3)＝−5

−3を足して−5になる数は−2だから

□＝−2

(4)　具体例…昨日の最低気温が−3℃で，今日の最低気温が＋2℃のときの，昨日と今日の最低気温の差　　式…(＋2)−(−3)

○**解説**○ (1)　計算結果が＋2であることから，生徒Aは|5−3|＝＋2のように計算したと考えられる。　(2)　解答参照。　(3)　生徒Bの記述は，途中式が抜けているため，加法の式への変換から，減法の計算方法を理解しているのか，表現できるのかが判断できない。　(4)　解答参照。

【2】(1)　ア　$\frac{10}{100}x-\frac{30}{100}y$　　イ　310　　ウ　80　　エ　341

オ　56　　(2)　カ　$\frac{100}{110}x+\frac{100}{70}y$

○**解説**○ (1)　先週集めたアルミ缶をx個，スチール缶をy個とすると，今週のアルミ缶は先週から$\frac{10}{100}x$〔個〕増え，スチール缶は$\frac{30}{100}y$〔個〕減少し全体では7個増えている。

よって，$\begin{cases} x+y=390 & \cdots① \\ \frac{10}{100}x-\frac{30}{100}y=7 & \cdots② \end{cases}$

この連立方程式を解いて，$x=310$〔個〕，$y=80$〔個〕

よって，今週集めたそれぞれの個数はアルミ缶$\frac{110}{100}\times310=341$〔個〕

スチール缶$\frac{70}{100}\times80=56$〔個〕

(2)　先週集めたアルミ缶をX個，スチール缶をY個とすると，

今週集めたアルミ缶は$x=\frac{110}{100}X$〔個〕，スチール缶は$y=\frac{70}{100}Y$〔個〕となる。

よって，$X=\frac{100}{110}x$，$Y=\frac{100}{70}y$であり，$X+Y=390$　であるから，

$\frac{100}{110}x+\frac{100}{70}y=390$

これと，$x+y=397$の連立方程式を解くと，$x=341$，$y=56$

【3】(1)　誤答のなかで最も反応率が高かった解答類型2では，表の隣り合う二つのyの値に着目し，その差が2であることから，その2を変化の割合と捉えたことが可能性として挙げられる。この場合，一次関数の変化の割合の意味の理解が不十分な生徒がいると考えられる。

(2)　伴って変わる二つの数量x，yの変化の様子を表から読み取り，一次関数$y=ax+b$の変化の割合を求めることができるように指導することが大切である。その際，x，yの増加量やその割合を調べる活動を通して，変化の割合の意味を理解できるようにすることが大切である。

本設問を使って授業を行う場合の具体的な指導としては，伴って変わる二つの数量x，yの変化の特徴を捉えるために，xとyの表から一次関数$y=ax+b$の変化の割合を求める場面を設定することが考えられる。その際，yがxの一次関数を表しているxとyの表から，表の隣り合う二つのyの値の差が2であることに着目しつつ，変化の割合がxの増加量に対するyの増加量の割合であり，$\frac{y\text{の増加量}}{x\text{の増加量}}$で求められることや，変化の割合が2の場合，$x$の増加量が1のときの$y$増加量が2であることを捉えることができるようにすることが大切である。

○解説○　本問は一次関数における変化の割合が，xの増加量に対するyの

増加量の割合であることを理解できているか確認する設問である。一次関数$y=ax+b$で表せる数量について，変数xの値がx_1からx_2まで変化すると，それに伴って変数yの値もy_1からy_2まで変化するものとする。このとき，変化の割合は$\frac{y_2-y_1}{x_2-x_1}$であり，常に一定でaに等しいことを理解させる必要がある。また，指導の際には，形式的に変化の割合を計算して求めることに偏らないようにするとともに，変化の割合を事象の考察やその表現に適切に用いることができるようにすることが大切であると中学校学習指導要領では示されている。

【4】【正答】

一の位が0のときと，一の位が2，4，6のときに分けて考える。

(i)　一の位が0のとき

残りの位は，0以外の6個の数字から3個取り出して並べればよいので

${}_6P_3=6\cdot5\cdot4=120$〔通り〕

(ii)　一の位が2，4，6のとき

千の位は0と一の位の数字以外の5通り

百の位と十の位は千の位と一の位の数字以外の5個の数字から2個取り出して並べればよいので

${}_5P_2=5\cdot4=20$〔通り〕

したがって，$3\times5\times20=300$

よって，(i)，(ii)より，求める4桁の偶数の個数は，$120+300=420$〔個〕

【指導をするべき内容】

一の位が0のときと，一の位が0以外の条件を満たす数字のときに場合分けして考えさせる。

一の位が0以外の条件を満たす数字のときは，最高位が0以外の数字になることに注意させる。

○解説○　最高位である千の位に0のときは，4桁の数という問題の条件を満たさない。ある事象について場合の数を求めるとき，その事象が成り立つかどうかを確認し，場合分けを行うということを指導する必要がある。

【5】設定する日常の場面と問題…8月に富士山の6合目まで登る予定を立て，登山のための服装を準備する場面を設定し，「8月の6合目付近の高さの気温はどれくらいだろうか」という問題を設定する。　問題を解決する活動…まず，8月の富士山周辺地点や富士山の山頂地点の平均気温のデータを調べて表やグラフに表す。次に，変化の割合がほぼ同じであることや，グラフの点がほぼ一直線上に並んでいることなどを基に，気温が高さの一次関数であるとみなし，それらの点を基に直線を引いたり，表の中の数値を基に一次関数の式で表したりする。このことで，富士山の6合目付近の高さの気温を予測する。

〇**解説**〇 本問では「設定する日常の場面とそれに関する問題」と「問題を解決する活動」とが対応していることが求められる。学習指導要領における中学校第2学年の「C関数」においては，一次関数を取り扱うことを示しているため，具体的な事象の中から取り出した二つの数量について，事象を理想化したり単純化したりすることによって，それらの関係を一次関数とみなし，そのことを根拠として変化や対応の様子を考察したり予測したりする問題を設定することが考えられる。

高等学校

【1】(1)　$\dfrac{\alpha}{\beta}=\dfrac{4+8i}{7+4i}=\dfrac{(4+8i)(7-4i)}{(7+4i)(7-4i)}=\dfrac{12+8i}{13}$

$\left|\dfrac{\alpha}{\beta}\right|=\sqrt{\left(\dfrac{12}{13}\right)^2+\left(\dfrac{8}{13}\right)^2}=\dfrac{4\sqrt{13}}{13}$

よって，$\dfrac{\alpha}{\beta}$を極形式で表すと，$\cos\theta'=\dfrac{3}{\sqrt{13}}$，$\sin\theta'=\dfrac{2}{\sqrt{13}}$ $\left(0<\theta'<\dfrac{\pi}{2}\right)$として

$\dfrac{\alpha}{\beta}=\dfrac{4\sqrt{13}}{13}\left(\dfrac{3}{\sqrt{13}}+\dfrac{2}{\sqrt{13}}i\right)=\dfrac{4\sqrt{13}}{13}(\cos\theta'+i\sin\theta')$

である。したがって，点Aは点Bを点Oを中心にθ'回転してOからの距離を$\dfrac{4\sqrt{13}}{13}$倍した点であり，これより$\theta=\theta'$である。

ゆえにθについて，$\cos\theta=\dfrac{3}{\sqrt{13}}$，$\sin\theta=\dfrac{2}{\sqrt{13}}$

(答)　$\sin\theta=\dfrac{2\sqrt{13}}{13}$

(2)　(解答例1)

O(0，0)，A(4，8)，B(7，4)とみなせる。

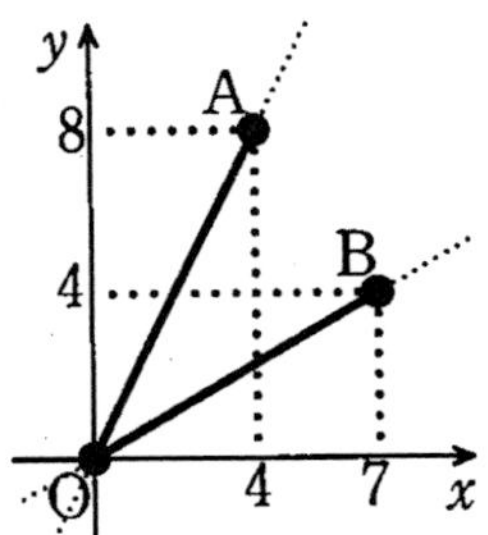

$$\cos\theta=\frac{\overrightarrow{OA}\cdot\overrightarrow{OB}}{|\overrightarrow{OA}||\overrightarrow{OB}|}=\frac{4\times7+8\times4}{\sqrt{4^2+8^2}\sqrt{7^2+4^2}}=\frac{3}{\sqrt{13}}$$

$0\leqq\theta\leqq\pi$ において$\sin\theta\geqq0$であるから，

$$\sin\theta=\sqrt{1-\cos^2\theta}=\sqrt{1-\left(\frac{3}{\sqrt{13}}\right)^2}=\frac{2\sqrt{13}}{13}$$ …(答)

(解答例2)

O(0，0)，A(4，8)，B(7，4)とみなせる。

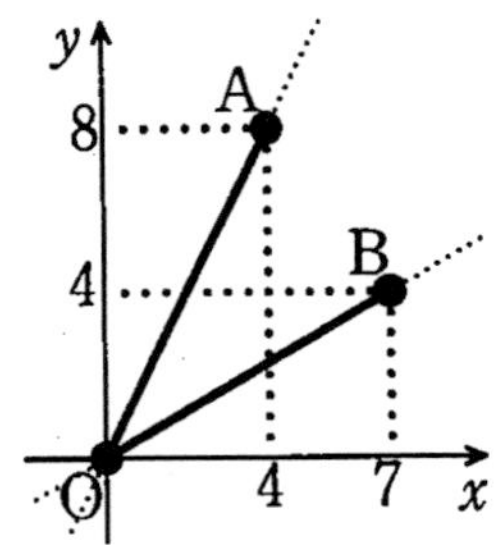

直線OA，直線OBとx軸の正の向きとのなす角をそれぞれα，βとおくと，$\tan\alpha=\frac{8}{4}=2$，$\tan\beta=\frac{4}{7}$

したがって，$\tan\theta=\tan(\alpha-\beta)=\frac{\tan\alpha-\tan\beta}{1+\tan\alpha\tan\beta}=\frac{2}{3}$

$0\leqq\theta\leqq\pi$，$\tan\theta>0$であるから，$0<\theta<\frac{\pi}{2}$で，$\cos\theta>0$

$\cos^2\theta=\frac{1}{1+\tan^2\theta}=\frac{9}{13}$より，$\cos\theta=\frac{3}{\sqrt{13}}$

$\sin\theta=\cos\theta\tan\theta=\dfrac{3}{\sqrt{13}}\cdot\dfrac{2}{3}=\dfrac{2\sqrt{13}}{13}$ …(答)

(3) $\dfrac{13\sqrt{5}}{6}$

○解説○ (1) 解答参照。 (2) 解答参照。

(3) $\angle BOC=2\theta$より，$\sin2\theta=2\sin\theta\cos\theta=2\times\dfrac{2}{\sqrt{13}}\times\dfrac{3}{\sqrt{13}}=\dfrac{12}{13}$

$\cos2\theta=\cos^2\theta-\sin^2\theta=\left(\dfrac{3}{\sqrt{13}}\right)^2-\left(\dfrac{2}{\sqrt{13}}\right)^2=\dfrac{5}{13}$

$OB=OC=\sqrt{65}$より，余弦定理から$BC^2=\sqrt{65}^2+\sqrt{65}^2-2\sqrt{65}\times\sqrt{65}\times\dfrac{5}{13}=65+65-50=80$ よって，$BC=4\sqrt{5}$

正弦定理より外接円の半径をRとすると，$2R=\dfrac{BC}{\sin2\theta}=\dfrac{4\sqrt{5}}{\frac{12}{13}}=\dfrac{13\sqrt{5}}{3}$

よって，$R=\dfrac{13\sqrt{5}}{6}$

【2】問1 $OA=x$，$OD=y$とすると，$OB=b+y$，$OC=a-x$であるから，

$$\begin{aligned}\triangle ABD&=\triangle ABO-\triangle ADO\\&=\frac{1}{2}x(b+y)\sin\theta-\frac{1}{2}xy\sin\theta\\&=\frac{1}{2}xb\sin\theta\end{aligned}$$

$$\begin{aligned}\triangle CBD&=\triangle CBO-\triangle CDO\\&=\frac{1}{2}(a-x)(b+y)\sin(180^\circ-\theta)-\frac{1}{2}(a-x)y\sin(180^\circ-\theta)\\&=\frac{1}{2}(a-x)b\sin\theta\end{aligned}$$

したがって，

$$\begin{aligned}S&=\triangle ABD+\triangle CBD\\&=\frac{1}{2}xb\sin\theta+\frac{1}{2}(a-x)b\sin\theta\\&=\frac{1}{2}ab\sin\theta\end{aligned}$$

となり，四角形ABCDを凹四角形としても$S=\dfrac{1}{2}ab\sin\theta$が成り立つ。

問2 誤り…放物線と直線が異なる2点で交わるという条件から，mの制限ができることを考慮しておらず，軌跡を放物線全体として求めて

いることが誤り。

解答…放物線$y=x^2$と直線$y=mx+m$は異なる2点で交わるから，

2次方程式$x^2=mx+m$ …①の判別式をDとすると，$D>0$

よって，$D=(-m)^2-4\cdot1\cdot(-m)>0$

$m<-4$，$0<m$　…②

2点Q，Rのx座標は①の異なる2つの実数解α，βである。

線分QRの中点をP$(x,\ y)$とすると，解と係数の関係より

$x=\dfrac{\alpha+\beta}{2}=\dfrac{m}{2}$　…③

Pは$y=mx+m$上にあるから

$y=mx+m=\dfrac{1}{2}m^2+m$　…④

③，④から，mを消去して　$y=2x^2+2x$

ただし，②から　$x<-2$，$0<x$

よって，条件をみたす点は$y=2x^2+2x$ $(x<-2,\ 0<x)$ …⑤上にある。

逆に⑤上の点は条件をみたす。

したがって，点Pの軌跡は，放物線の一部$y=2x^2+2x$　$(x<-2,\ 0<x)$である。

○**解説**○ 問1　学習指導要領より，数学Ⅰでは，三角比，正弦定理，余弦定理を取り扱う。　問2　解答参照。

【３】(1)　28通りのすべてを2で割っているところが誤りである。理由は，じゅず順列では裏返して重なるものを考慮して2で割る必要があるが，この問題では左右対称の作り方があり，その場合については裏返しても同じであるため，この場合だけ2で割る必要がないから。

(2)　赤玉1個を固定すると，残り8個の並べ方は　${}_8C_2\times{}_6C_6=28$

28通り

このうち，左右対称となる並べ方は，青玉1個と白玉3個の並べ方を考えて　${}_4C_1=4$

したがって，求める場合の数は，$4+(28-4)\div2=16$

よって　16通り　・・・(答)

○**解説**○ 解答参照。

【4】「文化祭の模擬店での食品販売によって得た利益を寄付するとしたら，その利益を最大にするにはどうすればよいか」という課題を設定する。食品の値段を上げると売れる食品の数は一定の割合で減少すると仮定して，純利益と食品の値段の関係を二次関数で表し，純利益が最大になるように食品の値段と売れる数を決定する活動が考えられる。

○**解説**○ 本問では，生活の中にある二つの数量の関係に着目し，それら二次関数として捉え，関数の値の変化等を考察したり，関数の最大値や最小値を求めたりする課題を設定すればよい。

【5】(〔問題番号〕変更後の(ア)の式 … 意図) 〔1問目〕$3x+y$ … 点(3, 2)以外の点を通るときに最大となる場合があることに気付かせたい。〔2問目〕$x-y$ … 直線のy切片が最小となるときに，求める値が最大となる場合があることに気付かせたい。 〔3問目〕x^2+y^2 … 直線以外の図形でも考えられることに気付かせたい。

○**解説**○ 模範解答以外にも$ax+by$の形で意図を設定できていればよい。また，3問目のようにax^2+ay^2などの形も設定が可能である。ただし，本問は数学Ⅱの授業を想定している。学習指導要領では数学Ⅰ，数学Ⅱ，数学Ⅲの順に履修することが原則であると示されているため，数学Ⅱまでの学習範囲の知識で設定が妥当である。

●書籍内容の訂正等について

弊社では教員採用試験対策シリーズ（参考書，過去問，全国まるごと過去問題集），公務員試験対策シリーズ，公立幼稚園・保育士試験対策シリーズ，会社別就職試験対策シリーズについて，正誤表をホームページ（https://www.kyodo-s.jp）に掲載いたします。内容に訂正等，疑問点がございましたら，まずホームページをご確認ください。もし，正誤表に掲載されていない訂正等，疑問点がございましたら，下記項目をご記入の上，以下の送付先までお送りいただくようお願いいたします。

① **書籍名，都道府県（学校）名，年度**
（例：教員採用試験過去問シリーズ　小学校教諭 過去問　2025 年度版）
② **ページ数**（書籍に記載されているページ数をご記入ください。）
③ **訂正等，疑問点**（内容は具体的にご記入ください。）
（例：問題文では“ア～オの中から選べ”とあるが，選択肢はエまでしかない）

〔ご注意〕
○ 電話での質問や相談等につきましては，受付けておりません。ご注意ください。
○ 正誤表の更新は適宜行います。
○ いただいた疑問点につきましては，当社編集制作部で検討の上，正誤表への反映を決定させていただきます（個別回答は，原則行いませんのであしからずご了承ください）。

●情報提供のお願い

協同教育研究会では，これから教員採用試験を受験される方々に，より正確な問題を，より多くご提供できるよう情報の収集を行っております。つきましては，教員採用試験に関する次の項目の情報を，以下の送付先までお送りいただけますと幸いでございます。お送りいただきました方には謝礼を差し上げます。
（情報量があまりに少ない場合は，謝礼をご用意できかねる場合があります）。

◆あなたの受験された面接試験，論作文試験の実施方法や質問内容
◆教員採用試験の受験体験記

送付先	
	○電子メール：edit@kyodo-s.jp
	○FAX：03-3233-1233（協同出版株式会社　編集制作部 行）
	○郵送：〒101-0054　東京都千代田区神田錦町 2-5　協同出版株式会社　編集制作部 行
	○HP：https://kyodo-s.jp/provision（右記の QR コードからもアクセスできます）

※謝礼をお送りする関係から，いずれの方法でお送りいただく際にも，「お名前」「ご住所」は，必ず明記いただきますよう，よろしくお願い申し上げます。

教員採用試験「全国版」過去問シリーズ⑦
全国まるごと過去問題集
数学科

編　集　© 協同教育研究会
発　行　令和6年3月25日
発行者　小貫　輝雄
発行所　協同出版株式会社
〒101-0054　東京都千代田区神田錦町2 - 5
電話　03－3295－1341
振替　東京00190－4－94061
印刷所　協同出版・POD工場

落丁・乱丁はお取り替えいたします。